KB041686

금융소비자보호법 해설서

김 은

박영사

머리말

2021년 3월 25일부터 금융상품의 판매행위를 규제하는 통합법인 금융소비자보호법이 시행되어 금융권은 새로운 국면을 맞이하고 있습니다. 금융업법은 전통적으로 은행, 증권사, 보험사, 카드사 등의 수범자를 기준으로 규제하고 있습니다. 그러나 수범자 기준의 규제는 규제차익이라는 큰 한계를 지니고 있었기 때문에 기능별 규제 필요성이 대두되었습니다. 이에 '동일기능 동일규제의 원칙' 하에 은행법, 자본시장법, 보험업법, 여신전문금융업법, 상호저축은행법, 금융위설치법상 소비자보호와 관련된 규제사항과 행정지도 규율사항(이하 "기존규제"라 한다)들이 법제화되어 하나의 법 아래에서 규율되었습니다.

이러한 배경에 따라, 이 책은 다음의 세 가지 특징에 중점을 두어 집필하였습니다. 먼저 필자가 금융소비자보호법 하위규정(시행령 및 감독규정) 제정 · 시행 TF에 은행권을 대표하여 참여한 경험과 지식을 기반으로 규제별 제정취지 및 조문화 과정에서의 규제체계를 정확하게 기술하고자 하였습니다. 두 번째로 '통합법'으로 기능하는 금융소비자보호법 특성에 따라, 기존규제에서 이관된 규제가 금융소비자보호법에 어떻게 반영되었는지를 조항별로 상세히 살펴봄으로써 독자입장에서 비교 가능성을 높이고자 하였습니다. 세 번째로 거대담론인 금융소비자보호법이 시행됨에 따라 방대한 분량의 질의에 대한 감독당국의 채널별 산재된 해석(신속처리시스템 회신, 옴부즈만 회신, 금융규제포털 회신 등)을 조문별로 정리하여 확인하기 쉽도록 하였습니다.

필자가 개정하였던 「금융실명거래 업무해설」이 금융실명제의 해설서로 활용되었듯이, 이 책 역시 금융소비자보호법의 지침서이자 해설서로 널리 활용되어 현장의 실무자들에게 도움이 되기를 기대합니다.

마지막으로 이 책을 집필하는 데 많은 도움을 주었던 분들에게 심심한 감사인사를 드립니다. 가장 먼저 필자가 은행권을 대표하여 금융소비자보호법의 전문가로 거듭날 수 있도록 물심양면으로 지원해주신 은행연합회 회장님과 관계자분들에게 감사드립니다. 그리고 금융위원회, 금융감독원 및 각 금융업권 협회의 금융소비자보호법 담당자분들의 의견이 집필에 큰 도움이 되었습니다. 다시 한 번 더 깊은 감사의 말씀을 전합니다. 끝으로 이 책의 출판을 적극 지원하고 기회를 주신 박영사 관계자분들에게도 깊이 감사드립니다.

2022년 12월
김 은

차 례

제1편 총칙

제1장 개 관

제2장 정 의

제2장 판매업자등의 등록

제3편 영업행위 규제

제1장 영업행위 일반원칙

제2장 금융상품 유형별 영업행위규제

제3장 판매업자등의 업종별 영업행위 준수사항

제4편 금융소비자 보호

제1장 금융소비자정책 등

제2장 금융분쟁의 조정

제3장 손해배상책임 등

제3장 판매업자등 및 임직원 제재

제4장 과징금

제6편 벌칙

제1장 행정형벌

제2장 행정질서벌

제1편

총 칙

제1장 개관
제2장 정의
제3장 적용범위 및 다른 법률과의 관계

제1장 개 관

제1절 제정배경

2010년 6월 한국개발연구원, 자본시장연구원, 서울대학교 금융법센터의 공청회에서 「금융소비자 보호에 관한 법률」(이하 "금융소비자보호법"이라 한다)이 처음 논의되었다. 당시 글로벌 위기 이후 미국 · 영국 등에서는 금융소비자 교육강화 및 영업행위 규제를 위한 논의가 진행되었고, 우리나라도 KIKO,[1] 파워인컴펀드 사태[2] 등을 계기로 금융소비자 보호에 대한 관심이 증가함에 따라 업권별 금융소비자 보호의 한계를 인식한 상태였다.[3] 이에 저축은행 후순위채[4] 등 불완전판매를 근절하고 복합금융상품 · 판매채널의 증가에 따른 규제공백 등의 문제를 해결하기 위해 18대 국회에서 2011.11월 금융소비자보호법(박선숙 의원안)이 최초 발의되었으나 임기만료를 이유로 폐지되었다.

이후 19대 국회에서도 통과되지 못하다가, 2019년 DLF 사태[5]를 계기로 5개 제정법안[6] 등을 통합한 대안이 2020년 3월 국회 본회의에서 의결되었다. 이로써 7개 금융업

---

1) 금융위기로 인한 환율 급등으로 은행이 2007~8년 중소기업에게 판매한 통화옵션상품(키코, Kock－In Knock－Out)에 막대한 손실이 발생하면서 상품구조의 불공정성 및 판매 당시 은행의 설명의무 이행이 쟁점이었다.

2) 은행 및 증권사가 2005년 판매한 장외파생상품 펀드(6년 만기로 이자는 매분기 확정이자를 지급하되 만기상환금이 해외주식에 연동)의 만기 반환금액이 3% 및 9%에 그치면서 수익의 안정성에 대한 과대광고 및 설명의무 위반이 쟁점이었다.

3) 한국개발연구원 · 자본시장연구원 · 서울대학교 금융법센터, "「(가칭)금융소비자 보호법 제정 기본방향」 토론회 개최", 보도자료, 2010.06.29., 2면 참조.

4) 2009년 부산저축은행 등의 후순위채 판매 과정에서 원금손실위험 등에 대한 설명의무 이행이 쟁점이었다.

5) 2019년 해외금리연계 DLF 판매과정에서 은행이 부적합한 투자자에게 판매했는지 여부 및 '원금전액 손실가능성' 등 투자위험 등에 대한 설명의무 이행이 쟁점이었다.

6) 박선숙 의원안(2016.10.25. 발의), 박용진 의원안(2016.12.27. 발의), 최운열 의원안(2017.03.09. 발의), 이종걸 의원안(2017.04.07. 발의), 정부안(2017.05.23. 제출).

권[7])을 아우르는 금융소비자 보호에 관한 통합법이 제정되었다.

▌제2절▐ 구성

금융소비자보호법은 총 8장 6절 69조로 구성되며, 이 중 제4장 영업행위 규제 및 제5장 금융소비자 보호가 양대 축을 이룬다.

<table>
<tr><th colspan="2">장</th><th colspan="2">절</th><th>주요 내용</th></tr>
<tr><td>제1장</td><td>총칙(§1~§6)</td><td colspan="2">–</td><td>□ 목적, 정의
□ 적용범위
□ 다른 법률과의 관계</td></tr>
<tr><td>제2장</td><td>권리 및 책무
(§7~§10)</td><td colspan="2">–</td><td>□ 금융소비자의 기본권리 · 책무
□ 국가 및 판매업자등의 책무</td></tr>
<tr><td>제3장</td><td>판매업자등 등록
(§11~§12)</td><td colspan="2">–</td><td>□ 판매업자등 외 영업행위 금지
□ 등록</td></tr>
<tr><td rowspan="3">제4장</td><td rowspan="3">영업행위 준수사항
(§13~§28)</td><td>제1절</td><td>일반원칙</td><td>□ 신의성실의무, 차별금지
□ 관리책임</td></tr>
<tr><td>제2절</td><td>상품유형별
영업행위규제</td><td>□ 적합성 · 적정성 원칙
□ 설명의무
□ 불공정영업행위 금지
□ 부당권유행위 금지
□ 광고
□ 계약서류 제공</td></tr>
<tr><td>제3절</td><td>업종별
영업행위규제</td><td>□ 미등록자의 대리 · 중개 금지
□ 대리 · 중개업자 금지행위
□ 대리 · 중개업자 고지의무
□ 자문업자의 영업행위준칙
□ 자료의 기록, 유지 및 관리</td></tr>
<tr><td rowspan="2">제5장</td><td rowspan="2">금융소비자 보호
(§29~§47)</td><td>제1절</td><td>정책수립 및
금융교육</td><td>□ 금융교육 및 협의회
□ 비교공시, 금융소비자보호기준, 실태평가</td></tr>
<tr><td>제2절</td><td>금융분쟁의 조정</td><td>□ 분쟁조정기구</td></tr>
</table>

7) 은행업, 금융투자업, 보험업, 상호저축은행업, 여신전문금융업, 대부업(금융위원회에 등록한 대부업자 한정), 신용협동조합의 신용 · 공제사업.

장	절	주요 내용
		□ 조정위원회 구성 · 운영 □ 조정의 효력 □ 소송과의 관계 □ 소액분쟁사건 특례
	제3절 손해배상책임 등	□ 판매업자등의 책임 □ 직접판매업자의 책임 □ 청약철회 □ 위법계약해지
제6장 감독 및 처분(§48~§64)	–	□ 감독, 명령권, 검사, 처분 □ 임직원에 대한 조치 □ 과징금
제7장 보칙(§65~§66)	–	□ 업무위탁
제8장 벌칙(§67~§69)	–	□ 벌칙, 양벌규정 □ 과태료

▌제3절▐ 시행

Ⅰ. 시행시기

금융소비자보호법은 제정(공포) 후 1년이 경과한 날인 2021년 3월 25일부터 일부 규제를 제외하고 시행된다(법 부칙§1). 2021년 9월 25일부터 시행되는 규제는 다음 표와 같다.[8)]

□ 내부통제기준(법§16②) · 금융소비자보호기준(법§32③) 마련 의무
□ 금융상품판매업등 업무 관련 자료의 기록 및 유지 · 관리 · 열람 관련 의무(법§28)
□ 핵심설명서 마련(규정§13① v)
□ 금융상품직접판매업자의 투자성 상품 위험등급 설정 의무(법§19① i 나3))
□ 자문업자 · 판매대리중개업자 등록의무(법§12)

8) 금융위원회 · 금융감독원, "금융소비자의 권익을 넓히고 보호의 실효성을 높이기 위한 새로운 제도가 안착되도록 시장과 함께 뛰겠습니다.", 보도자료, 2021.03.17., 2면 참조.

II. 시행 전후 비교

1. 영업행위 규제 강화

은행법, 자본시장과 금융투자업에 관한 법률(이하 "자본시장법"이라 한다), 보험업법, 상호저축은행법(이하 "저축은행법"이라 한다), 여신전문금융업법에서 개별적으로 규율되던 소비자보호 관련 영업행위 규제가 전 업권에 확대 적용된다. 예를 들어 자본시장법 및 보험업법에서만 규율되던 적합성·적정성 원칙이 금융투자업자 및 보험회사 외 은행 등에도 적용된다.

영업규제 위반 시 제재가 강화된다. 설명의무 등 주요 영업행위 규제 위반 시 관련 수입의 50%까지 부과하는 징벌적 과징금이 도입되고, 과태료 상한금액도 1억원으로 높아지며, 미등록 영업 시 형사처벌(징역 및 벌금)이 부과된다.

2. 금융소비자 권익 보호

① 위법한 영업행위로 금융상품 계약이 체결된 경우 금융소비자에게 해지요구권(위법계약해지권)을 부여하고, ② 계약체결 후 일정 기간 내 계약을 철회할 수 있는 권리(청약철회권)를 보장하는 등 금융소비자 권리를 신설하고 있다.

또한 금융소비자의 피해를 구제하는 절차도 마련된다. ① 금융소비자의 재산상 현저한 피해가 발생할 우려가 있다고 명백히 인정되는 경우 해당 금융상품의 계약체결을 금융위원회가 제한·금지하는 판매제한명령, ② 금융소비자가 신청한 2천만원 이하 소액분쟁은 분쟁조정 완료 시까지 금융상품판매업자등(금융회사)의 제소를 금지하는 조정이탈금지제도 등이 신설된다.

❖ 금융소비자보호법 시행 전후 비교[9]

<table>
<tr><th colspan="3">제 도</th><th>시행 전</th><th>시행 후</th></tr>
<tr><td rowspan="4">영업행위규제 강화</td><td rowspan="2">사전규제</td><td>6大 판매규제*</td><td>일부 금융법</td><td>원칙적으로 모든 금융상품</td></tr>
<tr><td>금융소비자보호 내부통제기준</td><td>법령상 규제 없음</td><td>기준 마련 의무 부과</td></tr>
<tr><td rowspan="2">사후규제</td><td>금전적 제재</td><td>과태료 최대 5천만원</td><td>징벌적 과징금 도입 및 과태료 최대 1억원</td></tr>
<tr><td>형벌</td><td>3년 이하 징역
1억원 이하 벌금</td><td>5년 이하 징역
2억원 이하 벌금</td></tr>
<tr><td rowspan="7">금융소비자 권익보호</td><td rowspan="3">신설된 소비자권리</td><td>청약철회권
(일정기간 내 자유롭게 철회)</td><td>투자자문업, 보험</td><td rowspan="2">원칙적으로 모든 금융상품</td></tr>
<tr><td>위법계약해지권
(위법 소명 시 해지로 인한 금전 부담없이 해지 가능)</td><td rowspan="2">–</td></tr>
<tr><td>자료열람요구권</td><td>소송·분쟁조정 시 자료 열람 요구 가능</td></tr>
<tr><td rowspan="4">사후구제</td><td>소액분쟁 시 금융회사의 분쟁조정 이탈 금지</td><td rowspan="4">–</td><td rowspan="2">허용</td></tr>
<tr><td>분쟁조정 중 소 제기 시 법원의 소송중지 가능</td></tr>
<tr><td>손해배상 입증책임 전환</td><td>설명의무 위반 시 고의·과실 존부 입증에 적용</td></tr>
<tr><td>판매제한명령권</td><td>재산상 현저한 피해 우려가 명백한 경우 발동</td></tr>
</table>

* 적합성·적정성 원칙, 설명의무, 불공정영업행위, 부당권유행위 및 허위·과장광고 금지

9) Ibid, 1면 참조.

제2장 정 의

금융소비자보호법은 기능별 규제체계(동일기능－동일규제)를 도입하여 어떤 유형의 금융상품이든 그 판매과정에서 불완전 판매요소를 걸러낼 수 있도록 빈틈없는 규제체계를 구축한다.[1] 이에 따라 개념요소인 ‘적용대상－규제대상－보호대상’을 각 ‘금융상품－금융상품판매업자－금융소비자’로 기능별 정의내린다. 현행 자본시장법(금융투자상품－금융투자업자－투자자) 및 보험업법(보험상품－보험업－보험계약자)과 동일한 구조이다.

제1절 금융상품

Ⅰ. 의의

1. 규제취지

업권별로 규제되던 금융상품을 금융소비자보호법에서 통합하여 규제하게 되면서, 개별 금융법상 금융상품판매업자등(금융회사)이 취급하던 금융상품을 ‘예금성/투자성/보장성/대출성 상품’으로 기능별 구분한다.

1) 금융위원회, “「금융소비자보호에 관한 법률」 제정안 및 「금융위원회 설치 등에 관한 법률」개정안 입법예고”, 보도자료의 별첨자료(금융소비자보호에 관한 법률 제정안 주요 내용), 2011.11.16., 12면 참조.

2. 정의방식

금융소비자보호법은 금융상품의 본질적 속성을 직접 정의하지 않고 개별 금융법상 규정된 금융상품을 예시적으로 규정하는 간접 정의방식을 채택하고 있다.[2] 이에 따라 은행에서 취급하는 예금과 저축은행에서 취급하는 예금은 법률상 소비임치 계약[3]으로 법적 성격이 동일함에도 각각 규정(법§2 i 가 · 법§2 i 라)하였다. 영업행위 규율이 목적인 금융소비자보호법은 금융상품 제조법이 아닌 판매법으로 기능하므로 금융상품을 직접 정의하는 것이 부적절하기 때문이다.

다만, 포괄적 개념을 채택하지 않아 새로운 금융상품 출현 시 법령 개정을 통해 이를 개별적으로 반영해야 하는 문제점은 감독규정에서 예금성 상품을 소비임치계약(규정§2① i · 영§3①iii), 대출성 상품을 소비대차 계약(규정§2① ii · 영§3②iv)으로 각각 포괄정의하여 해결하였다. 참고로 금융투자상품과 보험상품은 자본시장법 및 보험업법에서 정의내리고 있어 금융소비자보호법에서 정의가 불필요하다.

II. 유형

상품속성(Element)에 따라 예금성/투자성/보장성/대출성으로 분류하나, 2가지 성격이 혼재하는 복합상품도 있다. 원본보장이 되지 않는 변액보험이 대표적인 예로, 보장성 상품이자 투자성 상품이다. 이러한 복합상품의 경우 해당 상품별 규제를 모두 적용받는다.[4]

구분	개념	대상(예시)
예금성	은행법상 예금 및 이와 유사한 것	예 · 적금, 양도성예금증서(원화) 등 * 주택청약저축 제외
대출성	은행법 · 저축은행법상 대출, 여전법상 신용카드 · 시설대여 · 연불판매 · 할부금융 및 이와 유사한 것	대출, 지급보증, 어음할인 · 매출채권(금전상환청구 가능한 계약에 한정), 신용카드,[5] 리스, 할부금융, P2P대출, 대부상품 등 * 무역금융 제외

---

2) 금융감독원, "금융소비자 및 금융회사 종사자를 위한 금융소비자보호법 안내자료 게시", 보도자료의 붙임2 자료(금융소비자 보호에 관한 법률 안내 자료, 이하 "금융소비자보호법 안내자료(2021.03.24.)"라 한다), 2021.03.24., 6면 참조.

3) 대법원 1985. 12. 24. 선고 85다카880 판결.

4) 금융위원회, "「금융소비자보호에 관한 법률」 제정안 및 「금융위원회 설치 등에 관한 법률」 개정안 입법예고", 보도자료의 별첨자료(금융소비자보호에 관한 법률 제정안 주요 내용), 2011.11.16., 12면 참조.

5) 직불카드와 신용카드의 기능을 동시에 갖추고 있는 카드(하이브리드 카드)로서 월 최고 30만원으로 신용카드 이용한도를 부여한 카드(여신전문금융업법 시행령§6-7③ i 나)의 경우 대출성 상품에 포함된다[신속처리시스템 회신(여전 210525-35) 참조].

구분	개념	대상(예시)
투자성	자본시장법상 금융투자상품 및 이와 유사한 것	금융투자상품(주식 · 펀드 · 파생상품 등), 변액보험(원금비보장) 및 이와 유사한 보험, 신탁(관리형 신탁 및 투자성없는 신탁은 제외), 투자일임, P2P 연계투자 등
보장성	보험업법상 보험상품 및 이와 유사한 것	보험상품, 신협 공제 등

1. 예금성 상품

대표적인 예금성 상품, '예금'은 "불특정 다수인으로부터 일정한 기간을 정하거나 또는 정하지 않고 예금증서와 교환하여 금전의 예입을 받는 계약"이다.[6] 예금계약의 법적 성질이 '금전소비임치[7]'라는 점은 학설에서도 이견이 없고 법원도 "이른바 예금은 은행 등 법률이 정하는 금융기관을 수치인으로 하는 금전의 소비임치계약으로서"라고 판시하고 있다.[8] 따라서 금융상품판매업자등(금융회사)[9]이 이러한 금전소비임치계약을 취급하는 경우 예금성 상품으로 규정된다.

원화로 표시된 양도성 예금증서[10]의 경우 자본시장법(§3① i)상 금융투자상품에서 제외하고 있고, 양도성 예금증서의 거래는 거치식 예금약관(§1③)을 적용하고 있어 예금성 상품으로 분류된다.

주택청약저축은 국민주택 공급을 위해 국토교통부가 정책적 목적에 따라 주택법(§56)상 운영하는 상품이므로 규제대상에서 제외된다(규정§2① i 但).

2. 투자성 상품

신탁계약 및 투자일임계약을 투자성 상품으로 규정한다(영§2① ⅳ). 다만, 신탁계약의 경우 자본시장법 제9조제4항을 인용하여 '관리형 신탁'과 '투자성 없는 신탁'을 제외하고 있다(영§2① ⅳ). 이는 '관리형 신탁'의 경우 금융투자상품에서 제외되며(자본시장법§3① ii),

---

6) 한국은행 은행감독원, "은행법해설", 한국은행, 1993, 34~35면.
7) **민법 제702조(소비임치)** 수치인이 계약에 의하여 임치물을 소비할 수 있는 경우에는 소비대차에 관한 규정을 준용한다. 그러나 반환시기의 약정이 없는 때에는 임치인은 언제든지 그 반환을 청구할 수 있다.
8) 대법원 1985. 12. 24. 선고 85다카880 판결.
9) 종합금융회사, 종합금융회사 합병기관, 은행법에 따라 인가를 받은 은행(외국은행 국내지점 포함), 농협은행, 수협은행, 기업은행, 산업은행, 상호저축은행, 신용협동조합, 금융투자업자, 증권금융회사(규정§2① i).
10) 정기예금에 양도성을 부여한 금융상품.

'투자성 없는 신탁'의 경우 투자권유규제에서 제외(자본시장법§9④) 되는 기존규제(자본시장법)를 감안한 것이다.

3. 보장성 상품

법에서 열거된 보험상품 외에 시행령(§2①ii)에서는 신용협동조합의 공제를 규정한다.

4. 대출성 상품

'대출'은 "금융회사가 일정 기간 후의 상환을 약정하고 자금의 수요자에게 자금을 융통하여 주는 행위"로[11] 법적 성질은 금전소비대차(민법 §589)이다. 증권의 대여(자본시장법 시행령 §69①), 카드론(여신전문금융업법 §13①i)도 대출성 상품으로 규제된다.

'어음할인'은 아직 만기가 도래하지 아니한 어음의 소지인이 상대방에게 어음을 양도하고 상대방이 어음의 액면금액에서 만기까지의 이자 기타 비용을 공제한 금액을 할인의뢰자에게 교부하는 거래를 의미하는데,[12] 일반적으로 법적 성질을 어음매매로 보지만 소비대차로 본 경우도 있어[13] 감독규정(§2①ii)에서는 금융소비자에게 금전의 상환을 청구할 수 있는 계약에 한해 대출성 상품으로 규제한다는 점을 명확히 했다.

'매출채권 매입'은 팩토링거래를 의미한다. 팩토링은 거래기업이 그의 외상매출채권을 팩토링 회사에 양도하고 팩토링 회사는 거래기업에 갈음하여 채무자로부터 매출채권을 추심하는 동시에 이에 관련된 채권의 관리·장부작성 등의 행위를 인수하는 것을 말한다.[14] 법적 성질에 대해서는 상환청구권 유무에 따라 채권매매 또는 소비대차로 보는 견해, 소비대차와 양도담보가 결합된 것이라고 보는 견해 등 일치된 견해가 없어,[15] 어음할인과 마찬가지로 금융소비자에게 금전의 상환을 청구할 수 있는 계약에 한한다는 점을 명확히 했다.

'지급보증'은 타인의 채무를 보증하거나 인수하는 것으로, 피보증채무의 채권자에게 주채무자보다 높은 신용을 가진 은행이 채무를 부담하는 방법으로 주채무자에게 신용을

11) 은행감독원, 전게 책, 37면.
12) 대법원 2002. 4. 12. 선고 2001다55598 판결.
13) 대법원 1997. 4. 25. 선고 97다6636 판결.
14) 정찬형, "주석 금융법 1: 은행법", 2007, 397면 참조.
15) Ibid, 397~398면 참조.

공여하는 것이다(은행법§2①vii · 은행법 시행령§1-3 ii). 신용공여가 이루어지며, 주채무자로부터 지급보증수수료를 수수한다는 측면 등을 고려해 대출성 상품으로 규제된다.

'무역금융'은 수입신용장 개설, 외화수표 매입, 수출환어음 매입(신용장, 무신용장, O/A, 내국신용장), 보증(청구보증, 보증신용장) 등 물품의 수출 및 용역의 제공을 통한 외화획득을 촉진하기 위해 수출업체에 수출물품의 생산, 원자재 및 완제품 구매에 필요한 자금을 지원하는 원화대출 및 관련 지급보증제도를 의미한다.[16] 무역거래 시 결제수단으로 이용되고, 이러한 거래는 신용장통일규칙, 국제표준은행관행, 추심에관한통일규칙 등 국제규정에 따라야 하는 제약 및 국제 결제관행 등을 감안하여 대출성 상품에서 제외된다(규정§2①ii但).[17]

Ⅲ. 기존규제

개별 금융법상 고유업무[18]로 취급해 온 주요 금융상품을 비교하면 다음과 같다. 소비자보호와 관련된 영업행위 규제가 아니라 금융상품에 대한 정의 규정이므로 금융소비자보호법에 이관되지 않고, 개별법에 존치한다.

구분	은행	금융투자	보험	저축은행	여전	대부	신협
주요 금융 상품	예금, 대출	금융투자 상품	보험상품	예금, 대출	신용카드, 시설대여, 연불판매, 할부금융	대부상품	예 · 적금, 대출, 공제
정의 여부	×	○	○	○	○	△	×
근거 규정	–	자본시장법 §3~§5	보험업법 §2	저축은행법 §2	여전법§2	대부업법 §2	–

16) 한국무역협회, "무역실무 매뉴얼" 서울: 한국무역협회, 1997, 참조.
17) 정무위원회, "금융소비자보호 기본법안(박선숙 의원 대표발의) · 금융소비자 보호 및 금융상품 판매에 관한 법률안(박용진 의원 대표발의) 검토보고[2004647, 이하 "검토보고서(2004647)"라 한다]", 2017.2월, 69면 참조.
18) 개별 금융법에서 취급하는 핵심업무로 금융위원회의 인 · 허가 없이 타 업권이 영위할 수 없는 업무.

1. 은행법

은행법상 은행상품에 대한 정의는 없다. 다만, 은행이 취급하는 업무범위(예 · 적금의 수입, 대출 · 어음할인, 부수업무로 채무보증 · 어음인수 · 상호부금 · 팩토링 등)에 대해서만 규정(은행법 §27 · §27-2)하고 있다.

2. 자본시장법

자본시장법(§3)에서는 금융투자업자가 취급하는 상품의 범위를 '금융투자상품'이라는 포괄적인 개념으로 규정한다. 이익획득 · 손실회피 목적이어야 하고 금전취득에 따른 계약상 권리여야 하며 원본 손실 가능성이 있어야 한다(자본시장법§3). 금융투자상품은 원본의 초과손실 가능성 여부에 따라 증권 및 파생상품으로 다시 구분된다(자본시장법§3 · §4). 증권은 그 법적 형식을 기준으로 채무증권, 지분증권, 수익증권, 투자계약증권, 파생결합증권 및 증권예탁증권으로, 파생상품의 경우 파생상품시장에서의 거래여부에 따라 장내파생상품과 장외파생상품으로 구분된다(자본시장법§4 · §5).

❖ **금융투자상품의 분류**[19]

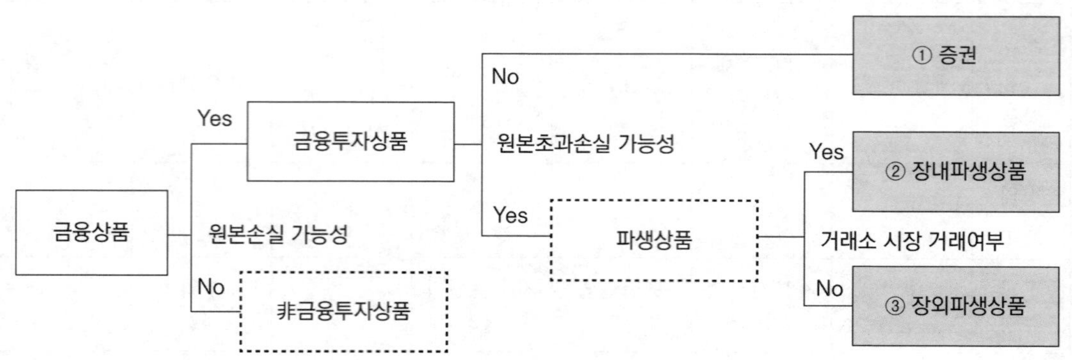

3. 보험업법

보험업법(§2)상 '보험상품'은 위험보장을 목적으로 우연한 사건 발생에 관하여 금전

---

19) 재정경제부, "「자본시장과 금융투자업에 관한 법률 제정안」 설명자료", 2006.06.30., 9면 참조.

및 그 밖의 급여를 지급할 것을 약정하고 대가를 수수(授受)하는 계약이다. 보험상품은 보험목적과 보상방식에 따라 생명보험상품/손해보험상품/제3보험상품으로 구분된다.

생명보험상품 (보험업법 §2 i 가)	위험보장을 목적으로 사람의 생존 또는 사망에 관하여 약정한 금전 및 그 밖의 급여를 지급할 것을 약속하고 대가를 수수하는 계약으로서 생명보험계약 및 연금보험계약(퇴직보험계약 포함)을 의미
손해보험상품 (보험업법 §2 i 나)	위험보장을 목적으로 우연한 사건(질병 · 상해 및 간병 제외)으로 발생하는 손해(계약상 채무불이행 또는 법령상 의무불이행으로 발생하는 손해 포함)에 관하여 금전 및 그 밖의 급여를 지급할 것을 약속하고 대가를 수수하는 계약으로서 화재보험계약, 해상보험계약(항공 · 운송보험계약 포함), 자동차보험계약, 보증보험계약, 재보험계약, 책임보험계약, 기술보험계약, 권리보험계약, 도난보험계약, 유리보험계약, 동물보험계약, 원자력보험계약, 비용보험계약, 날씨보험계약을 의미
제3보험상품 (보험업법 §2 i 다)	위험보장을 목적으로 사람의 질병 · 상해 또는 이에 따른 간병에 관하여 금전 및 그 밖의 급여를 지급할 것을 약속하고 대가를 수수하는 계약으로서 상해보험계약, 질병보험계약, 간병보험계약을 의미

4. 저축은행법

저축은행법(§2)에서는 은행법과 달리 예금 및 신용공여에 대해 정의내리나, 금융소비자보호법(§2)처럼 포괄적 개념정의가 아닌 예시적 · 열거적 개념으로 기술한다. 즉 예금을 계금 · 부금 · 예금 · 적금 등으로, 신용공여를 대출 · 지급보증 등으로 열거한다. 또한 은행법처럼 상호저축은행의 신용부금, 예 · 적금 수입, 자금대출, 어음할인 등을 상호저축은행의 업무로 규정(§11)한다.

5. 여신전문금융업법

여신전문금융업법(§2)은 신용카드, 시설대여, 연불판매, 할부금융에 대해 포괄적 개념으로 정의한다.

신용카드 (여전법§2 iii)	이를 제시함으로써 반복하여 신용카드가맹점에서 아래 사항을 제외한 것을 결제할 수 있는 증표(證票)로서 신용카드업자(외국 신용카드업자 포함)가 발행한 것 ○ 금전채무의 상환 ○ 금융투자상품, 예 · 적금 및 부금 ○ 사행성게임물 · 카지노의 이용대가(외국인이 허가받은 카지노영업소에서 외국신용

	카드업자가 발행한 신용카드로 결제하는 것은 제외) ○ 경륜 · 경정, 사행행위, 소싸움경기, 경마의 이용대가 ○ 신용카드업자와 계약체결하지 않은 발행자의 상품권 구입대가 ○ 개인 신용카드회원이 월 1백만원의 이용한도를 초과한 선불카드, 선불전자지급수단 및 상품권(신용카드업자와 계약체결하지 않은 발행자의 상품권으로 한정)의 구입대가
시설대여 (여전법§2 x)	건설기계 · 차량 · 선박 · 항공기 등(이하 "특정물건")을 새로 취득하거나 대여받아 거래상대방에게 일정기간(내용연수의 100분의 20, 부동산의 경우 3년) 이상 사용하게 하고, 그 사용기간 동안 일정한 대가를 정기적으로 나누어 지급받으며, 그 사용기간이 끝난 후의 물건의 처분에 관하여는 당사자 간의 약정으로 정하는 방식의 금융
연불판매 (여전법§2 xi)	특정물건을 새로 취득하여 거래상대방에게 넘겨주고, 그 물건의 대금 · 이자 등을 1년 이상 동안 정기적으로 나누어 지급받으며, 그 물건의 소유권 이전시기와 그 밖의 조건에 관하여는 당사자 간의 약정으로 정하는 방식의 금융
할부금융 (여전법§2 xiii)	재화와 용역의 매매계약에 대하여 매도인 및 매수인과 각각 약정을 체결하여 매수인에게 융자한 재화와 용역의 구매자금을 매도인에게 지급하고 매수인으로부터 그 원리금을 나누어 상환받는 방식의 금융

6. 대부업법

대부업법(§2)에서는 '대부'를 어음할인 · 양도담보, 그 밖에 이와 비슷한 방법을 통한 금전의 교부를 포함한 것으로 규정한다.

7. 신용협동조합법

신협법(§39)은 은행법과 동일하게 취급상품에 대한 정의는 없으나, 조합이 수행하는 사업을 예탁금 · 적금의 수납, 대출 어음할인 등 신용사업과 공제사업 등으로 명시한다.

Ⅳ. 보론

신협을 제외한 상호금융(농 · 수협, 산림조합, 새마을금고)에서 취급하는 상품은 금융상품으로 규제되지 않는다. 상호금융은 조합원간 '상호부조'라는 목적을 이루기 위한 수단 중 하나로 금융혜택을 제공하는 것이어서 금융업이 주가 아니다. 금융위원회에 상호금융기관의 신용사업 건전성에 대한 감독권은 있으나,[20] 기관조치 권한이 없어(신협 제외) 금융

20) 새마을금고의 경우 감독 업무를 중앙회장이 수행한다.

소비자보호법 제정 당시 상호금융 취급상품이 규제대상에 포섭되지 않았다. 그러나 실질적으로 일반인을 대상으로 금융업을 영위한다는 점에서 금융위원회는 향후 관계기관간 협의를 거쳐 규제할 예정임을 밝혔다.[21]

V. Q&A

금융위원회 및 금융감독원의 보도자료, 옴부즈만 회신, 법령해석, 신속처리시스템[22]을 통한 공식답변인 경우 이를 질의문 아래 별로 표시하였다. 필자가 기존 답변내용을 일부 수정·보충한 경우 이탤릭체 및 괄호로, 내용이 상당한 경우에는 [필자의견]으로 표시한다.

1. 「주택도시기금법」에 따른 국민주택채권이 금융소비자보호법 적용대상(금융상품)인지?

2차 FAQ[23]

적용대상이 아님. 국민주택채권은 정부가 국민주택사업에 필요한 자금을 조달하기 위해 발행하며 법률상 매입의무가 부과되는 채권이기 때문에 해당 채권을 취급하는 행위를 금융소비자보호법상 금융상품직접판매업으로 보기는 어려움.

2. 국민주택채권과 유사한 구조의 도시철도채권(지방채), 지역개발채권(지방채) 등의 첨가소화채권[24]도 금융상품에 해당하는지?

금융상품에 해당하지 않음.

3. 아래 상품·서비스가 금융상품에 해당하는지?

□ 주식(사채)납입금·세금·정부보관금·법원공탁금·대학등록금·아파트관리비 수납, 상품권 판매, 골드·실버바 판매 등 대행업무

21) 금융위원회, "금융소비자보호법 관련 10問 10答", 보도자료, 2021.03.25.(이하 "10문 10답"이라 한다), 8면 참조.
22) 금융소비자보호법 시행 이후 제기된 애로건의·법령해석 등 요청사항에 대해서 감독당국의 전담창구를 통해 회신받는 시스템으로 2021.03.30.~2021.12.31. 동안 운영되었다(금융위원회·금융감독원, "금융위원회와 금융감독원은 금소법 시행과 관련한 현장의 애로사항을 보다 신속하고 체계적으로 해소해 나가겠습니다." 보도참고자료, 2021.03.30., 2~3면 참조).
23) 금융위원회·금융감독원, "금융소비자의 권익을 넓히고 보호의 실효성을 높이기 위한 새로운 제도가 안착되도록 시장과 함께 뛰겠습니다.", 보도자료의 별첨3[금융소비자보호법 FAQ 답변(2차), 이하 "2차 FAQ"라 한다], 2021.03.17., 9면 참조.
24) 각종 등기나 인허가, 면허 등록시 '첨가'해서 일반인을 대상으로 '소화'시키는 채권으로서 준조세성격을 가진다.

□ 납부자 자동이체 등 전자금융거래(전자금융거래법§2 i) 관련 업무
□ 환전, 외화송금 등 외국환업무(은행법§27②iii)
□ 대출성 상품에 부가되는 제3자의 보증 또는 담보제공 계약
□ 안심쇼핑서비스[25] 등 유료서비스 판매대행업무

금융상품에 해당하지 않음.

4. 공사대금 안전관리(에스크로) 서비스[26]가 금융상품에 해당하는지?

신속처리시스템 회신(은행 210708-121)

위 '공사대금 안전관리(에스크로) 서비스'는 도급인 및 수급인 간 공사대금 지급 안정성을 높여주는 것으로, 동 서비스에 따라 금융회사가 공사대금을 일시적으로 보관하는 것이어서 금융소비자보호법상 예금성 상품에 대한 계약 이행으로 보기는 어려움.
다만 금융회사가 예금성 상품 가입과 연계하여 동 서비스 및 동 서비스 계약서 내 포함되어 있는 펌 뱅킹 계약 등을 체결한다면 상기 서비스 등은 금융소비자보호법상 '연계·제휴 서비스'에 해당될 여지가 있음.

5. 퇴직연금에 편입하는 ELB는 퇴직연금감독규정에서 정한 원리금보장상품에 해당하므로, 투자성 상품이 아니라 예금성 상품(예·적금)과 동일한 수준의 규제가 적용될 수 있는지?

신속처리시스템 회신(금투 210428-15)

'퇴직연금 편입 ELB'는 기초자산 가치 변동에 따라 수익에 변동이 있을 뿐 해지 시 원금 손실이 발생하지 않기 때문에 자본시장법상 금융투자상품으로 보기 어렵다고 판단됨.
일반 ELB와 달리 퇴직연금 편입 ELB는 퇴직연금감독규정[27]에서 중도 해지 시에도 원금을 보장하도록 하는 등 정책적으로 금융소비자의 원금 손실이 없도록 관리되고 있기

25) (예시) 쇼핑몰 할인쿠폰 제공, 택배 수령 시 가상전화번호 제공, 신용카드로 구매한 물품이 90일 이내 도난·파손되는 경우 손실보상 등.
26) '도급인'이 예치한 예치금을 관리 및 지급하고 '도급인'이 지급한 공사대금을 '수급인'의 공사대금 지급지시에 따라 안전하게 '수급인' 및 '하수급인'에게 공사대금을 지급하는 은행서비스.
27) ① 상환금액이 원금 이외의 수익을 보장할 것, ② 중도해지 시에도 원금의 손실이 발생하지 않을 것, ③ 수취자금의 운용 시 파생결합증권과 계정분리 등의 형태로 독립성을 갖출 것, ④ 자본시장법 제9조제7항에 따른 모집이나 제9항에 따른 매출의 방법으로 발행되고 복수의 신용평가기관으로부터 투자적격 신용평가등급을 받을 것(퇴직연금감독규정§8-2ii).

때문임.

6. [1] 선불·직불결제, [2] 신용카드 현금서비스 및 리볼빙이 금융소비자보호법상 금융상품에 해당하는지? 1차 FAQ[28]

금융소비자보호법 제2조는 '금융상품의 정의'를 은행 예금 등 대표적인 금융상품을 열거하고 이와 유사한 것을 하위규정에서 정하도록 규정함.

> **제2조(정의)** 이 법에서 사용하는 용어의 뜻은 다음과 같다.
> 1. "금융상품"이란 다음 각 목의 어느 하나에 해당하는 것을 말한다.
>   가. 「은행법」에 따른 예금 및 대출
>   나. 「자본시장과 금융투자업에 관한 법률」에 따른 금융투자상품
>   다. 「보험업법」에 따른 보험상품
>   라. 「상호저축은행법」에 따른 예금 및 대출
>   마. 「여신전문금융업법」에 따른 신용카드, 시설대여, 연불판매, 할부금융
>   바. 그 밖에 가목부터 마목까지의 상품과 유사한 것으로서 대통령령으로 정하는 것

[1] 선불·직불 결제는 법 제2조제1호 각 목의 금융상품과 유사하다고 보기 어려워 금융상품에 미해당.

[2] 신용카드 가입에 따라 부가되는 약정에 따른 현금서비스, 리볼빙은 그 자체로서 독립된 별도의 금융상품이라고 보기는 어려움. 다만, '신용카드'는 금융상품에 해당하여 현금서비스, 리볼빙 관련 사항에 대한 설명의무 등 규제는 적용됨.

참고로 '카드론'은 신용카드 가입과는 별개의 계약으로 금융소비자보호법상 금융상품에 해당됨.

7. 변액보험이 투자성 상품에도 해당하는지? 2차 FAQ(9면)

만기에 원금을 보장하지 않는 변액보험은 보장성 상품뿐만 아니라 투자성 상품에도 해당. 퇴직연금 계좌에 편입하는 보험계약이 원금을 보장하지 않는 경우에도 투자성 상품으로 봄.

---

28) 금융위원회·금융감독원, "현장에서 금융소비자보호법 시행(3.25일)에 대비하는데 어려움이 없도록 적극 지원해나가겠습니다.", 보도자료의 별첨자료[금융소비자보호법 FAQ 답변(1차), 이하 "1차 FAQ"라 한다], 2021.02.18., 2면 참조.

8. 금전채권신탁 및 부동산신탁은 관리형 신탁계약이므로 금융소비자보호법 대상에서 제외되는지?

신속처리시스템 회신(은행 210423-56)

금전채권신탁 및 부동산신탁이 자본시장법 제3조제1항제2호에 따른 관리형신탁에 해당한다면 해당 금융상품을 취급하는 경우는 금융소비자보호법상 금융상품판매업에 해당되지 않음.

9. 아래 상품이 투자성 상품인지?

1 대고객 환매조건채권(RP) 매도(은행 창구 판매, 일반 고객 대상)
2 창구(통장식) CD(은행 창구 판매, 일반 고객 대상)
3 표지어음(은행 창구 판매)

1 대고객 환매조건채권(RP): 투자성 상품에 해당.
2 창구 CD: 예금성 상품에 해당.
3 표지어음: 예금성 상품에 해당.

10. 저축은행이 사모사채 및 기업어음을 증권회사로부터 매입하는 경우 금융상품을 계약한 것인지?

신속처리시스템 회신(저축 210615-25)

사모사채 및 기업어음은 금융소비자보호법상 대출성 상품이 아닌 투자성 상품에 해당됨.

11. 주식, 채권 등 유가증권을 판매업자가 아닌 자(일반소비자 등)가 매도하는 경우 동 매매계약이 금융상품인지?

신속처리시스템 회신(금투 210504-19)

일반적으로 주식, 채권 등 유가증권의 매도는 판매업자와 금융소비자간 계약으로 볼 수 없기 때문에 금융소비자보호법상 설명의무가 적용되는 거래가 아니라고 판단됨*(금융상품에 해당하지 않음)*.

12. 주택청약저축 가입자가 사망하는 경우 예금 명의자를 상속인으로 변경가능한데, 예금의 예금주가 변경된 때에도 금융소비자보호법을 적용받는지?

주택청약저축은 금융소비자보호법상 적용대상이 아님(규정§2① i 但).

13. 수출용 원자재 관련 수입자금 등을 지원하는 한국은행 금융중개지원대출 중 포괄금융 형태로 제공되는 무역금융지원 프로그램[29)]은 금융소비자보호법상 대출성 상품에 해당하는지?

신속처리시스템 회신(은행 210423-57)

한국은행 무역금융지원 프로그램에 따른 무역관련 대출은 그 용도가 특정된 것 외에는 다른 원화대출과 그 특성이 다르지 않다고 판단되므로 금융소비자보호법상 대출성 상품에 해당함.

14. 무역금융 거래 관련 상품[30)]이 금융소비자보호법의 대출성 상품에 해당되는지?

금융소비자보호법상 금융상품에 해당하지 않음(규정§2① ii 但).

15. 체크카드를 보유 중인 금융소비자가 카드사의 계약체결 권유 행위 없이 본인 의사로 체크카드 소액신용한도 서비스[31)]를 신청하고자 하는 경우, 동 서비스를 금융상품으로 보아 적합성 원칙 및 설명의무를 적용해야 하는지?

신속처리시스템 회신(여전 210525-35)

---

29) **한국은행 금융중재지원대출 관련 무역금융지원 프로그램 운용세칙 제6조(융자금의 구분)** ① 무역금융은 자금용도에 따라 구분하여 취급(이하 "용도별금융"이라 한다)하거나 자금용도의 구분 없이 일괄하여 취급(이하 "포괄금융"이라 한다)할 수 있다.
② 용도별금융은 다음 각 호와 같이 구분하여 취급하여야 한다.
1. 국내에서 수출용 완제품 또는 원자재를 제조·가공·개발하거나 용역을 수출(외국인에게 대한 국내에서의 용역 수출 포함)하기 위해 소요되는 자금(이하 "생산자금"이라 한다)
2. 수출용 원자재를 해외로부터 수입하거나 내국신용장에 따라 구매하는데 소요되는 자금(이하 "원자재자금"이라 한다)
3. 국내에서 생산된 수출용 완제품을 내국신용장에 따라 구매하는데 소요되는 자금(이하 "완제품구매자금"이라 한다)
③ 포괄금융은 전년도(1월1일부터 12월31일까지를 기준으로 한다) 또는 과거 1년간 수출실적이 미화 2억 「달러」미만인 업체에 대하여 취급할 수 있다.

30) 수입신용장 개설, 외화수표 매입, 수출환어음 매입(신용장, 무신용장, O/A, 내국신용장), 보증(청구보증, 보증신용장) 등 물품의 수출 및 용역의 제공을 통한 외화획득을 촉진하기 위해 수출업체에 수출물품의 생산, 원자재 및 완제품 구매에 필요한 자금을 지원하는 원화대출 및 관련 지급보증 제도 등을 의미한다(한국무역협회, "무역실무 매뉴얼", 참조).

31) 체크카드 잔고가 부족할 경우, 체크카드로 30만원 이하 범위 내에서 신용결제 서비스를 이용할 수 있는 서비스.

체크카드는 금융소비자보호법상 금융상품이 아니나 체크카드로 소액신용결제 이용한도를 부여받는 경우에는 금융상품으로 이해됨. 다만, 금융회사 등의 계약체결 권유 없이 금융소비자가 자발적으로 신청하여 소액 신용결제 이용한도를 부여받은 경우에는 금융소비자보호법상 적합성 원칙이 적용되지 않으며, 해당 소비자가 별도로 요청하지 않는 한 금융소비자보호법상 설명의무도 이행할 필요 없을 것으로 판단됨.

16. 선지급된 포인트로 차량 대금을 우선 차감하는 혜택을 차량을 구입하는 소비자에게 제공하고, 이후 카드 이용을 통해 적립된 포인트로 상환 처리하는 세이브오토서비스가 대출성 상품인지?

[세이브오토 서비스 절차]

① 금융소비자가 차량 구매 시 '세이브오토 서비스' 신청: 신규회원인 경우 특화카드 신청 시 서비스를 동시 신청하고, 기존 회원인 경우 서비스만 신청

② 차량 판매사의 차량 가격 할인 적용 후 세이브오토 확정(한도: 차종별 20~50만원)

③ 신규 발급 또는 기 보유 카드 사용 실적에 따라 적립된 포인트로 상환 처리

※ 카드 해지 또는 포인트 미적립 등의 경우 이용잔액 일시 청구가 가능하나, 금융소비자 요청에 따라 상환 연장 가능

신속처리시스템 회신(여전 210809-60)

세이브오토 서비스는 금융소비자보호법에서 금융상품으로 열거하고 있는 '신용카드'에 탑재된 부가서비스 등에 해당할 뿐 독자적인 금융상품으로 보기 어려움.

17. 자산운용사가 설정한 펀드의 운용과정에서 수익자로부터 모집한 자금을 차주(시행사 또는 시행사의 SPC 등)에게 대출해주는 계약을 체결하는 경우에 자산운용사가 대출성 상품을 금융소비자와 체결하는 것으로 보아 금융소비자보호법의 규제적용을 받는지?

신속처리시스템 회신(금투 210413-4)

자산운용사의 대출 계약을 금융소비자보호법 적용대상에서 제외하는 규정이 없는 만큼 대출행위도 금융소비자보호법 적용을 받음.

18. 정부 정책에 따라 지원하는 농업 정책자금대출이 금융소비자보호법 적용 대상인지?

「농업·농촌 및 식품산업 기본법」 제63조제2항에 따른 사업에 해당하는 대출을 취급하는 자는 금융소비자보호법 적용대상이 아님(규정§2②iii).

19. 보험계약대출(약관대출)은 금융소비자보호법상 대출성 상품인지?

신속처리시스템 회신(생보 210601-24)

보험계약대출은 보험계약과 별도로 계약체결이 이루어지며, 다른 대출과 마찬가지로 이자부담 뿐만 아니라 원리금을 제때 상환하지 않을 경우 그에 따른 금전 부담[32] 또한 발생하므로 보험계약대출을 일반 대출과 달리 취급해야할 만한 특별한 이유는 없음.

20. 채권금융기관이 취약차주를 위하여 자체적으로 채무조정을 진행하는 경우 금융소비자보호법 적용 제외 대상인지?

감독규정 제2조제2항제4호[33]에 준하는 사례로 볼 수 있는 경우에 금융소비자보호법 적용이 제외될 수 있음.

21. 신용카드사에서 발급하는 후불 하이패스카드[34]가 대중교통법에 따른 교통카드에 해당하여 감독규정 제2조제2항제5호에 따라 금융상품에서 제외되는지? 고객이 신용카드와 후불 하이패스카드를 동시에 발급 요청 시 영업행위 규제를 각각 적용해야 하는지?

신속처리시스템 회신(여전 210525-37)

카드사가 발급하는 후불 하이패스카드는 신용공여 기능이 있고, 「대중교통의 육성 및 이

32) 연체 시 '대출원금+연체이자액'에 이자율을 곱하여 계산한 이자를 부담한다.
33) **감독규정 제2조 (정의)** ② 영 제2조제2항제4호에서 "금융위원회가 정하여 고시하는 것"이란 다음 각 호의 어느 하나에 해당하는 영업을 말한다.
  4. 금융소비자의 기존 대출(법 제2조제1호가목·라목 및 제2조제1항제2호 본에 따른 대출을 말한다. 이하 "대출"이라 한다)로 인한 원리금 상환 부담을 「서민의 금융생활 지원에 관한 법률」 제73조 각 호의 어느 하나에 해당하는 방법으로 낮춰주기 위해 체결하는 대출에 관한 계약을 업으로 영위하는 것
34) 일반 신용카드에 추가로 발급되는 통행료 전용카드로, 일반 가맹점에서의 신용구매는 불가하며, 고속도로 및 전국 유료도로 통행료 결제용으로만 사용 가능하다. 통행료는 일정기간 동안(월1회 등) 합산하여 신용카드 대금으로 청구된다.

용촉진에 관한 법률」에서 정하는 교통카드로 보기 어려우므로 금융상품에 해당할 것으로 판단됨. 이에 신용카드와 후불 하이패스카드는 동시에 발급[35]되더라도 별개의 금융상품이므로, 적합성 원칙, 설명의무, 계약서류 제공의무는 개별적으로 이행하여야 함.
다만, 금융위원회는 후불 하이패스카드는 그 용도가 도로 통행료 결제에 국한되어 소비자보호 필요성이 비교적 낮은 점을 감안하여 유사한 이유로 금융상품의 예외로 규정(규정 §2② v)된 후불 교통카드와 같이 금융소비자보호법상 금융상품의 예외로 규정하는 방안을 검토하겠다고 밝힘.

22. 새마을금고·농협·수협·산림조합에 대한 금융소비자보호법 적용은?

10문 10답(8면)

① 금융소비자보호법 적용대상이 아닌 이유: 농협·수협·산림조합·새마을금고의 감독·제재 체계[36]가 금융소비자보호법 제정 당시 반영되지 않아 금융소비자보호법 적용범위에서 제외됨.

② 대응경과 및 향후계획: 금융위원회는 2020년 10월부터 새마을금고·농협·수협·산림조합에 금융소비자보호법을 적용하는 방안을 관계부처와 협의해왔음. 향후 관계부처와 함께 방안을 마련하여 발표할 계획임을 밝힘.

▌제2절▐ 금융상품판매업자

Ⅰ. 의의

금융소비자보호법은 규제대상을 '금융상품판매업자등(금융상품판매업자 및 금융상품자문업자을 의미하며, 이하 "판매업자등"이라 한다)'으로 정의하여 규제공백을 없애고자 한다.[37] 개별 금융법상 은행, 증권사, 보험회사, 카드사, 저축은행 등으로 규제되던 금융회사 및 판매채널을 영업행위 양태(형태)를 기준으로 금융상품판매업자(이하 "판매업자"라 한다) 및 금

35) 후불교통카드 기능이 탑재된 신용카드와는 달리 후불 하이패스카드는 별도의 PLATE로 발급한다.
36) 금융위원회(새마을금고는 중앙회장)가 감독을 수행하지만, 기관조치 권한은 없다. 농협 등이 금융소비자보호법 적용대상이 되면 현 체계와 달리 금융위원회가 기관조치 가능하다.
37) 한국개발연구원·자본시장연구원·서울대학교 금융법센터, "「(가칭)금융소비자 보호법 제정 기본방향」 토론회 개최", 보도자료, 2010.06.29., 7면 참조.

융상품자문업자(이하 "자문업자"라 한다)로 구분하여 기능별 규제체계를 도입한 것이다.

법체계상 금융상품판매업을 규정하고, 금융상품판매업을 영위하는 자를 '금융상품판매업자'로 규정하므로 '금융상품판매업'부터 살펴본다.

II. 금융상품판매업의 제외

금융소비자보호법은 해당 영업(행위)의 성격 및 금융소비자 보호의 필요성을 고려하여 일부는 금융상품판매업(이하 "판매업"이라 한다)에서 제외한다. 판매업 제외 영업(행위) 중 자본시장법에서 금융투자업으로 보지 않는 사항을 대부분 인용하고 있다(영§2② i~iii).

감독규정(§2② i)에서는 경영참여형 사모집합투자기구의 경우 투자대상기업의 지분증권을 매입하는 등으로 투자하고 사원에게 이를 취득하게 하거나, 출자이행 요구 방식의 출자(자본시장법 시행령§271-14⑪)하는 행위를 판매업에서 제외한다.

정책적 목적에 따라 금융상품을 취급하는 경우도 판매업에서 제외한다(규정§2②iii~v[38]). 크게 ① 기금대출, ② 채무조정 대출, ③ 교통카드로 구분된다. ①에서 유의할 점은 농림축산식품부장관 · 해양수산부장관 · 서민금융진흥원 · 주택도시보증공사 · 한국주택금융공사가 취급 · 운용하는 금융상품 전체가 제외되는 것이 아니라, 법령에 따른 국가(지방자치단체 포함) 예산 또는 국가재정법(별표2)에 따라 설치된 기금을 통해 각 주체가 소관 법에 따라 지원하는 대출에 한해서 제외된다는 점이다. 이를 엄격히 적용하면 근로자 햇살

38) **감독규정 제2조(정의)** ② 영 제2조제2항제4호에서 "금융위원회가 정하여 고시하는 것"이란 다음 각 호의 어느 하나에 해당하는 영업을 말한다.

3. 법령에 따라 <u>행정목적 달성을 위해 국가 · 지방자치단체의 예산 또는 「국가재정법」 별표 2에 따른 법률에 따라 설치된 기금을 통해 지원하는 대출</u>로서 다음 각 목의 사항 중 어느 하나에 해당하는 대출을 취급하는 업
   가. 「농업 · 농촌 및 식품산업 기본법」 제63조제2항에 따른 사업에 해당하는 대출
   나. 「서민의 금융생활 지원에 관한 법률」 제2조제5호에 따른 서민 금융생활 지원사업에 해당하는 대출
   다. 서민의 주거안정을 위해 다음의 자가 「국가재정법」 별표 2에 따른 법률에 따라 설치된 기금을 통해 지원하는 대출
   라. 「수산업 · 어촌 발전 기본법」 제51조제2항에 따른 사업에 해당하는 대출
      1) 「주택도시기금법」에 따른 주택도시보증공사
      2) 「한국주택금융공사법」에 따른 한국주택금융공사
4. 금융소비자의 기존 대출(법 제2조제1호가목 · 라목 및 제2조제1항제2호 본문 및 같은 항 제6호에 따른 대출을 말한다. 이하 "대출"이라 한다)로 인한 원리금 상환 부담을 「서민의 금융생활 지원에 관한 법률」 제73조 각 호의 어느 하나에 해당하는 방법으로 낮춰주기 위해 체결하는 대출에 관한 계약을 업으로 영위하는 것
5. 교통요금을 전자적으로 지급 · 결제하는 목적으로 발급된 「대중교통의 육성 및 이용촉진에 관한 법률」 제2조제6호에 따른 교통카드에 관한 계약을 업으로 영위하는 것

론, 햇살론youth, 햇살론17은 서민금융지원법 제2조제5호에 따른 대출이 아니므로 법상 제외대상 요건을 충족하지 않으나, 정책금융상품의 공공성 등 감안 시 동일한 성격의 상품을 동일하게 취급할 필요성이 있으므로 제외대상으로 인정된다.

한편 농·수·축산업 협동조합 및 산림조합은 금융소비자보호법 규제대상이 아님에도 신용사업(예금, 대출 등)을 하는 경우 금융소비자보호법 규제대상인 신용협동조합으로 의제되므로(신용협동조합법§95①) 이를 배제하기 위해 이들 법인의 신용사업을 판매업에서 제외한다(규정§2② vi).

재보험은 보험회사가 인수한 보험계약상의 보험금 지급 등 기타 급여책임의 일부 또는 전부를 다시 다른 보험자에 전가하는 보험계약으로(보험업감독규정 별표1 ii) 보험회사를 대상으로 영업하는 점을 감안하여 판매업에서 제외한다(규정§2②vii).

Ⅲ. 유형

금융소비자보호법상 규제대상은 판매업자 및 자문업자이다. 판매업자는 다시 금융상품을 직접 판매하는 자, 금융상품 판매를 대리·중개하는 자로 구분한다.

구분		개념	대상(예시)
판매업자	직접판매업자	자신이 직접 계약의 상대방으로서 금융상품에 관한 계약체결을 영업으로 하는 자(투자중개업자 포함)	은행, 보험사, 저축은행, 카드사 등
	대리·중개업자	금융회사와 금융소비자의 중간에서 금융상품 판매를 중개하거나 금융회사의 위탁을 받아 판매를 대리하는 자	투자권유대행인, 보험설계·중개사, 보험대리점, 카드·대출모집인 등
자문업자		금융소비자가 본인에게 적합한 상품을 구매할 수 있도록 자문을 제공	투자자문업자

1. 판매업자

판매업을 영위하는 자로서 금융관계법률[39]에서 판매업에 대하여 해당 법률에 따른 인허가를 받거나 등록을 한 자 및 금융소비자보호법에 따라 판매업의 등록을 한 자를 말한다(법§2iii).

여기서 금융관계법률에 인허가를 받거나 등록을 하지 아니하여도 그 업무를 영위할 수 있도록 한 경우에는 그 업무의 영위자도 판매업자로 포함된다(법§2iii). 여신전문금융업법(§14-2①iii)에 따라 신용카드업자와 회원모집에 관한 업무제휴 계약을 체결하면 동 법상 인허가 또는 등록 없이 해당 업무 영위가 가능한 제휴모집인을 고려하여 규정한 사항이다.[40]

1.1. 직접판매업자

금융상품직접판매업(이하 "직접판매업"이라 한다)이란 이익을 얻을 목적으로 계속적 또는 반복적인 방법으로 하는 행위로서 자신이 직접 계약의 상대방으로서 금융상품에 관한 계약의 체결을 영업으로 하는 것을 말한다(법§2ii가). 금융상품 계약체결은 직접적인 계약체결 행위뿐만 아니라 계약체결과정에서 금융소비자에게 계약체결을 유도하는 '청약의 권유행위'와 금융소비자로부터 '청약의사를 수령하는 행위' 및 금융소비자에 대한 '승낙의사 행위'를 포함한다. 실제 계약체결의 양태는 아래 예시와 같다.

- □ 금융상품을 계약대상으로 계약을 체결(보험, 예금 등)
- □ 금융상품에 대해 위탁매매 계약을 체결(주식, 펀드 위탁매매 등)
- □ 금융상품에 대해 일임하는 계약을 체결(투자일임계약 등)

금융상품직접판매업자(이하 "직접판매업자"라 한다)란 이러한 직접판매업을 영위하는 자(법§2iii가), 즉 금융상품대리·중개업자를 거치지 않고 금융소비자에게 직접 금융상품을 판매할 수 있는 자를 의미한다.[41] 예를 들어 은행이 예금상품을 금융소비자에게 직접 판매하므로 이 경우 은행은 예금상품(계약)의 직접판매업자이다. 여기서 주의할 점은 판매

---

39) 근로자퇴직급여 보장법, 대부업법, 보험업법, 저축은행법, 수산업협동조합법, 신용협동조합법, 여신전문금융업법, 온라인투자연계금융업법, 은행법, 인터넷전문은행법, 자본시장법, 중소기업은행법, 산업은행법(영§2③).
40) 신속처리시스템 회신(여전 210928－75) 참조.
41) 금융위원회. "「금융소비자보호에 관한 법률」 제정안 및 「금융위원회 설치 등에 관한 법률」 개정안 입법예고", 보도자료의 별첨자료(금융소비자보호에 관한 법률 제정안 주요 내용), 2011.11.16., 13면 참조.

(영업)행위를 기준으로 구분해야 한다는 점이다. 은행이 보험상품을 판매하는 경우는 보험업법(§91)상 금융기관보험대리점으로서 보험회사의 상품을 대리·중개하여 판매하는 것이므로 금융상품대리·중개업자에 해당한다.

투자중개업은 '중개'업라는 명칭으로 인해 대리·중개업으로 오인될 가능성이 있어 법(§2 ii 가)에서 직접판매업임을 분명히 했다.

1.2. 대리·중개업자

금융상품대리·중개업(이하 "대리·중개업"이라 한다)이란 이익을 얻을 목적으로 계속적 또는 반복적인 방법으로 하는 행위로서 금융상품 계약체결행위를 대리·중개 또는 대행하는 행위를 업으로 하는 것을 말한다(법§2 ii 나). 금융상품대리·중개업자(이하 "대리·중개업자"라 한다)란 이러한 대리·중개업을 영위하는 자이다(법§2 iii 나).

구분	등록근거	법적 성격	실제 판매행위 양태
보험설계사	보험업법 §84	중개 (1사 전속)	보험업법(§85②)에 따라 1개 보험회사에 전속되어 영업
보험대리점	보험업법 §87	대리	보험회사를 대리하여 계약체결이 가능하나, 실제로는 보험회사로부터 대리권한을 위임받지 않고 단순 중개방식으로 영업
보험중개사	보험업법 §89	중개	상법상 중개업으로 영업. 다만, 1개의 보험회사만 대상으로 하는 경우 1사 전속 보험대리점과 유사한 형태로 영업
투자권유 대행인	자본시장법 §51	위탁·대행 (1사 전속)	자본시장법(§51①)에 따라 1개 금융투자업자에 전속되어 영업
대출모집인	금소법 §12	중개 (1사 전속)	금융소비자보호법(규정§22i)에 따라 1개 금융회사에 전속되어 영업
카드모집인	여전법 §14-3	중개 (1사 전속)	여신전문금융업법(§14-5②)에 따라 1개 카드사에 전속되어 영업
제휴모집인	–	제휴	제휴모집인은 카드사와 업무 제휴 계약을 맺은 범위 내에서 영업

2. 자문업자

2.1. 자문업

'금융상품자문업(이하 "자문업"이라 한다)'이란 이익을 얻을 목적으로 계속적 또는 반복적인 방법으로 금융상품의 가치 또는 취득과 처분결정에 관한 자문에 응하는 것을 말한다(법§2 ⅳ).

다만, 아래의 경우 자문업에서 제외하는데 모두 자본시장법상 투자자문업으로 보지 않는 조항을 거의 그대로 인용하였다.

❖ **자문업 제외**

금소법	구분	인용조문 (자본시장법)
법§2 ⅳ가	불특정 다수인을 대상으로 발행되거나 송신되고, 불특정 다수인이 수시로 구입하거나 수신할 수 있는 간행물·출판물·통신물 또는 방송 등을 통하여 조언을 하는 것	법§7③
영§2④ i	변호사, 변리사 또는 세무사가 「변호사법」, 「변리사법」 및 「세무사법」 등에 따라 수행하는 금융상품자문	영§7④ ix
영§2④ ii	「자본시장과 금융투자업에 관한 법률」에 따른 집합투자기구평가회사, 채권평가회사, 신용평가회사, 그 밖에 이에 준하는 자가 해당 법률에 따라 수행하는 금융상품자문	영§7④ ix
영§2④ iii	판매업자가 따로 대가를 받지 않고 금융상품판매업에 부수하여 수행하는 금융상품자문	영§7④ viii
규정§2④	감정인, 공인회계사가 해당 법률에 따라 법 금융상품자문에 응하는 것	영§7④ ix

금융소비자보호법은 자문업자의 자문행위와 판매업자의 구매권유 행위를 구분한다. 구매권유는 금융소비자의 계약체결을 목적으로 적극적인 구매유도행위인데 반해 자문행위는 단순히 금융소비자의 자문에 응하는 것이기 때문이다. 금융상품자문 과정에서 개별 금융상품에 대해 구체적인 설명을 하더라도 이는 자문과정의 일부에 불과하며 해당 상품의 구매를 권유하는 행위가 아니다.

2.2. 자문업자

"자문업자"란 금융상품자문업을 영위하는 자로서 금융관계법률에서 금융상품자문업에 해당하는 업무에 대하여 인허가를 받거나 등록을 한 자(투자자문업자) 및 금융소비자보호법에 따라 금융상품자문업의 등록을 한 자(독립금융상품자문업자)를 말한다(법§2 v).

자문업자가 판매업자와 이해관계를 가지고 특정 판매업자만을 위해 사실상 구매권유하는 문제점을 차단하기 위해 판매업자(금융회사)는 금융소비자보호법에 따라 자문업자로 등록할 수 없도록 설계되었다. 금융상품판매업의 겸영을 금지하는 독립상품자문업자를 도입한 것이다.

구매권유와 구분되는 개념임에도 자문행위에 대해서 구매권유에 적용되는 행위규제(적합성 원칙, 설명의무, 부당권유금지 등)를 부과하고 있다. 이는 겸영금지와 같은 진입규제에도 불구하고 자문업자의 자문행위로 인해 금융소비자가 해당 금융상품을 구매하게 될 개연성이 큰 점을 감안한 조치이다.

Ⅳ. 기존규제

개별 금융법은 진입규제에 따라 인·허가 또는 등록받은 자에 한해서 금융업을 영위할 수 있도록 하고, 이들을 금융회사라고 통칭하였다. 금융소비자보호법에서는 규제대상이 '금융회사'가 아닌 '금융상품판매업자등'이므로 '금융회사'는 전문금융소비자 정의 규정(법§2)에서 1회, 기존규제상 금융회사가 금융소비자보호법상 어떤 판매업자등으로 구분되는지 알려주는 업종 구분 규정(법§4)에서 1회 언급된다.

금융회사		구분
은행		직접판매업자, 대리·중개업자
금융투자	투자매매업자	직접판매업자, 대리·중개업자
	투자중개업자	직접판매업자, 대리·중개업자
	투자자문업자	자문업자
	투자일임업자	직접판매업자
	신탁업자	직접판매업자, 대리·중개업자

금융회사		구분
	종합금융회사	직접판매업자, 대리·중개업자
	투자권유대행인	대리·중개업자
	집합투자업자, 증권금융회사, 단기금융회사, 자금중개회사	직접판매업자
보험	보험회사	직접판매업자, 대리·중개업자
	보험설계사, 보험대리점, 보험중개사	대리·중개업자
여전	여신전문금융회사, 겸영여신업자	직접판매업자, 대리·중개업자
	모집인	대리·중개업자
대부	대부업자(금융위 등록)	직접판매업자
	대부중개업자(금융위 등록 대부업자와 위탁계약 체결)	대리·중개업자
신협	신용협동중앙회(공제사업 한정)	직접판매업자
	공제상품모집인	대리·중개업자
상호저축은행		직접판매업자, 대리·중개업자
대출성 상품 대리·중개업자		대리·중개업자
온라인투자연계금융업자		직접판매업자, 대리·중개업자

V. 영업행위의 구분

1. 개관

금융소비자보호법은 영업(판매)행위를 기준으로 규제를 적용하므로 특정 행위가 어디에 해당하는지 구분하는 것이 중요하다. 행위의 목적, 성질, 실제로 이루어지는 형태에 따라 단순안내/광고/권유/대리/중개/자문으로 구분할 수 있다. 영업행위 구분과 관련해 기준이 모호한 부분은 3가지로 ① 단순 정보제공(안내)/광고, ② 광고/권유, ③ 단순 정보제공/권유이다. 광고와 권유 규제(적합성 원칙, 설명의무)는 6대 판매행위 규제 중 하나이므로 해당 목차에서 상술한다.

❖ 금융상품 판매 단계별 절차[42)]

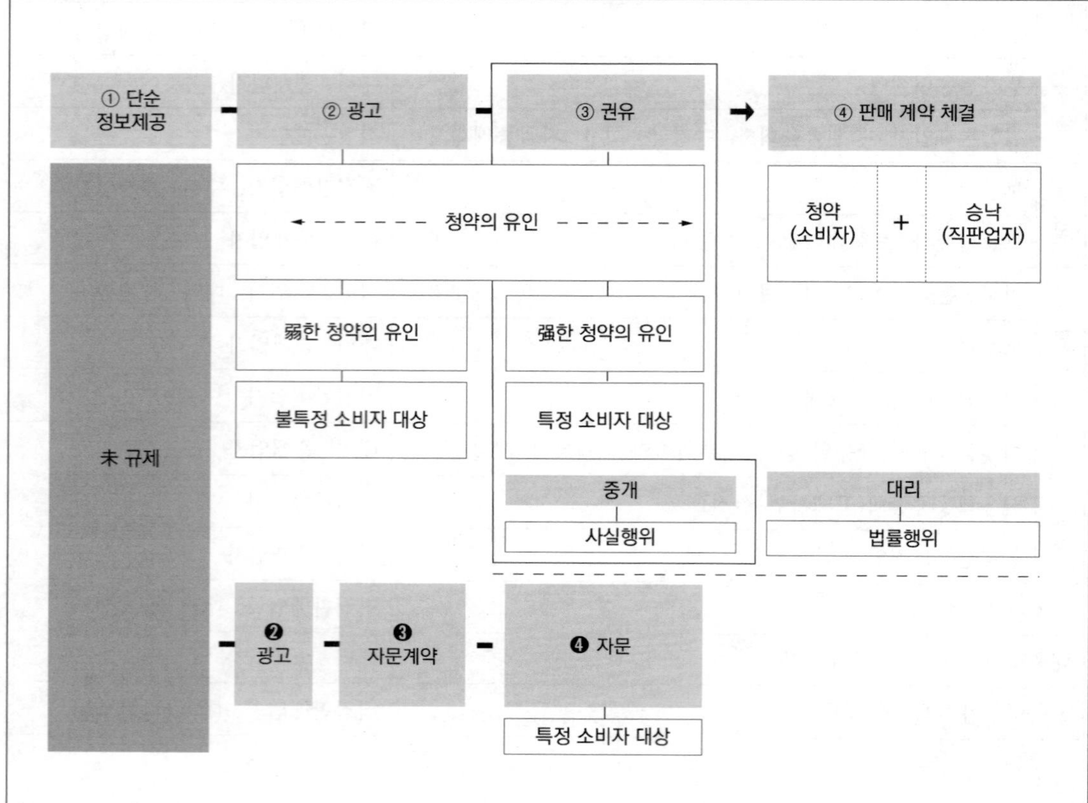

□ 광고: 불특정 소비자에게 사업자 또는 상품내용 등을 널리 알리거나 제시(표시광고법 §2)

- 인터넷 홈페이지의 FAQ에 신용조회 관련 설명 게시는 광고 해당(대법원 2009두843)
- 사이버몰 입점업체 광고에 대한 운영자의 광고주체로서 행정책임 여부는, ① 양자間 거래약정 내용, ② 사이버몰 이용약관 내용, ③ 양자間 역할 · 관여 정도, ④ 광고 내용, ⑤ 소비자 오인가능성 등을 종합하여 구체적 · 개별적으로 판단(대법원 2003두8296)

□ 권유: 특정 소비자에게 금융상품 판매 계약체결을 목적으로 금융상품에 대한 정보를 제공하고 해당 소비자에게 계약체결을 촉구

- 투자권유의 해당 여부는 설명의 정도, 투자판단에 미치는 영향, 실무처리 관여도, 이익발생 여부 등을 제반사정을 종합하여 판단(대법원 2014도14924)
- 보험계약의 권유행위는 보험계약체결을 목적으로 고객에게 보험상품에 대한 정보를 제공하거나 보험가입을 촉구하는 행위(서울행정법원 2013구합62367)

□ 중개: 직판업자를 위해 직판업자와 소비자 간에 계약이 체결될 수 있도록 힘쓰는 일체의 사실행위

42) 금융감독원, 금융소비자보호법 안내자료(2021.03.24.), 9면 참조.

• 보험계약체결 중개는 보험자와 계약자 간에 보험계약이 성립될 수 있도록 힘쓰는 일체의 사실행위(서울행정법원 2013구합62367)
□ 대리: 직판업자를 위해 소비자로부터 청약의사를 수령하거나 소비자에게 승낙의사를 표시하는 것
• 보험계약체결 대리는 보험자와 위탁계약을 체결한 보험대리점이 계약자로부터 청약 의사표시를 수령하고 보험자를 위하여 승낙의 의사표시를 하면 그 법률효과가 직접 보험자에게 귀속되는 것(서울행정법원 2013구합62367)
□ 자문: 특정 소비자를 대상으로 금융상품의 가치 또는 취득·처분 결정에 대한 자문에 응하는 것(법§2 iv)
• 불특정 다수인을 상대로 한 경우가 아니라, 문의자와 상담자 사이에 1:1 상담 혹은 자문이 행해지는 것은 투자자문업에 해당(대법원 2006도119) • 자문업 제외 ① 불특정다수 대상 간행물·출판물·통신물·방송 등을 통한 조언 ② 변호사·변리사·세무사·공인회계사 등 해당 법률에 따른 자문 ③ 무상으로 금융상품판매업에 부수하여 금융상품의 가치 등에 자문

2. 온라인 금융플랫폼[43)]

2.1. 기준

온라인 플랫폼의 금융상품 관련 서비스가 금융소비자보호법상 어느 유형(광고/중개/자문)에 해당하는지에 대해 4가지 기준은 다음과 같다.

첫째, 자격(책임) 없는 자로 인한 금융상품 불완전판매와 중개수수료 상승에 따른 소비자 피해[44)]를 방지하기 위해 금융소비자보호법상 목적(금융소비자 권익보호 및 건전한 시장질서 유지) 및 취지를 우선하여 판단한다.

둘째, 서비스의 목적이 '정보제공' 자체가 아니라 '판매'를 목적으로 하는 경우 일반적으로 중개에 해당한다. 특정 영업행위에 한정하지 않고 판매과정 전반 및 판매업자와의 계약내용[45)] 등 제반사항을 종합적·객관적으로 판단하여 해당 서비스의 목적을 파악한다.[46)]

---

43) 금융위원회·금융감독원, "온라인 금융플랫폼의 건전한 시장질서 확립을 위해 관련 금융소비자보호법 적용사례를 전파했습니다.– 제5차 금융소비자보호법 시행상황 점검반 회의 개최 –", 보도자료의 별첨자료(온라인 금융플랫폼 서비스 사례 검토결과), 2021.09.07. 참조.

44) 온라인의 경우 허위정보 제공, 알고리즘의 편향성 또는 오작동 등에 따른 피해가 우려된다.

45) 판매실적에 따른 수수료 지급여부, 상품 공급규모 결정권한 등.

46) 사업자가 컴퓨터에 의하여… (중략) …온라인 통신 또는 검색망 서비스를 제공했다 하더라도, 그 목적이 데이터베이스나 기타 정보제공 그 자체에 있는 것이 아니라, 상품의 판매활동을 중개 또는 알선하기 위한 목적에서 상품의 판매 또는 구매에 필요한 범위 내의 데이터베이스나 정보를 제공했다면 상품중개업이나 전자상거래업을 영위한 것으로 볼 수 있을지언정 부가통신업을 영위한 것으로 볼 수는 없다(대법원 2013두11086).

셋째, 판매업자가 아님에도 금융상품 계약의 거래 상대방을 플랫폼으로 오인할 가능성이 있는지가 중요하다. 금융소비자의 플랫폼에 대한 신뢰가 계약 의사결정의 중요요소 중 하나임에도 플랫폼이 법적 책임을 지지 않는 상황을 방지할 필요가 있기 때문이다.

넷째, 자동차보험 등 의무보험, 신용대출 등과 같이 구조가 단순한 금융상품일수록 중개로 인정될 여지가 많다. 금융상품 간 차별화 정도가 낮아 판매망 의존도가 높아질수록 많은 가입자를 보유한 플랫폼의 역할(지배력)이 커져 규제필요성이 요구된다.

2.2. 사례

위 4가지 기준에 따라 분석한 특정(A) 플랫폼 검토결과를 먼저 살펴본 후, 행위양태가 ① 금융상품 정보제공, ② 금융상품 비교 · 추천, ③ 맞춤형 금융정보 제공인 경우로 구분하여 사례를 검토한다.

< A 플랫폼의 서비스 개요 >

- □ 플랫폼 첫 화면에서 '투자'를 플랫폼 제공서비스 중 하나로 표시
- □ '투자' 아이콘 클릭 시 온라인연계투자상품 목록을 소비자에 제공
- □ 상품목록에서 특정 상품 선택 시, 플랫폼 내에서 계약체결 · 관리(상세정보 제공 → 계약체결 → 투자금 송금 → 투자내역관리)가 가능

A 플랫폼의 서비스는 3가지 이유로 '중개'에 해당한다. 첫째, A 플랫폼의 시장공간(market place)은 '허락된' 업체에만 제공되어 판매업체의 입점 · 영업 과정에서 A 플랫폼이 판매 관련 거래조건, 판매방식 등에 영향을 미치지 않을 것이라 보기 어렵다.

둘째, A 플랫폼을 거쳐 체결된 계약에 대해 판매업자로부터 건수 또는 금액의 일정 비율만큼 수수료를 취득하였고, 플랫폼의 편의 서비스(소비자 식별정보[47] 제공, 투자금 송금 및 투자내역 정보열람 서비스 등)는 '자사 앱을 통한 계약체결'을 늘리기 위한 목적으로 이해되므로, 동 서비스 제공이 단순히 광고만을 목적으로 한다고 보기 어렵다.[48]

셋째, 판매과정이 플랫폼 내에서 이루어지므로 소비자는 해당 계약을 일반적으로 플랫폼과의 거래로 오인하기 쉽다. 금융앱이라는 특성상 TV, 신문, 검색포털 등 일반적인 광고매체와 달라서 소비자가 앱에서 제공하는 금융상품 정보를 플랫폼과 분리하여 인식

47) 해당 연계서비스 사업자에게 A 플랫폼 회원임을 확인시키려는 목적의 정보.
48) 관련 판례: 2013두11086.

하기는 쉽지 않다. 특히 플랫폼 첫 화면에 '송금, 대출, 보험'과 함께 '투자'를 제공서비스로 표시하고 있고, '투자' 아이콘을 클릭하면 앱 내에서 상품 정보가 제공되어 플랫폼 상품으로 인식할 가능성이 높다.

2.2.1. 금융상품 정보제공

첫 번째 사례는 소비자가 인지한 서비스 제공주체(외양)와 실제 서비스 제공주체가 달랐던 부분이 주요 쟁점사항에 해당한다.

외양	사실관계	실제
플랫폼	① 첫 화면상 제공서비스로 '투자' 표시	플랫폼
플랫폼	② '투자' 클릭 시 '펀드, 연금보험, 저축보험' 각각의 상품목록 제공 (펀드) 상품명을 직접 표시하지 않고 상품특성을 표시 (연금보험) 상품명없이 '연금보험'으로만 표시 - 화면 - [펀드] 유망산업에 투자하는 펀드 착한기업에 투자하는 펀드 [연금보험]	플랫폼
플랫폼	③ 상품목록 중 하나를 특정하여 클릭 시 해당 상품의 구체적 정보 제공 (펀드) 특정 펀드정보 표시 (연금보험) 상품명을 나열하지 않고 특정 1개 상품의 구체적 정보를 표시 * 상품명(예: A증권 OO펀드, A보험사 OO보험)은 화면 구석이나 중간에 작은 글씨로 표기	판매업자
플랫폼	④ 청약 등 계약절차 진행 (펀드) 거래계좌가 없는 경우 계좌 신설	판매업자
※ 기타 사실관계 □ 충전 후 결제하고 남은 금액을 특정 판매업자 취급 펀드에 자동 투자되도록 하는 서비스 제공 □ 판매업자에 관한 정보는 화면 최하단에 가장 작게 표기 □ 판매업자로부터 판매실적에 따라 수수료 수령		

① 판매과정에서의 플랫폼의 높은 관여도 및 ② 오인가능성을 감안시 '중개'에 해당한다. ① 플랫폼을 통해 체결된 계약에 비례하도록 설계된 수수료 수입, 플랫폼으로 소비자를 유인하기 위해 제공하는 편의서비스,[49] 플랫폼의 판매이익만을 위해 서비스가 설계·제공될 가능성[50]은 플랫폼이 판매과정에 적극적으로 관여한다고 볼 수 있는 이유이

49) (예시) 정보제공, 판매에 필요한 전자인증, 계약체결을 위한 송금 및 계약내역 열람 서비스 등.
50) 소비자 판단에 영향을 미칠 수 있으므로 법적 책임의 확보가 필요하다.

다. ② 또한, 플랫폼의 '투자' 서비스 내에서 모든 계약절차[51]가 완결되는 점, 사회통념상 보통의 주의력을 가진 일반인이 판매업자 표시를 인지하기 어려운 점, 상품목록에서 상품명이 아닌 상품특성을 표시하고, 상세페이지에서도 상품명을 눈에 띄지 않게 표시한 점을 고려하면 금융소비자는 계약상대방을 플랫폼으로 오인할 가능성이 높다.

위와 같은 중개행위를 위해 플랫폼은 상품별 판매업자 등록이 필요한데, 자본시장법(§51①)상 투자권유대행인 등록[52]은 개인에게만 허용되고, 보험대리점 등록은 보험업법 시행령(§32①ⅲ)에 따라 허용되지 않으며, 보험대리점으로부터 업무를 위탁받아 영업행위를 하는 것 역시 금융소비자보호법(§25①ⅱ)상 금지되어 있다. 따라서 사례와 같은 중개서비스를 현행 금융업법상 할 수 없다.

다만, 보험업법 개정을 통해 온라인 플랫폼의 보험대리점 등록을 허용할 계획이었으나, 법 개정이 오래 소요되는 점을 감안하여 금융위원회는 보험상품 중개(비교·추천)를 혁신금융서비스로 지정하여 2022년 10월 시행할 것임을 밝혔다.[53] 펀드의 경우 원금손실(투자성) 및 불완전판매(정보비대칭) 우려를 고려하여, 보험상품의 혁신금융서비스 운영 성과를 일정기간(예: 6개월 등) 지켜본 이후 플랫폼에 대한 투자중개업 인가를 검토할 예정이다.[54]

그 밖의 쟁점사항으로, 계약체결 당사자를 플랫폼으로 오인할 우려가 있는 광고는 금융소비자보호법(규정 §19①ⅴ)상 광고규제 위반 소지가 있다.

2.2.2. 금융상품 비교·추천

구분	사실관계
보험	① (플랫폼) 첫 화면상 제공서비스로 '보험' 표시 ② (플랫폼) '보험' 클릭 시 플랫폼이 추천하는 인기보험을 상품명 없이 유형(자동차보험/실손보험 등)으로 표시 – 화면 – [자동차보험] [실손보험]

51) 청약 → 송금 → 계약내역 관리.
52) 만약 플랫폼이 자산운용사와 판매계약을 체결하여 자본시장법상 투자중개업자로서 중개하는 경우는 금융소비자보호법상 금융상품직접판매업에 해당하므로 자본시장법상 투자중개업 인가가 필요하다.
53) 금융위원회, "(금융규제혁신) ❶ 금융회사의 플랫폼 업무 활성화 및 온라인 플랫폼 금융상품 중개업 시범운영 ❷ 금융규제 샌드박스 내실화 추진(이하 "플랫폼 중개업 시범운영"이라 한다)", 2022.08.23., 8면 참조.
54) 금융위원회, 플랫폼 중개업 시범운영의 별첨2, 13면 참조.
55) 사용중인 카드 등.

구분		사실관계
	자동차 보험	③ (보험대리점) 보험 관련 자신의 정보(예: 소유 자동차 등) 입력 ④ (보험대리점) 보험상품 목록 및 보험료 조회서비스 제공
	실손 보험	③ (보험대리점) 여러 상품명을 나열하지 않고 특정 1개 상품의 구체적 정보를 표시 * 상품명(예: A보험사 OO보험)은 화면 구석이나 중간에 작은 글씨로 표기 ④ (보험대리점) '보험료 조회' 클릭 시 해당 보험회사 모바일 화면으로 이동
신용카드		① 플랫폼 이용(결제)내역이나 소비자 입력정보[55])를 활용해 신용카드 추천[56]) ② 추천카드 중 하나 클릭 시 구체적 정보 제공 ③-1 카드 신청 클릭 시 해당 카드사 모바일 화면으로 연결 ③-2 플랫폼 제휴 신용카드인 경우 플랫폼 내에서 신청절차 모두 진행

① 위 서비스가 판매과정 중 일부라는 점, ② 구조가 단순한 금융상품일수록 플랫폼의 영향력(지배력)이 큰 점을 고려 시 '중개'에 해당한다. ① 금융상품 계약은 통상 '잠재고객 발굴 및 가입유도 → 상품설계 → 소비자의 청약서 작성 → 금융회사의 심사·승낙'으로 진행되는데 사례의 상품추천 행위는 '잠재고객 발굴 및 가입유도'에 해당하고, 해당 플랫폼을 통해 가입할 경우 그에 따른 혜택(예: 현금 지급)을 제공한다는 점을 감안 시 금융상품 추천은 판매과정의 하나이다. ② 또한, 타 상품과 차별화되는 특성이 크지 않다면 잠재고객 발굴에 유리한 플랫폼 확보가 관건이므로 판매업자의 플랫폼에 대한 의존도가 크고, 그에 따라 플랫폼의 우월적 지위에 따른 부작용은 더 크게 부각[57])된다. 다만, 앞서 언급하였듯이 금융위원회는 이러한 문제점에 대한 보완[58])을 전제로 혁신금융서비스 지정을 통해 온라인 플랫폼의 보험상품 중개(비교·추천)를 허용하기로 하였다.

플랫폼은 여러 신용카드의 중개행위를 위해 여신전문금융업법(§14-2·§14-3)상 신용카드업자와 제휴계약을 체결해야 한다. 플랫폼이 모집인으로 등록하는 경우에는 1사 전속으로 1개의 카드사 상품만 모집을 할 수 있어(여신전문금융업법§14-5② i) 여러 카드상품 추천은 현행법상 허용되지 않는다.

그 밖의 쟁점사항으로, 추천 금융상품이 금융소비자에게 유리하다는 객관적 근거가 제시되지 않으면 금융소비자보호법(영§20①iii)상 광고규제 위반 소지가 있다.

56) (예시) ○○○을 위한 신용카드 Top 10.
57) 예컨대, 상품추천 알고리즘의 편향성으로 인한 소비자 피해, 플랫폼 판매수수료 인상에 따른 소비자 부담 증대 등.
58) 영업보증금 예치 확대, 과다한 수수료 수취 방지, 알고리즘 공정성·투명성 확보, 고객 개인정보보호 강화(금융위원회. 플랫폼 중개업 시범운영의 별첨2, 5면 참조).

2.2.3. 맞춤형 금융정보 제공

구분		사실관계
보험		① (플랫폼) 첫 화면상 제공서비스로 '보험' 표시 ② (플랫폼) '보험' 서비스 중 하나로 '보험상담, 가입 보험상품 분석서비스' 제공 * 모든 서비스는 플랫폼 내에서 제공
	보험상담	③ (플랫폼) 소비자가 보험상담을 의뢰할 경우 (개인정보제공 동의 후) 판매목적이 없음을 강조하며 보험대리점 소속 설계사를 연결 ④ (보험대리점) 의뢰에 따라 상담 제공(전화 또는 채팅) ⑤ (플랫폼) 상담내역 관리서비스 제공
	분석서비스	③ (플랫폼) 개인정보제공 동의 후 소비자의 보험상품 가입현황 정보 제휴사에 제공 ④ (제휴 보험회사) 보완 필요사항(예: 암보장 부족) 등 분석결과를 제공 ⑤ (제휴 보험회사) 분석결과와 관련해 보험상품(분석서비스 제공하는 1개 보험회사의 상품)을 추천하고 가입지원[59]

2.2.3.1. 보험상담

플랫폼이 판매업자가 아닌 경우 보험상담은 '자문서비스'에 해당한다. 실제 상담제공자는 플랫폼이 아닌 보험대리점 소속 설계사이나[60] 동 사실만으로 판매업자의 서비스라고 주장하기 어렵다. '보험상담'을 플랫폼의 서비스로 표시하며, 상담의뢰 후 절차 및 사후관리가 모두 플랫폼 내에서 관리되고, 소비자로부터 직접적인 대가는 받지 않지만 상담정보 축적 등 비금전적 이익은 받을 수 있어 영리목적이 없다고 보기 힘들기 때문이다.

플랫폼이 판매업자인 경우 자문업의 예외[61]에 해당하여 보험상담은 '중개'에 해당한다. 만약, 플랫폼에서 '보험상담'을 'A 보험대리점의 보험상담'으로 표시하는 등 플랫폼 제공서비스가 아님을 소비자에 명확히 인지시킬 경우에는 중개가 아닌 판매업자 알선으로 볼 수 있다.

그 밖의 쟁점사항으로, 플랫폼이 판매업자임에도 '보험상담'에 판매목적이 없음을 강조하는 행위는 금융소비자보호법(§22)상 허위광고에 해당할 소지가 있다.

2.2.3.2. 분석서비스

플랫폼 내에서 분석, 분석결과 제공뿐만 아니라 분석결과 관련 상품추천(분석서비스를

59) (예시) 암보장 상품정보 제공 및 청약 등 가입 지원.
60) 서비스를 다른 법인에 아웃소싱하거나 파견직원으로 운영하는 형태로 이해된다.
61) 판매업자가 소비자로부터 대가를 받지 않고 상담을 제공하는 경우.

제공한 보험회사의 상품으로 한정) 및 가입지원(보험설계 등)이 이루어지는 점, 분석서비스 제공을 허락받은 보험회사에 단독으로 판매기회가 부여되어 플랫폼의 우월적 지위로 인한 부작용[62]을 규제할 필요성 있는 점 감안 시 분석서비스는 '중개'에 해당한다.

Ⅵ. Q&A

[계약체결(영업행위 규제 적용) 여부]

1. 상속으로 인한 명의변경 시에도 적합성 원칙 및 설명의무를 적용해야 하는지?

신속처리시스템 회신(은행 210825-129)

상속인은 피상속인의 재산을 포괄적으로 승계하게 되므로(민법§1005), 금융상품의 성격상 상속에 의한 포괄승계가 가능한 경우 상속에 의한 금융상품 명의변경을 금융상품에 대한 새로운 계약체결로 보기는 어려움.

2. 기존의 예금계약 명의인이 예금을 제3자에 양도하는 명의변경 요청 시, 이를 금융상품에 관한 계약체결로 보아 설명의무 및 계약서류 제공의무를 이행해야 하는지?

신속처리시스템 회신(은행 210407-20)

금융소비자보호법상 설명의무 등은 은행이 일반소비자에게 예금성 상품 등 금융상품 계약체결을 권유하는 경우에 적용됨. 채권양도는 舊채권자(양도인, 舊예금주)와 新채권자(양수인, 新예금주) 간 채권의 동일성을 유지하면서 新채권자에게 채권을 이전하는 것을 내용으로 하는 계약으로 채무자(은행)는 채권양도 계약의 당사자가 아닌 점[63]을 고려하면, 은행과 신규 예금주 간 금융상품 계약체결로 볼 수 없는 예금 양도 시에는 금융소비자보호법상 설명의무 등은 적용되지 않을 것으로 판단됨.

3. 예금이 만기된 경우 동일 상품으로 재예치가 가능한데, 재예치도 금융상품 계약체결로 보아 설명의무 및 계약서류 제공의무를 적용받는지?

신속처리시스템 회신(저축 210521-6)

---

62) (예시) 가입 보험상품 분석결과의 조작, 높은 중개수수료 요구에 따른 보험료 인상.

63) 채무자의 승낙이나 채무자에 대한 통지는 채권양도의 채무자나 제3자에 대한 대항요건일 뿐, 채권이전의 요건은 아니다(민법§450).

예금계약 재예치 시 계약의 주요 내용이 변경될 수 있고 감독규정 제14조제5항제5호에서는 예금의 재예치가 신규 계약임을 전제로 구속성 거래행위의 예외로 규정하고 있는 점 감안 시 일률적으로 신규계약이 아닌 갱신과 동일하다고 보기 어려움.

[필자 보충의견] 일반적으로 예금의 재예치는 기존 예금계약을 만기해지한 후 예치금액 전부를, 소비자의 요청으로 새로운 예금계약(금리는 통상 만기일 기준금리를 따르므로 기존 계약과 상이하며, 상품명은 동일)을 체결하여 예치하는 것을 의미함. 따라서 금융소비자 요청에 따라 재예치 계약이 체결되므로 판매업자의 권유가 없어 금융소비자가 요청하지 않는 한 금융소비자보호법에 따른 설명의무는 없으나, 재예치는 예금성 상품의 새로운 계약체결이므로 계약서류는 제공해야 함.

4. 신용카드 갱신·재발급·추가발급 시 금융소비자보호법상 영업행위 규제(적합성 원칙, 설명의무, 계약서류 제공)가 적용되는지?

갱신	유효기간 만료 전 자동갱신 대상 안내 후 이의제기가 없는 경우 기존 카드와 동일한 카드로 갱신발급
분실재발급	소비자의 분실신고 신청 시 재발급 여부 확인 후 기존 카드와 동일한 카드로 재발급
훼손재발급	카드 훼손 시 소비자가 카드사에 기존 카드와 동일한 카드로 재발급 요청
추가발급	기존 소비자가 자발적 또는 카드사의 권유로 기존 카드와 다른 새로운 카드를 추가로 발급

신속처리시스템 회신(여전 210520-32)

기존 카드와 동일한 카드(연회비, 부가서비스 등의 변경이 없는 경우)로 갱신, 재발급하는 경우에는 새로운 상품에 대한 권유가 있다고 보기 어려우므로 적합성 원칙 및 설명의무 규제가 적용되지 아니하나, 기존 카드와 다른 새로운 카드를 추가발급하는 경우에는 새로운 상품에 대한 권유가 있다고 보여지므로 적합성 원칙 및 설명의무를 이행하여야 할 것으로 판단됨.

한편, 기존 카드와 동일한 카드로 갱신, 재발급이 새로운 계약체결 없이 이루어진다면 계약서류를 제공할 필요는 없으나, 추가발급은 새로운 계약체결에 해당하므로 계약서류를 제공하여야 할 것으로 판단됨.

5. 신용카드 브랜드를 Visa에서 Master로 변경(대체발급)하는 것은 신규계약인지? 대체 발급을 권유하는 경우 적합성 원칙을 적용해야 하는지?

신속처리시스템 회신(여전 210409-2)

유효기간 만료로 국제브랜드사가 변경된 카드를 대체발급하는 경우 연회비, 부가서비스, 해외결제기능 등 주요 사항의 변경이 있다면 동일한 상품의 갱신으로 보기 어려움. 따라서 카드사가 소비자에게 부가서비스 등 주요 사항에 변경이 있는 대체카드 발급을 위한 청약 의사를 표시하도록 유인하는 경우 권유행위로 보여지므로 적합성 원칙이 적용되어야 할 것으로 판단됨.

6. 가족카드[64] 발급은 '신규 계약체결'에 해당되는지?

신속처리시스템 회신(여전 210422-12)

가족카드가 기존 보유 신용카드와 그 내용이 동일하더라도 해당 계약은 기존 보유 신용카드와 별개의 법률관계를 형성하기 때문에 가족카드라는 이유만으로 신규계약이 아니라 할 수는 없음.

7. 자산운용사가 특정법인(전문소비자)과 투자일임계약을 체결 후 투자일임 운용을 위해 펀드매매 등 단순 주문수탁자 역할을 하는 경우 증권사가 해당 법인에게 관련 상품을 설명하고 계약서류를 제공하는 등의 의무를 이행하여야 하는지?

신속처리시스템 회신(금투 210512-27)

투자일임계약이란 소비자로부터 투자성 상품에 대한 처분·취득 등 판단의 전부 또는 일부를 일임받아 운영하는 것(자본시장법§6⑧)으로 금융소비자보호법상 별개의 금융상품으로 규정하고 있음.

직접판매업자가 일임계약체결 시점에 소비자로부터 운용 대상상품 및 대상상품 선정기준 등을 정하여 금융소비자보호법상 판매원칙을 이행하였다면, 정해진 운용방법에 따르는 경우 개별 투자성 상품을 편입할 때마다 직접판매업자 및 주문수탁자가 별도로 설명의무 등 금융소비자보호법상 판매원칙을 이행할 필요는 없음.

---

64) 가족카드는 신용카드 명의자의 신용을 바탕으로 가족 전체가 발급받아 사용할 수 있는 카드를 의미한다. 일반적으로 학생인 자녀 등 신용카드를 만들기 어려운 자를 위해 발급한다.

8. A 판매업자가 판매한 펀드상품을 투자자의 요청으로 B 판매업자에게 이관할 경우 금융소비자보호법상 영업행위 규제를 적용하여야 하는지?

신속처리시스템 회신(금투 210611-33)

펀드상품 판매 시 금융소비자보호법상 영업행위 규제 절차를 이행한 후 투자자의 요청으로 타 판매업자로 펀드가 이관된 경우라면, 펀드상품 판매 당시와 비교하여 상품내용에 대한 중대한 변경이 있었다는 특별한 사정이 있지 않는 이상 금융소비자보호법상 영업행위 규제가 적용된다고 보기 어려움.

[판매업(자)등의 유형 판단]

9. 금융투자업자의 기업금융(IB)부서에서 특수목적기구(SPC)에 대해 실행하는 PF 출자 또는 일반기업 발행증권에 대한 인수·출자 등 업무를 직접판매업으로 보아야 하는지?

신속처리시스템 회신(금투 210504-20)

금융소비자보호법 제13조에서 규정한 해석원칙에 따르면 금융상품 또는 계약관계의 특성 등에 따라 형평에 맞게 해석·적용되어야 하므로 회사의 지분을 취득하는 출자행위는 적합성·적정성 원칙, 설명의무, 불공정영업금지, 부당권유금지, 광고규제 등 판매규제를 적용하기 부적합함. 따라서 동 출자 업무를 금융소비자보호법상 규제 대상*(판매업)*으로 보기 곤란함.

10. 아래와 같은 신기술사업금융업자의 IB투자업무가 금융소비자보호법상 판매업인지?

1 전환사채, 신주인수권부사채 등 주식연계채권 및 보통주, 상환전환우선주 등 주식 인수

2 투자자산의 회수를 위한 전환사채, 신주인수권부사채, 상환전환우선주 등의 제3자 매각

전환사채 (Convertible Bond)	일정한 조건에 따라 채권을 주식으로 전환할 수 있는 권리가 부여된 채권으로서 전환 전에는 사채로서의 이자를 받을 수 있고, 전환 후에는 주식으로서 이익을 얻을 수 있는 사채와 주식의 중간 형태를 띠는 채권

신주인수권부사채 (Bond with Warrant)	사채권자에게 사채 발행 이후 미리 약정된 가격에 따라 일정한 수의 신주 인수를 청구할 수 있는 권리가 부여된 사채
상환전환우선주 (Redeemable Convertible Preference Shares)	채권처럼 만기 때 투자금 상환을 요구할 수 있는 상환권(이익잉여금 한도)과 우선주를 보통주로 전환할 수 있는 전환권, 회사 청산이나 인수합병 시 잔여재산이나 매각대금 분배에 보통주보다 유리한 권리를 가지는 우선권을 가지고 있는 주식

신속처리시스템 회신(여전 210809-56)

금융소비자보호법상 판매업이 아닌 것으로 보임.

11. 금융투자업자(증권회사)가 유동화증권 SPC와 기초자산 매입확약 계약 및 금융자문 계약을 체결하여 유동화 구조를 짜는 등 SPC가 기초자산을 취득하는 데 있어 일정 역할을 수행하는 경우 동 금융투자업자는 대리·중개업자인지?

신속처리시스템 회신(금투 210504-18)

일반적으로 증권회사에서 SPC의 유동화증권 발행에 관한 서비스를 제공한다는 점을 감안하면, 위 SPC도 유동화증권 발행주체일 것으로 판단됨. 이 경우 해당 유동화증권을 금융소비자에 판매하는 증권회사는 금융소비자보호법상 직접판매업자에 해당됨.

12. 저축은행이 사모사채 및 기업어음을 증권회사로부터 매입하는 경우 금융소비자보호법상 규제대상(판매업자)은 증권회사인지?

신속처리시스템 회신(저축 210615-25)

저축은행이 증권회사로부터 사모사채 및 기업어음을 매입하는 경우에 저축은행은 전문소비자에 해당하며, 판매업자인 증권회사는 *(규제대상에 해당하므로)* 전문소비자를 대상으로 준수해야 할 금융소비자보호법상 의무를 준수해야 함.

13. 퇴직연금과 관련하여 「근로자퇴직급여 보장법」상의 운용관리업무 수행자가 금융소비자와의 계약에서 금융소비자보호법상 규제를 준수한 경우에도 같은 법상 자산관리업무 수행자가 규제를 준수해야 하는지?

3차 FAQ[65]

65) 금융위원회·금융감독원, "금융소비자보호법 시행(3.25일) 한 달, 현장은 소비자 친화적 금융환경을 위해 바쁘게 움직이고 있습니다.", 보도자료의 별첨자료[금융소비자보호법 FAQ 답변(3차), 이하 "3차 FAQ"라 한다], 2021.04.27., 3면 참조.

퇴직연금제도의 특성상 실질적으로 금융소비자에 금융상품을 권유하고 계약을 체결하는 자는 운용관리업무 수행자이며, 자산관리업무 수행자는 계약이 체결된 금융소비자의 재산을 보관·관리하는 역할에 불과하므로 규제를 중복 적용하지 않는 것이 금융소비자 권익에 부합함. 따라서 운용관리업무 수행자가 규제를 준수하는 경우 자산관리업무 수행자에게는 규제가 적용되지 않음.

14. 대부업 관련 대리·중개업자는 대부업법상 등록한 대부중개업자 중 금융위원회 등록 금전대부업자와 직접 위탁 계약을 체결한 대부중개업자(최상위 에이전시)로 한정되는지?

신속처리시스템 회신(대부 210416-5)

대부업 관련 대리·중개업자는 금융소비자보호법 시행령 제2조제6항제2호나목, 제4조제3호에 따라, 금융위원회 등록 대부업자와 위탁계약을 체결하여 금융소비자보호법상 대리·중개업무를 수행하는 자를 의미함.

15. IB가 수행하는 프로젝트금융 자문업무 등 금융상품 판매업무에 부수하여 관련 금융상품의 가치를 자문한다면 이는 자문업에 해당하는지?

신속처리시스템 회신(금투 210504-23)

직접판매업자가 직접판매의 일환으로서 수행하는 업무는 금융소비자보호법상 별도의 자문업에 해당하지 않음.

16. 투자매매업자가 기업의 인수 및 합병에 관한 자문 과정에서 통상 해당 기업의 주식 등을 매매하는데 이러한 업무가 투자성 상품의 중개·주선 업무에 해당하는지? 해당한다면 금융소비자보호법상 영업행위 규제를 준수해야 하는지?

신속처리시스템 회신(금투 210504-17)

투자성 상품 매매의 중개·주선 업무가 '자본시장법 제6조제3항에 따른 투자중개업' 또는 '금융상품에 관한 계약의 체결을 대리하거나 중개하는 것'에 해당한다면 자본시장법에 따라 투자매매업자가 기업의 인수 및 합병에 관한 자문 과정에서 상기 중개·주선 업무를 수행한다고 하더라도 원칙적으로 판매업자로서 영업행위 규제를 준수해야 함.

17. 신용보증기금의 P-CBO 제도와 관련하여 증권사가 중소기업 사모사채를 인수하고 이를 SPC에 양도하는 것을 투자성 상품(중소기업 사모사채)에 대한 판매행위로 보고 SPC에게 설명서를 제공하여야 하는지?

신속처리시스템 회신(금투 210413-5)

P-CBO 발행은 증권사와 신용보증기금 간 약정에 따라 이루어지며, 증권사의 사모사채 양도는 그 약정에 따라 이루어지는 과정으로서 해당 행위를 영업행위로 보기는 어렵다고 보임. 증권사의 사모사채 양도는 금융소비자보호법상 금융상품 판매행위로 볼 수는 없으므로 관련 규제의 적용을 받지 않음.

18. 국내은행 해외지점의 경우 금융소비자보호법이 적용되는지?

금융소비자보호법 적용 대상이 아님.

[영업행위 유형 판단]

19. 비대면 금융거래에서의 영업행위 유형 판단 예시 2차 FAQ(2면)

① 상품 추천·설명과 함께 판매업자와 계약을 체결할 수 있도록 지원 ⇒ 중개
② 불특정다수를 대상으로 금융거래를 유인하기 위해 금융상품 관련 정보를 게시 ⇒ 광고

> ☞ '광고'란, 사업자가 자기 또는 다른 사업자의 상품 또는 용역의 내용, 거래조건, 그 밖에 그 거래에 관한 사항을 신문, 방송, 전기통신 등을 통해 소비자에 널리 알리거나 제시하는 행위(표시광고법§2)

③ 판매업자가 특정인 맞춤형으로 광고를 제공 ⇒ 중개
④ 특정 금융상품 추천·설명이 없는 광고(예: 배너광고) 클릭 시 계약을 체결할 수 있도록 판매업자에 연결 ⇒ 광고(일반적으로 적극적인 유인행위로 보기 어렵기 때문)
⑤ 광고에 더하여 청약서류 작성·제출 기능을 지원 ⇒ 중개
⑥ 판매업자가 아닌 자가 이익을 얻을 목적으로 자문에 응하여 그 금융소비자로부터 대가를 받고 상품을 추천[66] ⇒ 자문서비스

66) (예시) 고객 관련 정보를 분석한 결과를 토대로 적합한 상품을 제시.

☞ '자문서비스'란, 이익을 얻을 목적으로 계속적·반복적인 방법으로 금융상품의 가치 또는 취득·처분결정에 관한 금융소비자의 자문에 응하는 행위(금융소비자보호법§2)

⑦ 판매업자로부터 특정 금융상품 추천에 대한 대가를 받는 경우 ⇒ 중개
⑧ 판매업자가 웹사이트나 전화를 통해 특정 금융상품에 대한 금융소비자의 문의에 무료로 답변을 제공 ⇒ 안내 또는 권유[67)]
⑨ 신용카드 회원 전체에 전자메일로 새로운 금융상품을 안내 ⇒ 광고

20. 자동차보험 갱신, 실손의료보험 갱신도 금융상품의 권유인지?

3차 FAQ(4면)

보험상품의 경우 권유에 해당하는지 여부는 새로운 보험계약체결을 목적으로 하는지를 기준으로 판단할 수 있음.

자동차보험의 경우 통상 매년 보험사가 계약 갱신여부를 확인한 후 계약이 새로 체결되므로 해당 갱신여부 확인절차를 권유로 볼 수 있음. 반면, 실손의료보험의 경우 보험료 등이 변경되는 것으로서, 매년 새로운 계약이 체결되지는 않으므로 권유행위가 있다고 보기는 어려움.

※ (참고) 자동차보험의 경우 의무보험이라는 특성 및 소비자 편의성 등을 감안하여 변경된 중요사항을 설명하면 설명의무를 이행한 것으로 볼 수 있음. 다만, 소비자가 요청하는 경우 기타 중요사항에 대해서도 설명할 필요 있음.

21. 대면·비대면 등 채널을 통해 고객에게 맞춤형으로 대출상품을 추천(안내)하는 것이 '권유행위'에 해당되는지?

신속처리시스템 회신(은행 210402-7)

'권유'란, 특정 소비자로 하여금 특정 금융상품에 대해 청약의사를 표시하도록 유인하는 행위를 의미함. 특정 행위가 권유에 해당하는지는, 설명의 정도, 계약체결에 미치는 영향, 실무처리 관여도, 이익발생 여부 등과 같은 계약체결에 관한 제반사정을 종합하여 판단할 수 있음.[68)]

---

67) (예시) 문의내용이 자신에게 적합한 금융상품을 추천해달라는 내용인 경우.
68) 대법원 판례(2014도14924) 참조.

고객 맞춤형 금융상품 추천이 모두 '권유행위'라 할 수는 없으나, 그 고객의 금융상품 계약여부 판단에 상당한 영향을 미칠 수 있기 때문에 통상적으로는 '권유행위'에 해당된다고 볼 수 있음.

참고로 콜센터(금융회사 내부기관)에서 고객에 특정 상품을 안내하는 행위를 권유로 볼 수 있다 하더라도 콜센터 안내 단계에서 적합성 원칙이나 설명의무를 반드시 이행해야 할 필요는 없음. 은행 내부 역할분담에 따라 콜센터 단계에서 적합성 원칙이 적용되지 않아도 이후 계약체결 담당자가 금융소비자보호법에 따라 절차를 진행하면 되기 때문임.

22. 위탁콜센터(당사 자회사로 전속 운영) 소속직원이 보험계약대출 이용가능고객을 대상으로 '이용 안내 아웃바운드(텔레마케팅)'를 진행하는 것도 보험계약대출에 대한 안내로 볼 수 있는지?

신속처리시스템 회신(손보 210428-21)

보험계약대출에 대해 보험약관상의 내용을 알리는 행위는 안내로 볼 수 있음*(규제 미적용)*.

보험계약대출과 관련하여 보험약관상의 내용 外 금리 등의 정보를 알리거나 대출신청을 접수하여 보험사에 연결하는 행위 등 계약을 적극 유인하는 행위는 금융소비자보호법상 대리·중개행위로 볼 수 있음.

보험계약대출도 다른 법령에 특별한 규정이 없다면 일반 대출과 마찬가지로 적합성 원칙에 따라 해당 금융상품이 그 금융소비자에 적합하지 않다면 권유해서는 아니 됨. 참고로 금융소비자보호 감독규정 제10조제1항의 적합성 판단기준은 보험계약대출의 특성상 필요한 범위 내에서 자체적으로 운용할 수 있음.

23. 소비자군을 분류하여 금융상품을 안내하는 행위가 권유에 해당하는지?

3차 FAQ(4면)

원칙적으로 '권유'란 특정 금융소비자로 하여금 특정 금융상품에 대해 청약의사를 표시하도록 유인하는 행위를 의미하며, '광고'란 사업자가 자기 또는 다른 사업자의 상품 또는 용역의 내용, 거래조건, 그 밖에 그 거래에 관한 사항을 신문, 방송, 전기통신 등을 통해 금융소비자에 널리 알리거나 제시하는 행위임.

사실상 불특정 다수로 볼 수 있을 정도로 연령이나 특정 소득계층을 기준으로 포괄 분류된 소비자군에 대해 동일한 정보를 알리는 행위는 '광고'에 해당됨. 그러나 다양한 정보의 조합을 통해 소비자군을 세분화하여 사실상 특정 금융소비자에 맞춤형으로 상품정보를 제공한다고 볼 수 있는 경우에는 '권유'로 판단 가능함.

24. 직전 1년내 당사 대출상품 이용고객 등 문자발송 고객군을 선정하여 상품안내 문자를 발송하는 행위는 광고인지, 권유인지?

신속처리시스템 회신(생보 210409-7)

원칙적으로 '권유'란 특정 금융소비자로 하여금 특정 금융상품에 대해 청약의사를 표시하도록 유인하는 행위를 의미함. 1년내 계약한 금융소비자 전체에 동일한 상품을 안내하는 동 행위는 특정 금융소비자를 유인하는 행위로 보기 어려워 '광고'로 볼 수 있음.

25. 이벤트 기간 동안 100만원 이상 보험계약대출을 실행한 고객을 대상으로 경품 추천 이벤트를 안내(모바일·PC상 팝업 및 알림톡, LMS 발송)하는 경우 해당 안내행위가 권유에 해당하는지?

신속처리시스템 회신(생보 210727-27)

일정 기준으로 분류된 소비자군으로서 사실상 불특정 다수로 볼 수 있는 자에게 동일한 정보를 알리는 행위는 '광고'로 판단되고, 소비자군을 세분화하여 사실상 특정 소비자에게 맞춤형으로 상품정보를 제공한다고 볼 수 있는 경우에는 '권유'로 판단됨.
보험계약대출 실행 고객은 해당 대출에 대해서 이미 청약의사를 표시한 소비자에 해당하기 때문에 해당 고객을 대상으로 한 경품 추첨 이벤트는 대출계약의 '권유'로 보기 어려움.

26. 광고심의한 상품안내장을 객장에 비치하는 행위가 금융소비자보호법상 '권유'인지, '광고'인지?

신속처리시스템 회신(은행 210701-118)

다수의 소비자에 알리기 위하여 안내장·포스터 등을 객장에 비치하는 행위는 광고에 해당됨.

27. 온라인 또는 모바일 페이지를 통해 투자성 상품 정보를 게시(수익률 검색기능을 미제공)하고, 고객이 동 페이지에서 특정 상품을 선택하여 가입신청을 하는 경우, 이를 권유가 없는 것으로 보아 적합성 원칙을 적용하지 않아도 되는지?

신속처리시스템 회신(은행 210429-69)

동일한 금융상품 정보를 불특정 다수에게 제공하는 것은 금융소비자보호법상 '광고'에 해당됨. 온라인 또는 모바일채널 광고를 통해 인지한 특정 상품을 고객이 직접 가입 신청하는 행위에 대해서는 금융소비자보호법상 적합성 원칙을 적용할 필요가 없음.

28. 다음의 경우 금융소비자보호법상 어떤 규제(광고/권유)가 적용되는지?

1 보험계약대출 관련 제도안내를 불특정 다수에게 문자로 발송
(예시 1) 계약대출제도를 알아보세요. 기존보험의 해지환급금의 80% 범위내 대출받을 수 있습니다. (이율 : 최저 00% ~ 최고 00%)
(예시 2) 계약대출제도를 알아보세요. 금리나 대출가능금액을 알아보려면 문의하세요. 000-0000, 홈페이지 접속
2 계약자별로 받을 수 있는 계약대출 가능금액, 금리 등을 특정하여 문자로 발송하는 행위
(예시) 귀하께서 받을 수 있는 금액은 1,000,000원이며, 지금 대출받으시면 00%로 대출받을 수 있습니다.
3 보험해지에 대한 대안으로서의 계약대출 안내

신속처리시스템 회신(손보 210608-29)

우선, 보험계약대출에 대해 보험약관상의 내용을 알리는 행위는 '안내'로 볼 수 있음. 따라서 전화상담 등을 통해 보험약관상 보험계약대출에 관한 사항을 알리는 행위에 대해서는 금융소비자보호법상 권유 관련 규제가 적용되지 않음.

그리고 보험약관에 없던 금리 등의 정보를 알리거나 대출청약을 접수하는 등의 적극적인 유인행위가 이루어질 경우에 해당 행위는 금융소비자보호법상 '광고'나 '권유'로 볼 수 있음. '광고'와 '권유' 중 어디에 해당하는지는 그 행위가 개별 상대방의 특성을 어느 정도 반영하는지에 따라 달라질 수 있음. 만약 상대방이 불특정다수이거나 특정 다수이지만 개별성의 정도가 높지 않다면[69] '광고'로 볼 수 있음. 그러나 특정 1인 또는 개별성의 정도가

69) 특정 연령대 또는 특정 소득계층만을 기준으로 소비자군을 분류하는 경우.

높은 특정 다수인 경우에는 '권유'로 볼 수 있음.

29. 권유행위의 구체적 예시는?

1 금융소비자의 금융상품 추천 요청 시 판매업자등이 고객 요청정보에 맞춰 추천하는 행위
2 금융소비자에게 마케팅 광고문자 전송
3 온라인 광고업자(온라인 플랫폼)의 금융상품 소개, 단순 링크 등 게시
4 금융소비자가 온라인에서 상품을 특정하여 가입하다 중단하여 체결이 완료되지 않았을 때 판매업자가 전화를 통해 체결의사 확인 후 체결 희망 시 절차 안내·계약체결
5 기존 계약 만료 전 계약관리 차원에서 금융소비자에게 전화로 계약 연장안내 후 계약연장
6 금융소비자의 자발적 의사로 신용카드를 교체발급

1 권유.
2 광고.
3 광고 또는 광고대행.
4 *(금융소비자의 자발적 의사로 계약을 체결한 것이므로)* 권유가 아님.
5 기존계약을 기간만 연장하는 것에 불과하므로 권유가 아님.
6 금융소비자가 특정상품을 청약하는 경우이므로 권유가 아님.

30. 권유의 범위는 아래 예시에서 어디까지로 보는지?

1 고객이 불특정 다수에게 노출되는 인터넷 배너광고를 보고 클릭하여 당행 홈페이지 대출 신청화면으로 연결된 경우
2 신용대출 추천 메뉴처럼 고객이 본인의 정보를 입력하고, 조회된 각 은행의 대략적인 신용대출 금리 및 한도를 보고 자발적으로 은행을 선택하여 당행 홈페이지 대출 신청화면으로 연결된 경우
3 당행 기존대출 고객의 데이터베이스정보를 활용하여 우수거래 고객에게 대출 증액가능함을 문자로 안내하는 경우
4 대출 만기도래고객에게 대출 기간연장하도록 문자로 안내하는 경우

1 인터넷 배너광고 게시는 광고로 볼 수 있음.
2 금융소비자가 제공한 정보를 통해 *(맞춤형)* 금융상품 정보를 제공하는 행위는 권유.
3 권유.
4 *(기간연장은 새로운 계약체결이 아니므로)* 권유가 아님.

31. 키오스크(비대면)에서 예금담보대출 가입·시 한 가지 상품만 제시되는데, 이 경우에도 권유행위로 봐야 하는지?

신속처리시스템 회신(은행 210402-6)

권유란 특정 소비자로 하여금 특정 금융상품에 대해 청약의사를 표시하도록 유인하는 행위를 의미하므로, 단일상품이라는 사유만으로 권유행위가 없다고 단정하기는 어려움이 있으나, ATM에서의 카드론 거래와 같이 키오스크에서의 예금담보대출 거래가 사회적 통념으로 형성되어 있다면 대출을 목적으로 키오스크를 스스로 찾아가 예금담보대출 거래를 하는 행위는 특별한 사정이 없는 한 권유로 보기는 어렵다고 판단됨.

32. 아래 프로세스에 따라 금융소비자가 장애인/유공자 복지카드 신청 시 권유규제(적합성 원칙 및 설명의무)가 제외되는지?

[장애인/유공자 복지카드 신청 및 발급 프로세스]
① 장애인/유공자 카드발급 시에는 주민센터/보훈(지)청에서 신청
② 주민센터(보훈청)에서 도로공사에 지원 대상 확인
③ 신청정보는 조폐공사로 전송
④ 최종 심사대상은 조폐공사에서 ○○카드로 전송
⑤ ○○카드 심사 결과는 조폐공사로 전송
⑥ 주민센터(보훈청)에서 카드 수령

신속처리시스템 회신(여전 210416-9)

동 사실관계에 비추어 판단하건대, 장애인/유공자 복지카드는 통상 모집인이 권유하는 방법이 아니라 금융소비자가 직접 계약을 신청하는 형태이므로 금융소비자보호법상 '권유행위'가 없다고 보임. 따라서 금융소비자보호법상 적합성 원칙은 적용되지 않으며, 금

융소비자보호법상 설명의무의 경우에도 해당 금융소비자가 요청하지 않는 한 이행해야 할 의무는 없음.

33. 약관 등에서 정해진 내용에 따라 보험계약의 내용이 변경되는 전환갱신의 경우 실손의료보험 갱신 시와 마찬가지로 권유행위가 없다고 볼 수 있는지?

신속처리시스템 회신(생보 210622-26)

보험상품의 경우 권유에 해당하는지 여부는 새로운 보험계약체결을 목적으로 하는지 등을 기준으로 판단할 수 있음. 기체결한 보장성 상품의 약관에 따라 갱신하는 것이므로, 보장내역, 보험료 수준 등과 관련하여 계약내용의 변경이 있더라도, 이를 새로운 계약체결로 보기는 어려움.

34. ETF(상장지수펀드) 이용고객의 올바른 정보제공을 위해 코스콤 ETF CHECK 웹페이지(etfcheck.co.kr)를 연동하여 국내외 ETF 관련 시세 조회 및 분석 자료를 조회할 수 있게 하는 서비스의 경우 해당 서비스가 영업행위인지? 단순 정보제공인지?

신속처리시스템 회신(은행 211117-144)

코스콤 ETF CHECK 웹페이지의 내용을 동일하게 단순 제공하는 행위는 일반적으로 금융상품 광고나 권유에 해당한다고 보기는 어려움. 그러나 이를 이용하여 특정 금융상품의 내용을 소비자에 알리거나 청약의사를 표시하도록 유인하는 경우는 광고나 권유에 해당할 소지가 있으므로 금융소비자보호법상 관련 규제를 준수하여야 함.

35. 자동차딜러(영업직원)가 판매과정에서 고객에게 자동차 구입 방법으로 현금 결제 외 리스나 할부금융을 이용할 수 있다는 점을 안내하면서 견적서(아래)[70]를 제공[71]하는 행위가 '권유'에 해당하는지?

신속처리시스템 회신(여전 210416-10)

70) 고객의 재산상황 또는 신용과 무관하게 리스나 할부금융의 일반적인 조건(차량 가격, 선수금, 개월 수, 월 납입금 등)을 기재했다.

71) 자동차딜러가 신차를 판매 과정에서 금융소비자에게 하나 이상의 견적서를 제공하고, 리스할부모집인(대리·중개업자)을 소개한다.

○○○○○ Financial Services

금융리스	견적번호: Q210407-0093
Normal	
FL-Basic-Retail	

고객명 : 견적확인용금융

차 량 내 역	
차량모델	E 300 e 4M EXCLUSIVE (21MY)
차량가격(1)	0 원
옵션가액 (2)	0 원
할인금액 (3)	0 원
등록비용합계(4)	0 원
실판매가격 (1)+(2)-(3)	0 원
총 구입비용 (1)+(2)-(3)+(4)	0 원
등 록 비 내 역	
등록지역	서울
취득세	0 원
공채할인액	0 원
등록부대비용	0 원
등록비용합계 (4)	0 원
출고전내실금액	0 원

금 융 리 스 내 역		
선수금 (실판매금기준)	.0 %	0 원
유예금*	.0 %	0 원
* 유예금 비율은 차량가격 기준입니다.		
금융리스이용금액		0 원
리스포함항목	실판매가격 + 취득세 + 공채할인액 + 등록부대비용	
리스기간		36 개월
월납입액		0 원
금 융 부 대 비 용 (당 사 지 원)		
인지대		0 원
합계		0 원

포함항목	Bond discount fee (IDC), Stamp Duty Charge, Acquisition Tax Charge (IDC)

❖ 만기 시 유예금은 일시 상환 또는 재리스가 가능합니다.
❖ 등록 명의는 메르세데스-벤츠 파이낸셜 서비스 코리아(주)이며 리스 만기 시 리스이용자 본인 앞으로 반드시 명의 이전 하셔야 합니다.
❖ 본 견적서는 견적일 당월에 한해 유효합니다.
❖ 해당 금융상품은 별도의 사전 공지 없이 당사의 사정에 따라 변경 될 수 있습니다.
❖ 리텐션 & 로열티 적용 기간 동안 메르세데스-벤츠 승용차 기존 고객께서 신차를 재구매시, 일반 견적 대비 추가 혜택이 제공됩니다.

메모				
	법인	대표	개인사업자	근로소득자
구비서류	✓사업자 등록증 사본 ✓법인 인감증명서 2통 ✓법인 등기부등본 1통 (말소사항포함) ✓법인 재무제표 ✓법인 자동이체 통장 사본 ✓법인 명판 및 인감도장 ✓주주명부	✓대표자 신분증 사본 ✓대표자 등본 또는 초본 1통 ✓대표자 인감증명서 2통 ✓재산세 과세증명서 ✓소득금액 증명원 ✓개인 인감도장	✓사업자 등록증 사본 ✓신분증 사본 ✓주민등록등본 또는 초본 1통 ✓인감증명서 2통 ✓재산세 과세증명서 ✓소득금액 증명원 ✓자동이체 통장 사본 ✓인감도장	✓신분증 (운전면허증) 사본 ✓주민등록등본 또는 초본 1통 ✓인감증명서 2통 ✓재직증명서 1통 ✓근로소득원천징수원 1통 ✓재산세 과세증명서 ✓자동이체 통장 사본 ✓인감도장
* 서류 유효기간: 1개월				

Salesperson info.	Finance Manager Info.

특정 행위가 '권유'에 해당하는지는 설명의 정도, 계약체결에 미치는 영향, 실무처리 관여도, 이익발생 여부 등과 같은 계약체결에 관한 제반사정을 종합하여 판단해야 함.

동 할부금융·리스 견적서 제공행위는 '권유'로 볼 수 있다고 판단됨. 견적서가 금융소비자의 금융상품 선택을 위해 제공되며, 그 내용에 금융소비자의 의사결정에 영향을 미치는 정보[72]가 포함된 점을 감안하면, 견적서가 계약에 미치는 영향이 크지 않다고 할 수 없음. 또한 금융소비자가 견적서를 선택하면 자동차딜러가 해당 회사 상품을 취급하는 리스·할부금융 모집인을 연결해준다는 점에서도 견적서가 계약체결에 상당한 영향을 미친다고 볼 수 있음.

따라서 동 사례상 자동차 딜러는 금융소비자보호법상 '권유'에 해당하는 업을 영위하는 자로서 금융소비자보호법상 대리·중개업자로 등록하여야 하며, 관련 영업행위 규제도 적용받음.[73]

---

72) 리스기간, 월납입액, 선수금, 유예금(계약 만료 시 일시납부금) 등.
73) 신속처리시스템 회신(여전 210615－43) 참조.

36. 자동차회사 영업사원이 자동차의 판매목적을 위한 자사 견적서(아래)[74]를 고객에게 제공하는 행위가 권유행위에 해당하는지? 신속처리시스템 회신(여전 210701-48)

견적서 1/1

■ 고객명 : ■ 견적번호 : ■ 작성일자 :

차량	모델명 :	
	선택사양	커스터마이징

구입가격		
	기본가격	원
	선택사양	원
	커스터마이징	원
	면세금액(-)	0 원
	할인금액(-)	원
	데크탑	0 원
	보증연장비용	0 원
	합계	원
인수조건	① 계약금	원
	② 인도금	원
	할부원금	원
부대비용	탁송료	원
	책임(의무)보험료	원
	③ 가격 합계	원
④ 출고까지비용(①+②+③)		원

할부사항			
	할부종류		
	금리/월금		원
	월납입금		원
⑤ 할부 부대비용 (인지대)			0 원
⑥ 등록비용계	취득세		원
	공채(매입)		0 원
	공채(할인)		0 원
	증지대		원
	번호판대		원
	등록대행료		0 원
	추가비용		0 원
	공채 매입시		원
	공채 할인시		원
	(매입시)		원
	(할인시)		원

할인	메모

구비서류	고객상담
	대리점 오토매니저 Mobile : Tel : Fax : Email :

○○ 자동차주식회사

자동차 영업사원이 특정 금융상품 정보를 제공하는 게 아니라 자동차 구매 관련 금융상품을 취급하는 할부모집인을 소개하는 수준으로 영업한다면, 해당 영업행위를 금융소비자보호법상 '대리·중개업'으로 보기는 어렵다고 판단됨.

74) ① 작성주체는 자동차회사이고, ② 제공목적은 자동차 판매이며, ③ 주요 내용은 차량가격, 차량옵션, 차량구입비용 등(금융회사의 금융상품 관련 내용 미포함).

[대리·중개행위 여부]

37. 판매업자를 소개하는 행위(온라인 포함)가 금융소비자보호법상 등록해야 할 '대리·중개업'에 해당하는지?

1차 FAQ(3면)

'대리·중개업'이란, 금융상품에 관한 계약의 체결을 대리하거나 중개하는 것을 영업으로 하는 것(법 §2)으로 특정 사실행위가 '대리·중개'(또는 모집)에 해당하는지는 원칙상 다음의 사항을 종합 고려하여 판단함.

① 법 제13조의 영업행위 준수사항 해석의 기준: 금융소비자의 권익을 우선적으로 고려하며, 금융상품 또는 계약관계의 특성 등에 따라 금융상품 유형별 또는 판매업자등의 업종별로 형평에 맞게 적용함.

② 금융소비자보호법상 '권유행위'가 있는지 여부: '권유'란, 특정 금융소비자로 하여금 특정 금융상품에 대해 청약의사를 표시하도록 유인하는 행위를 의미. 특정 행위가 권유에 해당하는지는, 설명의 정도, 계약체결에 미치는 영향, 실무처리 관여도, 이익발생 여부 등과 같은 계약체결에 관한 제반사정을 종합하여 판단할 수 있음.[75)]

따라서 판매업자 소개(온라인 포함)가 금융상품 권유 이전에 이루어지고, 금융상품 계약체결에 직접적 영향이 있다고 보기 어려운 경우에는 일반적으로 중개에 해당되지 않음.

38. NH농협캐피탈–지역농협 간 대출연계 위수탁계약에 따라,

[1] 지역농협이 NH농협캐피탈 금융상품을 소개하고 소비자정보(성명, 연락처)를 캐피탈로 전송하며, 해당 상품 계약시 소개직원에게 수수료 및 권유비가 지급되는 경우 동 행위가 대리·중개인지?

---

75) 자본시장법 제9조제4항은 "이 법에서 '투자권유'란 특정 투자자를 상대로 금융투자상품의 매매 또는 투자자문계약·투자일임계약·신탁계약(관리형 신탁계약 및 투자성 없는 신탁계약을 제외한다)의 체결을 권유하는 것을 말한다."라고 규정하고 있다. 투자권유란 '계약체결을 권유'하는 것이므로 민법상 청약의 유인, 즉 투자자로 하여금 청약하게끔 하려는 의사의 표시에 해당하여야 한다. 따라서 특정 금융투자상품의 매매·계약체결의 권유가 수반되지 않는 단순한 상담이나 금융투자상품의 소개·설명, 계약이 이미 체결된 이후의 발언 등은 투자권유에 해당하지 않지만, 단순한 상담이나 금융투자상품의 소개·설명 등의 정도를 넘어 이와 함께 계약체결을 권유하고, 나아가 그러한 소개·설명 등을 들은 투자자가 해당 금융투자업자에 대한 신뢰를 바탕으로 계약체결에 나아가거나 투자 여부 결정에 그 권유와 설명을 중요한 판단요소로 삼았다면, 해당 금융투자업자는 자본시장법 제9조제4항에서 규정하는 '투자권유'를 하였다고 평가할 수 있는데, 투자권유에 해당하는지는 설명의 정도, 투자판단에 미치는 영향, 실무처리 관여도, 이익 발생 여부 등과 같은 투자에 관한 제반 사정을 종합하여 판단하여야 한다(대법원 2017. 12. 5. 선고 2014도14924 판결).

2 지역농협의 위 대출연계업무가 법 제12조제1항제1호·제2호 사유(금융관계법률에서 인허가, 등록 업무로 규정되거나, 인허가 및 등록을 하지 않아도 업무 영위가 가능)인지?

신속처리시스템 회신(여전 211025-77)

1 동 사실관계만으로는 명확한 판단이 어려우나, 지역농협이 특정 소비자에게 특정 캐피탈사의 상품을 소개하고, 고객정보를 전송하며, 관련 수수료를 수령하는 것은 금융소비자보호법상 '중개' 행위에 해당할 여지가 있는 것으로 판단됨. 다만, 중개에 해당하는지 여부는 구체적인 사실관계에 따라서 판단이 달라질 수 있음.

2 금융소비자보호법 제12조제1항제1호 및 제2호에 해당하기 위해서는 각 금융관계법령상 대리·중개행위가 허용됨이 명시적으로 규정되어야 함. 현행 농협협동조합법상 지역농협이 대출모집행위를 영위할 수 있는 명시적인 근거 규정이 없으므로 지역농협에 대하여 금융소비자보호법 제12조가 적용될 수는 없음.

39. 자동차딜러가 자동차 구매 고객 응대 시 수행하는 업무 중, 아래 행위가 대리·중개행위에 해당하는지?

1 대리·중개업자(이하 "리스·할부모집인")에게 금융소비자의 연락처를 제공: 소비자가 자동차금융(시설대여·할부·오토론 등) 관련 견적서[76] 또는 전단지 등을 확인 후 특정 금융상품에 관심을 보이면 자동차딜러는 소비자에게 리스·할부모집인을 소개하거나, 리스·할부모집인에게 고객 연락처를 제공

2 금융회사가 제작한 여러 금융회사의 금융상품 전단지를 고객에게 동시 제공

신속처리시스템 회신(여전 210429-22)

1 금융상품 견적서 제공 이후 금융소비자가 선택한 금융상품 관련 리스할부모집인을 소개하는 행위는 금융소비자보호법상 대리·중개업에 해당. 금융소비자는 딜러가 제공하는 견적서를 통해 자신이 선택한 차량이나 경제적 여건에 보다 부합하는 금융상품에 대한 의사결정을 하게 되며, 견적서를 통해 선택한 금융상품을 리스·할부모집인 중개 단계에서 다른 금융상품으로 변경할 것을 기대하기는 어렵다는 점 등을 감안[77] 해야 함.

---

76) 고객의 재산상황 또는 신용과 무관하게 리스나 할부금융의 일반적인 조건(차량 가격, 선수금, 개월 수, 월 납입금 등)을 기재했다.

77) 리스·할부모집인은 통상 금융소비자가 선택한 견적서를 통해 금융상품의 거래조건에 관한 상세설명, 계약서 작성 등을 지원한다.

2 전단지에 견적서와 같이 고객의 금융상품 의사결정에 영향을 미칠 수 있는 사항이 있다면, 해당 전단지를 고객에게 제공하는 행위는 금융소비자보호법상 대리·중개업에 해당됨.

40. 자동차 딜러가 차량대금이 필요한 소비자를 대상으로 ① 판매업자별 상품을 비교하여 특정 판매업자의 상품을 이용하도록 유도하거나, ② 소비자의 인적사항 및 연락처를 판매업자에게 전달하고 판매업자가 산출한 대출한도 및 금리를 소비자에게 안내하는 경우(소비자가 해당 금융상품 계약 체결 시 딜러는 수수료 수취), 각 행위가 대리·중개행위인지?

신속처리시스템 회신(여전 210623-44)

특정 행위가 중개에 해당하는지는 설명의 정도, 계약체결에 미치는 영향, 실무처리 관여도, 이익발생 여부 등과 같은 계약체결에 관한 제반사정을 종합적으로 고려하여 개별적으로 판단함. 구체적인 사실관계 없이 명확하게 판단하기는 어려우나 계약체결 과정에서 자동차딜러의 기여정도, 수수료 수취 여부 등을 감안할 때 중개에 해당할 소지가 상당한 것으로 보임.

41. 할부거래법(§2 ii)에 따른 선불식 할부계약을 3자간 계약형태로 진행 시 동 계약은 여신전문금융업법상 '할부금융'인지? 선불식 할부 모집인[78]의 경우 금융소비자보호법상 판매업자 등록 없이도 금융소비자에게 신용제공자(할부금융회사)의 금융상품을 알릴 수 있으며 영업행위를 할 수 있는지?

[○○파이낸스의 할부거래 프로세스]

① 할부거래업자(이하 "공급자")는 자신의 재화나 용역(이하 "물품")을 소비자에게 판매하기 위해 모집인을 통해 영업

② 소비자와 공급자 간 물품 구입 계약체결(모집인은 할부거래법 제23조 내용을 소비자에게 안내)

③ 소비자는 물품대금 지급을 위해 모집인을 통한 신용제공 요청

④ 모집인은 소비자정보를 신용제공자(이하 "할부금융사")에게 전달

⑤ 할부금융사는 대출 금액 · 승인 결과를 소비자 또는 소비자의 요청에 의한 모집

78) 선불식 할부거래업자를 위하여 선불식 할부계약의 체결을 중개(仲介)하는 자.

인에게 안내
⑥ 할부금융사와 소비자간 할부금융약정 체결
⑦ 할부금융사와 공급자 간 물품대금 약정으로 인해 소비자가 요청한 대여금을 공급자에게 지급
⑧ 소비자는 공급자로부터 물품인수
⑨ 소비자는 할부금융사에 대여금을 상환

신속처리시스템 회신(여전 210429-23)

여신전문금융업법 제2조제13호에서 할부금융의 대상이 되는 재화와 용역의 범위에 특별한 제한이 없는 만큼, 할부거래법 제2조제2호 각 목에 해당하는 재화나 용역의 거래와 관련된 금융상품이더라도 그 구조가 여신전문금융업법상 할부금융의 정의에 부합한다면 해당 금융상품은 할부금융에 해당됨.

'○○파이낸스의 할부거래 프로세스'상 모집인은 할부금융사의 금융상품 판매를 대리·중개한다고 판단됨. 금융소비자보호법상 대리·중개업자는 다른 법령에 특별한 규정이 없는 한 금융소비자보호법에 따라 금융위원회에 등록을 해야 하므로 사안에서의 모집인은 금융소비자보호법에 따라 등록해야 함.

42. 직접판매업자와 자동차 딜러회사(법인), 직접판매업자와 자동차 딜러(개인)간 각각 위탁계약을 체결하여 딜러가 금융상품을 대리·중개하는 경우 자동차 딜러가 소속되어 있는 자동차 딜러회사도 대리·중개업자로 등록이 필요한지?

[딜러회사와 직접판매업자간 주요 계약내용]
① 딜러회사는 직접판매업자의 업무수탁사로서 금융상품 판매권한이 있음
② 딜러회사는 자동차 구매고객에게 금융상품의 소개 및 추천 업무를 지원할 의무가 있으며, 계약서 진정성 확인의무, 계약자 및 연대보증인의 자필서명 확인의무가 규정됨
③ 대출 및 계약실행이 완료된 경우 정해진 기준에 따라 딜러회사가 직접 취급수수료를 수령
④ 소속 임직원의 동 계약 위반에 대하여 딜러회사가 직접 손해배상책임을 부담

신속처리시스템 회신(여전 210713-51)

딜러회사가 금융소비자보호법상 대리·중개업자업자에 해당되는지 여부는 딜러회사와 위탁 직접판매업자와의 계약관계, 딜러를 통한 모집행위에 관여 여부, 금융상품 모집에 대하여 수수료 등 수령 여부 등 사실관계에 따라 달리 판단될 수 있음. 동 사례에서 딜러회사와 직접판매업자간 주요 계약내용 등을 감안할 때 딜러회사는 금융소비자보호법상 대리·중개업자에 해당되는 것으로 판단됨.

43. 은행 직원이 신용카드 모집 행위를 하는 경우, 은행 직원은 금융소비자보호법상 대리·중개업자인지?

신속처리시스템 회신(여전 210811-64)

은행은 여전사와 신용카드 모집에 대한 업무 제휴 계약을 체결한 제휴모집인에 해당되므로, 동 은행은 금융소비자보호법상 대리·중개업자에 해당. 반면 은행 직원은 대리·중개업자인 은행 업무를 대리하여 수행하는 자이므로 금융소비자보호법상 대리·중개업자라고 보기는 어려움.

44. 대출 관련 부가서비스(대출상품 안내, 대출 신청내용 전달 및 회신)를 제공하는 것이 「금융기관의 업무위탁 등에 관한 규정」 별표2에서 정한 금융업의 본질적 요소(위탁이 금지되는 업무)에 해당되는지?

□ 금융기관(은행)과 업무제휴계약을 맺은 자(이하 "A사")가 대출업무 관련 부가서비스를 추가하고자 함
  ㅇ A사의 회원이 'A사 서비스'를 통해 제휴 금융기관의 대출상품에 대한 대출신청(만기연장신청)을 함
  ㅇ A사는 회원의 대출신청 내용을 그대로 제휴 금융기관에 송부함
  ㅇ 제휴 금융기관은 송부받은 대출신청 내용을 토대로 대출심사를 진행하여 그 심사결과를 A사에 송부함
  ㅇ A사는 제휴 금융기관으로부터 송부받은 심사결과를 그대로 해당 회원에게 제공함

□ A사는 제휴 금융기관의 API를 통해 회원과 금융기관 간의 대출정보를 중계하는 역할만을 수행하며, 대출의 심사 및 승인, 대출계약체결, 해지, 대출실행 업무는 모두 제휴 금융기관이 수행

법령해석 회신문(210174)

업무위탁규정(§3②·별표2)에서는 인가등을 받은 금융업 중 '은행의 대출업무에 대한 본질

적 요소'를 ① 대출심사 및 승인, ② 대출 계약의 체결 및 해지, ③ 대출의 실행으로 규정하므로, '대출상품 소개 및 대출신청내용 전달 업무'는 은행 대출업무의 3가지 본질적 요소에 해당되지 않으며, A사가 수행하려는 대출중개업무도 동일한 수준의 업무로 은행 대출업무의 본질적인 내용이라고 볼 수 없으므로 업무위탁이 가능할 것으로 이해됨.

〈금융기관의 업무위탁 등에 관한 규정〉

제3조(업무위탁 등) ② 제1항 제1호의 본질적 요소에 해당하는 사항은 <별표 2>과 같다.

〈별표2〉 인가등을 받은 금융업의 본질적 요소

구분	본질적 요소
1.「은행법」에 따른 은행의 업무	나. 자금의 대출 또는 어음의 할인 업무. 다만, 대출잔액증명발급, 금융기관에 의한 원리금 수납 업무는 제외한다. (1) 대출 및 어음의 할인의 심사 및 승인 (2) 대출 및 어음의 할인계약의 체결 및 해지 (3) 대출 및 어음의 할인의 실행

한편, 위 대출중개업무는 금융소비자보호법 제2조에 따른 대리·중개업에 해당하여, A사는 동법 제12조에 따라 대리·중개업자로 등록해야 해당 업무를 영위할 수 있을 것으로 보임.

45. 판매업자가 금융소비자와 녹취 방식으로 대출성 상품 계약체결 후 자서대행 업체를 통해 금융소비자가 서면 계약서를 직접 작성하도록 하는 경우 동 업체가 수행 중인 '자서대행 업무[79]'가 대리·중개업무에 해당하는지?

신속처리시스템 회신(여전 210429-19)

금융소비자보호법상 대리·중개업은 금융상품에 관한 계약의 체결을 대리하거나 중개하는 것을 말하며, 금융회사가 금융상품 계약체결 시 부담하는 의무(적합성 원칙, 설명의무 등) 중 일부를 대신 수행하는 것이라면 금융소비자보호법상 대리·중개에 해당한다고 볼 수 있음. 동 사례상 '계약서 자서 대행 업무'가 계약체결 이후 문서수발, 서명수령 등 단순한 행정적인 절차를 진행하는 '사자(使者)' 개념에 해당하는 경우라면, 금융소비자보호법상 대리·중개업에는 해당하지 않을 것으로 판단됨.

79) 금융소비자를 대면하여, 금융상품에 대한 광고·설명·권유행위 없이 본인을 확인하고 소비자가 작성한 계약서를 판매업자에게 전달한다.

46. 특정 금융상품 추천·설명이 없는 광고(예: 배너광고) 클릭 시 계약을 체결할 수 있도록 판매업자에 연결하는 행위는 광고로, 광고에 더하여 청약서류 작성 제출 기능을 지원하는 행위는 중개로 판단하였는데, 직접판매업자가 자기 홈페이지(모바일 포함)에 청약서류 작성/제출 기능을 지원하는 행위도 중개에 해당하는지? 해당된다면 어떤 내용을 적용받는지?

신속처리시스템 회신(생보 210409-5)

직접판매업자가 직접 운영하는 홈페이지 등에 청약서류 작성 제출 기능을 포함하는 행위는 직접판매의 일환으로서 금융소비자보호법상 '중개'에 해당하지 않음.

[온라인 플랫폼]

47. 기업의 대출 수요정보를 게시하고, 불특정 다수의 금융기관(유료회비 회원)이 게시된 정보를 열람하여, 플랫폼을 통해 당사자 간 온라인 상담 후 오프라인에서 대출 진행을 할 수 있도록 하는 플랫폼 운영사업자의 영업행위가 금융상품 중개업에 해당하는지?

법령해석 회신문(210168)

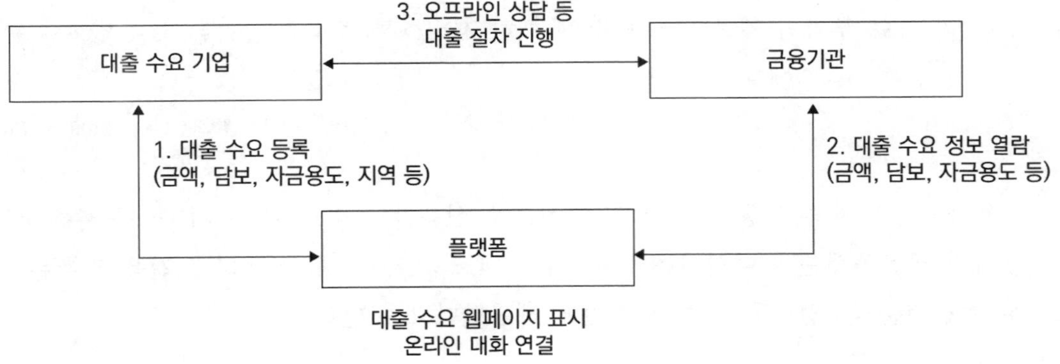

동 플랫폼의 영업행위는 금융소비자보호법상 대리·중개업에 해당된다고 보기 어려움. 특정 사실행위가 '대리·중개'(또는 모집)에 해당하는지는 원칙상 법 제13조의 해석 기준 및 '권유행위' 여부를 종합 고려하여 판단됨(53면 37번 참조).

플랫폼의 기능(대출수요에 관한 정보를 플랫폼에 게시 → 금융기관이 그 정보를 활용하여 플랫폼이 아닌 경로를 통해 기업에 대출권유를 하고 계약을 체결) 및 수익구조(금융기관 직원으로부터 정보이용료 수취) 등을 감안하면, 동 플랫폼의 영업행위가 개별 계약체결에 영향을 미친다고 보기는 어렵다고 판단됨.

48. 온라인 금융플랫폼의 신용카드 비교·추천 서비스와 관련하여,

1 신용카드사와 제휴를 통해 '중개'의 방식으로 신용카드 비교·추천 서비스를 수행하는 온라인 금융플랫폼이 여신전문금융업법 제14조의2제1항제3호의 '제휴 모집인'에 해당하는지?

2 '제휴 모집인'에 해당한다면 금융소비자보호법상의 대리·중개업자 등록이 필요한지?

3 온라인 금융플랫폼이 '제휴 모집인'에 해당한다면, 1사 전속제가 적용되는지?

4 '제휴 모집인'의 경우 모집할 수 있는 신용카드 종류의 범위는 신용카드사와 제휴 계약을 통해 합의한 범위인지?

5 온라인 금융플랫폼과 신용카드사가 모집에 모두 관여할 경우, 적합성 원칙 및 설명의무는 실제 신용카드 신청행위가 이루어지는 공간에 따라, 온라인 금융플랫폼 또는 신용카드사가 단독으로 이행해도 되는지?[80)]

6 제휴 모집인인 온라인 금융플랫폼도 금융소비자보호법상 대리·중개업자의 영업행위 관련 규정[81)]을 모두 준수해야 하는지?

7 비 금융 분야의 재화와 용역 등에 대한 서비스를 주로 제공하는 플랫폼(가칭: 비금융 플랫폼)[82)]에도 적용되는지?

신속처리시스템 회신(여전 210928-75)

1 신용카드사와 제휴를 통해 '중개'의 방식으로 신용카드 비교·추천 서비스를 수행하는 온라인 금융플랫폼은 여신전문금융업법 제14조의2제1항제3호[83)]의 요건을 갖추는 경우 여신전문금융업법상 제휴 모집인에 해당한다고 판단됨.

---

80) (예시) ① 온라인 금융플랫폼에서 신용카드 신청: 온라인 금융플랫폼이 적합성 원칙·설명의무 이행, ② 온라인 금융플랫폼에서 추천상품 클릭시 신용카드사의 신청 페이지로 이동: 신용카드사가 적합성 원칙 및 설명의무 이행.

81) 6대 영업행위규제, 내부통제기준·소비자보호기준 마련, 대리·중개업자의 금지행위·고지의무, 자료 기록·유지·관리 의무 등.

82) (예시) 구글, 네이버, 다음, 가격비교사이트(다나와 등), 롯데멤버스, 무신사, 배민, 요기요, 쏘카, 스타벅스, 백화점, 이마트, 신세계, 항공사, 네오위즈 등의 웹 페이지나 앱.

83) 신용카드업자와 신용카드회원의 모집에 관하여 업무 제휴 계약을 체결한 자 및 그 임직원(단, 신용카드회원의 모집을 주된 업으로 하는 자는 제외).

[2] 제휴 모집인은 금융소비자보호법 및 여신전문금융업법에 따른 등록 의무가 없음. 먼저 금융소비자보호법(§12①但)에 따라, 금융관계법률에서 등록 또는 등록 없이도 해당 업무 수행이 가능한 경우에는 금융소비자보호법상 판매업자의 등록 의무가 없으며, 제휴 모집인은 여신전문금융업법상에서 등록하지 않고도 신용카드 모집이 가능한 경우에 해당하는 바, 금융소비자보호법상 등록은 불필요함.

여신전문금융업법상에서는 제휴 모집인의 등록 의무를 규정하고 있지 않는 바, 여신전문금융업법상 등록 의무도 없음.[84] 다만, 제휴 모집인의 경우에도 '신용카드회원을 모집하는 자'로서 금융소비자보호법상 *(대리·중개업자)* 규제 및 여신전문금융업법 제14조의2제2항 및 제14조의5제3항 등에 따른 영업행위 규제는 적용됨.

[3] 여신전문금융업법상 제휴 모집인은 1사 전속제를 적용받지 않는 것으로 판단됨. 금융당국 유권해석[85]에 따르면, 여신전문금융업법 제14조의2제1항제3호의 요건을 갖춰 카드사와 모집 제휴계약을 체결한 법인은 여신전문금융업법상 '모집인'이 아니므로, 1사 전속제를 적용받지 않음.

[4] 제휴 모집인은 카드사와 업무 제휴 계약을 맺은 범위 내에서 신용카드 모집 관련 업무를 수행할 수 있음. 제휴 모집이 가능한 카드 상품의 범위는 금융소비자보호법, 여신전문금융업법상 규율(모집행위 제한 등) 등 금융법령을 벗어나지 않는 범위 내에서 제휴 모집인과 카드사가 자율적으로 정할 수 있음.

[5] 적합성 원칙 및 설명의무 이행에 관하여 신용카드사와 온라인 플랫폼의 역할범위를 어떻게 정할지와 관련해서는 금융소비자보호법상 별도 규정이 없음.

[6] 제휴 모집인인 온라인 금융플랫폼은 금융소비자보호법상 대리·중개업자의 지위를 지니므로, 대리·중개업자가 적용받는 규정을 동일하게 적용받아야 함.

[7] 비금융플랫폼도 금융소비자보호법상 판매업이나 자문업을 영위하는 경우에는 법령상 예외가 없다면 금융소비자보호법이 적용됨.

49. 온라인 플랫폼상 영업행위 관련하여,

[1] 타사 플랫폼 내 보험메뉴의 상품 카테고리에서 '허락된' 당사 다이렉트 상품 1개만 제시하는 경우 중개에 해당하는지?

[2] [1]에서 보험사명과 상품명을 명기하면 중개에 해당하지 않는지?

---

84) 여신전문금융업법 14조의2제1항제2호에 해당하는 '모집인'에 대한 등록 규정만 존재한다.

85) 법령해석 회신문(150390): 신용카드업자와 신용카드회원의 모집에 관하여 업무제휴 계약을 체결한 자 및 그 임직원이 모집할 수 있는 신용카드는 제휴 신용카드로 한정하는 것이 타당하다.

3 다이렉트 보험의 제휴광고는 판매실적당 광고비를 지급하는데, 수수료가 아닌 광고비를 지급하는 경우에도 중개인지?

4 실제 플랫폼에는 광고비를 지급하지 않고, 소비자에게 경품을 제공하는 경우 중개에 해당하는지?

5 플랫폼에서 실제로 추천, 비교하지 않아도, 〈추천〉, 〈비교〉, 〈인기〉라는 단어를 사용하여 광고하는 경우 중개인지?

신속처리시스템 회신(손보 211015-41)

1·2 A社의 온라인 플랫폼에 B 보험회사의 상품 정보를 게시하면서 해당 상품 비교·추천·설명 또는 계약체결의 지원 등을 하는 행위는 금융소비자보호법상 중개에 해당할 수 있음. 이러한 판단기준은 취급하는 보험상품의 개수나 제휴 보험회사의 개수 등과는 관련이 없고, 보험회사명·상품명을 노출하더라도 마찬가지임. 별론으로 특정 상품의 명칭이나 취급하는 보험회사 명칭 등을 게시하는 행위는 금융소비자보호법상 광고에 해당할 소지 있음.

3 플랫폼내의 보험상품 정보 게시 등에 대한 대가로 보험회사가 금전 등을 지급하는 경우, 지급명목이 광고비라는 사실이 플랫폼의 행위가 중개가 아니라고 판단할 근거가 되지는 않음.

4 플랫폼에 광고비 명목의 금전 등을 지급하는지 등과 관계없이 플랫폼의 권유 등이 있는 경우 중개에 해당될 수 있음.

5 '추천', '비교' 등의 단어 사용으로 소비자가 플랫폼이 직접 중개를 하는 것으로 오인할 소지가 있다면 사실관계에 따라 중개에 해당하는 것으로 판단될 수 있음. 한편 '추천', '비교', '인기' 등의 표현을 광고에 사용하는 경우 사실관계에 따라 광고 시 금지행위[86] 등에 해당할 가능성도 있음.

50. 단체상해보험상품을 타사(금융기관보험대리점인 신용카드사) 앱에서 안내하고 가입절차를 진행하는 경우 중개인지? 광고인지?

신속처리시스템 회신(손보 211108-42)

상해보험 상품의 내용을 소비자에 널리 알리거나 제시하는 행위는 금융소비자보호법상

86) 광고시 비교대상 및 기준을 분명하게 밝히지 않거나 객관적인 근거 없이 다른 금융상품등과 비교하는 행위, 불확실한 사항에 대해 단정적 판단을 제공하거나 확실하다고 오인하게 할 소지가 있는 내용을 알리는 행위, 계약체결 여부나 금융소비자의 권리·의무에 중대한 영향을 미치는 사항을 사실과 다르게 알리거나 분명하지 않게 표현하는 행위 등은 금지한다(영§20① iii ~ v).

광고에 해당하나, 카드사 앱 내에서 가입 프로세스가 이루어지는 경우에는 계약체결을 지원하는 행위로서 '중개'에 해당될 수 있음.

51. 아래 서비스 유형이 중개에 해당하는지?

1 고객 분석 후 상품 추천	이용자 개인에 대한 소비패턴/자산 분석 → 예금성·투자성·보장성 상품 카테고리별로 분류하여 상품 추천 → 이용자가 직접 본인이 원하는 카테고리별로 맞춤형 상품 클릭 → 해당 금융회사 신청페이지 이동
2 고객 분석 없이 카테고리별 단순 상품 추천	마이데이터 사업자의 플랫폼 내 모든 이용자에게 예금성·투자성·보장성 상품 등 카테고리별로 동일한 금융상품 배너 노출 → 이용자가 직접 본인이 원하는 카테고리로 이동 및 금융상품 클릭 → 해당 금융회사 신청페이지 이동
3 고객 분석 없이 이벤트 광고	마이데이터 사업자의 플랫폼 내 모든 이용자에게 동일한 이벤트 내용(특정 금융회사와의 제휴 금융상품 일괄/개별 안내 등) 노출 → 이용자가 직접 본인이 원하는 이벤트 클릭 → 해당 금융회사 신청페이지 이동
4 카드 추천	이용자 개인에 대한 소비패턴/자산 분석 → 적합한 카드 추천 → 이용자가 직접 본인이 원하는 카테고리별로 맞춤형 상품 클릭 → 해당 금융회사 신청페이지 이동

신속처리시스템 회신(여전 211109-80)

1·4 특정 소비자에 맞춤형으로 특정 금융상품을 추천하는 경우 권유에 해당될 소지가 있음.

2·3 불특정 다수의 소비자에게 금융상품 정보를 게시하는 행위는 일반적으로 광고에 해당함. 그러나 광고에 더하여 계약체결을 지원하는 행위 등을 할 경우 '중개'에 해당될 소지도 있음.

52. 상거래 온라인 플랫폼(이하 '플랫폼')에서 고객 결제수단의 하나로 일반결제·간편결제 외 금융회사의 아래 신용대출상품을 제시하는 행위가 금융상품 대리·중개에 해당하는지?

유형	무이자 신용대출
대상	온라인 플랫폼 결제 고객
한도	10~50만원
고객 수수료	없음(단, 연체수수료는 발생).
운영 수수료	온라인 플랫폼이 금융회사로 결제대행 운영수수료 지급

신속처리시스템 회신(여전 220105-84)

플랫폼 내 불특정 다수의 소비자에게 결제 수단의 한 종류를 알리기 위해 카드사의 신용대출상품 정보를 게시하는 행위는 일반적으로 '중개'는 아님. 그러나 플랫폼에서 특정 금융상품 추천, 계약체결의 지원 등이 이루어질 경우에는 '중개'에 해당될 소지 있음.

▌제3절▐ 금융소비자

Ⅰ. 의의

1. 규제취지

금융소비자보호법은 '보호대상'을 '금융소비자'로 정의한다. 판매업자등에 비해 정보나 전문성 등에서 열위에 있어 금융상품 거래시 피해를 입을 우려가 있으므로 이들을 보호하기 위해 개념을 규정한다.[87)]

2. 정의방식

자본시장법 및 보험업법상 체계와 기준을 준용하여 전문과 일반으로 금융소비자를 구분한다. '전문금융소비자(이하 "전문소비자"라 한다)'를 먼저 정의하고 '일반금융소비자(이하 "일반소비자"라 한다)'는 전문소비자가 아닌 금융소비자라고 정의한다. 일반소비자에게만 적용되는 금융소비자보호법 규제에는 ① 적합성 원칙, ② 적정성 원칙, ③ 설명의무(손해배상 입증책임 전환 대상), ④ 청약철회권 행사, ⑤ 소액분쟁 특례가 있다.

Ⅱ. 유형

위험감수능력 유무를 기준으로 전문/일반소비자로 구분하고, 전문소비자 내에서는 계약하려는 금융상품 구분 없이 전문소비자인 자와 금융상품 종류에 따라 전문소비자 여부가 달라지는 자로 구분된다. 후자의 예로 상시근로자가 4인인 법인의 경우 예금성 상품 계약 체결 시에는 전문소비자이나, 대출성 상품 계약 시에는 일반소비자이다.

87) 한국개발연구원 · 자본시장연구원 · 서울대학교 금융법센터, "「(가칭)금융소비자 보호법 제정 기본방향」 토론회 개최", 보도자료의 붙임자료(금융소비자보호법 제정 기본방향 토론회 발표 주요 내용), 2010.06.29., 3면 참조.

❖ 전문소비자 구분[88]

<table>
<tr><th>예금성 상품</th><th>대출성 상품</th><th>투자성 상품</th><th>보장성 상품</th></tr>
<tr><td colspan="4">(외국) 국가 / 한국은행 / (외국) 금융회사 / 주권상장법인</td></tr>
<tr><td colspan="4">(외국) 지방자치단체</td></tr>
<tr><td colspan="4">(외국) 금감원, (외국) 신·기보, (외국) 수출입은행, 한국(외국)투자공사, (외국) 거래소, (외국) 금융공공기관[89]</td></tr>
<tr><td colspan="4">(외국) 신협·농수협·산림조합·새마을금고 중앙회, (외국) 금융협회, (외국) 신협 단위조합</td></tr>
<tr><td colspan="4">(외국) 금융지주회사, (외국) 집합투자업자, (외국) 집합투자기구, (외국) 증권금융회사, (외국) 단기금융회사, (외국) 자금중개회사, (외국) P2P업자, (외국) 대부업자</td></tr>
<tr><td colspan="4">법률상 기금 관리·운용 공공기관, 법률상 공제사업 영위 법인·조합·단체</td></tr>
<tr><td colspan="4">국제기구, 외국 중앙은행, 외국에 상장된 국내법인, 외국에 상장된 외국법인</td></tr>
<tr><td>–</td><td>대출성 상품
대리·중개업자</td><td>(외국) 투자성 상품
대리·중개업자</td><td>보장성 상품
대리·중개업자</td></tr>
<tr><td>법인·조합·단체</td><td>상시근로자 5인 이상
법인·조합·단체</td><td rowspan="2">(외국) 적격투자 법인·단체 및 개인(신탁형 ISA 및 자산구성형 ISA에 가입한 외국인 거주자는 제외)</td><td>보험요율 산출기관</td></tr>
<tr><td rowspan="2">성년(피성년·피한정후견인, 65세 이상 고령자 제외)</td><td>겸영여신업자</td><td>보험 관계 단체</td></tr>
<tr><td>자산취득·자금조달
목적 SPC</td><td>(외국) 전자등록기관</td><td>단체보험·기업성보험·퇴직연금 가입자</td></tr>
</table>

국가, 한국은행, 금융회사를 제외한 투자성 상품 전문소비자는 장외파생상품 거래시 전문소비자와 같은 대우를 받겠다는 의사를 판매업자 및 자문업자에게 서면으로 통지한 경우에만 전문소비자에 해당한다(영§2⑩iii).

전문소비자 중 일부는 위험감수능력이 다르다고 보아 소비자 보호규제를 적용받을 수 있는 기회가 제공된다.[90] 당사자의 명시적인 의사표시가 있을 경우 일반소비자로의 전환이 가능하다(법§2ix但).

---

88) 금융감독원, 금융소비자보호법 안내자료(2021.03.24.), 10면 참조. (외국) 표시의 경우 그에 상응하는 외국기관과 국내기관을 모두 지칭한다.

89) 서민금융진흥원, 신용보증기금, 예금보험공사, 한국자산관리공사, 한국주택금융공사(공공기관 경영정보 공개시스템 '22.1.28. 기준).

90) 온주 자본시장과금융투자업에관한법률 제9조 제5항 전문투자자 (2019. 11. 26.) 참조.

❖ 전문소비자 중 일반소비자 전환가능자

<table>
<tr><th>예금성</th><th>대출성</th><th>투자성</th><th>보장성</th></tr>
<tr><td rowspan="5">–</td><td rowspan="5">상시근로자가 5인 이상인 법인·조합 · 단체</td><td colspan="2">주권상장법인</td></tr>
<tr><td colspan="2">법률상 기금 관리 · 운용 공공기관(기술보증기금 및 신용보증기금 제외)</td></tr>
<tr><td colspan="2">외국에 상장된 국내법인</td></tr>
<tr><td colspan="2">지방자치단체</td></tr>
<tr><td>□ 법률상 공제사업 영위 법인 · 조합 · 단체
□ 적격투자법인 · 단체 및 개인</td><td>□ 아래에 해당하는 외국법인
○ 금융회사
○ 신용협동조합 및 중앙회
○ 온라인투자연계금융업자
○ 집합투자업자
○ 증권금융회사
○ 단기금융회사
○ 자금중개회사</td></tr>
</table>

Ⅲ. 기존규제

개별법상 보호대상을 비교하면 아래와 같다. 금융소비자보호와 관련된 영업행위 규제가 아니라 보호대상인 금융소비자를 정의내린 규정이므로, 해당 규정은 금융소비자보호법에 이관되지 않고 개별법(자본시장법, 보험업법)에 존치한다.

구분	은행	금융투자	보험	저축은행	여전	대부	신협
보호대상	은행이용자	투자자 (전문/일반)	보험계약자 (전문/일반)	저축은행 거래자 등 금융이용자	신용 · 직불 카드회원, 대여시설 이용자, 할부금융 이용자 등 금융이용자	대부업 이용자	조합원
정의여부	×	○	○	×	×	×	×
근거규정	–	자본시장법 §9⑤ · ⑥	보험업법 §2xix · xx	–	–	–	–

1. 자본시장법

투자권유의 대상이 되는 자를 투자자로 본다. 위험감수능력 인정되는 국가, 한국은행, 금융회사, 상장법인 등을 전문투자자로 열거하고 이에 포함되지 않는 투자자를 일반투자자로 분류한다(자본시장법§9⑤·⑥). 舊자본시장법상 일반투자자에게는 적합성·적정성 원칙, 설명의무 등을 적용하여 강하게 보호하였다.

다만, 전문투자자로 분류되어 적합성·설명의무 등을 적용받지 못한 KIKO 사건 이후 문제 재발을 방지하기 위해 상장법인 등은 장외파생상품 거래 시 일반투자자로 분류하고 명시적인 의사표시가 있을 경우에만 전문투자자로 분류한다(자본시장법§9⑤ⅳ但·영§10③但.)

자본시장법상 전문투자자 개념을 준용하여 금융소비자보호법상 투자성 상품 전문소비자를 규정하였으므로 그 개념과 체계가 유사하나, 유의미하게 차이나는 부분이 있다. 먼저, 자본시장법상 전문투자자로 규정된 자를 금융소비자보호법에서 전문소비자로 규정하지 않거나 반대로 전문투자자가 아니었던 자를 전문소비자로 규정한다. 전자로 정리금융회사, 한국예탁결제원[91]이 있고, 후자로 자문업자, 외국환중개회사, 투자성 상품 대리·중개업자, 서민금융진흥원, 온라인투자연계금융업자, 단기금융회사, 신용협동조합, 대부업자가 있다.

둘째, 장외파생상품 계약 시 일반소비자(일반투자자)로 의제되는 자의 범위가 일치하지 않는다. 자본시장법에서는 법률상 기금(신보·기보 제외), 법률상 공제법인, 지방자치단체, 외국에 상장된 국내법인에 한해 장외파생상품 계약 시 일반투자자로 의제하나(자본시장법 시행령§10③但), 금융소비자보호법은 국가, 한국은행, 금융회사를 제외한 전문소비자 전부를 일반소비자로 의제한다(영§2⑩ⅲ).

셋째, 장외파생상품 계약 시 한국수출입은행, 증권금융회사, 자금중개회사, 한국주택금융공사(이하 "수출입은행등"이라 한다)의 경우 금융소비자보호법 내에서 전문소비자 개념이 상충하나, 자본시장법에서는 전문투자자로 일의적으로 분류된다(자본시장법 시행령§10③但). 수출입은행등은 장외파생상품 계약 시 금융소비자보호법상 금융회사(§2ⅵ)로서[92] 법 제2조제9호다목 및 시행령 제2조제8호에 따르면 일반소비자로 의제되지 않는 전문소비자이나, 시행령 제2조제10항제3호마목에 따르면 일반소비자로 의제되는 전문소비자이다. 이

91) 2021년과 달리 2022년에 '금융위원회가 주무기관인 공공기관'으로 지정되지 아니하여 금융소비자보호법상 전문소비자(영§10① ⅰ 가·영 §10①ⅲ마)에 해당하지 않는다. 공공기관 지정이 매해 변경되는 점을 감안 시 법적 안정성을 위해 관련 기관들을 법령에서 전문소비자로 직접 열거하는 것이 적절해 보인다.

92) 자본시장법(§8⑨)상 겸영금융투자업자에 해당하여 금융회사 범위에 포섭된다(영§2⑤ⅱ).

러한 개념충돌을 해소하기 위해 입법적 보완이 필요하다. 표에서는 일반소비자 의제자로 표시하였다.

넷째, 상호저축은행중앙회의 경우 장외파생상품 계약 시 전문소비자 개념이 금융소비자보호법 내에서 상충하나, 자본시장법에서는 전문투자자로 일의적으로 분류된다(자본시장법 시행령§10③但). 금융소비자보호법에서 협회는 금융투자협회, 생명보험협회, 손해보험협회, 상호저축은행중앙회, 여신전문금융업협회, 대부업 및 대부중개업협회, 전국은행연합회, 신용협동조합중앙회를 의미하므로(규정§2⑥xi), 상호저축은행중앙회는 협회이다. 또한 금융회사이기도 한데(법§2vi가), '금융회사'로 보면 장외파생상품 계약 시 일반소비자로 의제되는 자가 아니고, '협회'로 보면 일반소비자로 의제되는 자여서 입법적 보완이 필요하다. 자본시장법에서 협회는 금융투자협회만 의미하며(자본시장법 시행령§7④iv · §10③v), 상호저축은행중앙회는 금융기관으로서 전문투자자로 규정되어(자본시장법 시행령§10②xiv) 상충하지 않는다. 표에서는 기존 규제(자본시장법)에 따라 협회가 아닌 금융회사로 분류하여 표시하였다.

❖ **자본시장법과 비교**[93)]

구분	투자성 상품 전문소비자		전문투자자	
	국내	국외	국내	국외
국가				
중앙은행				
은행 (기업, 산업, 농·수협 은행 포함)				
신협중앙회 (신용사업 부문[94)])				
투자매매업자				
투자중개업자				

93) 투자성 상품 전문소비자 또는 전문투자자인 경우 ▭, 일반소비자(일반투자자)로 전환가능한 경우 ▭, 장외파생상품 거래시 일반소비자(일반투자자)로 의제되는 경우 ▭, 장외파생상품 거래시 일반소비자(일반투자자)로 의제되고 일반소비자(일반투자자)로 전환가능한 경우 ▭, 해당사항 없는 경우 ▭로 표시한다.

94) 자본시장법(영§10②xvii)에서는 사업부문을 한정하지 않고 신용협동조합중앙회로 규정한다.

구분	투자성 상품 전문소비자		전문투자자	
	국내	국외	국내	국외
투자자문업자				
투자일임업자				
신탁업자				
종합금융회사				
보험회사				
상호저축은행				
저축은행중앙회				
여신전문금융회사				
자문업자				
겸영금융투자업자 (외국환중개회사[95])				
주권상장법인[96]				
전자등록기관				
적격투자 법인 · 단체				
적격투자 개인[97]				
투자성 상품 대리 · 중개업자				
서민금융진흥원				
신용보증기금				
예금보험공사				

95) 자본시장법상 겸영금융투자업자인 은행, 보험회사, 한국산업은행, 중소기업은행, 한국수출입은행, 증권금융회사, 종합금융회사, 자금중개회사, 한국주택금융공사의 경우 금융소비자보호법에서 별도 항목으로 전문소비자로서 열거하고 있으므로 사실상 '외국환중개회사'를 지칭한다.

96) 자본시장법에서는 주권상장 법인이 국내법인인지 외국법인인지 구분하지 않고 규율한 것으로 해석된다.

97) 신탁형 ISA 및 자산구성형 ISA에 가입한 외국인 거주자는 제외한다(규정§2⑧但).

구분	투자성 상품 전문소비자		전문투자자	
	국내	국외	국내	국외
정리금융회사				
예탁결제원				
자산관리공사				
주택금융공사				
금융지주회사				
수출입은행				
투자공사				
신협중앙회 (공제사업 부문)				
온라인투자연계금융업자				
집합투자업자				
증권금융회사				
단기금융회사				
자금중개회사				
신용협동조합				
기금을 관리 · 운용하는 공공기관 (기보 · 신보 제외)[98]				
공제사업을 영위하는 법인 · 조합 · 단체[99]				
금융감독원				
기술보증기금				
농수협 · 산림조합 · 새마을금고 중앙회				

98) 자본시장법(영 §10③xii)에서는 '법률에 따라 설립된 기금(신 · 기보 제외) 및 그 기금을 관리 · 운용하는 법인'으로 규정하여 기금의 관리 · 운용 주체를 공공기관으로 한정하고 있지 않다.
99) 자본시장법(영 §10③xiii)에서는 '법률에 따라 공제사업을 경영하는 법인'으로 규정하여 '조합 및 단체'를 포함하고 있지 않다.

구분	투자성 상품 전문소비자		전문투자자	
	국내	국외	국내	국외
대부업자				
거래소				
집합투자기구				
지방자치단체				
금융협회 (저축은행중앙회 제외)[100]				
외국상장 국내법인				
국제기구				

2. 보험업법

보험계약의 상대방을 보험계약자로 보고 전문보험계약자와 일반보험계약자로 구분하여 정의한다. '전문보험계약자'란 보험계약에 관한 전문성, 자산규모 등에 비추어 보험계약의 내용을 이해하고 이행할 능력이 있는 자로, '일반보험계약자'는 전문보험계약자가 아닌 보험계약자로 규정한다(보험업법§2xix · xx). 舊보험업법상 일반보험계약자에게는 적합성 원칙, 설명의무, 청약철회 등을 적용하여 강하게 보호하였다.

보험업법과 금융소비자보호법 간 유의미한 차이점으로 먼저, 범위를 살펴본다. 보험업법상 전문보험계약자로 규정된 자를 금융소비자보호법에서 전문소비자로 규정하지 않거나 반대로 전문보험계약자가 아니었던 자를 전문소비자로 규정한다. 전자로 정리금융회사, 보험회사 임직원[101], 예탁결제원[102]이 있고, 후자로 자문업자, 외국환중개회사, 온라인투자연계금융업자, 단기금융회사, 신용협동조합, 대부업자가 있다.

100) 금융투자협회, 생명보험협회, 손해보험협회, 여신전문금융업협회, 한국대부금융협회, 전국은행연합회, 신용협동조합중앙회. 협회에 포함되어야 하는 상호저축은행중앙회의 경우 앞서 상술한 상충문제로 제외한다. 상기 표에서는 기존 규제(자본시장법)에 따라 협회가 아닌 금융회사로 분류하여 표시하였다.

101) 보험회사 임 · 직원이라는 사실만으로 위험감수능력이 모두 인정된다고 보기 힘들어 보험업법과 달리 금융소비자보호법에서는 전문소비자로 규정하지 않는다.

102) 2021년과 달리 2022년에 '금융위원회가 주무기관인 공공기관'으로 지정되지 아니하여 금융소비자보호법상 전문소비자(영 §10①i가 · 영 §10①iii마)에 해당하지 않는다. 공공기관 지정이 매해 변경되는 점을 감안 시 법적 안정성을 위해 관련 기관들을 전문소비자로 직접 열거하는 것이 적절해 보인다.

둘째, 국내기관(보험요율 산출기관, 보험 관계 단체, 기업성 보험계약체결자 등,[103] 보장성 상품 대리·중개업자)은 금융소비자보호법(영§2⑩ⅳ)과 보험업법(영§6-2③ⅱ·ⅲ·xⅷ) 모두 전문소비자(전문보험계약자)로 규율되어 있으나, 이에 상응하는 외국기관에 대해서는 보험업법(영§6-2③xⅶ라)에서 전문보험계약자로 규정된 것과 달리 금융소비자보호법에서는 별도로 규정되어 있지 않아 입법적 보완이 필요하다.

셋째, 감독규정 개정(2021.07.12.)으로 '투자성 상품의 전문소비자'인 외국 전자등록기관, 외국 적격투자 법인·단체·개인, 외국 투자성 상품의 대리·중개업자가 '보장성 상품의 전문소비자'로 규정(규정§2⑥xⅲ마·§2⑧)되어 입법적 보완이 필요하다.[104]

비교표는 법에서 일반소비자(일반보험계약자) 전환이 가능하도록 직접적으로 열거된 자를 기준으로 표시하였으나, 법해석상 전문소비자(전문보험계약자) 대부분이 일반소비자(일반보험계약자)로도 전환이 가능하다. 전환가능자로 '5인 이상의 근로자를 고용한 단체'가 규정되어 있어(영§2⑦ⅲ다·보험업법 시행령§6-2①ⅳ) 매우 영세한 영업규모가 아니라면 일반소비자로 전환이 가능하기 때문이다.

❖ 보험업법과 비교[105]

구분	보장성 상품 전문소비자		전문보험계약자	
	국내	국외	국내	국외
국가				
한국은행				
은행 (기업, 산업, 농·수협 은행 포함)				
신협중앙회 (신용·공제사업 부문[106])				
투자매매업자				

103) 보험업법 시행령(§6-2③xviii)에 해당하는 자로서 아래 중 하나.
- ㅁ 5인 이상 근로자·구성원이 있는 단체로서 해당 단체의 소속된 자가 주피보험자가 되는 등 보험업 감독규정(§7-49ⅱ) 요건을 충족하는 단체보험계약을 체결하고자 하는 자
- ㅁ 기업성 보험계약 또는 퇴직연금계약을 체결하고자 하는 자
- ㅁ 공공기관, 지방공기업, 특별법에 따라 설립된 기관
- ㅁ 5인 이상 근로자 고용 단체

104) 보장성 상품뿐만 아니라 예금성·대출성 상품에도 동일하게 전문소비자로 규제되어 입법적 보완이 필요하다.

105) 보장성 상품 전문소비자 또는 전문보험계약자인 경우 [ ], 일반소비자(일반보험계약자)로 전환가능한 경우 [ ], 해당사항 없는 경우 [ ]로 표시한다.

106) 보험업법(영§6-2②ⅷ)에서는 사업부문을 한정하지 않고 신용협동조합중앙회로 규정한다.

구분	보장성 상품 전문소비자		전문보험계약자	
	국내	국외	국내	국외
투자중개업자				
투자자문업자				
투자일임업자				
신탁업자				
종합금융회사				
보험회사				
상호저축은행				
저축은행중앙회				
여신전문금융회사				
자문업자				
겸영금융투자업자 (외국환중개회사[107])				
주권상장법인[108]				
보험요율 산출기관				
보험 관계 단체				
기업성 보험계약체결자 등[109]				

107) 자본시장법상 겸영금융투자업자인 은행, 보험회사, 한국산업은행, 중소기업은행, 한국수출입은행, 증권금융회사, 종합금융회사, 자금중개회사, 한국주택금융공사의 경우 금융소비자보호법에서 별도 항목으로 전문소비자로서 열거하고 있으므로 사실상 '외국환중개회사'를 지칭한다.

108) 보험업법(§2 xix라)에서는 주권상장 법인이 국내법인인지 외국법인인지 구분하지 않고 규율한 것으로 해석된다.

109) 보험업법 시행령(§6-2③xviii)에 해당하는 자로서 아래 중 하나.

- 5인 이상 근로자 · 구성원이 있는 단체로서 해당 단체의 소속된 자가 주피보험자가 되는 등 보험업 감독규정(§7-49 ii) 요건을 충족하는 단체보험계약을 체결하고자 하는 자
- 기업성 보험계약 또는 퇴직연금계약을 체결하고자 하는 자
- 공공기관, 지방공기업, 특별법에 따라 설립된 기관
- 5인 이상 근로자 고용 단체

구분	보장성 상품 전문소비자		전문보험계약자	
	국내	국외	국내	국외
보장성 상품 대리·중개업자				
보험회사 임직원				
서민금융진흥원[110]				
신용보증기금				
예금보험공사				
정리금융회사				
예탁결제원				
자산관리공사				
주택금융공사				
금융지주회사				
수출입은행				
투자공사				
온라인투자연계금융업자				
집합투자업자				
증권금융회사				
단기금융회사				
자금중개회사				
신용협동조합				
기금을 관리·운용하는 공공기관 (기보·신보 제외)[111]				

110) 공공기관으로서 전문보험계약자에 해당한다(보험업감독규정§1-4-2ⅳ).

111) 보험업법(영§6-2③xv)에서는 '법률에 따라 설립된 기금(신·기보 제외) 및 그 기금을 관리·운용하는 법인'으로 규정하고 있어 기금의 관리·운용 주체를 공공기관으로 한정하고 있지 않는 점과 기금 자체를 추가로 규정한 점에서 금융소비자보호법보다 포괄적이다.

구분	보장성 상품 전문소비자		전문보험계약자	
	국내	국외	국내	국외
공제사업을 영위하는 법인 · 조합 · 단체[112]				
금융감독원				
기술보증기금				
농수협 · 산림조합 · 새마을금고 중앙회				
대부업자				
거래소				
집합투자기구				
지방자치단체				
금융협회 (저축은행중앙회 제외)[113]				
외국에 상장된 국내법인				
국제기구				
전자등록기관				
적격투자 법인 · 단체				
적격투자 개인[114]				
투자성 상품 대리 · 중개업자				

Ⅳ. Q&A

[(전문)금융소비자 여부]

1. 보증 또는 담보를 제공하는 제3자가 금융소비자(법§2viii)에 해당되는지?

해당되지 않음.

112) 보험업법(영§6-2③xiv)에서는 '법률에 따라 공제사업을 하는 법인'에 한정한다. 법률에 따라 공제사업을 경영하는 조합 및 단체를 포함하고 있지 않은 점이 금융소비자보호법과 비교된다.

113) 금융투자협회, 생명보험협회, 손해보험협회, 여신전문금융업협회, 한국대부금융협회, 전국은행연합회, 신용협동조합중앙회. 협회에 포함되어야 하는 상호저축은행중앙회의 경우 앞서 상술한 상충문제로 제외한다. 상기 표에서는 기존 규제(보험업법)에 따라 협회가 아닌 금융회사로 분류하여 표시하였다.

114) 신탁형 ISA 및 자산구성형 ISA에 가입한 외국인 거주자는 제외한다(규정§2⑧但).

[필자 보충의견] 보증인(제3자)이 주채무자의 채무를 보증할 것을 내용으로 하는 보증계약은 금융상품이 아니므로 보증계약 체결당사자는 금융소비자에 해당되지 않음.

2. 비거주 외국인이 판매업자등과 금융상품 계약 시 금융소비자보호법이 적용되는지?

신속처리시스템 회신(금투 210615-34)

금융소비자보호법상 판매규제는 외국인의 거주자·비거주자 여부를 구분하지 않으므로 외국인에 대해서도 금융소비자보호법상 판매규제가 적용됨.

3. 대출성 상품의 전문소비자로 상시근로자가 5인 이상인 법인·조합·단체를 규정하고 있는데, 상시근로자가 5인 이상인 개인사업자는 이에 해당하는지?

금융소비자보호법상 개인사업자는 '법인등'[115]이 아닌 '개인'이므로 '상시근로자가 5인 이상인 개인사업자'는 일반소비자에 해당함.

4. 금융투자업자(증권회사)가 SPC와 기초자산 매입확약 계약 및 금융자문계약을 체결하여 유동화 구조를 짜는 등 SPC가 기초자산을 취득하는 데 있어 일정 역할을 수행하는 경우 해당 SPC를 일반소비자로 보아야 하는지?

신속처리시스템 회신(금투 210504-18)

일반적으로 증권회사에서 SPC의 유동화증권 발행에 관한 서비스를 제공한다는 점을 감안하면, 위 SPC도 유동화증권 발행주체일 것으로 판단됨. 이 경우 SPC는 증권 발행주체로서 금융소비자보호법상 금융소비자로 보기 어려움.

5. 저축은행이 사모사채 및 기업어음을 증권회사로부터 매입하는 경우 보호대상은 저축은행인지?

신속처리시스템 회신(저축 210615-25)

저축은행이 증권회사로부터 사모사채 및 기업어음을 매입하는 경우에 저축은행은 *(보호대상인)* 전문소비자이며, 판매업자인 증권회사는 규제대상에 해당.

115) 법인, 조합, 단체.

6. 집합투자기구는 장외파생상품 거래 시 전문소비자와 같은 대우를 받겠다는 의사를 서면으로 통지해야 전문소비자로 인정되는 것과 달리, 자본시장법에서는 서면통지 없이 전문투자자로 분류되고 있어, 자본시장법처럼 서면통지 없이 금융소비자보호법상에서도 전문소비자로 인정될 수 있는지?

신속처리시스템 회신(은행 210419-42)

금융소비자보호법 규정에 따르는 경우 집합투자기구는 장외파생상품 거래 시 전문소비자와 같은 대우를 받겠다는 의사를 서면으로 알린 경우에 한하여 전문소비자에 해당됨. 금융위원회는 자본시장법 규정 및 집합투자기구에 대한 보호 필요성 등을 종합적으로 고려하여 추후 규정변경 등을 검토할 예정임을 밝힘.

[금융소비자 특정]

7. 가족카드 발급[116] 시 적합성 원칙, 설명의무 등 규제를 이행해야 하는 상대방은 본인회원인지, 가족회원인지?

금융소비자보호법상 적합성 원칙, 설명의무 등의 이행 상대방은 금융소비자, 즉 계약상대방임.

[필자 보충의견] 아래 8번 답변 감안 시 본인신용도를 고려하여 가족카드가 발급되고, 본인의 신용한도 내에서 결제가 가능하며, 최종 결제책임은 본인이 부담하므로 계약상대방은 본인회원으로 이해됨.

8. 개인형 기업카드[117] 발급 시, 대상 금융소비자는 '기업 임직원(사용인)'이 아닌 '기업(지정대리인)'인지? 설명의무, 계약서류 제공의무 등은 카드를 발급한 전체 임직원이 아닌 지정대리인에게만 이행해도 되는지?

신속처리시스템 회신(여전 210427-16)

개인형 기업카드는 발급 시 기업의 신용도 등을 고려하여 신용카드 한도를 부여하고 대

---

116) 회원 본인의 신용을 기준으로 동일상품을 가족이 발급받아 이용할 수 있는 카드(신용카드 개인회원 표준약관 §2③ 참조).

117) 기업카드 중 사용자를 지정하여 결제계좌는 사용자(임직원)의 계좌로 하고, 대금결제와 연체에 대한 책임은 기업이 부담하는 형태의 법인카드로, 기업에 부여된 신용한도 내에서 임직원에게 회사의 신용한도를 분할하여 부여한다.

금결제의 최종적 책임은 기업이 부담하므로 계약 당사자는 기업으로 보아야 할 것으로 판단됨.

따라서 설명의무,[118] 계약서류 제공의무 등은 원칙적으로 기업(지정대리인)에게 이행하여야 할 것으로 보여짐.

[일반소비자 전환]

9. 전문소비자 중 상시근로자가 5명 이상인 법인·조합·단체가 대출성 상품 계약 체결 전 일반소비자로 대우 받기 위해 통지하는 경우 이때 서면 양식은?

법령에서 정해진 양식은 없으며, 금융회사가 자율적으로 마련 가능함.

10. 일반소비자와 같은 대우를 받겠다는 의사를 전문소비자가 판매업자등에게 서면으로 통지하는 규정(법§2ix但)과 관련해 판매업자등이 반드시 일반소비자로 전환 가능하다는 사실을 안내하여야 하는지?

법령에서 고지의무를 규정하고 있지는 않음.

[필자 보충의견] 다만, 일반소비자로 전환가능함을 전문소비자가 인식하고 있어야 서면통지가 가능한 점, 일본 금융상품거래법(§34·§34-2)에 따르면 금융상품거래업자는 특정투자자와 일정한 금융상품거래행위(금융상품거래법 제2조제8항 각호)를 하려는 경우에는 특정투자자가 일반투자자로 전환신청할 수 있다는 점을 고지할 의무가 있는 점[119] 감안 시 신의칙상 고지의무가 인정될 수 있음.

[소비자유형 확인]

11. 상시근로자 5인 이상임을 확인받기 위해 근로기준법(§11·영§7-2)[120]을 적용하는지? 4대 사회보험 사업장 가입자명부 등 근로자 인원수가 나오는 자료는 어떠한 것이

118) 상시근로자가 5인 미만인 법인 등 일반소비자인 경우에만 해당한다.
119) 온주 자본시장과금융투자업에관한법률 제9조 제5항 전문투자자 (2019. 11. 26.) 참조.
120) '상시 사용하는 근로자 수는' 해당 사업 또는 사업장에서 법적용 사유 발생일 전 1개월(이하 '산정기간'이라 한다) 동안 사용한 근로자의 연인원을 같은 기간 중의 가동일수로 나누어 산정한다.
  * 상시근로자 수 = 산정기간 동안 사용한 근로자의 연인원 / 산정기간 중 가동일수

라도 상관없는지?

근로자 수를 객관적으로 판단할 수 있는 자료이면 특별한 제한 없음.

12. 성인인 친권자(법정대리인)가 미성년자를 대리하여 예금성 상품 계약체결 시 금융소비자는 대리인(성인)인지 본인(미성년자)인지?

민법상 법리에 따라 판단 가능함.

[필자 보충의견] 민법상 대리행위의 효력은 본인에게 귀속(민법§114)되므로 금융소비자는 미성년자(본인)로 판단됨.

13. 대출성 상품의 전문소비자인 '상시근로자 5인 이상 법인등'인지를 금융소비자로부터 단순 확인받으면 되는지, 아니면 상시근로자 5인 이상임을 증명서류 등을 통해 확인받아야 하는지?

명시적인 확인의무는 없으나, 일반소비자임에도 판매업자가 고의·과실로 전문소비자 취급하여 법을 위반하지 않도록 주의가 필요함.

제3장 적용범위 및 다른 법률과의 관계

제1절 적용범위

Ⅰ. 의의

개별법(부동산투자회사법, 선박투자회사법 등)상 사모집합투자기구(사모펀드)에 대해서는 금융소비자보호법이 적용되지 않는다. 이는 소관부처의 산업정책적 측면과 투자대상자산의 특성을 고려하여 적용을 배제하고 있는 기존 자본시장법을 감안한 것이다.[1)]

Ⅱ. Q&A

1. 여신전문금융업법상 신기술사업금융업자가 운용하는 신기술사업투자조합 및 벤처투자조합의 업무집행조합원이 출자지분을 유한책임조합원에게 취득하게 하는 업을 '판매업'에서 제외할 수 있는지?

신속처리시스템 회신(금투 210615-35)

금융소비자보호법 제5조에서는 자본시장법 제6조제5항제1호에 따라 동 법 시행령(제6조제1항)에 열거된 법률(벤처투자 촉진에 관한 법률, 여전전문금융업법 등)에 근거하여 사모(私募) 방식으로 운영되는 집합투자에 대해서는 금융소비자보호법을 적용하지 아니한다고 규정된 점을 참고할 필요.

1) 변제호 · 홍성기 외 4명, "자본시장법", 서울: 지원출판사, 2009, 65면 참조.

▌제2절▐ 다른 법률과의 관계

금융소비자보호법이 금융소비자 보호에 관해서는 일반법임을 명시한다. 다른 법률에서 금융소비자 보호와 관련하여 특별한 규정을 두고 있는 경우를 제외하고는 이 법을 적용한다.

제2편

진입규제

제1장 진입규제 개관

▌제1절▌ 진입규제

Ⅰ. 기본방향

현행법상 진입규제와 상충되지 않도록 운영하기 위해 개별 금융법상 진입규제는 존치한다. 이에 따라 개별법상 판매채널로 진입한 경우에는 별도의 등록절차 없이 금융소비자보호법상 판매업자등으로 간주하고(법§12但), 개별법상 근거가 없는 판매채널에 한해 진입규제를 적용한다.[1] 이는 금융소비자보호법의 기본법적 성격과 목적(판매업자등의 영업행위 규제를 통한 금융소비자 권익보호가 주안점)을 감안한 조치이다. 따라서 개별법상 근거가 없는 대출모집인, 신협 공제상품모집인 및 독립자문업자에 대해서만 신규 등록이 필요하다.

Ⅱ. 진입방식

등록요건을 갖춘 자에게 금융위원회가 진입을 허용하는 등록제로 운영한다. 금융위원회는 동 등록업무를 금융감독원, 협회 등에 위탁할 수 있다(법§65).

1) 금융위원회, "「금융소비자보호에 관한 법률」 제정안 및 「금융위원회 설치 등에 관한 법률」 개정안 입법예고", 보도자료의 별첨자료(금융소비자보호에 관한 법률 제정안 주요 내용), 2011.11.16., 13면 참조.

Ⅲ. 등록단위

원칙적으로 12개 등록단위[3업종(직판/대리·중개/자문) × 4상품유형(예금성/대출성/투자성/보장성)]를 설정할 수 있다. 이중 개별법상 근거가 없는 6개 단위가 신설된다.

❖ 금융소비자보호법상 신설되는 등록단위(음영 부분)[2)]

<table>
<tr><th>구분</th><th>직판업자</th><th>대리·중개업자</th><th>자문업자</th></tr>
<tr><td rowspan="2">투자성</td><td rowspan="8">금융회사</td><td rowspan="2">투자권유대행인</td><td>비독립 투자자문업자</td></tr>
<tr><td>③ 독립 투자자문업자</td></tr>
<tr><td rowspan="3">보장성</td><td>보험모집인</td><td rowspan="3">④ 보장성 상품 독립자문업자</td></tr>
<tr><td>신협공제사업모집법인(조합)</td></tr>
<tr><td>① 신협 공제상품모집인</td></tr>
<tr><td rowspan="2">대출성</td><td>신용카드모집인</td><td rowspan="2">⑤ 대출성 상품 독립자문업자</td></tr>
<tr><td>② 대출모집인
(리스·할부금융 중개인 포함)</td></tr>
<tr><td>예금성</td><td>신설여부 추후 판단</td><td>⑥ 예금성 상품 독립자문업자</td></tr>
</table>

금융위원회는 예금성 상품의 대리·중개업의 경우 정기 예·적금 상품에 한해 비대면 방식의 중개업을 혁신금융서비스로 지정하여 허용하기로 하였다.[3)] 2022년 10월 시범운영 후 소비자 편익, 금융시장 안정 등을 종합 고려하여 필요성 인정 시 법 개정을 추진할 예정이다.

---

2) 금융감독원, 금융소비자보호법 안내자료(2021.03.24.), 12면 참조.
3) 금융위원회, 플랫폼 중개업 시범운영의 별첨4, 2~5면 참조.

Ⅳ. 제재

구분	제재수준	제재사유
처분 (법§51)	등록취소	거짓이나 부정한 방법으로 등록
	등록취소 가능	등록요건 미유지(일시적인 경우 제외)
		업무 정지기간 중 업무
		금융위 시정·중지명령 불응
		금융위 판매제한명령을 불응
		1년 이상 정당한 사유 없이 미영업
		업무 관련 부정수취· 금융소비자에게 지급할 금전 수취
		금융위 조치일로부터 3년 이내 3회 이상 동일 위법행위 반복
벌칙 (법§67)	5년 이하의 징역 또는 2억원 이하의 벌금	판매업등의 등록을 하지 아니하고 판매업등을 영위하거나 거짓이나 부정한 방법으로 등록

Ⅴ. 시행일

금융상품자문업이라는 새로운 개념과 규제가 적용되는 점과 대출성 상품의 대리·중개업자의 진입규제가 처음으로 법제화되는 점 등을 감안하여 법 공포 후 1년 6개월의 유예기간(2021.9.25일 시행)을 둔다(법 부칙§1, 보도자료[4]).

4) 금융위원회·금융감독원, "금융소비자의 권익을 넓히고 보호의 실효성을 높이기 위한 새로운 제도가 안착되도록 시장과 함께 뛰겠습니다.", 보도자료, 2021.03.17., 2면 참조.

▌제2절▐ 판매업자등을 제외한 영업금지

Ⅰ. 의의

영업행위 규제는 금융위원회로부터 인허가 또는 등록을 받은 판매업자등만을 적용대상으로 하므로 인허가나 등록을 받지 않은 자가 영업행위 규제를 위반하더라도 이를 이유로 제재할 수 없다. 따라서 판매업자등이 아닌 자(금융업에 대한 인허가 또는 등록을 받지 아니한 자)의 영업행위를 금지하기 위해, 판매업자등을 제외한 자의 판매업등 영업행위를 금지한다.

금융소비자보호법 위반 시 형사처벌이 부과되는 단 3가지 규제 중 하나(나머지는 거짓·부정 등록 금지, 미등록자를 통한 금융상품판매 대리·중개 금지)이다. 미등록자는 인적·물적시설 및 자본금 등 그 자격요건에 대한 검증과 관리가 이루어지지 않았다는 점에서 금융소비자에게 심각한 피해를 끼치고 그 피해에 대한 구제가 쉽지 않기 때문에 가장 중한 죄로 규율한다.

Ⅱ. 미등록자 영업금지

판매업자등으로 등록한 자 이외에는 판매업등의 영업을 금지한다(법§11). 판매업자의 개념(법§2ⅲ)에 인허가 등록 없이 영위가능한 자를 포함하고 있어, 개별 금융법상 인허가 또는 등록 없이 그 업무를 영위할 수 있도록 한 경우는 제외한다.

Ⅲ. 제재

판매업등의 등록을 하지 아니하고 판매업등을 영위하는 경우 형사처벌(5년 이하의 징역 또는 2억원 이하의 벌금)이 부과된다(법§67ⅰ).

Ⅳ. 시행일

2021.3.25일부터 시행하되, 자문업과 관련하여서는 2021.9.25일 시행한다(법 부칙§1).

V. 기존규제

개별 금융업법에 따른 진입규제는 현재도 개별법에 존치한다.

<table>
<tr><th>구분</th><th>은행</th><th>금융투자</th><th>보험</th><th>저축은행</th><th>여전</th><th>대부</th><th>신협</th></tr>
<tr><td>도입
여부</td><td>○</td><td>○</td><td>○</td><td>○</td><td>○</td><td>○</td><td>△</td></tr>
<tr><td>근거
규정</td><td>은행법
§8①</td><td>자본시장법
§11, §17,
§51②</td><td>보험업법
§4①, §83①</td><td>저축은행법
§6①</td><td>여전법
§3①·②,
§14-2①</td><td>대부업법
§3①·②</td><td>신협법
§7①</td></tr>
<tr><td rowspan="2">벌칙
(만원)</td><td rowspan="2">징역(5년↓)
·벌금(2억↓)</td><td>§11
징역(5년↓)
·벌금(2억↓)</td><td>§4①
징역(5년↓)
·벌금(5천↓)</td><td rowspan="2">징역(5년↓)
·벌금(5천↓)</td><td>§3①
징역(7년↓)
·벌금(5천↓)</td><td rowspan="2">징역(5년↓)
·벌금(5천↓)</td><td rowspan="2">징역(3년↓)
·벌금(3천↓)</td></tr>
<tr><td>§17·§51②
징역(3년↓)
·벌금(1억↓)</td><td>§83①
징역(1년↓)
·벌금(1천↓)</td><td>§14-2①
징역(1년↓)
·벌금(1천↓)</td></tr>
</table>

1. 은행법

은행업(예·적금의 수입 등)을 영위하려는 자는 금융위원회의 인가를 받도록 규정한다(은행법§8①). 위반 시에는 5년 이하의 징역 또는 2억원 이하의 벌금이 부과된다(은행법§66②).

2. 자본시장법

무인가 또는 무등록 상태로 금융투자업을 영위하거나 투자권유대행인으로 등록하기 전 투자권유행위를 하는 것이 금지된다(자본시장법§11·§17·§51②). 무인가 영업행위 금지 위반시에는 5년 이하의 징역 또는 2억원 이하의 벌금이(자본시장법§444 i), 무등록 영업행위 금지 및 등록 전 투자권유행위 위반 시에는 3년 이하의 징역 또는 1억원 이하의 벌금이 부과된다(자본시장법§445 i · vii).

3. 보험업법

보험업을 경영하려는 자는 금융위원회의 허가를 받아야 한다(보험업법§4①). 위반 시 5년 이하의 징역 또는 5천만원 이하의 벌금이 부과된다(보험업법§200 i). 보험계약을 모집할 수 있는 자로 보험설계사, 보험대리점, 보험중개사, 보험회사 임직원(대표이사 · 사외이사 · 감사 및 감사위원은 제외)을 규정하고(보험업법§83①), 이를 위반하여 모집한 자에게는 1년 이하의 징역 또는 1천만원 이하의 벌금이 부과된다(보험업법§204① ii).

4. 저축은행법

저축은행업(예 · 적금의 수입 등)을 영위하려는 자는 금융위원회의 인가를 받도록 규정한다(저축은행법§6①). 위반 시에는 5년 이하의 징역 또는 5천만원 이하의 벌금이 부과된다(저축은행법§39③).

5. 여신전문금융업법

신용카드업을 하려는 자(겸영여신업자 등은 제외)는 금융위원회 허가를 받아야 하며(여신전문금융업법§3①), 시설대여업 · 할부금융업을 하려는 자는 금융위원회에 등록하여야 한다(여신전문금융업법§3②). 허가없이 신용카드업 영위 시 7년 이하의 징역 또는 5천만원 이하의 벌금에 처한다(여신전문금융업법§70①vii).

신용카드회원을 모집할 수 있는 자로 카드업자의 임직원, 모집인, 신용카드업자와 업무제휴 계약을 체결한 자(임직원 포함)를 규정하고(여신전문금융업법§14-2①), 모집권한이 없음에도 신용카드회원을 모집한 자에게는 1년 이하의 징역 또는 1천만원 이하의 벌금이 부과된다(여신전문금융업법§70④ ii - ii).

6. 대부업법

대부업 또는 대부중개업을 하려는 자(여신금융기관은 제외)는 해당 영업소 관할 시 · 도지사나 금융위원회에 등록을 받도록 규정한다(대부업법§3① · ②). 위반 시에는 5년 이하의 징역 또는 5천만원 이하의 벌금이 부과된다(대부업법§19① i).

대부중개업자가 미등록대부업자에게 대부중개를 하는 행위(대부업법§11-2①), 대부업자가 미등록대부업자로부터 채권양수·추심하는 행위(대부업법§9-4①)를 모두 금지한다. 위반 시에는 3년 이하의 징역 또는 3천만원 이하의 벌금이 부과된다(대부업법§19② iv · vi).

7. 신용협동조합법

조합을 설립하여 조합원으로부터 예탁금·적금의 수납 등의 사업을 하려면 금융위원회에 인가를 받도록 규정한다(신용협동조합법§7①). 무인가 영업행위에 대한 직접적인 형사처벌 조항은 없고, 진입규제를 위반하여 설립인가를 받은 경우 3년 이하의 징역 또는 3천만원 이하의 벌금을 부과한다(신용협동조합법§99① ii).

제2장 판매업자등의 등록

제1절 자문업자의 등록

Ⅰ. 의의

금융투자상품 이외의 금융상품에 대한 자문행위는 기존 금융업법상 규제대상이 아니었으므로 금융소비자보호에 공백이 발생할 가능성이 있었다. 또한 이해상충방지 장치 없이 판매업과 자문업을 겸영하면 객관적인 자문서비스를 기대하기 곤란했다. 이에 금융소비자보호법은 판매와 자문 간 겸영금지 등 금융소비자보호를 위한 규제체계를 갖춘 독립금융상품자문업(이하 "독립자문업"이라 한다)을 신설하여 독립금융상품자문업자(이하 "독립자문업자"이라 한다)를 통해 금융소비자가 개인의 자산운용에 관한 전문적·중립적·종합적인 컨설팅을 제공받을 수 있는 채널을 마련한다.[1)]

Ⅱ. 등록요건

독립자문업자의 등록요건은 ① 자격요건, ② 인적·③ 물적 요건[2)], ④ 자기자본 요건,[3)] 건전성 요건(⑤ 건전한 재무상태, ⑥ 사회적 신용), ⑦ 임원의 결격요건, ⑧ 이해상충방지

---

1) 금융위원회, "「금융소비자보호에 관한 법률」 제정안 및 「금융위원회 설치 등에 관한 법률」 개정안 입법예고", 보도자료의 별첨자료(금융소비자보호에 관한 법률 제정안 주요 내용), 2011.11.16., 18면 참조.
2) 인력·물적 요건의 경우 금융감독원은 관련 서류 등을 통해 요건 구비여부를 우선 확인한 후, 실태조사 등을 통해 이행여부를 추가로 확인한다.
3) 손해배상 여력을 확보하여 소비자를 보호하고 업체 난립을 방지하기 위해 자본시장법상 투자자문업자 수준의 자기자본을 갖추도록 요구한다(금융위원회, "「금융소비자 보호에 관한 법률 시행령 제정안」 입법예고('20.10.28.~12.8.) 후 주요 변경사항", 보도자료, 2021.01.18., 2면 참조).

요건, ⑨ 독립성 요건으로 구분된다(법§12②).

온라인 독립자문업자[4]의 경우 자본시장법상 로봇어드바이저의 이해상충방지 요건을 준용하여 알고리즘 설치를 추가로 요구한다.

자문업자의 등록요건
1 **자격요건**: 법인[5]
2 **인력요건**(상품 및 전산 전문인력 각각 1인 이상) ○ 상품인력: 3년 이상 경력자(등록신청일로부터 5년 이내 한정)로서 상품유형별 교육(24시간 이상)을 수료하거나 상품유형별 자격을 취득한 자 – 대출성: 신용회복위원회의 교육 또는 신용상담사[6] 자격 – 보장성: 생·손보협회의 교육 또는 관련 자격(종합자산관리사를 특화·변형한 자격) – 투자성: 금융투자협회의 교육 또는 투자권유자문인력[7]·투자자산운용사 – 예금성: 상기 열거된 교육 또는 자격 중 하나 ▫ 전산인력: 전산설비 운용·유지·관리 관련 전문인력
3 **물적 요건** ○ 전산설비: 컴퓨터 등 정보통신설비, 전자적 업무처리 설비 ○ 그 밖의 물적설비: 고정사업장(6개월 이상 사용가능), 사무장비·통신수단, 자료보관·손실방지 설비, 보안설비
4 **자기자본요건**(금융상품유형 중 2개 이상 취급 시 합산) ○ 예금성/대출성/보장성: 각 1억원 ○ 투자성: 2.5억원(단, 일부 집합투자증권만 취급 시 1억원)
5 **재무상태요건**: 부채비율 200% 이하

4) 「전자금융거래법」에 따른 전자적 장치를 이용한 자동화 방식을 통해서만 자문업을 영위하는 자문업자(영§5④ⅰ).

5) 법에서 등록요건으로 기재되어 있지 않지만 법인임을 전제로 규정되어 있으며, 자본시장법상 투자자문업자와 같이 법인으로 제한되는 것이 규제형평성 관점에서도 타당하므로 상법상 주식회사 등 법인에 해당할 것을 금융감독원 등록심사 매뉴얼에서 요구하고 있다. 신청 시 신설법인인지 또는 기존법인인지 여부는 불문한다.

6) 가계재무관리, 채권·채무 법률관계, 채무자 구제제도 등에 관한 전문성을 평가한다(금융위원회·금융감독원, "「금융소비자보호에 관한 감독규정 제정안」 행정예고(~'21.2.1.).", 보도자료, 2020.12.24., 2면 참조).

7) 3개 금융상품(펀드·증권·파생상품) 각각의 투자권유자문인력 자격을 모두 취득해야 한다(금융위원회·금융감독원, "「금융소비자보호에 관한 감독규정 제정안」 행정예고(~'21.2.1.).", 보도자료, 2020.12.24., 2면 참조).

자문업자의 등록요건
6 **사회적 신용요건** ○ 최근 3년간 금융관련법령(이하 같다),[8] 독점규제법, 조세범 처벌법상 벌금형 이상의 형사처벌 부존재(양벌규정에 따른 처벌은 제외) ○ 최근 3년간 채무불이행 등으로 건전한 신용질서 해친 사실 부존재 ○ 최근 5년간 부실금융기관 지정자 또는 영업의 인·허가·등록 취소자가 아닐 것 ○ (외국)금융관련법령에 따라 업무정지·영업소 폐쇄조치 부과 후 일정기간[9] 경과
7 **임원 결격요건** ○ 미성년자·피성년후견인·피한정후견인 ○ 파산선고 미복권 ○ 금고이상 선고 후 집행완료일(집행면제일 포함)로부터 5년 미경과 ○ 금고이상 집행유예 선고 후 유예기간 내 ○ 금융관련법령에 따른 벌금이상 선고 후 집행완료일(집행면제일 포함)로부터 5년 미경과 ○ 금융관련법령에 따른 임직원 제재조치일로부터 일정기간[10] 미경과

8) 「금융회사의 지배구조에 관한 법률 시행령」 제5조에 따른 법령.

○ 공인회계사법 ○ 퇴직급여법 ○ 금융산업구조개선법 ○ 금융소비자보호법
○ 금융실명법 ○ 금융위원회법 ○ 금융지주회사법 ○ 금융혁신법
○ 자산관리공사법 ○ 기술보증기금법 ○ 농수산식품투자조합법 ○ 농업협동조합법
○ 담보부사채신탁법 ○ 대부업법 ○ 문화산업법 ○ 벤처기업법
○ 보험업법 ○ 감정평가법 ○ 부동산투자회사법 ○ 민간투자법
○ 산업발전법 ○ 저축은행법 ○ 새마을금고법 ○ 선박투자회사법
○ 소재부품장비산업법 ○ 수산업협동조합법 ○ 신용보증기금법 ○ 신용정보법
○ 신용협동조합법 ○ 여신전문금융업법 ○ 예금자보호법 ○ 온라인투자연계금융업법
○ 외국인투자법 ○ 외국환거래법 ○ 유사수신행위법 ○ 은행법
○ 자본시장법 ○ 자산유동화법 ○ 전자금융거래법 ○ 전자증권법
○ 외부감사법 ○ 주택법 ○ 중소기업은행법 ○ 중소기업창업법
○ 채권추심법 ○ 특정금융정보법 ○ 산업은행법 ○ 수출입은행법
○ 한국은행법 ○ 주택금융공사법 ○ 한국투자공사법 ○ 해외자원개발법

9) 다음 구분에 따른 기간이 지났을 것(영§5③ ii · 자본시장법 시행령§16⑧ ii 라).
  1) 업무의 전부정지: 업무정지가 끝난 날부터 3년
  2) 업무의 일부정지: 업무정지가 끝난 날부터 2년
  3) 지점, 그 밖의 영업소의 폐쇄 또는 그 업무의 전부나 일부의 정지: 해당 조치를 받은 날부터 1년

10) 아래 구분에 따른 기간(영§7② · 지배구조법 시행령§7②).

구분	일정기간
임원	해임일(해임요구일, 해임권고일 포함)로부터 5년
	직무정지 요구일(직무정지 요구일 포함), 업무집행정지 종료일로부터 4년
	문책경고일로부터 3년
직원	면직요구일로부터 5년
	정직요구일로부터 4년
	감봉요구일로부터 3년

자문업자의 등록요건
8 **이해상충방지요건** ○ 알고리즘 설치(온라인 자문업자 단독요건): 고객정보를 고려한 거래성향 분석, 특정 상품 · 업체로의 쏠림 방지, 매년 1회 이상 자문내용 조정 등 ○ 이해상충방지 기준의 문서화, 교육 · 훈련체계 수립, 기준 위반 시 조치체계 수립
9 **독립성요건** ○ 판매업(투자일임업 제외), 금융투자업, 농협법 · 산림조합법 · 새마을금고법 · 수협법에 따른 신용 · 공제사업과 겸업 금지 ○ 판매업자(투자일임업자 제외)와 계열회사 관계 금지 ○ 판매업자의 임직원직위 겸직 및 판매업자로부터 파견 금지

Ⅲ. 등록절차[11)]

❖ 독립자문업의 등록 업무절차 흐름도

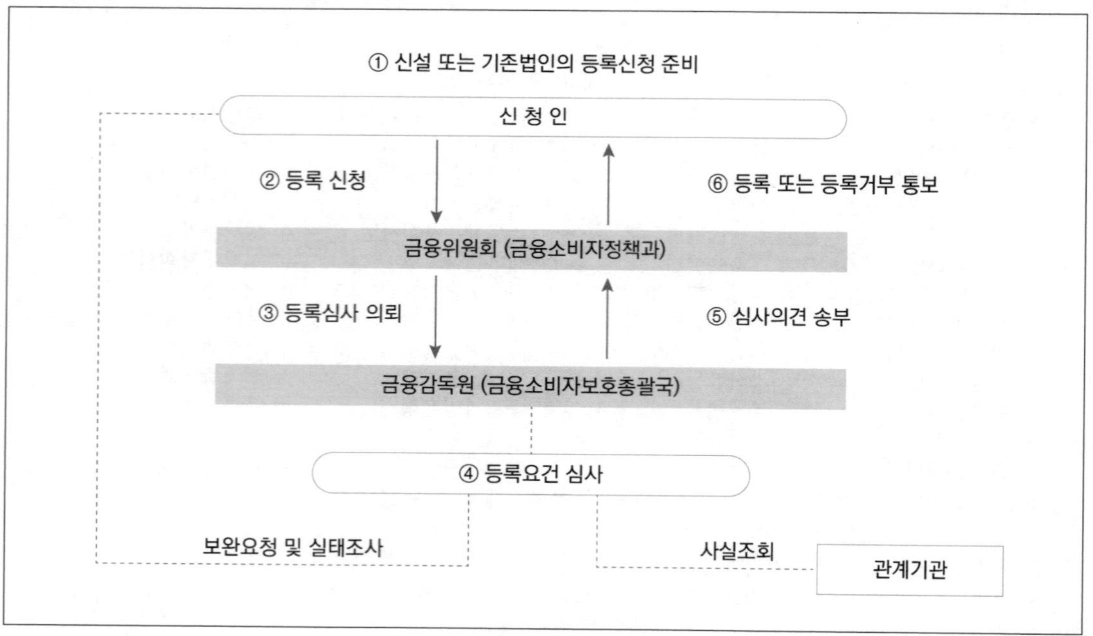

1. 신청

[흐름도 ①] 독립자문업자는 '법인'을 전제로 하므로 既 설립된 법인이 아닌 경우에는

11) 금융감독원, "독립금융상품자문업 등록 심사 매뉴얼", 2021.8월, 2~5면 참조.

법인을 새롭게 설립해야 한다. 등록신청서 및 첨부서류를 준비하는 경우 등록 前에는 상호에 '독립' 문자(외국어 포함)를 사용할 수 없다(법§27④).

[흐름도 ②] 등록신청자[12]는 정관(또는 업무운영규정), 사업계획, 재무현황, 등록요건 증빙자료 원본 1부를 금융위원회 금융소비자정책과에, 사본 1부를 금융감독원 금융소비자보호총괄국에 각각 제출(스캔파일을 저장한 USB 제출)한다. 이때 신청서 서식 및 구체적인 첨부서류의 종류는 감독규정 별표1에 따른다.

❖ 신청서류 검토 체크리스트[13]

구분	필수 기재사항 또는 첨부서류[14]	확인방법
신청서 기재사항	□ 신청서의 개별 항목별 기재 등	○ 신청서상 항목별 기재사항 누락 여부 ○ 신청인(대리인)의 서명·기명날인 누락 여부
신청인	□ 정관	○ 공증받은 정관인지 여부
	□ 법인등기부등본	○ 말소사항 포함 여부, 자본금·임원 명단 등
	□ 설립·등록 신청의 의사결정을 증명하는 서류	○ 등록신청 관련 발기인총회, 창립주주총회 또는 이사회의 공증받은 의사록
	□ 본점의 위치 및 명칭을 기재한 서류	○ 법인등기부에서 확인되지 않는 경우 제출 필요
	□ 주주명부	○ 신청법인의 인감도장 날인 여부
	□ 영위하는 다른 업종에 대한 증빙서류	○ 해당 업종의 영위 근거서류 해당 여부
임원요건	□ 대표자 및 임원의 이력서 및 경력증명서 (결격사유조회 관련서류 포함)	○ 신분증 사본 첨부 여부 ○ 이력서에 인감도장 날인 여부, 등록기준지(舊본적지) 기재 여부 ○ 경력증명서에 최근 5년간 업무 기재 여부 ○ 등록기준지의 결격사유조회 회보서 여부 ○ 임원의 인감증명서 원본 첨부 여부
	□ 임원 요건 확인서 및 증빙서류	○ 임원 요건 확인서 제출 여부 ○ 금감원 내 관련부서 및 경찰청 등 수사기관에 대한 사실 조회 ○ 외국인의 경우 본국 감독기관 등의 확인서 첨부 여부

12) 독립성 요건으로 인해 은행 등 금융회사는 신청이 불가하다(법§12② vi가).
13) 금융감독원, "독립금융상품자문업 등록 심사 매뉴얼", 2021.8월, 4~5면 참조.
14) ① 첨부서류가 사본인 경우에는 해당 서류에 '원본대조필'을 표시해야 하고, ② 외국어로 작성된 서류는 국문으로 번역된 요약본을 첨부하고 외국에서 작성된 서류는 현지의 공증을 받아야 한다.

<table>
<tr><th colspan="2">구분</th><th>필수 기재사항 또는 첨부서류[14)]</th><th>확인방법</th></tr>
<tr><td colspan="2">금융상품</td><td>□ 취급 예상 금융상품의 유형, 내용 등에 대한 설명자료</td><td>○ 관련 금융상품의 유형, 내용 등의 기재사항과 일치 여부</td></tr>
<tr><td colspan="2" rowspan="2">자기자본
및
재무상태
요건</td><td>□ 최근 3개 사업연도의 재무제표와 그 부속명세서</td><td>○ 감사인 등의 직인 날인 여부
○ 설립 중 법인은 생략 가능
○ 설립 후 3개 사업연도 미경과 법인의 경우 설립일부터 최근 사업연도까지의 재무제표와 그 부속명세서 여부</td></tr>
<tr><td>□ 주금납입금 보관증명서, 예금 등의 잔고 증명서
□ 회계감사인의 검토보고서</td><td>○ 회계감사인 등의 직인 날인 여부</td></tr>
<tr><td colspan="2" rowspan="3">인력요건</td><td>□ 교육과정 이수 확인서 · 자격증</td><td>○ 관련 교육기관의 직인 날인 등 여부</td></tr>
<tr><td>□ 경력증명서(상근임을 확인할 수 있는 서류 포함)</td><td>○ 최근 5년간 관련 업무 기재 여부
○ 근로계약서, 4대보험 가입 증명서류 등 제출 여부</td></tr>
<tr><td>□ 자격확인서류</td><td>○ 기타 인력 요건 소명 자료</td></tr>
<tr><td colspan="2">물적 요건</td><td>□ 물적 설비 내역에 대한 증빙서류
□ 사무공간 · 전산설비 등의 임대차계약서 사본 및 부동산등기부등본 등 서류</td><td>○ 사무공간 배치현황(부서명, 주출입문 등 표시) 자료 제출 여부
○ 정보통신수단 · 전자설비 · 사무장비 및 통신수단 · 업무자료 보관 및 손실방지설비 · 보안설비 내역 및 현황 자료 여부
○ 물적설비 등 구비 관련 구매주문서 · 계약서, 세금계산서, 대금지급 증빙서류 등 여부
○ 고정사업장 관련 부동산등기부등본, 건축물대장, 임대차계약서, 사용대차계약서 등</td></tr>
<tr><td colspan="2">사회적 신용 요건</td><td>□ 신청인의 사회적 신용 요건에 관한 확인서 및 증빙서류</td><td>○ 기업신용정보조회서 첨부 여부
○ 사회적 신용 요건 확인서 제출 여부
○ 인감도장 날인, 인감증명서 원본 첨부 여부
○ 금감원 및 관련기관(경찰청 등 수사기관, 공정위, 예보 등)에 대한 사실조회 등을 통해 확인</td></tr>
<tr><td rowspan="2">이해
상충
방지
요건</td><td>온라인
전용</td><td>□ 알고리즘 요건 관련 증빙서류</td><td>○ 코스콤의 확인서류[15)] 등 제출 여부</td></tr>
<tr><td>기타</td><td>□ 이해상충행위 방지에 대한 기준 문서화, 교육 · 훈련 체계 수립, 위 기준 위반 시 조치 체계 수립 관련 증빙서류</td><td>○ 관련 문서 등 제출 여부</td></tr>
</table>

15) 코스콤 확인서 발급 절차: ① 코스콤(로보어드바이저테스트베드사무국, https://testbed.koscom.co.kr, 02-767-7980)으로부터, 알고리즘 자가 평가서 양식을 받아 이를 작성한 후 코스콤에 제출하고, ② 코스콤은 서면심사 및 현장심사를 거쳐 알고리즘 요건의 충족여부에 대한 확인서를 발급한다.

구분	필수 기재사항 또는 첨부서류[14)]	확인방법
독립성 요건	□ 신청인의 독립성 요건에 관한 확인서 및 증빙서류	○ 최근 3년간 임직원의 경력증명서 ○ 4대보험 가입 증명서류 제출 여부 ○ 독립성 요건 확인서 내용 여부 ○ 인감도장 날인, 인감증명서 원본 첨부 여부
기타	□ 대리인 신청 시 위임장 등	○ 신청인의 인감도장 날인, 인감증명서 원본 첨부 여부

[흐름도 ③] 등록신청을 접수한 금융위원회는 신청인의 등록요건 충족 등에 대한 심사를 금융감독원에 의뢰한다(영§49① ii).

2. 심사 및 등록

[흐름도 ④] 금융감독원의 요건 심사과정에서 등록요건의 충족 여부를 관계기관에 사실조회·실태조사 등을 통해 확인하고 관계 기관 또는 전문가에게 의견 또는 자료제출을 요청할 수 있다(영§8③·④). 필요 시에는 보완요청이 가능하다. 심사과정에서 불가피한 경우 2개월[16)] 범위 내에서 1회 연장이 가능하다(영§8②但.) 등록요건을 갖추지 않았거나, 등록신청서를 거짓으로 작성했거나, 보완요구를 정당한 사유없이 이행하지 않은 경우 등록이 거부될 수 있다(규정§7⑤). 제출서류 및 사실조회 결과에 포함되지 않는 결격요건이 추후 제보 등을 통해 확인되는 경우 등록취소 등 사후조치가 가능하다.

구분	금융감독원 실태조사
목적	등록신청서 등에 대한 서류심사 완료 후, 신청서류상 기재내용에 대한 실제 구비 여부를 확인하기 위해 실태조사 실시
조사기간	신청자와 사전협의 후 2일 내 점검(등록신청서 접수 이후 2개월 내에 결과를 통보할 수 있도록 전체 일정을 고려하여 실시)
조사방법	임직원과 면담, 전산설비 확인 등을 통해 업무 수행기준, 인력 요건 및 물적 요건 등에 대한 신청서류상 기재내용의 실제 구비 여부를 확인
조사사항	□ 인력 요건의 적정성

16) 아래 기간은 산입하지 않는다(규정§7④).
1. 등록요건 충족 여부 확인을 위해 다른 기관등으로부터 자료를 제공받는 기간
2. 등록신청서의 흠결사항 보완 요구에 따른 해당 보완기간
3. 신청인에 대한 형사소송 절차가 진행되는 경우, 금융위·공정위·국세청·검찰청·금감원 등에 의한 조사·검사 등 절차 진행 시 해당 절차가 종결될 때까지 기간

구분	금융감독원 실태조사
	○ 업무수행 인력 및 전산 인력의 상근 여부 ○ 업무수행 인력 및 전산 인력의 전문자격 확인 ○ 업무수행 인력 및 전산 인력의 역할 및 책임 확인 □ 물적 요건의 적정성 ○ 영업에 필요한 업무 공간 확보 여부 ○ 정보통신설비, 전자적 업무처리에 필요한 설비, 사무장비 및 통신수단, 업무 관련 자료의 보관 및 손실방지 설비, 보안설비 등 구축 여부
요건 미충족 시 조치	시정 가능한 사항에 대해서는 시정 · 확인 요구하고 필요 시 재점검(등록통보 기한까지 시정할 수 없어 등록요건 미충족 시 등록불가 통보)

[흐름도 ⑤] 심사가 종결되면 심사의견을 금융위원회에 송부한다.

[흐름도 ⑥] 최종 등록여부는 금융위원회에서 통보한다. 금융위원회는 금융감독원의 심사의견을 토대로 등록 여부를 결정하고 그 결과 및 이유를 신청인에게 문서로 통지한다(영§8②本).

3. 변동 및 정기보고

등록 이후 등록요건이 변동된 경우 1개월 이내에 변동사항을 금융위원회에 보고[17]하여야 하다(법§48③). 변경보고 시 변경사유 및 변경내용을 기재하고 이를 증명할 수 있는 서류를 첨부하여야 한다(영§39④). 변경보고를 위반한 경우, 독립자문업자에게 1천만원의 과태료가 부과되며(법§69③), 독립자문업자 및 그 임직원에게 제재조치 가능하다(법§51 · §52).

등록 이후 매 사업연도 개시일부터 3개월간 · 6개월간 · 9개월간 및 12개월간의 업무보고서[18]를 작성하여 각각의 기간 경과 후 45일 내에 이를 금융감독원에 제출해야 한다(법§48②). 업무보고서 제출은 법 시행 이후 시작되는 사업연도부터 적용된다(법 부칙§9). 업무보고서 미제출 시에는 독립자문업자 및 그 임직원에게 제재조치(시정명령, 정직 등) 가능하다(법§51 · §52).

---

17) 시행세칙 별지 제2호 서식에 따라 변동보고한다(세칙§13②).
18) 시행세칙 별책에서 해당 서식을 정하고 있다(세칙§13①).

Ⅳ. 기존규제

자본시장법에서만 자문업에 대해서 유일하게 규정하고 있었다. 원칙적으로 개별 금융법상 진입규제를 규정하고, 금융소비자보호법은 소비자보호 관련 영업규제의 기본법으로서 지위를 가지므로 투자자문업 등록 규정은 자본시장법에 존치한다.

❖ 기존규제와 비교

구분	독립자문업 등록(금소법§12)	투자자문업 등록(자본시장법§18)
자문범위	금융상품(예금성/대출성/보장성/투자성)으로 구분	금융투자상품(+예금성 상품) 및 투자자 유형[19]으로 구분
자격	법인	주식회사, 금융회사, 영업점 설치한 외국 투자자문업자
인력	상품 및 전산 전문인력 각각 1인 이상	투자권유자문인력으로 상근 임직원 1인 이상
물적설비	전산설비, 고정사업장 등[20]	-
자기자본	투자성 2.5억원, 그 외 상품 각 1억원	금융투자상품 2.5억원, 집합투자증권 등 1억원
사회적 신용	형사처벌·채무불이행 등 부존재	좌동
임원 결격	미성년자·피성년후견인·피한정후견인미해당, 형사처벌·행정제재 부존재 등	좌동
대주주	-[21]	사회적 신용 요구
이해상충방지	관련 알고리즘 설치(온라인 법인 한정), 교육·훈련체계 구축 등	내부통제기준상 이해상충방지 체계 구축, 정보교류 차단 체계 구축
독립성	판매업 겸영 금지, 판매업자와의 非계열사, 판매업자와의 임직원 겸직 또는 판매업자로부터 파견 금지[22]	-
거짓등록 시 제재	등록취소	좌동
	5년 이하의 징역 또는 2억원 이하의 벌금	3년 이하의 징역 또는 1억원 이하의 벌금

19) 투자자유형 구분없이 규정되어 구분실익이 없다.
20) 자본시장법에서는 규모가 영세할 것으로 보아 별도로 규정하지 않았으나, 향후 자문업이 크게 성장할 것으로 예상되고 고정사업장 및 전산설비 등은 영업을 위한 최소한의 설비인 점을 감안한 것으로 이해된다.
21) 대주주 요건은 대주주 지위남용에 따른 금융안정성 훼손을 방지하기 위한 것인데, 자문업은 금융소비자의 자금을 수납하거나 관리하지 않아 규제필요성이 낮아 규율하지 않은 것으로 이해된다.
22) 객관적·중립적 자문서비스를 위해 금융소비자보호법상 자문업 등록신청자는 판매업 겸영 및 판매업자와의 임직원 겸직이 금지된다(법§12② vi).

제2절 대리·중개업자의 등록

Ⅰ. 의의

그간 법상 규제대상이 아니었던 대출·리스·할부모집인(대출성 상품 대리·중개업자) 및 신협 공제상품모집인(보장성 상품 대리·중개업자)을 금융소비자보호법에서 규정함에 따라 관리·감독이 강화된다. 대출모집인은 개별 금융법에 인·허가 근거가 없어 금융감독원 행정지도(대출모집인 모범규준)에 따라 관련 금융협회에서 등록해 왔으나, 금융소비자보호법 제정으로 등록요건 및 절차가 법제화되었다.

또한 보험업법에 따라 규율되던 보험설계사 등과 달리, 법상 규제대상이 아니었던 신협 소속 공제상품 모집인에 대해서도 등록요건을 신설하고 있다.

Ⅱ. 등록요건

등록요건 중 물적 요건과 사회적 신용요건은 자문업자의 등록요건과 동일하다. 인력·물적 요건의 경우 금융감독원은 관련 서류 등을 통해 요건 구비 여부를 우선 확인한 후, 실태조사 등을 통해 이행 여부를 추가로 확인한다.

온라인 대리·중개업자[23]의 경우 '오프라인' 업자와 달리 '1社 전속 규제'를 받지 않는 점을 감안하여 등록요건(이해상충 방지 알고리즘 탑재, 영업보증금 예치)을 추가한다.[24]

❖ 대리·중개업자 등록요건

구분	신협 공제상품모집인 (개인)	대출·리스·할부모집인	
		개인	법인
등록기관	□ 신용협동중앙회	□ 관련 협회[25]	□ 금감원: 소속모집인 100인 이상, 온라인 법인 □ 관련 협회: 소속 모집인 100인 미만 법인

23) 「전자금융거래법」에 따른 전자적 장치를 이용한 자동화 방식을 통해서만 금융상품대리·중개업을 영위하는 경우(영§6②).
24) 금융위원회, 「금융소비자보호법 시행령 제정안」 입법예고(10.28.~12.6.), 보도자료, 2020.10.28., 3면 참조.
25) 대출모집업무를 위탁한 직접판매업자가 소속되어 있는 협회.

<table>
<tr><td>자격</td><td>□ 보험설계사, 보험대리점, 보험중개사: 보험업법에 따른 교육 이수
□ 그 외: 신협중앙회 교육 이수</td><td>□ 경력자[26]: 여전협회[27] 지정기관에서 24시간 교육 이수
□ 신규자: 여전협회 지정기관에서 48시간 교육 이수 + 여전협회 인증</td><td>좌동(대표 또는 임원 한정)</td></tr>
<tr><td>결격</td><td colspan="2">□ 미성년자 · 피성년후견인 · 피한정후견인
□ 파산선고 미복권
□ 금고이상 집행유예 선고 후 유예기간 내
□ 금고이상 선고 후 집행완료일(집행면제일 포함)로부터 2년 미경과
□ 금융관련법령에 따른 벌금이상 선고 후 집행완료일(집행면제일 포함)로부터 2년 미경과</td><td>좌동(임원 한정)</td></tr>
<tr><th>구분</th><th colspan="3">대출 · 리스 · 할부모집인(법인)</th></tr>
<tr><td>업무 수행 기준</td><td colspan="3">□ 금융소비자 대상 직무수행 사항
□ 직무수행자의 교육수준 · 자격 사항
□ 금융소비자와의 이해상충 방지 사항
□ 광고물 제작 · 내부심의 사항</td></tr>
<tr><td>인력</td><td colspan="3">□ 상품인력: 자격요건(교육이수) 갖춘 인력 1인 이상
□ 전산인력: 전산설비 운용 · 관리 관련 전문인력 1인 이상</td></tr>
<tr><td>물적</td><td colspan="3">□ 컴퓨터 등 정보통신설비
□ 전자적 업무처리 설비
□ 고정사업장(6개월 이상 사용가능)
□ 사무장비 · 통신수단
□ 자료보관 · 손실방지 설비, 보안설비</td></tr>
<tr><td>사회적 신용</td><td colspan="3">□ 최근 3년간 금융관련법령, 독점규제법, 조세범 처벌법상 벌금형 이상의 형사처벌 부존재(양벌규정에 따른 처벌은 제외)
□ 최근 3년간 채무불이행 등으로 건전한 신용질서 해친 사실 부존재
□ 최근 5년간 부실금융기관 지정자 또는 영업의 인 · 허가 · 등록 취소자가 아닐 것
□ (외국)금융관련법령에 따라 업무정지 · 영업소 폐쇄조치 부과 후 일정기간 경과</td></tr>
<tr><td>배상 책임 담보</td><td colspan="3">□ 5천만원 예탁 또는 보험가입(온라인 법인 한정)</td></tr>
</table>

26) 대출성 상품을 취급하는 금융회사(은행·보험사 · 저축은행 등)에 3년 이상(등록 신청 이전 5년 이내) 종사한 자(규정§6① i)와 '21.3.25일 이전 5년 이내에 관련 협회에 대출성 상품 대리·중개업자(신용카드만 취급하는 대리 · 중개업자는 제외)로 등록한 자(규정 부칙§2).

27) 리스 · 할부금융 모집인 자격이 신설되는 점 등을 감안하여 여신전문금융업협회에서 자격 평가기관을 지정할 수 있도록 권한을 부여하되, 타협회(은행연합회, 생 · 손보험협회, 저축은행중앙회, 신협중앙회)와 협의하도록 규정한다(금융위원회 · 금융감독원, "「금융소비자보호에 관한 감독규정 제정안」 행정예고(~'21.2.1.).", 보도자료, 2020.12.24., 3면 참조).

구분	대출 · 리스 · 할부모집인(법인)
알고 리즘[28]	▫ 이자율 등으로 대출 상품 검색 가능 ▫ 금융소비자에게 유리한 조건 順으로 상품 배열 ▫ 검색결과와 무관한 광고 금지 ▫ 직판업자가 제공한 재산상 이익으로 인해 상품검색 및 배열 왜곡 금지 ▫ 위 4가지 요건에 대한 코스콤의 사전인증

1. 업무 수행기준 표준안

업무 수행기준은 대리 · 중개업자의 내부통제기준으로 기능하므로 동 기준의 마련을 금융소비자보호법은 등록요건으로 규정한다(영§6② i). 업무 수행기준 사항을 구체적으로 조문화하여 은행연합회에서 표준안을 제정하였다. 동 표준안은 자율규제(금융소비자보호에 관한 내부통제 모범규준[29], 은행연합회 제정)와 금융감독원 행정지도(대출모집인 제도 모범규준[30]) 내용을 참고하고 있다. 참고조문과 내용 비교 시 달라진 부분은 별도 표시한다.[31]

제1장 총칙

표준안
제1조(목적) 이 업무 수행기준(이하 "기준")은 「금융소비자 보호에 관한 법률」(이하 "금소법"이라 한다) 제12조제3항제3호 및 동법 시행령 제6조제2항제1호 등에 따라 ○○대출모집법인(이하 "법인")이 대출성 금융상품판매대리 · 중개업무를 영위함에 있어 필요한 절차와 내용을 정하여 금융소비자 보호 및 건전한 금융거래질서 유지에 기여함을 목적으로 한다. **제2조(적용범위)** ① 이 기준은 법인이 금융상품직접판매업자와 체결한 위수탁 업무의 범위 내에서 적용한다. ② 이 기준에서 정하지 않은 사항은 금소법 및 동법 시행령 등 하위규정 및 금융상품판매대리 · 중개업자 등록제도 운영규약 등(이하 "관계법령 및 운영규약"이라 한다)에서 정하는 바에 따르며, 이 기준과 관계법령 및 운영규약 내용이 경합하는 경우에는 관계법령 및 운영규약 내용을 우선적으로 따른다. **제3조(용어의 정의)** 이 기준에서 사용하는 용어의 정의는 다음과 같다. 1. "금융상품"이란 금융소비자를 상대로 계약을 체결함에 있어 그 대상이 되는 상품이나 서비스로서, 「은행법」에 따른 예금 및 대출, 「자본시장과 금융투자업에 관한 법률」(이하 "자본시장법"이라 한다)에 따른 금융투자상품, 「보험업법」에 따른 보험상품, 「상호저축은행법」에 따른 예금 및 대출,

28) 온라인 법인 한정. 영국 금융감독기구(FCA) 규정 등을 참고하여 설계했다.
코스콤 확인서 발급 절차: ① 코스콤(로보어드바이저테스트베드사무국, 02－767－7980)으로부터 알고리즘 자가 평가서 양식을 받아 동 자가 평가서를 코스콤에 제출하고, ② 코스콤은 서면심사 및 현장심사를 거쳐 알고리즘 요건의 충족여부에 대한 확인서를 발급한다.
29) 표에서 인용시 '내통'으로 표시한다.
30) 표에서 인용시 '모범규준'으로 표시한다.
31) 세부내용이 다른 경우 굵게 밑줄 표시한다.

표준안
「여신전문금융업법」에 따른 신용카드, 시설대여, 연불판매, 할부금융 등 금융소비자보호법 제2조제1호에서 정한 "금융상품"을 말한다. 2. "대출성 상품"이라 함은 금소법 제3조제2호에 따른 "대출성 상품"으로서 이 기준에서는 대출·시설대여·연불판매·할부금융 및 이와 유사한 상품을 말한다. 3. "금융상품직접판매업자"라 함은 금소법 제2조제3호가목의 자로서 이 기준에서는 대출성 상품을 판매하는 자를 말한다. 4. "판매대리·중개"라 함은 금융상품직접판매업자가 판매하는 금융상품에 관한 계약의 체결을 대리하거나 중개하는 행위를 말한다. 5. "금융상품판매대리·중개업자"라 함은 금소법 제2조제3호나목의 자로서 이 기준에서는 관련 법령에 따라 협회등에 정식으로 금융상품판매대리·중개업자로 등록된 개인 또는 법인을 말한다. 다만, 이 기준에서는 대출성 상품을 판매대리·중개하는 자로 한정한다. 6. "금융소비자"라 함은 금소법 제2조제8호의 자로서 이 기준에서는 금융상품직접판매업자가 판매하는 대출 상품에 관한 계약을 체결하였거나 체결 의사가 있는 자를 말한다. 7. "대출모집법인"이라 함은 제5호의 금융상품판매대리·중개업자 중 대출 상품을 취급하는 법인을 말한다. 8. "대출상담사"라 함은 제5호의 금융상품판매대리·중개업자 중 대출 상품을 취급하는 개인을 말한다. 9. "협회등"이라 함은 다음 각목의 자를 말한다. 가. 전국은행연합회 나. 상호저축은행중앙회 다. 여신전문금융업협회 라. 생명보험협회 마. 손해보험협회 바. 신용협동조합중앙회

제2장 금융상품판매대리·중개업자의 교육수준 및 자격에 관한 사항(규정§6④ii)

표준안	참고조문
제4조(법인의 소속 대출상담사 교육 및 자격확인 의무) ① 법인은 금융상품의 권유, 계약체결 등 금융소비자를 대상으로 금융상품 판매 관련 업무를 수행하는 임직원 및 소속 대출상담사에 대하여 취급하는 대출성 상품의 내용 및 특성을 숙지하고, 윤리역량을 강화하기 위한 교육을 실시하여야 한다.	**내통 제31조(금융상품 판매 임직원등에 대한 교육 및 자격)** ① 은행은 개별 금융상품에 대해 권유, 계약체결 등 금융소비자를 대상으로 금융상품 판매 관련 업무를 수행하는 임직원등에 대하여 금융상품의 위험도·복잡성 등 금융상품의 내용 및 특성을 숙지하고, 윤리역량을 강화하기 위한 교육을 정기적으로 실시하여야 한다. **시행령 제16조(부당권유행위 금지)** ③ 법 제21조제7호에서 "대통령령으로 정하는 행위"란 다음 각 호의 행위를 말한다. 1. 내부통제기준에 따른 직무수행 교육을 받지 않은 자로 하여금 계약체결 권유와 관련된 업무를 하게 하는 행위

표준안	참고조문
② 법인은 제6조에 따른 등록요건을 갖추지 않은 자로 하여금 금융상품 계약체결 권유와 관련된 업무를 하도록 하여서는 아니 되며, 금융상품 판매 관련 업무를 수행하는 임직원 및 소속 대출상담사가 관계법령 및 운영규약과 법인의 내규에 따른 금융상품판매대리·중개 자격을 보유하였는지 여부를 정기적으로 확인하여야 한다.	**내통 제31조(금융상품 판매 임직원등에 대한 교육 및 자격)** ③ 은행은 금융상품의 위험도, 금융소비자의 유형에 따라 금융상품 판매 관련 업무를 수행하는 임직원등의 판매자격을 구분할 수 있으며, 보수교육 및 재취득 절차 등 판매자격에 관한 세부사항 및 판매자격 보유 여부를 정기적으로 확인하여야 한다.
제5조(법인의 등록요건) ① 법인의 대표와 임원은 다음 각 호의 어느 하나에 해당하지 아니하여야 한다. 1. 미성년자, 피성년후견인 또는 피한정후견인 2. 파산선고를 받고 복권되지 아니한 사람 3. 금고 이상의 형의 집행유예를 선고받고 그 유예기간 중에 있는 사람 4. 금고 이상의 실형을 선고받고 그 집행이 끝나거나(집행이 끝난 것으로 보는 경우를 포함한다) 집행이 면제된 날부터 2년이 지나지 아니한 사람 5. 금소법, 「금융회사의 지배구조에 관한 법률 시행령」 제5조 또는 외국 금융 관련 법령에 따라 벌금 이상의 형을 선고받고 그 집행이 끝나거나(집행이 끝난 것으로 보는 경우를 포함한다) 집행이 면제된 날부터 2년이 지나지 아니한 사람	**법 제12조(금융상품판매업자등의 등록)** ③ 제1항에 따라 금융상품판매대리·중개업자로 등록하려는 자는 다음 각 호의 요건을 모두 갖추어야 한다. 2. 제4항제2호 각 목의 어느 하나에 해당하지 아니할 것(금융상품판매대리·중개업자로 등록하려는 법인의 경우에는 임원이 제4항제2호 각 목의 어느 하나에 해당하지 아니할 것) ④ 다음 각 호의 구분에 따라 해당 호 각 목의 어느 하나에 해당하는 사람은 제1항에 따른 등록을 한 금융상품직접판매업자, 금융상품자문업자 또는 법인인 금융상품판매대리·중개업자의 임원이 될 수 없다. 1. 금융상품직접판매업자 또는 금융상품자문업자의 경우 가. 미성년자, 피성년후견인 또는 피한정후견인 나. 파산선고를 받고 복권되지 아니한 사람 라. 금고 이상의 형의 집행유예를 선고받고 그 유예기간 중에 있는 사람 2. 법인인 금융상품판매대리·중개업자의 경우 가. 제1호가목·나목 및 라목 중 어느 하나에 해당하는 사람 나. 금고 이상의 실형을 선고받고 그 집행이 끝나거나(집행이 끝난 것으로 보는 경우를 포함한다) 집행이 면제된 날부터 2년이 지나지 아니한 사람 다. 이 법, 대통령령으로 정하는 금융 관련 법률 또는 외국 금융 관련 법령에 따라 벌금 이상의 형을 선고받고 그 집행이 끝나거나(집행이 끝난 것으로 보는 경우를 포함한다) 집행이 면제된 날부터 2년이 지나지 아니한 사람 **시행령 제7조(금융상품판매업자등의 임원)** ① 법 제12조제4항제1호마목·바목 및 같은 항 제2호다목에서 "대통령령으로 정하는 금융 관련 법률"이

표준안	참고조문
	란 「금융회사의 지배구조에 관한 법률 시행령」 제5조 각 호에 따른 법률을 말한다.
② 제1항의 법인의 대표 또는 임원은 제6조제1호에 따른 교육을 이수해야 한다.	**시행령 제6조(금융상품판매대리·중개업자의 등록 요건)** ① 법 제12조제3항제1호에서 "교육 이수 등 대통령령으로 정하는 자격"이란 금융위원회가 정하여 고시하는 바에 따라 취급하려는 금융상품 및 금융소비자보호 등에 관한 교육을 이수한 것을 말한다. 이 경우 금융상품판매대리·중개업자로 등록하려는 자가 법인인 경우에는 법인의 대표 또는 임원이 해당 교육을 이수해야 한다.
③ 제1항의 법인은 금소법 시행령 제6조제2항제1호부터 제4호까지의 요건을 모두 갖추어야 한다.	**시행령 제6조(금융상품판매대리·중개업자의 등록 요건)** ② 법 제12조제3항제3호에서 "금융상품판매대리·중개업자의 업무 수행기준, 필요한 인력의 보유 등 대통령령으로 정하는 요건"이란 다음 각 호의 요건을 말한다. 다만, 제5호 및 제6호는 「전자금융거래법」에 따른 전자적 장치를 이용한 자동화 방식을 통해서만 금융상품판매대리·중개업을 영위하려는 경우에만 적용한다. 1. 업무 수행기준 마련 2. 다음 각 목의 인력 구비 가. 업무 수행에 필요한 전문성을 갖춘 인력 1명 이상 나. 전산 설비의 운용·유지 및 관리를 전문적으로 수행할 수 있는 인력 1명 이상 3. 다음 각 목의 설비 구비 가. 컴퓨터 등 정보통신설비 나. 전자적 업무처리에 필요한 설비 다. 고정사업장 라. 사무장비 및 통신수단 마. 업무 관련 자료의 보관 및 손실방지 설비 바. 전산설비 등을 안전하게 보호할 수 있는 보안설비 4. 「자본시장과 금융투자업에 관한 법률 시행령」 제16조제8항제2호에 따른 사회적 신용. 이 경우 같은 호 가목 중 "「독점규제 및 공정거래에 관한 법률」"은 "「독점규제 및 공정거래에 관한 법률」 제3조의2, 제19조 또는 제23조, 제23조의2 또는 제23조의3"으로 본다.
④ 제3항의 구체적인 기준은 각 협회등이 개별적으로 마련한 세부지침 및 금융상품판매대리·중개업자 등록제도 운영규약에서 정하는 바에 따른다.	-

표준안	참고조문
제6조(대출상담사 등록요건) 법인의 대출상담사가 되려는 개인은 다음 각 호의 요건을 모두 갖추어야 한다. 1. 교육(「대출성 상품 판매대리·중개업자 자격인증 관리 지침」에 따른 등록교육 등을 말한다. 이하 같다) 이수 2. 각 목의 어느 하나에 해당하지 아니할 것 가. 미성년자, 피성년후견인 또는 피한정후견인 나. 파산선고를 받고 복권되지 아니한 사람 다. 금고 이상의 형의 집행유예를 선고받고 그 유예기간 중에 있는 사람 라. 금고 이상의 실형을 선고받고 그 집행이 끝나거나(집행이 끝난 것으로 보는 경우를 포함한다) 집행이 면제된 날부터 2년이 지나지 아니한 사람 마. 금소법, 「금융회사의 지배구조에 관한 법률 시행령」 제5조 또는 외국 금융 관련 법령에 따라 벌금 이상의 형을 선고받고 그 집행이 끝나거나(집행이 끝난 것으로 보는 경우를 포함한다) 집행이 면제된 날부터 2년이 지나지 아니한 사람	**시행령 제6조(금융상품판매대리·중개업자의 등록요건)** ① 법 제12조제3항제1호에서 "교육 이수 등 대통령령으로 정하는 자격"이란 금융위원회가 정하여 고시하는 바에 따라 취급하려는 금융상품 및 금융소비자보호 등에 관한 교육을 이수한 것을 말한다. **법 제12조(금융상품판매업자등의 등록)** ③ 제1항에 따라 금융상품판매대리·중개업자로 등록하려는 자는 다음 각 호의 요건을 모두 갖추어야 한다. 2. 제4항제2호 각 목의 어느 하나에 해당하지 아니할 것(금융상품판매대리·중개업자로 등록하려는 법인의 경우에는 임원이 제4항제2호 각 목의 어느 하나에 해당하지 아니할 것) ④ 다음 각 호의 구분에 따라 해당 호 각 목의 어느 하나에 해당하는 사람은 제1항에 따른 등록을 한 금융상품직접판매업자, 금융상품자문업자 또는 법인인 금융상품판매대리·중개업자의 임원이 될 수 없다. 1. 금융상품직접판매업자 또는 금융상품자문업자의 경우 가. 미성년자, 피성년후견인 또는 피한정후견인 나. 파산선고를 받고 복권되지 아니한 사람 라. 금고 이상의 형의 집행유예를 선고받고 그 유예기간 중에 있는 사람
제7조(금융상품판매대리·중개업자 보수교육) ① 법인의 대표자 또는 임원, 소속 대출상담사는 연도(1월 1일부터 12월 31일까지의 기간을 말한다)를 기준으로 <u>**2년 마다 1회 이상**</u> 금융관련 법률, 대출관련 규정, 윤리교육 등 대출업무 수행에 필요한 제반 사항에 대해 여신금융연수원, 한국금융연수원, 보험연수원이 실시하는 보수교육을 수강하여야 한다. 다만, 금융상품판매대리·중개업자로 협회등에 등록된 해당연도는 보수교육을 면제한다.	**모범규준 제13조(교육)** ① 금융업협회는 대출상담사(대출모집법인 소속 대출상담사 포함)에 대해 <u>**연 1회 이상**</u> 금융관련 법률, 대출관련 규정, 윤리교육 등 대출업무 수행에 필요한 제반 사항에 대해 정기교육<u>**(24시간 이상)**</u>을 실시하여야 하며, 필요시 시험을 실시할 수 있다. 다만, 제4조제1항의 교육을 받은 대출상담사의 경우 1회의 교육을 이수한 것으로 본다. **모범규준 제4조(대출상담사 등록요건)** ① 대출상담사로 등록하기 위해서는 금융업협회가 주관하는 교육(24시간 이상, 집합교육 또는 사이버교육) 과정을 이수하여야 한다.
② 법인은 소속된 대출상담사가 제1항의 교육을 수강하도록 하여야 한다.	**모범규준 제13조(교육)** ④ 금융회사는 대출상담사(대출모집법인 소속 대출상담사 포함)가 제1항의 교육에 참석하도록 하여야 한다.

제3장 권유, 계약체결 등 금융소비자 대상 직무 수행에 관한 사항(규정§6④ i)

표준안	참고조문
제8조(권유, 계약체결 등 금융소비자 대상 직무 수행에 관한 사항) ① 법인은 금융상품의 권유, 계약체결 등 금융소비자를 대상으로 금융상품 판매 관련 업무를 수행하는 임직원 및 소속 대출상담사의 **채용·양성**·교육·관리 등에 있어서 **관계법령 및 운영규약을 준수하고 건전한 금융거래질서가 유지될 수 있도록** 최선의 노력을 다하여야 한다.	**모범규준 제10조(의무사항)** ② 대출모집계약과 관련하여 대출모집법인은 다음의 의무를 가진다. 2. **불법·부당대출 모집행위가 발생하지 않도록** 소속 대출상담사에 대한 사전 교육 및 관리·감독을 철저히 하여야 한다.
② 법인의 임직원 및 대출상담사는 금융소비자를 대상으로 금융상품에 관한 계약체결의 권유를 하거나 계약체결을 하는 경우 적합성 원칙, 적정성 원칙, 설명의무, 불공정영업행위의 금지, 부당권유행위의 금지 등 금소법 및 동법 시행령 등 하위 규정의 내용을 준수하여야 하며, 이를 위반하여 불완전판매가 발생하지 않도록 최선의 노력을 다하여야 한다.	**내통 제15조(영업행위의 일반원칙)** ① 은행은 금융상품 판매시 금융소비자보호법령에 따라 적합성 원칙, 적정성 원칙, 설명의무 등을 준수하여야 하며, 상품판매시 금융소비자보호법령을 위반하여 불완전판매가 발생하지 않도록 최선의 노력을 다하여야 한다. **법 제10조(금융상품판매업자등의 책무)** 금융상품판매업자등은 제7조에 따른 금융소비자의 기본적 권리가 실현되도록 하기 위하여 다음 각 호의 책무를 진다. 3. 금융상품으로 인하여 금융소비자에게 재산에 대한 위해가 발생하지 아니하도록 필요한 조치를 강구할 책무
③ 법인은 금융상품의 판매과정에서 법인 또는 소속 대출상담사 등의 귀책사유로 고객에게 피해가 발생하는 경우에는 신속한 피해구제를 위해 최선의 노력을 다하여야 한다.	**내통 제15조(영업행위의 일반원칙)** ② 은행은 금융상품의 판매과정에서 은행 또는 임직원등의 귀책사유로 금융소비자에게 피해가 발생하는 경우에는 신속한 피해구제를 위해 최선의 노력을 다하여야 한다.

제4장 광고물 제작 및 광고물 내부 심의에 관한 사항(규정§6④ⅳ)

표준안	참고조문
제9조(광고물 제작 및 광고물 내부 심의에 관한 사항) ① 법인 또는 소속 대출상담사가 금융상품 등에 관한 광고를 하는 경우에는 관계 법령 및 **운영규약을** 준수하여야 하고, 금융소비자가 금융상품의 내용을 오해하지 아니하도록 명확하고 공정하게 전달하여야 한다.	**내통 제16조(광고물 제작 및 광고물 내부 심의에 관한 사항)** ① 은행은 금융상품 및 업무(이하 '금융상품등'이라 한다)에 관한 광고를 하는 경우에는 금융소비자보호법령 등을 준수하여야 하고, 금융소비자가 금융상품의 내용을 오해하지 아니하도록 명확하고 공정하게 전달하여야 한다.

표준안	참고조문
② 법인 또는 소속 대출상담사가 금융상품등에 관한 광고를 하는 경우에는 해당 금융상품을 판매하는 금융상품직접판매업자의 심의를 받아야 한다.	**시행령 제17조(광고의 주체)** ① 법 제22조제1항 각 호 외의 부분 본문에서 "투자성 상품에 관한 금융상품판매대리·중개업자 등 대통령령으로 정하는 금융상품판매업자등"이란 다음 각 호의 구분에 따른 자를 말한다. 2. 금융상품에 관한 광고의 경우: 금융상품판매대리·중개업자. 다만, 금융상품직접판매업자가 금융위원회가 정하여 고시하는 바에 따라 금융상품판매대리·중개업자에게 허용한 경우(투자성 상품을 취급하는 경우는 제외한다)는 제외한다. **모범규준 제12조(광고)** ⑤ 대출모집인이 광고를 하고자 할 경우 반드시 금융회사로부터 광고내용에 대해 사전동의를 받아야 한다.
③ 법인 또는 소속 대출상담사는 금융상품판매대리·중개업자의 금융상품에 관한 광고를 하기 전에 그 광고가 관계법령 및 운영규약에 위배되는지를 확인해야 한다.	-

제5장 금융소비자와의 이해상충 방지에 관한 사항(규정§6④ⅲ)

이 부분은 금융투자협회 자율규제인 '신용평가회사 표준내부통제기준'[32]을 참고하였다.

표준안	참고조문
제10조(이해상충 관리의 원칙) ① 법인의 임직원 및 소속 대출상담사는 업무를 수행하기 위하여 관계법령 및 운영규약과 본 업무 수행기준을 숙지하여야 한다.	**신평 내통 제28조(이해상충 관리의 원칙)** ① 임직원은 업무를 수행하기 위하여 관련법규 등과 이 기준을 숙지하여야 한다.
② 법인의 임직원 및 소속 대출상담사는 자신의 업무를 수행하면서 위법·부당한 방법으로 금융상품직접판매업자, 법인, 금융소비자를 상대로 자신의 이익 또는 보상을 추구하여서는 아니 된다.	② 임직원은 자신의 업무를 수행하면서 위법·부당한 방법으로 회사 및 고객을 상대로 자신의 이익 또는 보상을 추구하여서는 아니 된다.
③ 법인의 임직원 및 소속 대출상담사는 금융상품	③ 회사의 사전승인을 얻어 회사 업무 이외의 대

32) 표에서 '신평 내통'으로 표시한다.

표준안	참고조문
직접판매업자, 대출모집법인의 사전 승인을 얻어 대출모집업무 이외의 대외활동을 하는 경우 자신의 이익을 위하여 금융상품직접판매업자, 법인의 자산, 인력 및 업무상 취득한 정보 등을 이용하여서는 아니 된다.	외활동을 하는 경우 자신의 이익을 위하여 회사의 자산, 인력 및 업무상 취득한 정보 등을 이용하여서는 아니 된다.
④ 금융상품직접판매업자가 별도로 지정한 금융상품판매대리·중개업자 이해상충 관리 기준이 있는 경우 금융상품판매대리·중개업자는 해당 이해상충 관리 기준을 준수하여야 한다.	-
제11조(이해상충의 파악 및 관리) ① 법인의 임직원 **및 소속 대출상담사**는 법인과 금융소비자간 또는 금융소비자와 금융소비자간 이해상충의 관계에 있거나 이해상충이 우려되는 경우 금융상품직접판매업자와 사전에 협의하여 이해상충의 문제가 발생하지 않도록 조치하여야 한다.	**신평 내통 제29조(이해상충의 파악·평가 및 관리 등)** ① 임직원은 회사와 고객간 또는 고객과 고객간 이해상충의 관계에 있거나 이해상충이 우려되는 경우 준법감시인과 사전에 협의하여 이해상충의 문제가 발생하지 아니하도록 조치하여야 한다.
② 법인의 임직원 **및 소속 대출상담사**는 이해상충이 발생할 가능성이 있는 업무에 대하여는 이해상충 가능성을 최대한 낮출 수 있는 조치를 취한 후 업무를 수행하여야 하며, 이해상충이 발생할 가능성을 낮추는 것이 곤란하다고 판단되는 경우에는 이러한 사실을 금융소비자에게 통지하고 그 업무를 수행하여서는 아니 된다.	② 임직원은 이해상충이 발생할 가능성이 있는 업무에 대하여는 이해상충 가능성을 최대한 낮출 수 있는 조치를 취한 후 업무를 수행하여야 하며, 이해상충이 발생할 가능성을 낮추는 것이 곤란하다고 판단되는 경우에는 이러한 사실을 상대방에게 통지하고 그 업무를 수행하여서는 아니 된다.
③ 법인은 대출모집업무 이외의 업무가 대출모집업무와 이해상충 가능성이 있는 경우 대출모집업무를 분리시켜야 한다.	**신평 내통 제30조(이해상충 방지 절차와 정책)** ② **회사는 신용평가 이외의 업무에 관한 내부정책을 수립하고 이에 의거하여** 이해상충 가능성이 있는 다른 업무로부터 신용평가업무 및 신용평가전문인력을 분리시켜야 한다.
④ 법인은 이해상충과 관련한 제보가 있는 경우 이를 심사한 후 이해상충을 완화시키는데 필요한 조치를 즉시 취하여야 한다.	③ 회사는 이해상충과 관련한 제보가 있는 경우 이를 심사한 후 이해상충을 완화시키는데 필요한 조치를 즉시 취하여야 한다.
⑤ 법인 소속 대출상담사는 대출모집업무 수행 시 이행상충을 초래할 것으로 예상되는 경우 이를 법인 또는 금융상품직접판매업자에 알려야 한다.	-
⑥ 법인과 소속 대출상담사는 이해상충 방지를 위해 금융상품직접판매업자 또는 협회등의 조치 및 요청사항이 있는 경우 적극 협조하여야 한다.	-

Ⅲ. 등록절차[33)]

❖ 대출모집인의 등록 업무절차 흐름도

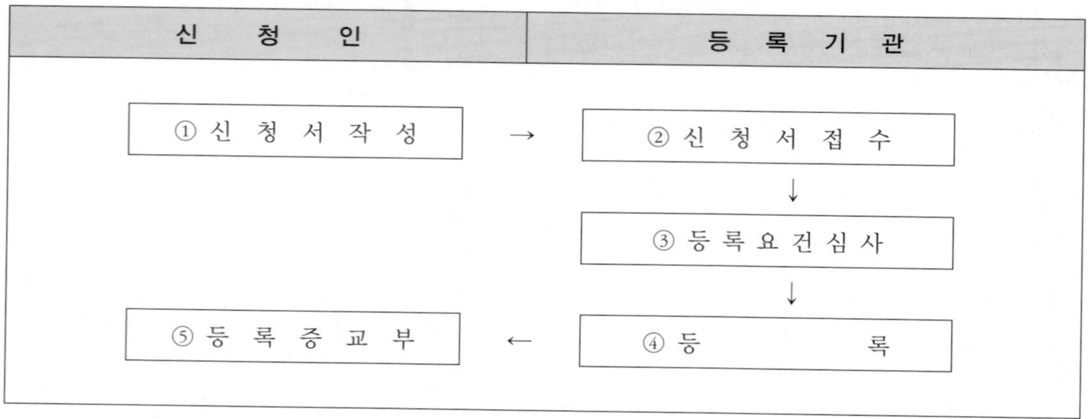

1. 신청

[흐름도 ①·②] 등록신청자는 정관(또는 업무운영규정), 사업계획, 재무현황, 등록요건 증빙자료를 첨부하여 등록기관에 제출한다(영§8①). 소속 모집인 100명 이상인 법인과 온라인 법인의 등록신청서 접수·심사·통보는 금융감독원, 그외 대출모집신청인 및 신협 공제상품모집신청인은 관련 협회에서 등록절차를 진행한다(영§49① ⅰ·② ⅰ). 이때 신청서 서식 및 구체적인 첨부서류의 종류는 감독규정 별표1을 따르되(규정§7①), 등록기관이 금융감독원인 경우 금융감독원 대출모집인 등록심사 매뉴얼 및 시행세칙 별지 제1호 서식(세칙§2), 등록기관이 관련 협회인 경우 해당 협회의 양식에 따른다.

❖ 금융감독원 신청서류 검토 체크리스트

구분		필수 기재사항 또는 첨부서류[34)]	확인방법
신청서 기재사항		▫ 신청서의 개별 항목별 기재 등	○ 신청서상 항목별 기재사항 누락 여부 ○ 신청인(대리인)의 서명·기명날인 누락 여부
개인	신청인	▫ 주민등록증 사본(이에 준하는 것 포함)	○ 신청인 표시와 일치 여부
		▫ 기타 인적 사항 확인 가능 서류	○ 주민등록증 사본이 없는 경우 제출 필요

33) 금융감독원, "대출모집인 등록 심사 매뉴얼", 2021.3월, 2~5면 참조.

34) ① 첨부서류가 사본인 경우에는 해당 서류에 '원본대조필'을 표시해야 하고, ② 외국어로 작성된 서류는 국문으로 번역된 요약본을 첨부하고 외국에서 작성된 서류는 현지의 공증을 받아야 한다.

구분		필수 기재사항 또는 첨부서류	확인방법
	금융상품	□ 취급 예상 금융상품의 유형, 내용 등에 대한 설명자료	○ 관련 금융상품의 유형, 내용 등의 기재사항과 일치 여부
	자격요건	□ 교육과정 이수 확인서·인증서	○ 관련 교육기관의 직인 날인 등 여부
		□ 경력증명서	○ 최근 5년간 관련 업무 기재 여부
	결격요건	□ 결격사유없음 확인서 및 증빙서류	○ 인감도장 날인, 인감증명서 원본 첨부 여부 ○ 결격사유조회 회보서 등 첨부 여부 ○ 경찰청 등 수사기관에 대한 사실조회 ○ 외국인의 경우 본국 감독기관 등의 확인서 첨부 여부
	기타	□ 위탁 직접판매업자 등 확인서	○ 관련 위탁 사항과 일치 여부
		□ 대리인 신청 시 위임장 등	○ 신청인의 인감도장 날인, 인감증명서 원본 첨부 여부
법인	신청인	□ 정관	○ 공증받은 정관인지 여부
		□ 법인등기부등본	○ 말소사항 포함 여부, 자본금·임원 명단 등
		□ 설립·등록 신청의 의사결정을 증명하는 서류	○ 등록신청 관련 발기인총회, 창립주주총회 또는 이사회의 공증받은 의사록
		□ 본점의 위치 및 명칭을 기재한 서류	○ 법인등기부에서 확인되지 않는 경우 제출 필요
		□ 주주명부	○ 신청법인의 인감도장 날인 여부
		□ 영위하는 다른 업종에 대한 증빙서류	○ 해당 업종의 영위 근거서류 해당 여부
	임원	□ 대표자 및 임원의 이력서 및 경력증명서(신원조회 관련서류 포함)	○ 이력서에 인감도장 날인 여부 ○ 경력증명서에 최근 5년간 업무 기재 여부 ○ 등록기준지 관련 신원조회 회보서 여부 ○ 임원의 인감증명서 원본 첨부 여부
		□ 임원자격의 적합함에 관한 확인서 및 증빙서류	○ 법 §12④ii의 결격사유없음 확인서 여부 ○ 결격사유조회 회보서 등 첨부 여부 ○ 외국인의 경우 본국 감독기관 등의 확인서 첨부 여부
	금융상품	□ 취급 예상 금융상품의 유형, 내용 등에 대한 설명자료	○ 관련 금융상품의 유형, 내용 등의 기재사항과 일치 여부
	자격요건	□ 교육과정 이수 확인서·인증서	○ 관련 교육기관의 직인 날인 등 여부
		□ 경력증명서	○ 최근 5년간 관련 업무 기재 여부
	업무수행기준요건	□ 업무수행기준에 관한 사항에 대한 증빙서류	○ 규정 §6④의 기준을 반영한 내규등 및 관련 요약자료

구분		필수 기재사항 또는 첨부서류	확인방법
	인력 요건	□ 교육과정 이수 확인서 · 인증서	○ 관련 교육기관의 직인 날인 등 여부
		□ 경력증명서(상근임을 확인할 수 있는 서류 포함)	○ 최근 5년간 관련 업무 기재 여부 ○ 근로계약서, 4대보험 가입 증명서류 등 제출 여부
		□ 자격확인서류	○ 기타 인력 소명 자료
	물적 요건	□ 물적 설비 내역에 대한 증빙서류 □ 사무공간 · 전산설비 등의 임대차 계약서 사본 및 부동산등기부등본 등 서류	○ 사무공간 배치현황(부서명, 주된 출입문 등 표시) 자료 제출 여부 ○ 정보통신수단 · 전자설비 · 사무장비 및 통신수단 · 업무자료 보관 및 손실방지설비 · 보안설비 내역 및 현황 자료 여부 ○ 물적설비 등 구비 관련 구매주문서 · 계약서, 세금계산서, 대금지급 증빙서류 등 여부 ○ 고정사업장 관련 부동산등기부등본, 건축물대장, 임대차계약서, 사용대차계약서 등
	사회적 신용 요건	□ 신청인의 사회적 신용 요건의 적합함에 관한 확인서 및 증빙서류	○ 시행령 §6②iv의 결격사유 없음 확인서 여부 ○ 인감도장 날인, 인감증명서 원본 첨부 여부 ○ 금감원 및 관련 기관(경찰청 등 수사기관, 공정위, 신정원, 예보 등)에 대한 사실조회
	기타	□ 위탁 직접판매업자 등 확인서	○ 관련 위탁 사항과 일치 여부
		□ 대리인 신청 시 위임장 등	○ 신청인의 인감도장 날인, 인감증명서 원본 첨부 여부
	온라인 법인 단독 요건	□ 5천만원 예탁 또는 보장성 상품 가입 관련 증빙서류	○ 보장성 상품 가입증서 등 제출 여부
		□ 알고리즘 요건 관련 증빙서류	○ 코스콤의 확인서류[35] 등 제출 여부

2. 심사

[흐름도 ③] 결격요건(미성년자 등, 파산 등)과 관련해 제출된 서류 외에도 군 · 구청 등을 통해 사실을 조회한다. 등록이 되었으나 결격요건이 추가로 확인되는 경우 등록이 취소될 수 있다. 요건 심사과정에서 실태조사가 행해진다(영§8③).

---

35) 코스콤 확인서 발급 절차: ① 코스콤(로보어드바이저테스트베드사무국, 02-767-7980)으로부터 알고리즘자가 평가서 양식을 받아 동 자가 평가서를 코스콤에 제출하고, ② 코스콤은 서면심사 및 현장심사를 거쳐 알고리즘 요건의 충족여부에 대한 확인서를 발급한다.

구분	금융감독원 실태조사
목적	등록신청서 등에 대한 서류심사 완료 후, 신청서류상 기재내용에 대한 실제 구비 여부를 확인하기 위해 실태조사 실시
조사기간	신청자와 사전협의 후 2일 내 점검(등록신청서 접수 이후 2개월 내에 결과를 통보할 수 있도록 전체 일정을 고려하여 실시)
조사방법	임직원과 면담, 전산설비 확인 등을 통해 업무 수행기준, 인력 요건 및 물적 요건 등에 대한 신청서류상 기재내용의 실제 구비 여부를 확인
조사사항	□ 업무 수행기준의 적정성: 관련 내규 등의 마련 여부 □ 인력 요건의 적정성 ○ 업무수행 인력 및 전산 인력의 상근 여부 ○ 업무수행 인력 및 전산 인력의 전문자격 확인 ○ 업무수행 인력 및 전산 인력의 역할 및 책임 확인 □ 물적 요건의 적정성 ○ 영업에 필요한 업무 공간 확보 여부 ○ 정보통신설비, 전자적 업무처리에 필요한 설비, 사무장비 및 통신수단, 업무 관련 자료의 보관 및 손실방지 설비, 보안설비 등 구축 여부
요건 미충족 시 조치	시정 가능한 사항에 대해서는 시정·확인 요구하고 필요 시 재점검(등록통보 기한까지 시정할 수 없어 등록요건 미충족 시 등록불가 통보)

실태조사와 별개로 등록기관은 관계 기관 또는 전문가에게 의견 또는 자료제출을 요청할 수 있다(영§8④). 심사과정에서 불가피한 경우 2개월[36] 범위내에서 1회 연장이 가능하다(영§8②但). 등록요건을 갖추지 않았거나, 등록신청서를 거짓으로 작성했거나, 보완요구를 정당한 사유없이 이행하지 않은 경우 등록이 거부될 수 있다(규정§7⑤).

3. 등록

[흐름도 ④·⑤] 등록요건 심사 결과 이상이 없는 경우 신청인의 등록수수료(현금 또는 수입인지로 개인 2만원, 법인 20만원) 수취 후 시스템에 관련 정보가 등록되며(영§9①·규정§8), 신청인에게 등록증을 교부하고 등록기관은 이를 등록대장에 기재·관리한다.

36) 아래 기간은 산입하지 않는다(규정§7④).
1. 등록요건 충족 여부 확인을 위해 다른 기관으로부터 자료를 제공받는 기간
2. 등록신청서의 흠결사항 보완 요구에 따른 해당 보완기간
3. 신청인에 대한 형사소송 절차 진행 시, 금융위·공정위·국세청·검찰청·금감원 등에 의한 조사·검사 등 절차 진행 시 해당 절차가 종결될 때까지 기간

4. 변동보고

등록 이후 등록요건이 변동된 경우 1개월 이내에 변동사항을 금융위원회에 보고[37]하여야 한다(법§48③). 변경보고 시 변경사유 및 변경내용을 기재하고 이를 증명할 수 있는 서류를 첨부하여야 한다(영§39④). 변경보고를 위반한 경우, 대리 · 중개업자에게 과태료[38]가 부과되며(법§69③), 대리 · 중개업자 및 그 임직원에게 제재조치(시정명령 · 정직 등) 가능하다(법§51 · §52).

Ⅳ. 기존규제

개별법상 진입규제를 규정하는 것이 원칙이므로 투자권유대행인과 보험설계사 · 보험중개사 · 보험대리점의 등록규정은 개별법(자본시장법, 보험업법)에 존치한다. 대리 · 중개업자에 해당하는 판매채널을 개별법에서 규정하지 않고 업무위탁규정(§2~§4) 및 대출모집인 모범규준(§4~6 · §8)으로 규정[39]한 경우는 △로, 개별 금융법에서 직접 규정한 경우[40]는 ○로 표시한다.

구분	은행	금융투자	보험	저축은행	여전	대부	신협
도입 여부	△	○	○	△	○	○	△
근거 규정	업무위탁 규정 등	자본시장법 §42, §51	보험업법§84, §86~90 등	업무위탁 규정 등	여전법§14-3, §14-4 등	대부업법§3	업무위탁 규정 등

1. 은행업권 등

금융기관의 업무위탁 등에 관한 규정(이하 "업무위탁규정"이라 한다)에 따라 금융회사(은행, 보험회사, 상호저축은행, 여신전문금융회사, 신용협동조합)가 인가받은 금융업 중 비본질적인

37) 변동보고서 양식은 등록기관이 금융감독원인 경우 시행세칙 별지 제3호 서식(세칙§13②), 등록기관이 관련 협회인 경우 해당 협회에서 정하는 양식이다(규정§32② ii 나).
38) 법인 1천만원, 법인이 아닌 자 500만원.
39) 아래 표에서는 '업무위탁규정 등'이라 표시한다.
40) 대출모집인 모범규준의 경우 은행, 보험, 저축은행, 여전, 신협 업권에 공통으로 적용되었으므로, 개별 금융법과 '업무위탁규정 등'이 모두 규제로 적용되던 보험, 여전에서는 개별법.조문 뒤에 '등'이라 표시한다.

사항으로 분류되는 모집업무를 위탁할 수 있다(업무위탁규정§3① · ②). 모집업무에 대한 위탁계약체결 시 제3자가 위탁받은 업무를 적절히 수행할 수 있는지, 금융질서 문란 가능성 여부 등을 평가하여 위탁하여야 한다(업무위탁규정§3③).

동 규정에 근거해 대출모집업무를 위탁하는 경우 금융감독원의 행정지도(현재는 폐지)인 '대출모집인 모범규준'을 적용하여 왔다. 동 모범규준에 따라 대출모집법인 및 대출상담사(개인)는 협회가 주관하는 교육 이수 후 각 협회[41]에 등록하여 모집업무를 영위했다. 금융소비자보호법과 대출모집인 모범규준상 등록요건을 비교하면 아래와 같다.

❖ 기존규제와 비교(개인)

구분	금소법	모범규준
자격요건	□ 경력자[42]: 여전협회 지정기관에서 24시간 교육 □ 신규자: 여전협회 지정기관에서 48시간 교육 + 여전협회 인증	□ 등록기관(관련 협회)에서 24시간 이상 교육
결격요건	□ 미성년자 · 피성년후견인 · 피한정후견인 □ 파산선고 미복권 □ 금고이상 집행유예 선고 후 유예기간 내 □ 금융관련법령에 따른 벌금이상 선고 후 집행완료일(집행면제일 포함)로부터 2년 미경과	좌동
	□ 금고이상 선고 후 집행완료일(집행면제일 포함)로부터 2년 미경과	□ 금고이상 선고 후 집행기간 내 □ (외국) 금융관련법령에 따라 해임 · 면직일로부터 3년 미경과
	— [43]	□ 금지행위 · 광고규제 위반으로 계약해지 후 2년 미경과 □ 고객정보 유용으로 계약해지 후 5년 미경과 □ 사금융업 영위 또는 사금융업체와 위탁계약 체결 □ 대부업자 또는 대부중개업자

41) 은행연합회, 생명보험협회, 손해보험협회, 저축은행중앙회, 여신전문금융협회.
42) 대출성 상품을 취급하는 금융회사(은행·보험사·저축은행 등)에 3년 이상(등록 신청 이전 5년 이내) 종사한 자(규정§6① i)와 '21.3.25일 이전 5년 내에 금융회사가 소속되어 있는 금융협회에 대출모집인으로 등록한 자(규정 부칙§2).
43) 대출모집인 모범규준상 금지행위 위반에 따른 법적 제재수단이 없어 금지행위 위반시 등록을 제한하는 간접규제 형식을 취한 것이다. 현재는 모범규준상 금지행위를 금융소비자보호법상 영업행위 규제로 규율하고 있으므로 이를 등록요건으로 규제할 실익이 없다.

❖ 기존규제와 비교(법인)

구분	금소법	모범규준
자격 요건	□ 대표 또는 임원의 교육이수	□ 법인 □ 경영진의 전문성·윤리성 구비
결격 요건	□ 임원이 개인의 결격요건(미성년자 등)에 미해당	□ 다른 대출모집법인과 겸직[44] □ 금융관련법령 위반으로 제재 □ 금융관련법령 위반으로 제재받은 개인이 경영진으로 활동
	–	□ 금지행위·광고규제 위반으로 계약해지 후 2년 미경과(①) □ 고객정보 유용으로 계약이 해지된 후 5년 미경과(②) □ ①·② 요건에 해당하는 개인이 대출상담사·경영진으로 활동 □ 사금융업 영위 또는 사금융업체와 위탁계약 체결 □ 대부업자 또는 대부중개업자
내부 통제	□ 금융소비자 대상 직무수행 사항	□ 대출모집업무 세부사항(정관에 기재)
	□ 직무수행자의 교육수준·자격 사항 □ 금융소비자와의 이해상충 방지 사항 □ 광고 사항	–[45]
인력 요건	□ 상품·전산 전문인력 각 1인 이상	□ 대출상담사 1인 이상
물적 요건	□ 전산설비, 고정사업장 등	–
건전성 요건	□ 신청인의 형사처벌 부존재	–

2. 자본시장법

금융투자업자는 자본시장법(§42)에 따라 부수업무 등을 제3자에게 위탁할 수 있다. 특히 투자권유 업무의 경우 전문자격요건을 갖추어 등록된 투자권유대행인(개인)에게만 업무위탁을 허용한다(자본시장법§51①). 다만 투자자보호를 위해 파생상품에 대한 투자권유 업무는 위탁할 수 없다(자본시장법§51①). 금융투자협회가 투자권유대행인의 등록업무를 금융위원회로부터 위탁받아 수행한다(자본시장법§51③).

44) 겸직금지는 직업의 자유를 과도하게 제한할 우려가 있어 금융소비자보호법에서는 규제하지 않는다.
45) 모범규준상 진입규제가 아닌 영업행위 규제[의무사항(§10), 금지행위(§11), 광고(§12)]로 규율했다.

3. 보험업법

보험모집 업무를 수행할 수 있는 자를 보험설계사, 보험대리점, 보험중개사로 규정(보험업법§83①)하고 각 채널별로 등록요건(전문자격요건, 임원의 자격요건, 결격요건 및 등록취소요건[46])을 규정한다. 보험대리점 및 보험중개사에게는 거래의 안정성 확보를 위해 영업보증금(개인 1억원, 법인 3억원)을 요구한다(보험업법 시행령§33·§37). 보험설계사 및 보험대리점은 보험협회가, 보험중개사는 금융감독원이 금융위원회로부터 등록업무를 위탁받아 수행한다(보험업법§194).

4. 여신전문금융업법

여신전문금융업법(§14-3)에서 신용카드 발급계약체결을 중개하는 신용카드 모집인에 대한 등록요건을 규정하며, 여신전문금융업협회가 모집인 등록업무를 금융위원회로부터 위탁받아 수행한다. 등록요건은 결격요건을 규정하는 소극적 방식으로 규정하고, 등록 당시 등록요건을 갖추지 못했거나 모집 관련 규제 위반시에는 등록을 취소한다(여신전문금융업법§14-4).[47] 카드업계 자율규제인 신용카드 모집인 운영규약(§6)에서 모집인 자격기준을 추가로 규정[48]한다.

리스·할부모집인에 대해서는 여신전문금융업법상 별도 규제가 없어 캐피탈사 등과 모집인간 사적계약에 따라 운영되었다.

5. 대부업법

대부중개업자는 해당 영업소 관할 시·도지사나 금융위원회에 등록하여야 한다(대부업법§3①·②).

---

46) 보험대리점·보험중개사 임원의 자격요건, 결격요건 및 등록취소 요건에 금융소비자보호법 위반행위를 추가한다(법 부칙§13⑦).
47) 결격요건 및 등록취소요건에 금융소비자보호법 위반행위를 추가(부칙§2⑬)한다.
48) **제6조(모집인의 자격)** 다음 각 호에 해당하는 자는 모집인이 될 수 없다.
1. 「여신전문금융업법」 제14조의3제2항 각호에 해당하는 자
2. 기타 관계 법령에 의해 회원모집 업무를 수행할 수 없다고 판단되는 자 등
3. 신용카드사에서 정한 일정기준에 미달한 자

6. 신용협동조합법

금융소비자보호법은 개인에 해당하는 공제상품모집인에 대해서만 진입규제를 두고 있고 공제사업모집조합에 대해서는 진입규제가 없다. 이는 신용협동조합법상 조합의 설립(진입)규제를 두고 있기 때문으로(신용협동조합법§7①), 조합은 고유사업 중 하나로 공제사업을 할 수 있으며(신용협동조합법§39), 공제사업을 하는 경우 공제규정(모집제도에 관한 사항 포함)을 두어야 하는데 동 규정 역시 금융위원회 인가를 받아야 점(신용협동조합법§97) 등을 감안한 것으로 보인다.

V. Q&A

[기존 대출모집인 관련]

1. 법 시행 후 대출모집인이 기존 금융회사와의 전속 계약이 종료된 후에 다른 금융회사와 전속 계약을 체결할 경우 다시 등록을 해야 하는지?

2차 FAQ(6면)

금융소비자보호법상 등록요건을 갖추어 등록이 되면 위탁계약을 체결한 금융회사가 변경될 때마다 새로 등록하지 않아도 됨.

[등록대상 여부]

2. 대출모집인 모범규준에 따른 대출모집인 등록 요건에 부합하지 않아 현재 대출모집인으로 등록을 하지 않고 있으나, 금융소비자보호법 상에서는 대출모집인으로 등록이 필요할 것으로 보이는 자(자서대행업체49))는 법 시행 전 어떤 조치를 취해야 영업을 지속할 수 있는지?

금융소비자보호법상 등록 신청이 개시되기 전까지는 기존과 같이 금융권 협회에 등록할 경우 영업 가능함.

---

49) (예시) 은행 대출서류를 소비자에게 전달하고 소비자의 서명을 해당서류에 받아 이를 다시 은행에 전달하는 업체.

3. 대출성 상품 전화권유판매업자(Telemarketing 업체)의 경우에 소속 직원도 등록을 해야 하는지?

2차 FAQ(3면)

전화권유판매법인 소속 직원은 직접 법률행위를 할 수 없는 법인을 대리하여 업무를 수행한다는 점에서 법인과 위탁계약을 체결하는 개인 대출모집인과 달라 별도의 등록을 요하지 않음.

4. 근로자파견업체(파견사업주)와 당사(사용사업주)간 근로자파견계약에 의한 '파견근로자'가 대출상품 아웃바운드 TM(Tele Marketing)을 수행 시 '근로자파견제도[50]'는, 일의 완성을 목적으로 자기의 근로자를 자신이 직접 지휘·감독하여 일의 결과에 대해 보수를 받는 '도급'과는 차이가 있으므로, 파견사업주와 파견근로자에 대해서는 대리·중개업자(대출모집인)등록을 배제할 수 없는지?

신속처리시스템(생보 210422-13)

금융소비자보호법상 대리·중개 업무를 수행하는 자는 파견근로자라 하더라도 금융소비자보호법 제12조 단서[51]에 해당하지 않는 한 금융소비자보호법 제11조 및 제12조에 따라 금융위원회에 등록을 해야 함.

[등록요건]

5. 「대출모집인 모범규준」상 경영진 결격사유[52]는 규정하지 않을 예정인지?

법적근거가 미흡하여 규정하지 않음.

[필자 보충의견] 결격사유는 직업의 자유 등 기본권을 제한하는 엄격한 규제이므로, 인가·등록 취소에 이르지 못하는 단순한 행정규제 위반자를 결격사유로 규정하기 어려움.[53]

---

50) 파견사업주가 근로자를 고용한 후 고용관계를 유지하면서, 사용사업주와 근로자파견계약에 따라 사용사업주의 지휘명령을 받아 사용자사업주를 위한 근로에 종사토록 소속 근로자를 파견하는 것.

51) 다음 각 호의 어느 하나에 해당하는 경우에는 등록을 하지 아니하고 금융상품판매업등을 영위할 수 있다.
1. 금융관계법률에서 금융상품판매업등에 해당하는 업무에 대하여 인허가를 받거나 등록을 하도록 규정한 경우
2. 금융관계법률에서 금융상품판매업등에 해당하는 업무에 대하여 해당 법률에 따른 인허가를 받거나 등록을 하지 아니하여도 업무를 영위할 수 있도록 규정한 경우

52) 고객정보 유용, 과대광고 등 모범규준상 금지행위 위반 시 일정기간 등록을 제한했다.

53) 법제처, "법령입안심사기준", 2021, 185~197면 참조.

6. 대출모집인 자격 교육 및 평가 방법은? 대출모집, 1차 FAQ[54)]

대출모집인은 기존 금융회사 및 대출모집업무에 종사한 경력자와 신규자별로 교육 및 평가 대상이 구분됨.

❖ 대출모집인 교육 및 평가대상

구분	대상자	등록 요건
경력자	대출성 상품을 취급하는 금융회사(은행 · 보험사 · 저축은행 등)에 3년 이상 종사한 자*(등록 신청 이전 5년 이내 限) * 2021.3.25일 이전 5년 내에 금융회사가 소속되어 있는 금융협회에 대출모집인으로 등록한 자는 경력자로 간주	등록교육 이수
신규자	최초 대출성 상품 대리 · 중개업자로 종사하고자 하는 자	등록교육 이수 후 평가시험 합격

교육과정은 2종의 자격 인증과정으로 운영하며, 모든 대출성 상품을 취급하고자 하는 경우 2종의 자격 인증과정을 모두 이수하여야 함.

❖ 대출모집인 교육 과정

교육 과정	교육 시간	교육 운영기관
① 대출 · 기타 대출성 상품	각 교육 과정당 24시간(경력) 48시간(신규)	여신금융교육연수원 한국금융연수원 보험연수원
② 리스 · 할부 상품		

신청인이 법인인 경우, 법인의 대표자 또는 임원 중 최소 1인 이상이 교육이수를 완료해야 함(규정 §6①).

7. 대출모집법인의 교육이수와 관련하여 '임원'의 범위는? 대출모집, 2차 FAQ[55)]

법인등기부등본상 이사 등으로 등기된 자를 의미함.

---

54) 금융감독원, "금소법상 신규 도입되는 대출모집인 등록 업무설명회를 6.29일(화)부터 순차적으로 진행합니다(이하 "대출모집, 1차 FAQ"라 한다)", 2021.06.24., 4면 참조.

55) 금융위원회 · 금융감독원, "대출모집인 등록 관련 유의사항 및 FAQ(이하 "대출모집, 2차 FAQ"라 한다)", 2021.07.16., 3면 참조.

8. '임원'의 경력자 인정 여부? 대출모집, 2차 FAQ(3면)

아래의 경우 경력자로 인정됨(경력자 인정 시 24시간 교육).

① 등록 신청 전 5년 기간 이내에 3년 이상 금융회사에 근무한 자(규정 §6①i)
② 금융소비자보호법 시행 이전 5년(2016.3.26. 00:00 ~ 2021.3.25. 24:00) 내 기간 중 대출모집인으로 등록된 자(규정 부칙 §2)
③ 금융소비자보호법 시행 이전 5년 내 대출모집법인을 운영한 대표자 또는 관련 업무를 직접 수행한 임원

추가적으로 협회 등록 이력이 확인이 안 되는 경우라도 다른 객관적인 자료로서 등록모집인으로 등록하여 업무를 수행한 사실이 확인되는 경우는 경력자로 인정됨.

9. 등록시험 예외적용과 관련하여 대출모집인 경력을 판단하는 기준은? 2차 FAQ(3면)

원칙적으로 협회에 기록된 등록이력을 통해 판단하되, 협회에 등록이력이 일부 누락된 경우[56] 다른 객관적인 자료를 통해 증빙이 가능한 경우에는 경력을 인정함.

10. 신청인이 법인인 경우, 결격사유 등 확인을 위해 신청인이 제출해야 하는 서류는? 대출모집, 1차 FAQ(5면)

신청인이 법인인 경우, 소속 임원의 등록기준지(舊본적지) 관할 시·구·읍·면으로부터 결격사유조회 회보서를, 신용정보원으로부터 기업신용정보 조회서를 각각 발급받아 제출해야 함. 다만, 소속 임원이 외국인인 경우에는 본국 감독기관의 확인서로 대체 가능함.

11. 법인 소속 임원으로 금융소비자보호법상 결격사유 심사대상 임원은 '등기임원'인지? 대출모집, 1차 FAQ(6면)

법인등기부등본상 이사, 감사 등으로 등기된 자를 의미하며, 등기임원이 다수인 경우 모두 심사대상에 해당됨.

---

56) (예시) 개인 대출모집인이 대출모집법인에서 대고객 영업이 아닌 내부 교육업무를 담당하는 경우.

12. 대리 · 중개업자 등록과 관련하여, 임원이 아닌 법인소속의 개인 대출모집인도 금융소비자보호법 제12조제4항의 결격사유를 적용받는지? 금융소비자보호법 제12조제3항제2호와 관련하여 집행유예기간에 있는 것이 결격사유가 되는지?

법령해석 회신문(210350)

법인소속의 개인 대출모집인이라 하더라도, 대출상품의 대리 · 중개업을 영위하기 위해 금융소비자보호법 제12조제3항에 따라 등록을 하려는 경우라면 제12조제4항제2호각목의 결격사유가 있으면 등록이 불가능함.

또한, 제12조제4항제2호는 결격사유 중 하나로 "금고 이상의 형의 집행유예를 선고받고 그 유예기간 중에 있는 사람"을 규정하고 있음.

13. 대출모집법인의 소속 임직원이 별도로 대출모집인 자격을 갖추어야 하는지?

대출모집, 2차 FAQ(5면)

등록된 대출모집법인과 근로계약을 체결한 임직원인 경우에는 모집업무를 위해서 별도로 대출모집인 자격을 갖출 필요는 없음.

14. 전산전문인력의 자격과 경력에 대한 기준은? 대출모집, 2차 FAQ(6면)

예시조항인 ① 전산관련분야의 학위 유무, ② 정보처리기술사 등 자격 유무, ③ 관련 업무 종사기간 등을 종합적으로 고려하여 판단함. 대출모집법인에 근무하는 전산전문인력은 상근 직원 1인 이상이 필수적이며, 다만 전산관리업무를 외부 아웃소싱 업체에 위탁하는 경우라면 해당 업체 직원을 상주하게 하는 것은 가능함.

15. 대출모집법인은 소속 개인 대출모집인의 일정비율만큼 관리 인력(예: 개인 대출모집인 200명당 관리인력 1명)을 두어야 하는지? 대출모집, 1차 FAQ(7면)

금융위원회 및 금융감독원은 대출모집법인의 관리인력 규모에 대해 법령이나 행정지도 등으로 규율하고 있지 않음.

16. 업무 시 전산을 이용하지 않는 오프라인 대출모집법인도 물적설비 요구조건을 구비해야 하는지?

신속처리시스템 회신(저축 210729-31)

금융소비자보호법상 대리·중개업자의 등록요건에서의 물적설비는 금융소비자보호법 시행령 제6조제2항제3호에 규정된 것으로 별도의 규정이 없는 한 예외를 인정하기는 어려움. 그러나 오프라인 대출모집법인의 경우에는 전산설비에 대한 영업 의존도가 낮다는 점을 감안할 때 전산전문인력 및 전산설비 등 물적 요건의 심사기준을 완화하여 적용할 것임. 다만 이때에도 소비자의 개인(신용)정보의 유출·변경·훼손·파괴 등을 방지할 수 있는 전산설비는 구축하여야 함.

17. 온라인 대출모집법인의 경우 물적 요건 심사 기준은?

대출모집, 1차 FAQ(6면)

온라인 대출모집법인의 경우에는 다수 금융소비자에게 미치는 영향력이 크고, 이해상충 방지를 위한 알고리즘 요건을 갖추도록 규정한 점을 감안하여 심사함. 참고로, 금융소비자보호법에서는 ① 컴퓨터 등 정보통신설비, ② 전자적 업무처리에 필요한 설비, ③ 고정사업장, ④ 사무장비 및 통신수단, ⑤ 업무 관련 자료의 보관 및 손실방지 설비, ⑥ 전산설비를 안전하게 보호할 수 있는 보안설비 등을 요구하고 있음(영§6②iii).

18. 온라인 대출모집법인의 경우 보증금 예탁에 갈음하여 가입해야 할 보장성 상품의 범위는?

대출모집, 2차 FAQ(4면)

현재 각 손해보험사의 금융기관전문인배상책임보험, 서울보증보험의 인허가보증보험 등이 마련됨. 또한 전자금융업자로서 기존 유사한 보장성 상품에 가입되어 있더라도 별개의 보험가입이 필요함.

19. 온라인 대출모집법인의 알고리즘 심사방법은?

대출모집, 1차 FAQ(7면)

등록신청시 알고리즘 요건 충족여부에 대한 코스콤*의 확인서를 첨부하여야 함.

* 로보어드바이저테스트베드사무국(홈페이지: https://testbed.koscom.co.kr, 연락처: 02-767-7980)

20. 기타 고려사항은? 대출모집, 2차 FAQ(7면)

대출모집법인 등록 시 금융소비자보호법 외 타 금융관련법령 저촉 여부도 확인이 필요함. 특히 기존 보험대리점이 금융소비자보호법상 대출모집법인으로 등록하려는 경우 보험대리점 등록이 취소될 수 있음.

법 제50조(금융상품판매업자등에 대한 검사) ① 금융상품판매업자등은 그 업무와 재산상황에 관하여 금융감독원장의 검사를 받아야 한다

보험업법
제87조(보험대리점의 등록) ② 다음 각 호의 어느 하나에 해당하는 자는 보험대리점이 되지 못한다.
5. 그 밖에 경쟁을 실질적으로 제한하는 등 불공정한 모집행위를 할 우려가 있는 자로서 대통령령으로 정하는 자
제88조(보험대리점의 등록취소 등) ① 금융위원회는 보험대리점이 다음 각 호의 어느 하나에 해당하는 경우에는 그 등록을 취소하여야 한다.
1. 제87조제2항 각 호의 어느 하나에 해당하게 된 경우

보험업법 시행령
제32조(보험대리점의 등록 제한) ① 법 제87조제2항제5호에서 "대통령령으로 정하는 자"란 다음 각 호의 어느 하나에 해당하는 자를 말한다.
3. 「금융위원회의 설치 등에 관한 법률」 제38조 각 호의 기관(법 제91조제1항 각 호의 금융기관은 제외한다)

금융위원회의 설치 등에 관한 법률
제38조(검사 대상 기관) 금융감독원의 검사를 받는 기관은 다음 각 호와 같다.
9. 다른 법령에서 금융감독원이 검사를 하도록 규정한 기관

[등록절차 및 방법]

21. 대출성 상품대리·중개업자의 등록과 관련해 신청절차, 방법 및 향후 일정은? 대출모집, 2차 FAQ(1면)

[등록단위] ① 대출, ② 리스·할부금융, ③ 대출·리스·할부금융으로 구분되며 등록 신청 시 선택가능함.

[등록기관] '금융감독원'과 '금융권 협회'로 구분됨.

등록기관	등록대상
금융감독원	◻ 소속 개인 모집인이 100명 이상인 법인 ◻ 온라인 금융상품판매대리·중개업자
여신금융협회 은행연합회 저축은행중앙회 신협중앙회 생명보험협회 손해보험협회	◻ 위탁계약을 체결한 금융회사가 속한 금융권 협회(해당 금융회사가 다수인 경우에는 택일)

[등록일정] 2021년 7월부터 등록신청을 접수하며, 금융소비자보호법상 등록요건을 갖추어 등록신청을 해야함.

[등록절차·방법] 구체적인 등록절차·방법에 대한 등록매뉴얼은 개별 등록기관의 등록신청 홈페이지에 게시됨.

22. 대리·중개업자의 등록요건(법§12③·④)과 관련하여 협회가 실질적 검증이 불가능한 항목(형사처벌 존부 등)에 대해서는 등록 신청자에게 미해당 확인서[57]를 징구하여 확인절차를 갈음할 수 있는지?

미해당 확인서로 갈음할 수 없음.

23. 등록 신청 방법 및 대리신청 가능여부는? 대출모집, 1차 FAQ(3면)

금융감독원 등록대상은 방문접수 방법으로 등록 신청하여야 하며, 신청 시 신청서류 원본 1부 및 스캔파일을 저장한 USB 제출이 필요함. 본인 신청으로 제한하지 않으며, 신청인의 위임장 등을 첨부하여 대리신청하는 것도 가능함.

24. 신청서류 중 '설립·등록 신청의 의사결정을 증명하는 서류'의 의미는?

대출모집, 2차 FAQ(4면)

(신설법인의 경우) 대출모집법인을 설립하고 등록 신청서를 제출하기 위한 주주총회 또

57) 등록 신청자가 본인이 등록요건 결격사유가 없다는 사실을 확인하고 서명날인한 서류.

는 이사회의 의사록을 의미함. 법인 정관상 주주총회 또는 이사회의 의결사항을 확인 후 해당 의사록을 제출하면 되고, 반드시 이사회의 의사록과 주주총회의 의사록을 모두 제출할 필요는 없음.

25. 등록심사 소요기간은?

대출모집, 1차 FAQ(3면)

등록 신청서 접수 이후 2개월 이내 등록 여부를 결정함(영§8②本). 다만, 등록요건 충족 여부 확인을 위해 다른 기관 등으로부터 필요한 자료를 제공받는 데에 걸리는 기간은 상기 심사기간에서 제외되며(규정§7④), 등록 여부를 결정하기 어려운 불가피한 사정이 있는 경우 2개월 범위에서 1차례 연장 가능함(영§8②但).

26. 등록심사 시 실태조사는 어떻게 진행하는지?

대출모집, 1차 FAQ(7면)

실태조사는 등록기관이 제출서류상으로 확인하기 어려운 인적·물적 요건 등을 확인하고자 하는 것이므로 신청법인의 영업규모 등을 감안하여 실태조사를 진행하되, 신청법인의 부담을 줄이기 위해 충분한 사전협의 후 2일 내로 진행함.

27. 금융감독원 실태조사 시 어떤 부분을 준비하여야 하는지?

대출모집, 2차 FAQ(6면)

실태조사는 등록기관이 제출서류상으로 확인하기 어려운 인적·물적 요건 등을 확인하고자 하는 것으로 조사대상을 제한하고 있지 않으나 예를 들어 사무공간 등 물적설비 유무, 실제 업무 가능여부, 필수 인력의 실제 근무여부 등을 확인할 수 있음.

28. 대출모집인 등록 신청을 먼저 진행하고 사후 등록요건을 보완하는 방법으로 등록 신청이 가능한지?

대출모집, 2차 FAQ(5면)

원칙적으로 인증 완료 등 모든 등록요건을 갖추어 신청하여야 함.

29. 소속 대리·중개업자가 100인 이상인 대출모집법인이 소속 대리·중개업자 수를 증빙하기 위한 방법은?

대출모집, 2차 FAQ(5면)

기존 대출모집법인은 소속 대리·중개업자 수(100인 이상)를 증빙하기 위하여 소속 대리·중개업자 성명, 주민등록번호, 연락처, 기존 협회 등록번호 등이 기재된 명단을 제출하여야 함.

30. 감독규정 부칙 제2조에서 "2021년 3월 25일 이전 5년 이내"의 구체적인 기간은?

대출모집, 1차 FAQ(5면)

감독규정 부칙 제2조에서 "2021년 3월 25일 이전 5년 이내"라 함은 2016년 3월 26일 00:00부터 2021년 3월 25일 24:00까지를 의미함.

제3편

영업행위 규제

제1장 영업행위 일반원칙

제1절 해석기준

금융소비자보호법상 영업행위를 영업행위 규제를 해석하는 경우 금융소비자의 권익을 우선적으로 고려하되(법§13①前段), 금융상품 유형별 또는 금융상품판매업자등의 업종별로 형평에 맞게 적용되도록 해야 한다(법§13①後段). 금융소비자보호와 관련된 영업행위 규제는 금융소비자보호법에서, 업권별 세부 규제는 개별 금융업법에서 이원적으로 규율되므로 이를 체계적으로 운영하기 위해서 해석기준을 국세기본법 제18조[1]를 참고하여 규정한 것이다.

기존 금융법은 금융업에 대한 규제법으로서 금융회사의 건전성 등 금융시장 안정을 우선적인 정책목표로 하는 것에 반해, 금융소비자보호법은 '금융소비자 보호'를 최우선 과제로 삼고 있으므로 영업행위 규제 적용 시 기존 금융법과 다른, 금융소비자 우선주의 기준을 법 제13조 전단에서 제시한다.

또한 금융소비자보호법상 규제가 금융상품 유형 및 업권별 특성에 대한 고려 없이 획일적으로 적용되지 않도록 개별법의 입법취지 및 정책방향 등을 고려할 필요가 있다. 개별법상 규제수준 차이에 따른 규제형평의 문제를 감안하여 해석 · 적용되도록 법 제13조 후단에서 이를 규정하고 있다.

---

1) **제18조(세법 해석의 기준 및 소급과세의 금지)** ① 세법을 해석 · 적용할 때에는 과세의 형평(衡平)과 해당 조항의 합목적성에 비추어 납세자의 재산권이 부당하게 침해되지 아니하도록 하여야 한다.

▌제2절▐ 신의성실의무

금융소비자보호법은 판매업자등에게 신의성실의무를 부과한다(법§14). 그런데 신의성실의무는 민법의 일반원칙[2)]으로 판매업자등에게도 당연히 적용되므로, 동 의무를 금융소비자보호법에 규율하여도 주의적·선언적 규정에 그칠 수 있다. 그럼에도 불구하고 개별 금융법령에서 발생할 수 있는 금융소비자보호의 사각지대를 해소하고자 다양한 판매업자등에게 공통적으로 적용될 수 있도록 규정한 것이다.[3)]

금융소비자에게는 신의성실의무를 부과하지 않는데, 이는 금융소비자보호법이 금융소비자 '보호'를 목적으로 하는 점을 감안한 것이다. 금융소비자보호법에서 규정하지 않더라도 민법상 일반원칙에 따라 계약당사자인 금융소비자에게 적용되는 점도 고려했다.

자본시장법에서 금융투자업자, 집합투자업자, 신탁업자 등에게 신의성실에 따라 공정하게 업무를 영위하도록 의무를 부여한다. 선언적 규정이므로 자본시장법에 존치한다.

구분	은행	금융투자	보험	저축은행	여전	대부	신협
도입 여부	×	○	×	×	×	×	×
근거 규정	–	자본시장법 §37, §79, §96, §102	–	–	–	–	–

▌제3절▐ 차별금지

금융상품 계약을 체결할 때 판매업자등이 성별, 학력, 사회적 신분 등을 이유로 금융소비자를 부당하게 차별하는 것을 방지할 필요가 있다. '부당한 차별'을 금지하는 것이므로 소득수준에 따라 대출금리가 달리 산출되는 것까지 금지하는 것은 아니다. 보험업법(§129)[4)], 여신전문금융업법(§18-3)[5)] 등의 차별금지조항을 참고하여 규정하였다.

---

2) **제2조(신의성실)** ①권리의 행사와 의무의 이행은 신의에 좇아 성실히 하여야 한다.
②권리는 남용하지 못한다.

3) 정무위원회, "금융소비자보호기본법안(박선숙의원 대표발의) 검토보고서(이하 "검토보고서(1812617)"라 한다)", 2011.11월, 16면 참조.

4) **제129조(보험요율 산출의 원칙)** 보험회사는 보험요율을 산출할 때 객관적이고 합리적인 통계자료를 기초로

시·도지사 대부업자의 경우 금융소비자보호법 적용을 받지 않는 점을 감안하여 현행 금융소비자보호법 차별금지조항을 대부업법(§9-8)에 반영(2020.3.24. 신설)하였다.

▌제4절▐ 판매업자등의 관리책임

Ⅰ. 의의

판매업자등에게 그 임직원 및 계약체결등(금융상품에 관한 계약의 체결 또는 계약체결의 권유를 하거나 청약을 받는 것을 의미하며, 이하 "계약체결등"이라 한다)의 업무를 위탁한 대리·중개업자에 대한 관리책임을 부여함으로써, 건전한 영업을 유도하여 불완전판매 등을 미연에 방지하고 금융소비자보호를 강화하기 위함이다.[6)]

Ⅱ. 관리책임

1. 주요 내용

실제 판매·자문행위를 하는 임직원 및 업무를 위탁한 대리·중개업자에 대한 관리책임을 판매업자등(직접판매업자, 대리·중개업자 및 자문업자)에게 부여한다(법§16①). 민법상 사용자책임 및 대리법리에 따라 판매업자등이 당연히 관리책임을 부담하나, 주의적 차원에서 관리·감독책임을 명시한 것이다.

업무 위탁관계 없이 독립적인 지위에서 업무를 수행하는 대리·중개업자는 관리책임 대상에서 배제한다. 대표적으로 보험중개사가 있으며 논란의 소지가 없도록 법문에서 명시적으로 제외하고 있다.

대수(大數)의 법칙 및 통계신뢰도를 바탕으로 하여야 하며, 다음 각 호의 사항을 지켜야 한다.
1. 보험요율이 보험금과 그 밖의 급부(給付)에 비하여 지나치게 높지 아니할 것
2. 보험요율이 보험회사의 재무건전성을 크게 해칠 정도로 낮지 아니할 것
3. 보험요율이 보험계약자 간에 부당하게 차별적이지 아니할 것
4. 자동차보험의 보험요율인 경우 보험금과 그 밖의 급부와 비교할 때 공정하고 합리적인 수준일 것

5) **제18조의3(가맹점수수료율의 차별금지 등)** ① 신용카드업자는 신용카드가맹점과의 가맹점수수료율을 정함에 있어서 공정하고 합리적으로 정하여야 하며 부당하게 가맹점수수료율을 차별하여서는 아니 된다.

6) 정무위원회, '금융소비자 보호에 관한 법률안(정부 제출) 검토보고서(이하 "검토보고서(1900573)"라 한다)', 2012.9월, 20면 참조.

2. 시행일

직접판매업자 및 대리·중개업자는 2021.3.25일부터 시행하며, 자문업자의 경우 2021.9.25일 시행한다(법 부칙§1).

Ⅲ. 내부통제기준

1. 규제대상

1.1. 원칙

관리책임을 이행하기 위한 기준 및 절차를 내부통제기준에 반영하도록 법인인 판매업자등에게 내부통제기준 마련의무를 부과하고(법§16②), 동 기준에 따라 금융소비자보호 내부통제위원회를 설치·운영하며(규정 별표2ⅲ가), 임원(CCO)에게 금융소비자보호 총괄부서(기관)의 업무를 전담하도록(규정 별표2 비고ⅱ마) 규정한다.

1.2. 예외

1.2.1. 내부통제기준 마련

영세한 판매업자등에게 과도한 규제부담이 될 수 있는 점 등을 고려하여 내부통제기준 마련의무에서 일부 판매업자 등을 제외한다.

제외대상	비고
저축은행중앙회	정의(법§2ⅵ가)상 은행으로 분류되지만, 판매업을 영위하지 않는 협회인 점 고려
온라인소액투자중개업자 온라인투자연계금융업자	자기자본 규모[7] 및 영업형태 고려
대부업자·대부중개업자	자기자본 규모[8] 및 일부 대부업자등[9]에게 대부업 이용자 보호기준 마련의무가 부과되는 점(대부업법§9-7) 고려

7) 온라인소액투자중개업자은 5억원(자본시장법 시행령§118-4①), 온라인투자연계금융업자는 연계 대출규모에 따라 5·10·30억으로 차등한다(온라인투자연계금융업법 시행령§3①).
8) 시·도지사 등록대상(법인)인 경우 5천, 금융위원회 등록 대상인 경우 3억이며, 대부채권매입추심업 영위는 5억이다(대부업법 시행령§2-9).
9) 대부채권매입추심업 영위는 10억, 그 외는 500억 이상의 자산규모를 가진 금융위원회 등록 대부업자 등.

제외대상	비고
겸영여신업자	백화점 등「유통산업발전법」제2조제3호에 따른 대규모점포를 운영하는 자, 계약에 따라 같은 업종의 여러 도매·소매점포에 대하여 계속적으로 경영을 지도하고 상품을 공급하는 것을 업(業)으로 하는 자(여전법 시행령§3②) 제외
겸영금융투자업자	수출입은행, 외국환중개회사, 한국주택금융공사 제외
상시근로자 5인 미만의 직접판매업자 및 자문업자	영세한 자산규모 고려
소속 대리·중개업자가 5인(온라인 법인은 3인) 미만인 대리·중개업자	영세한 자산규모 및 내부통제기준에 상응하는 업무수행기준이 등록요건으로 요구되는 점(영§6② i) 고려
1사 전속 대리·중개업자	영세한 자산규모 및 내부통제기준에 상응하는 업무수행기준이 등록요건으로 요구되는 점(영§6② i) 및 직접판매업자를 통해 관리책임이 규율되는 점 고려

1.2.2. 내부통제위원회 설치·운영

내부통제기준에 '소비자보호 내부통제위원회' 설치에 관한 사항을 포함시키도록 규정한 취지는 대표자 및 주요 임원이 영업행위 전반에 관한 주요 의사결정을 소비자보호의 관점에서 논의하도록 하여 소비자보호 중심의 경영을 조직에 체화시키는 데 있다.[10)]

자산규모, 영위하는 금융업무 등을 고려하여 내부통제기준은 마련하되, 내부통제위원회를 설치·운영하지 않아도 되는 대상을 별도로 규정한다. 이는 이사회 내 위원회[11)] 설치에 예외를 인정해 준 기존규제(지배구조법§3③)를 감안한 조치이다. 다만, 제외대상에 해당하더라도 주권상장법인으로 최근 사업연도 말 현재 자산총액이 2조원 이상인 자는 소비자보호 내부통제위원회를 설치·운영하여야 한다(지배구조법 시행령§6③但).[12)]

---

10) 1차 FAQ, 5면 참조.
11) 임원후보추천위원회, 감사위원회, 위험관리위원회, 보수위원회(지배구조법§16①).
12) 신속처리시스템 회신(여전 210427-18) 참조.

제외대상		비고
판매업자등	자산규모[13] 등	
상호저축은행	7천억원 미만	기존규제(지배구조법 §3③) 인용
금융투자업자(운용재산[14]이 20조원 이상인 경우 제외)	5조원 미만	
종합금융회사		
보험회사		
여신전문금융회사		
신용협동조합	7천억원 미만	지배구조법상 규율되지 않았던 자에 대해 규정
독립자문업자	10억원 미만[15]	
법인 대리·중개업자	소속된 개인 대리·중개업자가 500명 미만	

1.2.3. 금융소비자보호 총괄기관 업무

금융소비자보호 총괄기관의 업무를 임원에게 전담하도록 규정한 취지는 해당 임원의 독립성을 확보하여 이해상충을 방지하고 조직의 소비자보호 역량을 제고하기 위함이다. 동 취지를 벗어나지 않는다면 감독규정(별표2iii나1))에서 예시적으로 열거한 총괄기관의 업무[16] 외에 소비자정보보호, 사회공헌, 기업홍보 등 다른 업무를 하는 것도 가능하다.[17]

다만, 다른 금융법령에서 선임을 의무화한 임원[18]이 금융소비자보호 총괄기관 업무

---

13) 최근 사업연도 말 현재 자산총액 기준(규정 별표2 비고 i 가·지배구조법 시행령§6③).

14) 집합투자·투자일임·신탁(관리형 신탁 제외)재산(지배구조법 시행령§6③ ii 但).

15) 자본금 총액 기준.

16) 소비자보호 총괄기관 업무
① 금융소비자 보호에 관한 경영방향 수립
② 금융소비자 보호 관련 교육의 기획·운영
③ 금융소비자 보호 관련 제도 개선
④ 금융상품의 개발, 판매 및 사후관리 모니터링(소비자보호 측면) 및 조치
⑤ 민원·분쟁의 현황 및 조치결과에 대한 관리
⑥ 임원·직원의 성과보상체계에 대한 금융소비자 보호 측면에서의 평가
⑦ 금융소비자보호 내부통제위원회의 운영

17) 1차 FAQ(6면) 및 신속처리시스템 회신(손보 210406−5) 참조.

18) (예시) 지배구조법(준법감시인, 위험관리책임자), 전자금융거래법(정보보호최고책임자), 외부감사법(내부회계관리자) 등.

를 겸직할 수 없다. 충실한 업무 수행 및 고유의 정책목적 달성을 위해 별도 임원을 선임하도록 한 해당 법령의 취지를 감안한 것이다. 따라서 판매업자등은 제외대상에 해당하지 않는 한 금융소비자보호 총괄기관 업무를 전담할 임원(이하 "CCO"라 한다)을 자격요건[19]에 맞춰 선임해야 한다. CCO(Chief Consumer Officer)를 별도로 선임하는 경우에는 다른 부서와 함께 운영할 수 없으므로[20] CCO가 선임된 경우 금융소비자보호 총괄기관을 별도로 두어야 한다.

겸직금지 제외대상	
판매업자등	자산규모[21] 등
상호저축은행[22]	5조원 미만
금융투자업자(운용재산[23]이 20조원 이상인 경우 제외)	
종합금융회사	
보험회사	
여신전문금융회사 (자산규모 불문하고 개인만을 대상으로 하거나 개인을 대상으로 한 계약규모가 전체자산의 5% 이하인 경우도 포함)	
신용협동조합	7천억원 미만
독립자문업자	10억원[24] 미만
법인 대리·중개업자	소속된 개인 대리·중개업자가 500명 미만
외국은행의 지점 또는 대리점	

위 겸직금지 제외대상에 해당하는 판매업자등은 CCO가 아닌, 준법감시인 또는 이에 준하는 사람(준법감시인이 없는 경우 감사 등[25])에게 총괄기관 업무를 겸직하게 할 수 있다.

19) 최근 5년간 금융관계법령을 위반하여 금융위원회 또는 금융감독원장으로부터 문책경고 또는 감봉요구 이상에 해당되는 조치를 받지 않을 것(금융소비자보호에 관한 내부통제 모범규준 §27②, 은행연합회 제정).
20) 1차 FAQ, 6면 참조.
21) 최근 사업연도 말 현재 자산총액 기준(규정 별표2 비고ii · 지배구조법 시행령§6③).
22) 상호저축은행이 겸직금지 제외대상에 중복 열거되어 있어 비고 제2호 가목을 삭제하는 등의 입법보완이 필요해 보인다. 비고 제2호 나목에서 자산규모가 5조원 미만 기준을 별도로 규정하므로, 중복 열거 조항인 같은 호 가목(자산규모 7천억원 미만 기준)보다 '5조원 미만 기준'이 우선하는 것으로 이해된다.
23) 집합투자·투자일임·신탁(관리형 신탁 제외)재산(지배구조법 시행령§6③ ii 但).
24) 자본금 총액 기준.
25) 신속처리시스템 회신(은행 210406－19) 참조.

2. 내용 및 절차

2.1. 법령

시행령 및 감독규정에서 내부통제기준에서 규정해야 할 사항을 정한다.

시행령	감독규정
1. 업무의 분장 및 조직 구조	1. 업무의 분장 및 조직구조
2. 임직원이 업무를 수행할 때 준수해야 하는 기준 및 절차	2. 임직원이 업무를 수행할 때 준수해야 하는 기준 및 절차 가. 금융상품의 개발, 판매 및 사후관리에 관한 정책 수립에 관한 다음의 사항 1) 민원 또는 금융소비자 의견 등의 반영 2) 금융상품으로 인해 금융소비자에 발생할 수 있는 잠재적 위험요인에 대한 평가 나. 광고물 제작 및 광고물 내부 심의에 관한 사항 다. 권유, 계약체결 등 금융소비자를 대상으로 하는 직무의 수행에 관한 사항 라. 금융소비자와의 이해상충 방지에 관한 사항 마. 금융소비자 보호 관련 교육에 관한 사항 바. 금융소비자의 신용정보, 개인정보 관리에 관한 사항 사. 금융상품등에 관한 업무 위탁 및 관련 수수료 지급에 관한 사항 아. 금융소비자로부터 받는 보수에 관한 사항(금융상품자문업자만 해당)
3. 내부통제기준의 운영을 위한 조직·인력	3. 내부통제기준의 운영을 위한 조직 및 인력 가. 금융소비자 보호에 관한 내부통제를 수행하는데 필요한 의사결정기구(금융소비자보호 내부통제위원회)의 설치 및 운영에 관한 사항 1) 조정·의결하는 의제에 관한 사항 가) 금융소비자 보호에 관한 경영방향 나) 금융소비자 보호 관련 주요 제도 변경사항 다) 금융상품의 개발, 영업방식 및 관련 정보공시에 관한 사항 라) 임원·직원의 성과보상체계에 대한 금융소비자 보호 측면에서의 평가 마) 법 제16조제2항에 따른 내부통제기준 및 법 제32조제3항에 따른 금융소비자보호기준의 적정성·준수실태에 대한 점검·조치 결과 바) 법 제32조제2항에 따른 금융소비자보호실태평가, 법 제48조에 따른 감독 및 법 제50조에 따른 검사 결과의 후속조치에 관한 사항 사) 중요 민원·분쟁에 대한 대응결과 2) 대표자, 금융소비자 보호를 담당하는 임원 및 사내 임원(「금융회사의 지배구조에 관한 법률」 제2조제2호에 따른 임원)으로 구성할 것 3) 대표자가 주재하는 회의를 매년 반기마다 1회 이상 개최할 것 나. 금융소비자 보호에 관한 내부통제를 금융상품 개발·판매 업무로부

시행령	감독규정
	터 독립하여 수행하는데 필요한 조직(금융소비자보호 총괄기관)의 설치 및 운영에 관한 사항 1) 수행하는 업무에 관한 사항(사)는 금융소비자보호 내부통제위원회를 운영하는 자만 해당) 가) 금융소비자 보호에 관한 경영방향 수립 나) 금융소비자 보호 관련 교육의 기획·운영 다) 금융소비자 보호 관련 제도 개선 라) 금융상품의 개발, 판매 및 사후관리에 관한 금융소비자 보호 측면에서의 모니터링 및 조치 마) 민원·분쟁의 현황 및 조치결과에 대한 관리 바) 임원·직원의 성과보상체계에 대한 금융소비자 보호 측면에서의 평가 사) 금융소비자보호 내부통제위원회의 운영(가)부터 마)까지의 사항을 금융소비자보호 내부통제위원회에 보고하는 업무를 포함) 2) 대표자 직속으로 설치할 것 3) 업무수행에 필요한 인력을 갖출 것 다. 금융소비자보호 총괄기관의 업무를 수행하는 임원 및 직원의 임명·자격요건 및 직무 등에 관한 사항 라. 대표이사, 이사 등 법인의 업무집행에 관한 의사결정 권한을 가진 자의 내부통제기준 운영에 관한 권한 및 책임에 관한 사항 마. 내부통제기준 준수에 관한 금융소비자 총괄기관과 그 외 기관 간의 권한 및 책임에 관한 사항(금융소비자 총괄기관과 그 외 기관 간의 금융상품의 개발 및 판매에 관한 사전협의 절차를 포함) 바. 그 밖에 금융소비자 보호 및 건전한 거래질서를 위해 필요한 사항
4. 내부통제기준 준수 여부에 대한 점검·조치 및 평가	4. 내부통제기준 준수 여부에 대한 점검·조치 및 평가
5. 내부통제기준에 따른 직무수행 교육에 관한 사항	5. 개별 금융상품에 대해 권유, 계약체결 등 금융소비자를 대상으로 직무를 수행하는 사람이 갖추어야 할 교육수준 또는 자격에 관한 사항
6. 업무수행에 대한 보상체계 및 책임확보 방안	6. 업무수행에 대한 보상체계 및 책임확보 방안: 영업행위를 수행하는 담당 임원·직원과 금융소비자 간에 이해상충이 발생하지 않도록 하는 성과보상체계의 설계·운영에 관한 사항
7. 내부통제기준의 제정변경 절차	7. 내부통제기준의 제정·변경 절차
8. 그 밖에 제1호부터 제7호까지의 사항에 준하는 것으로서 금융위원회가 정하여 고시하는 사항	8. 고령자 및 장애인의 금융거래 편의성 제고 및 재산상 피해 방지에 관한 사항

2.2. 표준안

금융위원회는 업권이 참고할 수 있는 표준내부통제기준(best practice)을 업권별 협회가 마련하여 동 표준안이 업권내 확산될 수 있도록 권고하였고,[26] 이에 따라 은행연합회는 금융감독원의 가이드라인[27]을 반영하여 내부통제기준 포함사항을 구체화하는 「금융소비자보호 내부통제 모범규준」[28]을 제정하였다.

기존규제를 조문별로 비교하고, 금융소비자 모범규준(행정지도, 2021.09.25 폐지)에서 달라진 부분은 별도 표시한다.[29]

❖ 기존규제

구분	내용	형식	약어 (표에서 인용)
금융소비자 모범규준	금융소비자보호법 시행전 소비자보호를 위해 금융감독원이 제정·운영	행정지도(폐지)	모범규준
은행권 표준내부통제기준	금융회사 지배구조법(규정§11⑥)에 따라 은행연합회가 제정한 표준내부통제기준	자율규제	표준
은행 비예금상품 내부통제 모범규준	DLF사태 이후 은행연합회에서 펀드·파생 등 비예금 금융상품의 기획·선정·판매 및 사후관리, 관련한 성과평가 등을 규율	자율규제	비예금
대출모집인 모범규준	대출모집인 제도가 금융소비자보호법으로 법제화되기 이전 금융감독원에서 대출모집인의 운영·관리 방식 등을 규정	행정지도(폐지)	대출모집
금융기관의 업무위탁 등에 관한 규정	금융위원회법(§17ⅲ)에 따라 금융회사 업무의 위탁 등에 관한 사항을 규율	행정규칙	업무위탁

26) 금융위원회, "2021년 금융소비자국 중점 추진과제", 보도자료의 별첨1(국민과 함께하는 따뜻한 금융을 위한 2021년 중점 추진과제), 2021.02.15., 9면 참조.
27) 금융감독원, "금소법 시행에 따른 내부통제·금융소비자보호기준 가이드라인(이하 "내부통제·소비자보호기준 가이드라인"이라 한다)", 2021.06.16.
28) 협회 자율규제.
29) 세부내용이 다른 경우(예시가 추가되거나 삭제된 경우 포함) 굵게 밑줄 표시하고, 기존규제였던 금융소비자 모범규준(행정지도)과 비교시 조문 전체가 신설된 경우 해당 칸을 음영표시한다.

제1장 총칙

표준안

제1조(목적) 이 규준은 「금융소비자보호에 관한 법률」(이하 "금융소비자보호법"이라 한다) 및 관련법규(이하 "금융소비자보호법령"이라 한다)에서 정한 바에 따라, 금융소비자보호를 위한 은행의 내부통제기준, 영업에 관한 준수사항, 기타 금융소비자 권익 보호를 위한 제반 사항을 규정함으로써 금융소비자보호의 실효성을 높이고, 금융소비자의 신뢰를 제고하는 것을 목적으로 한다.

제2조(적용 범위) ① 이 규준은 은행의 모든 임직원과 금융소비자보호와 관련한 모든 업무에 적용한다. 다만, 은행 업무의 일부를 위탁 받은 자 및 위탁업무에 대해서는 그 위탁 범위 내에서 이 규준을 적용한다.

② 금융소비자보호와 관련하여 이 규준 및 이 규준의 위임에 따른 하위 규정 등(이하 "이 규준등"이라 한다)에서 정하지 아니한 사항은 금융소비자보호법령에 따른다.

제3조(용어의 정의) 이 규준에서 사용하고 있는 용어의 정의는 다음 각 호와 같다.

1. "금융상품"이란 금융소비자를 상대로 계약을 체결함에 있어 그 대상이 되는 상품으로서, 「은행법」에 따른 예금 및 대출, 「자본시장과 금융투자업에 관한 법률」(이하 "자본시장법"이라 한다)에 따른 금융투자상품, 「보험업법」에 따른 보험상품, 「상호저축은행법」에 따른 예금 및 대출, 「여신전문금융업법」에 따른 신용카드, 시설대여, 연불판매, 할부금융 등 금융소비자보호법 제2조제1호에서 정한 '금융상품'을 말한다.
2. "금융소비자"란 은행이 제공하는 금융상품에 관한 계약의 체결 또는 계약체결의 권유를 받거나 청약을 하는 자로서 금융소비자보호법 제2조제8호에서 정한 '금융소비자'를 말한다.
3. "전문금융소비자"란 금융상품에 관한 전문성 또는 소유자산규모 등에 비추어 금융상품에 관한 계약에 따른 위험감수능력이 있는 금융소비자로서 금융소비자보호법 제2조제9호에서 정한 '전문금융소비자'를 말한다.
4. "일반금융소비자"란 전문금융소비자가 아닌 금융소비자를 말한다.
5. "대리 · 중개업자"란 금융상품에 관한 계약의 체결을 대리하거나 중개하는 것을 영업으로 하는 자로서 금융소비자보호법 제2조제3호나목에서 정한 '금융상품판매대리 · 중개업자'를 말한다.
6. "임직원등"은 소속 임직원 및 은행이 업무를 위탁하는 대리 · 중개업자를 말한다.
7. "내부통제체계"란 효과적인 내부통제 활동을 수행하기 위한 조직구조, 업무분장 및 승인절차, 의사소통 · 모니터링 · 정보시스템 등의 종합적 체계를 말한다.[30)]
8. "내부통제기준"이란 금융소비자보호법령을 준수하고 건전한 거래질서를 해치는 일이 없도록 성실히 관리업무를 이행하기 위하여 임직원등이 직무를 수행할 때 준수하여야 할 기준 및 절차로서 금융소비자보호법 제16조제2항에서 정한 '내부통제기준'을 말한다.
9. "금융소비자보호 내부통제위원회"란 금융소비자보호에 관한 내부통제를 수행하는데 필요한 의사결정기구로서 「금융소비자 보호에 관한 감독규정」(이하 "감독규정"이라 한다) [별표2]에서 정한 '금융소비자보호 내부통제위원회'를 말한다.[31)]
10. "금융소비자보호 총괄기관"이란 금융소비자보호에 관한 내부통제를 금융상품 개발 · 판매 업무로부터 독립하여 수행하는데 필요한 조직으로서 감독규정 [별표2]에서 정한 '금융소비자보호 총괄기관'을 말한다.[32)]

---

30) 내부통제 · 소비자보호기준 가이드라인, 1면 참조.
31) 내부통제 · 소비자보호기준 가이드라인, 2면 참조.
32) 내부통제 · 소비자보호기준 가이드라인, 3면 참조.

표준안
제4조(금융소비자보호에 관한 기본 방침) ① 은행은 금융소비자의 권익 증진, 건전한 금융거래 지원 등 금융소비자보호를 위하여 노력한다. ② 은행은 금융소비자 불만 예방 및 신속한 사후구제를 통하여 금융소비자를 보호하기 위하여 그 임직원이 직무를 수행할 때 준수하여야 할 기본적인 절차와 기준(이하 "금융소비자보호기준"이라 한다)을 정하여야 한다. ③ 은행은 금융소비자보호가 효과적으로 이루어지도록 이에 필요한 인적, 물적 자원을 적극적으로 확보하여야 한다. **제5조(다른 내규와의 관계)** 금융상품의 개발, 판매 및 금융소비자에 대한 민원·분쟁 처리 등 금융소비자 보호에 관한 사항은 은행 내 다른 내규 등에서 특별히 정한 경우를 제외하고는 이 규준등에서 정하는 바에 따른다.

제2장 업무의 분장 및 조직구조

근거	표준안	참고조문
영§10② i , 규정[별표2] i	**제6조(내부통제체계의 운영)** 은행은 금융소비자보호 업무에 관한 임직원의 역할과 책임을 명확히 하고, 업무의 종류 및 성격, 이해상충의 정도 등을 감안하여 업무의 효율성 및 직무간 상호 견제와 균형이 이루어질 수 있도록 업무분장 및 조직구조를 수립하여야 한다.	**표준 제6조(이사회)** ① 이사회는 은행의 내부통제에 대한 최종적인 책임을 지며, 은행의 내부통제체계의 구축 및 운영에 관한 기본방침을 정한다.
영§10② i , 규정[별표2] i · iii 라	**제7조(이사회)** ① 이사회는 은행의 금융소비자보호에 관한 내부통제체계의 구축 및 운영에 관한 기본방침을 정한다. ② 이사회는 제1항의 내부통제에 영향을 미치는 경영전략 및 정책을 승인한다.	
영§10② i · iii, 규정[별표2] i	**제8조(은행장[33])** ① 은행장은 이사회가 승인한 이 규준 및 금융소비자보호기준에 따라 금융소비자보호와 관련한 내부통제체계를 구축·운영하고, 임직원등이 금융소비자보호 업무를 수행할 수 있도록 관리·감독하여야 한다.	**표준 제7조(대표이사)** ① 대표이사는 이사회가 정한 내부통제체계의 구축·운영에 관한 기본방침에 따라 내부통제체계를 구체적으로 구축·운영하여야 한다.

33) 대표이사, 대표, 최고경영자 등 명칭을 불문하고 해당 법인을 대표하는 자를 의미한다(내부통제·소비자보호기준 가이드라인, 1면 참조).

근거	표준안	참고조문
	② 은행장은 다음 각 호의 내부통제기준 운영 업무를 수행할 수 있다. 다만, 은행장은 금융소비자보호 담당임원에게 구체적인 범위를 명시하여 금융소비자보호에 관한 내부통제 운영 업무를 위임할 수 있으며, 은행장이 해당 업무를 위임하는 경우 정기적으로 관리·감독할 수 있는 절차를 마련하여야 한다. 1. 내부통제기준 위반방지를 위한 예방대책 마련 2. 내부통제기준 준수 여부에 대한 점검 3. 내부통제기준 위반시 위반내용에 상응한 조치방안 및 기준 마련	내부통제·소비자보호기준 가이드라인(2면) 반영
	③ 은행장은 은행의 금융소비자보호 내부통제체계가 적절히 구축·운영되도록 내부통제 여건을 조성하고, 영업환경 변화 등에 따라 금융소비자보호 내부통제체계의 유효성이 유지될 수 있도록 점검하여야 한다.	**표준 제7조(대표이사)** ② 대표이사는 은행의 내부통제체계가 적절히 운영되도록 조직구조 등을 구축·확립하는 등 내부통제 환경을 조성하여야 하며, 영업환경 변화 등에 따라 내부통제체계의 유효성에 대해 재검토하여야 한다.
	제9조(임직원 및 조직) ① 임직원등은 자신의 직무와 관련하여 금융소비자보호 내부통제에 대한 1차적인 책임을 지며, 직무수행 시 자신의 역할을 이해하고 금융소비자보호법령을 숙지하여 이를 충실히 준수하여야 한다. ② 은행은 내부통제기준을 효과적으로 준수하기 위해 금융소비자보호 총괄기관과 금융상품의 개발·판매·사후관리 부서 간의 역할과 책임을 명확히 하고 상호 협력과 견제가 이루어질 수 있도록 조직을 구성하여야 한다.	**표준 제10조(임직원)** ① 임직원은 자신의 직무와 관련하여 내부통제에 대한 1차적인 책임이 있으며, 직무수행시 자신의 역할을 이해하고 관련 법령 및 내규(이하 "법규"라 한다)를 숙지하여 이를 충실히 준수하여야 한다. ② 조직·업무를 관리하는 임직원은 소관조직·업무와 관련된 내부통제를 총괄하여야 한다.

제3장 임직원 등이 업무[34]를 수행할 때 준수해야 하는 기준 및 절차

근거	표준안	참고조문
영§10② ii, 규정[별표2] iii 마	**제10조(금융소비자보호 총괄기관과의 사전협의)** ① 금융소비자보호 총괄기관은 금융상품 개발 및 마케팅 정책 수립시 다음 각 호의 사항을 포함하여 사전협	**모범규준 제12조(금융소비자보호 총괄부서와의 사전협의)** ① 금융상품 개발 및 마케팅 정책 수립시 금융소비자보호 총괄부서는 <u>**금융소비자보호의 시각에서 사전 점검 후**</u>

34) 업무단계는 금융상품의 개발/판매/사후관리로 구분된다(내부통제·소비자보호기준 가이드라인, 6면 참조).

근거	표준안	참고조문
	의 관련 절차를 구축, 운영하여야 한다. 1. 사전협의 경과 및 결과 관리 2. 사전협의 누락 시 대책수립	**<u>문제점을 시정할 수 있도록</u>** 다음 각 호의 사항을 포함하여 부서간 사전협의 관련 절차를 구축, 운영하여야 한다. 1. 사전협의 진행이력 및 실적관리 2. 사전협의 누락 및 **<u>재발 방지</u>**대책 수립
	② 제1항에 따른 사전협의 관련 절차를 구축, 운영함에 있어 다음 각호의 사항을 고려하여야 한다. 1. 금융상품의 위험도 · 복잡성 2. 금융소비자의 특성 3. 금융상품 발행인의 재무적 건전성, 금융상품 운용 및 리스크 관리능력	내부통제 · 소비자보호기준 가이드라인(6면) 반영
	③ 금융상품 개발 및 마케팅 정책 수립을 담당하는 부서는 다음 각 호와 관련하여 금융소비자보호 총괄기관과 사전에 협의하여야 한다. 1. 금융상품 개발 · 변경 · 판매중단 2. 상품설명서 **<u>등 중요서류</u>**의 제작 · 변경 3. 판매절차의 개발 · 변경 4. 고객 관련 판매촉진(이벤트, 프로모션 등), 영업점 성과평가 기준 등 주요 마케팅 정책 수립 및 변경 등 5. 기타 소비자 보호를 위하여 금융소비자보호 총괄기관이 정하는 사항	**모범규준 제12조(금융소비자보호 총괄부서와의 사전협의)** ② 금융상품 개발 및 마케팅 정책 수립시 담당 부서는 다음 각 호와 관련한 사항에 대하여 **<u>금융소비자에게 불리한 사항이 존재한다고 판단될 경우</u>** 금융소비자보호 총괄부서와 사전에 협의하여야 한다. 1. 금융상품 개발 · 변경 · 판매중단 2. 상품 안내장(설명서), **<u>약관, 가입청약서(설계서) 등</u>** 제작 · 변경 3. 판매프로세스의 개발 · 변경 4. 고객 관련 이벤트, 프로모션, 영업점 성과평가 기준 등 주요 마케팅 정책 수립 및 변경 등 5. 기타 소비자 보호를 위하여 금융소비자보호 총괄부서가 정하는 사항
	④ 금융소비자보호 총괄기관은 금융상품 개발 및 마케팅 정책, 약관 등으로 인해 금융소비자에게 피해가 발생할 가능성이 있다고 판단하는 경우 관련부서에 새로운 금융상품의 출시 중단, 마케팅 중단, 개선방안 제출 등을 요구할 수 있다. ⑤ **<u>은행은</u>** 제3항의 사전협의를 누락한 경우 성과평가 또는 민원평가에 반영하여야 한다.	③ **<u>금융소비자보호 총괄부서는</u>** 금융상품 개발 및 마케팅 정책, 약관 등에 금융소비자보호상의 문제가 있다고 판단되는 경우 관련부서에 금융상품 출시 및 마케팅 중단, 개선방안 제출 등을 요구할 수 있으며, 사전협의 누락 시에는 성과평가 및 민원평가에 반영하여야 한다.
영§10② ii , 규정[별표2] ii 가	**제11조(금융상품 개발 관련 점검항목 및 자체 내부준칙 수립)** ① 금융소비자보호 총괄기관은 새로운 금융상품을 개발하는 경우 금융소비자에게 불리한 점	**모범규준 제13조(금융상품 개발 관련 체크리스트 및 자체 내부준칙 수립)** ① 금융소비자보호 총괄부서는 새로운 금융상품을 개발하는 경우 금융소비자에게 불리한 점은

근거	표준안	참고조문
	이 없는지 등을 진단하기 위한 점검항목을 마련하여야 한다.	없는지 등을 진단하기 위한 체크리스트를 마련하여야 한다.
	② 은행은 금융관련 법규 등에서 정한 바에 따른 금융상품 개발과정에서 다음 각 호의 사항을 포함한 자체 내부준칙을 수립하여 운영하여야 한다. 1. 금융상품 개발부서명 및 연락처를 상품 설명 자료35)에 명기하는 등 책임성 강화 2. 금융상품 개발부서의 금융상품 판매자에 대한 충분한 정보 공유 책임 강화	② 금융회사는 금융관련법규 등에서 정한 바에 따른 금융상품 개발과정에서 다음 각 호의 사항을 포함한 자체 내부준칙을 수립하여 운영하여야 한다. 1. 금융상품 개발부서명 및 **개발자의 이름·** 연락처를 상품 설명 자료에 명기하는 등 책임성 강화 2. 금융상품 개발부서의 금융상품 판매자에 대한 충분한 정보 공유 책임 강화**(판매 회사/부서/담당직원 뿐 아니라 판매회사가 금융상품 판매를 재위탁한 경우 위탁회사의 직원까지 포함)**
	제12조(금융소비자의 의견청취) ① 은행은 금융상품 개발 등 초기 단계에서부터 금융소비자의 불만예방 및 피해의 신속한 구제를 위해 민원, 소비자 만족도 등 금융소비자의 의견을 적극 반영할 수 있도록 업무 절차를 구축 및 운영하여야 한다.	**모범규준 제14조(금융소비자 보호 채널 구축)** ① 금융회사는 금융상품 개발·**기획시** 초기단계에서부터 금융소비자의 불만예방 및 피해의 신속한 구제를 위해 그간에 발생된 민원, 소비자 만족도 등 금융소비자의 의견이 적극 반영될 수 있도록 업무 프로세스를 구축·운영하여야 한다.
	② 은행은 새로운 금융상품의 출시 후 금융소비자 만족도 및 민원발생 사항 등의 점검을 통해 이를 사후 검증하고, 점검 결과 제도개선이 필요한 사안은 즉시 관련부서에 통보하여 적기에 반영될 수 있도록 체계를 구축 및 운영하여야 한다.	④ 금융회사는 금융상품의 신규 출시 후 금융소비자 만족도 및 민원발생 사항 등의 모니터링을 통해 이를 사후 검증하고, 모니터링 결과 제도개선이 필요한 사안은 즉시 관련부서에 통보하여 적시에 반영될 수 있는 피드백 시스템을 구축·운영하여야 한다.
영§10② ii, 규정[별표2] ii 다	**제13조(금융상품의 판매 과정 관리)** ① 금융소비자보호 총괄기관은 금융상품 판매 과정에서 불완전판매가 발생하지 않도록 금융상품 판매 및 마케팅 담당 부서를 대상으로 금융소비자보호 관점에서 다음 각 호의 판매절차를 구축하고, 이를 매뉴얼화 하여야 한다. 1. 금융상품 판매 전 절차 가. 금융상품 판매자에 대해 금융상품별 교육훈련 체계를 갖추고, 금융상품별 판매자격기준을 마련하여 운영하여야 한다.	**모범규준 제24조(판매 과정 관리)** ① 금융소비자보호 총괄부서는 금융상품 판매 과정에서 불완전판매가 발생하지 않도록 금융상품 판매 및 마케팅 담당 부서를 대상으로 금융소비자보호 관점에서 다음 각 호의 판매프로세스를 구축하고, 이를 매뉴얼화 하여야 한다. 1. 금융상품 판매 전 프로세스 가. 금융상품 판매자에 대해 금융상품별 교육훈련 체계를 갖추고, 금융상품별 판매자격기준을 마련하여 운영하여야 한다.

35) 금융소비자에게 제공되는 설명서가 아니라 판매업자 소속 직원이 활용하는 내부 설명자료를 의미한다.

근거	표준안	참고조문
	나. 금융상품의 판매과정별 관리절차(반드시 지켜야 할 사항에 대한 점검항목 제공 및 이행 여부 포함)를 구축 및 운영하여 불완전판매 예방을 위한 통제기능을 강화하여야 한다. 다. 금융소비자가 금융상품 선택과정에서 반드시 알아야 할 사항 및 금융상품의 주요 위험요인 등에 대한 금융소비자의 확인절차를 마련하여야 한다. 2. 금융상품 판매 후 절차 가. 금융소비자의 구매내용 및 금융거래에 대한 이해의 정확성 등 불완전판매 여부를 확인하여야 한다. 나. 불완전판매 개연성이 높은 상품에 대해서는 해당 금융상품의 유형을 고려하여 금융소비자보호 절차를 마련하여야 한다.	나. **문자메시지 서비스, 전자우편 서비스 등을 활용한** 판매과정별 관리프로세스, 피드백시스템(반드시 지켜야 할 사항에 대한 체크리스트 제공 및 이행 여부) 등을 구축·운영하여 불완전판매 여부에 대한 통제기능을 강화하여야 한다. 다. **금융상품의 중요 내용**(금융상품 선택과정에서 금융소비자가 반드시 알아야 할 사항) 및 금융상품의 중요 위험요인(**원금손실, 금리변동 등 금융소비자의 피해유발사항**) 등에 대한 금융소비자 확인절차(**서명 등**)를 마련하여야 한다. 2. 금융상품 판매 후 프로세스 가. 금융소비자의 구매내용 및 금융거래에 대한 이해의 정확성 등 불완전판매 여부를 확인하여야 한다. 나. **불완전판매 및** 불완전판매 개연성이 높은 상품에 대해서는 해당 금융상품의 유형을 고려하여 **재설명 및 청약철회, 손해배상 등의** 금융소비자보호 절차를 마련하여야 한다.
	② 금융소비자보호 총괄기관은 금융소비자의 불만내용과 피해에 대한 분석을 통하여 불만 및 피해의 주요 원인을 파악하고 이를 관련부서와 협의하여 개선토록 하여야 하며, 구축된 판매 절차가 원활히 운영될 수 있도록 적정성을 점검하여야 한다.	② **상품 및 서비스와 관련한 금융소비자의 불만이 빈발하는 경우** 금융소비자의 불만내용과 피해에 대한 면밀한 분석을 통하여 금융소비자불만의 주요원인을 파악하고 이를 관련부서와 협의하여 개선되도록 하여야 한다. 금융소비자보호 총괄부서는 구축된 판매 프로세스가 원활히 운영될 수 있도록 적정성을 점검하여야 한다.
	제14조 (금융상품의 판매 후 금융소비자의 권익 보호) ① 은행은 금융상품 판매 이후 거래조건 **등 주요 내용의 변경, 금융상품에 내재된 위험성의 변경, 금융소비자의 대규모 분쟁발생 우려 시** 관련사항을 금융소비자에게 신속하게 안내하여야 한다.[36]	**모범규준 제28조의2 (판매 후 소비자 권익 보호 및 휴면 금융재산 등 관리방안 수립)** ① 금융회사는 금융상품 판매 이후에도 필요한 상품내용(**권리행사**, 거래조건 변경 등)에 대해 신의성실의 원칙에 따라 적극 안내하는

36) 금융회사로 하여금 상품판매 이후 상품의 내용·위험성 변경, 대규모 분쟁발생 우려 시 신속하게 소비자에게 안내하게 하여 금융소비자에게 적시에 대응할 수 있는 기회를 보장한 취지로 '판매과정별 관리절차'를 규정한다(내부통제·소비자보호기준 가이드라인, 7면 참조). 따라서 위탁자 요청에 따른 신탁재산의 처분이거나, 부동산신탁 상품이라도 그 운용내역 등을 소비자에게 통지하는 절차를 갖춰야 한다[금융투자협회, 금융투자회사의 금융소비자보호 표준내부통제기준 업무메뉴얼(이하 "금융투자회사의 표준내부통제기준 업무메뉴얼"), 2021.9월, 49~50면 참조].

근거	표준안	참고조문
	② 은행은 금융소비자가 **법령 및** 계약상 권리를 청구하는 경우 신속하고 공정하게 처리될 수 있도록 관련 절차와 기준을 마련하여야 한다. **제15조(영업행위의 일반원칙)** ① 은행은 금융상품 판매시 금융소비자보호법령에 따라 적합성 원칙, 적정성 원칙, 설명의무 등을 준수하여야 하며, 상품판매시 금융소비자보호법령을 위반하여 불완전판매가 발생하지 않도록 최선의 노력을 다하여야 한다.	등 **소비자의 권익 및 재산 보호를 위해 노력해야 하며**, 소비자의 계약상 권리(**보험금 청구권, 금리인하 요구권, 계약조건 변경 등**)가 청구된 경우 신속하고 공정하게 처리될 수 있도록 관련 절차와 기준을 마련하여야 한다. **비예금 제11조(일반원칙)** ① 은행은 비예금상품 판매시 관련법규에 따라 적합성 원칙, 적정성 원칙, 설명의무 등을 준수하여야 하며, 상품판매시 관련법규를 위반하여 불완전판매가 발생하지 않도록 최선의 노력을 다하여야 한다.
	② 은행은 금융상품의 판매과정에서 은행 또는 임직원등의 귀책사유로 금융소비자에게 피해가 발생하는 경우에는 신속한 피해구제를 위해 최선의 노력을 다하여야 한다.	**비예금 제11조(일반원칙)** ② 은행은 비예금상품의 판매과정에서 은행 또는 임직원의 귀책사유로 고객에게 피해가 발생하는 경우에는 신속한 피해구제를 위해 최선의 노력을 다하여야 한다. **법 제10조(금융상품판매업자등의 책무)** 금융상품판매업자등은 제7조에 따른 금융소비자의 기본적 권리가 실현되도록 하기 위하여 다음 각 호의 책무를 진다. 3. 금융상품으로 인하여 금융소비자에게 재산에 대한 위해가 발생하지 아니하도록 필요한 조치를 강구할 책무
	제16조(광고물 제작 및 광고물 내부 심의에 관한 사항) ① 은행은 금융상품 및 업무(이하 '금융상품등'이라 한다)에 관한 광고를 하는 경우에는 금융소비자보호법령 등을 준수하여야 하고, 금융소비자가 금융상품의 내용을 오해하지 아니하도록 명확하고 공정하게 전달하여야 한다.	**표준 제30조(광고)** ① 은행은 예금, 대출 등 은행이 취급하는 상품에 관하여 광고를 하는 경우 「은행법」 제52조의3 등 관련 법령에서 정한 바에 따라 은행이용자의 합리적 의사결정을 위하여 은행의 명칭, 은행상품의 내용, 거래조건 등을 명확히 표시하여 은행이용자가 오해하지 않도록 하여야 한다.
영§10② ii, 규정[별표2] ii 나	② 은행은 금융상품등에 관한 광고를 하는 경우에는 준법감시인의 심의를 받아야 한다.	**시행령 제19조(광고의 방법 및 절차)** ② 금융상품판매업자등이 금융상품등에 관한 광고를 하는 경우에는 「금융회사의 지배구조에 관한 법률」 제25조제1항에 따른 준법감시인(준법감시인이 없는 경우에는 감사를 말한다)의 심의를 받아야 한다.
	③ 은행은 대리·중개업자의 금융상품에 관한 광고를 허용하기 전에 그 광고가 금융소비자보호법령 등에 위배되는지를 확인해야 한다.	**시행령 제17조(광고의 주체)** ① 법 제22조제1항 각 호 외의 부분 본문에서 "투자성 상품에 관한 금융상품판매대리·중개업자 등 대통령령으로 정하는 금융상품판매업자등"

근거	표준안	참고조문
		이란 다음 각 호의 구분에 따른 자를 말한다. 2. 금융상품에 관한 광고의 경우: 금융상품판매대리·중개업자. 다만, 금융상품직접판매업자가 금융위원회가 정하여 고시하는 바에 따라 금융상품판매대리·중개업자에게 허용한 경우(투자성 상품을 취급하는 경우는 제외한다)는 제외한다. **대출모집 제12조(광고)** ⑤ 대출모집인이 광고를 하고자 할 경우 반드시 금융회사로부터 광고내용에 대해 사전동의를 받아야 한다.
	④ 은행은 제3항에 따라 대리·중개업자의 금융상품에 관한 광고를 확인할 때에는 소요기간을 안내하여야 하며, 정해진 기일 내에 확인이 곤란할 경우 그 사유를 지체없이 대리·중개업자에 통보하여야 한다.	**손해보험협회 금융소비자보호 표준 내부통제기준 제21조(광고물 제작 및 광고물 내부 심의에 관한 사항)** ④ 회사는 제3항에 따라 금융상품판매대리·중개업자의 금융상품에 관한 광고를 확인할 때에는 소요기간을 안내하여야 하며, 정해진 기일 내에 확인이 곤란할 경우 그 사유를 지체없이 금융상품판매대리·중개업자에 통보하여야 한다.
	⑤ 은행은 금융상품등에 관한 광고물 제작 및 내부 심의에 관한 세부기준 및 절차를 마련하여 운영하여야 한다.	**표준 제30조(광고)** ② 은행은 은행상품 광고의 제작 및 내용에 관하여 지켜야 할 세부기준 및 절차를 마련하여 운영하여야 한다.
영§10② ii, 규정[별표2] ii 다	**제17조(금융상품별·판매업무별 판매준칙)** ① 은행은 임직원등이 금융상품에 관한 계약의 체결 또는 계약체결의 권유 등 금융소비자를 대상으로 직무를 수행할 때 금융소비자를 보호하기 위하여 준수하여야 할 각 금융상품별·판매채널별 절차와 기준[37]을 마련하고 이를 문서화하여야 한다.	**표준 제11조(업무수행 시 준수절차)** 은행은 임직원이 역할과 책임을 성실히 수행할 수 있도록 업무수행의 구체적인 절차와 방법 등을 내규 등으로 문서화하고 동 내규 등의 내용이 임직원에게 효과적으로 전달되도록 하여야 한다.
	② 제1항의 절차와 기준을 제정·변경하고자 하는 부서는 금융소비자보호 총괄기관과 사전에 협의를 거쳐야 한다.	내부통제·소비자보호기준 가이드라인(7면) 반영

37) 설명의무의 합리적 이행을 위해 설명의 정도(depth), 방식 등을 조정하는 경우 설명의무 취지에 부합하도록 내부통제기준에 자체기준을 마련하여 운영하여야 한다[금융위원회·금융감독원, "판매현장에서 금융상품 설명이 합리적으로 이루어질 수 있도록 지속적으로 지원해나가겠습니다.", 보도자료의 별첨자료(금융상품 설명의무의 합리적 이행을 위한 가이드라인, 이하 "설명의무 가이드라인"이라 한다), 2021.07.14., 10~11면 참조)].

근거	표준안	참고조문
영§10② ii, 규정[별표2] ii 라	**제18조(금융소비자와의 이해상충 방지)** ① 은행은 은행 및 임직원등이 금융소비자의 권익을 침해하지 않고 모든 금융소비자의 이익을 동등하게 다루도록 최선을 다하여야 하며, 금융소비자와의 이해상충이 발생하지 않도록 이해상충 방지 시스템을 구축하여야 한다. ② 임직원등은 금융소비자와 이해상충이 발생하거나 우려되는 경우 금융소비자보호 등에 문제가 발생하지 아니하도록 필요한 조치를 취하여야 한다.	**표준 제29조(이해상충 관리방법 및 절차)** ① 은행은 「은행법」 제28조의2 등 관련 법령에서 정한 바에 따라 업무수행 시 은행과 은행이용자간, 특정 이용자와 다른 이용자 간의 이해상충을 방지하기 위하여, 이해상충 발생 우려가 있는 업무 간에는 이해상충이 발생할 가능성에 대하여 인식·평가하고 정보교류를 차단하는 등 공정하게 관리하여야 한다. ② 은행은 제1항에 따른 이해상충을 관리하는 방법 및 절차 등에 관한 세부기준을 마련하고 효율적인 관리체계를 구축하여야 한다.
영§10② ii, 규정[별표2] ii 마	**제19조(금융소비자 보호 관련 교육)** ① **은행은** 임직원등을 대상으로 금융소비자의 권리 존중, 민원 예방, 금융소비자보호법령 준수 등 금융소비자 보호 관련 교육을 정기·수시로 실시하여야 한다. ② **금융소비자보호 총괄기관은 제1항에 따른 금융소비자 보호 관련 교육의 기획·운영을 총괄한다.**[38]	**모범규준 제8조(금융소비자보호 총괄부서의 업무)** ⑥ **금융소비자보호 총괄부서는** 전 임직원(모집인 등 판매조직을 포함한다)을 대상으로 **민원사례, 상담화법, 응대요령**, 금융소비자보호제도 및 민원예방 등에 대한 교육을 **온/오프라인을 통해** 정기적으로 실시하여야 한다.
영§10② ii, 규정[별표2] ii 바	**제20조(금융소비자 신용정보, 개인정보 관리)** ① 은행은 금융상품 판매와 관련하여 금융소비자의 개인(신용)정보의 수집 및 활용이 필요할 경우 명확한 동의절차를 밟아서 그 목적에 부합하는 최소한의 정보만 수집·활용하여야 하고, 당해 정보를 선량한 관리자의 주의로서 관리하여야 하며, 당해 목적 이외에는 사용하지 아니하여야 한다.	**모범규준 제18조(정보보호의 원칙)** ① 금융회사는 금융상품 판매와 관련하여 개인정보의 수집 및 활용이 필요할 경우 명확한 동의의 절차를 밟아서 그 목적에 부합하는 최소한의 정보만 수집·활용하여야 하고, 당해정보를 선량한 관리자의 주의로서 관리하며, 당해 목적 이외에는 사용하지 아니하여야 한다. **법 제10조(금융상품판매업자등의 책무)** 금융상품판매업자등은 제7조에 따른 금융소비자의 기본적 권리가 실현되도록 하기 위하여 다음 각 호의 책무를 진다. 6. 금융소비자의 개인정보가 분실·도난·누출·위조·변조 또는 훼손되지 아니하도록 개인정보를 성실하게 취급할 책무
	② 은행은 수집된 개인정보를 관리하는 개인정보 관리책임자를 선임하여야 한다.	**모범규준 제18조(정보보호의 원칙)** ② 금융회사는 수집된 개인정보를 관리하는 개인정보 관리책임자를 운영하여야 한다.

38) 총괄기관에서 교육을 기획·운영하여야 하나, 개별 교육의 실시는 교육주관부서 등에서 수행 가능하다(금융투자회사의 표준내부통제기준 업무메뉴얼, 57면 참조).

근거	표준안	참고조문
	제21조(대리·중개업자에 대한 업무위탁 범위) ① 은행은 은행의 본질적 업무를 제외한 금융상품에 관한 계약의 체결을 대리·중개하는 업무를 제3자에게 위탁할 수 있다.	**업무위탁 제3조(업무위탁 등)** ① 금융기관은 인가등을 받은 업무를 영위함에 있어 제3자에게 업무를 위탁하거나 제3자의 업무를 수탁할 수 있다. 다만, 다음 각 호의 어느 하나에 해당하는 사항은 그러하지 아니하다. 1. 인가 등을 받은 금융업 또는 다른 금융업의 본질적 요소를 포함하는 업무를 위탁하는 경우 **대출모집 제9조(대출모집인과의 계약체결)** ① 금융회사는 대출모집법인 또는 대출상담사와 대출심사, 대출여부의 결정, 대출실행 등의 본질적 업무를 위탁하거나 채권추심, 대출이자 수취 등의 사후관리업무를 위탁하는 계약을 체결할 수 없다.
영§10② ii, 규정[별표2] ii 사	② 은행은 제1항에 따라 제3자에게 업무를 위탁하는 경우 금융소비자보호 또는 건전한 거래질서를 위하여 다음 각 호의 사항을 제3자와의 위탁계약 내용에 포함하여야 한다. 1. 대상 금융상품의 종류 및 업무위탁의 범위 2. 계약기간, 계약갱신 및 해지사유 3. 수수료 산정 및 지급방법 4. 대리·중개업무시 준수 및 금지사항 5. 사고방지대책 및 교육에 관한 사항 6. 손실보전대책 및 손해배상책임의 범위 7. 금융협회의 자료제출 요청에 대한 협조 8. 광고 및 재판관할 등 기타 필요사항	**대출모집 제9조(대출모집인과의 계약체결)** ③ 금융회사가 대출모집법인 또는 대출상담사와 대출모집업무 위탁계약을 체결하거나 대출모집법인이 대출상담사와 대출모집업무 위탁계약을 체결하는 경우 다음 각 호의 내용을 포함하여야 한다. 1. 모집대상 상품의 종류 및 업무위탁의 범위 2. 계약기간 및 갱신, 계약 해지사유 3. 대출모집 활동시 준수 및 금지사항 4. 사고방지대책 및 교육에 관한 사항 5. 손실보전대책 및 손해배상책임의 범위 6. 감독기관 및 금융업협회의 자료제출 요청에 대한 협조 7. 광고 및 재판관할 등 기타 필요사항
	제22조(대리·중개업자에 대한 관리기준) ① 은행은 제21조의 업무 위탁에 관하여 금융소비자와의 이해상충 및 금융소비자의 개인(신용)정보의 분실·도난·유출·변조·훼손이 발생하지 않도록 대리·중개업자의 업무위탁에 관한 계약의 이행 상황을 관리·감독하여야 한다.	**대출모집 제14조(관리운영)** ② 금융회사 또는 제3조제6호의 단서에 의한 각 상호금융기관 중앙회는 대출모집인 관리담당자를 지정하고 분기 1회 이상 다음 각 호의 사항을 관리하고 점검하여야 하며 분기별 점검결과를 [붙임 8]의 양식에 따라 소속 금융업협회에 통보하고 금융업협회는 통보된 점검내용의 적정성을 확인한 후 금융감독원에 보고하여야 한다. 다만, 대출모집법인과 계약을 체결한 금융회사는 대출모집법인에게 다음 각 호의 사항을 점검하도록 위임하고 그 결과를 확인할 수 있다.

근거	표준안	참고조문
		1. [붙임 6] 및 [붙임 7]의 대출모집인 관리현황 2. 등록요건 충족 여부 및 계약체결의 적정성 여부 3. 의무사항 준수 및 금지행위 발생 여부 4. 금융업협회 교육의 참석 여부 및 금지행위 발생 여부 5. 감독기관의 권고·지도사항 등 내부통제기준 준수 여부
	② 은행은 대리·중개업자에 대한 체계적 관리를 위해 수수료 산정 및 지급기준, 위탁계약의 체결 및 해지절차 등에 대한 다음 각 호의 관리기준을 사전에 마련하여야 한다. 1. 대리·중개업자의 위탁계약체결 및 해지 절차 2. 대리·중개업자의 영업행위에 대한 점검 절차 및 보고체계 3. 금융소비자의 개인정보보호(정보접근 제한, 정보유출 방지대책을 포함한다) 대책 및 관련 법규준수에 관한 사항 4. 내·외부 감사인의 자료접근권 보장 5. 위탁계약서의 주요 필수 기재사항 가. 위탁업무 범위 나. 위탁자의 감사 권한 다. 업무 위·수탁에 대한 수수료 등 라. 고객정보의 보호 마. 감독기관의 검사 수용의무 6. 대리·중개업자의 실적 등에 대한 기록 및 관리 7. 수수료 산정 및 지급기준·방법 8. 교육프로그램, 교육주기, 교육 방법 등에 관한 사항	**대출모집 제14조(관리운영)** ① 금융회사는 대출모집인에 대한 체계적인 관리를 위해 다음 각 호의 내용을 반영한 '대출모집인 관리기준'([붙임 11 참조])을 마련하여야 한다. 1. 대출모집계약의 체결·해지 절차 및 등록·취소 절차 2. 대출모집인 영업행위 모니터링 절차 및 경영진 보고체계 3. 고객정보의 보호(정보접근 제한, 정보유출 방지대책) 대책 및 관련법규의 준수에 관한 사항 4. 감독당국 또는 내·외부 감사인의 자료접근권 보장 5. 계약서 주요 기재사항(업무 범위, 위탁자의 감사 권한, 업무위수탁에 대한 수수료 및 보상금, 고객정보의 보호, 감독당국의 검사 수용의무) 6. 대출상담사수 및 취급실적 등에 대한 기록관리([붙임 6] 또는 [붙임 7] 참조) 7. 교육프로그램, 교육주기, 방법 등에 관한 사항 등 업무위탁 [별표 3] 반영
영§10② ii, 규정[별표2] ii 아	**제23조(금융상품 자문업무에 대한 보수기준)** ① 은행은 금융소비자보호법 제2조제5호에 따른 금융상품자문업자로서 자문업무를 수행하는 경우 금융소비자의 이익을 보호하기 위하여 선량한 관리자의 주의로 자문업무를 충실히 수행하여야 하며, 자문업무 수행시 금융소	**법 제27조(금융상품자문업자의 영업행위준칙 등)** ① 금융상품자문업자는 금융소비자에 대하여 선량한 관리자의 주의로 자문에 응하여야 한다. ② 금융상품자문업자는 금융소비자의 이익을 보호하기 위하여 자문업무를 충실하게 수행하여야 한다.

근거	표준안	참고조문
	비자로부터 받는 보수금액 및 그 산정 기준을 사전에 정하고 해당 내용을 금융소비자에게 제공하는 계약서류에 명시하여야 한다.	내부통제 · 소비자보호기준 가이드라인(7면) 반영
	② 은행은 제1항에 따른 보수 이외에 추가로 금전등을 요구하여서는 아니되며, 금융상품판매업자로부터 자문과 관련한 재산상 이익을 제공받는 경우 해당 사실을 금융소비자보호법령에서 정하는 바에 따라 금융소비자에게 알려야 한다.	**시행령 제24조(금융상품대리·중개업자의 고지의무)** ② 법 제27조제3항제6호에서 "대통령령으로 정하는 사항"이란 다음 각 호의 사항을 말한다, 2. 제1호에 따른 보수 외에 추가로 금전등을 요구하지 않는다는 사실 **법 제27조(금융상품자문업자의 영업행위준칙등)** ③ 금융상품자문업자는 자문업무를 수행하는 과정에서 다음 각 호의 사항을 금융소비자에게 알려야 하며, 자신이 금융상품자문업자라는 사실을 나타내는 표지를 게시하거나 증표를 금융소비자에게 내보여야 한다. 2. 금융상품판매업자로부터 자문과 관련한 재산상 이익을 제공받는 경우 그 재산상 이익의 종류 및 규모. 다만, 경미한 재산상 이익으로서 대통령령으로 정하는 경우는 제외한다.

제4장 내부통제기준의 운영을 위한 조직 및 인력

근거	표준안	참고조문
영§10②iii, 규정[별표2]iii가	**제24조(금융소비자보호 내부통제위원회의 설치 및 운영)** ① 은행은 금융소비자보호에 관한 **내부통제를 수행하기 위하여** 금융소비자보호 내부통제위원회(이하 "위원회"라 한다)를 설치한다.	**비예금 제6조(비예금상품위원회의 설치)** ① 은행은 비예금상품의 기획·선정 및 판매, 사후관리에 관한 사항을 협의하기 위하여 비예금상품위원회(이하 '위원회'라 한다)를 설치한다. 다만, 은행이 이와 유사한 조직을 기존에 운영하고 있는 경우에는 해당 조직으로 위원회의 설치를 대신할 수 있다. **모범규준 제11조(금융소비자보호협의회)** ① 금융회사는 다음 각 호의 사항을 포함한 **금융소비자보호 이슈를 금융소비자보호 관계부서간 업무협의를 통해 전사적인 시각에서 신속하고 효과적으로 조정할**

근거	표준안	참고조문
		수 있도록 금융소비자보호협의회를 설치하여 대표이사가 정기적으로 운영하여야 한다.[39]
	② 은행은 은행장, 금융소비자보호 업무를 담당하는 임원(이하 "금융소비자보호 담당임원"라고 한다), 준법감시인[40], 위험관리책임자[41] 및 은행이 정하는 사내임원(「금융회사의 지배구조에 관한 법률」(이하 "지배구조법"이라 한다) 제2조제2호에 따른 임원을 말한다)을 위원회의 위원으로 구성한다.	**비예금 제6조(비예금상품위원회의 설치)** ② 위원회는 위험관리책임자, 소비자보호담당 임원, 상품판매담당 임원(상품기획담당 임원을 포함한다), 준법감시인, 기타 은행이 정하는 위원 등으로 구성한다.
	③ 위원회는 다음 각 호의 사항을 조정·의결하여 그 결과를 이사회에 보고하여야 하며, 위원회에서 논의한 사항은 서면·녹취 등의 방식으로 5년간 기록·유지하여야 한다.[42] 1. 금융소비자보호에 관한 경영방향 2. 금융소비자보호 관련 주요 제도 변경사항 3. 금융상품의 개발, 영업방식 및 관련 정보공시에 관한 사항 4. 임직원의 성과보상체계에 대한 금융소비자보호 측면에서의 평가 5. 이 규준 및 금융소비자보호법 제32조제3항에 따른 금융소비자보호기준의 적정성·준수실태에 대한 점검·조치 결과 6. 금융소비자보호법 제32조제2항에 따른 평가(이하 "금융소비자보호실태평가"라 한다), 감독(금융소비자보호법 제48조제1항에 따른 "감독"을 말한다) 및 검사(금융소비자보호법 제50조에 따른 "검사"를 말한다) 결과의 후속조치에 관한 사항	**모범규준 제11조(금융소비자보호협의회)** ① 금융회사는 다음 각 호의 사항을 포함한 금융소비자보호 이슈를 금융소비자보호 관계부서간 업무협의를 통해 전사적인 시각에서 신속하고 효과적으로 조정할 수 있도록 금융소비자보호협의회를 설치하여 대표이사가 정기적으로 운영하여야 한다. 1. 회사의 금융소비자보호 정책 방향 및 기본 계획 등에 관한 사항 2. 금융소비자보호를 위한 제도개선 사항 3. 기타 금융소비자보호 총괄부서와 상품개발·영업 등 관련 부서간 협의가 필요한 사항 4. 신상품 출시 관련 소비자 영향 분석 5. 광고 심의결과에 대한 검토 6. 상품설명서 제·개정안 검토 7. 회사의 소비자 보호실태 점검 8. 상품판매 후 모니터링 총괄 9. 중요 민원에 대한 처리방안 협의 등 ④ 금융소비자보호협의회 운영결과는 이사회에 보고한다.

39) 금융소비자보호 모범규준이 실효되는 2021.9.24. 이후에는 금융소비자보호협의회를 운영할 필요는 없다(금융투자회사의 표준내부통제기준 업무메뉴얼, 75면 참조).

40) 다만 준법감시인이 금융소비자보호 담당임원(CCO)을 겸직하는 경우에는 제외한다(내부통제·소비자보호기준 가이드라인, 2면 참조).

41) 준법감시인과 위험관리책임자의 업무와 무관한 안건의 경우 회의 참석이 불필요하다(내부통제·소비자보호기준 가이드라인, 2면 참조).

42) 시행령(§26① v ·② ii) 및 감독규정(§25①)에 따라 판매업자등은 내부통제기준의 제정 및 운영 등에 관한 자료를 5년간 기록·유지해야 한다.

근거	표준안	참고조문
	7. 중요 민원 · <u>분쟁</u>에 대한 <u>대응 결과</u> 8. <u>**광고물 제작 및 광고물 내부 심의에 대한 기준 및 절차**</u> 9. 상품설명서 등 금융상품 계약서류 제 · 개정안 검토(<u>**준법감시인이 해당 계약서류를 사전 검토하는 경우에는 제외할 수 있다**</u>) 10. 금융소비자보호 총괄기관과 금융상품 개발 · 판매 · 사후관리 등 관련부서간 협의 필요사항	**비예금 제7조(비예금상품위원회의 역할)** ② 위원회는 정기 또는 수시로 위원회에서 심의 · 결정한 결과를 은행장(대표이사) 및 이사회 또는 감사위원회에 보고해야 한다. ③ 은행은 위원회에서 논의된 사항에 대하여는 최소 10년 이상 녹취나 영상, 속기 · 음성변환 방식의 서면 등의 방법으로 기록 · 유지토록 해야 한다.
	④ <u>**은행장이 주재**</u>하는 회의를 <u>**매 반기마다 1회 이상 개최**</u>한다.	**모범규준 제11조(금융소비자보호협의회)** ① 금융회사는 다음 각 호의 사항을 포함한 금융소비자보호 이슈를 금융소비자보호 관계부서간 업무협의를 통해 전사적인 시각에서 신속하고 효과적으로 조정할 수 있도록 금융소비자보호협의회를 설치하여 대표이사가 <u>**정기적으로**</u> 운영하여야 한다. ② <u>**제1항에도 불구하고 다음 각호의 회사에 대해서는 금융소비자보호총괄책임자로 하여금 금융소비자보호협의회를 운영하도록 할 수 있다.**</u> 1. <u>**제33조의 금융소비자보호 실태평가 결과 최근 종합등급이 양호 이상인 회사**</u> 2. <u>**제33조의2에 따른 경영인증을 받은 회사**</u> 3. <u>**제33조의 금융소비자보호 실태평가의 최근 종합등급이 보통인 회사중 임원급의 금융소비자 보호 총괄책임자를 별도 선임한 회사**</u>
영§10②iii, 규정[별표2] iii 나	**제25조(금융소비자보호 총괄기관의 설치 및 운영)** ① 은행은 금융소비자보호에 관한 내부통제 업무를 금융상품 개발 · 판매 업무로부터 독립하여 수행할 수 있도록 금융소비자보호 총괄기관을 <u>**은행장 직속**</u>으로 설치한다.[43]	**모범규준 제7조(금융소비자보호 총괄부서의 설치)** ① 금융회사는 책임과 권한을 가지고 금융소비자보호업무를 수행할 금융소비자보호 총괄부서를 <u>**최고경영진 직속**</u>의 독립전담조직으로 운영하여야 한다. <u>**다만, 회사구조상 최고경영진 직속의 전담조직 구성이 어려운 경우 상기 취지를 훼손하지 않고 최대한 독립성을 확보할 수 있는 범위 내에서 신속하게 의사결정을 할 수 있는 구조로 운영하여야 한다.**</u>

43) 소비자보호와 영업부서 업무 간의 이해상충 방지 및 조직의 소비자보호 업무역량 제고에 기여하도록 독립조직을 설치한다(내부통제 · 소비자보호기준 가이드라인, 4면 참조).

근거	표준안	참고조문
	② 은행은 금융소비자보호 총괄기관의 업무수행에 필요한 인력을 갖춰야 하며, 제3항 각 호에 따른 업무를 원활히 수행할 수 있는 직원을 금융소비자보호 담당 직원으로 선발, 운영하여야 한다.	② 금융회사는 금융소비자보호 업무를 원활하게 수행할 수 있도록 고객수·민원 건수, 상품개발·판매 등 관련 타부서와 사전협의 수요 등을 고려하여 금융소비자보호 총괄부서의 적정 인력을 확보하기 위해 노력하여야 한다.
	③ 금융소비자보호 총괄기관은 다음 각 호의 업무를 수행한다. 1. 금융소비자보호에 관한 경영방향 수립 2. 금융소비자보호 관련 교육의 기획·운영 3. 금융소비자보호 관련 제도 개선 4. 금융상품의 개발, 판매 및 사후관리에 관한 금융소비자보호 측면에서의 **모니터링 및 조치** 5. 민원·**분쟁**의 현황 및 조치결과에 대한 관리 6. **임직원의 성과보상체계에 대한 금융소비자보호 측면에서의 평가** 7. **위원회의 운영(제1호부터 제5호까지의 사항을 위원회에 보고하는 업무를 포함한다)**	**모범규준 제5조(금융소비자보호 총괄책임자의 직무)** ① 금융소비자보호 총괄책임자는 금융소비자보호 총괄부서를 총괄하며, 다음 각 호의 업무를 수행한다. 1. 금융소비자보호 관련 제도 기획 및 개선, 기타 필요한 절차 및 기준의 수립 2. 금융상품 각 단계별(개발, 판매(광고사전심의 등), 사후관리) 소비자보호 체계에 관한 **관리·감독 및 검토 업무** 3. 민원접수 및 처리에 관한 관리·**감독** 업무 4. **금융소비자보호 관련 관계부서간 피드백 업무 총괄** 5. 대·내외 금융소비자보호 관련 교육 프로그램 개발 및 운영 업무 총괄 6. **민원발생과 연계한 관련 부서·직원 평가 기준의 수립 및 평가 총괄** 7. **제1호 내지 제3호의 업무를 수행하는 과정에서 발생할 수 있는 금융소비자 피해 가능성에 대해 종합적으로 점검·관리** 8. 기타 금융소비자의 권익증진을 위해 필요하다고 판단되는 업무

근거	표준안	참고조문
	제26조(금융소비자보호 총괄기관의 역할) ① 금융소비자보호 총괄기관은 금융소비자보호 및 민원예방 등을 위해 다음 각 호의 사항을 포함하는 제도개선을 관련 부서에 요구할 수 있다. 이 경우 제도개선 요구를 받은 부서는 제도개선 업무를 조속히 수행하여야 한다. 다만, 부득이한 사유로 제도개선 업무의 수행이 불가능할 경우 그 사유를 위원회를 통해 소명해야 한다. 1. 업무개선 제도운영 및 방법의 명확화 2. 개선(안) 및 결과 내역관리 3. 제도개선 운영성과의 평가 4. 민원분석 및 소비자만족도 분석 결과 등을 토대로 현장 영업절차 실태 분석 및 개선안 도출	**모범규준 제8조(금융소비자보호 총괄부서의 업무)** ① 금융소비자보호 총괄부서는 금융소비자보호 및 민원예방 등을 위해 다음 각 호의 사항을 포함하는 제도개선을 관련 부서에 요구할 수 있다. 이 경우 제도개선 요구를 받은 부서는 제도개선 업무를 조속히 수행하여야 한다. 다만, 부득이한 사유로 제도개선 업무의 수행이 불가능할 경우 그 사유를 금융소비자보호협의회를 통해 소명해야 한다. 1. 업무개선 제도운영 및 방법의 명확화 2. 개선(안) 및 결과 내역관리 3. 제도개선 운영성과의 평가 4. 민원분석 및 소비자만족도 분석 결과 등을 토대로 현장 영업프로세스 실태 분석 및 개선안 도출
	② 금융소비자보호 총괄기관은 **금융상품의 개발, 판매 및 사후관리 과정에서 금융소비자 보호 측면에서의 영향을 분석하고 점검**하여야 하며, 그 과정에서 고객의 피해 발생이 우려되거나 피해가 발생한 경우 등 **중대한 사안이 발생하는 경우 적절한 대응방안**을 마련하여 조치하여야 한다.	③ 금융소비자보호 총괄부서는 **발생 민원**에 대해 즉각적으로 **고객불만 내용을 파악하고 대응**해야 하며, 접수된 민원의 신속한 처리를 위해 처리방법, 과정관리 등을 포함한 **업무처리 규정을 마련, 시행**하여야 한다.
	③ 금융소비자보호 총괄기관은 **이 규준 및 금융소비자보호법령의 준수 여부를 점검하는 과정에서** 위법·부당행위 발견하였거나 중대한 금융소비자 피해 우려가 있는 경우 등에는 직접 조사(자료제출 요구, 출석요청 및 임점조사를 포함한다)하거나 필요한 경우 **관련부서**에 조사를 의뢰할 수 있으며, 조사 대상자 또는 조사 대상부서는 이에 성실히 응하여야 한다.	**모범규준 제9조(금융소비자보호 총괄부서의 권한)** ① 금융소비자보호 총괄부서는 소비자 보호 관련 내규 위반사실을 발견하였거나, 중대한 소비자 피해 우려가 있는 경우 또는 민원처리 등을 위해 자료제출 요구, 임직원에 대한 출석요청, 임점조사(필요시 **준법지원·감사 부서**에 의뢰 가능) 등을 할 수 있으며, 자료제출 등을 요청받은 자는 이에 성실히 응하여야 한다. **다만, 신속한 조치가 곤란한 경우 그 사유를 서면으로 작성하여 금융소비자보호 총괄부서에 통보하여야 한다.**
	④ 금융소비자보호 총괄기관은 금융소비자보호 제도와 관련하여 관련부서에 임직원 교육 및 필요 시 **제2항에 따른 특정한 조치에 관한 협조**를 요청할 수 있	② 금융소비자보호 총괄부서는 금융소비자보호 제도와 관련하여 임직원(**판매조직을 포함한다**)에 대한 교육 및 특정한 조치가 필요하다고 판단되는 경우 관련

근거	표준안	참고조문
	고, 금융상품의 개발·판매 담당 부서에 사전협의 절차의 진행을 요청할 수 있다. 이 경우, 협조 요청을 받은 관련부서는 특별한 사정이 없는 한 이에 협조하여야 한다.	부서에 협조를 요청할 수 있으며, 협조 요청을 받은 관련 부서는 특별한 사정이 없는 한 이에 협조하여야 한다.
	⑤ 금융소비자보호 총괄기관은 제3항에 따른 조사결과를 은행장에게 보고하여야 한다.	③ 제1항에 따라 금융소비자보호 총괄부서에서 자료제출 요구, 임직원 출석요청, 임점조사 등을 통해 처리한 결과를 대표이사에 보고하여야 한다.
	⑥ 은행은 금융소비자보호 총괄기관과 준법부서 간의 권한 및 책임을 명확히 구분하고 이를 문서화하여야 한다.[44]	내부통제·소비자보호기준 가이드라인(4면) 반영
영§10②iii, 규정[별표2] iii 다	**제27조(금융소비자보호 담당임원)** ① 은행은 금융소비자보호법령에 따라 금융소비자보호 총괄기관의 업무를 수행하는 금융소비자보호 담당임원을 선임[45]하여야 한다.	**모범규준 제4조(금융소비자보호 총괄책임자의 지정)** ① 금융회사는 업무집행책임자(임원급) 중에서 준법감시인에 준하는 독립적 지위의 금융소비자보호 총괄책임자를 1인 이상 지정하여야 한다. 다만, 아래 각호의 어느 하나에 해당하는 금융회사는 준법감시인으로 하여금 금융소비자보호 총괄책임자의 직무를 수행하게 할 수 있다. 1. 전년말기준 자산규모 5조원 미만인 경우(단, 은행, 증권회사, 보험회사, 신용카드사는 10조원 미만인 경우) 2. 동일권역내 민원건수 비중(직전 과거 3개년 평균)이 4% 미만인 경우

44) 금융소비자보호법 시행에 따라 신설·강화된 내부통제기준에 관한 사항은 금융소비자보호 총괄기관이 담당하되, 조직·인력 등을 감안하여 준법감시부서에서도 담당 가능하며, 이 경우 양 부서간 권한 및 책임을 명확히 구분하고 이를 문서화해야 한다(내부통제·소비자보호기준 가이드라인, 4면 참조).
구체적인 문서화 예시로 판매업자등의 위임·전결규정, 조직관리규정 등 대표이사가 결정하는 업무분장에 관한 규정 등을 들 수 있다(금융투자회사의 표준내부통제기준 업무메뉴얼, 23면 참조).
한편, 양 부서간 업무조정이 아닌 총괄기관 업무를 준법감시부서에서 겸하여 수행하는 등 통합운영은 규제 취지에 위배될 우려가 있다(금융투자회사의 표준내부통제기준 업무메뉴얼, 35면 참조).

45) 선임방식은 판매업자등의 자율결정 사항이나, 이사회 의결을 거쳐 준법감시인 또는 보호감시인을 선임하도록 하는 유사규제(지배구조법§25③·대부업법§9-7③) 감안시 이사회 의결을 통해 선임하는 것이 적합할 것으로 이해된다(금융투자회사의 표준내부통제기준 업무메뉴얼, 36면 참조).

근거	표준안	참고조문
	② 최근 5년간[46] 금융관계법령을 위반하여 금융위원회 또는 금융감독원장으로부터 문책경고 또는 감봉요구 이상에 해당되는 조치를 받은 사람은 제1항의 금융소비자보호 담당임원으로 선임될 수 없다.[47]	② 금융소비자보호 총괄책임자는 최근 5년간 금융관계법령을 위반하여 금융위원회 또는 금융감독원의 원장으로부터 문책경고 또는 감봉요구 이상에 해당하는 조치를 받은 사실이 없어야 한다.
	③ 금융소비자보호 담당임원은 금융소비자의 권익이 침해되었거나 침해될 우려가 현저히 발생하는 경우 이를 은행장에게 즉시 보고하여야 하며, 은행장은 보고받은 사항을 확인하여 신속히 필요한 제반사항을 수행 · 지원하여야 한다.	**모범규준 제5조(금융소비자보호 총괄책임자의 직무)** ② 금융소비자보호 총괄책임자는 금융소비자권익 침해가 혹은 침해될 현저한 우려가 발생한 경우 지체없이 대표이사에게 보고하여야 하며, 대표이사는 보고받은 사항을 확인하여 신속히 필요한 제반사항을 수행 · 지원하여야 한다.
	④ 은행은 **금융소비자보호 담당임원의 공정한 직무수행을 위해 금융소비자보호 업무의 독립성을 보장하고 직무수행과 관련한 인사평가시 부당한 불이익이 발생하지 않도록 하여야 하며**, 이를 위해 은행의 재무적 경영성과와 연동되지 아니하는 별도의 공정한 업무평가기준 및 급여지급기준을 마련하여 운영하여야 하며, 민원발생건수 및 금융소비자보호 실태평가 결과 등은 금융소비자보호 담당임원의 급여 등 보상에 연계하지 아니하고, 민원발생 및 민원처리과정의 부적정 등의 원인을 직접 제공한 부서 및 담당자의 급여 등 보상에 반영하여야 한다.	**모범규준 제6조(금융소비자보호 총괄책임자의 독립성 보장)** ① 금융회사는 금융소비자보호 총괄책임자에 대하여 회사의 재무적 경영성과와 연동하지 아니하는 별도의 공정한 업무평가기준 및 급여지급기준을 마련하여 운영하여야 하며, 민원발생건수 및 금융소비자보호 실태평가 결과 등은 금융소비자보호 총괄책임자의 급여 등 보상에 연계하지 아니하고, 민원발생 및 민원처리과정의 부적정 등의 원인을 직접 제공한 부서 및 담당자의 급여 등 보상에 반영하여야 한다. **표준 제16조(준법감시인의 독립성 확보)** ④ 은행은 준법감시인에 대하여 회사의 재무적 경영성과와 연동하지 아니하는 별도의 보수지급 및 평가기준을 마련하여 운영하여야 한다.

46) 임원으로서의 재직기간 뿐만 아니라 직원으로서의 재직기간도 포함한다(금융투자회사의 표준내부통제기준 업무메뉴얼, 28면 참조).

47) 결격요건을 규정함으로써 금융소비자보호 총괄기관의 업무 처리결과에 대한 공정성 및 투명성 확보에 기여한다(내부통제 · 소비자보호기준 가이드라인, 5면 참조). 동 결격요건은 최소한의 소극적 요건을 규정한 것이므로 이를 판매업자등이 자체적으로 강화하는 것은 가능하다(금융투자회사의 표준내부통제기준 업무메뉴얼, 29면 참조).

근거	표준안	참고조문
	⑤ 은행은 금융소비자보호 담당임원에 대한 근무 평가시, 징계 등 특별한 경우를 제외하고는 타업무 담당자 등 타 직군 등에 비해 직군 차별, 승진 누락 등 인사평가의 불이익이 발생하지 않도록 하여야 한다.	**모범규준 제6조(금융소비자보호 총괄책임자의 독립성 보장)** ② 금융회사는 금융소비자보호 총괄책임자에 대한 근무 평가시, 징계 등 특별한 경우를 제외하고는 타업무 담당자 등 타 직군 등에 비해 직군 차별, 승진 누락 등 인사평가의 불이익이 발생하지 않도록 하여야 한다. **표준 제16조(준법감시인의 독립성 확보)** ① 은행은 준법감시인이 직무를 공정하게 수행할 수 있도록 업무의 독립성을 보장하여야 하며, 준법감시인이었던 자에 대하여 해당 직무수행과 관련된 사유로 부당하게 인사상 불이익을 주어서는 아니 된다.
	제28조(금융소비자보호 담당직원) ① 은행은 금융소비자보호 업무 수행의 전문성 및 신뢰도 제고를 위해 은행의 특성과 사정을 고려하여 **금융소비자보호 총괄기관의 업무**를 수행하는 금융소비자보호 담당직원을 임명할 수 있다.	**모범규준 제10조(금융소비자보호 업무전담자)** ① 금융소비자보호 업무전담자는 회사별 특성을 고려하여 **민원예방 및 처리, 제도개선, 민원평가, 전산시스템 운영, 금융소비자보호 교육, 홍보, 민원 감사업무 등**을 원활히 수행할 수 있는 적정규모 이상을 선발, 운영하여야 한다. **다만, 회사의 규모상 분야별 전담자를 충원하기 어려운 경우 금융회사는 민원의 사전예방, 업무개선 및 처리가 신속하게 이루어질 수 있도록 권한 부여 및 관련 부서와의 협조체계 구축 등 체계적인 지원을 하여야 한다.**
	② 제1항에 따른 금융소비자보호 담당직원의 자격요건 및 근무기간은 다음 각 호에 따른다. 1. 자격요건: 입사 후 **3년** 이상 경력자로서 상품개발·영업·법무·시스템·통계·감사 등 분야에서 2년 이상 근무한 사람이어야 한다. **다만, 다음 각 목에 해당하는 경우에는 예외로 할 수 있다.** 가. **제1호 본문에 해당하는 자와 동일한 수준의 전문지식과 실무경험을 갖추었다고 금융소비자보호 담당임원이 인정하는 경우**	② 금융소비자보호 업무전담자는 입사 **5년** 이상 경력자로, 상품개발·**지원**, 영업·**서비스기획**, 법무, 시스템, 통계, 감사 등 분야의 2년 이상 근무자 **중 직전 2년간 근무평가가 평균 이상인 자로 사내 공모 또는 추천, 파견 등으로 운영하여야 한다.** ③ 금융소비자보호 업무전담자는 금융소비자보호 전담부서의 업무특성, 전문성 등을 고려하여 특별한 경우를 제외하고 3년 이상 금융소비자보호 업무를 전담하여야 한다. 다만, **회사의 규모가 일정수준 이하이거나** 승진전보 및 금융소비자

근거	표준안	참고조문
	나. <u>설립 후 10년이 지나지 않은 은행으로서, 해당 은행의 금융소비자보호 담당임원이 별도로 정하는 기준에 따르는 경우</u> 2. 근무기간: 금융소비자보호 업무의 특성 및 전문성을 고려하여 특별한 경우를 제외하고 3년 이상 금융소비자보호 업무를 전담하여야 함(다만, 승진전보 및 금융소비자보호 담당임원의 승인시에는 예외로 할 수 있다)	보호 총괄책임자의 승인시에는 예외로 할 수 있다.
	③ 은행은 금융소비자보호 담당직원에 대한 근무평가시, 징계 등 특별한 경우를 제외하고는 소비자보호 관련 실적이 우수한 담당직원에게 인사상 가점을 부여하여야 한다.	④ 금융회사는 금융소비자보호 업무전담자에 대한 근무평가시, 징계 등 특별한 경우를 제외하고는 소비자보호 관련 실적이 우수한 업무전담자에게 인사상 가점을 부여하여야 한다.
	④ 은행은 금융소비자보호 담당직원에 대하여 금융소비자보호와 관련한 교육 참여, 자격증 취득 등 직무향상의 기회를 제공하여야 하고, 금융소비자보호 우수 직원 등에 대한 포상(표창, 해외연수) 제도를 마련하여야 한다.	⑤ 금융회사는 금융소비자보호 업무전담자에 대하여 대내·외 소비자 보호 관련 교육 참여 기회를 제공하고 금융소비자보호 전문역량 개발을 위한 자격증 취득 기회를 적극 제공하는 등 직무향상을 위한 제도적 장치를 마련·실시하여야 하며, 금융소비자보호 우수 직원 등에 대한 포상(표창, 해외연수) 제도를 시행하여야 한다.
	⑤ 금융소비자보호 담당직원의 업무평가기준, 급여지급기준 및 근무평가 등과 관련하여서는 제27조제4항과 제5항을 준용한다.	⑥ 금융소비자보호 업무전담자에 대해서는 제6조를 준용한다.

제5장 내부통제기준 준수 여부에 대한 점검·조치 및 평가

근거	표준안	참고조문
영§10②iv, 규정[별표2] iv	**제29조(내부통제기준 준수 여부에 대한 점검 및 평가)** ① 은행은 임직원등의 금융상품 판매 관련 업무가 이 규준 및 금융소비자보호법령을 충실히 준수하고 있는지 여부를 업무의 중요도 및 위험	**표준 제18조(내부통제기준 준수여부 확인절차 및 방법)** ① 준법감시인은 준법감시체제를 통해 임직원의 내부통제기준 준수여부를 업무의 중요도 및 위험도 등을 감안하여 주기적으로 점검하여

근거	표준안	참고조문
	도 등을 감안하여 수시 또는 주기적으로 점검한다.[48]	야 한다.
	② 은행은 제1항에 따른 점검의 방법, 위규 사실 확인 시 조치사항 등에 관한 사항이 포함된 세부기준을 마련하여 시행한다.	내부통제 · 소비자보호기준 가이드라인(9면) 반영
	③ 금융소비자보호 담당임원은 제1항에 따른 점검 사항을 평가하고, 그 결과를 은행장 및 금융소비자보호 내부통제위원회에 보고하도록 하여야 한다.	
	제30조(임직원등의 법령, 규정 위반에 대한 조치) ① 은행은 금융소비자보호 업무와 관련하여, 해당 임직원등이 관련 법령 및 내부통제기준을 위반하였다고 판단하는 경우, 위반행위의 정도, 위반 횟수, 위반행위의 동기와 그 결과 등을 감안하여 관련부서 및 임직원에 대한 조치 방안을 마련하고, 관련부서에 검사를 의뢰하거나 징계 등 필요한 인사 조치를 요구할 수 있다. 이 경우 해당 부서의 장은 특별한 사정이 없는 한 이러한 요구에 응하여야 한다.	**표준 제18조(내부통제기준 준수여부 확인절차 및 방법)** ③ 준법감시인은 내부통제기준 등의 준수여부를 점검하는 과정에서 위법 · 부당행위 발견 시 직접 조사하거나 필요한 경우 검사조직에 조사를 의뢰할 수 있다.
	② 은행은 중대한 위법 · 부당행위의 발견 등 필요한 경우 감사위원회 또는 상임감사위원에게 보고할 수 있다.	**표준 제21조(내부통제기준 위반 시 처리)** ② 준법감시인은 중대한 위법 · 부당행위 등 발견시 필요한 경우 감사위원회 또는 상임감사위원에게 보고할 수 있다.

제6장 금융소비자 대상 직무수행 임직원의 교육수준 및 자격에 관한 사항[49]

근거	표준안	참고조문
영§10② v, 규정[별표2] v	**제31조(금융상품 판매 임직원등에 대한 교육 및 자격)** ① 은행은 개별 금융상품에 대해 권유, 계약체결 등 금융소비자를 대상으로 금융상품 판매 관련 업무를	**비예금 제21조(교육 · 연수 방법)** ① 준법감시인은 비예금상품 판매 업무에 종사하는 모든 임직원에게 준법 관련 교육을 연 1회 이상 정기적으로 실시하고 주

48) 점검 · 조치 주체는 총괄기관 담당이나, 판매업자등의 조직 · 인력 등을 감안하여 준법감시부서가 담당할 수 있다. 다만, 이 경우 양 부서간 권한 및 책임을 표준안§26⑥에 따라 문서화해야 한다(내부통제 · 소비자보호기준 가이드라인, 9면 참조). 금융소비자보호 담당임원을 별도 선임하지 않는 경우라면(규정 별표2 비고 ii 가~라) 준법감시부서가 점검 · 조치해야 한다.

49) 내부통제기준에 따른 직무수행 교육을 받지 않은 자로 하여금 계약체결 권유와 관련된 업무를 할 수 없도록 하는 상품숙지의무(영§16③ i)와 관련된다(내부통제·소비자보호기준 가이드라인, 9면 참조).

근거	표준안	참고조문
	수행하는 임직원등에 대하여 금융상품의 위험도·복잡성 등 금융상품의 내용 및 특성을 숙지하고, 윤리역량을 강화하기 위한 교육을 정기적으로 실시하여야 한다.	요 법령 및 제도 변경, 불완전판매 발생 등 필요시 수시로 실시하며 동 결과를 은행장(대표이사) 및 이사회에 보고하여야 한다. ② 상품담당 부서는 상품 판매를 담당하는 판매채널의 직원이 판매 상품의 위험도 및 복잡성 등을 충분히 인지할 수 있도록 교육·훈련하여야 한다.
	② 은행은 제1항의 교육실시를 위하여 해당 금융상품의 위험도,[50] 적합·부적합한 금융소비자 유형 및 그 근거 등을 포함하는 상품숙지자료를 작성하여 활용할 수 있다.	**금융회사의 고위험 금융투자상품에 대한 상품조사·숙지의무 가이드라인**[51] (1) 작성 원칙 □ 금융회사의 상품개발관련부서는 상품조사결과 등을 기초로 직원들이 상품[52]의 내용을 숙지할 수 있는 자료(이하 '상품숙지자료')를 작성 ○ 상품숙지자료는 상품조사결과 등의 관련 자료를 토대로 금융투자상품의 수익 위험 등의 내용을 객관적이고 균형있게 담아야 함 □ 다만, 판매촉진 등을 목적으로 긍정적인 측면을 지나치게 강조하는 내용 등을 기재하는 것은 적절하지 않으며, ○ 동 자료는 직원숙지자료이므로 별도 심의없이 고객에게 설명 목적으로 제공하는 것은 적절하지 않음 □ 한편, 상품제조과정에서 작성된 투자설명서 또는 공시서류(증권신고서 등) 등에 상품 내용이 충분히 반영되어 있는 경우에는 상기 자료를 상품숙지자료로 사용할 수 있고, ○ 투자설명서 등에 포함되지 않은 상품의 내용은 별도의 자료를 작성하여 충분한 정보를 제공하여야 함

50) 고위험 금융투자상품의 경우 상품 조사·숙지의무 이행을 위한 별도의 세부 절차를 마련해야 한다(내부통제·소비자보호기준 가이드라인, 9면 참조).

51) 금융감독원의 가이드라인(2016.12월).

52) ① 파생결합증권, ② 파생결합증권을 주된 투자대상으로 하는 집합투자증권(주가연계펀드(ELF) 등), ③ 파생상품펀드(자본시장법 제93조제1항에 따른 집합투자기구의 집합투자증권), ④ 상기 ①~③의 금융투자상품을 편입한 신탁상품(ELT 등).

근거	표준안	참고조문
	③ 은행은 금융상품의 위험도, 금융소비자의 유형에 따라 금융상품 판매 관련 업무를 수행하는 임직원등의 판매자격을 구분할 수 있으며, 보수교육 및 재취득 절차 등 판매자격에 관한 세부사항 및 판매자격 보유 여부를 정기적으로 확인하여야 한다.	**비예금 제21조(교육·연수 방법)** ③ 은행은 비예금상품 판매담당 임직원이 관련 법규에 따른 판매자격을 보유하고 있는지 여부 및 보유 자격증의 기한만료 또는 보수교육 이행 여부 등을 정기적으로 확인해야 한다. **고난도 금융투자상품 제조 및 판매에 관한 영업행위준칙**[53)] 19. 3) 금융투자상품 판매에 관여하는 임직원은 해당 상품의 구조와 위험을 이해할 수 있는 자격요건을 갖추어야 한다. ▫ 자격요건을 갖추어야 하는 임직원의 범위는 고난도 금융투자상품 판매 관련 전략을 수립하는 직원, 상품을 직접 판매하는 직원 및 각 책임자(전결기준에 따른 결정권자)로 함 ▫ 판매전략 및 판매담당 직원의 자격요건은 금융투자협회의 금융투자전문인력 자격 중 판매하고자 하는 고난도 금융투자상품의 특성에 가장 부합하는 자격요건을 말함 (예시) 파생결합증권 및 파생상품의 경우 파생상품투자권유자문인력, 집합투자증권의 경우 펀드투자권유자문인력(파생펀드)+파생상품투자권유자문인력 등 ▫ 판매 관련 책임자의 경우에는 판매담당 직원의 자격요건 외에 회사 적합하다고 판단하는 자격요건을 보유해야 함 (예시) 해당 상품 판매경력 2년 이상 또는 금융공학 등 금융관련 석사학위 이상, 금융투자 관련 외부전문교육기관의 연수과정 이수 등

53) 금융투자협회 자율규제.

제7장 업무수행에 대한 보상체계 및 책임확보 방안

근거	표준안	참고조문
영§10② vi, 규정[별표2] vi	**제32조(성과보상체계의 설계 및 운영)** ① 은행은 금융상품 판매 관련 업무를 수행하는 **임직원**과 금융소비자 간에 이해상충이 발생하지 않도록 성과보상체계를 설계·운영하여야 한다.	**모범규준 제23조(판매 관련 평가 및 보상체계)** ① 금융회사는 금융상품을 판매하는 과정에서 판매담당 **직원**과 소비자의 이해상충이 발생하지 않도록 **판매담당 직원 및 단위조직(이하 '판매담당 직원 등'이라 한다)에 대한** 평가 및 보상체계를 설계하여야 한다.
	② 제1항의 금융상품 판매 관련 업무를 수행하는 임직원은 다음 각 호를 포함한다. 1. 소비자에게 금융상품을 직접 판매하는 직원 2. 금융상품을 직접 판매하는 직원들의 판매실적에 따라 주로 평가받는 상급자 3. 금융상품을 직접 판매하는 직원들의 판매실적에 따라 주로 평가받는 영업단위조직	② 제1항의 "판매담당 직원 등"은 다음 각 호를 포함한다. 1. 소비자에게 금융상품을 직접 판매하는 직원 2. 금융상품을 직접 판매하는 직원들의 판매실적에 따라 주로 평가받는 상급자 3. 금융상품을 직접 판매하는 직원들의 판매실적에 따라 주로 평가받는 영업단위조직
	③ 은행은 금융상품 판매 관련 업무를 수행하는 임직원에 대한 성과평가 시 고객수익률 등 고객만족도 및 내부통제 항목을 중요하게 반영하는 등 금융소비자보호 관점에서 균형 있는 성과평가지표(KPI)를 운영하여야 한다.	**비예금 제19조(일반원칙)** 은행은 비예금상품 판매와 관련하여 본점 부서 및 영업점에 대한 성과평가 시 고객만족도 및 내부통제 항목을 중요하게 반영하는 등 고객 보호 관점에서 균형있는 성과평가지표(KPI)가 운영되도록 하여야 한다.
	제33조(성과평가 시 책임확보 방안) ① 은행은 금융상품 판매 관련 업무를 수행하는 **임직원**에 대한 평가 및 보상체계에 불완전판매 건수, 고객수익률 등 고객만족도, 계약 관련 서류의 충실성, 판매절차 적정성 점검결과 등 금융소비자 보호를 위한 지표를 감안하여 실질적으로 차별화가 되도록 성과보상체계를 운영하여야 한다. 다만, 구체적인 반영항목 및 기준은 취급하는 금융상품의 특성 등에 따라 은행이 합리적으로 마련하여 운영할 수 있다.	**모범규준 제23조(판매 관련 평가 및 보상체계)** ③ 금융회사는 판매담당 **직원** 등에 대한 평가 및 보상체계에 **판매실적 이외에도** 불완전판매건수, 고객수익률, 소비자만족도 조사결과, **적합성진단·보고서** 등 계약관련 서류의 충실성, 판매프로세스 적정성 점검결과 등 관련 요소들을 충분히 반영하여 평가결과에 실질적인 차별화가 있도록 운영하여야 한다. 다만, 구체적인 반영항목 및 기준은 해당 금융업권 및 금융상품의 특성 등에 따라 금융회사가 합리적으로 마련하여 운영할 수 있다.
	② 은행은 특정 금융상품 판매실적을 금융상품 판매 관련 업무를 수행하는	**비예금 제20조(성과평가 시 준수사항)** ① 은행은 특정 비예금상품의 판매실적

근거	표준안	참고조문
	임직원에 대한 성과평가지표(KPI)와 연계하여서는 아니 되며,[54] 금융상품 판매와 관련된 내부통제기준 준수 여부 점검결과와 제1항에 따른 금융소비자 보호를 위한 지표를 성과평가지표(KPI)에 반영하여야 한다.	등을 성과평가지표(KPI) 항목으로 운용하여서는 아니 된다. 이는 정기적인 성과평가 및 수시로 실시하는 성과평가를 모두 포함한다.
	③ 소비자들이 불건전영업행위, 불완전판매 등 <u>판매담당 직원의 귀책사유로</u> 금융거래를 철회·해지하는 경우 은행은 판매담당 직원에 이미 제공된 금전적 보상을 환수할 수 있으며, 이를 위해 보상의 일정부분은 소비자에게 상품 및 서비스가 제공되는 기간에 걸쳐 분할 또는 연기하여 제공할 수 있다.	③ 은행은 준법감시인 및 내부 감사부서의 감사결과 등 비예금상품 판매와 관련된 내부통제 점검결과가 성과평가지표(KPI)에 반영되도록 하여야 한다. **모범규준 제23조(판매 관련 평가 및 보상체계)** ④ 소비자들이 판매담당 직원의 불건전영업행위, 불완전판매 등으로 금융거래를 철회·해지하는 경우 금융회사는 판매담당 직원에 이미 제공된 금전적 보상을 환수할 수 있으며, 이를 위해 보상의 일정부분은 소비자에게 상품 및 서비스가 제공되는 기간에 걸쳐 분할 또는 연기하여 제공할 수 있다.
	제34조(성과보상체계의 수립절차 및 평가) ① 금융소비자보호 총괄기관은 민원의 발생 또는 예방을 포함하여 각 부서 및 임직원이 업무를 수행함에 있어 소비자보호에 충실하였는지를 조직 및 개인성과 평가에 반영하는 평가도구를 마련하여야 하며, 금융소비자보호 담당 임원은 평가도구에 기반한 점검 및 실제 평가를 총괄한다.	**모범규준 제28조(소비자보호 평가도구 마련)** 금융소비자보호 총괄부서는 민원의 발생 또는 예방을 포함하여 각 부서 및 임직원이 업무를 수행함에 있어 소비자보호에 충실하였는지를 조직 및 개인성과 평가에 반영하는 평가도구를 마련하여야 하며, 금융소비자보호 총괄책임자는 평가도구에 기반한 모니터링 및 실제 평가를 총괄하여야 한다.

54) 특정상품 판매 쏠림 현상을 개선하기 위해 특정 상품의 판매실적을 성과지표로 운영하는 행위를 제한한다(내부통제·소비자보호기준 가이드라인, 10면 참조). 따라서 일부상품을 특정하고 그 상품에 대한 판매실적만을 KPI에 반영하거나, 특정상품을 다른 상품 보다 가중하여 KPI에 반영하는 것은 금지된다(금융투자회사의 표준내부통제기준 업무메뉴얼, 63면 참조).
다만, 부동산신탁회사의 경우 ① 취급상품이 담보신탁, 토지신탁, 분양관리신탁 등으로 정형화되어 있고, ② 일반펀드 등과 달리 판매대행을 하지 않고 자사 신탁상품만 취급하며, 특히 ③ 부동산신탁은 투자권유가 아닌 위탁자의 필요에 따라 스스로 상품이 정하는 것이 일반적이기 때문에, 금융소비자 이익에 반한 특정상품 쏠림현상은 거의 낮다고 판단되는바, 기존 신탁상품의 유형별(토지신탁, 담보신탁, 관리신탁, 처분신탁, 분양관리신탁) 계약실적에 따른 KPI반영은 가능할 것으로 이해된다(금융투자회사의 표준내부통제기준 업무메뉴얼, 65면 참조).

근거	표준안	참고조문
	② 은행에서 성과보상체계를 설정하는 부서는 매년 금융상품 판매 관련 업무를 수행하는 임직원에 대한 성과보상체계를 수립하기 전에 금융소비자보호 총괄기관의 의견을 확인하여야 한다.	내부통제 · 소비자보호기준 가이드라인(10면) 반영
	③ 금융소비자보호 총괄기관은 제2항에 따른 의견 확인 시 금융소비자보호 관점에서 금융상품 판매 관련 업무를 수행하는 임직원에 적용되는 평가 및 보상구조가 적절히 설계되어 있는지를 검토하여야 한다.	
	④ **금융소비자보호 총괄기관은** 성과보상체계 설정 부서, 성과평가 부서, 상품 개발·영업 관련 부서, 준법감시부서 등과 불완전판매 등 관련 정보를 수집·공유하고 정기적으로 협의하며, 금융소비자보호 관점에서 판매담당 직원 등에 적용되는 평가 및 보상구조가 적절히 설계되어 있는지를 정기적으로 검토하여야 한다.[55)]	**모범규준 제23조(판매 관련 평가 및 보상체계)** ⑤ **금융소비자보호 총괄책임자는 금융소비자보호협의회 등을 통해** 판매담당 직원 등에 대한 성과·보상체계 설정 부서, 성과평가 부서, 상품개발·영업 관련 부서, 준법감시부서 등과 불완전판매 등 관련 정보를 수집·공유하고 정기적으로 협의하며, **다음 각 호에 대한 판단을 포함하여** 금융소비자보호 관점에서 판매담당 직원 등에 적용되는 평가 및 보상 구조가 적절히 설계되어 있는지를 정기적으로 검토하여야 한다. 1. **회사에서 특정 금융상품에 대해 설정한 판매 목표량이 적정한지 여부(비공식적 판매 목표량 설정 등 포함)** 2. **특정 금융상품에 대한 판매실적 가중치 부여가 적정한지 여부** 3. **부가상품의 판매로 인하여 소비자에게 불완전판매가 이루어졌거나 이루어질 우려가 있는지 여부**

55) 내부통제위원회의 조정·의결사항인 '성과보상체계에 대한 소비자 보호 측면에서의 평가'는 성과보상체계가 금융소비자보호 관점에서 적절히 설계되어 있는지를 사전적으로 검토하는 의미이며, 동 조항은 수립된 성과보상체계가 적용된 결과를 검토하여 성과보상체계가 적정한지를 사후적으로 검토할 의무를 정한 것이다. 즉, 금융소비자보호 총괄기관은 임직원에 대한 성과보상체계와 관련하여 사전적(표준안§24③·34③)·사후적(표준안§34④)으로 금융소비자보호 관점에서 이를 검토하고 의견을 제시할 권한과 의무가 있다(금융투자회사의 표준내부통제기준 업무메뉴얼, 64면 참조).

근거	표준안	참고조문
	⑤ 금융소비자보호 담당임원은 **제3항** 및 제4항의 검토결과를 은행장 및 **금융소비자보호 내부통제위원회에** 보고하여야 하며, 필요한 경우 금융상품 판매 관련 업무를 수행하는 **임직원**에 대한 성과평가지표(KPI) 조정을 포함한 평가·보상체계의 개선을 건의할 수 있다.	⑥ 금융소비자보호 총괄책임자는 제5항의 검토결과를 **대표이사에게** 보고해야 하며, 필요시 **판매담당 직원** 등에 대한 핵심 평가지표(KPI) 조정을 포함한 평가·보상체계 개선을 건의할 수 있다. **대표이사는 필요시 소비자피해 예방 및 구제를 위한 조치를 취하여야 한다.**
	⑥ **제3항** 및 제4항의 검토결과 등 관련 기록은 금융소비자보호 총괄기관에서 보관하고, 이를 감사·준법감시부서 등에 공유하여 참고토록 하여야 한다.	⑦ 제5항의 검토결과 등 관련 기록은 소비자보호부서에서 보관하고, 이를 감사·준법감시부서 등에 공유하여 참고토록 하여야 한다.

제8장 금융소비자보호 내부통제기준의 변경 절차 및 위임

근거	표준안	참고조문
영§10②vii · ③~⑤, 규정§9③ · ④ · [별표2]vii	**제35조(이 규준등의 신설·변경 및 세부사항 위임 등)** ① 관련 법령 제·개정, 감독당국의 유권해석, 금융소비자보호 총괄기관 등의 개선 요구, 대규모 소비자 피해발생 등이 있는 경우 은행은 이를 반영하기 위한 이 규준등의 제정·변경을 할 수 있다.	내부통제 · 소비자보호기준 가이드라인(10~11면) 반영
	② 이 규준등의 내용을 신설하거나 변경하고자 하는 부서는 신설 또는 변경하고자 하는 내용에 관하여 금융소비자보호 총괄기관과 사전 협의하여야 하고, 금융소비자보호 총괄기관은 이 규준등의 신설 또는 변경 필요성을 금융소비자보호 측면에서 검토하여 그 검토 결과를 은행장에게 보고하여야 한다.	
	③ 은행은 이 규준등의 내용을 신설하거나 변경하고자 하는 경우에 이사회의 승인을 받아야 한다. 다만, 법령 또는 관련 규정의 제정·개정에 연동되어 변경해야 하는 사항, 이사회가 의결한 사항에 대한 후속조치, 이 규준의 위임에 따른 하위 규정[56] 등의 제정·개정 등 경미한 사항을 변경하는 경우에는 은행장의 승인으로 갈음할 수 있다.	**시행령 제10조(내부통제기준)** ③ 금융상품판매업자등은 법 제16조제2항에 따라 내부통제기준을 제정·변경하는 경우 이사회의 승인을 받아야 한다. 다만, 금융위원회가 정하여 고시하는 경미한 사항을 변경하는 경우에는 대표자의 승인으로 갈음할 수 있다.

56) 여기서 하위 규정이란 모범규준에 위임 근거가 있는 내규를 의미한다(신속처리시스템 회신, 은행 211012-133 참조). 내부통제기준에서 위임받은 하위 규정은 감독규정 제9조제3항제3호에 해당하여 이사회 승인이 아닌 대표이사 승인으로 제·개정 가능하다.

근거	표준안	참고조문
		감독규정 제9조(내부통제기준) ③ 영 제10조제3항에서 "금융위원회가 정하여 고시하는 경미한 사항"이란 다음 각 호의 어느 하나에 해당하는 사항을 말한다. 1. 법령 또는 관련 규정의 제정·개정에 연동되어 변경해야 하는 사항 2. 이사회가 의결한 사항에 대한 후속조치 3. 그 밖에 제1호 및 제2호에 준하는 사항
	④ 은행은 제2항에 따라 이 규준등을 신설하거나 변경한 경우에는 제정·개정 사실 및 이유, 금융소비자에게 미치는 영향, 적용시점 및 적용 대상 등 주요 현황을 구분하여 인터넷 홈페이지에 게시[57]하고, 이 규준등의 제정·개정 사실을 임직원이 확인할 수 있는 방법으로 안내하며, 필요한 경우 교육을 실시할 수 있다.	**시행령 제10조(내부통제기준)** ④ 금융상품판매업자등은 법 제16조제2항에 따라 내부통제기준을 제정·변경한 경우에는 금융위원회가 정하여 고시하는 바에 따라 그 사실을 공지해야 한다. **감독규정 제9조(내부통제기준)** ④ 금융상품판매업자등은 법 제16조제2항에 따른 내부통제기준(이하 "내부통제기준"이라 한다)을 제정·개정한 경우에 제정·개정 사실 및 주요 현황을 영 제10조제4항에 따라 인터넷 홈페이지에 게시해야 한다.
	⑤ 이 규준등의 시행 및 금융소비자보호에 관한 내부통제 운영에 필요한 세부사항[58]은 은행장이 별도로 정하는 바에 따른다.	**표준 제40조(세부지침 위임)** 이 규정의 시행 및 준법감시인의 직무수행에 필요한 세부사항은 대표이사가 별도로 정하는 바에 따른다.

제9장 고령자 및 장애인의 금융거래 편의성 제고 및 재산상 피해 방지

근거	표준안	참고조문
영§10②viii, 규정[별표2]viii	**제36조(고령자의 편의성 제고 및 재산상 피해 방지)** ① 은행은 금융상품 개발, 판매, 사후관리 등 모든 금융거래 과정에서 고령금융소비자를 보호하고 관련 내부통제를 강화하기 위해 노력하여야 한다. 이를 위해 상품 개발단계에서 고령자 위험요인을 점검하고, 금	**모범규준 제21조 (고령금융소비자)** ③ 금융회사는 금융상품 <u>**기획**</u>·개발, 판매 과정, 사후관리 등 모든 금융거래 과정에서 고령금융소비자를 보호하고 관련 내부통제를 강화하기 위해 노력하여야 한다. 이를 위해 상품 개발단계에서 고령자 위험요인을 점검하고, 금융상품

57) 금융소비자보호 모범규준(§34③)에 따른 행동강령, 헌장 등(최고 경영자의 금융소비자보호에 대한 의지 및 금융회사의 금융소비자 보호전략에 대한 내용) 공시를 의미하지 않으므로, 동 모범규준이 실효된 2021.9.25. 이후에는 행동강령, 헌장 등을 공시할 필요가 없다(금융투자회사의 표준내부통제기준 업무메뉴얼, 68면 참조).

58) 모범규준 및 하위규정의 원활한 시행을 위해 필요한 실무사항(신속처리시스템 회신, 은행 211012－133 참조).

근거	표준안	참고조문
	융상품 판매시 강화된 권유절차 및 상품별 중점관리사항 등을 정하여 운영하여야 한다.	판매시 강화된 권유절차 및 상품별 중점관리사항 등을 정하여 운영하여야 한다.
	② 고령금융소비자는 65세 이상 금융소비자를 원칙으로 하나, 소비자의 금융상품 이해정도, 금융거래 경험, 재산 및 소득상황 등을 감안하여 자체적으로 고령금융소비자 분류기준을 마련할 수 있다.	② 고령금융소비자는 65세 이상 금융소비자를 원칙으로 하나, 금융회사는 **해당 금융업권별 특성** 및 소비자의 금융상품 이해정도, 금융거래 경험, 재산 및 소득상황 등을 감안하여 자체적으로 고령금융소비자 분류기준을 마련할 수 있다.
	③ 은행은 고령자의 금융거래 편의성 제고 및 재산상 피해 방지 등에 관한 세부사항을 지침 등에서 별도로 정할 수 있다.	내부통제 · 소비자보호기준 가이드라인(11면) 반영
	제37조(장애인의 편의성 제고 및 재산상 피해 방지) ① 은행은 **장애인의 금융거래 편의성 제고를 위하여** 장애인의 장애유형별 세부 응대 매뉴얼을 마련하고, 점포별로 장애인에 대한 응대요령을 숙지한 직원을 배치하며, 관련 상담 · 거래 · 민원접수 및 안내 등을 위한 인프라를 구축하여야 한다.	**모범규준 제22조(장애인의 금융접근성 제고)** ② 금융회사는 **일선 창구에서 준수할** 장애 유형별 세부 고객응대 지침을 마련하고 점포별로 장애인에 대한 응대요령을 숙지한 직원을 배치하며, 관련 상담 · 거래 · 민원접수 및 안내 등을 위한 인프라를 구축하여야 한다.
	② 은행은 장애인이 모바일 · 인터넷 등 비대면거래를 원활하게 할 수 있도록 전자금융 이용 편의성을 제고하여야 한다.	③ 금융회사는 장애인이 모바일 · 인터넷 등 비대면거래를 원활하게 할 수 있도록 전자금융 이용 편의성을 제고하여야 한다.
	③ 은행은 장애인의 금융거래의 편의성 제고 및 재산상 피해 방지 등에 관한 세부사항을 지침 등에서 별도로 정할 수 있다.	내부통제 · 소비자보호기준 가이드라인(13면) 반영

❖ 취약계층의 거래 편의성 제고 및 피해방지 방안(예시)

[고령자]

1 상품개발
- ○ 신상품 개발시 연령에 따른 불합리한 차별이 발생하지 않도록 연령별 영향 분석 실시, 금융소비자보호 총괄기관과 사전 협의
- ○ 온라인 특판상품 개발시, 이와 동일·유사한 혜택을 보장하는 고령자 전용 대면거래 상품도 개발

2 상품판매
- ○ 합리적 사유 없는 연령차별 금지, 고령자 차등이 불가피한 경우 취급거절·가격차별의 명확한 근거 제시
- ○ 고령자에 대한 거래거절시 적절한 자사 및 타사의 금융상품을 안내하는 '대체상품안내제도'(英 Sign posting제도*) 마련
  - * 英「Sign posting to travel insurance」 제도: 기존 병력으로 여행자보험 가입을 거부할 경우 대체보험회사 안내 의무화
- ○ 고령자의 이해편의성 제고를 위해 가급적 쉬운 용어와 느린 속도로 설명
- ○ 사리분별능력이 부족하다고 판단되는 경우 판매를 자제
- ○ 상품가입시 불이익사항을 우선 설명 및 이해 여부 확인
- ○ 고령자용 상품안내자료 활용하여 상품이해도 제고
- ○ 고령자의 상품가입목적 확인, 판매과정 녹취*, 적정성을 정기적으로 점검
  - * '21.5.10일 시행의 자본시장법 시행령상 "고령 투자자 녹취제도" 등 감안
- ○ 일정 상품 가입을 희망하는 경우 지정인(가족 등)에게 계약사실 안내

3 사후관리
- ○ 연령별 상품취급 실적을 매년 점검, 점검결과를 대외적으로 공개
- ○ 고령자 관련 내부통제기준 준수 여부에 대한 점검 실시 및 조치
- ○ 임직원 대상 고령자 판매절차, 민원사례, 상담 화법 등을 위한 교육 실시
- ○ 고령자 대상 허위·과장된 정보 또는 광고물이 사용되지 않도록 내부통제 강화
- ○ 고령자 관련 민원·불편사항의 정기적 모니터링 실시

4 금융거래 편의성 제고
- ○ 고령자 전용 상담 창구 운영, 대면창구에 전담 직원 배치
- ○ 고령자의 콜센터 상담 시 전담 상담원과 자동 연결 서비스 제공

☞ 참고 규정: ① 표준투자권유준칙의 <참고5>(고령투자자에 대한 금융상품 판매시 보호기준)
② 은행 비예금상품 내부통제 모범규준
③ 고령금융소비자보호 가이드라인(보험업)

[장애인]

1 상품개발
- ○ 신상품 개발시 장애에 따른 불합리한 차별이 발생하지 않도록 주요 장애유형별 영향 분석 실시, 금융소비자보호 총괄기관과 사전 협의

2 상품판매
- 장애인 주요거래상품에 대한 상품유형별 구체적인 업무처리 매뉴얼 마련
- 장애인이 쉽고 편하게 상품을 이해하고 가입할 수 있도록 장애인 주요거래상품에 대하여 AI · 동영상 등 다양한 설명 방안 마련
- 장애인 대상 허위·과장 광고 방지를 위한 협회의 광고심의 강화
- 장애인을 이유로 부당하게 상품판매 거절 등 장애인 차별 금지

3 사후관리
- 장애인 관련 내부통제기준 준수 여부에 대한 점검 실시 및 조치
- 임직원의 불완전판매 확인 시 해당 임직원에 대한 조치 가중 방안 마련
- 상품가입 완료 이후 해피콜을 통해 희망자에 한해서 장애여부를 확인하고 확인된 장애인에 대해서는 강화된 보호 절차 마련

4 금융거래 편의성 제고
- 장애인 전용 상담 창구 운영
- 장애유형별 거래 편의를 위한 서비스 마련

3. 제재

법 제16조제2항을 위반하여 내부통제기준을 마련하지 않은 경우 판매업자에게 1억원의 과태료가 부과되며(법§69① i), 판매업자 및 임직원에게 제재조치(시정명령, 정직 등) 가능하다(법§51 · §52).

4. 시행일

2021.9.25일부터 시행하므로 의무대상자는 2021.9.24일까지 내부통제기준을 마련해야 한다(법 부칙§1).

Ⅳ. 기존규제

금융회사의 지배구조에 관한 법률(이하 "지배구조법"이라 한다) 등 개별법상에서도 내부통제기준 마련의무를 규율하고 있다. 개별법상 내부통제기준은 '직무 전반'에 대한 기준이라는 점에서 '소비자보호'를 목적으로 하는 금융소비자보호법상 내부통제기준과 구분된다. 경영건전성 확보를 위해 내부통제기준을 마련하도록 한 것이므로 개별법상 내부통제기준 관련 규제는 (일부개정 후) 존치한다.

❖ 지배구조법등과 비교[59]

구 분	금융소비자보호법	지배구조법 · 자본시장법 · 대부업법 · 신협법
규제대상	직접판매업자, 대리중개업자, 자문업자	금융회사(직접판매업자)
규율범위	소속 임직원 및 대리중개업자	소속 임직원[60]
규율사항	금융상품 판매 · 자문 행위	위험관리 등 경영 전반

1. 지배구조법

금융회사(은행, 금융투자업자 · 종합금융회사, 보험회사, 저축은행, 여신전문금융회사)는 법령을 준수하고, 경영을 건전하게 하며, 주주 및 이해관계자 등을 보호하기 위해 임직원이 준수해야 하는 내부통제기준 마련해야 한다(지배구조법§24①).

지배구조법상 내부통제기준으로 규율해야 하는 사항 중 '광고 관련 사항'과 '금융상품 판매 · 개발 과정에서 금융소비자 보호 등을 위한 업무절차에 관한 사항'은 금융지주회사에게만 의무를 부과하여 금융소비자보호법과 중복이 되지 않도록 개정하였다(영 부칙§2④ · 규정 부칙§3⑨)

2. 자본시장법

금융투자업자에게 법령을 준수하고 건전한 거래질서를 해하는 일이 없도록 투자권유대행인에 대한 관리 · 감독책임을 부과하며(자본시장법§52), 온라인소액투자중개업자는 임직원이 준수해야 하는 내부통제기준을 마련해야 한다(자본시장법§117-6).

3. 대부업법

금융위원회에 등록한 일정규모 이상[61]의 대부업자 및 대부중개업자는 법령을 지키고 거래상대방을 보호하기 위하여 임직원이 준수해야 하는 보호기준을 마련해야 한다(대

---

59) 금융소비자보호법 안내자료(2021.03.24.), 20면 참조.
60) 자본시장법(§52)상 금융투자업자에게 투자권유대행인(투자성 상품의 판매 · 대리중개업자)에 대한 관리책임을 부과하고 있어 이 경우 규율범위가 소속 임직원에 한정되지 않는다.
61) 대부채권매입추심을 업으로 하려는 대부업자의 경우 직전 사업연도말 기준으로 10억원, 그 밖의 대부업자 등의 경우 직전 사업연도말 기준으로 500억원(대부업법 시행령§6-6①).

부업법§9-7①).

4. 신용협동조합법

신용협동조합중앙회(이하 "신협중앙회"라 한다)는 법령을 준수하고 자산운용을 건전하게 하기 위하여 중앙회 임직원이 준수해야 하는 내부통제기준을 마련해야 한다(신용협동조합법§76-3①).

V. Q&A

[내부통제기준 마련 대상]

1. 외국은행의 국내지점(은행법§58)도 금융소비자보호법상 내부통제기준을 마련해야 하는지?

외국은행 국내지점도 소비자보호법상 내부통제기준을 마련해야 함.

2. 운용자산이 20조원 이상이면서 직접판매업을 영위하지 않거나, 전문소비자를 대상으로만 자문·일임업을 영위하는 집합투자업자의 경우 내부통제기준을 마련해야 하는지?

신속처리시스템 회신(금투 210421-6)

법령상 예외규정이 없는 한 운용자산 20조원 이상의 집합투자업자는 금융소비자보호법상 내부통제기준에서 정하는 전담조직을 갖춰야 함. 다만, 금융소비자보호법상 판매업이나 자문업을 영위하지 않는 경우에는 금융소비자보호법상 내부통제기준 관련 규제를 적용받지 않음.

3. 전문투자형 사모집합투자기구 운용사의 경우에도 내부통제기준을 마련해야 하는지?

금융투자회사의 표준내부통제기준 업무메뉴얼(10면)

전문사모운용사의 경우 외형적으로 집합투자업만 영위하므로 판매업자가 아니라고 여겨질 수 있으나, 자신이 운용하는 일반 사모집합투자기구의 집합투자증권을 판매할 수 있고(자본시장법§7⑥iii), 금융소비자보호법에서 동 운용사의 집합투자증권 판매업을 판매업에서 제외하고 있지 않은 점(법§2ii但) 감안 시 내부통제기준을 마련해야 함.

[내부통제기준 사항]

4. 금융감독원이 제정한 '금융소비자 모범규준'이 금융소비자보호법상 내부통제기준으로 대체되는지? 대체 불가 시 동 모범규준을 개정하여 금융소비자보호법상 내부통제기준으로 마련해도 되는지?

금융투자회사의 표준내부통제기준 업무메뉴얼(7면)

대체 불가함. 동 모범규준은 금융감독원의 행정지도로서 유효기간(~2021.9.24.) 만료로 폐지되었으며, 내부통제기준은 금융소비자보호법상 판매업자등에게 마련의무가 부과된 것으로 2021.9.25.까지 마련해야 함(법 부칙§1). 다만, 금융소비자보호법상 내부통제기준 사항과 내용의 유사성이 상당하므로 동 모범규준을 법령에 부합하게 수정·보완하여 금융소비자보호법상 내부통제기준으로 제정 가능함.

5. 내부통제기준과 관련하여,

1. 기준상 금융상품 개발과정의 소비자보호 체계(상품 개발 · 출시에 대한 사전협의 및 금융상품 개발 내부준칙, 약관 권고사항 반영 · 공유 절차 등)와 관련하여 운영주체는 보험사인지, 은행인지?
2. 방카슈랑스 상품 개발과정에서의 상품변경 및 판매중지 사항이 은행의 사전협의 프로세스 운영 대상에 포함되는 사항인지?

신속처리시스템 회신(은행 211214-149)

1. 방카슈랑스 개발과정의 소비자보호 체계 구축 및 운영 주체는 보험사임.
2. 방카슈랑스 개발과정에서의 상품변경 및 판매중지 사항은 은행의 사전협의 프로세스 운영 대상에 필수적으로 포함되지는 않음. 다만, 은행이 판매 및 모니터링 과정에서 소비자 보호 이슈를 발견한 경우 판매 중지를 할 수 있는 프로세스는 반드시 구축해야 함.

6. 투자일임업 및 투자자문업만 수행하는 경우 내부통제기준 사항에서 '판매'와 관련된 내용을 제외해도 되는지?

금융투자회사의 표준내부통제기준 업무메뉴얼(6면)

투자일임업 및 투자자문업만 수행하는 판매업자라고 하여도 투자일임업 및 투자자문업은 모두 판매업으로 규율되는 점(법§2iii · iv) 감안 시 '판매'와 관련된 내부통제절차는 구축해야 함.

7. 지배구조법(영§19①xi)상 내부통제기준에 '광고 관련 준수사항'을 규정하도록 하고 있음에도 금융소비자보호법상 내부통제기준에 이를 규정해야 하는지?

중복규제가 되지 않도록 지배구조법상 내부통제기준의 '광고 관련 준수사항'을 삭제하였음(영 부칙 §2④). 한편, 금융소비자보호법 내부통제기준을 지배구조법 내부통제기준과 달리 별도로 규정할 필요는 없으며, 금융소비자보호법상 내부통제기준 사항을 지배구조법상 내부통제기준에 포함시켜 규정하는 것도 가능함(이행방법에 대해 별도 규정 부재).

8. 금융소비자보호법(규정 별표2 ii 라)상 내부통제기준에서 규율하는 '금융소비자와의 이해상충 방지에 관한 사항'은 기존 행정지도였던 소비자보호 모범규준(§23)[62]상 이해상충 방지를 의미하는지?

(소비자보호 모범규준(§23)에서는 평가 및 보상체계 설계에 한해 이해상충을 금지하고 있으나), 이에 국한되지 않으며, 소속 임직원과 소비자 간 이해상충 방지에 관한 모든 사항을 의미함.

9. 내부통제기준 포함 사항에 명시된 '업무 위탁'의 경우 대리·중개업으로서의 금융상품 계약체결의 위탁을 의미하는 것인지? 건물관리, 청소용역, 보안, 보험금 손해사정, 보험사고 조사 등의 경우도 '업무 위탁' 범위에 포함되는지?

신속처리시스템 회신(손보 210526-27)

'업무'란 금융상품 계약체결과 관련된 업무(법§2 ii)를 의미. 내부통제기준상 관련 규정은 대리·중개업자가 상기 '업무' 수행 시 관리업무를 이행하기 위한 기준 및 절차를 의미하므로 금융소비자보호법상 '업무 위탁'은 금융상품 계약체결과 관련된 업무를 위탁하는 것을 의미하며, 예시로 나열된 업무 건물관리, 청소용역 등은 금융소비자보호법상 '업무 위탁'에 포함되지 않음.

---

62) 판매과정에서 판매직원과 소비자 이해상충이 발생하지 않도록 판매직원(조직)에 대한 평가 및 보상체계를 설계해야 한다(소비자보호모범규준 §23).

10. 부동산신탁사의 경우에도 금융상품 개발과정에서 금융소비자보호 측면의 모니터링이 이루어지는 등의 조치(규정 별표2ⅲ나1)라))가 필요한지?

금융투자회사의 표준내부통제기준 업무메뉴얼(45면)

자본시장법상의 부동산신탁사의 경우, 신탁의 목적에 따라 신탁상품의 유형(토지신탁, 담보신탁, 관리신탁, 처분신탁, 분양관리신탁)이 정형화되어 있으므로 별도의 금융상품 개발 단계가 존재하지 않아 금융소비자의 의견을 청취할 필요가 없다는 견해가 있을 수 있으나, '금융상품 개발'의 의미는 반드시 다른 유형의 상품개발만을 의미하는 것이 아니라, (동일한 유형일지라도) 계약내용을 일부 변경하여 새로이 상품을 출시하는 모든 경우[63]를 의미하다고 보는 것이 합리적임. 따라서 부동산신탁상품의 경우에도 상품개발 초기 단계에 금융소비자의 의견이 반영될 수 있는 업무절차를 마련하여 운영하여야 함.

11. 비등기임원(지배구조법상 업무집행책임자[64])을 소비자보호 담당 임원(CCO)으로 선임(임명)하여도 되는지?

비등기임원을 소비자보호 담당 임원으로 선임(임명) 가능함.

12. 금융소비자보호 내부통제기준을 금융소비자보호 담당임원(cco)이 점검한 경우 준법감시인이 이를 2차로 점검해야 하는지?

준법감시인의 2차 점검의무 없음.

13. 금융소비자보호 총괄기관이 반드시 금융소비자보호 내부통제기준 준수 여부에 대한 점검, 조치, 평가의 주체가 되어야 하는지?

금융투자회사의 표준내부통제기준 업무메뉴얼(53~54면)

내부통제기준에 대한 점검·조치, 평가에 관한 업무는 금융소비자보호 총괄기관이 담당

---

63) 예컨대 정기적금의 경우, 일정기간 동안 현금을 불입하는 예금상품이라는 점에서는 차이가 없으나, 불입 방식이나 각종 혜택(조건부 포인트·이자인하 등 연계서비스) 등에 따라 다양한 상품이 출시될 수 있다.

64) 이사가 아니면서 명예회장·회장·부회장·사장·부사장·행장·부행장·부행장보·전무·상무·이사 등 업무를 집행할 권한이 있는 것으로 인정될 만한 명칭을 사용하여 금융회사의 업무를 집행하는 사람(지배구조법§2ⅴ).

하는 것이 원칙이지만, 조직·인력 등을 감안하여 준법감시 부서가 업무를 수행하는 것도 가능함. 이 경우 준법감시부서와 금융소비자보호 총괄기관 간 권한 및 책임을 명확히 구분하고 이를 문서화하는 것이 필요함.[65)]

금융소비자보호 담당임원(CCO)을 별도 선임하지 않는 경우라면(규정 별표2 비고 ii 가~라) 준법감시부서가 점검·조치해야 함.

14. 판매 임직원을 대상으로 하는 직무수행교육이란?

금융투자회사의 표준내부통제기준 업무메뉴얼(58면)

직무수행교육은 원칙적으로 관련 법규가 정하는 판매자격(예: 증권 투자권유자문인력 등)과 별도로 취급상품과 취급서비스 특성에 부합하는 교육과정을 의미함.

15. 금융상품별로 교육체계를 갖추어야 하는지, 신탁과 같이 상품이 제한적인 경우 신탁 전반에 대한 교육을 하는 방식으로 운영하는 것이 가능한지?

금융투자회사의 표준내부통제기준 업무메뉴얼(51면)

신탁 상품의 경우 각 금융상품별로 구체적인 조건과 위험이 상이하다고 할 것이므로 신탁 전반에 대한 교육은 부족하고 개별 금융상품의 내용, 조건 및 위험을 구체적으로 교육하는 절차가 필요함. 다만, 금융회사가 자체적으로 교육과정을 마련할 경우 발생하는 인적·물적 부담을 고려하여 협회 등이 개설하는 일정 교육 과정을 이수하도록 하는 방안도 가능함.

16. '업무수행에 대한 보상체계 및 책임확보 방안'과 관련하여 내부통제기준의 마련의무 시행시기(2021.9.25.)와 별도로 판매업자등이 평가주기에 맞춰 성과보상 체계를 운영·시행할 수 있는지?

신속처리시스템 회신(손보 210728-33)

판매업자등은 '업무수행에 대한 보상체계 및 책임확보 방안'을 내부통제기준 포함사항으로 마련해야 할 의무는 있으나, 그 방안의 시행시기, 시행방법 등 운영에 관한 사항은 금융소비자보호법에 규정된 사항이 없으므로 판매업자등은 금융소비자보호법 취지에 벗어

65) 내부통제·소비자보호기준 가이드라인, 9면 참조.

나지 않는 범위 내에서 자율적으로 운영이 가능함.

17. 위탁계약을 체결한 대리·중개업자가 금융소비자를 대상으로 금융상품을 판매하는 방식(간접판매방식)으로만 운영되는 회사로서 영업을 하는 임직원이 없는 경우, 영업 담당 임직원에 대한 성과보상체계를 설계하여야 하는지?

신속처리시스템 회신(여전 211104-79)

금융소비자보호 감독규정 [별표2] 제6호의 내부통제기준 포함사항 중 '성과보상체계'는 금융소비자와 이해상충이 발생할 가능성이 있는 영업 담당 임직원이 있는 경우를 전제하는 바, 영업 담당 임직원이 없는 금융회사의 경우에는 내부통제기준에 성과보상체계를 규정할 필요가 없음.

[금융소비자보호 내부통제위원회]

18. 금융소비자보호 내부통제위원회를 기존 지배구조법(영§19②)상 내부통제위원회와 별개로 두어야 하는지?

1차 FAQ(5면)

내부통제기준 마련 시 해당 기준에 '금융소비자보호 내부통제위원회' 설치에 관한 사항을 포함시키도록 규정한 취지는 대표자 및 주요 임원이 영업행위 전반에 관한 주요 의사결정을 금융소비자보호의 관점에서 논의하도록 하여 금융소비자보호 중심의 경영을 조직에 체화시키는데 있음.
이러한 취지에 벗어나지 않는다면 조직의 경영효율성 확보를 위해 필요 시 금융소비자보호 내부통제위원회를 기존 지배구조법상 내부통제위원회와 따로 구성하지 않아도 됨.

19. 내부통제위원회의 참석범위와 관련하여, 대표자 및 금융소비자보호담당 임원(CCO)은 참여하되, 사내임원은 사내임원 전원이 아닌 소비자보호 관련 업무를 담당한 임원들 중에서 자율적으로 참여해도 되는지?

신속처리시스템 회신(손보 210809-36)

금융소비자보호 감독규정상 내부통제위원회 참석 임원과 관련하여 같은 규정 별표2 제3호가목2)의 "사내임원"의 범위에 대해서는 구체적으로 규정하지 않음. 내부통제위원회를 두도록 한 취지는 금융회사등에 소비자 중심의 경영의사결정이 체화될 수 있도록 하는 데 있음. 개별 법인은 이러한 취지에 벗어나지 않는 범위에서 사내임원의 참석범위 등 운영방법을 자율적으로 정할 수 있음.

20. 내부통제위원회 위원으로 외부위원을 포함하는 것이 가능한지?

신속처리시스템 회신(여전 210809-54)

금융소비자보호법상 내부통제위원회를 두도록 한 취지는 판매업자 등에 소비자 중심의 경영의사결정이 체화될 수 있도록 하는 데 있음. 이러한 취지를 감안하여 개별 법인이 내부통제위원회 운영의 전문성 제고 등을 위해 내부통제위원회 위원으로 외부위원을 위촉하는 것은 가능함.

21. 한국캐피탈사(2020.12월말 기준, 자산총액 약 2.7조원 규모의 여신금융회사로 주권상장법인)는 금융소비자보호 내부통제 의사결정기구의 설치 예외 대상자인지?

신속처리시스템 회신(여전 210427-18)

해당 규정(감독규정 별표2 비고 i 가)의 취지는 지배구조법과의 일관성을 확보하는 데 있기 때문에 지배구조법 시행령 제6조제3항 단서에 해당하는 자[66]는 같은 항 각 호에 해당하지 않는다고 보아야 함*(내부통제의사결정기구 설치 대상에 해당함)*.

22. 금융소비자보호 내부통제위원회 설치의무가 없는 자가 지배구조법상의 내부통제위원회를 두고 있을 경우, 금융소비자보호법상 조정·의결사항을 현재 운영 중인 지배구조법상 내부통제위원회에서 처리해야 하는지? 지배구조법상 내부통제위원회를 설치하지 않은 경우 대표이사 보고사항으로 운영해도 되는지?

금융투자회사의 표준내부통제기준 업무메뉴얼(16, 19면)

판매업자등이 자율적으로 대표이사 등 주요임원으로 구성된 의결기구를 결정하여 금융소비자보호법상 보고·의결하거나 대표이사의 업무로 하여 대표이사 보고사항으로 운영 가능함. 내부통제기준에 '소비자보호 내부통제위원회' 설치에 관한 사항을 포함시키도록 규정한

66) 주권상장법인(「자본시장과 금융투자업에 관한 법률」 제9조제15항제3호에 따른 주권상장법인을 말한다. 이하 같다)으로서 최근 사업연도 말 현재 자산총액이 2조원 이상인 자.

취지는 대표자 및 주요 임원이 영업행위 전반에 관한 주요 의사결정을 소비자보호의 관점에서 논의하도록 하여 소비자보호 중심의 경영을 조직에 체화시키는 데 있는 점[67] 감안 시 지배구조법상 내부통제위원회가 설치된 판매업자의 경우라면 관련 사항을 지배구조법에 따른 내부통제위원회에서 처리하는 것이 금융소비자보호법 및 내부통제기준 제정 취지에 보다 부합함.

23. 내부통제위원회 설치 의무가 없는 판매업자등인 경우에도 대표이사가 주재하는 회의를 매 반기마다 개최하여야 하는지?

금융투자회사의 표준내부통제기준 업무메뉴얼(18면)

내부통제위원회 설치 의무가 없는 판매업자등에 대해서는 규정 [별표2] 제3호가목(내부통제위원회의 설치·운영에 관한 사항, 위원회 구성 및 개최주기)을 적용하지 않으므로(규정 별표2 비고 i) 반기별 개최는 불필요함.

[CCO의 겸직]

24. CCO가 금융소비자보호 총괄기관을 영업부서로부터 독립적으로 운영할 수 있다면 다른 부서와 함께 운영이 가능한지?

1차 FAQ(6면)

내부통제기준에 금융소비자보호 총괄기관이 영업부서로부터 독립성을 확보하도록 한 취지는 금융소비자보호와 영업부서 업무 간의 이해상충 방지 및 조직의 금융소비자보호 업무역량 제고에 있음. 이러한 취지에 벗어나지 않는다면 조직의 경영효율성 확보를 위해 필요 시 소비자보호 담당부서를 준법감시인 등 대표자에 직속된 다른 부서와 함께 운영하는 게 가능함.

다만, 금융소비자보호 담당임원을 별도로 선임하는 경우에는*(규정 별표2 비고 ii 마)* 다른 부서와 함께 운영할 수 없으며, *(총괄기관을 별도로 두어 업무를 수행해야 함)*.

25. 외은지점의 위험관리책임자(지배구조법§28)가 금융소비자보호 총괄기관 업무를 겸직할 수 있는지?

신속처리시스템 회신(은행 210406-19)

감독규정에서는 외국 금융회사 국내지점의 금융소비자보호 담당임원(CCO)을 "준법감시

67) 1차 FAQ, 5면 참조.

인 또는 이에 준하는 사람"으로 규정하고 있음. 이 경우, "이에 준하는 사람"이란 준법감시인이 없는 경우에 감사 등을 의미함. 따라서 준법감시인이 선임된 경우에는 위험관리책임자를 금융소비자보호 담당임원(CCO)으로 둘 수 없음.

26. 지배구조법(§25②但에) 따라, 총자산 5조원 미만의 금융회사는 사내이사 또는 업무집행책임자가 아닌 '직원'을 준법감시인으로 선임 할 수 있는데, 이 경우 선임된 준법감시인(직원)이 금융소비자보호 담당임원(CCO)을 겸직할 수 있는지?

신속처리시스템 회신(여전 210820-67)

감독규정 [별표2] 비고 i 가 및 비고 ii 가에 따라서, "최근 사업연도 말 현재 자산총액이 5조원 미만인 여전사" 등의 경우에는, 준법감시인 또는 이에 준하는 사람을 금융소비자보호 총괄기관을 전담하는 임원(CCO)으로 선임할 수 있음. 또한, 「금융회사의 지배구조에 관한 법률」 제25조제2항 및 동법 시행령 제20조제2항제4호에 따르면, 자산총액이 5조원 미만인 여전사의 경우 사내이사 또는 업무집행책임자가 아닌 직원 중에서 준법감시인을 선임할 수 있음.
자산규모가 일정수준 미만인 금융회사 등에 대해서는 준법감시인이 CCO를 겸직할 수 있도록 요건을 완화한 취지를 고려하면, 최근 사업연도 말 현재 자산총액이 5조원 미만인 여전사의 경우에는, 사내이사 또는 업무집행책임자가 아닌 직원인 준법감시인을 CCO로 선임 가능함.

27. 소속 보험설계사 500명 이상인 법인보험대리점의 준법감시인(임원)이 금융소비자보호 총괄기관 업무를 겸직할 수 있는지?

신속처리시스템 회신(손보 210526-25)

규정 [별표2]에서는 소속 개인 대리·중개업자가 500명 미만인 법인 판매대리·중개업자에 한하여 금융소비자보호 담당임원(CCO)의 업무를 준법감시인이 겸직할 수 있다고 규정하고 있음. 따라서 소속 보험설계사가 500명 이상인 보험대리점의 경우에는 *(겸직이 불가하여)* 준법감시인과 별도로 CCO를 선임하여야 함.

28. 금융소비자보호 전담임원(CCO)을 임명해야 하는 판매업자등인 경우(규정 별표2 비고 ii 마) 전담임원은 총괄기관 업무 외 업무수행이 불가한지?

금융투자회사의 표준내부통제기준 업무메뉴얼(33~35면)

전담임원은 총괄기관 업무수행에 지장이 없는 범위에서 임원으로서의 활동(등기임원으로서 이사회 및 이사회 내 위원회 활동, 기타협의체 활동 등)을 겸하는 것은 가능하나, 금융상품 개발, 판매업무 등 전담업무와 이해상충이 발생할 수 있는 업무를 겸하는 것은 금지됨.

29. 금융소비자보호 담당임원(CCO)이 고객응대 및 사회공헌, 대내외 홍보 등 금융상품 개발 및 영업과 무관한 부서[68]를 관리하는 것이 가능한지?

신속처리시스템 회신(손보 210406-5)

감독규정 [별표2] 제3호나목1)에 따른 사항은 금융소비자보호 업무를 예시적으로 열거한 사항으로, 금융소비자보호법상 판매업자등이 자체적으로 운영하고자 하는 금융소비자보호 업무의 종류를 제한하지 않음. 감독규정 [별표2] 제3호나목1)에 구체적으로 명시되어 있지 않아도 고객서비스 사후관리, 사회공헌 등 영업행위와의 독립성을 유지하면서 소비자보호에 필요한 업무는 수행이 가능함.

30. 금융소비자보호 담당임원(CCO)이 전기통신 금융사기 피해예방 업무부서를 담당할 수 있는지?

CCO가 전기통신 금융사기 피해예방 업무부서를 운영·담당 가능할 수 있음.

31. CCO가 신용정보법상 신용정보관리보호인 및 개인정보보호법상 개인정보보호책임자를 겸직할 수 있는지?

신속처리시스템 회신(은행 211015-136)

감독규정에서는 판매업자 등이 내부통제기준을 마련 시 CCO가 소비자보호 총괄부서 업무를 전담하도록 규정하고 있으며, 금융소비자보호 감독규정 [별표2] 제3호나목1)에서는

68) (예시) CS 지원부(고객서비스 관리, 기업문화 관리, 콜센터 관리 등), 사회공헌파트(사회공헌활동, 봉사활동 등), 홍보파트(대내외 홍보 및 광고, 사보 및 사외보 발간, 임직원 방송 운영 등).

소비자보호 총괄부서의 업무를 예시적으로 열거하고 있음.
이를 고려하면, 금융상품 개발 · 판매 업무와의 독립성 확보, 원칙상 CCO를 임원으로 별도 설치하도록 한 취지 등에 벗어나지 않는다면 CCO의 업무로 다른 업무를 추가할 수 있으나, 대상 업무가 다른 금융법령에서 고유의 정책목적 달성을 위해 설치를 의무화한 업무라면 원칙적으로 겸직할 수 없음.
이에 따라, 개인정보보호책임자 및 신용정보관리·보호인 업무는 다른 금융법령에서 고유의 정책목적 달성을 위해 설치를 의무화한 임원의 업무에 해당하므로 CCO와 겸직이 불가능하다고 판단됨.

32. 개인인 금융소비자를 대상으로 체결한 계약에 따른 자산이 전체 자산의 5%를 초과하지 않는 여신전문금융회사로서 감독규정 [별표2] 비고 ii 라에 따라 준법감시인이 CCO인 경우, 동 준법감시인이 동시에 개인정보보호책임자 및 신용정보관리 · 보호인을 겸임(겸직)할 수 있는지?

법령해석 회신문(220163)

금융소비자보호법 관련 해석상 CCO가 '다른 금융법령에서 고유의 정책목적 달성을 위해 설치를 의무화한 임원'을 겸직하는 것을 원칙적으로 불가토록 한 취지는, CCO의 독립성을 보장하여 소비자보호 업무에 전념토록 하기 위한 것임.
다만, 이때에도 준법감시인이 CCO 업무를 수행하는 소규모 회사의 경우, 위 준법감시인이 동시에 다른 법령에서 선임을 의무화한 책임자를 겸직하는 것까지 제한하고 있지는 아니함. 이에 따라, 사례와 같이 준법감시인이 CCO를 겸직할 수 있는 소규모 회사의 경우, 관련 법령[69]에 따라 준법감시인이 CCO 외 다른 책임자를 겸직할 수 있는 경우가 있음.
이러한 경우 준법감시인이 CCO 및 다른 책임자를 동시에 겸직할 수 있는지 여부는, 이해상충 방지 및 CCO의 독립성 확보, 업무 전념 등을 종합적으로 감안하여 금융회사가 자체적으로 판단하여야 함.

33. CCO가 전자금융거래법상 정보보호최고책임자(CISO)를 겸직할 수 있는지?

신속처리시스템 회신(손보 210809-35)

판매업자 등이 내부통제기준을 마련 시 CCO가 소비자보호 총괄부서 업무를 전담하도록

69) 준법감시인은 자산운용 · 본질 · 부수업무 등에 대해 겸직 금지 의무를 보유하되, 소규모 금융회사(자산총액 기준)의 경우 겸직 예외를 적용한다(지배구조법 §29).

규정(규정 별표2 비고 ii 마)하고 있으며, 감독규정 [별표2] 제3호나목1)에서는 소비자보호 총괄부서의 업무를 예시적으로 열거하고 있음.
이를 고려시 금융상품 개발 · 판매 업무와의 독립성 확보, 원칙상 CCO를 임원으로 별도 설치하도록 한 취지 등에 벗어나지 않는다면 CCO의 업무로 다른 업무를 추가할 수 있으나, 대상 업무가 다른 금융법령에서 고유의 정책목적 달성을 위해 설치를 의무화한 업무라면 원칙적으로 겸직할 수 없을 것임.
이에 따라, 정보보호최고책임자 업무는 다른 금융법령에서 고유의 정책목적 달성을 위해 설치를 의무화한 임원의 업무에 해당하므로 CCO와 겸직이 불가능하다고 판단됨.

[내부통제기준 절차]

34. 홈페이지를 운영하지 않는 판매업자의 경우 내부통제기준의 제·개정사항 및 주요 현황을 영업점에 비치하면 홈페이지 게시의무를 이행한 것으로 볼 수 있는지?

신속처리시스템 회신(은행 210415-36)

기존에 홈페이지를 운영하지 않은 판매업자라면 금융소비자보호법 시행으로 인하여 홈페이지 개설 의무를 부담하지는 않음. 다만, 동 규정 취지는 금융회사의 내부통제기준 제·개정 사실 및 주요 현황을 금융소비자가 손쉽게 접근·확인할 수 있는 방법을 갖추도록 하는 것이므로, 해당 판매업자는 인터넷 홈페이지에 준하는 방법으로 금융소비자가 동 내용에 제한없이 접근할 수 있는 방안을 자율적으로 마련하여 게시하여야 함.

35. 외국은행의 국내지점(이사회 부재)이 금융소비자보호법에 따른 내부통제기준을 제정·변경하는 경우에 이사회 승인을 대표자 등의 승인으로 갈음할 수 있는지?

신속처리시스템 회신(은행 210825-128)

현행 금융법령상 외국은행 국내지점의 경우 별도 이사회를 두고 있지 않으므로, 금융소비자보호법 시행령 제10조의 내부통제규정을 그대로 적용하기는 어려운 실정임. 이에 금융위원회는 추후 관련 규정개정 등을 통해, 외은지점처럼 이사회가 없는 경우 대표자 등의 승인으로 이사회 승인을 갈음할 수 있는 방안을 검토하겠다고 밝힘.

[시행시기]

36. 금융소비자보호법상 내부통제기준 관련 규정 시행일인 2021.9.25일까지 내부통제 기준에서 요구하는 조직, 임원 등을 갖춰야 하는지?

1차 FAQ(4면)

내부통제기준 관련 조직, 인력의 확보는 금융소비자보호법에 따라 기준에 포함시켜야할 사항으로, 그 자체가 법 시행일에 맞춰 이행해야 할 의무는 아님. 따라서 법 시행일에 맞춰 내부통제기준을 마련하고, 이후 지체없이 그 기준에 따라 주주총회, 이사회 등 필요한 절차를 거쳐 관련 조직, 인력 등을 갖추면 됨.

37. 내부통제기준 마련의무 시행일(2021.9.25.)이 경과하여 2022.1분기 내 주주총회 및 이사회를 개최하는 경우 이때 CCO를 선임하여도 법을 준수한 것인지? 금융소비자보호 총괄기관을 신설하는 조직개편이 동 주주총회 및 이사회 개최 이후 가능한 경우 총괄기관 설치 없이 현재 준법감시인이 CCO를 겸직하여도 되는지?

신속처리시스템 회신(은행 210817-127)

금융회사가 내부통제기준을 마련한 경우, 그 기준에 따른 CCO의 선임 및 조직의 구성은 주주총회·이사회 등 필요한 절차를 거쳐 지체없이 갖추도록 해석(36번 문항 참조)한 바 있음. 따라서 금융회사가 해당 절차를 완료하기 전이라면 기존 조직을 유지하거나 준법감시인이 CCO를 임시 겸직하는 것도 가능할 것으로 판단됨.

다만, 2021.9.25일에 이미 금융소비자보호상 내부통제기준이 마련되었으므로, 금융회사는 특별한 사정이 없는 한 해당일 이후 개최되는 가장 앞선 주주총회 및 이사회에서 관련 안건을 포함시켜 CCO 선임 및 관련 조직을 갖춰야 함.

제2장 금융상품 유형별 영업행위규제

제1절 개관

Ⅰ. 개별법과의 관계

영업행위 규제는 규제목적에 따라 크게 ① 소비자보호, ② 건전성, ③ 소비자보호+건전성으로 구분된다. 이 중 ① 소비자보호 목적의 영업행위 규제는 금융소비자보호법으로 이관하고 개별 금융법에서 관련 규정을 삭제하였다.[1)] 대부분의 영업행위 규제는 제재(영업정지·취소, 과태료, 과징금) 및 벌칙(형벌)을 수반하여 금융소비자보호법과 개별 금융법에서 중복적으로 규율하는 것은 적절하지 않기 때문이다.

다만, 개별업권의 특수성을 감안하여 개별법상 규율이 불가피한 경우는 해당 법에 존치한다. 특히 대부업법의 경우 시·도지사 등록 대부업자는 금융소비자보호법상 규제대상이 아니므로 규제대상 범위가 차이나는 점을 고려하여 대부업법상 영업행위 규제는 그대로 존치한다.

---

1) ③ 유형의 경우 건전성 목적도 있어 판매법인 금융소비자보호법에서 규율하기 부적절하므로 개별 금융법에 존치한다.

II. 상품별 규제

상품유형에 따른 위험 및 특성을 감안하여 상품별 규제 적용여부와 구체적인 내용이 다르다.[2] 예를 들어 손실가능성이 없는 예금성 상품의 경우 적합성 원칙이 적용되지 않는다.

구분	개념	대상상품
적합성 원칙 (법§17)	금융소비자의 재산상황 등에 비추어 부적합한 상품의 권유를 금지	보장성(일부)·투자성·대출성 상품
적정성 원칙 (법§18)	금융소비자가 구매하고자 한 상품이 해당 금융소비자에게 적절하지 않을 경우 이를 고지	보장성·투자성·대출성 상품 일부
설명의무 (법§19)	금융소비자가 반드시 알아야 할 상품의 주요내용을 설명	모든 유형
불공정영업행위 금지(법§20)	금융소비자가 원하지 않는 다른 금융상품도 같이 구매하도록 강요하는 행위 등을 금지	대출성 상품 등
부당권유행위 금지(법§21)	단정적 판단 또는 허위사실 제공하는 등 부당한 권유 행위를 금지	모든 유형
광고(법§22)	금융상품 광고시 필수적으로 포함되어야 하는 사항과 금지되는 행위에 대한 규제	모든 유형
계약서류 제공 (법§23)	계약체결시 금융소비자에게 계약서류 제공	모든 유형

이 중 가장 핵심적인 6가지 규제를 6대 영업행위규제(① 적합성 원칙, ② 적정성 원칙, ③ 설명의무, ④ 불공정영업행위의 금지, ⑤ 부당권유행위 금지, ⑥ 광고 규제)로 통칭한다. 모든 판매업자등에게 적정성 원칙[3]을 제외한 6대 영업행위규제가 적용된다.

---

2) 금융위원회, "「금융소비자보호에 관한 법률」 제정안 및 「금융위원회 설치 등에 관한 법률」개정안 입법예고", 보도자료의 별첨자료(금융소비자보호에 관한 법률 제정안 주요 내용), 2011.11.16., 15면 참조.
3) 자문업자에게 적용되지 않는다.

▌제2절▐ 적합성 원칙

Ⅰ. 의의

일반소비자의 재산상황, 금융상품 취득·처분 경험 등에 비추어 부적합한 금융상품의 계약체결 권유를 하여서는(자문에 응하여서는, 이하 같다) 아니 된다.[4] 금융상품 중에는 일반소비자의 취득경험, 자력, 의향에 따라 적합하지 않은 것이 있는데, 판매업자등으로부터 권유를 받게 된다면 권유 받은 상품이 판매업자등의 전문지식이나 지위에 비추어 자신에게 적합한 것이라고 생각하고 계약체결로 이어질 가능성이 크다. 따라서 고도의 지식이나 경험을 갖지 않는 일반소비자에 대해서 복잡한 상품을 권유하거나 일반소비자의 재산상황에 비추어 지나치게 과당한 거래를 권유하는 등 해당 일반소비자의 보호에 문제를 일으킬 수 있는 권유를 금지할 필요성이 있다.[5]

후술하는 적정성 원칙이 계약체결 권유가 없는 경우에도 적용됨에 반하여 적합성 원칙은 '계약체결 권유'가 있는 경우에만 적용된다. 적합성 원칙은 설명의무와 더불어 권유규제의 핵심을 이룬다.

Ⅱ. 적용범위[6]

금융소비자의 객관적 변제능력을 상회하는 약탈적 대출이 발생하지 않도록 모든 대출성 상품(대출, 신용카드, 어음할인 등)과, 원금손실가능성이 있는 대부분의 투자성 상품이 적용대상이다. 기존규제(자본시장법 §117-7①)에서도 적합성 원칙의 예외였던 크라우드펀딩과 상품구조상 적합성 원칙을 적용하기 힘든 연계투자계약은 투자성 상품이지만 제외된다.

보장성 상품의 경우 기존규제(보험업법 §95-3)상 변액보험만 적용대상이었던 것과 달리 금융소비자보호법은 변액보험과 유사한 상품[7]에까지 적용범위를 확대한다. 만기 미보장 변액보험[8]은 보장성 상품 및 투자성 상품 모두에 해당하여 적용대상으로 포함된다.

---

4) 적합하지 않은 투자권유를 금지하는 소극적 원칙으로 규정되어 있어 반대해석으로 적합한 권유만 해야 한다는 것으로 이해할 수 있으나 금융소비자에게 가장 적합한 상품을 권유해야 한다는 의미는 아니다.

5) 온주 자본시장과금융투자업에관한법률 제46조 (2019. 11. 26.) 참조.

6) 금융소비자보호법 안내자료(2021.03.24.), 22면 참조.

7) 금융소비자보호를 위해 보험금이 자산운용의 성과에 따라 변동하는 변액보험과 유사한 상품으로 보험료 또는 공제료 일부가 금융투자상품의 취득·처분 등으로 운용되는 상품(영§11① i 나).

8) (예시) 변액연금 최저연금적립금보증(GMAB) 미부여형(변액보험 표준계약권유준칙 2면 참조).

예금성 상품의 경우 원금을 보장하므로 원칙적으로 적합성 여부를 판단하여 규제할 실익이 없다. 다만, 운용실적에 따라 수익률 등의 변동가능성이 있는 예금성 상품이 나올 수 있으므로 이를 법에서 적용대상으로 규정한 후 구체적인 범위는 시행령에 위임하였으나, 현재 이에 부합하는 예금성 상품이 없어 시행령에서는 별도로 규정하지 않았다.

구분		내용
주체(규제대상)		직접판매업자, 대리·중개업자, 자문업자
상대방(보호대상)		일반소비자
금융상품	보장성	변액보험 및 이와 유사한 상품
	투자성	크라우드펀딩, 연계투자계약 제외한 투자성 상품(만기 미보장 변액보험 포함)
	대출성	모든 대출성 상품(대출, 신용카드, 어음할인 등)
시기		판매업자의 금융상품 계약체결 권유 시, 자문업자가 금융상품 자문에 응할 시

신용대출 또는 주택담보대출 등은 대출상품의 유형이며 판매업자가 금리 및 한도 등 구체적인 거래조건을 정한 후에야 개별 금융상품이 된다는 점에서, 소비자가 신용대출 계약의사를 밝히더라도 상품을 특정한 것이 아니므로 적정성 원칙이 아닌 적합성 원칙을 적용해야 한다.[9)]

Ⅲ. 내용 및 절차

금융소비자보호법 외에 적합성 원칙을 구체화하는 규제(아래 표)와 흐름도에 맞춰 내용 및 절차를 기술한다. ㊋는 행위의 주체가 소비자라는 의미이며, 그 외 행위 주체는 모두 판매업자등이다.

구분	제정 주체	형식	근거
투자자 적합성 평가 제도 운영지침	금융위원회	행정지도	금융규제 운영규정(§8) (유효기간은 공고일인 2021.07.05. 로부터 1년)
표준투자권유준칙	금융투자협회	자율규제	자본시장법(§50)
변액보험 표준계약권유준칙	생명보험협회	자율규제	舊보험업감독규정(§4-35-3)

9) 신속처리시스템 회신(여전 210429-21) 참조.

❖ 적합성 원칙 흐름도

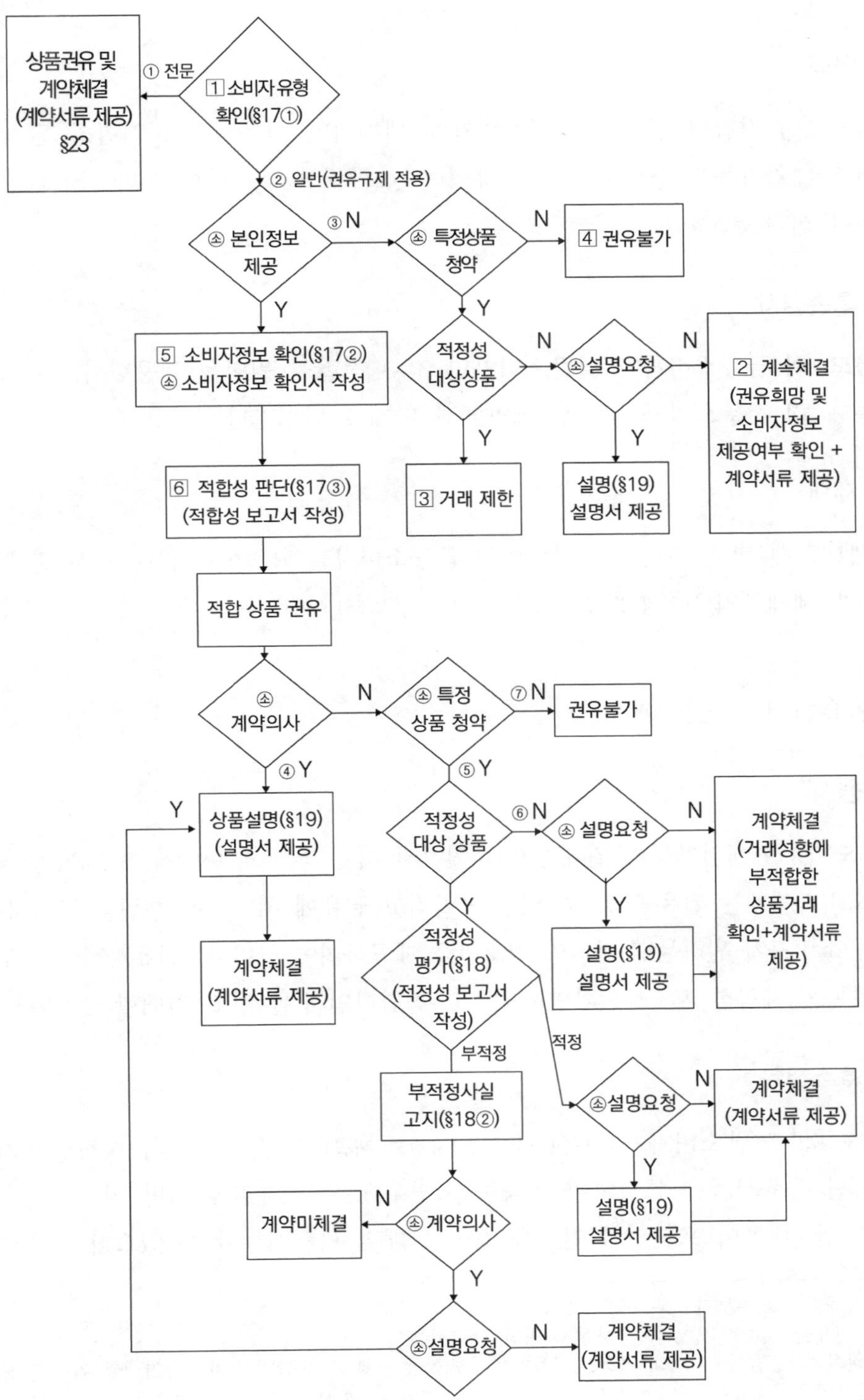

상품권유 및
계약체결
(계약서류 제공)
§23
① 전문
1 소비자 유형
확인(§17①)
② 일반(권유규제 적용)
㊋ 본인정보
제공
③ N
㊋ 특정상품
청약
N
4 권유불가
Y
Y
5 소비자정보 확인(§17②)
㊋ 소비자정보 확인서 작성
적정성
대상상품
N
㊋ 설명요청
N
2 계속체결
(권유희망 및
소비자정보
제공여부 확인 +
계약서류 제공)
Y
Y
6 적합성 판단(§17③)
(적합성 보고서 작성)
3 거래 제한
설명(§19)
설명서 제공
적합 상품 권유
㊋
계약의사
N
㊋ 특정
상품 청약
⑦ N
권유불가
④ Y
⑤ Y
Y
상품설명(§19)
(설명서 제공)
적정성
대상 상품
⑥ N
㊋ 설명요청
N
계약체결
(거래성향에
부적합한
상품거래
확인+계약서류
제공)
Y
Y
계약체결
(계약서류 제공)
적정성
평가(§18)
(적정성 보고서
작성)
설명(§19)
설명서 제공
부적정
적정
부적정사실
고지(§18②)
㊋ 설명요청
N
계약체결
(계약서류 제공)
Y
N
계약미체결
㊋ 계약의사
설명(§19)
설명서 제공
Y
㊋ 설명요청
N
계약체결
(계약서류 제공)

1. 소비자유형 확인의무

1.1. 의의

[흐름도 ①] 적합성 원칙은 일반소비자에 대해서만 적용되므로 적합성 원칙 적용의 전제로서 판매업자등은 소비자가 어느 유형(전문소비자/일반소비자)에 속하는지를 권유 전에 파악하여야 한다(법§17①).

1.2. 후속절차

[흐름도 ②] 금융소비자가 일반소비자인 경우 적합성 원칙을 적용한다.
[흐름도 ①] 전문소비자인 경우 계약체결 단계로 넘어간다.

1.3. 제재

법 제17조제1항을 위반하여 상대방인 금융소비자를 확인하지 않는 경우 판매업자 및 임직원에게 제재조치(시정명령, 정직 등) 가능하다(법§51 · §52).

2. 권유거절

2.1. 원칙

[흐름도 ③] 판매업자등의 권유받기를 원하지 않는(금융소비자정보를 제공하지 않는 경우 포함) 금융소비자에게는 권유를 할 수 없음을 알리고 권유에 해당하는 행위를 하여서는 아니되며, 금융소비자가 원하는 객관적인 정보만을 제공하여야 한다.[10] 권유과정에서 부적합한 상품의 목록을 제공한 후 '불원확인서[11]', '부적합확인서'를 받고 판매할 수 없다.[12]

2.2. 후속절차

[흐름도 ②] 일반소비자가 권유(또는 소비자정보 제공) 거절 상태에서 적정성 원칙 적용 대상이 아닌 금융상품을 특정하여 청약하는 경우에는 '투자권유 희망 및 투자자정보 제공 여부 확인' 내용이 포함된 확인서를 받아 판매절차를 진행할 수 있으나 이 경우 투자

---

10) 금융투자협회, "표준투자권유준칙", 2021.04.07., 4면 참조.
11) 고객이 권유를 원하지 않았다는 사실을 확인받는 서류.
12) 금융위원회 · 금융감독원 · 협회 공동, "금융소비자보호법 시행 후 원활한 금융상품거래를 위해 판매자 · 소비자가 알아야 할 중요사항을 알려드립니다.", 보도참고자료, 2021.03.29., 3면 참조.

자가 그 확인서의 취지[13]와 유의사항[14]을 충분히 이해할 수 있도록 설명하여야 한다.

[흐름도 3] 일반소비자가 적정성 원칙 적용대상인 금융상품을 특정하여 청약하였으나, 소비자정보 제공을 거절하는 경우 적정성 원칙에 따라 거래가 제한된다.[15]

[흐름도 4] 일반소비자가 권유(또는 소비자정보 제공)를 거절한 상태에서 상품을 특정하지 아니하고 청약을 한 경우[16] 판매업자등은 금융상품의 계약체결을 권유할 수 없다.

3. 소비자정보 확인의무

3.1. 소비자정보 파악

[흐름도 5] 적합성 원칙이 금융소비자에게 적합한 권유만을 하여야 한다는 원칙이므로, 이를 수행하기 위해서는 필연적으로 고객의 속성을 파악할 필요가 있다. 이에 권유 전에 금융소비자와의 면담 등을 통해 정보를 파악하도록 한다(법§17②).[17] 면담 시 적합성 원칙 취지를 쉽게 설명하고, 파악하고자 하는 정보를 금융소비자에게 명확하게 요구해야 하며, 어려운 용어[18]나 불명확한 표현[19]은 지양해야 한다.[20]

온라인에서는 금융소비자가 직접 상품을 선택하므로 판매업자등의 권유가 없어 적합성 원칙을 적용 여부가 불분명했다. 이에 대해 금융위원회는 금융소비자의 권유 유인행위[21]가 있는 경우에는 금융소비자가 판매업자등의 권유를 희망한다는 의사표시로 보아 그 이후부터는 적합성 원칙을 적용해야 함을 분명히 하였다. 따라서 판매업자등이 홈페이지에서 금융소비자 맞춤형 상품을 제시하거나, 인기상품 순대로 열거하는 경우 해당 상품을 클릭하면 상품에 대한 설명페이지가 아닌 소비자유형 확인을 위한 페이지로 연결되도록 설계가 필요하다.[22]

---

13) 일반소비자가 판매직원의 권유 없이 특정 상품에 대한 계약체결을 희망하는 경우 판매업자등은 금융소비자보호법상 적합성 원칙이 적용되지 않는다는 사실을 고지하기 위해 사용한다(표준투자권유준칙, 5면 참조).
14) 권유를 희망하지 않는다는 확인서를 일반소비자가 작성하는 경우 판매업자등은 금융소비자보호법상 적합성 원칙과 설명의무 적용대상에서 제외되며, 판매업자등의 관련 법 위반에 대해 일반소비자의 권리를 주장할 수 없다. 다만, 설명의무의 경우 일반소비자가 요청할 경우에는 판매업자등에게 설명의무가 적용된다(표준투자권유준칙, 5면 참조).
15) 금융투자협회, “표준투자권유준칙”, 2021.04.07., 4~5면 참조.
16) (예시) 일반소비자가 적립식 펀드 가입을 희망하나, 재산상황 등 소비자정보를 제공하기 거절한 경우.
17) 온주 자본시장과금융투자업에관한법률 제46조(2019. 11. 26.) 참조.
18) (예시) 보유중인 순자산 규모는?
19) (예시) 투자상품의 ‘구조’를 이해하는지?
20) 금융위원회, “투자자 적합성평가 제도 운영지침”, 행정지도(제2021－1호), 2021.07.05., 2면 참조.
21) ① 소비자가 맞춤형 상품 추천에 필요한 정보를 제공하는 행위, ② 소비자가 특정 기준(거래빈도, 수익률, 이자율, 대출한도 등)을 선택하여 그 기준에 부합하는 상품을 검색하는 행위.
22) 1차 FAQ, 7면 참조.

원칙적으로 일반소비자 본인으로부터 정보를 파악하여야 하나, 일반소비자의 대리인이 소비자정보 작성 권한이 포함된 대리권 증명서류(본인 및 대리인의 실명확인증표 및 위임장 등)를 제출하는 경우 대리인으로부터 일반소비자 본인의 정보를 파악할 수 있다.[23)]

일반소비자가 제공한 정보를 넘어서서 적극적으로 정보를 수집할 의무가 있는지에 대해서 법령상 규정되어 있지는 않다. 적합성 판단의 기초가 되는 소비자정보를 일반소비자가 판매업자등에게 제공하기 거절하거나 불충분한 정보를 제공한 경우에는 위 '권유거절' 단계(흐름도 ③)와 동일하다.

3.2. 소비자정보 확인

3.2.1. 종류 및 확인 방법

파악해야 할 금융소비자정보는 상품별로 구분(투자성과 보장성은 동일)된다(법§17② · 영§11②). 여기서 '신용'은 신용정보법에 따른 신용정보 또는 자본시장법에 따른 신용등급으로 한정(영§11④)하며, 적합성평가에 필요한 범위 내에서 파악해야 한다(규정§10③).

보장성 · 투자성 상품	대출성 상품
□ 거래목적, 재산상황, 연령 □ 취득 · 처분경험, 상품 이해도 □ 위험에 대한 태도	□ 거래목적(대출 限), 재산상황 □ 연령, 신용 · 변제계획

적합성 평가 전 소비자정보의 정확성을 소비자로부터 재차 검증하기 위해[24)] 일반소비자로부터 서명(전자서명을 포함하며 이하 같다), 기명날인, 녹취의 방법으로 해당 소비자정보를 확인받아야 한다(법§17②). 반드시 일반소비자가 자필로 소비자정보를 기재하거나 이를 확인할 필요는 없으며, 면담과정에서 파악한 정보를 직원이 컴퓨터에 입력하고 이를 출력하여 일반소비자에게 확인받는 방법도 가능하다.[25)] 표준투자권유준칙 및 변액보험 표준계약권유준칙에서는 확인서에 서명하는 방식을 취하고 있다.[26)]

3.2.2. 유효기간

판매업자등이 소비자정보의 유효기간을 설정하고 이에 대하여 일반소비자가 동의한

---

23) 금융투자협회, "표준투자권유준칙", 2021.04.07., 10~11면 참조.
24) 신속처리시스템 회신(저축 210728－27) 참조.
25) 금융투자협회, "표준투자권유준칙", 2021.04.07., 9면 참조.
26) 표준투자권유준칙 53면 및 변액보험 표준계약권유준칙 24면 참조.

경우 일반소비자로부터 별도의 변경 요청이 있기 전까지는 정보를 파악한 날로부터 12~24개월(유효기간) 동안 소비자정보가 변경되지 않은 것으로 추정할 수 있다. 일반소비자에게는 정보가 변경되는 경우 판매업자등에게 변경내용을 통지하도록 안내하여야 한다.

파악된 소비자정보를 활용해 적합성평가를 하려는 경우 유효기간의 경과여부 및 변동여부를 확인해야 하며, 일반소비자가 요청하거나, 소비자정보에 변동이 있거나, 유효기간이 경과한 소비자정보인 경우에는 소비자정보를 다시 파악해야 한다.[27)]

3.3. 유지·관리 및 제공

일반소비자로부터 확인받은 내용(확인서 등)에 대해서는 10년(보장성 상품의 보장기간이 10년을 초과하는 경우에는 보장기간) 동안 유지·관리해야 하며, 일반소비자에게 지체없이 제공해야 한다(법§17② · §26②). 추후에 금융소비자와 분쟁이 발생한 경우에 권유 당시의 상황에 대한 증빙자료로 기능한다.[28)]

3.4. 제재

법 제17조제2항을 위반하여 소비자정보를 파악하지 아니하거나, 일반소비자로부터 확인을 받지 아니하거나, 금융소비자로부터 확인을 받고 이를 유지·관리하지 아니하거나, 금융소비자에게 확인받은 내용을 지체 없이 제공하지 아니한 경우 판매업자에게 과태료[29)]가 부과되며(법§69② i), 판매업자 및 임직원에게 제재조치(시정명령, 정직 등) 가능하다(법§51 · §52).

4. 적합성 판단의무

4.1. 의의

[흐름도 6] 파악된 일반소비자정보를 바탕으로 손실감수능력 및 상환능력이 있는지를 상품별로 아래 판단기준에 따라 평가(투자성과 보장성은 동일)한다(영§11③ · 규정§10① · ②). 판단(평가)시점을 기준으로 하므로 권유 시 제공받은 소비자정보에 변경이 있더라도 권유시점에 제공된 정보에 기초하여 적합성을 판단하면 된다.[30)]

27) 표준투자권유준칙 12면, 변액보험 표준계약권유준칙 12면 및 신속처리시스템 회신(은행 210512-97) 참조.
28) 온주 자본시장과금융투자업에관한법률 제46조(2019. 11. 26.) 참조.
29) 법인 2천만원, 법인이 아닌 자 1천만원.
30) 온주 자본시장과금융투자업에관한법률 제46조(2019. 11. 26.) 참조.

보장성·투자성 상품	대출성 상품
□ 아래 사항 고려해 손실에 대한 감수능력이 적정할 것. 단, 소비자보호를 위해 필요 시 아래 사항 중 어느 하나만으로 부적합 평가 가능 ○ 재산상황(보유자산 중 금융상품의 유형별 비중) ○ 거래목적, 연령 ○ 상품 이해도, 위험에 대한 태도 ○ 취득·처분경험(투자성 상품 限) □ 위험등급과 위 사항을 비교·평가할 것. 다수의 금융상품으로 구성되어 있는 경우 각 금융상품의 위험등급을 종합적으로 고려하여 평가 가능	□ 아래 사항 고려해 상환능력이 적정할 것. 단, 금융상품의 특성상 필요 시 아래 사항 중 어느 하나만으로 평가 가능 ○ 재산상황(소득, 부채 및 자산) ○ 거래목적, 신용, 연령 ○ 고정지출, 변제계획 □ 다만, 아래 상품은 자체기준에 따라 평가가능 ○ 신용카드, 중도금·이주비대출 ○ 환매조건부채권

4.2. 운영지침[31)]

4.2.1. 원칙

투자자 성향 평가는 법령상 기준에 따라 일관되게 실시하여야 한다. 소비자정보를 평가하는 과정에서 금융소비자가 제공한 정보 간에 모순이 발생하거나, 정보가 유사한 금융소비자들 간 평가결과에 적지 않은 차이가 발생할 경우 조정이 이루어져야 한다.[32)]

4.2.2. 대면-비대면간 호환

영업점을 방문한 금융소비자가 미리 비대면 평가결과를 받은 경우,[33)] 이후 평가기준에 변동이 없다면 추가 평가없이 소비자정보에 변동사항이 있는지만 확인하는 것도 가능하다. 소비자정보에 변동이 없는 경우에는 기존 평가결과를 활용할 수 있으며, 변동이 있는 경우에는 다시 평가를 해야 한다. 이는 비대면 거래 시 대면 투자자성향 평가결과를 활용하는 경우에도 동일하게 적용된다.

4.2.3. 평가횟수 제한

금융상품 권유 등을 통해 금융소비자가 자신의 투자자성향 평가 결과를 알기 전인

31) 금융위원회, 투자자 적합성평가 제도 운영지침, 행정지도(제2021－1호), 2021.07.05., 2~4면 참조.
32) (절차예시) ① 평가등급 간 큰 차이가 소비자 실수에 기인하였다고 판단될 경우 정정할 수 있는 기회 제공, ② 직원의 소비자정보 조작 유도가 있었는지에 대한 점검 및 사후조치.
33) 판매업자등이 금융소비자에게 평가등급 등 평가결과를 알려줘야 할 법령상 의무는 없으므로 금융소비자가 투자자성향 평가에 필요한 정보를 입력·확인하는 단계까지를 의미한다.

경우에 판매업자등은 금융소비자의 정보 변경 요구를 원칙적으로 허용하여야 한다. 금융소비자가 자신의 정보에 오류가 있어 변경을 요구했음에도 당일 변경을 불허하고 이에 기초하여 투자권유를 하는 행위는 금융소비자보호법(§17②) 위반 소지가 있다.

금융소비자가 평가결과를 안 후라면 위험등급이 높아 부적합함에도 금융상품 거래를 위해 의도적으로 소비자 자신의 정보를 변경하지 않도록 판매업자등은 필요한 조치를 취하는 게 법 취지[34]에 부합한다.

대면거래의 경우 소비자정보 중 금융상품 이해도, 위험에 대한 태도 등 통상 짧은 시간 내 변경되기 어렵고 오류를 객관적으로 확인하기 어려운 정보는 당일 변경을 허용하지 않는 것을 원칙으로 한다. 다만, 객관적 확인이 가능한 금융소비자의 사실관계 착오, 오기(誤記) 등은 소비자 요청 시 변경을 허용할 것을 금융위원회는 권고한다.

비대면거래의 경우 판매업자등이 금융소비자의 재평가를 통제하기 어려운 점을 감안하여 재평가횟수를 사전적으로 제한할 것이 권고된다. 1일 평가 가능횟수는 최대 3회[35]를 원칙으로 하되, 고객특성(예: 고령자, 장애인), 정보유형(예: 재산상황, 투자경험) 등을 합리적으로 반영하여 마련한 자체 기준에 따라 횟수를 조정할 수 있다.

판매업자등은 재평가를 실시하는 경우 금융소비자의 재평가 요구사유를 파악하고 그 내용을 기록·유지하여야 한다.

4.3. 판단방법

표준투자권유준칙에서는 투자성 상품 적합성 판단방법으로 ① 일반소비자의 답변을 점수화하여 총합으로 판단하는 투자성향 점수화(Scoring) 방식, ② 투자성향을 확정하지 않고 질문에 대한 답변을 통해 적합상품을 순차적으로 선별하는 추출(Factor－out) 방식, ③ 점수화와 추출방식을 혼합한 방식, ④ 상담보고서 활용방식을 제시하고 있다.[36]

변액보험 표준계약권유준칙에서는 보장성 상품 적합성 판단방법으로 ① 점수화(Scoring) 방식, ② 추출(Factor－out) 방식을 제시한다.[37]

---

34) **금융소비자보호법 제10조(금융상품판매업자등의 책무)** 금융상품판매업자등은 제7조에 따른 금융소비자의 기본적 권리가 실현되도록 하기 위하여 다음 각 호의 책무를 진다.
   3. 금융상품으로 인하여 금융소비자에게 재산에 대한 위해가 발생하지 아니하도록 필요한 조치를 강구할 책무.

35) 주요 증권사 1일 평균 비대면 투자자성향 평가횟수 중 1~3회가 98% 이상인 점 등을 감안하여 한도로 설정한다. 판매업자등이 1일 평가 가능횟수를 3회 초과하기 위해서는 평가 가능횟수에 대한 합리적 기준을 자율적으로 마련하고, 그 기준에 따라 평가횟수를 통제해야 한다.

36) 금융투자협회, "표준투자권유준칙", 2021.04.07., 75~79면 참조.

37) 생명보험협회, "변액보험 표준계약권유준칙", 2021.03.25., 26면 참조.

4.4. 판단요소

변액보험 표준계약권유준칙에서는 법에서 요구하는 사항 외에도 정량적 요소(보험료 수준, 보장위험, 보험료 납입기간, 보험기간, 원금손실 가능성 등) 및 정성적 요소(보험상품 구조의 복잡성, 보험상품의 가입 목적,[38] 금융상품 가입경험 등)로 구분하여 보장성 상품의 적합성 평가를 하도록 한다. 변액보험의 경우에는 편입되는 펀드의 위험도에 맞게 일반소비자에게 권유할 수 있도록 기준을 정하고 있다.[39]

4.5. 적합성 결과 기록

판매업자등은 평가기준에 따라 도출된 평가결과를 근거와 함께 문서에 기록하여야 한다(규정§10①). 이를 토대로 짧은 시간 내 투자자성향 평가결과가 급격히 변동된 사례 등 특이 동향을 주기적으로 파악하고 필요 시 조치를 하는 내부통제가 이루어질 필요가 있다.[40] 해당 결과 및 근거를 기록한 문서를 일반소비자에게 제공할 필요는 없다. 변액보험 표준계약권유준칙에서는 평가결과 및 평가근거 기록문서의 예시를 제시하고 있다.[41]

4.6. 후속절차

[흐름도 ④] 판매업자등이 적합한 상품을 권유하고 일반소비자가 권유받은 상품 중에서 계약체결을 원하는 경우 설명의무 단계로 넘어간다.

[흐름도 ⑤] 일반소비자가 판매업자등이 권유한 상품의 계약체결을 원하지 않고 적정성 대상상품인 특정 상품을 청약하는 경우 적정성 판단결과[42]에 따라 부적정하면 해당 사실을 고지하고 이를 확인받은 후, 적정하면 추가 절차없이 (소비자가 설명을 요청한 경우라면 해당 상품 설명 후) 계약체결이 가능하다.

[흐름도 ⑥] 일반소비자가 판매업자등이 권유한 상품의 계약체결을 원하지 않고 적정성 대상상품인 아닌 특정 상품을 청약하는 경우 '투자성향에 적합하지 않은 투자성 상품 거래 확인' 내용이 포함된 확인서를 받아 판매절차를 진행할 수 있다. 이 경우 임직원등은 투자자에게 투자자성향과 금융투자상품의 위험수준을 확인시켜주고 해당 투자가 투

---

38) 단기 재산증식, 장기저축을 통한 목적자금 마련, 노후자금 마련, 보장자산 마련 등.
39) 생명보험협회, 변액보험 표준계약권유준칙, 2021.03.25., 14~16면 참조.
40) 금융위원회, "투자자 적합성평가 제도 운영지침", 행정지도(제2021－1호), 2021.07.05., 2면 참조.
41) 생명보험협회, "변액보험 표준계약권유준칙", 2021.03.25., 33면 참조.
42) 적합성 원칙과 판단기준이 동일하므로 적정성판단을 생략하고 적합성 판단 결과를 활용할 수도 있다.

자자에게 적합하지 않다는 사실을 명확히 알려주어야 하며, 특히 투자자가 그 확인서의 취지[43)]와 유의사항[44)]을 충분히 이해할 수 있도록 설명하여야 한다.

[흐름도 ⑦] 일반소비자가 판매업자등이 권유한 적합상품의 계약체결을 원하지 않고 상품을 특정하여 청약하지 않는 경우 판매업자등은 일반소비자에게 계약체결을 권유할 수 없다. 권유과정에서 부적합한 상품의 목록을 제공한 후 '투자권유 희망 및 투자자정보 제공 여부 확인서' 또는 '투자성향에 적합하지 않는 투자성 상품 거래 확인서'를 받고 판매하는 것은 금지된다.[45)]

4.7. 제재

법 제17조제3항을 위반하여 계약체결을 권유한 경우 판매업자에게 과태료[46)]가 부과되며(법§69② ii), 판매업자 및 임직원에게 제재조치(시정명령, 정직 등) 가능하다(법§51 · §52). 또한, 법 제17조제3항을 위반하여 계약이 체결된 경우 금융소비자는 위법계약해지를 요구할 수 있다(법§47①).

5. 특례

적합성 원칙은 전문투자형 사모집합투자기구의 집합투자증권을 판매하는 판매업자등이 그 사모집합투자기구의 집합투자증권을 판매하는 경우에는 적용하지 아니한다(법§17⑤本). 다만, 자본시장법(§249-2)상 적격투자자 중 일반소비자가 요청하는 경우에는 그러하지 아니하다(법§17⑤但). 전문투자형 사모집합투자기구의 집합투자증권을 판매하는 판매업자등은 적격투자자에게 적합성 원칙의 적용을 별도로 요청할 수 있음[47)]을 미리 알

43) 투자자가 판매직원의 투자권유 없이 자신의 투자자성향보다 고위 험의 상품(부적합 상품)을 투자한다는 확인서를 작성하는 경우 판매자는 금융소비자보호법상 적합성 원칙이 적용되지 않는다는 사실과 투자자성향에 부합하는 상품에 투자하는 경우보다 더 큰 손실 위험이 있음을 고지하기 위하여 사용한다(표준투자권유준칙, 14면 참조).

44) 투자자가 자신의 투자자성향보다 고위험의 상품을 투자하는 등 '투자성향에 적합하지 않은 투자성 상품 거래 확인서'에 서명하는 것은 향후 판매회사와 체결한 계약내용 등에 대한 피해 발생으로 분쟁 또는 소송이 발생하는 경우 투자자가 작성한 확인서로 인해 불리하게 작용될 수 있으므로 그 확인서의 법적 의미와 그 위험 내용을 충분히 이해한 후 서명하는 등 확인서 작성을 신중하게 결정해야 한다(표준투자권유준칙, 15면 참조).

45) 금융투자협회, "표준투자권유준칙", 2021.04.07., 15면 참조.

46) 법인 2천만원, 법인이 아닌 자 1천만원.

47) 별도 요청이 가능하다는 사실과 요청방법(서면교부, 우편 또는 전자우편, 전화 또는 팩스, 휴대전화 메시지 및 이에 준하는 전자적 의사표시), 별도 요청이 없을 경우 일반소비자의 부적합한 상품계약체결로 인한 손해발생시 판매업자등이 책임을 지지 않는다는 사실을 포함한다(규정§10④).

려야 한다(법§17⑥).

Ⅳ. 시행일

직접판매업자 및 대리·중개업자는 2021.3.25일부터 시행하며, 자문업자의 경우 2021.9.25일 시행한다(법 부칙§1).

Ⅴ. 기존규제

자본시장법과 보험업법에서 규정하였던 적합성 원칙은 금융소비자보호법으로 이관되어 삭제되었다. 대부업법은 규제범위가 상이하므로 존치한다.

신용협동조합법에는 금융소비자와 관련된 영업행위 규제가 없으므로 향후 표에서 비교하지는 않되, 관련 규제가 있는 경우만 표에서 별도로 표시한다.

구분	은행	금융투자	보험	저축은행	여전	대부
도입 여부	×	○	○	×	×	○
근거 규정	–	舊자본시장법 §46	舊보험업법 §95-3	–	–	대부업법 §7

❖ 기존규제와 비교

구분			금융소비자보호법	舊자본시장법	舊보험업법	대부업법
주체(규제대상)			직접판매업자, 대리·중개업자, 자문업자	금융투자업자	보험회사, 모집종사자	대부업자
상대방(보호대상)			일반소비자	일반투자자	일반보험계약자	거래상대방
금융상품	보장성		변액보험 및 이와 유사한 상품	–	변액보험	–
	투자성		투자성 상품(크라우드펀딩, 연계투자계약 제외)	금융투자상품(크라우드펀딩 제외)	–	–
	대출성		모든 대출성 상품	–	–	대부계약(소액대부[48] 제외)
시기			금융상품 계약 체결 권유 및 금융상품 자문에 응하는 경우	투자권유 하기 전	보험계약 체결 전	대부계약 체결하는 경우
소비자정보	확인의무		○	○	○	○
	종류 - 공통	거래목적	○	○	○	×
		재산상황	○	○	○	○
		연령	○	×	○	△[49]
	종류 - 보장·투자	취득·처분경험	○	○	○	–
		금융상품 이해도	○	×	×	
	종류 - 대출	신용	○	–	–	○[50]
		변제계획	○			–
	유지·관리의무		○	○	○	×
과태료(만원)			법인 2천, 법인 아닌자 1천	–	–	법인 최대 1천, 非법인 최대 5백[51]

---

48) 거래상대방이 29세 이하이거나 70세 이상인 경우 100만원, 그 외의 거래상대방인 경우 300만원(대부업법 시행령§4-3②).

49) 과잉대부금지 규제에서 제외되는 소액대부의 경우 나이를 기준으로 하므로(대부업법 시행령§4-3②) 연령을 확인해야 되며, 거래상대방에 대한 본인확인이 요구되어(대부업법§6①) 신분증 등을 통해서 연령이 확인되는 점 감안시 '연령'은 직접적으로 파악해야 할 정보로 법에서 명시되지는 않지만 간접적으로 확인이 필요하다.

50) 금융위원회 등록한 대부업자가 아닌 경우 필수 파악정보는 아니다(대부업법 시행령§4-3①나·라).

51) 위반횟수별로 차등해서 부과(대부업법 시행령 별표3).

1. 자본시장법

일반투자자에게 투자권유 시 투자목적, 재산상황, 투자경험 등을 파악하여 투자자로부터 서명 등으로 확인받고 일반투자자 특성에 비추어 적합하지 아니한 투자권유를 금지했다(舊자본시장법§46). 금융소비자보호법에서 개별법상 적합성 원칙을 모두 포괄할 수 있도록 규정한 점을 감안하여 동 규정은 삭제되었다(법 부칙§13⑯).

2. 보험업법

보험회사 또는 보험모집종사자는 보험계약을 체결하기 전에 일반보험계약자의 연령, 재산상황, 보험가입 목적 등을 파악하여 보험계약자로부터 서명 등으로 확인받고, 일반보험계약자의 특성에 비추어 적합하지 아니한 보험계약의 체결권유를 금지했다(舊보험업법§95-3). 금융소비자보호법에서 개별법상 적합성 원칙을 모두 포괄할 수 있도록 규정한 점을 감안하여 동 규정은 삭제되었다(법 부칙§13⑦).

중복보험 확인의무[52]는 동일한 위험보장 계약이 있는 경우에 이를 소비자에게 확인받는 측면에서 적합한 보험상품을 권유하라는 적합성 원칙과 일부 중복되는 측면이 있지만 보험정책과 관련된 사항이므로 보험업법상 존치한다.

3. 대부업법

거래상대방의 소득·재산·부채상황을 파악하고 파악한 소비자정보 및 신용·변제계획 등을 고려하여 객관적인 변제능력을 초과하는 대부계약체결을 금지한다(대부업법§7①). 대부업법상 시도지사 등록 대부업자는 금융소비자보호법상 규제대상이 아니므로 해당 규정을 삭제하면 시도지사 등록 대부업자에 대한 규제공백이 존재하게 되어, 동 규정은 대부업법에 존치한다.

---

52) 보험계약을 모집하기 전 보험계약자의 동의를 얻어 모집하고자 하는 보험계약과 동일한 위험을 보장하는 보험계약체결현황을 확인하여 이를 고지해야 하고, 이러한 확인에도 불구하고 보험계약자가 보험계약체결을 희망하는 경우 서명 등으로 그 의사를 받아야 한다(보험업법§95-5).

Ⅵ. Q&A

[적용여부]

1. 비대면으로 거래하는 경우에는 판매업자등의 '권유'가 없다고 보아 적합성 원칙을 적용하지 않아도 되는지?
1차 FAQ(7면)

비대면 거래에서 소비자가 금융소비자보호법상 적합성 원칙이 적용되는 금융상품에 대해 '권유'를 받겠다는 의사를 표시한 이후에 판매업자등이 금융상품 계약체결을 권유할 경우에는 원칙적으로 적합성 원칙이 적용됨.
다음의 경우에는 일반적으로 소비자가 '권유'를 받겠다는 의사를 표시했다고 할 수 있으며, 소비자가 특정 상품명을 직접 입력하여 검색하는 경우는 '권유'를 받겠다는 의사표시로 보기 어려움.

① 소비자가 맞춤형 상품 추천에 필요한 정보를 제공하는 경우
② 소비자가 특정 기준(거래빈도, 수익률, 이자율, 대출한도 등)을 선택하여 그 기준에 부합하는 상품을 찾는 경우

이후에는 소비자가 적합성 원칙 적용에 응하는 경우에 한하여 상품의 추천 및 설명 등의 권유를 진행할 수 있음. 그리고 소비자로부터 '상품권유를 원하지 않는다는 의사' 및 '부적합한 상품 계약도 원한다는 의사'를 서명 등으로 확인받고 부적합한 상품을 권유하는 행위는 금지됨.

2. 온라인 또는 모바일 페이지를 통해 투자성 상품 정보를 게시(수익률 검색기능을 미제공)하고, 고객이 동 페이지에서 특정 상품을 선택하여 가입신청을 하는 경우, 이를 권유가 없는 것으로 보아 적합성 원칙을 적용하지 않아도 되는지?
신속처리시스템 회신(은행 210429-69)

47면 27번 참조.

3. 고난도일임계약을 체결한 이후에 고난도금융투자상품을 편입할 때마다 적합성·적정성을 평가하여야 하는지?

신속처리시스템 회신(금투 210423-8)

투자일임계약이란 소비자로부터 투자성 상품에 대한 처분·취득 등 판단의 전부 또는 일부를 일임받아 운영하는 것(자본시장법§6⑧)으로, 금융소비자보호법상에서는 적정성 원칙 적용대상으로 고난도금융투자상품과 별도로 고난도투자일임계약을 규정하고 있음.

이러한 규정 취지를 감안할 때 일임계약체결 시점에 소비자로부터 운용 대상상품 및 대상상품 선정기준 등을 정하여 적합성·적정성 평가를 실시하였다면 해당 운용방법 및 기준이 변경되지 않는 한, 최초 투자일임계약 운용방법에 따라 고난도금융투자상품을 편입할 때마다 적합성·적정성 원칙을 추가로 적용할 필요는 없을 것임.

4. 키오스크(비대면)에서 거래되는 예금담보대출 가입 시 한 가지 상품만 제시되는데, 이 경우에도 권유행위가 있다고 봐야 하는지?

신속처리시스템 회신(은행 210402-6)

49면 31번 참조.

5. 판매업자의 권유 없이 소비자가 직접 신청 등 계약절차를 진행하는 비대면 예금담보대출의 경우 판매업자가 적합성 원칙을 이행해야 하는지?

신속처리시스템 회신(저축 210516-17)

권유란 특정 소비자로 하여금 특정 금융상품에 대해 청약의사를 표시하도록 유인하는 행위를 의미하며, 로그인 이후 직접 신청하여야 한다는 사정만으로는 권유행위가 없었다고 단정할 수 없음. 다만, 적합성 원칙은 금융상품에 대한 '권유'를 전제로 하므로 권유 없이 소비자의 자발적인 의사에 따라 해당 예금담보대출 상품을 신청한 경우라면 적합성 원칙이 적용되지 않음.

6. 일반소비자가 판매업자 홈페이지나 모바일앱에서 아래와 같이 대출성 상품을 선택하고 대출을 실행할 경우 판매업자는 적합성 원칙을 이행해야하는지?

① 판매업자 홈페이지 접속(전체화면) → 신용대출 선택 → 직장인 신용대출 선택 → '대출신청' 클릭

② 판매업자 홈페이지 접속(전체화면) → 스탁론[53] 선택 → '신규대출' 클릭

신속처리시스템 회신(여전 210429-21)

신용대출은 그 자체는 대출상품 유형으로 볼 수 있으며, 판매자가 금리 및 한도 등 구체적인 거래조건을 정한 후에야 개별 금융상품이 된다는 점에서 '권유'행위가 있다고 판단됨*(적합성 원칙 이행 필요).*

스탁론의 경우, 상품 거래조건이 구체적이어서 특별한 판매자 개입이나 상품추천 요구없이 광고를 통해 소비자가 계약체결을 요구할 수 있다는 점에서 '권유'행위가 있다고 보기 어려움.

7. 상속으로 인한 명의변경 시에도 적합성 원칙 및 설명의무를 적용해야 하는지?

신속처리시스템 회신(은행 210825-129)

37면 1번 참조.

8. 신용카드 갱신·재발급·추가발급 시 금융소비자보호법상 영업행위 규제(적합성 원칙, 설명의무, 계약서류제공)가 적용되는지?

신속처리시스템 회신(여전 210520-32)

38면 4번 참조.

9. 신용카드 유효기간 만료에 따른 갱신,[54] 대체발급[55] 시 적합성 원칙이 적용되는지?

신속처리시스템 회신(여전 210506-24)

(갱신은 적합성 원칙 적용대상이 아니나,) 연회비·부가서비스 등 주요 사항의 변경이 있다면 대체발급은 적합성 원칙이 적용되어야 할 것으로 판단됨. 부가서비스 등 주요 사항

53) (예시) 최대3억(계좌당 3억), 본인자금의 300%까지 대출받아 400% 투자금 운용.
54) 기존 카드와 동일한 카드를 유효기간을 연장하여 새로 발급하는 것.
55) 기존 카드의 단종 등으로 불가피한 상황에서 기존 카드와 가장 유사한 카드로 새로 발급하는 것.

에 변경이 있는 대체카드 발급을 위해 일반소비자가 청약 의사를 표시하도록 카드사가 유인하는 행위는 권유로 이해되기 때문임.

참고로, 여신전문금융업법에서는 대체발급을 갱신과 구별되는 개념으로 사용하고 있기 때문에, 카드 대체발급을 갱신과 구별하여 금융소비자보호법상 적합성 원칙을 적용하는 것은 여신전문금융업법과 상충되지 않음. 여신전문금융업법 제14조 제1항 및 관련 시행령에서는 신용카드 발급절차와 관련하여 갱신·대체발급이 동일하게 적용되는 경우를 열거했을 뿐이므로 그 사실만으로 대체발급과 갱신이 동일한 개념이라 보기는 어려움.

여신전문금융업법

제14조(신용카드·직불카드의 발급) ① 신용카드업자는 발급신청을 받아야만 신용카드나 직불카드를 발급할 수 있다. 다만, 이미 발급한 신용카드나 직불카드를 갱신하거나 대체 발급하는 것에 대하여 대통령령으로 정하는 바에 따라 신용카드회원이나 직불카드회원의 동의를 받은 경우에는 그러하지 아니하다.

여신전문금융업법 시행령

제6조의6(신용카드·직불카드의 갱신 또는 대체 발급) 법 제14조제1항 단서에 따라 신용카드업자는 다음 각 호의 어느 하나에 해당하는 경우 신용카드·직불카드를 갱신(更新)하거나 대체 발급할 수 있다.

1. 갱신 또는 대체 발급 예정일전 6개월 이내에 사용된 적이 없는 신용카드·직불카드: 해당 신용카드·직불카드회원으로부터 갱신 또는 대체 발급에 대하여 서면으로 동의(「전자서명법」 제2조제1호에 따른 전자문서로서 같은 법 제2조제3호에 따른 공인전자서명이 있는 전자문서에 의한 동의를 포함한다)를 받은 경우
2. 갱신 또는 대체 발급 예정일전 6개월 이내에 사용된 적이 있는 신용카드·직불카드: 갱신 또는 대체 발급 예정일부터 1개월 전에 해당 신용카드·직불카드회원에게 발급 예정사실을 통보하고 그 후 20일 이내에 그 회원으로부터 이의 제기가 없는 경우

10. 신용카드 브랜드를 Visa에서 Master로 변경(대체발급)하는 것은 신규계약인지? 대체발급을 권유하는 경우 적합성 원칙을 적용해야 하는지?

신속처리시스템 회신(여전 210409-2)

39면 5번 참조.

11. 자동차보험 갱신, 실손의료보험 갱신도 금융상품의 권유인지?

3차 FAQ(4면)

44면 20번 참조.

12. 아래 프로세스에 따라 금융소비자가 장애인/유공자 복지카드 신청시 권유규제(적합성 원칙 및 설명의무)가 제외되는지?

[장애인/유공자 복지카드 신청 및 발급 프로세스]

① 장애인/유공자 카드발급 시에는 주민센터/보훈(지)청에서 신청

② 주민센터(보훈청)에서 도로공사에 지원 대상 확인

③ 신청정보는 조폐공사로 전송

④ 최종 심사대상은 조폐공사에서 ㅇㅇ카드로 전송

⑤ ㅇㅇ카드 심사 결과는 조폐공사로 전송

⑥ 주민센터(보훈청)에서 카드 수령

신속처리시스템 회신(여전 210416-9)

49면 32번 참조.

13. 아래의 경우 적합성의 원칙이 적용되는지?

① 대출상담 전 부결(자동거절 대상자, 채무불이행 또는 연체자 등, 상담이전 거절)

② 대출상담 후 부결(심사 부적합)

③ 대출상담 중 고객 변심 또는 고객 불만으로 인한 취소

④ 대출상담 후 계약 시

신속처리시스템 회신(대부 210416-3)

금융소비자보호법상 적합성 원칙은 금융상품 계약체결을 권유하는 단계에 적용됨. 일반적으로 대출상담은 권유 과정에서 이루어지는 점을 감안하면, 그 계약이 어떤 이유로 부결될지 모르는 상태에서는 대출상담과 관련하여 적합성 원칙을 적용해야 함.

14. 회사에서 전 고객(불특정 고객)을 대상으로 '보험계약대출 제도(대출가능금액, 이율, 신청방법 등 안내)'를 안내(소정의 상품을 제공한다는 내용 포함)하고 보험계약대출을 신청한 고객을 대상으로 추첨 등을 통하여 소정의 상품을 제공하는 경우 권유행위로 보아 적합성 원칙 적용대상이 되는 것인지?

신속처리시스템 회신(생보 210405-1)

불특정 다수를 대상으로 금융상품 및 금융상품 계약 시 경품 제공 관련 정보를 제공하는

행위는 '광고'에 해당됨.

경품은 대출을 권유받는 자가 아닌 대출계약 신청을 한 자에 제공되기 때문에 경품 제공 시 적합성 원칙은 적용되지 않음.

15. 대면·비대면 등 채널을 통해 고객에게 맞춤형으로 대출상품을 추천(안내)하는 것이 '권유행위'에 해당되는지?

신속처리시스템 회신(은행 210402-7)

44면 21번 참조.

16. 위탁콜센터(당사 자회사로 전속 운영) 소속직원이 보험계약대출 이용가능고객을 대상으로 '이용 안내 아웃바운드(텔레마케팅)'를 진행하는 것도 보험계약대출에 대한 안내로 볼 수 있는지?

신속처리시스템 회신(손보 210428-21)

45면 22번 참조.

17. 소비자가 카드사 콜센터(카드사 수탁업체 A)에 먼저 전화를 하여 신용카드상품 문의 시 콜센터 직원이 상품 안내 전에 적합성 원칙을 이행하여야 하는지? 다른 계약체결 담당직원(카드사 수탁업체 B)이 이행해도 되는지?

신속처리시스템 회신(여전 210507-26)

인바운드[56] 콜센터를 통해 소비자가 특정 신용카드에 대한 가입신청을 요청하여 관련 절차를 진행하는 경우 이는 '권유'로 볼 수 없어 금융소비자보호법상 적합성 원칙을 적용할 필요가 없음.

소비자가 신용카드 추천을 요청하는 경우에는 적합성 원칙 적용이 필요한데, 인바운드 콜센터가 적합성 원칙을 적용하지 않는 경우에는 다른 계약 관계자가 적합성 원칙을 적용하면 되기 때문에 콜센터에서 반드시 적합성 원칙을 적용해야 할 필요는 없음.

56) 소비자의 문의전화를 처리·응대하는 것.

18. 금융소비자가 신청한 대출이 내부 심사과정에서 심사거절되고, 해당 소비자를 타 금융기관(제휴사)에 대출을 중개·주선하는 경우, 이를 권유로 보아 적합성 평가를 다시 해야 하는지?

신속처리시스템 회신(은행 210607-112)

금융소비자보호법상 적합성 원칙 적용 기준은 각 개별 금융회사마다 달리 정해질 것이므로 은행이 타 금융회사의 상품을 대리·중개할 경우에는 해당 금융회사가 정하는 적합성 원칙에 따라 적합성 평가를 다시 진행하여야 함.

19. 금융회사가 신탁 내 편입 가능한 상품 중의 일부 상품을 선정하여 투자 성향분석 전에 특정 사업자에게 제시하는 행위가 권유에 해당되는지?

신속처리시스템 회신(은행 210402-2)

근로자퇴직급여 보장법상 운용관리기관의 '상품제시'는 모든 가입자에 동일한 상품목록이 제공(가입자가 선택 가능한 상품 목록 전체가 제공)되는 경우에 한하여 금융소비자보호법상 '권유'로 보지 않음. 이 경우 상품목록은 운용관리기관의 주관적 기준이 아닌 '가나다 순' 또는 '수익률' 등 객관적 지표를 기준으로 제공되어야 함.

20. 소비자가 위험등급이 높은 포트폴리오(다수 펀드)에 가입 후, 일정 기간이 지나 성과저조 펀드를 환매하고 성과우수 펀드를 편입하는 등 리밸런싱을 하려는 경우 적합성 원칙을 적용해야 하는지?

신속처리시스템 회신(은행 210507-90)

다수의 펀드로 구성된 금융상품과 관련하여 리밸런싱을 통해 편입한 펀드가 달라지는 경우 해당 금융상품의 내용이 달라지므로 이는 새로운 금융상품 계약체결에 해당함. 따라서 금융회사가 리밸런싱을 권유하는 경우에는 적합성 원칙을 포함한 관련 금융소비자보호법 규정을 준수하여야 함.

21. 기존 대출계약의 기한연장거래 시에 적합성 원칙을 적용해야 하는지?

은행업감독규정 [별표6] 감안 시 대출계약 신규 권유 시에 한해 적합성 판단을 실시함*(기*

한 연장 시에는 적합성 원칙 적용하지 않음).

은행업감독규정 [별표6]

라. "신규대출"이라 함은 신규로 취급하는 대출을 말하며 기존 대출의 증액, 재약정, 대환, 채무인수 등을 포함한다. 다만, 대출을 기한연장하는 경우와 금리 또는 만기 조건만 변경되는 재약정 · 대환 등은 신규대출로 보지 아니한다.

[소비자 유형 확인]

22. 개인에 대한 신용카드 발급 시 전문소비자 여부를 파악하지 않고 일반소비자로 대우하는 것이 가능한지?

신속처리시스템 회신(여전 210609-40)

[감독당국 회신] 금융회사가 개인소비자를 원칙적으로 일반소비자로 간주하여 더욱 엄격한 절차를 갖추는 것을 금융소비자보호법 위반으로 보기는 어려움. 다만, 일반소비자로 간주하는 경우, 금융소비자보호법상 일반소비자에게 인정되는 청약철회권 등 소비자의 권리도 아울러 보장되어야 함.

[필자 반대의견] 금융소비자보호법 제17조제1항은 판매업자등에게 거래상대방이 전문소비자인지에 대한 확인의무를 부과하고, 미확인시 행정제재(§51 · §52)도 가능하므로 전문소비자 여부는 파악해야 함(파악하지 않을 경우 금융소비자보호법 위반 소지).

23. '판매업자는 고객이 일반소비자인지를 확인해야 하며, 확인 시 객관적 자료(예: 소상공인시장진흥공단의 소상공인 확인서 등)로 판단'해야 한다는 금융위 보도자료(2021.03.29.)[57]에 따라, 대출성 상품 권유 전 일반소비자인지 여부를 반드시 소비자로부터 객관적 서류를 받아서 확인해야 하는지?

신속처리시스템 회신(여전 210601-38)

금융위원회 보도자료(2021.03.29.)에서 고객이 일반소비자인지를 확인할 때 객관적 자료를 통해 판단하도록 한 취지는 일반소비자가 전문소비자보다 금융소비자보호법상 보호받을 수 있는 범위가 넓으므로, 판매업자가 자의적으로 금융소비자를 전문소비자로 간주하는 행위를 방지하는 데 있음. 이러한 취지에 벗어나지 않는 범위 내에서 판매업자는 소비자가 일반소비자에 해당하는지를 자율적으로 판단할 수 있음.

57) 금융위원회 · 금융감독원, "금융소비자보호법 시행 후 원활한 금융상품거래를 위해 · 협회 공동 판매자 · 소비자가 알아야 할 중요사항을 알려드립니다.", 보도참고자료, 2021.03.29., 3면 참조.

24. 대출성 상품의 거래상대방이 상시근로자 5인 이상 법인인 경우 해당 소비자에게 적합성 원칙을 준수하면서 대출성 상품을 권유해야 하는지, 또는 권유없이 상담하는 행위가 불가능한지?

전문소비자는 적합성 원칙 적용대상이 아님.

[필자 보충의견] 적합성 원칙이 적용되지 않을 뿐, 권유·상담이 금지되지 않음.

[소비자정보 확인 의무]

25. 소비자 요청에 따라 신용대출을 2건으로 나누어 계약하는 경우 최초계약 시 확인한 소비자정보를 2차 계약 시에도 활용할 수 있는지?

구체적 사실관계에 따라 달라지겠지만, 거래의 특성상 추가로 고객 정보를 확인해야 할 실익이 없다면 가능함.

26. 적합성 원칙에 따라 고객에 대한 신용정보조회 및 신용점수 안내 등을 하는 경우 동 행위가 권유에 해당하는지? 신속처리시스템 회신(생보 210409-4)

'고객에 대한 신용정보조회 및 신용점수 안내'는 금융소비자보호법상 권유 전 고객정보를 파악하는 행위로 같은 법상 권유로 볼 수 없음.

27. 유선으로만 영업하는 대출모집업체의 경우 적합성 원칙에 따라 소비자정보를 확인받는 것이 모집채널(전화) 특성상 현실적으로 어려운데, 이를 예외로 인정할 수 있는지?
신속처리시스템 회신(저축 210728-27)

금융소비자보호법상 적합성 원칙 적용 시 소비자에게 적합성 원칙에 필요한 정보를 확인받아 제공하는 것은 적합성 평가 전 소비자정보의 정확성을 소비자로부터 재차 검증하기 위함. 따라서 별도의 예외 규정이 없는 이상 동 사례의 예외를 인정하기는 어려움.

28. 대리·중개업자가 일반소비자에게 상품권유 시 일반소비자로부터 파악한 정보를 직접판매업자인 대부업자에게 전송하거나 일반소비자를 대부업자에게 연결[58]해주어 연결된 직접판매업자가 적합성·적정성 원칙을 적용하는 것이 가능한지?

신속처리시스템 회신(대부 210503-6)

금융소비자보호법상 적합성 원칙 관련 소비정보 확인주체는 직접판매업자와 대리·중개업자가 모두 해당. 해당 업무는 직접판매업자와 대리·중개업자가 역할을 분담하여 수행 가능함.

[필자 보충의견] 직접판매업자와 대리·중개업자 간 위·수탁계약체결 시 상호 책임관계를 명확히 할 필요 있음.

29. 적합성 원칙 확인 방식인 '전자서명'에 휴대폰 인증, PIN(Personal Identification Number) 인증, 신용카드 인증도 허용되는지?

3차 FAQ(7면)

전자서명법상 전자서명에 해당하는 경우 허용됨.

전자서명법 제2조(정의) 2. "전자서명"이란 다음 각 목의 사항을 나타내는 데 이용하기 위하여 전자문서에 첨부되거나 논리적으로 결합된 전자적 형태의 정보를 말한다.
가. 서명자의 신원
나. 서명자가 해당 전자문서에 서명하였다는 사실

개별 인증방식이 전자서명법상 전자서명에 부합하는지는 법리보다 전산 측면의 검토가 필요하므로 인터넷진흥원 전자서명인증관리센터 등 전문기관과의 협의가 권고됨.

[필자 보충의견] 전자서명법상 위 요건 외에 전자서명으로서 효력을 가지기 위해서는 특정방식의 서명을 전자서명으로 하겠다는 당사자간 약정이 필요함(전자서명법§3②).

30. 여신금융회사는 휴대폰인증을 활용한 방식[59]을 전자서명으로 사용 중인데, 동 방식이 전자서명법상 전자서명에 해당하는지?

신속처리시스템 회신(여전 210628-46)

'확인' 버튼이 전자서명법상 전자서명 요건을 충족하고, *(효력을 가지는 경우)* 내부 프로

58) 대부업자가 제공하는 대출신청 url을 대부중개업자가 일반소비자에게 전송하거나, 일반소비자가 직접 대부업자에게 소비자정보를 제공한다.
59) 금융소비자의 '확인'버튼 클릭 시 휴대폰인증 결과값이 전자문서에 첨부(논리적 결합)되는 방식.

세스는 자율적으로 운영 가능함.

31. 비대면 상품 판매 시 ① 적합성 원칙 및 ② 설명의무에 대한 확인을 계약체결 단계에서 일괄진행[60]할 수 있는지? 신속처리시스템 회신(은행 210414-29)

적합성 원칙에서 금융소비자의 확인대상은 해당 소비자로부터 파악한 정보 내용인 반면, 설명의무에서 금융소비자의 확인대상은 해당 소비자가 설명내용을 이해하였는지 여부임. 규정 취지 상 소비자정보에 대한 확인은 권유할 상품이 정해지기 전이며, 설명의무 이행은 권유할 상품이 정해진 후에 이루어짐.
금융소비자보호법상 각각의 의무이행 시점이 다르기 때문에 전자서명을 일괄하여 받기는 어렵다고 판단됨.

32. 적합성·적정성 원칙에 따라 파악된 고객정보에 대하여 유효기간을 정하고 운영하는 것이 가능한지? 신속처리시스템 회신(은행 210402-5)

적합성·적정성 원칙에 따라 파악된 고객정보의 유효기간에 대해서는 개별 금융회사가 자율적으로 마련할 수 있음.

[필자 보충의견] 일반소비자가 동의한 경우 일반소비자로부터 별도의 변경 요청이 있기 전까지는 정보를 파악한 날로부터 12~24개월(유효기간) 동안 소비자정보가 변경되지 않은 것으로 간주할 수 있음(표준투자권유준칙 및 변액보험 표준계약권유준칙).

33. 투자성향분석 시 유효기간 내의 과거 투자성향분석 결과를 재사용하고자 경우, 동 투자성향분석 결과를 알리고 재사용 동의 여부만 확인받으면 되는지? 아니면 녹취과정을 통해 모든 설문항목을 다시 설명하고 재사용 동의 여부를 확인받아야 하는지? 신속처리시스템 회신(은행 210423-59)

과거 거래를 했던 소비자가 신규 거래를 하려는 경우에 과거에 소비자로부터 제공받은 정보와 적합성 판단기준에 변경이 없다면 적합성 평가를 해야 할 실익이 크지 않을 것임. 따라서 적합성 판단기준이 동일하면, 소비자정보의 변경여부를 확인하는 절차로 적합성 평가를 갈음할 수도 있음.

60) 적합성평가에서 적합한 경우에만 설명단계로 넘어가고, 설명 후 일괄서명을 진행한다.

34. 소비자에게 적합성 원칙상 확인받은 내용을 제공하도록 규정(법 §17②)하고 있으나, 제공방법에 대해 법상 별도 규정이 없어 판매업자등이 자율적으로 제공방식을 결정할 수 있는지?

판매업자등이 자율적으로 제공방식 결정 가능.

[필자 보충의견] 제공방식에 대한 별도 규정이 없으므로 시행령 제11조제5항 규정을 준용하여 서면 교부, (전자)우편, 문자메시지 등 판매업자등 자율적으로 결정 가능함.

35. 적합성 원칙과 관련하여 소비자로부터 확인해야 하는 정보인 "금융상품에 대한 이해도"는 어떻게 측정할 수 있는지? 2차 FAQ(5면)

해당 금융상품에 대한 설명을 이해하는데 필요한 기초지식이 있는지를 객관적인 문항[61]을 통해 확인할 수 있을 것임.

36. 대리·중개업자를 통해 영업하는 경우 적합성·적정성 원칙상 파악해야 하는 소비자정보를 대리·중개업자가 확인하여 판매업자에게 제공할 수 있는지?

적합성 원칙 준수여부는 금융회사와 대리·중개업자의 행위를 종합하여 판단함.

37. 적합성·적정성 원칙상 소비자정보를 파악하기 위한 판매업자등의 확인서 관련,

1 소비자정보 확인 시 양식은 자율적으로 정할 수 있는지?

2 재산상황과 관련해 보유자산을 주요 자산항목(부동산, 자동차, 예금 등)을 체크하는 것으로 대체할 수 있는지?

3 재산상황과 관련해 연간소득의 세부 조건은 무엇인지?

4 변제계획과 관련해 권유하는 대출성 상품이 원리금균등분할상환 방식인 경우 계약기간 및 매월 납입일·금액으로 갈음할 수 있는지?

5 확인서 양식도 기록 유지·보관의무에 따라 10년간 보관해야 하는지?

1 법령을 준수하는 범위 내에서 자율판단 가능함.

61) "자신이 충분한 지식을 가지고 있다고 생각하는지?"와 같이 소비자의 주관적 의사에 의존하는 문항은 지양해야 한다.

2 재산상황과 관련해 보유자산의 경우 자동차나 집을 보유한다는 사실만으로 현재 재산 상황을 파악할 수 있다고 보기는 어려움.
3 연간소득의 경우 법령을 준수하는 범위 내에서 자율판단 가능함.
4 납입일자*(및 납입금액)*를 기입하는 것으로 갈음 가능함.
5 확인결과를 기록하도록 하고 있으므로 양식은 보관 불필요함.

38. 적합성 판단에 부합하지 않아 거래신청서를 제출하지 않는 소비자(계약 미체결자)에게도 소비자정보 확인서를 지체없이 제공해야 하는지?

제공의무 없음.

39. 재산상황, 신용 및 변제계획, 소비자 연령 등 적합성 판단 시 필요한 소비자의 정보[62]를 모두 소비자에게 수취해야 하는지? 신속처리시스템 회신(생보 210422-15)

금융소비자보호법상 적합성 평가는 소비자로부터 제공받은 정보를 토대로 법령에 따라 마련한 적합성 판단기준에 따라 실시함. 그 과정에서 적합성 판단의 정확성을 높이기 위해 소비자의 동의를 받아 타 기관으로부터 추가 정보를 받는 등의 조치를 취하는 부분에 대해서는 별도의 제한이 없음.

40. 일반소비자의 증빙자료 제시 없이 면담, 질문만을 통해 확실치 않은 정보라도 파악을 하면 되는 것인지? 만일 일반소비자가 제공한 정보가 사실과 다른 정보인 경우 판매업자등은 증빙자료를 요구하여 사실과 다르면 대출을 거부할 수 있는지? 또는 대출계약체결 후 이를 원인으로 기한 이익상실이 가능한지?

적합성 원칙은 소비자의 정보를 파악하여 적합한 상품을 권유하라는 원칙으로서 계약단계에서 요구되는 정도로 거래 상대방 정보의 정확성에 대한 검증까지 요구되는 것은 아니며, *(판매자는 소비자로부터 제공받은 정보의 사실여부 확인을 위해 소비자에게 증빙자료를 요구해야 할 의무는 없음.)*[63]

---

62) 적합성 확인 항목 중 연체여부의 경우 소비자가 사실과 다르게 대답할 가능성이 있어 소비자 동의에 따라 신용정보사에서 해당 소비자의 연체 관련 정보를 조회하는 것이 정확할 것으로 예상된다.
63) 10문 10답, 6면 참조.

다만, 판매업자등 내부지침에 따라 제공정보에 대한 합리적 의심이 있는 경우 적합성 원칙 준수를 위해 일반소비자에게 정보확인 요구는 가능함. 아울러 고객의 부정확한 자료 제출로 인한 대출 거부 및 기한의 이익 상실 여부는 해당은행의 내부정책 및 약관에 따라 자율적으로 판단할 사항임.

41. 금융소비자보호법 제17조제2항에 따라 고객에게 확인받은 소비자정보를 '지체 없이' 고객에게 제공하여야 하는데, 이때 '지체 없이'의 범위는?

원칙적으로 즉시 제공하여야 하며, 다만, 정당하거나 합리적 이유가 있는 경우 그 장애 사유 해소 후 신속히 제공해야 함.

[필자 보충의견] 통상 법령상 '지체 없이'의 의미는 시간적 즉시성이 강하게 요구되지만 정당하거나 합리적인 이유에 따른 지체는 허용되는 것으로 사정이 허락하는 한 가장 신속하게 처리해야 한다는 뜻임(법제처 유권해석).

42. 일반소비자로부터 확인 받은 내용을 지체 없이 '녹취'로 제공하는 경우 법상 허용되는 제공 방법은 어떤 것인지?

다른 분야에서도 일반적으로 통용되는 방식이면 적용 가능함.

[대상상품]

43. 국내 거래에 활용하는 외화수표 매입, 결제성 여신, 수요자금융이 적합성 원칙 적용 대상인지?

1 외화수표 매입: 고객의 신용상태가 양호하고 지급은행에서의 지급이 확실하다고 예상되는 외화수표에 대해 지급은행으로부터 수표대금을 지급받기 전에 고객에게 수표대금을 먼저 지급하고, 지급은행 앞으로 추심하여 해당 대금을 회수
2 결제성 여신: 고객이 구매업체로부터 전자적 방식으로 받은 매출채권을 할인하고, 매출채권 만기일에 구매업체가 지급한 지금으로 대출이 자동 회수되는 대출
3 수요자금융: 판매기업이 구매기업에 물품을 공급 후 판매대금 추심정보를 은행에 제공한 경우 판매기업의 신용(대위변제 약정)으로 구매기업 명의 대출(기업구매자

금대출)을 실행하여 판매기업에 물품대금을 지급하고, 구매기업은 대출 만기일에 대출금을 상환하는 대출

통상적으로 은행의 권유에 따른 거래의 형태로 보기 어려우므로, 적합성 원칙 적용대상에서 제외됨.

44. 분양주택에 대한 중도금대출, 재건축·재개발 주택에 대한 이주비대출, 추가분담금에 대한 중도금대출도 법 제17조(적합성 원칙) 및 법 제18조(적정성 원칙)적용 대상인지?

판매업자등의 권유가 없다면 적합성·적정성 원칙 대상은 아님.

45. 예·적금담보대출 또는 펀드담보대출과 같이 즉시 현금화 가능한 대출의 경우도 적합성 원칙 준수 대상인지? 또는 별도 예외 적용이 가능한지?

법률상 대출성 상품은 적합성 원칙이 모두 적용되므로 예외를 인정할 수 없음.

[적합성 판단의무]

46. 신용카드의 상환능력심사가 적합성 원칙을 대체할 수 있는지?

〈금융소비자보호법 이전 신용카드 신청 및 발급 프로세스〉

1 1차 심사(신용조회 등 가심사)

- ○ 적합 판정 시 → 카드신청
- ○ 부적합 판정 시 → 발급 프로세스 중단

2 (1차 심사 적합자에 한해) 2차 심사(정식 심사)

- ○ 적합 판정 시 → 카드발급
- ○ 부적합 판정 시 → 발급 프로세스 중단 + 고객 안내

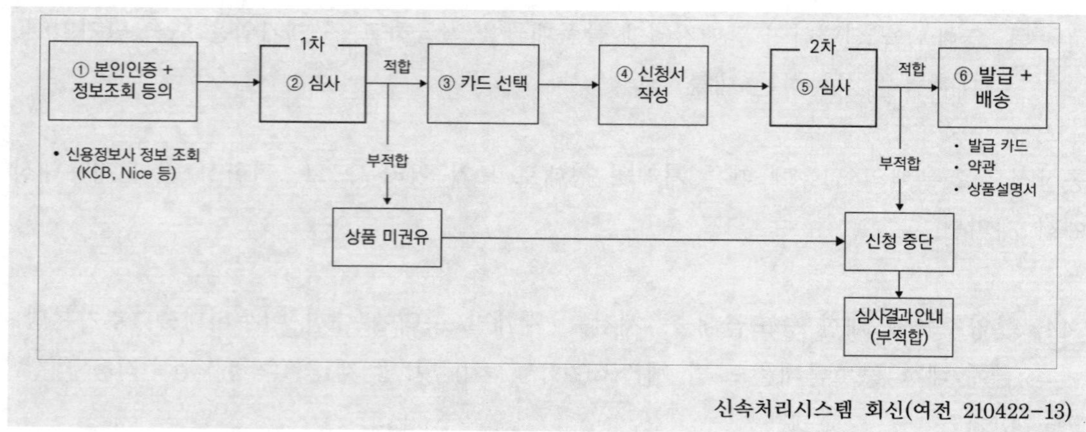

신속처리시스템 회신(여전 210422-13)

대출, 카드의 상환능력 심사는 판매사의 수익성에 초점이 있기 때문에 소비자보호를 목적으로 하는 금융소비자보호법상 적합성 평가와는 다른 제도임. 그러나 금융소비자보호법에서 상환능력 심사와 적합성 평가를 구별하지 않는 점 및 현행 판매 프로세스 등을 감안하면, 상환능력 심사를 통해 적합성 평가의 취지 구현[64]이 가능할 경우에 다른 절차를 반드시 추가해야 한다고 보기는 어려운 측면이 존재함. 따라서 금융소비자보호법에 위배되지 않는 범위 내에서 상환능력 심사를 적합성 평가 수단으로 활용 가능함.

47. 투자상품 포트폴리오에 소비자에게 부적합한 고위험 상품이 하나라도 있으면 권유하지 못하는 건지?

10문 10답(7면)

다수의 펀드로 구성된 금융상품의 위험은 원칙적으로 구성 펀드의 위험등급 전체를 종합하여 평가*(하므로 산출된 전체 위험등급과 비교하여 소비자에게 적합하다면 권유가 가능함)*.[65]

48. 적합성 원칙에 따라 소비자정보를 확인한 결과 부적합한 금융상품을 소비자가 원할 경우 부적합확인서를 받고 계약할 수 있는지?

2차 FAQ(4면)

적합성 원칙은 판매자가 소비자정보를 확인한 후에 소비자에 부적합한 상품은 권유하지 못하도록 규정됨. 소비자가 원한다는 이유로 펀드 카탈로그 제공 등의 방법으로 부적합한 상품을 권유하고 소비자로부터 부적합확인서를 받아 계약하는 행위는 적합성 원칙 위

64) 금융소비자보호법상 적합성 원칙 이행에 필요한 소비자정보를 파악하고 적합성 평가 기준을 준수해야 한다.
65) 금융위원회, "금융소비자보호법은 금융소비자의 선택권을 제한하지 않습니다. (서울경제 3.17일자 보도에 대한 설명)", 보도자료, 2021.03.17., 2면 참조.

반으로 볼 수 있음.
한편 판매자는 소비자정보 확인 후 적합한 상품을 권유했으나 소비자가 부적합한 상품을 특정하여 청약하는 경우에는 그 상품이 적정성 원칙 적용대상인 경우에는 부적합하다는 사실을 법령에 따라 알린 후 계약체결이 가능함.
적정성 원칙 적용대상이 아닌 경우에는 별도 조치없이 계약 가능함.

49. 퇴직연금과 관련하여 「근로자퇴직급여 보장법」에서는 판매자가 퇴직연금 가입자에게 반기마다 위험과 수익구조가 다른 세 가지 이상의 상품을 제시하도록 하는데 이는 부적합한 상품 권유를 금지하는 금융소비자보호법상 적합성 원칙과 충돌 아닌지?

3차 FAQ(3면)

207면 19번 답변과 동일.

50. 적정성 및 적합성 판단 기준 중 파악해야 할 소비자정보인 '보유자산'의 구체적인 내용은? 단순 총액이면 충분한지?

상환능력 판단에 필요한 범위 내에서 객관적으로 확인 가능한 정보를 의미함.

51. 투자성향평가 결과는 한 번 정해지면 변경되지 않는지? 10문 10답(6면)

금융상품에 대한 소비자의 적합성 판단 결과는 소비자가 제공한 정보에 따라 변경될 수 있음. 금융소비자보호법에서는 판매자가 금융상품이 소비자에 부적합한지를 판단하는 경우에 원칙적으로 소비자가 제공한 정보(연령, 재산상황, 금융상품 이해도, 투자경험 등)를 종합 고려하도록 하고 있음.

52. 대출성 상품의 적합성 평가인 상환능력 평가는 은행업감독규정 [별표6]에서 정의한 상환능력 평가(DSR, DTI) 등을 의미하는지?

금융소비자보호법상 적합성 원칙에서 요구하는 판단기준의 취지는 소비자가 과도한 대출로 피해를 입는 상황을 방지하는 데 있어 법규에서 특정 기준을 요구하지는 않음.
현재 상환능력 판단기준으로 활용되고 있는 DSR, DTI 제도가 적합성 원칙의 취지에 부합하는 방향으로 운영될 수 있다면 별도 기준을 마련해야 할 필요 없음.

53. 적합성·적정성 평가에 필요한 소득은 은행업감독업무시행세칙 [별표18]에서 활용하는 증빙소득, 인정소득, 신고소득을 포함하는 의미인지?

객관적 자료를 통해 입증 가능하다면 은행업감독업무시행세칙 [별표18]상 증빙소득, 인정소득, 신고소득도 감독규정상 소득으로 인정할 수 있음.

54. 적합성·적정성 평가 시 고려요소 중 하나인 고정지출이 의미하는 바는 무엇인지? 시행세칙에서 구체적 기준을 규정할 수 있는지?

시행세칙에 규정할 사항은 아니며, 법규로 규정할 경우에는 경직적으로 운영될 수밖에 없는 점을 감안 시 시행세칙에서 고정적 지출에 대한 기준 마련은 어려움.
다만, 고정지출을 '최근 0년간 평균 지출'로 정하는 것은 가능할 것으로 보임.

55. 대출성 상품의 일반소비자인 개인사업자 또는 5인 미만 법인이 신설기업 또는 지난 회계연도 손익이 적자인 경우 상환능력이 없는 것으로 보는 것이 맞는지?

규정에서는 상환능력을 소득, 부채, 신용점수 등을 종합적으로 고려하여 객관적·합리적으로 평가할 것을 요구*(하므로 지난 손익이 적자라는 사실 하나만으로 상환능력을 평가하는 것은 부적절)*.

56. 적합성 평가 후 판단보고서 작성이 필수인지?

의무사항으로, 감독규정(§10① i 다·10① ii 다)에서 적합성 판단 결과를 평가근거와 함께 문서에 기록할 것을 요구함.

57. 적합성 판단보고서를 일반소비자에게 제공하지 않아도 되는지?

신속처리시스템 회신(생보 210422-16)[66]

소비자에게 적합성 원칙에 필요한 정보를 확인 받아 제공하는 것은 소비자로부터 제공받은 정보의 정확성을 소비자로부터 재차 검증하기 위함이므로 개별 금융회사의 자체 기준에 따른 적합성 판단결과가 포함된 자료까지 소비자에게 제공할 필요는 없음.

58. 적합성 판단 결과는 판매업자등이 자율적으로 판단하여 기록하면 되는지?

법령을 준수하는 범위 내에서 자율판단하여 *(기록)* 가능함.

[기타]

59. 회사가 투자성향 분석결과의 유효기간을 설정하고 투자자가 이에 동의한 경우라면 설정된 유효기간(12~24개월) 동안에는 旣 분석된 투자성향 결과를 바탕으로 투자권유를 하는 것이 가능한지?

신속처리시스템 회신(은행 210512-97)

과거 거래를 했던 소비자가 신규 거래를 하려는 경우에 이후 평가기준에 변동이 없다면 추가 평가없이 소비자정보에 변동사항이 있는지만 확인하는 것도 가능함. 소비자정보에 변동이 없는 경우에는 기존 평가결과를 활용할 수 있으며, 변동이 있는 경우에는 다시 평가를 하여야 함. 다만, 표준투자권유준칙 상에 투자자정보 유효기간 내에 있다고 해서 일률적으로 소비자정보의 변동이 없는 경우에 해당한다고 할 수는 없음.

60. 카드상품에 대한 설명 없이 개인정보가 포함된 소비자정보를 고객에게 먼저 요구하면 거부감을 불러일으킬 우려가 있으므로, 설명의무를 적합성 원칙보다 먼저 이행할 수 있는지?

신속처리시스템 회신(여전 210924-74)

금융소비자보호법은 적합성 원칙 및 설명의무의 이행순서를 명시하고 있지는 않으나, 적합성 원칙에 따라 판매업자등은 권유에 앞서 소비자의 정보를 확인하는 등 절차를 우선 진행하여야 하며, 설명의무에 따라 판매업자등은 권유하거나 소비자가 설명을 요청하는

66) 답변에 맞게 원 질의내용을 일부 수정했다.

경우 금융상품의 중요사항 등을 설명해야 하는 바, 원칙적으로 판매업자등은 '적합성 원칙 → 설명의무' 順으로 금융상품을 판매하는 것이 바람직함.

▌제3절▐ 적정성 원칙

Ⅰ. 의의

판매업자의 권유 없이 일반소비자가 스스로 금융상품 가입을 희망하는 경우 적정성 원칙을 적용한다. 일반소비자의 의사에 의한 거래일지라도 거래위험 및 중복거래를 경고함으로써 금융소비자를 보호하기 위함이다. 파생상품 등 고위험 상품 판매 시 일반소비자의 거래목적·재산상황 및 연령 등의 정보를 파악할 의무를 규정하고, 부적정한 경우 이를 고지하여 확인받도록 한다.

❖ 적합성·적정성 원칙 비교[67)]

구분	적합성 원칙	적정성 원칙
근거	법§17	법§18
개념	금융소비자의 재산상황, 금융상품 취득·처분 경험 등에 비추어 부적합한 금융상품의 계약체결 권유를 금지	금융소비자가 자발적으로 구매하려는 금융상품이 금융소비자의 재산상황 등에 비추어 부적정할 경우 이를 고지·확인
대상상품	보장성(일부)·투자성·대출성 상품	보장성·투자성·대출성 상품 일부
주체(규제대상)	직접판매업자, 대리·중개업자, 자문업자	직접판매업자, 대리·중개업자
상대방	일반소비자	일반소비자[68)]

67) 변제호 외 5인, "자본시장법", 서울: 지원출판사, 2015, 223면 참조.

68) 투자성 상품(장외파생상품 제외)의 전문소비자인 상장법인 등은 장외파생삼풍 거래시 일반소비자로 의제되므로, 상장법인 등이 장외파생상품을 특정하여 거래 희망하는 경우 전문소비자로 전환하겠다는 별도의 서면 의사표시가 없는 한 적정성 원칙을 적용해야 한다.

구분		적합성 원칙	적정성 원칙
시기		권유 또는 자문에 응하는 경우	권유 없이 파생상품 등의 계약을 체결하려는 경우
소비자 정보	정보의 종류	거래목적, 재산상황, 연령 등	좌동
	미제공시 효과	권유 불가[69]	계약 불가
적합성 · 적정성 판단	기준	거래목적, 재산상황, 연령 등에 비추어 손실 감수능력 또는 상환능력이 적정할 것	좌동
	부적합 · 부적정시 효과	부적합 시 권유 금지 (권유 없이 일반소비자가 스스로 특정상품을 청약하는 경우 계약 가능)	부적정 시 일반소비자에게 고지 후 확인 (확인 받은 경우 계약 가능)

II. 적용범위

판매업자의 권유없이 금융소비자가 자발적으로 계약하려는 경우인 점을 감안하여 금융상품(투자성 · 대출성)의 적용범위가 적합성 원칙보다 좁다. 투자성 상품의 경우 원금손실위험이 상대적으로 크고 금융소비자가 상품의 내용을 이해하기 어려운 파생결합증권, 고난도금융투자상품 등을, 대출성 상품의 경우 담보인 주택이 처분될 경우 주거권이 침해될 우려가 큰 주택담보대출과 담보가치가 크게 변동 가능하여 소비자에게 피해를 줄 가능성이 높은 증권담보대출 등을 적정성 원칙 적용범위로 규정한다.

69) 권유 없이 일반소비자가 스스로 적정성 원칙 대상이 아닌 특정상품을 청약하는 경우 계약 가능하다.

구분		내용
주체(규제대상)		직접판매업자, 대리 · 중개업자
상대방(보호대상)		일반소비자
금융상품[70]	보장성	변액보험 및 이와 유사한 상품[71]
	투자성	① 파생상품, ② 파생결합증권[72], ③ 파생상품 · 파생결합증권에 투자하는 펀드, ④ 조건부자본증권(일부[73]제외), ⑤ 고난도금융투자상품 · 고난도투자일임 · 고난도금전신탁계약, ①~⑤로 운용하는 금전신탁계약의 수익권
	대출성	주택담보대출, 증권 · 지적재산권 담보대출
시기		판매업자의 계약체결에 대한 권유 없이 금융상품 계약을 체결하려는 경우

Ⅲ. 내용 및 절차

금융소비자보호법 외에 적정성 원칙을 구체화하는 규제(아래 표)와 흐름도에 맞춰 내용 및 절차를 기술한다. 흐름도에서 ㊎는 행위의 주체가 소비자라는 의미이며, 그 외 행위 주체는 모두 판매업자등이다.

구분	제정주체	형식	근거
표준투자권유준칙	금융투자협회	자율규제	자본시장법(§50)
변액보험 표준계약권유준칙	생명보험협회	자율규제	舊보험업감독규정(§4-35-3)

70) 원금을 보장하는 예금성 상품은 적정성 여부를 판단하여 규제를 적용한 실익이 없다.
71) 보험금이 자산운용의 성과에 따라 변동하는 변액보험과 유사한 상품으로 보험료 또는 공제료 일부가 금융투자상품의 취득 · 처분 등으로 운용되는 상품(영§12① i).
72) 골드뱅킹, 실버뱅킹으로 불리는 금적립계좌등 제외한다(영§12① ii 가).
73) 이익참가부사채, 교환사채, 파생결합사채, 전환사채, 신주인수권부사채.

❖ 적정성 원칙 흐름도

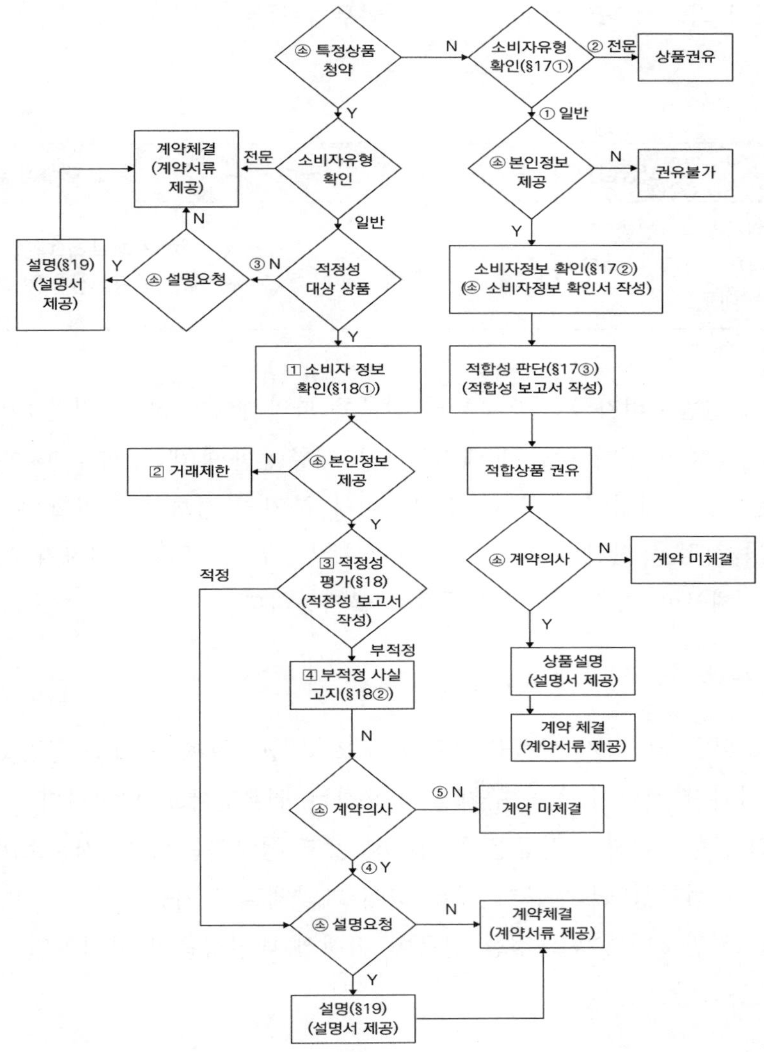

1. 소비자정보 확인 의무

1.1. 의의

[흐름도 1] 일반소비자가 자발적으로 특정한 금융상품 계약체결 의사를 밝힌 경우 소비자정보를 확인해야 한다. 적합성 원칙에서와 마찬가지로 일반소비자에 대해서 면담·질문 등을 통해 거래목적·재산상황 및 연령 등의 정보를 파악해야 한다(법§18①). 파악해

야 할 금융소비자정보는 적합성 원칙과 동일하다(법§18① · 영§12②). 일반소비자가 제공한 정보를 넘어서서 적극적으로 정보를 수집할 의무가 있는지에 대해서 법령상 규정되어 있지는 않다.

보장성·투자성 상품	대출성 상품
▫ 거래목적, 재산상황, 연령 ▫ 취득 · 처분경험, 상품 이해도 ▫ 위험에 대한 태도	▫ 거래목적(대출 限), 재산상황 ▫ 연령, 신용[74] · 변제계획

원칙적으로 일반소비자 본인으로부터 정보를 파악하여야 하나, 일반소비자의 대리인이 소비자정보 작성 권한이 포함된 대리권 증명서류(본인 및 대리인의 실명확인증표 및 위임장 등)를 제출하는 경우 대리인으로부터 일반소비자 본인의 정보를 파악할 수 있다.[75]

[흐름도 ②] 적정성 판단의 기초가 되는 정보의 제공을 일반소비자가 거절하거나 불충분한 정보를 제공한 경우에는 계약체결이 불가능하다.

1.2. 후속절차

[흐름도 ①] 금융소비자가 상품을 특정하지 않고 청약[76]하는 경우 일반소비자로 소비자 유형이 확인되면 적합성 원칙 규제를 적용하는 권유단계로 넘어간다.

[흐름도 ②] 금융소비자가 상품을 특정하지 않고 청약하는 경우 전문소비자로 소비자 유형이 확인되면 적합성 원칙 규제 적용 없이 계약체결이 가능하다.

[흐름도 ③] 일반소비자가 특정한 상품이 적정성 대상상품이 아니라면 (상품설명 후[77]) 계약체결이 가능하다.

1.3. 제재

법 제18조제1항을 위반하여 정보를 파악하지 않은 경우 판매업자에게 과태료[78]가

---

74) 신용정보법에 따른 신용정보 또는 자본시장법에 따른 신용등급으로 한정된다(영§12⑤). 적정성 평가에 필요한 범위 내에서 파악해야 한다(규정§11②).

75) 금융투자협회, "표준투자권유준칙", 2021.04.07., 10~11면 참조.

76) (예시) 적립식 펀드 가입희망.

77) 일반소비자로부터 설명을 요구받은 경우가 아니라면, 권유없이 상품 가입절차가 진행되므로 권유규제인 설명의무 이행이 강제되지는 않는다.

78) 법인 2천만원, 법인이 아닌 자 1천만원.

부과되며(법§69②iii), 판매업자 및 임직원에게 제재조치(시정명령, 정직 등) 가능하다(법§51 · §52).

2. 적정성 판단 및 고지의무

2.1. 의의

[흐름도 3 · 4] 일반소비자의 거래목적 · 재산상황 및 연령 등에 비추어 해당 파생상품등이 그 일반소비자에게 적정하지 아니하다고 판단되는 경우에는 그 사실을 알리고, 일반소비자로부터 확인을 받아야 한다(법§18②). 판단(평가)시점을 기준으로 하므로 권유 시 제공받은 소비자정보에 변경이 있더라도 권유 시점에 제공된 정보에 기초하여 적합성을 판단하면 된다.[79] 판매업자는 평가기준에 따라 도출된 평가결과를 근거와 함께 문서에 기록하여야 한다(영§12③).

2.2. 판단기준

적합성 원칙과 동일하다(영§12③). 따라서 적합성 원칙에서 적용하였던 판단방법 및 판단요소도 준용 가능하다.

보장성 · 투자성 상품	대출성 상품
□ 아래 사항 고려해 손실에 대한 감수능력이 적정할 것 ○ 재산상황(보유자산중 금융상품의 유형별 비중) ○ 거래목적, 연령 ○ 상품 이해도, 위험에 대한 태도 ○ 취득 · 처분경험(투자성 상품 限) □ 위험등급과 위 사항을 비교 · 평가할 것	□ 아래 사항 고려해 상환능력이 적정할 것 ○ 재산상황(소득, 부채 및 자산) ○ 거래목적, 신용, 연령 ○ 고정지출, 변제계획

2.3. 고지 및 확인

[흐름도 4] 적정성 판단결과 및 그 이유를 기재한 서류와 설명서를 제공하며 부적정 사실을 고지한다(법§18② · 영§12④). 권유없이 판매하는 경우 설명의무가 적용되지 않는 점을 고려하여 설명서 제공의무를 부과하고 있다(영§12④ ii). 이때 고지방법은 서면교부, 우편 또는 전자우편, 전화 또는 팩스, 휴대전화 문자메세지 또는 이에 준하는 의사표시로 가능하다(영§12④).

79) 온주 자본시장과금융투자업에관한법률 제46조(2019. 11. 26.) 참조.

고지한 사실에 대해서는 일반소비자로부터 서명(전자서명을 포함하며 이하 같다), 기명날인, 녹취의 방법으로 확인받아야 한다(법§18②). 표준투자권유준칙 및 변액보험 표준계약권유준칙에서는 서면(㊣적정성 판단 보고서, ㊫적정성 진단 결과)에 서명하는 방식을 취하고 있다.[80)]

2.4. 후속절차

[흐름도 ④] 일반소비자가 부적정 사실에도 불구하고 계약체결을 희망하는 경우 (해당 상품 설명 후[81)]) 계약체결이 가능하다.

[흐름도 ⑤] 일반소비자가 계약체결을 원하지 않는 경우에는 판매과정은 종료(계약 미체결)된다.

2.5. 제재

법 제18조제2항을 위반하여 해당 금융상품이 적정하지 않다는 사실을 알리지 않거나 확인을 받지 않은 경우 판매업자에게 과태료[82)]가 부과되며(법§69② iv), 판매업자 및 임직원에게 제재조치(시정명령, 정직 등) 가능하다(법§51 · §52). 또한, 법 제18조제2항을 위반하여 계약이 체결된 경우 금융소비자는 위법계약해지를 요구할 수 있다(법§47①).

3. 특례

적정성 원칙은 전문투자형 사모집합투자기구의 집합투자증권을 판매하는 판매업자가 그 사모집합투자기구의 집합투자증권을 판매하는 경우에는 적용하지 아니한다(법§18④本). 다만, 자본시장법(§249-2)상 적격투자자 중 일반소비자가 요청하는 경우에는 그러하지 아니하다(법§18④但). 전문투자형 사모집합투자기구의 집합투자증권을 판매하는 판매업자는 적격투자자에게 적정성 원칙의 적용을 별도로 요청할 수 있음[83)]을 미리 알려야 한다(법§18⑤).

---

80) 표준투자권유준칙 81면 및 변액보험 표준계약권유준칙 32면 참조.

81) 일반소비자로부터 설명을 요구받은 경우가 아니라면, 권유없이 상품 가입절차가 진행되므로 권유규제인 설명의무 이행이 강제되지는 않는다.

82) 법인 2천만원, 법인이 아닌 자 1천만원.

83) 별도 요청이 가능하다는 사실과 요청방법(서면교부, 우편 또는 전자우편, 전화 또는 팩스, 휴대전화 메시지 및 이에 준하는 전자적 의사표시), 별도 요청이 없을 경우 일반소비자의 부적합한 상품계약체결로 인한 손해 발생 시 판매업자가 책임을 지지 않는다는 사실을 포함한다(규정§11②).

Ⅳ. 시행일

2021.3.25일부터 시행한다(법 부칙§1). 고난도금융투자상품, 고난도투자일임계약 및 고난도금전신탁계약의 경우 자본시장법 시행일에 맞춰 2021.5.10.일에 시행한다(영 부칙§1 ii).

Ⅴ. 기존규제

자본시장법 및 보험업법에서만 규정되었던 적정성 원칙은 금융소비자보호법으로 이관되어 삭제되었다.

구분	은행	금융투자	보험	저축은행	여전	대부
도입 여부	×	○	○	×	×	×
근거 규정	–	舊자본시장법 §46-2	舊보험업법 §95-3	–	–	–

❖ 기존규제와 비교

구분		금융소비자보호법	舊자본시장법	舊보험업법
주체(규제대상)		직접판매업자, 대리·중개업자, 자문업자	금융투자업자	보험회사, 모집종사자
상대방(보호대상)		일반소비자	일반투자자	일반보험계약자
시기		금융상품 계약체결 권유 및 금융상품 자문에 응하는 경우	투자권유 하기 전	보험계약 체결 전
금융상품	보장성	변액보험 및 이와 유사한 상품	–	변액보험[84]
	투자성	① 파생상품	–	–
		② 파생결합증권(골드뱅킹 제외)	① 좌동	
		③ 조건부자본증권(일부[85]제외)	② 조건부자본증권(일부[86] 제외)	
		④ 고난도상품	–	

84) 자본시장법상 적합성 원칙의 대상이었던 상품은 제외한다.
85) 이익참가부사채, 교환사채, 파생결합사채, 전환사채, 신주인수권부사채.
86) 이익참가부사채, 교환사채, 파생결합사채, 전환사채, 신주인수권부사채, 은행 및 금융지주가 발행하는 조건부자본증권.

구분			금융소비자보호법	舊자본시장법	舊보험업법
			⑤ 파생상품·파생결합증권에 투자하는 펀드	③ 좌동	
			①~⑤로 운용하는 금전신탁계약의 수익권	①~③로 운용하는 금전신탁계약의 수익권	
	대출성		주택담보대출, 증권·지적재산권 담보대출	–	–
소비자정보	공통	거래목적	○	○	○
		재산상황	○	○	○
		연령	○	×	○
	보장·투자	취득·처분 경험	○	○	○
		금융상품 이해도	○	×	×
	대출	신용	○	–	–
		변제계획	○		
고지의무	고지사실		적정성 판단결과 및 그 이유	상품의 내용, 투자에 따르는 위험 및 부적정사실	–
			설명서	–	
	고지방법		서면교부, (전자)우편, 전화·팩스, 휴대전화 문자메시지 또는 이에 준하는 의사표시	전자우편, 그 밖에 이와 비슷한 전자통신, 우편, 전화자동응답시스템	
과태료(만원)			법인 2천, 법인 아닌 자 1천	–	–

1. 자본시장법

일반투자자에게 투자권유 없이 고위험 상품(파생상품 등)을 판매하는 경우 투자목적, 재산상황, 투자경험 등을 파악하여 투자자로부터 서명 등으로 확인받고, 일반투자자 특성에 비추어 적정하지 아니하다고 판단되는 경우 그 사실을 투자자에게 알리고 확인을 받아야 했다(舊자본시장법§46-2). 금융소비자보호법에서 개별법상 적정성 원칙을 모두 포괄할 수 있도록 규정한 점을 감안하여 해당 규정은 삭제되었다(법 부칙§13⑯).

2. 보험업법

보험업법상 적합성 원칙 규제는 '보험계약을 체결하기 전'에 적용하므로 구매권유를 한 경우뿐만 아니라 소비자가 자발적으로 가입의사를 밝힌 경우에도 소비자정보(연령, 재산상황, 가입목적 등)를 파악하여 적합한 변액보험 상품구매가 가능하도록 규정하고 있었다(舊보험업법§95-3). 따라서 적합성 원칙 및 적정성 원칙이 모두 포함된 규제로 평가되었다. 금융소비자보호법에서 개별법상 적정성 원칙을 모두 포괄할 수 있도록 규정한 점을 감안하여 해당 규정은 삭제되었다(법 부칙§13⑦).

Ⅵ. Q&A

[적용여부]

1. 소비자가 부적합한 금융투자상품을 특정하여 청약하는 경우 적정성 원칙이 적용되는데, 여기서 '특정'의 수준이 어느 정도를 의미하는 것인지?

판매자가 별도의 권유를 하지 않고 계약을 체결할 수 있는 수준을 의미함.

2. 금융소비자가 특정 상품의 정확한 명칭이 아닌 관련 상품군을 언급하거나 유사한 명칭을 언급하며 자발적으로 상품 가입을 원하여 판매업자가 단수 또는 복수의 상품을 제시하고 금융소비자가 자발적으로 상품을 선택하도록 한 경우 적정성 원칙을 적용할 수 있는지? 적정성 원칙 적용대상임을 입증하기 위해 관련 계약서에 "본 상품은 금융소비자의 자발적 의사에 의해 가입합니다." 등의 문구를 금융소비자가 기재하도록 하는 것이 가능한지?

신속처리시스템 회신(은행 210423-60)

금융소비자가 판매업자등에게 금융상품을 특정하여 청약하는 경우에는 적합성 원칙의 적용대상이 아님. 다만, 금융소비자가 관련 금융상품군을 언급하거나 유사명칭을 언급하며 자발적으로 금융상품 가입을 원한다는 사정만으로는 금융상품을 특정하여 청약하는 경우로서 적합성 원칙의 적용대상에서 제외된다고 일률적으로 판단하기 곤란하고, 이러한 상황에서 관련 계약서에 "본 상품은 금융소비자의 자발적 의사에 의해 가입합니다."

등의 문구를 작성한다고 하여 적합성 원칙의 적용대상에서 제외된다고 보기도 어려움. 소비자가 특정 상품군을 언급함에 따라 관련 상품목록을 제시하는 경우, 상품목록 제시가 권유에 해당하는지 여부는 개별적인 판단이 필요할 것으로 보임. 모든 고객에게 객관적 지표('가나다 순', '수익률 순', '최신 순' 등의 지표를 의미)를 기준으로 동일한 상품 목록이 제공되는 경우나, 판매자의 주관적 판단이 배제된 단순 목록 제시는 상품 특정을 보조하는 행위로 권유에 해당한다고 볼 수 없을 것이나, 판매자의 주관적 판단이 개입되어 특정 상품을 최우선 제시하거나, 특정 상품의 장점 등을 부각시켜 목록을 제시하는 등 소비자로 하여금 특정 상품의 선택을 유도한 것으로 판단될 수 있다면 권유에 해당한다고 볼 수 있음.

3. 고객이 보유하고 있거나 보유하려는 자산·부채 또는 계약 등(이하 "위험회피대상")을 제시하고 동 위험회피대상으로부터 미래에 발생할 수 있는 경제적 손실을 줄이기 위한 목적(이하 "위험회피목적")의 장외파생상품 계약체결을 요청하는 경우라면, 적정성 원칙과 관련하여 '상품을 특정하여 청약'한 것으로 볼 수 있는지?

신속처리시스템 회신(은행 210517-101)

장외파생상품은 기초자산, 세부 계약 내용 등에 따라 위험의 차이가 현저하므로 위험회피대상 및 위험회피목적 제시만으로 상품을 특정하여 청약하는 것으로 볼 수 없음. 다만, 판매업자가 소비자에게 취급상품을 충실하게 제시·설명[87]하고, 소비자의 선택권이 실질적으로 보장되는 상황[88]에서 상품을 선택하는 경우라면 소비자가 상품을 특정한 것으로 볼 수 있음.

4. 특정상품에 대한 소비자의 계약체결 요청 시 판매업자는 ① 소비자가 부적합한 상품을 특정하여 청약했다는 사실과 ② 판매업자가 부적정하다는 내용을 고지했다는 사실을 입증해야 하는데 ①과 ②를 입증하는 방법은?

법령에서 별도의 입증방법을 규정하지 않음.

---

87) 취급가능한 상품 전부를 제시할 필요는 없으나 동일한 위험회피대상에 대하여는 동일한 상품 목록이 제공되어야 하고, 상품 목록 중 일부만을 제시하거나 상품을 특정하여 제시하는 행위는 투자권유에 해당될 수 있다.

88) 소비자가 제시된 상품 목록을 바탕으로 필요성이나 위험성 등을 충분히 비교할 수 있는 시간이 주어져야 하고, 소비자의 설명 요구에 상세히 설명하여야 한다.

5. 일반소비자가 본인정보의 제공을 거절하는 경우에도 적정성 원칙을 적용해야 하는지?

고객이 적정성 원칙 준수를 위한 확인에 협조하지 않을 경우 계약체결을 거절할 수 있음.

6. 고난도일임계약을 체결한 이후에 고난도금융투자상품을 편입할 때마다 금융소비자보호법에 따른 적합성·적정성을 평가하여야 하는지?

신속처리시스템 회신(금투 210423-8)

202면 3번 참조.

[대상상품]

7. 고난도 금융투자상품이 아닌, 지수 1배 연동 ETF 등 지수 연동 목적의 장외파생상품을 적정성 원칙 대상에서 제외할 수 있는지?

신속처리시스템 회신(금투 210602-32)

적정성 원칙 규제와 고난도 금융투자상품(이하 "고난도 상품") 규제는 대상, 절차 및 내용이 달리 적용되는 별개의 제도임. 한편, 현행 규제체계에서는 일반적으로 적정성 원칙 적용범위가 고난도 상품 인정범위보다 더 넓은 점을 감안하면, 고난도 상품이 아닌 상품이 적정성 원칙을 적용받는 게 규제체계상 이례적이라 보기도 어려움.
따라서 고난도 상품에 해당되지 않는다는 이유로 지수 1배 연동 ETF 등 지수 연동 목적의 장외파생상품을 적정성 원칙의 적용대상에서 제외할 수는 없음.

8. 기존규제(舊자본시장법§46-2)상 적정성 원칙에서 제외되었던 조건부자본증권(은행 및 금융지주회사 발행)[89]이 금융소비자보호법상 적정성 원칙 적용대상인지?

신속처리시스템 회신(은행 210507-84)

적정성 원칙이란 일반소비자가 자발적으로 구매하려는 금융상품이 일반소비자의 재산

---

89) **자본시장법 제4조(증권)** ⑦ 이 법에서 "파생결합증권"이란 기초자산의 가격·이자율·지표·단위 또는 이를 기초로 하는 지수 등의 변동과 연계하여 미리 정하여진 방법에 따라 지급하거나 회수하는 금전등이 결정되는 권리가 표시된 것을 말한다. 다만, 다음 각 호의 어느 하나에 해당하는 것은 제외한다.
3의2. 「은행법」 제33조제1항제2호부터 제4호까지의 규정에 따른 상각형 조건부자본증권, 은행주식 전환형 조건부자본증권 및 은행지주회사주식 전환형 조건부자본증권
3의3. 「금융지주회사법」 제15조의2제1항제2호 또는 제3호에 따른 상각형 조건부자본증권 또는 전환형 조건부자본증권

등에 비추어 부적정할 경우 이를 고지·확인하려는 취지로서, 특별히 정하는 바가 없는 한 금융소비자보호법 시행령 제12조제1항제2호에 해당하는 투자성 상품은 적정성 원칙 적용대상에 해당하며, 발행주체에 따라 달리 볼 것은 아님.

9. 투자중개업자가 소비자에게 매도된 전자등록주식 또는 예탁증권을 담보로 하는 금전의 융자(이하 "매도증권담보대출")를 하기 위하여 계약을 체결하려는 경우 채무불이행 가능성이 극히 낮음에도 적정성 원칙을 적용해야 하는지?

신속처리시스템 회신(금투 210601-31)

적정성 원칙이란 일반소비자가 자발적으로 구매하려는 금융상품이 일반소비자의 재산 등에 비추어 부적정할 경우 이를 고지·확인하려는 취지로서, 법에서 특별히 정하는 바가 없는 한 증권을 담보로 하는 대출성 상품인 매도증권담보대출의 경우에도 적정성 원칙 적용대상에 해당하며, 채무불이행 가능성에 따라 달리 볼 것은 아님.

10. 소비자보호를 위해 적정성 원칙 적용대상 상품을 확대(예시: 주식형 펀드 등)하여 적용하는 것이 가능한지?

신속처리시스템 회신(은행 210429-70)

적정성 원칙의 확대 적용은 판매업자의 판단에 따라 자율적으로 가능함.

11. 분양주택에 대한 중도금대출, 재건축 · 재개발 주택에 대한 이주비대출, 추가분담금에 대한 중도금대출도 법 제17조(적합성 원칙) 및 법 제18조(적정성 원칙) 적용 대상인지?

215면 44번 참조.

[소비자정보 파악]

13. 적합성·적정성 원칙에 따라 파악된 고객정보에 대하여 유효기간을 정하고 운영하는 것이 가능한지?

신속처리시스템 회신(은행 210402-5)

211면 32번 참조.

14. 적합성·적정성 원칙상 소비자정보를 파악하기 위한 판매업자등의 확인서 관련,

1. 소비자정보 확인시 양식은 자율적으로 정할 수 있는지?
2. 재산상황과 관련해 보유자산을 주요 자산항목(부동산, 자동차, 예금 등)을 체크하는 것으로 대체할 수 있는지?
3. 재산상황과 관련해 연간소득의 세부 조건은 무엇인지?
4. 변제계획과 관련해 권유하는 대출성 상품이 원리금균등분할상환 방식인 경우 계약기간 및 매월 납입일·금액으로 갈음할 수 있는지?
5. 확인서 양식도 기록 유지·보관의무에 따라 10년간 보관해야 하는지?

212면 37번 참조.

15. 적정성 및 적합성 판단 기준 중 파악해야 할 소비자정보인 '보유자산'의 구체적인 내용은? 단순 총액이면 충분한지?

217면 50번 참조.

16. 적합성·적정성 평가에 필요한 소득은 은행업감독업무시행세칙 별표18에서 활용하는 증빙소득, 인정소득, 신고소득을 포함하는 의미인지?

218면 53번 참조.

17. 적합성·적정성 평가 시 고려요소 중 하나인 고정지출이 의미하는 바는 무엇인지? 시행세칙에서 구체적 기준을 규정할 수 있는지?

218면 54번 참조.

[부적정사실 확인방법]

18. 상품판매 프로세스가 비대면으로 이루어질 경우, 현실적으로 일반소비자로부터 부적정 사실에 대한 '확인'을 받기 어려운 경우[90]가 있는데 이에 대한 대응방안 및 위반 시 제재가 부과되는지? 신속처리시스템 회신(여전 210423-15)

금융소비자보호법상 적정성 원칙에 따르면 금융상품이 소비자에 부적정한 경우 판매자가 그 사실을 알려야 하고, 소비자가 그 사실을 확인하지 않은 상태에서는 이후 계약체결을 위한 거래절차가 진행되지 않아야 할 것임.

19. 비대면 거래 시 적정성 판단 보고서를 화면에 띄워서 금융소비자가 언제라도 열람할 수 있도록 하고, 금융소비자가 전자서명 등을 통해 이를 확인하는 것으로 적정성 판단 보고서 제공 및 확인의무를 이행한 것으로 볼 수 있는지?
신속처리시스템 회신(금투 210520-29)

판매업자는 해당 금융상품이 일반소비자에게 적정하지 않은 경우에는 적정성 판단 결과를 기재한 서류 등을 제공하면서 그 사실을 알려야 하는데, 제공방법은 서면 교부, 우편(전자우편 포함), 전화 또는 팩스, 문자메시지 등 전자적 의사표시의 방법으로 하여야 하며 전자적 의사표시에는 전자적 장치(모바일 앱, 태블릿 등)의 화면을 통해 서류 내용을 보여주는 것도 포함됨.
또한 금융소비자보호법 제18조제2항 전단의 '서명'에는 법 제17조제2항[91]과 동일하게 전자서명도 포함됨.

20. 적정성 판단 결과 부적정하여 대출계약을 체결하지 않은 고객에게 부적정하다는 사실을 알리고 확인받아야 하는지? 신속처리시스템 회신(은행 210413-25)

적정성 판단 결과 부적정으로 판단되어 계약을 체결하지 않은 경우 해당 소비자로부터

---

90) (예시) ① 온라인·모바일에서 부적정 사실 고지 시 일반소비자가 해당사실에 대한 '확인'을 하지 않고 종료하는 경우, ② 이메일·문자메시지로 부적정 사실 고지 시 읽지 않거나 회신하지 않는 경우, ③ 전화를 받지 않거나 통화 시 부적정 내용에 대해 확인을 거부하는 경우.

91) **제17조(적합성 원칙)** ② 금융상품판매업자등은 일반금융소비자에게 다음 각 호의 금융상품 계약체결을 권유하는 경우에는 면담·질문 등을 통하여 다음 각 호의 구분에 따른 정보를 파악하고, 일반금융소비자로부터 서명(「전자서명법」 제2조제2호에 따른 전자서명을 포함한다. 이하 같다), …(이하 중략)… 확인을 받아 이를 유지·관리하여야 하며, 확인받은 내용을 일반금융소비자에게 지체 없이 제공하여야 한다.

부적정 사실에 대해 '서명, 기명날인, 녹취 등'의 방식으로 확인받지 않아도 됨.

21. 적정성 판단 결과 부적정함에도 불구하고 대출을 취급하려는 고객에게 부적정사실을 확인받는 방법으로 e-mail이 허용되는지?

신속처리시스템 회신(은행 210413-25)

금융소비자보호법령상 적정성 판단 결과에 대한 소비자 확인방법이 '(전자)서명, 기명날인, 녹취'로 한정되어 있어, 전자우편을 통해 확인하는 방법은 허용되지 않음.

[기타]

22. ① 설명의무 이행 단계와 ② 계약체결 완료 단계에서 설명서를 각 제공해야 하며, ③ 적정성 원칙에 따라 부적정 사실 고지 단계와 ④ 계약체결 완료 단계에도 설명서를 각 제공해야 하는데, 설명과 계약체결(①·②) 또는 적정성 원칙과 계약체결(③·④)이 거의 동시에 이루어지는 경우 설명서를 2회 제공해야 하는지?

이전 단계에서 설명서가 제공된 경우 계약체결 후 계약서류 중 하나로 설명서 중복 제공은 불필요함.[92]

▌제4절▐ 설명의무

Ⅰ. 의의

금융소비자의 자기책임 원칙에 따라 금융상품을 가입할 수 있도록 하기 위해서는 눈앞에 실재하지 않는 금융상품에 대한 금융소비자의 이해가 기반이 되어야 한다. 정보의 비대칭성으로 금융소비자는 판매업자등과 상당한 이해의 격차가 발생하므로 이를 해소하기 위해 금융소비자에게 금융상품에 대한 정보를 제공할 필요성이 있다.[93] 이에 금융상품 계약체결을 권유하거나 일반소비자가 설명을 요청하는 경우 금융상품의 중요사항

92) 금융위원회·금융감독원·협회 공동, "금융소비자보호법 시행 후 원활한 금융상품거래를 위해 판매자·소비자가 알아야 할 중요사항을 알려드립니다.", 보도참고자료, 2021.03.29., 6면 참조.
93) 온주 자본시장과금융투자업에관한법률 제47조(2019. 11. 26.) 참조.

을 설명하고 설명서를 제공하도록 한다.

II. 적용범위

설명의무 규제는 시행일(2021.3.25., 핵심설명서의 경우 2021.9.25.) 이후 체결되는 계약부터 적용한다.[94] 이때 계약은 신규 계약을 의미하므로 대출기한 연장, 실손의료보험 갱신, 신용카드 갱신 등 신규 계약이 아닌 경우에는 설명의무가 적용되지 않는다.[95]

구분	내용
주체(규제대상)	직접판매업자, 대리 · 중개업자, 자문업자
상대방(보호대상)	일반소비자
설명대상	보장성 · 투자성 · 예금성 · 대출성 상품
	연계 · 제휴서비스
시기	판매업자의 금융상품 계약체결 권유 시 자문업자의 금융상품 자문에 응할 시 일반소비자의 설명요청 시

일반소비자가 판매업자등의 금융상품 권유없이 계약을 체결하고자 하는 경우 판매업자등은 설명 요청권이 있음을 소비자에게 고지하는 것이 바람직하며, 대리 · 중개업자를 통해 설명서 제공 및 설명이 이루어진 경우에는 직접판매업자가 반복해 설명(설명서 제공 포함)할 필요가 없다.[96]

III. 내용

금융상품 계약체결을 권유하거나 일반소비자가 설명을 요청하는 경우 금융상품의 중요사항(설명사항)을 일반소비자가 이해할 수 있도록 설명하여야 한다(법§19①). 설명 사항을 먼저 살펴보고, 일반소비자가 이해할 수 있도록 어느 정도 수준에서 설명을 이행해야 하는지(설명정도), 어떻게 설명을 해야 하는지(설명방식)에 대해 후술한다.

---

94) 신속처리시스템 회신(손보 210811－37) 참조.

95) 금융위원회 · 금융감독원 · 협회 공동, "금융소비자보호법 시행 후 원활한 금융상품거래를 위해 판매자 · 소비자가 알아야 할 중요사항을 알려드립니다.", 보도참고자료, 2021.03.29., 4면 참조.

96) Ibid, 6면 참조.

1. 설명사항

1.1. 금융소비자보호법

<table>
<tr><th colspan="2">구 분</th><th colspan="2">설명사항</th></tr>
<tr><td colspan="2">공통</td><td>□ 연계 · 제휴서비스
○ 서비스 내용, 이행책임
○ 제공기간, 이용요건
○ 변경 · 종료 시 사전통지</td><td>□ 청약철회의 기한 · 행사방법 · 효과
□ 민원처리 및 분쟁조정 절차
□ 예금자보호법 등 타법 보호여부(대출성 제외)</td></tr>
<tr><td colspan="2" rowspan="2">보장성</td><td>□ 상품내용
□ 보험료(공제료 포함)
○ 감액 청구권
○ 주 · 부수 위험보장사항별 금액
○ 납입기간
□ 보험금(공제금 포함)
○ 지급제한 사유 및 지급절차
○ 주 · 부수 위험보장사항별 금액
○ 손실발생 가능성
○ 수령자 지정여부 · 방법
□ 위험보장의 범위 · 기간
□ 계약의 해제 · 해지(위법계약해지권 포함, 이하 같다)
□ 해약 · 만기환급금
○ 금액 및 산출근거
○ 납입보험료보다 환급금이 적거나 없을 수 있는 사실
○ 손실발생 가능성(해약환급금 한정)
□ 상법상 고지 및 통지의무 위반 시 계약해지</td><td>□ 변액보험 및 이와 유사한 상품
○ 만기에 최저보증 기능이 있더라도 중도해지 시 최저보증이 되지 않을 가능성
○ 금융상품의 구조 및 자산운용 방식
□ 간단손해보험대리점 취급상품: 소비자 권리(계약체결 또는 취소권한 및 피보험자가 될 수 있는 권리)의 보장사실
□ 저축성보험
○ 적용이율 및 산출기준
○ 사업비 제외한 일부금액만 운용 · 부리사실 및 그 사업비금액(금리확정형보험 제외)
□ 65세 이상 보장하는 실손의료보험(준하는 공제 포함): 65세 시점의 예상보험료 및 보험료 지속납입
□ 해약환급금 미지급 상품: 위험보장내용이 동일하지만 해약환급금이 지급가능한 다른 상품명
□ 유배당상품: 배당사항
□ 계약 전 알릴 의무 없이 재가입 가능한 상품: 가입조건 및 보장내용 등 변경사항</td></tr>
<tr><td colspan="2"></td></tr>
<tr><td></td><td>보험[97)]</td><td>□ 저축성보험의 보험료
○ 계약체결 · 관리비용
○ 특별계정 설정 · 운용비
○ 중도인출수수료, 해지 시 공제비용
○ 위험보장사항 외의 서비스 제공을 위한 비용, 위험보장비용
□ 자산연계형보험: 적용이율 산출근거(공시이율 적용 시 제외)
□ 금리연동형보험: 직전 1년간 금리변동 현황
□ 자동갱신형상품: 최소 5개 이상 갱신시점(최대 갱신나이 또는 75세 이상 포함)의 예상 보험료</td><td>□ 보장성보험
○ 보험가격지수 · 보장범위지수(예시 포함, 일반 손해보험 제외)
○ 계약체결비용지수 · 부가보험료지수(예시 포함, 자동차보험 제외). 아래 사항에 해당 시 설명생략 가능.
- 계약체결 비용이 표준해약 공제액보다 작거나 같은 경우
- 종신 & 사망위험을 보장하는 상품의 계약체결비용이 표준해약공제액의 1.4배(사망 외 위험도 보장 시 사망위험에 한정) 이내인 경우</td></tr>
</table>

97) 보험상품 설명서 기재사항(규정§13① vi).

구 분	설명사항	
투자성	□ 상품내용 □ 투자에 따른 위험 □ 위험등급(연계투자 및 비금전신탁 제외) □ 수수료 □ 계약의 해제·해지 □ 증권의 환매·매매 □ 연계투자: 온라인투자연계법상 제공 정보[98] □ 투자성 상품(연계투자 및 전문투자형 사모 제외) ○ 계약기간 ○ 금융상품의 구조 ○ 기대수익(근거 포함) ○ 손실발생상황·손실추정액(근거 포함) ○ 위험등급 산정이유·의미·유의사항[99] ○ 만기 전 계약종료 시 종료요건	□ 전문투자형 사모펀드 ○ 기본정보 - 집합투자기구 명칭·종류 - 집합투자업자 명칭 - 판매회사·수탁회사·사무관리회사 명칭 - 집합투자기구의 최소투자금액 및 만기일자 - 판매·환매일정, 결산 및 이익분배 ○ 집합투자기구 - 투자전략, 주요투자자산 - 투자구조 및 최종 기초자산(다른 집합투자증권이 편입되는 경우 한정) - 레버리지한도, 여유자금 운용방법 - 재산평가 및 기준가 산정방법 - 보수·수수료 ○ 집합투자기구의 위험 - 위험등급 및 관련 설명, 위험요소, 유동성리스크 및 관리방안 ○ 집합투자기구 환매(방법 및 수수료 포함)
예금성	□ 상품내용 □ 금리(만기후 포함)·수익률 및 산출근거	□ 계약의 해지·해제 □ 이자·수익의 지급시기 및 지급제한사유
대출성	□ 상품내용 ○ 금리 및 금리변동 여부 ○ 중도상환수수료 부과여부·기간 ○ 수수료율 □ 상환방법에 따른 상환금액·이자율·시기 □ 담보권 설정·실행사유, 소유권상실 위험 등 권리변동 사항 □ 대출원리금·수수료 등 소비자 부담 금액	□ 계약의 해제·해지 □ 신용에 미치는 영향 □ 연체금리 및 그 밖의 불이익 □ 계약기간 및 계약연장 □ 이자율의 산출기준 □ 신용카드 ○ 리볼빙서비스 위험성 ○ 연회비 등 신용카드 거래조건 및 연회비 반환 사항(반환사유, 반환금액 산정방식, 반환기한 포함)

최근 금융상품의 다변화로 기존에 안정적으로 분류되었던 상품도 위험성이 높아질 수 있으므로 위험등급이 설명될 필요성이 있다.[100] 또한 투자성 상품의 경우 통상 제조사와 판매사가 분리되어 있는데 사모펀드 사태 등을 통해 판매사의 책임을 강화할 필요

98) ① 연계대출의 내용(대출 예정금액·기간·금리, 상환일자·일정·금액 등), ② 차입자에 관한 사항, ③ 연계투자에 따른 위험, ④ 수수료·수수료율 등.

99) 시행령(§13② ii)에서 비금전신탁을 제외하고 있으나, 감독규정에서는 제외하고 있지 않다. 향후 감독규정에서 비금전신탁의 설명사항에서 위험등급 관련 사항을 제외하는 것으로 개정(입법적 보완)하는 것 바람직하다.

100) 정무위원회, "금융소비자보호법안(최운열 의원 대표발의)·금융소비자 보호 및 금융상품 판매에 관한 법률안(이종걸 대표발의)·금융소비자 보호에 관한 법률안(정부 제출) 검토보고(2006092, 이하 "검토보고서(2006092)"라 한다)", 2017.9월, 49면 참조.

성이 대두되었다.[101] 이에 투자성 상품(연계투자 및 비금전신탁 제외)의 설명사항으로 위험등급이 금융소비자보호법에서 처음으로 법제화되어, 제조사인 자산운용사 등이 산정한 위험등급과 별개로 직접판매업자가 위험등급을 산정하고 설명해야 한다(법§19① i 나3) · 영§13②).

위험등급 산정 시 고려요소	위험등급 산정 시 의무사항
□ 기초자산 변동성 □ 신용등급 □ 상품구조의 복잡성 □ 최대 원금손실가능금액 □ 환매 · 매매 용이성 □ 환율의 변동성(외화 투자상품 한정)	□ 객관적 자료에 근거하여 평가 □ 원금손실위험(원금손실 발생 가능성 및 손실규모 등을 종합적으로 평가한 결과)에 비례하여 구분 □ 직판업자가 산정한 등급이 발행인이 정한 위험등급과 다른 경우 해당 발행인과 위험등급의 적정성에 협의할 것

1.2. 타 법률

약관규제법 등 개별법에서 설명의무를 규정한 경우 다른 법률에서 특별히 금융소비자보호를 정한 경우에 해당하므로 금융소비자보호법과 별개로 적용된다(법§6).[102] 금융상품의 설명의무와 관련된 주요법률은 다음과 같다.

구분	조문	설명사항
약관규제법	**제3조(약관의 작성 및 설명의무 등)** ③ 사업자는 약관에 정하여져 있는 중요한 내용을 고객이 이해할 수 있도록 설명하여야 한다. 다만, 계약의 성질상 설명하는 것이 현저하게 곤란한 경우에는 그러하지 아니하다.	약관의 주요내용: 금소법상 설명사항과 반드시 일치되지 않으며, 판례[103]를 기준으로 개별 판단[104]

101) 신속처리시스템 회신(은행 210503－76) 참조.
102) 설명의무 가이드라인, 6면 참조.
103) 설명의무의 대상이 되는 '중요한 내용'은 사회통념에 비추어 고객이 계약체결의 여부나 대가를 결정하는 데 직접적인 영향을 미칠 수 있는 사항을 말한다. 사업자에게 약관의 명시 · 설명의무를 요구하는 것은 어디까지나 고객이 알지 못하는 가운데 약관의 중요한 사항이 계약 내용으로 되어 고객이 예측하지 못한 불이익을 받게 되는 것을 피하고자 하는 데 근거가 있다. 따라서 약관에 정하여진 사항이라고 하더라도 거래상 일반적이고 공통된 것이어서 고객이 별도의 설명 없이도 충분히 예상할 수 있었던 사항이거나 이미 법령에 의하여 정하여진 것을 되풀이하거나 부연하는 정도에 불과한 사항이라면, 그러한 사항에 대하여서까지 사업자에게 설명의무가 있다고 할 수는 없다.
사업자의 설명의무를 면제하는 사유로서 '거래상 일반적이고 공통된 것'이라는 요건은 해당 약관 조항이 거래계에서 일반적으로 통용되고 있는지의 측면에서, '고객이 별도의 설명 없이도 충분히 예상할 수 있는 사항'인지는 소송당사자인 특정 고객에 따라 개별적으로 예측가능성이 있었는지의 측면에서 각 판단되어야 한다. 다음으로 약관에 정하여진 사항이 '이미 법령에 의하여 정하여진 것을 되풀이하거나 부연하는 정도에 불과한지'는 약관과 법령의 규정 내용, 법령의 형식 및 목적과 취지, 해당 약관이 고객에게 미치는 영향 등 여러 가지 사정을 종합적으로 고려하여 판단하여야 한다. 여기에서 말하는 '법령'은 일반적인 의미에서의 법령, 즉 법률과 그 밖의 법규명령으로서의 대통령령, 총리령, 부령 등을 의미하고, (중략) 대외적 구속력이 인정되지 않는 행정규칙으로서의 고시는 (중략) 사업자의 설명의무가 면제된다고 할 수 없다(대법원 2016다276177).
104) 설명의무 가이드라인, 6면 참조.

구분	조문	설명사항
상법	**제638조의3(보험약관의 교부·설명 의무)** ① 보험자는 보험계약을 체결할 때에 보험계약자에게 보험약관을 교부하고 그 약관의 중요한 내용을 설명하여야 한다.	보험약관의 주요내용
예금자보호법	**제29조(보험관계)** ③ 부보금융회사는 금융거래 계약을 체결하는 경우에는 공사가 정하는 바에 따라 다음 각 호의 사항을 상대방(부보금융회사 등 대통령령으로 정하는 자는 제외한다)에게 설명하여야 한다. 1. 제1항에 따른 보험관계 성립 여부 2. 제32조제2항에 따른 보험금의 한도	① 보험관계 성립여부: 예금자 보호대상 여부 ② 보험금 한도: 현재 5천만원(예금자보호법 시행령 §18⑥)
금융실명법	**제3조(금융실명거래)** ③ 누구든지 「특정 금융거래정보의 보고 및 이용 등에 관한 법률」 제2조제4호에 따른 불법재산의 은닉, 같은 조 제5호에 따른 자금세탁행위 또는 같은 조 제6호에 따른 공중협박자금조달행위 및 강제집행의 면탈, 그 밖에 탈법행위를 목적으로 타인의 실명으로 금융거래를 하여서는 아니 된다. ⑥ 금융회사등은 금융위원회가 정하는 방법에 따라 제3항의 주요 내용을 거래자에게 설명하여야 한다.	불법·탈법목적의 차명거래 금지 사실

1.3. 통합

판매업자등이 금융소비자보호법에 따라 일반소비자에게 설명해야 할 사항은 법령에서 정하는 사항으로 한정되나, 스스로 소비자보호를 위해 법령에서 정한 사항 외의 내용을 설명하는 행위까지 제한하지는 않는다. 다만, 설명의무 가이드라인에서는 법령 외 사항을 설명(설명서 및 설명 스크립트에 반영)하는 경우 그 근거 등 반영이유를 내부적으로 기록·관리하는 것을 요구한다.[105] 법령에서 정하지 않은 사항[106]의 설명여부는 판매업자등이 자율적으로 판단하되, 소비자의 정보 수용능력(capacity)을 고려할 필요가 있다.

설명의무 가이드라인에서는 소비자의 정보 수용능력을 감안하여 여러 규제별로 혼재된 투자성 상품의 설명사항을 대체·통합하는 방안[107]을 제시한다. 금융소비자보호법 시행 전 제정된 영업행위 윤리준칙[108]상 설명사항 및 비예금상품 모범규준[109]상 일반소비

105) 설명의무 가이드라인, 6면 참조.
106) 적합성 원칙과 관련한 사항(소비자정보 확인서, 적합성 평가 결과)은 금융소비자보호법상 설명사항이 아니다.
107) 설명의무 가이드라인, 7~8면 참조.
108) 6개 협회(은행연합회, 금융투자협회, 생명보험협회, 손해보험협회, 여신금융협회, 저축은행중앙회)가 소비자보호에 관한 사항을 규율한 자율규제(2018.5월).
109) 은행연합회가 원금미보장 금융상품 관련 소비자보호에 관한 사항을 규율한 자율규제(2020.9월).

자에 대한 금융상품 설명사항은 금융소비자보호법과 거의 동일하므로, 통합할 필요 없이 금융소비자보호법상 설명사항으로 갈음(대체)할 수 있다.[110] 통합방안의 예시는 이어지는 아래 표 4개와 같다.

❖ 요약설명서 사항

금융소비자보호법상 핵심설명서	자본시장법상 고난도 상품 요약서 (펀드 제외)
▫ 유사한 금융상품과 구별되는 특징(상품내용 및 투자위험 포함) ▫ 발생 가능한 불이익에 관한 사항 ○ 민원·분쟁 또는 상담요청이 빈번하여 소비자의 숙지가 필요한 사항 ○ 위험등급의 의미 및 유의사항	
	▫ 손실이 발생할 수 있는 상황(최대 손실 포함) 및 그에 따른 손실추정액(근거 포함) ▫ 목표시장의 내용 및 설정근거
▫ 민원 또는 상담요청 연락처	

❖ 공모펀드 설명사항

금융소비자보호법상 설명서	자본시장법상 간이투자설명서
	▫ 자본시장법상 간이투자설명서 항목(자본시장법 시행령 §134①)
▫ 기대수익(근거 있는 경우 한정) ▫ 손실이 발생할 수 있는 상황(최대 손실 포함) 및 그에 따른 손실추정액(근거 포함) ▫ 판매업자가 정한 위험등급(산정이유·의미 및 유의사항) ▫ 민원처리 및 분쟁조정 절차 ▫ 종료 요건(만기 전 계약 종료되는 상품 한정) ▫ 계약의 해지·해제(위법계약해지권 포함) ▫ 연계·제휴 서비스	

❖ 사모펀드 설명사항

금융소비자보호법상 설명서	자본시장법상 핵심상품설명서
	▫ 자본시장법(§249-4)상 핵심상품설명서 항목
▫ 판매업자가 정한 위험등급(산정이유·의미 및	

110) 설명의무 가이드라인, 5면 참조.

금융소비자보호법상 설명서	자본시장법상 핵심상품설명서
유의사항) □ 예금자보호 여부 □ 민원처리 및 분쟁조정 절차 □ 종료 요건(만기 전 계약 종료되는 상품 한정) □ 계약의 해지 · 해제(위법계약해지권 포함) □ 연계 · 제휴 서비스	

❖ 특정금전신탁 설명사항

금융소비자보호법	특정금전신탁 업무처리 모범규준[111] (금소법상 설명항목에 해당하는 사항)
□ 투자성 상품의 내용	□ 운용자산의 종류 또는 종목명
□ 투자성 상품의 구조	□ 운용방법 또는 운용제한에 관한 사항 □ 운용방법 또는 특정종목에 관한 구조 · 성격
□ 수수료	□ 신탁보수, 비용 및 수수료 등의 사항
□ 계약의 해지 · 해제(위법계약해지권 포함)	□ 조기 · 중도 · 만기상환 조건이 있는 경우 그에 관한 사항 □ 신탁계약의 해지 · 해제에 관한 사항
□ 투자위험 및 위험등급	□ 운용방법 또는 특정종목에 대한 일반적 · 구체적 위험요인에 관한 사항 □ 분산투자규정이 없을 경우 수익률의 변동성이 집합투자기구 등에 비해 더 커질 수 있다는 사실 □ 성과보수로 인해 발생 가능한 잠재 위험
□ 청약철회권 □ 예금자보호 여부 □ 민원처리 및 분쟁조정 절차 □ 종료 요건(만기 전 계약 종료되는 상품 한정) □ 연계 · 제휴 서비스	

같은 취지로 소비자에게 제공되는 투자설명서 또는 간이투자설명서상 설명사항이 금융소비자보호법상 설명사항과 중복되는 경우 금융소비자보호법 설명서에서 중복사항을 제외할 수 있다(영§14①但). 과도한 정보 제공으로 인한 소비자의 합리적 의사결정을 저해하지 않도록 규정한 것이다.[112] 이에 따라 투자성 상품의 설명사항(설명서)을 통합하면 다

111) 금융투자협회 자율규제.
112) 금융위원회, "「금융소비자 보호에 관한 법률 시행령 제정안」 입법예고('20.10.28.~12.8.) 후 주요 변경사항", 보도자료, 2021.01.18., 2면 참조.

음과 같다.113) 작성주체가 발행자인 경우 (발), 판매자인 경우 (판)으로 표시한다.

<table>
<tr><th colspan="2" rowspan="3">구분</th><th colspan="2" rowspan="3">설명서</th><th colspan="3">설명서 요약자료</th><th colspan="2">가이드라인 적용</th></tr>
<tr><th rowspan="2">고난도 상품</th><th colspan="2">그 외 상품</th><th rowspan="2">전</th><th rowspan="2">후</th></tr>
<tr><th>공통</th><th>은행</th></tr>
<tr><td rowspan="16">공모</td><td rowspan="11">집합
투자
증권
外</td><td rowspan="11">(발) 투자설명서114)
(영§14①,
자본법§123①)</td><td rowspan="11">(판) 금소법
설명서
(법§19①)</td><td rowspan="11">(판)
고난도 상품에
대한
요약설명서
(자본법 시행령
§68⑤ ii - iii)</td><td rowspan="35">금소법
핵심
설명서
(규정
§13① v)</td><td rowspan="35">비예금상품
설명서
(비예금 모범
규준)</td><td>□ 고난도(5종)</td><td>□ 고난도(2종)</td></tr>
<tr><td>○ 투자설명서</td><td rowspan="2">통합</td></tr>
<tr><td>○ 금소법 설명서</td></tr>
<tr><td>○ 고난도 요약서</td><td rowspan="2">통합</td></tr>
<tr><td>○ 핵심설명서</td></tr>
<tr><td>○ 비예금 설명서</td><td>–115)</td></tr>
<tr><td>□ 그 외(4종)</td><td>□ 그 외(2종)</td></tr>
<tr><td>○ 투자설명서</td><td rowspan="2">통합</td></tr>
<tr><td>○ 금소법 설명서</td></tr>
<tr><td>○ 핵심설명서</td><td>좌동</td></tr>
<tr><td>○ 비예금 설명서</td><td>–</td></tr>
<tr><td rowspan="5">집합
투자
증권</td><td rowspan="5">(발) 투자설명서 ·
간이투자
설명서116)
(영§14①,
자본법§123①)</td><td rowspan="5">(판) 금소법
설명서
(법§19①)</td><td rowspan="10">–117)</td><td>□ 공모펀드(4종)</td><td>□ 공모펀드(2종)</td></tr>
<tr><td>○ 간이투자설명서</td><td rowspan="2">통합</td></tr>
<tr><td>○ 금소법 설명서</td></tr>
<tr><td>○ 핵심설명서</td><td>좌동</td></tr>
<tr><td>○ 비예금 설명서</td><td>–</td></tr>
<tr><td rowspan="19">사모
신탁
일임</td><td rowspan="5">사모
펀드</td><td rowspan="5">(발) 사모펀드 핵심
상품설명서
(자본법
§249-4②~④)</td><td rowspan="5">(판) 금소법
설명서
(법§19①)</td><td>□ 사모펀드(4종)</td><td>□ 사모펀드(2종)</td></tr>
<tr><td>○ 사모핵심설명서</td><td rowspan="2">통합</td></tr>
<tr><td>○ 금소법 설명서</td></tr>
<tr><td>○ 핵심설명서</td><td>좌동</td></tr>
<tr><td>○ 비예금 설명서</td><td>–</td></tr>
<tr><td rowspan="14">사모
펀드
外</td><td colspan="2" rowspan="14">(판) 금소법 설명서
(법§19① · 영§14①)

(판) 특정금전신탁 설명서
(특정금전신탁 모범규준)</td><td rowspan="14">(판) 고난도
상품에 대한
요약설명서</td><td>□ 고난도(4종)</td><td>□ 고난도(2종)</td></tr>
<tr><td>○ 금소법 설명서</td><td rowspan="2">통합</td></tr>
<tr><td>○ 고난도 요약서</td></tr>
<tr><td>○ 핵심설명서</td><td>좌동</td></tr>
<tr><td>○ 비예금 설명서</td><td>–</td></tr>
<tr><td>□ 특금(4종)</td><td>□ 특금(2종)</td></tr>
<tr><td>○ 금소법 설명서</td><td rowspan="2">통합</td></tr>
<tr><td>○ 특금 설명서</td></tr>
<tr><td>○ 핵심설명서</td><td>좌동</td></tr>
<tr><td>○ 비예금 설명서</td><td>–</td></tr>
<tr><td>□ 그 외(3종)</td><td>□ 그 외(2종)</td></tr>
<tr><td>○ 금소법 설명서</td><td>좌동</td></tr>
<tr><td>○ 핵심설명서</td><td>좌동</td></tr>
<tr><td>○ 비예금 설명서</td><td>–</td></tr>
</table>

113) 설명의무 가이드라인, 3면 참조.
114) 자본시장법상 투자설명서 또는 간이투자설명서에 기재된 내용은 금융소비자보호법상 설명서에서 제외 가능하다.
115) 금융소비자보호법 설명서로 갈음한다.
116) 자본시장법상 투자설명서 또는 간이투자설명서에 기재된 내용은 금융소비자보호법상 설명서에서 제외 가능하다.
117) 공모펀드의 경우 간이투자설명서를 사모펀드의 경우 핵심상품설명서를 제공하는 경우 고난도 상품 요약설명서는 제공할 필요 없다.

2. 설명정도

설명사항은 금융상품을 권유하는 경우와 권유는 없지만 소비자가 설명을 요청하는 경우로 구분된다. 판매업자등의 권유가 없고 소비자가 특정사항에 대한 설명만을 원하는 경우 해당 사항에 한정하여 설명이 가능하나(법§19①), 판매업자등의 권유 시에는 법령상 열거된 중요사항을 모두 설명하여야 한다.[118]

다만, 판매업자등의 권유에 따라 설명하는 경우라도 설명의 정도(depth)는 자체 기준에 따라 조정이 가능하다. 이때 자체 기준은 설명사항의 중요도, 난이도 및 소비자 상황 등을 고려하고 설명의무의 취지[119]에 부합하도록 마련해야 하며, 직접판매업자의 내부통제기준에 반영해야 한다.[120]

2.1. 필수사항

소비자가 두꺼운 설명서를 충분히 파악하기 힘든 어려움이 있으므로 이를 해소하기 위해 설명서 맨 앞에 중요 요약내용을 두도록 규정한 것이 핵심설명서이다.[121] 핵심설명서 내용은 설명을 생략할 수 없는 필수 설명사항이다.[122]

핵심설명서 사항
□ 경고문구(설명을 제대로 이해하지 못한 상태에서 설명을 이해했다는 서명을 하거나 녹취기록을 남길 경우 추후 권리구제가 어려울 수 있음) 상단 기재[123] □ 다음 각 목의 사항 요약(예금성 상품 등 내용이 단순한 상품 제외) ○ 유사한 금융상품과 구별되는 특징 ○ 금융상품에 의한 불이익(민원·분쟁 또는 상담요청이 빈번한 사항 포함) - 투자성 상품: 위험등급의 의미 및 유의사항 - 보장성 상품: 해약환급금이 납입한 보험료(공제료 포함)보다 적거나 없을 수 있다는 사실 - 대출: 원리금 연체 시 불이익 - 신용카드: ① 리볼빙 서비스의 위험성 및 예시, ② 연회비 등 신용카드의 거래조건 및 연회비 반환사항(반환사유, 반환금액 산정방식, 반환기한 포함) ○ 민원상담 연락처

여기서 '유사한 금융상품과 구별되는 특징'은 소비자가 일반적으로 아는 다른 금융상

118) 설명의무 가이드라인, 10면 참조.
119) 정보의 비대칭성을 해소하여 소비자가 자기책임 원칙 하에 금융상품 가입할 수 있도록 정보제공이 필요하다.
120) 설명의무 가이드라인, 10면 참조.
121) 10문 10답, 5면 참조.
122) 설명의무 가이드라인, 11면 참조.
123) Ibid, 13면 참조.

품과 비교하는 방식으로 설명되어야 하며, 수익률 등 계약을 유도하기 위한 정보가 아니라 투자 위험, 수수료, 해지 시 불이익 등 유의해야 할 정보 위주로 제시되어야 한다. '민원·분쟁 또는 상담요청이 빈번한 사항'은 사례제시, FAQ 형식 등을 활용하되, 일부 예외적 사례가 아닌, 적시성·중요성이 높은 사례를 의미한다.[124)]

금융상품 위험등급, 대출 연체 등 재산상 손실이 발생할 수 있는 사항에 관한 설명 시 단순히 유의문구만 기술하기보다 체감도를 높일 수 있도록 구체적인 손실금액을 아래와 같이 예시로 들 필요가 있다.[125)]

구분	예시
대출	1개월 이상 원리금 연체 시 **대출 원금**에 **연체이자**가 적용됩니다.
	원금 1.2억원에 1개월 이상 연체 시 연체이자율(예: 8%) 적용 시 월 연체이자 80만원(1.2억원×8%×1/12)을 납부하셔야 합니다.
보험	중도해지 시 지급되는 **해지환급금**은 납입 보험료보다 **적거나 없을 수** 있습니다.
	5년간 납입한 보험계약 중도해지 시 **총 납입보험료 1,536만원** 중 사업비 등을 제외한 금액에 공시이율(예: 2.25%)을 적용한 **698만원을 해지환급금**으로 받게 됩니다. (기준: 40세 남자, 종신, 20년납, 월납, 가입금액 1억원) (☞ 자세한 사항은 설명서 7. 해지환급금 예시표를 확인하세요.) ※ 상기 예시의 금액은 특정 조건하에서 산출된 금액으로 향후 금리변동 등 여건변화에 따라 달라질 수 있습니다.
파생결합증권	**만기상환 시** OO주식의 **최종기준가격**이 **최초 기준가격 보다 하락**한 경우 **원금 손실(최대 15%)**이 발생할 수 있습니다. [만기상환금액＝원금×(최종기준가격/최초기준가격)* * 85% 미만인 경우 85% 적용]
	자동조기상환 조건을 충족하지 않은 상황에서 만기에 ㅇㅇ주식의 최종 기준가격이 최초 기준가격의 92%인 경우 원금의 8%의 손실(예: 원금 1억 시 8백만원)이 발생합니다. (다만, 최대손실율은 15%(원금 1억 가정 시 15백만원 손실)로 제한됩니다.) (☞ 자세한 사항은 설명서 Ⅱ. 1. (3) 손실구조 설명 예시를 확인하세요.)
신용카드	**리볼빙 서비스**는 실질적인 대출상품으로 상대적으로 **높은 수수료(최고 oo%)**가 **부과**되며, 이용 시 **신용도에 영향**을 줄 수 있습니다.
	지난달 이월금액 50만원, 이번 달 30만원(일시불) 이용 시 약정결제비율(50%), 수수료율(연 17%)로 가정했을 때 청구되는 금액은 총 406,989억원(①+②)이며, 다음달로 이월되는 잔액은 40만원(③)입니다. ① 리볼빙 수수료: 6,986원(전월 잔액(50만원)×수수료율(17%)×30일/365일) ② 청구되는 원금: 40만원([50만원(이월금액) + 30만원(당월 이용액)]×50%) ③ 이월잔액: 40만원(80만원(이월금액+당월 이용액)－40만원(청구원금))

124) Ibid, 13면 참조.
125) Ibid, 13면 참조.

2.2. 간소화 사항

핵심설명서 외의 설명사항 중 일부는 판매업자등의 자체 기준에 따라 '소비자가 설명 간소화를 선택할 수 있는 사항(이하 "간소화 사항"이라 한다)'으로 분류하여 일반소비자에게 제시하고, 일반소비자가 해당 사항 중 일부를 선택하면 소비자 선택사항은 제외하고 설명이 가능하다.[126)]

간소화 사항은 ① 정보의 객관적인 난이도가 낮아 소비자가 설명서에서 해당 내용을 확인하면 스스로 이해가 가능한 사항[127)]이거나, ② 권유상품 및 해당 소비자의 거래 경험 · 시기, 지식수준 등을 종합 고려하여 판매업자등이 분류한 사항[128)]이다.[129)]

선택적으로 설명하는 경우 판매업자등은 간소화 사항의 목록 및 해당 사항이 기재된 설명서상의 위치를 알리고, 일반소비자가 각각의 내용을 확인한 후에 이해했는지 확인받아야 한다(법§19②). 또한 판매업자등은 일반소비자의 간소화 선택사실[130)]에 대한 근거(객관적 증빙자료)를 기록 · 보관할 필요가 있다.[131)]

3. 설명방식

판매업자등의 자체기준에 따라 설명방식 선택이 가능하므로 일반소비자의 이해를 돕는 데 있어 구두설명보다 동영상, AI[132)] 등의 활용이 효과적인 경우에는 이를 활용하여 설명할 수 있다. 특히 금융상품에 공통적으로 적용되는 소비자보호 제도 일반[133)] 및 표준화하여 제시 가능한 범용성이 있는 정보는 동영상을 활용하여 설명 가능하다. 또한 고난도 금융상품과 같이 녹취의무가 있는 경우에도 소비자가 동영상을 정상적으로 제공받았다는 사실만 (녹취내용에서) 입증가능하다면 해당 내용을 녹취할 필요는 없다.[134)]

설명내용 중 보험료 세부내역이나 전화권유 판매 시 모집인의 고지사항[135)] 등 시각

---

126) Ibid, 11면 참조.
127) (예시) 예금자보호, 청약철회권 등 소비자권리, 연계 · 제휴서비스, 분쟁조정 · 민원 절차 등.
128) (예시) 최근 거래했던 금융상품과 유사한 상품을 권유하는 경우에 그 상품과 공통된 사항, 단일 거래에서 다수의 금융상품을 권유하는 경우에 해당 상품들 간 공통된 사항 등.
129) Ibid, 11면 참조.
130) 간소화 사항 중 일부(또는 전부)를 설명항목에서 제외했다는 사실을 의미한다.
131) 설명의무 가이드라인, 12면 참조.
132) 법령에서 전화모집 절차를 규율하고 있는 보험의 경우, 전화모집시 AI 활용한 설명을 허용한다(보험업감독규정 §4-36③).
133) 청약철회권 · 위법계약해지권 행사에 관한 사항, 분쟁조정 절차 등.
134) 설명의무 가이드라인, 12면 참조.
135) 소속 법인 명칭, 자신이 계약체결 권한이 없다는 사실, 손해배상책임에 관한 사항 등.

적으로 전달하는 게 효과적인 사항은 모바일 등을 통해 실시간으로 전달하고 이해여부를 확인(소비자 질의에도 대응)하는 방식도 가능하다.[136]

4. 제재

법 제19조제1항을 위반하여 중요한 사항을 설명하지 않은 경우 판매업자에게 과태료[137](법§69① ii)와 과징금이 부과되며(법§57① i), 판매업자 및 임직원에게 제재조치(시정명령, 정직 등) 가능하다(법§51 · §52). 또한, 법 제19조제1항을 위반하여 계약이 체결된 경우 금융소비자는 위법계약해지를 요구할 수 있다(법 §47①).

Ⅳ. 절차

설명의무와 관련된 계약체결 절차는 앞서 적합성 · 적정성 원칙에서 서술한 흐름도에 서술되어 있다.

1. 설명서 제공

1.1. 설명서 작성

설명서는 일반소비자가 이해하기 쉬운 용어로 작성되어야 하고, 일반소비자 선택에 따라 재산상 이익에 상당한 영향을 미치는 사항들에 대해서는 비교정보를 제공해야 한다(규정§13① i · ii). 중요사항은 색채 · 굵기 등으로 명확히 표시하고, 금융상품 혜택 및 혜택 이용 조건을 동시 표시하며, 핵심설명서를 맨 앞에 두어야 한다(규정§13①iii~v).

핵심설명서는 소비자의 행태에 대한 실증자료 및 민원 · 분쟁 분석자료 등을 토대로 자체적인 설명서 작성기준을 통해 마련해야 하며, 판매업자등의 소비자보호 총괄기관은 핵심설명서 사항(민원 · 분쟁 · 상담요청이 빈번한 사항)의 업데이트 필요여부를 주기적으로 검토해야 한다.[138]

---

136) 설명의무 가이드라인, 12면 참조.
137) 법인 7천만원, 법인이 아닌 자 3천5백만원,
138) 설명의무 가이드라인, 13면 참조.

1.2. 설명한 자의 서명

설명하는 자의 책임소재를 분명히 하고 이를 강화하려는 취지로[139] 설명서에는 일반소비자에게 설명한 내용과 실제 설명서의 내용이 같다는 사실에 대해 실제 설명한 자(직원)의 서명(전자서명 포함)이 있어야 한다(영§14②本). 보험업법상 모집종사자가 설명서에 서명 후 보험계약자에게 교부하도록 한 규제를 인용했다.[140] 다만, 예금성 · 대출성 상품 계약 및 「전자금융거래법」에 따른 전자적 장치를 이용한 자동화 방식을 통해서만 서비스가 제공되는 계약의 경우 이를 생략할 수 있다(영§14②但).

1.3. 제공시점 · 방법

설명서는 설명을 하기 전에 일반소비자에게 서면교부(전자문서 교부 포함), 우편 또는 전자우편, 휴대전화 메시지 또는 이에 준하는 전자적 의사표시로 제공되어야 한다(영§14③). 전자적 의사표시에는 ① 카카오톡 메시지 및 ② 전자기기(모바일 앱, 태블릿 등)를 통해 위변조 없는 설명서 내용을 전자문서로 상시조회하는 것[141]이 포함된다.[142]

1.4. 제공 예외

아래의 경우 설명서를 제공하지 아니할 수 있다(법§19②但 · 영§14④ · 규정§13②). '설명서 제공'의 예외이므로 아래 사항에 해당하더라도 실제 설명은 이행되어야 한다.

설명서 제공 예외	
□ 자문업자가 아래 정보를 일반소비자에게 제공[143] ○ 해당 소비자의 자문에 대한 답변 및 그 근거 ○ 자문대상인 금융상품의 세부정보 확인 방법 □ 온라인투자연계금융업자가 온라인투자연계금융법상 정보제공의무 이행 또는 연계대출 계약사항 설명	□ 아래에 해당하는 자에게 설명서 제공 ○ 여행위험 보장을 위해 여행업자 등이 일괄 체결하는 보험계약의 여행업자 ○ 단체(5명 이상)보험계약의 단체 또는 단체대표자 □ 전화권유판매업자의 대출성 상품 대리 · 중개(전화 설명내용과 설명서 일치하고 설명내용 녹취할 경우 한정)

139) 신속처리시스템 회신(금투 210504－25) 참조.
140) 상품설명서상 금융소비자가 설명내용을 이해하였음을 확인한 후 모집종사자가 해당 설명서에 서명하여 금융소비자에게 교부하도록 한다(舊보험업감독규정§4-35-2③).
141) 전자문서의 내용을 열람할 수 있고, 전자문서가 작성 · 변환되거나 송신 · 수신 또는 저장된 때의 형태 또는 그와 같이 재현될 수 있는 형태로 보존되어야 한다.
142) 설명의무 가이드라인, 17면 참조.
143) 자문업자의 경우 본인이 자문한 모든 상품의 설명서를 제공할 수 없는 현실을 고려하여, 금융상품자문서를 제공한 경우 설명서 제공의무의 예외로 인정한다.

설명서 제공 예외	
▫ 대부업자 또는 대부중개업자가 일반소비자에게 대부업법상 대부계약사항 설명 ▫ 기존 계약과 동일내용으로 갱신 ▫ 기본 계약체결 후 그 계약내용에 따라 계속적·반복적 거래 ▫ 해상보험계약(항공·운송 포함)·자동차보험계약(여객자동차 운송사업 등 영업목적)의 반복체결 ▫ 전화 이용하여 보장성 상품 모집	▫ 개인·가계의 일상위험을 보장하고, 위험보장을 받는 사람이 보험료를 모두 부담하는 보험계약으로서 아래 상품 청약서에 금소법상 설명사항 반영 ○ 단기(1~3년) 보장성 상품(자동차 책임보험 제외)으로 월보험료 5만원 이하이거나 연간보험료 60만원 이하 ○ 여행위험 보장 상품 ○ 보장기간 1년 이하 계약

2. 소비자의 확인의무

판매업자등이 설명한 내용을 일반소비자가 이해하였음을 서명, 기명날인, 녹취로 확인을 받아야 한다(법§19②). 소비자가 충분한 이해없이 확인하려 할 경우에는 이러한 소비자의 확인이 추후 소송이나 분쟁에서 소비자에게 불리하게 작용할 수 있다는 점을 주지시킬 필요가 있어,[144] 설명의무 가이드라인은 실효성 확보를 위해 실제로 일반소비자가 이해하였는지를 체크할 수 있는 질의사항을 소비자에게 제시하도록 권고한다. 아래는 일반소비자가 이해했음을 확인하는 투자성 상품의 질의 예시이다.

1	본 상품은 예·적금과는 다른 상품이며, 은행이 판매하는 상품이지만 예금자 보호를 받지 못해 원금 손실 위험이 있습니다. 확인하셨습니까?
⇨	① 예 / ② 아니오
2	본 상품의 원금손실 위험이 발생할 가능성에 대해 어떻게 생각하시나요?
⇨	① 원금손실위험이 거의 없다. ② 원금손실위험이 있지만 경미한 수준이다. ③ 원금손실위험이 있지만 높은 수익률을 위해 감수해야 한다.
3	본 상품의 최대 원금손실 규모에 대해 판매직원으로부터 어떻게 설명을 들으셨습니까? (설명서에서 해당 페이지는 p.00입니다. 필요하시면 다시 확인해보시기 바랍니다.)
⇨	① 경미한 수준일 것이다. ② 원금의 0%~20%의 손실이 발생할 수 있다. ③ 원금의 20%~100%(원금 전액손실)의 손실이 발생할 수 있다. ④ 시장 상황에 따라 손실이 무한하게 커질 수 있다.
4	원금손실 가능성과 최대 손실가능금액을 정확하게 이해하셨습니까? (이해한 경우) 이러한 위험에도 불구하고 본 상품에 가입하시겠습니까?
⇨	① 예 / ② 아니오

144) 금융위원회·금융감독원·협회 공동, "금융소비자보호법 시행 후 원활한 금융상품거래를 위해 판매자·소비자가 알아야 할 중요사항을 알려드립니다.", 보도참고자료, 2021.03.29., 4면 참조.

3. 제재

법 제19조제2항을 위반하여 설명서를 제공하지 않거나 확인을 받지 않은 경우 판매업자에게 과태료[145)](법§69① ii)와 과징금이 부과되며(법§57① i), 판매업자 및 임직원에게 제재조치(시정명령, 정직 등) 가능하다(법§51 · §52). 법 제19조제1항 위반 시 제재와 비교하면 유일한 차이점은 동 조항(법§19②) 위반으로 금융소비자가 위법계약해지를 요구할 수 없다는 점이다.

V. 금지행위

1. 내용

판매업자등은 설명을 할 때 일반소비자의 합리적인 판단 또는 금융상품의 가치에 중대한 영향을 미칠 수 있는 사항으로서 법(§19①)에서 정하는 사항을 거짓으로 또는 왜곡[146)]하여 설명하거나 법(§19①)에서 정하는 사항을 빠뜨려서는 아니 된다.

2. 제재

법 제19조제3항을 위반하여 거짓 또는 왜곡하여 설명하거나 중요한 사항을 빠뜨린 경우 판매업자 및 임직원에게 제재조치(시정명령, 정직 등) 가능하다(법§51 · §52). 또한, 법 제19조제3항을 위반하여 계약이 체결된 경우 금융소비자는 위법계약해지를 요구할 수 있다(법§47①).

Ⅵ. 시행일

직접판매업자 및 대리 · 중개업자의 설명의무 규제(핵심상품설명서 제외)는 2021.3.25일부터 시행하고, 자문업자의 경우 2021.9.25일 시행한다(법 부칙§1). 핵심상품설명서의 경우 2021.9.25일 시행한다(규정 부칙§1 i).

---

145) 법인 7천만원, 법인이 아닌 자 3천5백만원.

146) 불확실한 사항에 대하여 단정적 판단을 제공하거나 확실하다고 오인하게 할 소지가 있는 내용을 알리는 행위를 말한다.

Ⅶ. 기존규제

설명의무는 신용협동조합법을 제외한 개별법에서 규정되었다. 자본시장법과 보험업법상 설명의무 규제는 금융소비자보호법으로 이관되어 삭제되었다. 은행법·대부업법 등 설명대상이나 규제대상 범위가 다르거나, 여신전문금융업법·보험업법 등 개별업권의 규제필요성이 있는 경우 설명의무 규제가 일부 존치한다.

구분	판매업자	은행	금융투자	보험	저축은행	여전	대부
도입 여부	○	○	○	○	○	○	△147)
근거 규정	금소법§19	舊은행법 §52-2②	舊자본 시장법§47	舊보험업법 §95-2	舊저축 은행법§14	舊여전법 §14-2, §50-11	대부업법§6
규제대상	판매업자등	은행	금융 투자업자	보험회사, 모집종사자	저축은행	여신전문 금융회사등	대부업자
보호대상	일반소비자	은행이용자	일반투자자	일반 보험계약자	거래자	카드 신청인등	거래상대방
설명대상	금융상품	은행거래	금융 투자상품	보험상품	예금등, 후순위채권	여신 금융상품	대부·보증
시기	권유/요청	권유/청약/ 체결	권유	권유	권유	권유	체결
설명서 제공의무	○	○	△148)	○	×	×	△149)
소비자 확인의무	○	○	○	○	○	○	×
금지행위	○	○	○	×	×	○	×
과태료 (만원)	7천	3천	6천	7백	3천	7백	1천

147) 계약체결 시 계약서 내용을 설명하고, 해당 계약서를 교부하도록 하므로 권유 단계에서의 설명의무는 아니다.
148) 투자매매업자·투자중개업자의 불건전영업행위(舊금융투자업규정§4-20① ix 나) 및 신탁업자의 불건전영업행위(금융투자업규정§4-93xxix)로 규정하여 설명서 교부의무를 부과했다.
149) 계약서 사항을 설명하고 해당 계약서를 교부해야 한다(대부업법§6).

기존규제가 많이 인용된 설명사항 및 설명서 제공 예외사유를 금융소비자보호법 중심으로 비교한다. 기존 금융업법과 내용 비교시 달라진 부분은 별도 표시[150]하고, 표현과 내용이 동일한 경우(기존규제를 인용한 경우 포함)에만 '좌동'으로 기재한다.[151]

❖ 설명사항 비교

구분	금융소비자보호법	기존규제
공통	□ 연계 · 제휴서비스(법§19① ii · 영§13⑦) ○ 서비스 내용, 이행책임 ○ 제공기간 ○ 변경 · 종료 시 사전통지 ○ 이용요건	□ 부가혜택(舊은행업감독업무시행세칙 별표 16-2ⅷ) □ 부가서비스(舊여전법 시행령§19-16② i) □ 신용카드업자가 아래 사항을 홈페이지, 모집인, 상품설명서 등을 통해 신용카드 발급 신청인에게 알리지 않을 경우 금지행위에 해당(舊여전업감독규정§25③ ii) ○ **부가서비스가 변경될 수 있는 각각의 경우**
	□ 청약철회의 기한 · 행사방법 · 효과(법§19①iii)	□ 청약철회에 관한 사항(舊보험업법 시행령 §42-2① v)
	□ **민원처리** 및 분쟁조정 절차(영§13⑧ i)	□ 분쟁조정절차에 관한 사항(舊보험업법 시행령§42-2① x)
	□ 예금자보호법 등 **타법** 보호여부(대출성 제외)(영§13⑧ ii)	□ 예금자보호에 관한 사항(舊은행업감독규정 §89① v) □ 예금자보호법상 보험관계 성립 여부(舊저축은행법§14①i) □ 예금자보호법상 보험금의 한도(舊저축은행법§14① ii)
	—[152]	□ 해당 상호저축은행의 최근 2년간 반기별 경영건전성에 관한 사항(舊상호저축은행업감독규정§23-5①) ○ 국제결제은행의 위험가중자산에 대한 자기자본비율 ○ 고정이하여신비율 및 연체율 ○ 유동성비율 ○ 당기순이익 ○ 대차대조표상 총자산 및 자기자본

150) 세부내용이 다른 경우(예시가 추가되거나 삭제된 경우 포함) 굵게 밑줄 표시하고, 해당 조항 전체가 신설된 규제이거나 기존규제가 인용되지 않은 경우 해당 칸을 음영표시한다.

151) 내용이 동일하더라도 표현이 다른 경우에도 현행 금융소비자보호법과 비교가 될 수 있도록 기존 규제내용 그대로 기재한다.

152) 과거 저축은행 후순위채 사건으로 상호저축은행법에만 도입된 규제(舊상호저축은행업감독규정§23-5①)로 투자성 상품에 위험등급을 설명하도록 한 점, 금융상품간 형평성 등을 감안해 인용하지 않았다.

구분	금융소비자보호법	기존규제
보장성	□ 상품내용(법§19① i 가1))	□ 보험계약의 주요사항(舊보험업법§95-2①)
	□ 보험료(공제료 포함)(법§19① i 가2))	□ 좌동(舊보험업법§95-2①)
	□ 보험금(공제금 포함)의 지급 제한사유 · **절차**(법§19① i 가3))	□ 보험금 지급제한 사유(舊보험업법§95-2①) ○ 지급한도, 면책사항, 감액지급 사항 등 보험금 지급제한 조건(舊보험업법 시행령 §42-2① vi)
	□ 위험보장의 범위(법§19① i 가4))	□ 보장범위(舊보험업법§95-2①)
	□ 위험보장의 기간(영§13① i)	□ 보험기간(舊보험업법 시행령§42-2① iii)
	□ 계약의 해제 · 해지(위법계약해지권 포함, 이하 같다)(영§13① ii)	–
	□ 보험료 감액 청구[153](영§13① iii)	–
	□ **보험금** · 해약환급금의 **손실발생 가능성**(영§13① iv)	□ 해약환급금에 관한 사항(舊보험업법 시행령 §42-2① ix)
	□ 주된 위험보장사항 · 부수적인 위험보장사항 및 각각의 보험료 · 보험금(규정 별표3 i 가)	□ 주계약 및 특약별 보험료 · 보험금(舊보험업법 시행령§42-2① i · ii) □ 주계약 및 특약별로 보장하는 사망, 질병, 상해 등 주요 위험(舊보험업법 시행령 §42-2① ii)
	□ 보험료 납입기간(규정 별표3 i 나)	□ 좌동(舊보험업법 시행령§42-2① iii)
	□ 해약 · **만기환급금**(규정 별표3 i 다) ○ 금액 및 산출근거 ○ 납입보험료보다 환급금이 적거나 없을 수 있는 사실	□ 해약환급금에 관한 사항(舊보험업법 시행령 §42-2① ix)
	□ 상법상 고지 및 통지의무 위반시 계약해지(규정 별표3 i 라)	□ 고지의무 및 통지의무 위반의 효과(舊보험업법 시행령§42-2① vii)
	□ 보험금의 수령자 지정여부 · 방법(규정 별표3 i 마)	–
	□ 변액보험 및 **이와 유사한 상품**(규정 별표3 i 바1)) ○ 만기에 최저보증 기능이 있더라도 중도해지 시 최저보증이 되지 않을 가능성	□ 최저보증 기능이 있는 변액보험의 중도해지 시 최저보증 되지 않을 가능성(舊보험업감독규정§4-35-2① ii)
	○ 금융상품의 구조 및 자산운용 방식	□ 변액보험계약의 투자형태 및 구조(舊보험업감독규정§4-35-2① i)

153) 상법상 감액청구권(§647 · §669)을 설명하라는 취지로 도입한다.

구분	금융소비자보호법	기존규제
	□ 간단손해보험대리점 취급상품: 소비자 권리(계약체결 또는 취소권한 및 피보험자가 될 수 있는 권리)의 보장사실(규정 별표3 i 바2))	□ 간단손해보험대리점의 경우 제33조의2제4항 제2호[154]에 따른 소비자에게 보장되는 기회에 관한 사항(舊보험업법 시행령§42-2①xi)
	□ 저축성보험(규정 별표3 i 바3)) ○ 적용이율 및 **<u>산출기준</u>**	□ 저축성 보험계약의 적용 이율(舊보험업감독규정§4-35-2①iv)
	○ 사업비 제외한 일부금액만 운용되거나 적용이율이 적용된다는 사실 및 그 사업비 금액(금리확정형보험 제외)	□ 저축성보험(금리확정형보험은 제외) 계약의 경우 납입보험료 중 사업비 등이 차감된 일부 금액만 특별계정에 투입되어 운용되거나 적용이율로 부리된다는 내용과 사업비 수준(舊보험업감독규정§4-35-2①vii)
	□ 65세 이상 보장하는 실손의료보험(준하는 공제 포함): 65세 시점의 예상보험료 및 보험료 지속납입에 관한 사항(규정 별표3 i 바4))	□ 좌동(舊보험업감독규정§4-35-2①ix)
	□ 해약환급금 미지급 상품: 위험보장내용이 동일하지만 해약환급금이 지급될 수 있는 다른 상품명(규정 별표3 i 바5))	□ 해약환급금이 지급되지 않는 상품의 경우 해약 시 해약환급금이 지급되지 않는다는 사실 및 동일한 보장내용으로 해약환급금을 지급하는 상품에 관한 사항(舊보험업감독규정§4-35-2①vi)
	□ 유배당상품: 배당사항(규정 별표3 i 바6))	□ 유배당 보험계약의 계약자 배당에 관한 사항(舊보험업감독규정§4-35-2①v)
	□ 계약 종료 이후 금융소비자가 청약에 필요한 사항을 직접판매업자에 알리지 않고 해당 금융상품에 관한 계약을 다시 체결할 수 있는 상품: 가입조건 및 보장내용 등 변경사항(규정 별표3 i 바7))	□ 보험기간 종료 이후 청약을 인수하는 데 필요한 계약 전 알릴 의무 사항을 적용하지 않고 다시 가입할 수 있는 보험계약의 경우 가입조건 및 보장내용 등의 변경에 관한 사항(舊보험업감독규정§4-35-2①iii)
	–	□ 계약의 취소 및 무효에 관한 사항(舊보험업법 시행령§42-2①viii)
보험[155]	□ 피보험자가 생존 시 보험금의 합계액이 이미 납입된 보험료를 초과하는 보장성 상품의 보험료 관련 아래 사항(규정 별표4 i)	□ 저축성보험의 상품설명서에 아래의 사항을 구분하여 보험계약자가 납입하는 보험료 총액 또는 보험료적립금 등의 비율로 기재(舊보험업감독규정§7-45⑥)
	○ 계약체결·관리하는 데 사용되는 금액	○ 계약체결에 사용할 목적으로 부가된 금액의 총액 ○ 계약관리에 사용할 목적으로 부가된 금액의 총액

154) 판매·제공·중개하는 재화 또는 용역과 별도로 소비자가 보험계약을 체결 또는 취소하거나 보험계약의 피보험자가 될 수 있는 기회를 보장할 것(보험업법 시행령§33-2④ ii).
155) 보험상품의 설명서 기재사항으로(규정§13①vi) 열거된 내용.

구분	금융소비자보호법	기존 규제
	○ 위험을 보장하는 데 사용되는 금액	○ 위험보장을 위해 부가된 금액의 총액
	○ 특별계정을 설정·운용하는 데 사용되는 금액	○ 특별계정운용에 대한 보수 및 수수료의 총액
	○ 중도인출수수료	○ 중도인출수수료의 총액
	○ 위험보장사항 외의 서비스 제공하는 데 사용되는 금액	○ 기타서비스 제공 목적으로 부가된 금액의 총액
	○ 계약 해지시 공제되는 금액	○ 해약공제액
	□ 피보험자가 생존 시 보험금의 합계액이 이미 납입된 보험료를 초과하지 않는 보장성 상품에 관한 아래 사항(규정 별표4 ii) ○ 보험가격지수·보장범위지수(**예시 포함**, 일반손해보험 제외)	□ 보장성보험(일반손해보험은 제외)의 상품설명서에 보험가격지수 및 보장범위지수를 기재한다. **다만, 실손의료보험은 해당 계약을 갱신하는 경우에도 보험가격지수에 대해 안내**(舊보험업감독규정§7-45⑦)
	○ 계약체결비용지수·부가보험료지수(**예시 포함**, 자동차보험 제외). 아래의 경우 설명생략 가능[156)] - 계약체결비용이 표준해약공제액보다 작거나 같은 경우 - 종신 & 사망위험 보장하는 상품의 계약체결비용이 표준해약공제액의 1.4배(사망 외의 위험도 보장하는 보장성 상품인 경우에는 사망 위험에 한정) 이내인 경우	□ 기준연령 요건 등에서 계약체결비용이 표준해약공제액보다 더 큰 보장성보험(자동차보험은 제외)에 대해 상품설명서에 계약체결비용지수 및 부가보험료지수를 기재. 다만, 보험기간이 종신이고 사망을 보장하는 보장성보험(자동차보험은 제외)은 계약체결비용이 표준해약공제액 대비 1.4배(사망보장과 사망 이외 보장이 동시 존재하는 경우에는 사망보장부분에 한하여 1.4배 적용) 이내인 경우에는 상품설명서에 계약체결비용지수와 부가보험료지수를 기재하지 아니함(舊보험업감독규정§7-45⑪)
	□ 자산연계형보험: 적용이율 산출근거(공시이율 적용 시 제외), (규정 별표4 iii 가)	□ 자산연계형보험계약(공시이율 적용계약은 제외)은 적용이율 산출과정에 대한 설명(舊보험업감독업무시행세칙§5-11① vi 사)
	□ 보험금이 금리 등에 연동되는 상품: 직전 1년간 금리변동 현황(규정 별표4 iii 나)	□ 금리연동형보험(**자산연계형보험계약 포함, 공시이율 적용계약 제외)**의 경우 직전연도에 적용한 적용이율의 변동현황(舊보험업감독업무시행세칙§5-11① vi 타)
	□ 자동갱신형상품: 최소 5개 이상 갱신시점(최대 갱신나이 또는 75세 이상 포함)의 예상 보험료(규정 별표4 iii 다)	□ 자동갱신형 상품의 경우 계약자가 연령증가 등에 따른 예상보험료를 알기 쉽도록 최대 갱신 가능나이 또는 75세 이상을 포함하여 최소 5개 이상 갱신시점의 예상 영업보험료(舊보험업감독업무시행세칙§5-11① vi 파)
	–	□ 보험회사의 명칭, 보험상품의 종목 및 명칭(舊보험업법 시행령§42-2① iv)

156) 설명서 기재사항으로 규율되는 조항이며 법상 설명의무 이행에는 예외가 없는 점 감안 시 설명 생략이 아니라, 설명서 기재사항에서 제외할 수 있다는 의미로 이해된다. 이를 명시하여 규정을 명확화(입법적 보완)할 필요가 있다.

구분	금융소비자보호법	기존규제
투자성	▫ 상품내용(법§19① i 나1))	▫ 금융투자상품의 내용(舊자본시장법§47①) ▫ 후순위채권을 권유하는 경우: 특별약관의 내용을 포함한 상품의 주요 내용(舊저축은행법 시행령§10-2① ii 나)
	▫ 투자에 따른 위험(법§19① i 나2))	▫ 좌동(舊자본시장법§47①) ▫ 후순위채권을 권유하는 경우: 원리금 손실 등 투자에 따른 위험에 관한 사항(舊저축은행법 시행령§10-2① ii 다)
	▫ 위험등급(연계투자 및 비금전신탁 제외)(법§19① i 나3)))	–
	▫ 수수료(영§13④ i)	▫ 법 제58조제1항에 따른 수수료에 관한 사항(舊자본시장법 시행령§53① ii)
	▫ 계약의 해제 · 해지(영§13④ ii)	▫ 좌동(舊자본시장법 시행령§53① iv)
	▫ 증권의 환매 · 매매(영§13④ iii)	–
	▫ 연계투자: 온라인투자연계법(§22①)상 제공 정보(영§13④ iv)	▫ 온라인투자연계금융업자는 투자자에게 온라인플랫폼을 통하여 정보제공(온라인투자연계금융업법§22①)
	▫ 투자성 상품(연계투자 및 전문투자형 사모 제외, 규정 별표3 ii 가) ○ 계약기간	–
	○ 금융상품의 구조	▫ 금융투자상품의 투자성에 관한 구조와 성격(舊자본시장법 시행령§53① i)
	○ 기대수익(근거 포함)	–
	○ 손실발생상황 · 손실추정액(근거 포함)	–[157]
	○ 위험등급 산정이유 · 의미 · 유의사항	–
	○ 계약상 만기에 이르기 전에 일정 요건이 충족되어 계약이 종료되는 금융상품의 경우 그 요건에 관한 사항	▫ 조기상환조건이 있는 경우 그에 관한 사항(舊자본시장법 시행령§53① iii)
	–	▫ 후순위채권의 경우: 이자지급에 관한 사항(舊저축은행법 시행령§10-2① ii 가)
	▫ 전문투자형 사모펀드(규정 별표3 ii 나) ○ 기본정보 - 집합투자기구 명칭 · 종류 - 집합투자업자 명칭 - **판매회사** · 수탁회사 · 사무관리회사 명칭 - 집합투자기구의 최소투자금액 및 만기일자 - 판매 · 환매일정, 결산 및 이익분배	▫ 일반 사모펀드(금융투자업규정§7-41-4①) ○ 기본정보 - 집합투자기구의 명칭 · 종류 - 집합투자업자의 명칭 - 신탁업자 및 일반사무관리회사의 명칭 - 집합투자기구의 최소투자금액 및 만기일자 - 판매 · 환매일정, 결산 및 이익분배

157) 고난도금융투자상품의 경우 요약설명서상 해당 상품의 특성과 손실위험에 대한 시나리오 분석결과를 기재해야 한다(금융투자업규정§4-20-2③ i).

구분	금융소비자보호법	기존규제
	○ **집합투자기구** - 투자전략, 주요투자자산 - 투자구조 및 최종 기초자산(다른 집합투자증권이 편입되는 경우 한정) - 레버리지한도 - 여유자금 운용방법 - 집합투자재산평가 및 기준가 산정방법 - 보수·수수료 ○ 집합투자기구 위험 - 위험등급 및 관련설명, 위험요소 - 유동성 리스크 및 관리방안 ○ 집합투자기구 환매(방법 및 수수료 포함)	○ **집합투자재산 운용** - **투자목적** 및 투자전략, 주요 투자대상자산 - 투자구조 및 최종 기초자산(다른 집합투자증권에 투자하는 경우 한정) - 레버리지(차입 등) 한도 - 여유자금의 운용방법 - 집합투자재산의 평가 및 기준가격 산정 방법 - 보수 및 수수료 ○ 투자위험에 관한 사항 - 위험도 및 위험요소 - 유동성 리스크 및 관리방안 ○ 환매에 관한 사항(방법, 수수료 포함)
예금성	□ 상품내용(법§19① i 다1))	–
예금성	□ 금리(만기후 포함)·수익률 및 산출근거(영§13⑤ i · ii)	□ 이자에 관한 사항(舊은행업감독규정§89① i · 舊은행업감독업무시행세칙 별표16-2 ii) ○ 기본이율, 우대이율 ○ 이자계산방식 ○ 중도해지이율, 만기후이율
예금성	□ 계약의 해지·**해제**(영§13⑤ iii)	□ 계약해지에 관한 사항(舊은행업감독규정§89① iii · 시행세칙 별표16-2 iv)
예금성	□ 이자·수익의 지급시기 및 지급제한사유(영§13⑤ iv)	□ 예금등의 경우: 이자지급에 관한 사항(舊저축은행법 시행령§10-2① i) □ 은행상품: 이자지급 시기·방법(舊은행업감독업무시행세칙 별표16-2 ii)
대출성	□ 상품내용(법§19① i 라1)) ○ 금리 및 금리변동 여부	□ 이자에 관한 사항(舊은행업감독규정§89① i · 舊은행업감독업무시행세칙 별표16-2 ii) ○ 기본이율, 우대이율 ○ 대출가산금리 □ 이자율(舊여전법§50-11①)
대출성	○ 중도상환수수료 부과여부·기간	□ 중도해지수수료(舊은행업감독업무시행세칙 별표16-2 iv)
대출성	○ 수수료율	□ 좌동(舊여전법 시행령§19-16② v)
대출성	□ **상환방법에 따른** 상환금액·**이자율**·시기(법§19① i 라2))	□ 원금상환방법, 시기(舊은행업감독업무시행세칙 별표16-2 iv) □ 상환방법에 따른 상환금액(舊여전법 시행령§19-16② iv)
대출성	□ 담보권 설정·실행사유, **소유권상실 위험 등 권리변동 사항**(법§19① i 라3))	□ 담보·보증에 관한 사항(舊은행업감독업무시행세칙 별표16-2 v)
대출성	□ 대출원리금·수수료 등 소비자 부담금액(법§19① i 라4))	□ 부대비용에 관한 사항(舊은행업감독규정§89① ii)

구분	금융소비자보호법	기존규제
		○ 수수료, 비용(舊은행업감독업무시행세칙 별표16-2 iii) □ 각종 수수료 및 부대비용(舊여전법 시행령 §19-16② v)
	□ 계약의 해제·해지(영§13⑥ i)	□ 계약해지에 관한 사항(舊은행업감독규정 §89① iii·세칙 별표16-2 iv) □ 좌동(舊여전법 시행령§19-16② vi)
	□ 신용에 미치는 영향(영§13⑥ ii)	□ 신용정보집중·활용 및 불량정보 등록(舊은행업감독업무시행세칙 별표16-2 vii)
	□ 연체금리 및 그 밖의 불이익(영§13⑥ iii)	□ 은행이용자가 유의하여야 할 사항(지연배상금률·지연배상금액 등 지연배상금에 관한 사항을 포함)(舊은행업감독규정§89① vi) □ 연체 시 지연배상금(舊은행업감독업무시행세칙 별표16-2 ii) □ 기한 전 상환요구, 상계(舊은행업감독업무시행세칙 별표16-2 iv)
	□ 계약기간 및 그 연장사항(영§13⑥ iv)	□ 계약기간(舊은행업감독업무시행세칙 별표16-2 iv) □ 계약기간 연장(舊은행업감독업무시행세칙 별표16-2 viii) □ 대출기간(舊여전법 시행령§19-16② iii)
	□ 이자율의 산출기준(규정§12⑤ i)	□ 이율 결정방식(舊은행업감독업무시행세칙 별표16-2 ii)
	□ 신용카드(규정§12⑤ ii)	
	○ 리볼빙서비스 위험성	–
	○ 연회비 등 신용카드 거래조건 및 연회비 반환 사항(반환사유·반환금액 산정방식·반환기한 포함)	□ 연회비(舊여전법 시행령§19-16② i) □ 신청인에게 신용카드에 대한 연회비 등 신용카드의 거래조건 및 아래 사항을 설명할 것(여전법 시행령§6-8① ii)[158] ○ 연회비 반환사유, 반환금액 산정방식 및 반환기한
	–	□ 여신금융상품의 이용한도(舊여전법 시행령 §19-16② ii)
	–	□ 신용카드업자가 아래 사항을 홈페이지, 모집인, 상품설명서 등을 통해 신용카드 발급 신청인에게 알리지 않을 경우 금지행위에 해당 ○ 해당 신용카드가 출시된 시기(舊여전업감독규정§25③ i)

158) 여신전문금융업법령(영§6-8① ii)에 현재도 존치되어 있으나, 금융소비자보호법상 설명의무 규제(규정§12⑤ ii)와 중복인 점 감안시 여신전문업금융업법상 조항을 삭제(입법적 보완)하는 것이 바람직해 보인다.

기존 금융업법상 은행법, 자본시장법 및 보험업법에서만 권유시점의 설명서 제공의무를 규율하였으므로 설명서 제공 예외사유도 舊은행법, 舊자본시장법 및 舊보험업법에만 규정되어 있었다. 금융소비자보호법에서 설명의무는 모두 이행하되 설명서 제공의 예외를 둔 것과 달리, 舊은행법과 舊보험업법(일부[159] 제외)은 설명서 제공뿐만 아니라 설명의무도 이행하지 않을 수 있었다.

❖ 설명서 제공 예외사유

금융소비자보호법	기존규제
□ 자문업자가 아래 정보를 일반소비자에게 제공(영§14④ i) ○ 해당 소비자의 자문답변·근거 ○ 자문대상인 금융상품의 세부정보 확인 방법	–
□ 온라인투자연계금융업자가 온라인투자연계금융법상 정보제공의무 이행 또는 연계대출계약사항 설명(영§14④ ii)	□ 좌동(온라인투자연계금융업법§22) □ 좌동(온라인투자연계금융업법§24)
□ 대부업자 또는 대부중개업자가 일반소비자에게 대부업법상 대부계약사항 설명(영§14④iii)	□ 좌동(대부업법§6)
□ 기존 계약과 동일내용으로 갱신(영§14④iv)	□ 이미 체결된 계약과 동일한 내용으로 갱신하는 경우(舊은행업감독규정§89⑥ ii) □ 상동(舊보험업감독규정§4-35-2④ i)
□ 기본 계약체결 후 그 계약내용에 따라 계속적·반복적 거래(규정§13② i)	□ 기본 계약을 체결하고 그 계약내용에 따라 계속적·반복적으로 거래를 하는 경우(舊은행업감독규정§89⑥ i) □ 보험회사와 피보험자 또는 보험계약자간에 거래의 종류, 기간, 금액 등 가입조건을 미리 정하고 그 범위 내에서 계속적으로 체결되는 보험계약(舊보험업감독규정§4-35-2④ ii)
□ 해상보험계약(항공·운송 포함)·자동차보험계약(여객자동차 운송사업 등 영업목적)의 반복체결(규정§13② ii)	□ 해상보험계약으로서 동일한 보험상품을 계속적으로 체결하는 경우(舊보험업감독규정§4-35-2④iii) □ 자동차보험계약으로서 아래 어느 하나에 해당하는 자가 동일한 보험상품을 계속적으로 체결하는 경우(舊보험업감독규정§4-35-2④iv) ○ 여객자동차 운송사업자 ○ 자동차대여사업자 ○ 화물자동차운송사업자 및 화물자동차 운송

159) 여행자·소액의 단기보험의 경우 설명서 제공만 제외되었다(舊 보험업감독규정 §4-35-2②).

금융소비자보호법	기존규제
	가맹사업자 ○ 건설기계대여업자
ㅁ 아래에 해당하는 자에게 **설명서 제공**(규정§13②iii)	ㅁ 아래 어느 하나에 해당하는 보험계약의 경우에는 해당 각 호의 구분에 따른 자에게 중요사항 설명하면 **설명의무를 이행한 것으로 간주**(舊보험업감독규정§4-35-2⑥)
○ 여행위험 보장을 위해 여행업자 등이 일괄 체결하는 보험계약의 여행업자	○ 여행위험 보장을 위해 여행업자 등이 일괄 체결하는 보험계약: 여행업자
○ **단체(5명 이상)가 단체구성원을 위해 체결하는 계약**의 단체·단체대표자	○ 5인 이상 근로자를 고용한 단체 또는 단체의 대표자가 그 단체 구성원을 계약자로 일괄 가입하는 **연금저축계약**: 단체 또는 단체의 대표자
ㅁ 전화를 이용하여 모집하는 자가 보장성 상품에 관한 계약의 체결을 대리·중개하는 경우(규정§13②iv)[160)	–
ㅁ 전화권유판매업자의 대출성 상품 대리·중개(전화설명내용과 설명서 일치하고 설명내용 녹취할 경우 한정)(규정§13②v)[161)	–
ㅁ 개인 또는 가계의 일상생활에서 발생 가능한 위험을 보장하고 위험보장을 받는 사람이 보험료를 모두 부담하는 보험계약으로서 아래 상품 청약서에 금융소비자보호법상 설명사항 반영(규정§13②vi) ○ 보장기간이 1년 초과 3년 이하인 보장성 상품(자동차 책임보험 제외)으로 월보험료 5만원 이하이거나 연간보험료 60만원 이하 ○ 여행위험 보장하는 보장성 상품 ○ 보장기간 1년 이하 보장성 상품	ㅁ 개인 또는 가계의 일상생활 중 발생하는 위험을 보장하고 해당 개인 또는 가계가 보험료를 전부 부담하는 보험계약으로서 아래 어느 하나에 해당하는 보험계약의 경우에는 통합청약서에 반영(舊보험업감독규정§4-35-2②) ○ 보험기간이 1년 초과 3년 이하인 보험계약으로서 월보험료가 5만원 이하 또는 연간보험료가 60만원 이하인 보험계약 또는 보험기간이 1년 이하인 보험계약. 다만, 자동차보험계약 제외 ○ 여행 중 발생한 위험을 보장하는 보험계약
–	ㅁ 은행이용자가 은행상품 관련 정보 등을 제공받거나 설명받기를 거부하는 의사를 서면, 전신·모사전송, 전자우편 및 이와 비슷한 전자통신, 녹취, 전화자동응답시스템 및 이와 비슷한 전자통신으로 표시하는 경우(舊은행업감독규정§89⑥iii·세칙§73①)

160) 전화를 이용한 모집행위시 설명 전 설명서 제공이 불가하므로 예외를 도입했다.
161) 설명서 교부·보관의무 등의 보험업법상 예외사유*(舊보험업감독규정§4-35-2③i)를 참고했다.
* 전화 등 통신수단(우편·컴퓨터통신 포함)을 이용하여 보험을 모집하는 경우로서 표준상품설명대본을 통해 보험계약의 중요사항을 설명하고 녹취를 통해 보험계약자가 이해하였음을 확인받는 경우

	□ 투자매매업자 및 투자중개업자의 설명서를 받기를 거부한다는 의사를 서면, 전화 · 전신 · 팩스, 전자우편 및 이와 비슷한 전자통신으로 설명서의 수령을 거부하는 경우(舊금융투자업규정§4-20① ix 나(1)) □ 서명 또는 기명날인으로 신탁업자의 특정금전신탁계약(퇴직연금의 자산관리업무 수행을 위한 계약 및 수시입출방식 계약은 제외) 설명서의 수령을 거부하는 경우(금융투자업규정§4-93xxix가)
— 162)	□ 자본시장법에 따라 이용자에게 투자설명서를 교부하고 상품의 내용등에 대해 설명한 경우(舊은행업감독업무시행세칙§73② i) □ 서면 · 전화 · 전신 · 팩스 · 전자우편 및 이와 비슷한 전자통신으로 투자매매업자 및 투자중개업자의 설명서에 갈음하는 투자설명서를 교부하는 경우(舊금융투자업규정§4-20① ix 나(1) · (2)) □ 특정금전신탁계약설명서에 갈음하여 투자설명서(집합투자증권의 경우 간이투자설명서)를 교부하는 경우[163](금융투자업규정§4-93xxix가 · 나)
— 164)	□ 「외국인근로자의 고용 등에 관한 법률」에 따라 운영되며 보험상품의 내용과 보험료, 보험금액 등이 모든 보험계약자에게 동일한 출국만기보험계약, 귀국비용보험계약, 보증보험계약, 상해보험계약의 경우에는 고용노동부가 해당 보험계약에 관한 교육 등을 실시하면 설명의무를 이행한 것으로 간주(舊보험업감독규정§4-35-2⑤)

162) 투자설명서 또는 간이투자설명서를 제공하는 경우 해당 내용을 금융소비자보호법상 설명서에서 제외할 수 있으나(영§14①但), 자본시장법상 (간이)투자설명서 설명사항이 금융소비자보호법상 설명사항과 동일한 경우 금융소비자보호법상 설명서에서 제외할 수 있다는 의미이므로 설명서 내용의 일치여부를 판단하지 않고 (간이)투자설명서로 설명서 교부를 갈음한 기존규제와는 다르다.

163) 현재 존치 규정이다. 소비자가 설명서 수령에 대한 거부의사를 표시한 경우 자본시장법상 예외사유에 해당하여 불건전영업행위(자본시장법§108)는 아니지만, 금융소비자보호법상 설명서제공 예외사유는 아니므로 금융소비자보호법에 따라 거부의사 표시한 일반소비자에게도 설명서는 교부해야 한다. 투자매매업자 및 투자중개업자의 설명서 교부의무(예외사유 포함)를 삭제하였듯이 동 조항도 삭제하여 규제방향을 일치시킬 필요가 있다.

164) 동 조항상 설명의무 이행대상자가 외국인근로자 고용회사이므로 '5인 이상 근로자 고용 단체'로서 보장성상품의 전문소비자일 확률이 높으며, 전문소비자에게는 설명의무가 부과되지 않아, 실질적으로 이행 간주 조항을 인용하지 않아도 규제적용에 큰 차이는 없는 것으로 이해된다.

1. 은행법

은행법(시행령§24-5②)은 '금융거래' 단계별로 정보를 제공하고 해당 내용을 설명하도록 한다. 여기서 '금융거래'에는 금융소비자보호법상 금융상품이 아닌 외환거래 등이 포함되므로 은행법상 '금융거래'와 금융소비자보호법상 '금융상품 거래'의 범위는 일치하지 않는다. 동 조항을 삭제하게 되면 외환거래 등에 대해 설명의무가 부과되지 않는 규제공백이 발생하므로 이를 방지하기 위해 '금융거래'에 금융소비자보호법상 금융상품 거래는 제외되도록 개정하여 존치[165]한다(법 부칙§13⑮).

舊은행법 시행령	현행
제24조의5(불공정영업행위 금지 등) ② 은행은 법 제52조의2제2항에 따라 예금자 등 은행이용자를 보호하고 금융분쟁의 발생을 방지하기 위하여 다음 각 호의 조치를 하여야 한다.	**제24조의5(금융거래상 중요 정보 제공)** ② (舊조문과 같음)
1. 금리, 계약 해지 및 예금자 보호에 관한 사항 등 은행이용자가 유의하여야 할 사항을 공시할 것	1. (舊조문과 같음)
2. 금융거래 단계별로 다음 각 목의 구분에 따라 해당 정보나 자료를 제공하고 그 내용을 설명할 것. 다만, 이미 체결된 계약과 같은 내용으로 계약을 갱신하는 경우 등 금융위원회가 정하여 고시하는 경우에는 정보나 자료의 제공 및 설명을 생략할 수 있다.	2. 금융거래(**「금융소비자 보호에 관한 법률」에 따른 금융상품의 계약에 따른 거래는 제외한다)** 단계별로 다음 각 목의 구분에 따라 해당 정보나 자료를 제공하고 그 내용을 설명할 것. 다만, 이미 체결된 계약과 같은 내용으로 계약을 갱신하는 경우 등 금융위원회가 정하여 고시하는 경우에는 정보나 자료의 제공 및 설명을 생략할 수 있다.
가. 계약체결을 권유하는 경우: 계약조건, 거래비용 등 계약의 주요 내용	가. (舊조문과 같음)
나. 은행이용자가 청약하는 경우: 약관	나. (舊조문과 같음)
다. 계약을 체결하는 경우: 계약 서류	다. (舊조문과 같음)

2. 자본시장법

舊자본시장법(§47)상 일반투자자에게 금융투자상품의 투자를 권유하는 경우 금융투자업자는 상품의 설명의무를 부과하고, 설명내용을 일반투자자가 이해하였음을 서명 등

165) 은행법 시행령만 아래와 같이 개정되었고(영 부칙§2⑳), 관련 하위규정인 은행업감독규정(§89①·③~⑥) 및 은행업감독업무시행세칙(§73) 조항은 개정되지 않았다.

으로 확인받아야 했다. 또한 종합금융투자사업자는 종합투자계약체결 전에 설명의무를 이행하고 고객이 이해하였음을 확인받아야 했다(舊자본시장법 시행령§77-6③vii). 동 설명의무(종합금융투자사업자의 설명의무 포함)는 금융소비자보호법으로 이관되어 모두 삭제되었다(법 부칙§13⑯ · 영 부칙§2㉑).

투자자의 매매거래주문 처리 전 투자매매업자 및 투자중개업자 중요사실[166]을 고지 · 설명하지 않으면 불건전영업행위(舊금융투자업규정§4-20①ⅸ가)로 규제[167]하던 조항과 설명서 교부의무(예외사유 포함)(舊금융투자업규정§4-20①ⅸ나)도 삭제되었다(규정 부칙§3③). 다만, 신탁업자의 특정금전신탁 설명서 교부의무는 현재도 불건전영업행위 규제로 금융투자업규정(§4-93xxix)에 존치하고 있어 향후 입법적 보완(삭제)이 필요하다.

3. 보험업법

舊보험업법(§95-2① · ②)상 보험회사 및 모집종사자가 일반보험계약자에게 보험계약체결을 권유하는 경우 보험계약의 중요사항에 대한 설명의무를 부과하고, 이해하였음으로 확인받아야 하는 일반적인 설명의무는 금융소비자보호법으로 이관되어 삭제되었다(법 부칙§13⑦). 보험업감독규정(§7-45⑤~⑪) 및 보험업감독업무시행세칙(§5-11)에서 설명서에 기재하도록 규율되었던 사항도 모두 삭제되었다(규정 부칙§3⑤ · 세칙 부칙§2②). 다만, 계약체결 · 보험금청구 · 보험금심사 및 지급단계별로 중요사항을 설명하도록 하는 보험업권 고유의 설명의무 규제(보험업법§95-2③ · ④[168])는 현행 보험업법상 존치한다.

통신판매시 설명의무 이행과 관련하여 변경사항은 다음과 같다.

---

166) ① 당해 매매거래에 있어서 투자매매업자 · 투자중개업자가 동시에 다른 투자자의 위탁매매인, 중개인 또는 대리인의 역할을 하는 경우 그 사실
② 중개 또는 대리시 매매상대방이 투자자의 실명을 요구하는 때에는 이를 알릴 수 있다는 사실
③ 매매거래의 결제를 위하여 증권의 실물을 전달하게 되는 경우 당해 증권의 하자와 관련한 책임소재

167) 투자자가 이미 알고 있다고 인정되는 경우 제외했다.

168) **제95조의2(설명의무 등)** ③ 보험회사는 보험계약의 체결 시부터 보험금 지급 시까지의 주요 과정을 대통령령으로 정하는 바에 따라 일반보험계약자에게 설명하여야 한다. 다만, 일반보험계약자가 설명을 거부하는 경우에는 그러하지 아니하다.
④ 보험회사는 일반보험계약자가 보험금 지급을 요청한 경우에는 대통령령으로 정하는 바에 따라 보험금의 지급절차 및 지급내역 등을 설명하여야 하며, 보험금을 감액하여 지급하거나 지급하지 아니하는 경우에는 그 사유를 설명하여야 한다.

舊보험업감독규정	현행
제4-36조 (통신판매시 준수사항) <신 설>	**제4-36조 (통신판매시 준수사항)** ② 전화를 이용하여 보험을 모집하는 자는 제10항에도 불구하고 「금융소비자 보호에 관한 법률」제19조제1항에 따른 중요사항 이외에 보험계약 체결을 위하여 필요한 사항에 대하여 질문 또는 설명하고 그에 대한 보험계약자의 답변 및 확인내용에 대한 증거자료를 확보·유지하기 위하여 전자우편, 휴대전화 문자메시지 또는 이에 준하는 전자적 의사표시 등 전자적 방법으로 음성녹음을 대체할 수 있다. 이 경우, 보험계약자가 전화로 설명을 들은 내용과 실제 보험계약의 내용이 동일한지 확인할 수 있도록「금융소비자 보호에 관한 법률」제19조제2항에 따른 설명서를 보험계약이 체결되기 전에 전자적 방법으로 제공하여야 한다. ③ 전화를 이용하여 보험을 모집하는 자는 다음 각 호의 요건을 충족하는 경우에 자동화된 전자적 정보처리장치(이하 "전자적 상품설명장치"라 한다)를 활용할 수 있다. 1. 보험계약자에게 전자적 상품 설명장치를 활용하여 보험계약 체결을 위해 필요한 사항을 질문 또는 설명한다는 사실을 미리 안내하고 동의를 받을 것 2. 보험계약자가 질의를 하거나 추가적인 설명을 요청하는 등 전자적 상품설명장치의 활용을 중단할 것을 요구할 경우, 보험을 모집하는 자가 직접 계약자의 질의 또는 요청 등에 즉시 응할 수 있을 것 3. 전자적 상품설명장치에 질문 또는 설명의 속도와 음량을 조절할 수 있는 기능을 갖출 것 4. 제2호 및 제3호의 내용에 관한 사항을 보험계약자에게 안내할 것
② ~ ⑧ (생략)	④ ~ ⑩ (현행과 같음)
⑨ 보험회사 또는 보험의 모집에 종사하는 자가 제4-35조의2제3항에 따라 표준상품설명대본을 통해 보험계약의 중요사항을 설명한 경우에는 청약한 날부터 5영업일 이내에 상품설명서를 서면으로 발송하여야 한다. 다만, 보험회사 또는 보험의 모집에 종사하는 자가 제7-45조의2제1항에 따른 동의를 얻은 경우에는 광기록매체, 전자우편 등 전자적 방법으로 교부할 수 있다.	<삭 제>
⑩ ~ ⑬ (생략)	⑫ ~ ⑮ (현행과 같음)

舊보험업감독규정	현행
<신 설>	⑯ 보험회사는 「금융소비자 보호에 관한 법률」 제19조제1항제1호가목에 따른 사항을 표준상품설명대본에 반영하여야 한다. 다만, 「금융소비자 보호에 관한 감독규정」 제13조제2항제6호에 해당하는 경우에는 통합청약서에 반영할 수 있다.
<신 설>	⑰ 통신판매종사자가 아닌 모집종사자(「금융소비자 보호에 관한 감독규정」 제22조제7호 각 목의 요건을 모두 충족하는 경우만 해당한다)가 전화로 보험계약의 중요사항을 설명하는 경우에는 제8항 및 제11항을 적용하지 아니한다.

舊보험업법(§95-2① · ②)에서는 보험회사 임직원(모집종사자)이 설명의무 규제대상으로 포함되었던 점을 감안하여, 보험회사 임직원이 금융소비자보호법상 설명의무를 준수하도록 보험업법 준용규정(§101-2①)[169]을 신설한다(법 부칙§13⑦).

4. 저축은행법

저축은행은 예금등 및 후순위채권에 대한 계약체결 권유 시 예금자보호 여부 등을 설명하고, 이해하였음을 확인받아야 했다(舊저축은행법§14). 동 설명의무는 금융소비자보호법으로 이관되어 모두 삭제되었다(법 부칙§13⑨).

5. 여신전문금융업법

여신전문금융회사와 카드모집인 등은 신청인등에게 여신금융상품 계약체결 권유 시 중요사항을 설명하고 이해하였음으로 확인해야 했다(舊여신전문금융업법§50-11). 또한 신용카드업자의 신용카드 상품에 대한 불충분한 설명 및 거짓설명을 금지했다(舊여신전문금융업법§24-2①ⅰ · 시행령 별표1-3ⅰ가~라). 동 설명의무 관련 규제는 금융소비자보호법으로 이관되어 모두 삭제되었다(법 부칙§13⑬). 이로 인해 舊여신전문금융업법(§50-11)상 설명의무 대상으로 규제되던 직불카드, 선불카드의 규제공백이 발생한다. 금융소비자보호법상 금융상품이 아

169) **보험업법 제101조의2(「금융소비자 보호에 관한 법률」의 준용)** ① 보험회사 임직원의 설명의무 및 부당권유행위 금지에 관하여는 「금융소비자 보호에 관한 법률」 제19조제1항 · 제2항 및 제21조를 준용한다. 이 경우 "금융상품판매업자등"은 "보험회사 임직원"으로 본다.

니어서 설명의무 대상이 아니기 때문이다. 향후 입법적 보완이 필요한 것으로 보인다.

한편, 모집행위 시 신용카드 약관과 거래조건 등을 설명하도록 하는 판매규제[170]는 현재 여신전문금융업법(영§6-8① ii)상 존치한다.

6. 대부업법

권유시점에 설명의무가 적용되는 금융소비자보호법과 달리 대부업법(§6)은 계약체결 시 계약서 내용을 설명하도록 한다. 해당 규제는 현행 대부업법에 존치한다.

Ⅶ. Q&A

[적용범위]

1. 전문소비자에게 설명의무를 이행해야 하는지?

전문소비자는 설명의무 이행대상자가 아님.

[필자 보충의견] 다만, 개별법[171]상 설명의무를 부과한 경우 해당 법에 따른 설명의무 이행은 필요함.

2. 학교장 등 단체의 대표자[172](대리인)에게 예금성 상품 계약체결 권한이 부여된 경우 동 대리인에게 설명의무를 이행했다면 본인(단체 구성원)에게 설명의무를 이행한 것으로 볼 수 있는지?

민법상 법리에 따라 판단 가능함.

---

170) **여신전문금융업법 시행령 제6조의8(모집자의 준수사항 등)** ①법 제14조의2제2항에 따라 신용카드회원을 모집하는 자(이하 "모집자"라 한다)는 신용카드회원을 모집할 때 다음 각 호의 사항을 지켜야 한다.
2. 신청인에게 신용카드에 대한 약관과 연회비 등 신용카드의 거래조건 및 제6조의7제7항제4호의 사항을 설명할 것

여신전문금융업법 시행령 제6조의7(신용카드의 발급 및 회원 모집방법 등) ⑦ 법 제14조제5항 본문에서 "대통령령으로 정하는 사항"이란 다음 각 호의 사항을 말한다.
4. 제6조의11제1항에 따른 연회비 반환사유, 같은 조 제2항에 따른 연회비 반환금액 산정방식 및 같은 조 제3항에 따른 연회비 반환금액의 반환기한

171) 약관규제법(§3), 금융실명법(§6), 예금자보호법(§29) 등.

172) 금융실명법 유권해석에 따라 학교장 등(대리인)은 본인(종업원·학생 등)의 입출금계좌 개설 동의를 받아 단체 구성원의 계좌를 일괄개설할 수 있다.

[필자 보충의견] 대리인에게 설명의무 이행 시 본인에게 설명의무를 이행한 것임(민법 §114). 단, 대리인이 전문소비자라면 설명의무를 이행할 필요 없음.[173)]

3. 예금성 상품 권유 시 계약자는 전문소비자이고 계약자의 대리인은 일반소비자인 경우 설명의무를 이행해야 하는지?

신속처리시스템 회신(은행 210503-72)

대리(代理)의 법리상 대리행위의 효과는 본인에게 귀속하나*(민법§114)*, 특별한 사정이 없는 한 법률행위는 대리인을 기준으로 하여야 함. 따라서 본인이 전문소비자라고 하여도 실제로 금융상품 계약체결의 의사를 결정하는 자(대리인)가 일반소비자라고 한다면 금융회사는 해당 대리인에게 설명의무를 이행하여야 함.

4. 피성년후견인·피한정후견인이 본인을 전문소비자라고 금융회사에 통보한 경우 금융회사가 고객의 의사표시를 신뢰하여 전문소비자로 보고 설명의무를 이행하지 않아도 되는지?

신속처리시스템 회신(은행 210405-15)

판매업자등은 소비자가 일반소비자인지를 확인할 경우 객관적 자료로 판단해야 하나, 예금성 상품의 경우 금융소비자보호법 시행 초기에는 일반적인 상황에서 피성년후견인 또는 피한정후견인에 해당하는지를 확인하기 위한 증빙자료 요구 없이 확인이 가능함.[174)]
다만, 그 이후에는 판매업자등은 객관적 자료를 기초로 피성년후견인 등의 전문소비자인지 여부를 확인[175)]한 후 설명의무를 이행해야 함.
한편, 판매업자등은 기존 고객정보를 통해 피성년후견인 등을 확인할 수 있는 경우에는 전문소비자로 고지한 피성년후견인 등을 대상으로 설명의무를 이행하여야 함.

---

173) 신속처리시스템 회신(은행 210503－72) 참조.

174) 금융위원회·금융감독원·협회 공동, "금소법 시행 후 원활한 금융상품거래를 위해 판매자·소비자가 알아야 할 중요할 사항을 알려드립니다", 보도참고자료, 2021.03.29., 3면 참조.

175) 신용정보법(영§2⑫ i)상 신용정보에 해당하나, 현재는 신용정보집중기관에 후견인정보가 집중되지 않아, 후견여부를 확인할 수 없다. 향후 후견인정보가 집중기관을 통해 확인 가능하게 되면 후견여부를 확인 후 업무처리가 필요하다.

5. 중도 해지 시에도 손실이 없는 정기예금, 정기적금의 경우 설명의무 제외가 가능한지?

신속처리시스템 회신(저축 210516-18)

금융소비자보호법 제19조제1항의 '일반소비자에게 금융상품의 중요한 사항을 이해하기 쉽게 설명해야 하는 의무'는 모든 금융상품에 일관되게 적용하도록 규정되어 있음. 특히, 예금성 상품의 일반소비자인 피한정후견인, 고령자 등은 일반적으로 보호 필요성이 특히 높은 점도 감안되어야 함.

6. 자본시장법상 증권신고서 작성의무가 면제되는 금융상품(국공채 등)의 경우 설명서 제공의무의 예외에 해당하는지?

설명의무 가이드라인(16면)

금융소비자보호법 제19조제2항 단서에 따라 하위규정에 열거된 경우를 제외하고는 설명서 제공의무의 예외가 인정되지 않으므로 자본시장법상 증권신고서 작성의무가 면제되는 금융상품이라도 설명서 제공의무의 예외에 해당하지 않음.

7. 계약체결을 위한 설명과정이 아닌, 소비자의 일반적인 상담 요청 시[176]에도 금융소비자보호법상 설명의무가 적용되어야 하는지?

신속처리시스템 회신(손보 210813-38)

금융소비자보호법상 설명의무는 판매업자가 금융상품 계약체결 시 정보열위에 있는 소비자에게 필요한 정보를 제공하게 하는 것으로서, 일반소비자에 금융상품을 권유하거나 일반소비자가 설명을 요청하는 경우에 적용됨.
동 사례와 같이 이미 금융상품 관련 계약을 체결한 소비자의 일상적인 요청에 대한 설명 및 안내에 대해서까지 금융소비자보호법상 설명의무 관련 규제가 적용된다고 보기는 어려움.

8. 상속으로 인한 명의변경 시에도 적합성 원칙 및 설명의무를 적용해야 하는지?

신속처리시스템 회신(은행 210825-129)

37면 1번 참조.

176) (예시) 수개월전 이미 보험을 가입한 소비자가 상담창구(콜센터, 고객센터, 모집점 등)로 전화(방문)하여 가입한 보험의 보장내용에 대해서 설명을 원하는 경우.

9. 기존의 예금계약 명의인이 예금을 제3자에 양도하는 명의변경 요청 시, 이를 금융상품에 관한 계약체결로 보아 설명의무 및 계약서류 제공의무를 이행해야 하는지?

신속처리시스템 회신(은행 210407-20)

37면 2번 참조.

10. 예금이 만기된 경우 동일 상품으로 재예치가 가능한데, 재예치도 금융상품 계약체결로 보아 설명의무 및 계약서류 제공의무를 적용받는지?

신속처리시스템 회신(저축 210521-6)

37면 3번 참조.

11. 신용카드 갱신·재발급·추가발급 시 금융소비자보호법상 영업행위 규제(적합성 원칙, 설명의무, 계약서류제공)가 적용되는지?

신속처리시스템 회신(여전 210520-32)

38면 4번 참조.

12. 자산운용사가 특정법인(전문소비자)과 투자일임계약을 체결 후 투자일임 운용을 위해 펀드매매 등 단순 주문수탁자 역할을 하는 경우 증권사가 해당 법인에게 관련 상품을 설명하고 계약서류를 제공하는 등의 의무를 이행하여야 하는지?

신속처리시스템 회신(금투 210512-27)

39면 7번 참조.

13. 아래 프로세스에 따라 금융소비자가 장애인/유공자 복지카드 신청시 권유규제(적합성 원칙 및 설명의무)가 제외되는지?

[장애인/유공자 복지카드 신청 및 발급 프로세스]

① 장애인/유공자 카드발급 시에는 주민센터/보훈(지)청에서 신청

② 주민센터(보훈청)에서 도로공사에 지원 대상 확인

③ 신청정보는 조폐공사로 전송

④ 최종 심사대상은 조폐공사에서 신한카드로 전송
⑤ 신한카드 심사 결과는 조폐공사로 전송
⑥ 주민센터(보훈청)에서 카드 수령

신속처리시스템 회신(여전 210416-9)

49면 32번 참조.

14. 핵심설명서 규제는 시행일(9.25) 이후 체결하는 계약(체결일자 기준)에 대해 적용해야 하는지, 아니면 9월 25일 보험기간이 시작되는 과거 계약(책임개시일 기준)까지 소급해 적용해야 하는지?

신속처리시스템 회신(손보 210811-37)

금융소비자보호법상 핵심설명서 관련 규정의 적용시기는 동 규정의 시행일('21.9.25.) 이후 체결되는 계약부터 적용됨.

[설명사항]

15. 금융상품 계약과 관련하여 모집인이 법령상 설명해야 할 사항 중 일부만 설명해도 되는지?

설명의무 가이드라인(16면)

설명의무 이행여부는 계약의 전 과정을 토대로 판단하기 때문에 중개 단계에서 반드시 모든 설명이 이루어져야 하는 것은 아님. 대리·중개업자가 해당 금융상품에 대해 법령에 따라 설명해야할 사항 중 일부만 설명했지만, 직접판매업자가 나머지를 설명했다면 설명의무를 이행했다고 볼 수 있음. 다만, 직접판매업자와 모집인 간 설명의무 이행범위에 대한 기준을 내부통제기준에 반영해야 함.

16. 투자상품 포트폴리오상 위험등급의 설명범위는?

10문 10답(7면)

금융소비자보호법상 금융상품의 위험등급에 관하여 설명해야 할 사항은 기존 자본시장법에서 규율한 내용과 크게 다르지 않음. 다수의 펀드로 구성된 금융상품의 위험은 원칙적으로 구성 펀드의 위험등급 전체를 종합하여 평가하면 됨. 변액보험, ISA(Individual

Saving Account)의 경우 계약 시 소비자가 펀드를 선택하는 경우에 선택한 펀드의 위험등급만 설명하면 됨(선택가능 범위 내 모든 펀드를 설명할 필요가 없음).

17. 공모펀드의 경우 직접판매업자가 자산운용사 등이 공시한 (간이)투자설명서의 위험등급 산정기준을 사전검증한 후 자산운용사가 공시한 위험등급을 인용하는 등의 간소화 절차도 가능한지?

직접판매업자가 자산운용사의 위험등급 기준을 사용하여 위험등급을 정하는 방법이 제한되지는 않음. 다만, 금융소비자보호법(§19①i나3))에 따라 해당 위험등급은 직접판매업자가 마련한 것으로 봄.

18. 공모펀드는 운용사에서 금융감독원 가이드라인에 따라 위험등급을 부여하고 있고, 금융소비자보호법에 따라 판매사도 위험등급을 산정하므로 이중규제로 이해되는데, 공모펀드에 한해 위험등급 산정 및 설명의무를 적용하지 않을 수 있는지?

신속처리시스템 회신(은행 210503-76)

해당 규정의 취지는 금융상품의 위험등급에 대한 판매사의 책임을 강화하는 데 있으며, 판매사가 자산운용사와 달리 위험등급을 정해야 한다는 등의 불필요한 행정부담을 부과하지 않음. 또한 현행 금융소비자보호법 및 관련 지침에서 위험등급에 대해 다른 관련 법령이나 금융감독원의 공모펀드 위험등급 관련 가이드라인과 상이하게 규율하고 있지도 않은 만큼 이중규제 적용 문제가 발생한다고 보기는 어려움.

19. 발행인이 위험등급을 정하지 않는 금융상품의 경우 발행인과 직접판매업자간 위험등급이 다를 시 이에 대해 협의하도록 한 규제를 어떻게 준수해야 하는지?

규정 제12조제2항제3호는 판매자가 정한 위험등급과 발행인이 정한 위험등급에 차이가 있는 경우에 적용되므로 발행인이 정한 위험등급이 없다면 동 규제는 적용되지 않음.

20. 금융소비자보호법상 설명서에 기대수익을 기재하는 행위가 자본시장법(§55)상 금지되는 투자성 상품의 손실보전·이익보장 행위와 상충되지 않는지?

기대수익은 객관적·합리적 근거가 있는 경우에 한해 설명서에 기재하여 설명하는 것으로 근거가 없는 경우 기재할 수 없음. 또한 기대수익을 기재하는 행위 자체가 손실을 보전하거나 이익을 보장하기로 약속하는 것은 아니므로 자본시장법과 상충되지 않음.

21. 퇴직연금사업자가 타사에서 제공한 정기예금 상품설명서를 작성하는 경우, 금리를 안내하는 항목에 특정 이율(해당 이율은 매월 변동)을 기입하지 아니하고 실시간으로 확인할 수 있는 방법을 표기해도 되는지?

가입자가 실시간으로 이율을 확인하는 게 소비자 보호에 더 효과적인 것으로 판단되므로 가능함.

22. 설명사항인 '연계·제휴서비스등의 이행책임에 관한 사항'은 무엇을 의미하는지?

연계·제휴서비스등을 부당하게 축소하거나 변경하지 않고, 불가피하게 축소·변경하더라도 그에 상응하는 다른 연계·제휴서비스를 제공하는 것을 의미함(법§20① v).

23. 공모펀드의 경우 소비자에게 간이투자설명서를 제공하면 금융소비자보호법상 설명서를 제공하지 않아도 되는지? 2차 FAQ(5면)

금융소비자보호법에서 설명하도록 규정한 사항이 감독규정(§13①)에서 정하는 바에 따라 모두 간이투자설명서에 작성되어 있다면 별도의 금융소비자보호법상 설명서 제공은 불필요함.

24. 신탁업자(직접판매업자)가 특정금전신탁을 통해 집합투자증권을 판매하면서 '집합투자증권 발행인이 작성한 투자설명서·간이투자설명서'를 검증한 경우 검증된 설명사항은 신탁업자가 직접 작성하는 금융소비자보호법상 설명서·핵심설명서에 작성하지 않아도 되는지?

투자설명서 또는 간이투자설명서를 통해 제공된 내용은 금융소비자보호법상 설명서에 중복하여 기재할 필요가 없음.

25. 신탁업자(직접판매업자)는 현재 특정금전신탁에 편입된 금융투자상품의 투자설명서를 금융투자협회 특정금전신탁 업무처리 모범규준에 따라 요약하여 '특정금전신탁

설명서' 및 '운용상품설명서'로 소비자에게 교부하고 있는데, 이 경우에도 금융소비자보호법상 별도의 설명서·핵심설명서를 추가로 작성·교부해야 하는지?

'특정금전신탁 설명서' 및 '운용상품설명서'에 금융소비자보호법상 설명해야 할 사항이 모두 포함되어 있는 경우에는 추가로 만들 필요는 없음. 다만, 금융소비자보호법상 설명서 작성방식은 준수하되, 법령에서 정한 기준 외 작성방식은 개별 금융회사가 자율적으로 결정할 수 있음.[177)]

26. 금융소비자보호법상 설명서 교부를 (간이)투자설명서로 갈음하고자 하는 경우 (간이)투자설명서에 금융소비자보호법상 설명사항이 모두 기재되지 않았다면 별도의 설명서에 이를 기재해야 하는지?

금융소비자보호법상 설명서 교부를 (간이)투자설명서로 갈음하는 경우 (간이)투자설명서에 기재되지 않은 금융소비자보호법상 설명사항은 별도의 설명서에 기재하여 교부해야 함.

27. 공모펀드만 편입하는 신탁·랩 상품의 경우에도 해당 펀드 투자설명서(간이투자설명서) 교부로 충분한 것인지? 신속처리시스템 회신(금투 210428-14)

공모 펀드만을 편입하는 신탁·랩 상품의 경우에도 해당 신탁·랩 상품 자체에 대해서는 금융소비자보호법상 설명서 제공은 필요할 것으로 판단됨.

[설명서 제공]

28. 금융상품 계약의 체결을 권유하였으나, 계약이 체결되지 않은 경우에도 설명서를 제공해야 하는지? 신속처리시스템 회신(손보 210416-13)

금융소비자보호법상 설명서 제공은 계약이 체결되기 전 금융상품을 권유하는 단계에서 준수해야 할 사항으로 해당 금융상품에 대한 계약이 실제로 체결되었는지 여부와는 직접적인 관련성이 없음.

---

177) 신속처리시스템 회신(은행 210512−98) 참조.

[필자 보충의견] 따라서 설명단계에서 설명서 제공을 하였다면 제공의무는 다한 것이며, 설명이 끝난 후 금융상품 계약이 체결하지 않은 금융소비자가 제공된 설명서를 지참하지 아니하거나 수령을 거절하는 경우까지 이를 강제할 필요는 없음.

29. 한 명의 고객이 여러 채널로 대출상담을 요청하여 채널별로 설명한 직원이 각각 다르면 설명서 제공을 매번 해야 하는지? 동일한 직원이 상담 후 며칠 뒤 다시 상담을 하는 경우 매 상담 시마다 제공해야 하는지?

동일한 자료는 1회 제공으로 충분함.

30. ① 설명의무 이행 단계와 ② 계약체결 완료 단계에서 설명서를 각 제공해야 하며, ③ 적정성 원칙에 따라 부적정 사실 고지 단계와 ④ 계약체결 완료 단계에도 설명서를 각 제공해야 하는데, 설명과 계약체결(①·②) 또는 적정성 원칙과 계약체결(③·④)이 거의 동시에 이루어지는 경우 설명서를 2회 제공해야 하는지?

235면 22번 참조.

31. 설명의무 이행없이 계약서류로서 설명서를 제공하는 경우에도 판매직원의 서명이 필요한지?

설명의무 가이드라인(17면)

설명의무 이행 대상이 아니라 계약서류로서 설명서를 제공하는 경우에는 금융소비자보호법 시행령 제14조제2항에 따른 판매직원의 서명의무가 적용되지 않음.

32. 판매직원이 설명서에 '설명내용과 설명서가 동일하다는 사실'에 대한 서명을 해야 하는 의무와 관련해,

1 설명서를 전자문서로 제공하는 경우에도 해야 하는지?

2 반드시 설명이 종료된 후에 해야 하는지?

설명의무 가이드라인(18면)

1 예외사유(§영14②[178])에 해당하지 않으며, 전자서명법 제2조제2호에 따른 전자서

178) ① 예금성 상품 또는 대출성 상품에 관한 계약, ② 「전자금융거래법」에 따른 전자적 장치를 이용한 자동화 방식을 통해서만 서비스가 제공되는 계약.

명[179]도 서명으로 인정하고 있는 점 감안 시 전자문서 제공 시에도 판매직원의 (전자) 서명이 필요함.

2 판매직원이 설명서에 서명하도록 요구하는 이유는 설명내용에 대한 판매직원의 책임 확보를 위한 것이므로 제도의 취지를 벗어나지 않는 범위 내에서 설명 전에 서명이 가능함.

33. TM(Tele-marketing)을 통해 설명하는 경우 TM 설계사가 녹취의 방법으로 설명내용과 설명서의 내용이 동일하다는 사실(이하 "동일사실")을 확인할 수 있는지?[180] 동일사실 유선안내(유선내용은 녹취됨) 후 TM 설계사가 본인서명을 상품설명서상 이미지 형태로 전산기입하는 경우 동 행위가 설명서상 직원 서명행위로 갈음되는지?

신속처리시스템 회신(손보 210406-2, 손보 210601-28)

TM 모집 시 설명서에 직원이 서명[181] 또는 전자서명[182]을 해야 하므로(영§14②) 녹취로 서명을 갈음할 수 없음.

34. 설명서를 반드시 서면으로 제공해야 하는지? 10문 10답(5면)

금융소비자보호법(영§14③)에서는 상품 설명서 제공방법을 서면교부, 우편(전자우편 포함), 문자메시지 등 전자적 의사표시로 규정하고 있으며, 전자적 의사표시에는 전자적 장치(모바일 앱, 태블릿 등)의 화면을 통해 설명서 내용을 보여주는 것도 포함됨.

35. 모바일 앱, 태블릿 등 전자기기를 통해 설명서를 화면에 표시하는 행위도 설명서 제공으로 볼 수 있는지? 설명의무 가이드라인(17면)

계약체결 당시 제공된 설명서와 동일한 내용(위·변조가 없을 것)의 설명서에 한해 소비자가 해당 전자문서[183]를 전자기기를 통해 상시조회할 수 있는 경우에는 설명서 제공으로 볼

179) "전자서명"이란 서명자의 신원, 서명자가 해당 전자문서에 서명하였다는 사실을 나타내는 데 이용하기 위하여 전자문서에 첨부되거나 논리적으로 결합된 전자적 형태의 정보를 말한다(전자서명법§2ii).
180) 신속처리시스템 회신(손보 210406-2).
181) 서명확인법 제2조제1호에 따른 "서명"으로 본인 고유의 필체로 자신의 성명을 제3자가 알아볼 수 있도록 기재하는 것.
182) 전자서명법 제2조제2호에 따른 전자서명.
183) 전자문서의 내용을 열람할 수 있고, 전자문서가 작성·변환되거나 송신·수신 또는 저장된 때의 형태 또는 그와 같이 재현될 수 있는 형태로 보존될 것.

수 있음.

36. 설명서 제공방법에 카카오톡 메시지가 포함되는지?

카카오톡 메시지도 문자메시지와 같이 전자적 방식에 의한 의사표시로 볼 수 있음.

37. 비대면으로 계약체결 시 설명서 다운버튼을 클릭해야 다음 절차로 진행되도록 하거나, 이메일, 문자 등에 서류를 다운로드 받을 수 있는 URL, 링크 등을 제공한 경우 설명서 제공의무를 이행한 것인지?

설명서 내용에 위·변조 없이 다운로드 기능을 통해 설명서를 제공하거나 url 등을 통해 설명서를 제공받을 수 있도록 한다면 설명서 제공의무 이행한 것으로 볼 수 있음.

38. 설명의무 이행 시 설명서를 전자문서로만 제공해도 되는지?

설명의무 가이드라인(17면)

판매업자등은 금융소비자보호법 시행령 제14조제3항 각 호의 방법[184] 중 하나의 방법을 선택하여 설명서 제공이 가능함.

39. 외환파생상품의 경우 동일상품 내 거래금액·베리어환율·목표환율이익 등 거래조건을 일부 변경한 경우 '기존 계약을 같은 내용으로 갱신하는 경우'로 보아 설명서를 제공하지 않을 수 있는지?

거래조건이 변경되므로 기존 계약과 '같은 내용으로' 갱신하는 경우에 해당하지 않아 설명서를 제공해야 함. 다만, 금융상품 특성 등에 따라 형평에 맞게 해석 적용·가능하도록 한 해석기준(법§13) 감안 시 탄력적 적용은 가능함.

---

184) 서면(전자문서법상 '서면'으로 볼 수 있는 경우 포함), 우편 또는 전자우편, 휴대전화 문자메시지 또는 이에 준하는 전자적 의사표시.

40. 기본 계약을 체결하고 그 계약내용에 따라 계속적·반복적 거래를 하는 경우에는 설명서 제공의무가 면제되는데, 어떤 사례가 있는지?

신속처리시스템 회신(금투 210428-12)

매매거래계좌를 설정하는 등 금융투자상품을 거래하기 위한 기본 계약을 체결하고 그 계약내용에 따라 계속적·반복적으로 거래를 하는 경우 등 구 자본시장법 시행령 제61조제1항제1호에 해당하는 사례(계약서류 교부의무의 예외사유)가 포함됨.

41. 주식, ETF 등 장내상품 매매거래를 위한 계좌개설 시 설명의무를 어떻게 이행하여야 하는지?

신속처리시스템 회신(금투 210421-7)

판매업자가 금융소비자에게 매매거래 계좌설정을 권유 시 ① 해당 약관 및 ② 위험고지서(또는 거래설명서) 내용 등을 설명[185]하였다면, 개설 이후 소비자가 스스로 장내상품을 거래하는 경우는 "기본계약을 체결하고 그 계약내용에 따라 계속적·반복적으로 거래하는 경우"에 해당하여 설명서 교부는 불필요함. 다만, 판매업자가 특정 종목 또는 상품의 거래를 권유하는 경우라면 별도로 설명의무를 이행하여야 함.

42. 기본계약체결 후 기본계약에 따라 계속적·반복적 거래 시 설명서를 제공하지 않아도 되는데, 장외파생상품거래 시 표준적으로 사용되는 'ISDA Master Agreement' 이외의 '외환거래약정서', 'German Master Agreement' 등도 '기본계약'에 해당하는지?

'외환거래약정서', 'German Master Agreement'가 채무자회생법 제120조제3항[186]의

185) 금융소비자보호 관련 법규에서 요구하는 사항이 충실하게 반영되었을 것을 전제로 한다.

186) **제120조(지급결제제도 등에 대한 특칙)** ③일정한 금융거래에 관한 기본적 사항을 정한 하나의 계약(이 항에서 "기본계약"이라 한다)에 근거하여 다음 각호의 거래(이 항에서 "적격금융거래"라고 한다)를 행하는 당사자 일방에 대하여 회생절차가 개시된 경우 적격금융거래의 종료 및 정산에 관하여는 이 법의 규정에 불구하고 기본계약에서 당사자가 정한 바에 따라 효력이 발생하고 해제, 해지, 취소 및 부인의 대상이 되지 아니하며, 제4호의 거래는 중지명령 및 포괄적 금지명령의 대상이 되지 아니한다. 다만, 채무자가 상대방과 공모하여 회생채권자 또는 회생담보권자를 해할 목적으로 적격금융거래를 행한 경우에는 그러하지 아니하다.

1. 통화, 유가증권, 출자지분, 일반상품, 신용위험, 에너지, 날씨, 운임, 주파수, 환경 등의 가격 또는 이자율이나 이를 기초로 하는 지수 및 그 밖의 지표를 대상으로 하는 선도, 옵션, 스왑 등 파생금융거래로서 대통령령이 정하는 거래
2. 현물환거래, 유가증권의 환매거래, 유가증권의 대차거래 및 담보콜거래
3. 제1호 내지 제2호의 거래가 혼합된 거래
4. 제1호 내지 제3호의 거래에 수반되는 담보의 제공·처분·충당

'기본계약'에 해당한다면 설명서를 제공하지 않을 수 있음.

43. 보험회사의 임직원이 전화를 이용하여 설명을 하는 경우도 설명서 제공 예외사유인 '전화를 이용하여 모집하는 자가 대리·중개하는 경우(규정 §13②iv)'에 해당하는지?

신속처리시스템 회신(손보 210416-10)

금융소비자보호법상 전화를 이용하여 모집하는 경우 설명서 제공 의무를 면제하는 취지는 TM 영업형태를 반영한 것이므로 보험회사 임직원이 전화를 이용하여 모집하는 경우에도 권유와 계약체결이 모두 전화를 이용하여 진행된다면 설명서 제공의무가 면제됨.

44. 설명한 일반소비자에게는 해당 소비자가 설명서 제공에 대한 거부의사를 표시하더라도 필수로 설명서를 제공해야 하는지?

설명서 거부의사를 표시한 고객에게도 제공해야 함.

[소비자 확인의무]

45. '가계대출 상품설명서' 양식에는 서명과 주요 내용을 소비자가 직접 기재하도록 되어 있는데, 소비자 서명은 소비자가 하되, 주요 내용은 '판매업자'가 직접 기재해야 한다는 것인지?

소비자가 직접 설명서상 주요 내용을 기재하도록 하는 것은 소비자가 그 내용을 인지하였음을 확인하는 수단이므로 판매업자의 설명서 작성 의무와는 무관함.

46. 비대면 상품 판매 시 ① 적합성 원칙 및 ② 설명의무에 대한 확인을 계약체결 단계에서 일괄진행[187]할 수 있는지?

신속처리시스템 회신(은행 210414-29)

211면 31번 참조.

187) 적합성평가에서 적합한 경우에만 설명단계로 넘어가고, 설명 후 일괄서명을 진행한다.

47. 설명의무 확인 방식인 '전자서명'에 휴대폰 인증, PIN(Personal Identification Number) 인증, 신용카드 인증도 허용되는지?
3차 FAQ(7면)

210면 29번 참조.

48. 여신금융회사는 휴대폰인증을 활용한 방식[188]을 전자서명으로 사용 중인데, 동 방식이 전자서명법상 전자서명에 해당하는지?
신속처리시스템 회신(여전 210628-46)

210면 30번 참조.

[기타]

49. 카드상품에 대한 설명 없이 개인정보가 포함된 소비자정보를 고객에게 먼저 요구하면 거부감을 불러일으킬 우려가 있으므로, 설명의무를 적합성 원칙보다 먼저 이행할 수 있는지?
신속처리시스템 회신(여전 210924-74)

219면 60번 참조.

▌제5절▐ 불공정영업행위의 금지

Ⅰ. 의의

판매업자등이 우월적 지위를 이용하여 금융상품 계약의 체결을 강요하거나, 부당한 편익을 요구하는 등 금융소비자의 권익을 침해하는 불공정영업행위를 금지한다. 공정거래법(§23)에서 공정거래를 저해할 우려가 있는 사업자의 행위를 '불공정거래행위의 금지'로 규율하듯이 금융업 부문에서 판매업자등의 불공정 영업행위를 규제하는 것이다.

188) 금융소비자의 '확인'버튼 클릭 시 휴대폰인증 결과값이 전자문서에 첨부(논리적 결합)되는 방식을 의미한다.

Ⅱ. 적용범위

판매업자등의 불공정한 영업행위를 금지하기 위함이므로 일반소비자에 한해 규제를 적용하는 적합성·적정성 원칙, 설명의무와 달리 금융소비자(일반 및 전문 소비자) 전체를 보호대상으로 한다.

구분	내용
주체(규제대상)	직접판매업자, 대리·중개업자, 자문업자
상대방(보호대상)	금융소비자(일반소비자 및 전문소비자)
대상	全상품(보장성·투자성·예금성·대출성 상품)
	연계·제휴서비스

Ⅲ. 유형

대출성 상품 계약체결 시 상대적으로 판매업자가 우월적 지위를 취하기 쉬우므로 이와 관련된 규제가 반 이상을 이룬다.

관련상품	불공정영업행위 유형
대출성 상품	□ 금융소비자 의사에 반하여 다른 금융상품의 계약체결을 강요(구속성 계약) ○ 제3자 명의로 또는 다른 직접판매업자를 통해 다른 금융상품 계약체결 강요 ○ 중소기업[189]의 대표자 또는 관계인(임직원 및 그 가족)에게 다른 금융상품 계약체결 강요 ○ 대출성 상품(이하 "금전제공계약")의 최초 이행일 전후 1개월 내 다른 금융상품 계약체결
	□ 부당하게 담보 또는 보증을 요구 ○ 담보·보증이 필요 없음에도 이를 요구 ○ 통상 요구되는 담보·보증범위보다 과도하게 요구
	□ 자기 또는 제3자의 이익을 위하여 금융소비자에게 특정 대출 상환방식을 강요
	□ 중도상환수수료 부과. 다만, 아래의 경우 제외 ○ 3년 이내 상환 또는 법령상 허용 ○ 시설대여, 연불판매, 할부금융 해지(재화를 인도받지 못하거나 인도받은 재화에 하자가 있어 정상적 사용이 어려운 경우 제외)

189) 금융업을 영위하지 않거나 은행법상 주채무계열에 속하지 않는 중소기업으로 한정한다(규정§14③).

관련상품	불공정영업행위 유형
	ㅁ 대출계약(기존계약)과 사실상 동일한 계약(신규계약)을 체결한 후 기존 및 신규의 합산한 계약기간이 3년을 초과하였음에도 중도상환수수료를 부과하는 등 등 계약의 변경·해지를 이유로 수수료 등 금전지급을 부당하게 요구
	ㅁ 제3자 연대보증 요구. 다만, 아래의 경우 제외 ○ 개인대출시 제3자가 사업자등록증상 공동대표자, 분양대금 지급목적 대출의 분양사업자·시공사인 경우 ○ 법인대출시 제3자가 ① 해당 법인의 대표이사·무한책임사원·최대주주·의결권있는 발행주식총수의 30% 초과[190] 보유자, ② 해당 법인과 동일 기업집단 소속회사, ③ 프로젝트금융(유사금융 포함) 관련 대출 시 대상사업의 이익을 해당 법인과 공유하는 법인, ④ 분양대금 지급목적 대출의 분양사업자·시공사인 경우 ○ 조합·단체대출 시 제3자가 해당 조합·단체의 대표자인 경우
	ㅁ 금전제공계약체결자의 의사에 반하여 보험상품 계약조건 등을 변경(은행만 해당)
	ㅁ 근저당이 설정된 금전제공계약의 채무를 금융소비자가 모두 변제한 경우 해당 담보제공자에게 근저당설정 유지의사를 확인하지 않는 행위[191]
모든 상품	ㅁ 판매업자등(소속 임직원 포함)이 업무와 관련하여 편익을 요구하거나 제공(법§20①iii) ○ 업무 관련으로 금융소비자·이해관계자로부터 금전·물품·편익 등 제공받거나 이를 요구
	ㅁ 연계·제휴서비스등의 축소·변경사실을 6개월 전부터 서면교부, (전자)우편, 전화·팩스, 문자메시지·이에 준하는 의사표시 중 2개 이상의 방법으로 매월 고지하지 않고 축소·변경. 다만, 아래 사유 발생 시 즉시 고지[192] ○ 휴업·파산, 경영상의 위기 ○ 연계·제휴서비스등을 제공하는 자의 일방적인 제공 중단 ㅁ 연계·제휴서비스등을 정당한 이유 없이 금융소비자에게 불리하게 축소·변경. 다만, 아래의 경우 제외 ○ 3년 이상 제공된 연계·제휴서비스등으로 인해 해당 금융상품의 수익성이 현저히 낮아진 경우 ○ 금융소비자에게 상응하는 다른 연계·제휴서비스등을 제공 ○ 판매업자등의 휴업·파산·경영상의 위기
	ㅁ 계약변경·해지(요구)에 정당한 사유 없이 금전요구하거나 불이익 부과
	ㅁ 계약·법령에 따른 금리·보험료 인하요구를 정당한 사유 없이 거절하거나 처리지연
	ㅁ 적합성 원칙에 따라 확인한 소비자정보를 정당한 사유 없이 금리·대출한도 등에 미반영

190) 배우자·4촌이내 혈족·인척 보유주식수를 합산한다(영§15② ii 다).
191) 금융위원회가 2년마다 규제의 타당성을 검토하여 개선조치가 이루어진다(규정§35②).
192) 금융소비자에게 상응하는 다른 연계·제휴서비스등을 제공하는 경우(법§20① v 但) 즉시 고지인지 6개월 전부터 매월 고지인지 불분명하다. 입법적 보완이 필요하다.

관련상품	불공정영업행위 유형
	▫ 보장성 상품(신용설명보험 제외) 계약체결을 위해 다른 금융상품의 이자율 우대 등 특혜 제공
	▫ 계약해지 요구를 막기 위해 재산상 이익 제공, 다른 금융상품로의 대체 권유, 또는 해지 시 불이익에 대한 과장된 설명
	▫ 청약철회를 이유로 불이익 부과. 다만, 동일 판매업자에게 동일 유형의 상품을 1개월 내 2회 이상 철회 시 제외
	▫ 계약에 따른 예치금액 회수임에도 정당한 사유 없이 미지급
	▫ 금융소비자 또는 제3자와 담보·보증계약 시 해당 계약서에 그 담보·보증의 대상채무를 특정하지 않거나, 담보·보증이 장래 다른 채무에도 적용된다는 내용으로 계약[193]
	▫ 지급제시기간 내 자기앞수표의 도난·분실 등 사고신고가 접수되었음에도 접수일부터 5영업일 이내에 신고자가 아닌 자기앞수표 제시자에게 해당 금액을 지급. 다만, 해당 기간 내 신고자가 공시최고절차 신청사실을 입증할 수 없는 경우[194] 제외

1. 구속행위

1.1. 의의 및 유형

판매업자가 대출성 상품을 판매하는 경우 다른 금융상품 계약을 강요하는 행위, 즉 구속성 계약체결을 금지한다(법§20① i). 금융소비자의 의사에 반하는 전형적인 불공정영업행위에 해당한다. 소비자가 대출을 위해 불필요한 금융상품에 가입하는 상황을 방지하기 위해 도입한 규제이다.[195] 이와 관련해 은행연합회의 자율규제인 구속행위 관련 업무처리준칙(이하 "구속행위준칙"이라 한다, 2021.09.24. 개정) 내용을 참고해 기술한다.

구체적 유형으로 ① 다른 금융상품 계약체결을 제3자 명의로 강요하거나(영§15④ i 가), ② 다른 판매업자를 통해 다른 금융상품 계약체결 강요(영§15④ i 나), ③ 금융업 등을 영위하지 않는 중소기업(금융업을 영위하지 않거나 은행법상 주채무계열에 속하지 않는 중소기업 한정).의 대표자 또는 관계인(임직원 및 그 가족[196])에게 다른 금융상품 계약체결 강요(영§15④ i 나), ④ 대출성 상품 계약(이하 "금전제공계약"이라 한다)의 최초 이행일 전후 1개월 내 다른 금융상품 계약체결(규정§14④·⑥ i , 이하 "간주규제"라 한다)이 있다.

193) 기존과 같이 '포괄근담보'를 금지하며, 특정근담보 外 한정근담보도 허용한다[금융위원회, "금융소비자보호법상 일부 불공정영업행위 규제에 대한 오해를 바로잡습니다. (연합뉴스, 조선비즈, 헤럴드경제 등 3.29 일자 보도에 대한 설명)", 보도자료, 2021.03.28., 1면 참조].
194) 금융위원회가 2년마다 규제의 타당성을 검토하여 개선조치가 이루어진다(규정§35②).
195) 신속처리시스템 회신(여전 210615−42) 참조.
196) 배우자·직계혈족(규정§14③).

1.2. 간주규제 개념

① 금전제공계약의 ② 최초 이행일 ③ 전·후 1개월 내 ④ 금융소비자에 대한 다른 금융상품 계약체결을 금지하는데(규정§14④·⑥ i), 금융소비자의 의사에 반할 것을 요하지 않는다. 주관적 요건과 상관없이 객관적인 기간 기준에 따라 일의적으로 규제하므로 간주규제라 일컫는다.

여기서 ① 금전제공계약이란 대출성 상품에 관하여 신규·대환·재약정·증액계약 등 금융소비자와 체결한 여신계약을 의미한다. 정책자금 관련 여신, 워크아웃·Fast－Track·회생절차 등 기업정상화 관련 여신, B2B 등 인터넷을 통해 계약한 여신(전자방식 외상매출채권담보대출 등)[197], 국민주택기금계정대출·주택금융공사계정대출·(새)희망홀씨대출 등 서민지원 가계대출[198]을 모두 포함하는 개념이다.[199] 대출성 상품이 아닌 수출환어음 매입 등 수출·수입 대금 결제와 관련된 계약은 금전제공계약이 아니며(규정§2① ii 但),[200] 지급보증·보험약관대출·신용카드·카드론·자본시장법(§72①)상 신용공여도 금전제공계약에서 제외된다(규정§14⑤ i).

② 금전제공계약이 최초로 이행된 날이란 금융소비자와 체결한 금전제공계약이 실행된 날로서 금전제공일(이하 "이행일"이라 한다)을 의미하며, ③ 전·후 1개월 내란 이행일이 속한 월을 기준으로 전월의 동일자로부터 익월의 동일자까지를 말한다. 해당월에 동일자가 없는 경우 그 월의 말일을 의미한다(민법§160③).[201]

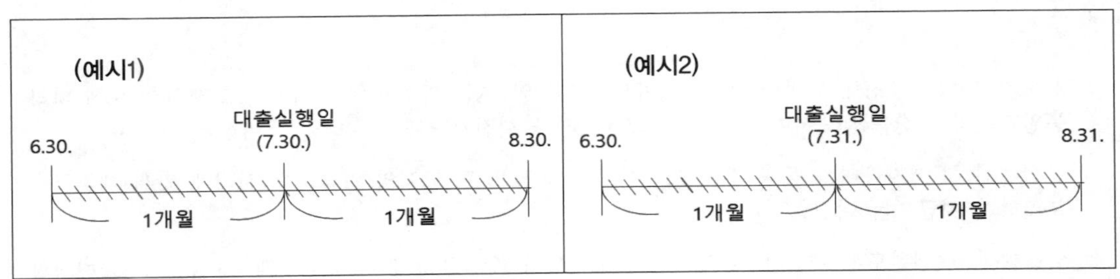

197) 단, 상환청구권이 없어 차주에 대한 신용공여가 없는 상품은 제외한다.
198) 신속처리시스템 회신(은행 210415－35) 참조.
199) 구속행위준칙, 5면 참조.
200) 신용장 관련 보증금 및 이와 유사한 무역금융 관련 보증금을 목적으로 계약하는 예금의 경우 구속행위 간주규제 대상에 해당하지 않는다. 신용장 개설은 무역금융이므로 금융소비자보호법 적용대상(대출성 상품)이 아니어서 신용장 개설 전후 수입보증금 목적의 예금도 규제 적용대상이 아니기 때문이다.
201) 구속행위준칙, 6면 참조.

대출의 기한연장[202]이나 대출조건의 변경[203](단, 리스크 증가가 없는 경우로 한정)은 계약의 이행으로 보지 않는다. 아래는 기한연장과 관련된 사례이다.[204]

(사례1)
① 2020.11.20. A주식회사 일반운전자금대출(1억원, 1년) 신규 이행
② 2021.11.08. A주식회사 집합투자증권(월 2백만원, 1년) 신규 계약
③ 2021.11.20. A주식회사 일반운전자금대출(1억원, 1년) 기한연장

☞ 대출의 기한연장은 금전제공계약의 이행으로 보지 않으므로, 기한연장 전 1개월 내에 상품 계약 가능

(사례2)
① 2020.11.20. A주식회사 일반운전자금대출(1억원, 1년) 신규 이행
② 2021.11.20. A주식회사 일반운전자금대출(1억원, 1년) 기한연장
③ 2021.11.28. A주식회사 집합투자증권(월 2백만원, 1년) 신규 계약

☞ 대출의 기한연장은 금전제공계약의 이행으로 보지 않으므로, 기한연장 후 1개월 내에 상품 계약 가능

일반적으로는 금전제공계약의 금액 및 이행일을 기준으로 구속행위를 판단하지만, 한도거래여신, 분할여신, 일괄여신 등 금전제공금액 및 이행일을 특정하기 어려운 경우에는 한도약정금액 및 한도약정일을 기준으로 한다.[205]

- □ 한도거래여신: 통장대출, 할인어음 등 여신한도를 약정한 후 약정한도 내에서 고객의 필요에 따라 동일과목의 여신을 인출 및 상환하며 필요에 따라 회전기간을 둘 수 있는 여신
- □ 분할여신: 시설자금대출 등과 같이 여신한도를 약정한 후 고객의 자금소요 시기에 맞춰 대출금을 분할하여 지급하는 여신
- □ 일괄여신: 여신한도를 약정한 후 약정한도 내에서 고객의 필요에 따라 대출과목, 금액 등을 변경할 수 있는 여신

이미 금전제공계약이 체결되어 이행되었고 해당 계약의 증액이 있는 경우라면, 순증

---

202) 신속처리시스템 회신(은행 210510－94) 참조.
203) (예시) 담보조건변경, 금리변경, 보증인변경, 상환방법변경 등.
204) 구속행위준칙, 6면 참조.
205) 구속행위준칙, 7면 참조.

액 부분에 대해서만 새로운 금전제공계약이 체결된 것으로 본다. 이때 이행일은 증액한 날로 한다.[206)]

(사례)

① 2022.01.20. A대출(5억원, 1년) 신규 이행
② 2022.02.20. A대출 1억원 증액(대출 총액 6억원)
③ 2022.03.10. 정기적금(월 2백만원, 1년) 신규 계약

☞ 2022.02.20.자 A대출 1억원 증액은 신규대출로 간주되므로, 2023.03.20.까지는 월지급액이 1백만원 이내인 예금의 신규만 가능하므로 ③적금은 계약 불가

④ 구속행위 간주규제인지 여부는 상대방 및 금융상품별로 구분하여 판단한다(규정 §14④ · ⑥ i). 다음 표에서 음영표시된 부분에 대해서는 3년마다 금융위원회가 규제의 타당성을 검토하여 개선조치가 이루어진다(규정§35①).

제한상품	취약차주[207)] 및 피성년 · 피한정 후견인	그 밖의 차주(법인)	그 밖의 차주(개인)
보장성	금지	월지급액이 금전제공금액의 1% 초과 금지	월지급액이 금전제공금액의 1% 초과 금지
투자성[208)]	금지	–	월지급액이 금전제공금액의 1% 초과 금지
예금성[209)]	월지급액이 금전제공금액의 1% 초과 금지[210)]	–	–
일부 공제[211)]	금지(차주가 중소기업인 경우 월지급액이 금전제공금액의 1% 초과 금지)	금지	금지
상품권	금지	금지	금지

206) 구속행위준칙, 7면 참조.
207) 중소기업 및 그 대표자, 개인신용평점 하위 10%(규정§14④ i 가1) · 2)).
208) 집합투자증권, 금전신탁계약, 투자일임계약, 온라인연계투자계약 한정(규정§14④ i).
209) 수시입출금예금(규정§14④ ii) 및 주택법에 따른 입주자저축(규정§2① i 但)제외.
210) 단, 월지급액이 10만원 이하거나 총 지급액이 100만원 이하인 경우 제외(규정§14④ ii).
211) 소기업 · 소상공인공제(노란우산공제) 및 중소벤처기업진흥공단의 내일채움공제(규정§14⑥ i 가 · 나).

구체적 사례에 적용하면 아래와 같다.[212)]

(사례1)

① 2021.11.08. 甲(중소기업 대표이사) 정기예금(5천만원, 1년) 신규 계약
② 2021.11.20. A일반운전자금대출(1억원, 1년) 신규 이행
- 정기예금 월지급액: 5천만원 ÷ 12개월 = 4,166,666원
- A대출금액의 1%: 1억원 × 1% = 1,000,000원

☞ 甲은 중소기업의 대표자로서 취약소비자에 해당하므로, ②번 대출은 예금 월지급액이 대출금액의 1%를 초과하여 신규 불가

(사례2)

① 2021.11.08. 甲(신용평점 하위 10%인 사람) A정기예금(1천만원, 1년) 신규 계약
② 2021.11.21. B대출(2억원, 1년) 신규 이행
- 정기예금 월지급액: 1천만원 ÷ 12개월 = 833,333원
- B대출금액의 1%: 2억원 × 1% = 2,000,000원

☞ 甲은 신용평점 하위 10%인 사람으로서 취약소비자이므로, 월지급액이 제공받은 금액의 1% 이내인 경우에만 예금상품 계약이 가능. 사례의 경우 甲의 월지급액은 대출금액의 1% 이내이므로 예금상품 계약이 가능

(사례3)

① 2021.06.08. 甲(중소기업) 정기예금(1천만원, 1년) 신규 계약
② 2021.06.10. 甲(중소기업) 정기적금(월 1백만원, 1년) 신규 계약
③ 2021.06.20. A일반운전자금대출(2억원, 1년) 신규 이행
④ 2021.06.30. B일반운전자금대출(5천만원, 1년) 신규 신청

☞ ③번 대출은 예금의 월지급액이 A대출금의 1% 이내이므로 신규 가능
- 월지급액: 833,333원(1천만원/12월) + 1백만원(정기적금) = 1,833,333원
- A대출금액의 1%: 2억원 × 1% = 2,000,000원

☞ ④번 대출은 예금의 월지급액이 B대출금의 1%를 초과하므로 신규 불가
- 월지급액: 833,333원(1천만원/12월) + 1백만원(정기적금) = 1,833,333원
- B대출금액의 1%: 5천만원 × 1% = 500,000원

이행일 전·후 각각 1개월 이내에 다수의 금융상품에 계약한 경우라면, 개별 금전제공계약을 기준으로 판단하되 금융상품은 합산하여 판단한다. 중소기업과의 금전제공계약 체결시에는 중소기업 및 중소기업 대표자가 계약한 금융상품의 월지급액을 모두 합산해야 한다.[213)]

---

212) 구속행위준칙, 9~10면 참조.

213) 중소기업 대표자와 중소기업을 합산하는 것은 법령상 규제는 아니나, 사실상 동일인으로 보아 규제를 강화한 부분이다(구속행위준칙, 10~11면 참조).

(사례1)

① 2021.06.08. 甲(취약소비자 아닌 개인) A정기예금(1천만원, 1년) 신규 계약
② 2021.06.21. D일반운전자금대출(2억원, 1년) 신규 이행
③ 2021.06.25. B집합투자증권(월 1백만원, 1년) 신규
④ 2021.06.28. C보험(월 10만원, 10년) 신규
⑤ 2021.07.23. E일반운전자금대출(1억원, 1년) 신규 신청

- 甲의 A정기예금 월지급액: 1천만원 ÷ 12개월 = 833,333원
- 甲의 B집합투자증권 월지급액: 1,000,000원
- 甲의 C보험 월지급액: 100,000원
- D대출금액의 1%: 2억원 × 1% = 2,000,000원
- E대출금액의 1%: 1억원 × 1% = 1,000,000원

☞ D대출을 기준으로 총 월지급액은 제공받은 금액의 1% 이내에 해당하므로 B집합투자증권 및 C보험 모두 계약 가능
(D대출금액의 1%: 2,000,000원 > 총 월지급액: 1,933,333원)

☞ E대출의 경우 총 월지급액이 제공받은 금액의 1%를 초과하므로 금전제공계약의 이행 불가하며, 대출 받기 위해서는 상품계약 해지 필요
(E대출금액의 1%: 1,000,000원 < 총 월지급액: 1,100,000원)

(사례2)

① 2021.06.08. 甲(중소기업) 정기예금(1천만원, 1년) 신규 계약
② 2021.06.10. 甲(중소기업) A일반운전자금대출(2억원, 1년) 신규 이행
③ 2021.06.20. 甲(중소기업) B일반운전자금대출(1억원, 1년) 신규 이행
④ 2021.06.30. 乙(중소기업 대표자) 정기적금(월 1백만원, 1년) 신규 계약 신청

- A대출금액의 1%: 2억원 × 1% = 2,000,000원
- B대출금액의 1%: 1억원 × 1% = 1,000,000원
- 월지급액: 833,333원(1억원/12월) + 1,000,000원 = 1,833,333원

☞ ④번 중소기업 대표자의 정기적금은 ①번의 중소기업의 정기예금과 합산 대상이며 또한 1개월 이내의 금전제공계약의 이행건이 A, B 두 건이므로 각각 1% 초과 여부를 확인하여야 함

☞ 이 경우 A대출 기준으로는 월지급액이 제공받은 금액의 1% 이내이므로 가능하지만, B대출 기준으로는 1%를 초과하므로 계약 불가

(사례3)

① 2021.11.08. 甲(중소기업) 정기예금(1천만원, 1년) 신규 계약
② 2021.11.10. 乙(중소기업 대표자) 정기예금(2천만원, 1년) 신규 계약
③ 2021.11.21. 甲(중소기업) B일반운전자금대출(2억원, 1년) 신규 신청

- ①甲 정기예금 월지급액: 1천만원 ÷ 12개월 = 833,333원
- ②乙 정기예금 월지급액: 2천만원 ÷ 12개월 = 1,666,666원
- 총 월지급액 = 2,500,000원(①833,333 + ②1,666,666)
- 甲 대출금액의 1%: 2억원 × 1% = 2,000,000원

☞ ③번 대출은 甲 또는 乙 각각을 기준으로는 1% 이내이나, 중소기업의 경우 차주인 중소기업과 대표자의 계약금액을 금융상품별로 계산하여 월지급액을 합산하므로 이를 합산한 ①+②는 1%를 초과하여 ③번 대출 신규는 불가

환율은 은행이 통제 불가능한 사항이므로 금전제공계약 또는 금융상품 계약 당시 시점의 매매기준율 등으로 환산하여 월지급액이 대출금액의 1%를 초과하지 않았다면 그 이후 1%를 초과하더라도 금융상품의 구속행위로 보지 않는다.[214)]

1.2.1. 취약차주등

중소기업 및 그 기업의 대표자, 개인신용평점 하위 10%에 해당하는 사람 및 피성년·피한정후견인(이하 "취약차주등"이라 한다)에 대해서는 규제를 더 엄격히 적용한다. 여기서 '개인신용평점'은 개인신용평가회사[215)]의 신용평점을 의미한다. 금융소비자보호법상 명시적으로 규정되어 있지 않지만 은행업감독규정(§78)에 따른 은행 여신심사 및 사후관리시스템을 이용해 은행 내부신용등급(평점)을 신용평점을 산출할 수도 있다.[216)] 신용평점은 각 금전제공계약마다 독립적으로 적용되는데, 2건 이상의 금전제공계약이 체결된 경우 최근의 신용평점이 이전 신용평점에 영향을 미치지 않는다.[217)]

(사례)

① 2022.01.10. 甲 A정기적금(20만원, 3년) 신규 계약

② 2022.01.20. 甲 B생활안정자금대출(1,000만원, 1년) 신규 이행

※ 금전제공계약의 이행 당시 개인신용평점 기준 하위 10%에 해당하는 점수 초과(취약차주×)

③ 2022.02.25. 甲 C통장자동대출(5억원, 1년) 신규 신청

※ 금전제공계약의 이행 당시 개인신용평점 기준 하위 10%에 해당(취약차주○)

☞ ① A정기적금의 약정 월적립액(20만원)이 ② B생활안정자금대출(1,000만원)의 1%(10만원)를 초과하나, 취약차주가 아닌 경우 예금성 상품에 대한 구속행위 간주규제 적용이 없으므로 ② B생활안정자금대출은 계약 가능

☞ ③ C통장자동대출(500만원) 신규 신청 시 甲은 취약차주로서 구속행위 간주규제의 적용대상(1%)이나, 신청일로부터 1개월 이내('22.01.25. 이후)에 예금 등 금융상품의 수신 실적이 없으므로 계약 가능

☞ 또한, 최근 신용평점이 이전 신용등급 또는 신용평점에 영향을 미치지 않으므로, 비록 '22.2.25. 시점에서 개인신용평점 하위 10%에 해당한다고 하더라도 그 이전에 계약한 ① 정기적금(20만원) 및 ② 생활안정자금대출(1,000만원)은 여전히 유효함

---

214) 구속행위준칙, 11면 참조.

215) 금융위의 허가를 받은 신용평가회사: 한국신용평가정보㈜(KIS), 한국신용정보㈜(NICE), 코리아크레딧뷰로(KCB), 서울신용평가정보㈜(SCI)

216) 기존규제(舊은행업감독규정§88⑤ · 舊보험업감독규정§5-15⑧)에서는 명시되어 있었다.

217) 구속행위준칙, 31~32면 참조.

1.2.2. 월지급액 산출

월지급액이란 아래 구분에 따른 금액을 의미한다(세칙§3).

① 월납입식 계약	월 납입금액
② 정기납입식 계약	월납기준 환산금액. 다만, 정기납 주기가 1년 이상인 경우 초회 납입금액을 일시수취금액으로 간주하여 계산
③ 자유적립식 계약	Max[(1개월 전~금전제공일까지 납입금액), (금전제공일~1개월 이내 납입금액)]
④ 일시납 계약	일시수취금액을 만기(유효기간) 개월수로 나눈 금액. 다만, 만기(유효기간)가 1년 이상이거나 미정인 계약은 12개월수로 나눈 금액
⑤ 혼합계약	위 4가지 기준으로 각 계산 후 합산

① 월납입식 계약의 월 납입금액은 이행일 전·후 1개월 이내에 적립된 금액의 합계액이 아니라 최초 계약 당시 약정한 월 적립금액(1개월분)을 의미한다. 판매업자가 금융소비자에게 선납을 강요하는 경우에는 규제를 회피하기 위한 행위로 추정되므로 유의해야 한다. ② 정기납입식 계약의 월납기준 환산금액과 관련한 사례는 다음과 같다.[218)]

(사례1)
① 2021.06.20. A정기적금(월 1백만원, 3년) 신규 및 적립
② 2021.07.15. B대출(1억원, 1년) 신규 이행
③ 2021.07.20. A정기적금(월 1백만원) 약정액 계속 적립
④ 2021.08.10. A정기적금(1백만원) 선납금 적립(차주가 자발적으로 선납한 경우)
⑤ 2021.08.13. C정기적금(월 50만원, 1년) 신규 신청

☞ ②번 B대출은 A정기적금의 약정 월적립액(1백만원)이 대출금액의 1%(1백만원) 이내이므로 계약 가능

☞ ③, ④번은 旣계약한 A정기적금의 계속 적립금과 선납금으로 월지급액에 합산하지 않으므로 계속 적립 가능

☞ ⑤번 정기적금은 A정기적금 및 C정기적금의 약정 월적립액을 합산한 금액(150만원=백만원+오십만원)이 대출금액의 1%(1백만원)를 초과하므로 신규 불가

(사례2)
① 2021.06.20. A정기적금(월 50만원, 1년) 신규 및 적립
② 2021.07.15. B대출(1억원, 1년) 신규 이행
③ 2021.07.20. A정기적금(월 50만원) 약정액 계속 적립
④ 2021.08.10. A정기적금(월 50만원) 선납금 적립(차주가 자발적으로 선납한 경우)

---

218) 구속행위준칙, 13~14면 참조.

⑤ 2021.08.13. C정기적금(분기 150만원, 3년) 신규 신청
　－ 월 환산금액: 50만원 = 150만원/3개월(1분기)

☞ ②번 대출은 A정기적금의 약정 월적립액(50만원)이 대출금액의 1%(1백만원) 이내이므로 계약 가능

☞ ③, ④번은 旣계약한 A정기적금의 계속 적립금과 선납금으로 월지급액에 합산하지 않으므로 계속 적립 가능

☞ ⑤번 정기적금은 A정기적금 월적립액(50만원) 및 B정기적금의 월환산 적립액(50만원)을 합산한 금액(1백만원)이 대출금액의 1%(1백만원) 이내이므로 계약 가능

③ 자유적립식 계약과 관련해 이행일 1개월 전부터 이행일까지 납입액과 이행일 후 1개월 이내 납입액중 큰 금액을 선택하므로, 이행일 전·후를 나누어 납입액을 각자 계산해야 한다.[219)]

(사례1)

① 2021.06.20. A자유적립식(50만원, 3년) 신규
② 2021.06.30. A자유적립식(50만원) 추가적립
③ 2021.07.20. B대출(1억원, 1년) 신규 이행
④ 2021.07.28. A자유적립식(1백만원) 추가적립
⑤ 2021.08.10. A자유적립식(50만원) 추가적립 신청

☞ ③번 B대출은 이행일 전 1개월간의 월지급액(① + ② = 1백만원)이 대출금액의 1%(1백만원) 이내이므로 계약 가능

☞ ④번은 이행일로부터 1개월 전에 계약한 자유적립식의 자동이체 및 추가입금분은 합산하지 않고, 이행일 후 1개월간 월지급액(1백만원)이 대출금액의 1%(1백만원) 이내이므로 추가 적립 가능

☞ ⑤번은 이행일 후 1개월간 월지급액(④ + ⑤ = 1.5백만원)이 대출금액의 1%(1백만원)를 초과하므로 추가 적립 불가

(사례2)

① 2021.06.20. A자유적립식(30만원, 3년) 신규
② 2021.06.30. A자유적립식(40만원) 추가적립
③ 2021.07.20. B대출(1억원, 1년) 신규 이행
④ 2021.07.28. A자유적립식(50만원) 추가적립
⑤ 2021.08.10. C정기적립식(50만원, 1년) 신규

☞ ③번 대출은 이행일 전 1개월간 월지급액(①+②=70만원)이 대출금액의 1%(1백만원) 이내이므로 계약 가능

☞ ④번은 이행일 후 1개월간 월지급액(50만원)이 대출금액의 1%(1백만원) 이내이므로 추가 적립 가능(이행일 전과 구분)

219) 구속행위준칙, 14~15면 참조.

☞ ⑤번은 이행일 후 1개월간 월지급액(④+⑤=1백만원)이 대출금액의 1%(1백만원)를 초과하지 않으므로 신규 가능

④ 일시납 계약의 월지급액 산출계산식(아래)을 사례에 대입하면 다음과 같다.[220]

〈계산식〉

– 월 단위 약정: $\dfrac{\text{상품금액}}{\text{만기 또는 유효기간(최대 12개월)}}$

– 일 단위 약정: $\dfrac{\dfrac{\text{상품금액}}{\text{약정일수}}\times 365\text{일(윤년은 366일)}}{12\text{개월}}$

(사례1)

① 2021.06.10. A정기예금(1천만원, 1년) 신규 계약
② 2021.06.20. B대출(1억원, 1년) 신규 이행
③ 2021.06.30. C정기예금(1백만원, 50일) 신규 신청
– A예금 월지급액: 1천만원/12개월 = 833,333원
– C예금 월지급액: {(1백만원/50일) × 365일}/12개월 = 608,333원
– B대출금액의 1%: 1억원 × 1% = 1,000,000원
– 총 월지급액: 833,333원 + 608,333원 = 1,441,666원

☞ ②번 대출은 A정기예금의 월지급액(833,333원)이 대출금액의 1%(1백만원) 이내 이므로 신규 가능

☞ ③번 정기예금은 A정기예금의 월지급액과 B정기예금의 월지급액을 합산한 금액(1,441,666원)이 대출금액의 1%(1백만원)를 초과하므로 신규 불가

(사례2)

① 2021.11.08. A일반운전자금대출(1억원, 1년) 신규 이행
② 2021.11.20. B정기예금(1천만원, 1년) 신규 계약
– A대출금액의 1%: 1억원 × 1% = 1,000,000원
– B정기예금 월지급액: 1천만원 ÷ 12개월 = 833,333원

☞ ②번 A정기예금의 월지급액이 833,333원으로 대출금액 1% 이내이므로 신규 가능

(사례3)

① 2021.11.08. A일반운전자금대출(1억원, 1년) 신규 이행
② 2021.11.20. B정기예금(1천만원, 1년) 신규 계약
③ 2021.11.25. C정기예금(4백만원, 3년) 신규 신청
– 대출금액의 1%: 1억원 × 1% = 1,000,000원
– B정기예금 월지급액: 1천만원 ÷ 12개월 = 833,333원
– C정기예금 월지급액: 4백만원 ÷ 12개월 = 333,333원
– 총 월지급액: 833,333원 + 333,333원 = 1,166,666원

☞ ②번 B정기예금의 월지급액은 833,333원으로 대출금액의 1% 이내이므로 신규 가능

220) 구속행위준칙, 12~13면 참조.

☞ ③번 C정기예금은 만기가 3년(36개월)이나 만기가 1년 이상인 경우 월지급액은 12개월로 나누어 산출하므로 C정기예금의 월지급액은 333,333원이며, 이를 B정기예금 월지급액(833,333원)과 합산하면 1,166,666원으로 대출금액의 1%를 초과하므로 C정기예금 신규 불가

1.2.3. 퇴직연금 및 ISA

퇴직급여법에 따른 퇴직연금계약(운용관리계약, 자산관리계약)의 체결 자체에 대해서는 금융소비자보호법상 규제가 적용되지 않으나, 소비자의 선택에 따라 편입되는 금융상품의 성격에 따라 규제를 적용받는다.[221]

퇴직연금계약 이전은 신규계약과 동일하게 구속행위 간주규제 기준을 적용하나, 개인형 IRP의 이전은 퇴직급여법(§17⑤)에 따른 이전이므로 구속행위에서 제외한다(297면의 포괄적 예외사유②).

DC · 기업형IRP 도입 후 사용자가 퇴직급여법(§20①, §25②ii)에 따라 납입하는 법정 부담금(가입자 연간 임금총액의 12분의 1에 해당하는 부담금)은 구속행위 대상에서 제외한다. 구속행위 간주규제 적용으로 가입자가 계좌를 해지하는 경우 사용자가 납부하는 법정 부담금을 수령할 수 없을 뿐만 아니라 이로 인해 사용자는 부담금 미납에 따른 지연이자를 부담(퇴직급여법 §20⑤ · §25③)하기 때문이다.[222]

조세특례제한법(§91-18)상 개인종합자산관리계좌(ISA)의 경우 금전신탁(투자성 상품)에 준해서 구속행위 간주규제를 적용한다.[223]

1.2.4. 상품권

'상품권'이란 권면금액에 상당하는 물품 또는 용역을 제공받을 수 있는 유가증권을 말한다. 다만, 온누리상품권 및 지방자치단체가 발행한 상품권은 제외한다(규정§14⑥ i 다). 형식상 발행주체는 지자체가 아니지만 지자체가 발행비용을 부담하거나 지역상인연합회 · 지방은행 등과 협약을 체결하여 발행되는 등 지자체가 실질적으로 발행에 참여하고 있고 해당 지역 내에서만 사용할 수 있는 상품권이 모두 포함된다.[224]

'상품권 계약'은 판매업자와 금융소비자간의 상품권 매매계약을 의미하므로 금융소비자가 판매업자가 아닌 자에게서 상품권을 구매한 후 판매업자를 통해 교환하는 경우는

---

221) 신속처리시스템 회신(은행 210507－91) 참조.
222) 구속행위준칙, 33면 참조.
223) 구속행위준칙, 35면 참조.
224) 구속행위준칙, 3면 참조.

'상품권 계약'에 해당하지 않는다. 기프티콘 형태로 이미 구매한 상품권을 판매업자를 통해 지류상품권으로 교환하는 경우가 대표적 사례이다.[225]

1.3. 간주규제의 예외

구속행위 간주규제의 예외
1 취약차주 및 피성년·피한정 후견인과 금전제공계약 최초 이행일 1개월 전후로 예금성 상품에 대한 계약체결 시 ❶ 해당 예금성 상품의 월지급액이 10만원 이하이거나 지급금액이 총100만원 이하인 경우 ❷ 해당 예금성 상품이 입출금을 수시로 할 수 있는 금융상품인 경우
2 금전제공계약이 지급보증, 보험약관대출, 신용카드, 카드론, 자본시장법(§72①)상 신용공여인 경우
3 아래 계약을 체결한 경우 ❶ 주택담보노후연금보증에 의한 대출과 연계한 상해·질병·간병보험 ❷ 중소기업이 아닌 기업과 자산관리계약, 퇴직보험, 종업원의 복리후생 목적 보장성 상품[226] ❸ 단체보험계약(단체 구성원이 보험료를 납입한 경우 한정) ❹ 일반손해보험 ❺ 장기손해보험으로서 채권확보·자산보호 목적의 담보물건가액 기준인 장기화재보험 등 재물보험
4 금전제공계약의 최초 이행일 전·후 1개월 이내에 해지한 예금성 상품에 대하여 해지금액 범위 내에서 재가입
5 해당 계약을 사회통념상 불공정영업행위로 보기 어렵거나 그러한 행위에 해당하지 않는다는 사실이 명백한 경우(다만, 금융소비자로부터 불공정영업행위가 아니라는 의사를 서명등으로 확인받는 것만으로는 명백하다고 볼 수 없음)

취약차주등의 예금성 상품 계약체결 시로 한정된 예외사유(1)와 구속행위 간주규제 전체에 대한 예외사유(2·3·4·5)로 구분된다. 후자의 경우 법문상으로는 공제상품 및 상품권의 계약체결을 제한하는 간주규제(규정§14⑥)의 예외가 아니라, 보장성·투자성·예금성 상품의 계약체결을 제한하는 간주규제(규정§14④)의 예외이다. 그러나 기존규제에서도 구속행위 전체에 대한 예외였던 점, 제4항 및 제6항의 금전제공계약을 동일하게 해석할 필요가 있는 점 감안 시 전체 간주규제(규정§14④·⑥)의 예외로 이해된다.[227]

1-❶ 취약차주등의 예금성 상품 계약 시 해당 예금성 상품의 월지급액이 10만원 이하이면 신규계약이 가능하나, 이행일 전·후 1개월 내 10만원 이하 소액 예금성 상품을 여러 건 계약하여 다른 예금성 상품과 합산 시 월지급액이 10만원을 초과한다면 대출금액의 1%를 초과하는지(1% 초과 시 계약제한) 확인이 필요하다.[228]

225) 국민신문고 민원(1AA-2108-0342118) 답변 참조.
226) 해당 보험료가 「법인세법」에 따른 복리후생비로 인정되는 경우에 한정한다.
227) 신속처리시스템 회신(은행 210405-16) 참조.
228) 구속행위준칙, 16면 참조.

(사례1)

① 2021.06.20. A대출(5백만원, 1년) 계약
② 2021.06.30. 정기예금 1백만원 신규(1년제)

☞ 2021.06.30.자 정기예금 1백만원의 월지급액 83,333원(=1,000,000원/12월)은 A대출 5백만원의 1%(5만원)를 초과하나, 월지급액이 10만원 이하인 소액상품이므로 소액상품 예외 규정에 따라 신규 가능

(사례2)

① 2021.06.20. A대출(5백만원, 1년) 계약
② 2021.06.30. B정기적금 10만원 신규
③ 2021.07.10. C정기예금(1백만원, 1년) 신규 신청

☞ B정기적금 월 10만원은 A대출 5백만원의 1%(5만원)를 초과하나 소액상품 예외 규정에 의해 신규 가능하고, C정기예금 1백만원은 B정기적금과 합산 시 소액상품 가능금액인 100만원을 초과하므로 계약 불가

(사례3)

① 2021.06.20. A대출(1천만원, 1년) 계약
② 2021.06.30. B정기예금 1백만원 신규(계약기간 6개월)

☞ B정기예금은 월지급액이 166,667원(= 100만원/6개월)으로 10만원을 초과하나, 계약에 따라 지급하는 총 금액이 100만원 이하인 경우로서 신규 가능

(사례4)

① 2021.06.20. A정기적금 10만원 신규
② 2021.06.30. B대출(5백만원, 1년) 계약
③ 2021.07.10. C보험(월 보험료 1만원) 신규 신청

☞ A정기적금 월 10만원은 B대출 5백만원의 1%(5만원)를 초과하나, 소액상품 예외 규정에 의해 신규 가능

☞ C보험 1만원은 보장성 상품으로 예외가 인정되는 소액 예금성 상품이 아니므로 신규 계약 불가

1－❷ 취약차주등이 입출금을 수시로 할 수 있는 금융상품을 계약하는 경우에도 구속행위 간주규제에서 제외되는데, 이러한 금융상품으로 보통예금·기업자유예금 등 수시입출금예금, 초단기금전신탁(MMT; Money Market Trust), 초단기금융집합투자신탁(MMF; Money Market Fund), 미리 대가를 지급하지 않고 이용자가 모바일 상에서 직접 전자적 인증절차를 밟아 계약하는 수시입출식 계좌, 계좌 또는 계정 기반의 전자지갑형 선불전자지급수단이 있다.[229)]

---

229) 구속행위준칙, 17면 참조.

(사례)
① 2021.06.08. 스마트폰으로 전자지갑형 선불전자지급수단 신규계약
② 2021.06.10. A일반운전자금대출(1천만원, 1년) 신규 이행
③ 2021.06.20. 이용자가 수시입출식 계좌의 전용계좌 또는 충전계정에 30만원 입금
④ 2021.06.30. 타인이 전용계좌 또는 충전계정에 20만원 입금
⑤ 2021.08.02. 이용자가 25만원 환급

☞ ②번 A대출 신규일 이후 ③·④번 선불전자지급수단에 대출금액의 1%를 초과하는 금액이 입금되었으나, 언제든지 환급이 가능한 수시입출금식 상품에 해당하므로 구속행위 규제대상에 해당되지 않음

4 계약기간 및 계좌 수와 상관없이 예금성 상품을 만기해지 또는 중도해지(일부해지 및 계약이전 포함)한 후, 해지금액(원금+이자 등) 전액 또는 일부에 대해서 다시 계약을 체결하는 경우에는 구속행위로 보지 않는다. 이때 재계약은 해지일과 동일자(환매기간이 필요한 경우 입금일까지)에 한하며, 이 경우 해지계산서, 해지조회표 등 재계약 입증자료를 보관해야 한다. 다만, 해지 후 고객 계좌(보통예금 등), 별단예금 등에 입금한 후 재계약 시까지 신규 계약금액 이상의 잔액을 유지한 경우 해지일과 재계약일이 동일하지 않더라도 구속행위로 보지 않는다.[230]

❖ 예금성 상품 재예치 시 예외 기준

구분	해지	재계약	구속행위 제외 기준
①	일시납 계약 (자유적립식·임의납입식 포함)	일시납 계약 (자유적립식·임의납입식 포함)	해지금액 이내
②	일시납 계약 (자유적립식·임의식 포함)	(월·정기)납입식 계약	해지 계약의 월지급액 이내
③	(월·정기)납입식 계약	일시납 계약 (자유적립식·임의납입식 포함)	해지금액 이내
④	(월·정기)납입식 계약	(월·정기)납입식 계약	해지 계약의 약정 월적립금 이내

①·③ 재계약하는 예금성 상품이 일시납 계약(자유적립식·임의납입식 계약 포함)인 경우 해지하는 상품의 종류와 상관없이 중도해지 하는 총 해지금액을 기준으로 하여 해당 금액 내 재계약이 가능하다.[231]

230) 구속행위준칙, 18~19면 참조.
231) 구속행위준칙, 19면 참조.

(사례)
① 2021.06.20. A예금(3천만원, 1년) 신규 계약
② 2022.06.10. 대출(1억원, 1년) 신규 이행
③ 2022.06.20. A예금 만기해지 및 B예금(3천만원, 6개월) 재계약

☞ B예금의 재계약 금액이 A예금의 해지금액 이내이므로 대출계약체결로부터 1개월 내더라도 재계약 가능

② 일시납 계약을 납입식 계약(월납입식 및 정기납입식, 이하 같다)으로 재계약하는 경우로써 신규 납입식 계약의 월지급액이 기존 예금성 상품의 월지급액 이내인 경우 재계약이 가능하다.[232]

(사례)
① 2021.06.20. A예금(1억원, 1년) 신규 계약
② 2022.06.20. A예금 만기해지 및 B적금(월 5백만원, 1년) 재계약
③ 2022.06.30. 대출(1억원, 1년) 신규 이행

☞ B적금의 약정 월적립액(5백만원)이 A예금의 월 수입금액(8,333,333원=1억원/12월) 이내이므로 재계약 가능

④ 납입식 계약을 납입식 계약으로 재계약하는 경우 해지계좌의 약정 월지급액 이내로 재계약이 가능하다.[233]

(사례)
① 2021.06.20. A적금(월 1백만원, 1년) 신규 계약
② 2022.06.20. A적금 만기해지 및 B적금(월 1백만원, 2년) 재계약
③ 2022.06.30. 대출(1억5천만원, 1년) 신규 이행

☞ B적금의 약정 월지급액(1백만원)이 A적금의 약정 월지급액(1백만원) 이내이므로 재계약 가능

5 포괄적 예외인 경우 금융소비자로부터 불공정영업행위가 아니라는 의사를 서명등으로 확인받는 것만으로는 명백히 구속행위에 해당하지 않는다고 볼 수 없다(규정§14⑤ⅵ但). 따라서 판매업자는 예외사유가 구속행위가 아님을 입증할 수 있어야 한다.[234] 아래

232) Ibid.
233) Ibid.
234) 구속행위준칙, 21~27면 참조.

예시는 대부분 기존규제에서 예외사유로 인용되었던 경우로 기존규제 조항은 괄호 내 표시한다.

■5 포괄적 예외사유 예시	보관서류 예시
[1] 영업활동을 위한 대금 결제 또는 담보물 교체를 위해 금융상품에 계약(舊은행업감독업무시행세칙§67① ii)[235)] ① 경상적인 영업활동을 위한 대금결제용 '표지어음 및 증서식 양도성예금증서' 계약	세금계산서 및 기성집행 내부결재 기안서(기성금 지급의 경우) 등
② 구매기업(차주가 아닌 제3자)이 구매대금 결제를 위해 본인 자금을 재원으로 하여 판매기업(차주) 명의로 계약한 예금	구매업체와 판매업체간 계약서 사본, 입출금 내역 등
③ 대출과 무관하게 거래처 등 제3자에게 제공되는 입찰보증, 계약이행보증, 선수금환급보증 등 이행성 지급보증에 대한 담보 제공 및 제3자 질권설정 승낙을 목적으로 불가피하게 계약하는 예금	서울보증보험, 건설공제조합 등 제3자의 외부질권 요구서 등
④ 기존 대출금의 물적담보의 매각 등에 따라 담보교체(조건변경)를 위해 기존 담보금액 범위 내에서 계약한 예금	담보물조건변경서, 매매계약서, 부동산등기부등본, 거래전표 등
[2] 금융소비자가 금융상품에 계약하는 것이 법령상 불가피(舊은행업감독업무시행세칙§67① i ·舊저축은행업 감독업무 시행세칙§19-6① i)[236)] ○ 퇴직급여법(§17⑤)에 따른 개인형퇴직연금(IRP) 계약(舊보험업감독업무시행세칙§3-12② ii)	퇴직연금관리규약, 가입자의 퇴직사실 및 가입자의 IRP 계정 미지정 사실자료 등
[3] 금전제공계약 최초 이행일 이전 판매된 아래 상품을 담보로 하고 그 담보가능금액 범위 내에서 금전제공계약을 체결(舊은행업감독업무시행세칙§67①iii·舊저축은행업 감독업무 시행세칙§19-6① ii)[237)] ○ 예금성 상품: 전체 ○ 투자성 상품: 금전신탁 중 아래의 원금보장형 상품 - 舊「금융투자업규정」 제4-82조제1항 각 호에 해당하는 금전신탁[238)] - 「근로자퇴직급여 보장법 시행령」 제25조제1항 각 호의 운용방법으로만 운용하는 금전신탁 ○ 금융상품이 아닌 상품 - 노란우산공제(중소기업협동조합법§115①) - 내일채움공제(중소기업인력지원특별법§35조의6①) ○ 그 외 상품: 원칙적으로 미허용, 예외적으로 원금 손실 발생 등 차주의 불이익이 명백히 우려되는 경우에 한하여 가능	담보대상상품의 계약서, 질권설정 계약서 등 담보계약서 등

235) 신속처리시스템 회신(은행 210517－100) 참조.
236) 신속처리시스템 회신(은행 210517－100) 참조.
237) 신속처리시스템 회신(은행 210405－17) 참조.
238) 신노후생활연금신탁(노후생활연금신탁 포함), 연금신탁(신개인연금신탁 및 개인연금신탁 포함), 퇴직일시금신탁.

5 포괄적 예외사유 예시	보관서류 예시
4 금전제공계약이 최초로 이행된 날 전·후 1개월 이내에 해지한 금융상품에 대하여 해지 전의 금액 범위 내에서 다시 계약을 체결한 경우(舊은행업감독업무시행세칙§67①vi·舊저축은행업 감독업무 시행세칙§19-6①v)로서 구속행위 간주규제로 소비자가 예금성 상품 外 다른 금융상품에 재계약하는 데 어려움을 겪을 수 있는 경우로 한정[239]	해지계산서, 해지조회표 등
5 차주 본인 또는 그 대표자에 대한 구속행위 간주규제 적용으로 인해 차주의 불이익이 명백히 우려(舊은행업감독업무시행세칙§67①vii·舊저축은행업 감독업무 시행세칙§19-6①vi)[240] ① 이행일 전 1개월 이내 계약한 금융상품을 중도해지하면 원금손실(평가금액 기준)이 발생해 차주의 불이익이 예상	금융상품 해지 시 원금손실이 발생함을 입증하는 자료 등
② 이행일 전 1개월 이내 계약한 금융상품을 중도해지하면 원금손실(평가금액 기준)이 발생해 차주의 불이익이 예상되는 상황에서, 금전제공계약 불가 시 제3자와의 계약 불이행이 발생	금융상품 해지 시 원금손실이 발생함을 입증하는 자료 및 차주와 제3자간의 계약서(구매자금, 주택구입, 사업장매매, 임대차계약 등) 등
③ 이행일 전 1개월 이내 계약한 금융상품에 대한 약관상 중도해지가 불가능한 상황에서, 금전제공계약 불가 시 제3자와의 계약 불이행이 발생	금융상품 중도해지가 불가함을 증명하는 상품설명서·약관 사본 및 제3자간의 계약서(구매자금, 주택구입, 사업장매매, 임대차계약 등) 등
④ 이행일 전 1개월 이내 계약한 주택청약상품을 평형변경 또는 거주지역 변경 등으로 예치금액을 증액하였으나, 중도해지 시 청약순위 발생일 지연 및 순위기산일 소멸과 같은 차주의 불이익이 발생	주택청약상품의 계약정보(신규일, 청약 순위기산일 등)을 확인할 수 있는 원장조회표, 전산조회표 등
⑤ 관련 법령 등 규정상 차주에게 실질적인 불이익이 발생 − 구속행위 간주규제 적용으로 IRP 또는 ISA계좌를 해지해야 하는 경우 차주에게 세제상 불이익이 발생하거나 차주의 퇴직금 수령이 어려워짐으로써 실질적인 불이익이 발생하는 경우 등	IRP 또는 ISA 해지 시 세제상 불이익 증명자료 등
⑥ 적시 지원을 요하는 재해복구자금 대출	지방 중기청 또는 지자체에서 발행하는 재해확인증 등
6 개인(개인사업자 포함)이 본인 명의로 계약한 임의단체의 예금[241]	단체규약, 대표자 입증서류 및 구성원명부 등

239) 신속처리시스템 회신(은행 210402−1) 참조.
240) 신속처리시스템 회신(은행 210517−100) 참조.
241) Ibid.

■5 포괄적 예외사유 예시	보관서류 예시
7 본점과 지점이 동일차주로 규제되어 지점의 상품권 구매로 본점의 금전제공계약체결 제한(중소기업이 아닌 법인으로 한정)[242]	본사와 지사의 사업자등록증, 법인 등기부등본 등 지점에 관한 사항을 확인할 수 있는 서류 등
8 채무인수, 합병·분할로 인해 승계된 금전제공계약이나 예금	채무인수 계약서, 합병·분할계약서 등
9 중도금대출, 이주비대출, 우리사주구입자금대출 등 대출조건에 차별이 없는 단체성 협약대출 등 은행 내부신용등급(또는 평점)과 개인신용평가회사의 신용평점이 없는 대출[243]	단체성 협약대출 계약서 등
10 정부정책에 따라 기업의 환차손 방지용으로 외화대출을 계약하여 결제 후 원화예금 등을 외화대출의 담보로 제공[244]	유동성지원프로그램 대상자임을 증명하는 자료, KIKO 등 통화옵션거래 계약서, 거래전표, 질권설정계약서 등 담보계약서 등
11 퇴직연금이 동일 금융기관 내 동일 금액 범위에서 이전되는 경우(계좌이동 방식 포함)[245] ① 회사의 합병·양수도·분할·제도전환	합병·분할계약서, 양수도 계약서, 퇴직연금관리규약 등
② 근로자의 계열사이전(근무회사 변경) 등에 따른 이전(DB→DB, DC→DC, DB→DC)	퇴직연금 이전신청서(이전받는 기업의 법인인감 날인 포함) 등
③ 가입자 수 증가에 따른 퇴직연금제도 전환(기업형IRP→DC)	가입자 수 증가에 따른 전환임을 확인할 수 있는 자료 등
④ 퇴직신탁에서 퇴직연금으로의 제도 전환	퇴직신탁 가입내역, 전환신청서 등

2 퇴직연금가입자가 퇴직하는 경우 사용자는 퇴직급여법(§17④)에 따라 퇴직금을 가입자가 지정한 개인형퇴직연금(IRP) 계정으로 이전하여야 하는데 만약 가입자가 계정을 지정하지 아니하는 경우 퇴직연금사업자가 운영하는 계정으로 이전한다(퇴직급여법§17⑤). 이전 시점이 판매업자(퇴직연금사업자)와의 금전제공계약 이행일 1개월 경과 전이더라도 IRP 계정 신설은 법령상 불가피한 사유에 해당하여 가능하다.

3 금융상품의 담보제공이 해당 계약의 체결에 통상적으로 요구되는 일반적인 담보 또는 보증 범위보다 많은 담보 또는 보증을 요구하지 않아야 한다(시행령§15④ii). 구체적 사례는 다음과 같다.[246]

242) 신속처리시스템 회신(은행 210506-86) 참조.
243) 신속처리시스템 회신(은행 210517-100) 참조.
244) Ibid.
245) Ibid.
246) 구속행위준칙, 22~23면 참조.

(사례1)

① 2021.11.20. A정기예금(1억원, 1년) 신규
② 2021.11.30. 일반운전자금대출(A예금 담보, 9천만원) 신규 이행
③ 2021.12.05. B적금(월 2백만원, 1년) 신규 신청

☞ 이행일전 판매된 ①번 정기예금을 담보로 담보가능 금액 범위내의 ②번 예금담보대출 신규 가능

☞ ②번 대출은 이행일전 판매된 ①번 정기예금의 담보가능금액 범위내의 대출 계약으로 구속행위 적용 대상에서 제외됨. 따라서 ③번 B적금 신규 가능

(사례2)

① 2021.11.20. A집합투자증권(1억원, 1년) 신규
② 2021.12.10. 일반운전자금대출(A집합투자증권 담보, 7천만원) 신규 신청

☞ ①번 A집합투자증권은 ②번 이행일 전에 판매된 금융상품이나, 이행일 전 1개월 이내에 판매된 금전신탁, 공제, 보험, 집합투자증권은 동 상품을 담보로 그 담보가능 금액 범위 내에서 대출계약하는 것이 불가하므로 ②번 대출은 신규 불가

(사례3)

① 2021.11.20. A집합투자증권(1억원, 1년) 신규
② 2021.12.10. 일반운전자금대출(A집합투자증권 담보, 7천만원) 신규 신청
※ A집합투자증권 해지 시 원금 손실 발생

☞ ①번 A집합투자증권은 담보대출이 허용되는 금융상품이 아니므로, ②번 대출은 원칙적으로 신규 불가하며, 금전제공계약의 이행을 위해서는 A집합투자증권을 해지할 필요

☞ 다만, 계약시점에 ①번 해지 시 원금 손실이 발생하여 차주에게 불이익이 명백한 경우 ①번 A집합투자증권의 담보가능금액 범위 내로 계약하는 ②번 일반운전자금은 구속행위 규제 대상에서 제외되어 계약 가능

(사례4)

① 2021.11.20. A정기예금(1억원, 1년) 신규
② 2021.11.30. 일반운전자금대출(A예금 담보, 9천만원) 신규 이행
③ 2021.12.20. B집합투자증권(월 2백만원, 1년) 신규

☞ ②번 대출은 이행일 1개월 이전에 판매된 ①번 A정기예금의 담보가능금액 범위내의 대출 계약으로 구속행위 적용 대상에서 제외됨. 따라서 ③번 집합투자증권 신규 가능

[4] 예금성 상품 외 금융상품을 해지하고 해지금액 내 재계약하는 경우 제외 기준은 앞서 살펴본 바(295면 [4])와 같다. 이때 집합투자증권 일부환매인 경우 환매금액이 해지금액에 대응되고, 계약기간이 없는 임의식 집합투자증권인 경우 계약기간이 월지급액 산정기준 계산 시 대입된다.[247]

247) 구속행위준칙, 18~20면 참조.

5－② 및 5－④의 구체적 사례는 다음과 같다.[248]

[5－② 사례]

① 2021.12.20. A집합투자증권(월1백만원, 1년) 신규 계약
② 2022.01.20. 일반운전자금대출 100만원 신규
※ A집합투자증권 해지 시 시가평가금액 기준으로 원금 손실 발생

☞ 금융상품 중도해지 시 원금손실이 발생할 뿐만 아니라, 금전제공계약이 이뤄지지 않는 경우 차주가 제3자와의 계약을 이행하기 어려워 차주의 불이익이 명백히 우려되는 경우 구속행위 규제에서 예외로 함

[5－④ 사례]

① 2012.02.27. A주택청약예금 300만원 계약(거주지 서울, 면적 85㎡)
② 2021.02.20. A주택청약예금 평형변경(85㎡→102㎡)으로 예치금액 증액(300만원→600만원)
③ 2022.03.10. B대출(1억원) 신청

☞ A주택청약예금 평형변경으로 예치금액 증액 후 1개월 내에 B대출 계약으로인하여 주택청약예금을 중도해지해야 하는 경우, 기존에 인정된 청약순위기산일 소멸 및 순위발생일 지연으로 차주의 불이익이 확인되므로 ② 예금 해지 없이 ③ 금전제공계약의 이행 가능

5－⑤와 관련하여 3가지 사례가 있다. 첫째, 개인형IRP 가입 후 1개월 이내에 금전제공계약체결이 가능하다. 구속행위 간주규제의 적용으로 인해 부득이 퇴직금이 불입되는 IRP 계좌를 해지하는 경우, 과세이연된 퇴직소득세를 일시에 원천징수함으로써 만기까지 계좌를 유지했을 때 적용되는 연금소득세(＝퇴직소득세×70%) 보다 높은 세율이 적용되므로 차주에게 실질적인 불이익이 발생하기 때문이다. 또한 적립금 불입금 중 구속행위 간주규제로 부득이하게 계좌를 해지해야 하는 경우, 관련 법령에 따라 고객이 받은 세액공제분(세액공제율 13.2%~16.5%) 만큼 환수하므로 차주에게 불이익이 발생한다.[249] 둘째, 개인형 IRP(금전제공계약 이행 전 1개월 내 가입한 경우 한정)에 금전제공계약 이행 후 1개월이 경과되지 전까지 퇴직금 입금이 가능하다. 퇴직금 수령을 위하여 IRP 계좌를 개설하였는데, 개설 이후 1개월 내에 금전제공계약체결로 IRP를 해지해야 한다면 퇴직금이 퇴직급여법상 정해진 기한 내에 입금되지 못하는 등 차주에게 불이익이 발생할 우려가 있기 때문이다.[250] 셋째, 금전제공계약의 이행일 당일 및 금전제공계약 이행 후 1개월 이내에 개인형IRP 계좌 개설은 가능하되 퇴직금에 한하여 입금이 허용된다.[251]

---

248) 구속행위준칙, 24~25면 참조.
249) 구속행위준칙, 34면 참조.
250) Ibid.
251) Ibid.

5 - ⑥ 구속행위 적용을 이유로 차주가 적시에 지원받지 못하게 되면 차주의 불이익이 발생할 것으로 우려되므로, 원금손실 여부와 무관하게 금융상품 해지 없이 금전제공계약체결이 가능하다.252)

6 사업자등록증(고유번호증)이 없는 임의단체253)는 금융실명법(영§3 ii · iii)상 단체명의의 예금계약이 불가능하고 해당 단체를 대표하는 자의 실지명의로 계약이 가능하므로 해당 예금계약자의 금전제공계약이 1개월 전후 존재하더라도 임의단체 활용 목적의 예금은 가능하다.254)

(사례)
① 2022.01.15. 甲 대출(1억원, 1년) 신규 이행
② 2022.01.21. 甲 정기예금(5천만원, 1년) 신규 신청 ← 부기명 '○○고 동창회'
☞ 甲명의로 정기예금을 신규하였으나, 이는 개인 예금이 아닌 '○○고 동창회'라는 임의단체의 예금을 목적으로 계약한 것이므로 구속행위에 해당되지 않음

7 법인(중소기업이 아닌 법인으로 한정)의 지점 또는 본점이 별도의 사업자등록증번호를 부여받고 개별적으로 운영되는 경우라 할지라도 구속행위 여부를 판단할 때에는 법인격이 동일하므로 동일 금융소비자(동일 차주)에 해당한다. 이로 인해 본점과 지점에 대한 동일차주 계약255)으로 본점의 금전제공계약이 제한될 수 있어 법인의 해당 상품권 구매가 명백히 구속행위로 보기 어려운 경우에는 구속행위 제외가 가능하다.256)

8 민법(§453)상 당사자 간 계약에 의해 채무를 인수할 수 있고, 상법(§235, §530-10)상 회사가 합병 · 분할하는 경우 권리의무를 승계하므로 채무인수 및 합병 · 분할 관련 금전제공계약 및 예금에 대해서는 구속행위 규제를 적용하지 아니한다. 다만, 채무인수 · 회사의 합병 등이 완료된 이후부터는 구속행위 규제를 적용한다.257)

10 정부는 KIKO 등 통화옵션 손실을 지원해주기 위해 유동성지원프로그램(Fast-Track Program)을 도입하였고, 동 프로그램에 따라 KIKO의 결제 목적으로 은행에서는 외화대출계약을 체결한다. KIKO의 결제기일에 원화로 결제할 경우 엄청난 규모의 환차손이 기업에게 부담되기 때문에 이를 방지하기 위해서 외화대출 계약을 체결하고 외화대출을 담보하는

252) 구속행위준칙, 25면 참조.
253) (예시) ○○고 동창회, ○○종친회, ○○아파트관리협의회, ○○재개발(건축)조합 등.
254) 구속행위준칙, 26면 참조.
255) Ibid.
256) 구속행위준칙, 26면 및 30면 참조.
257) 구속행위준칙, 26면 참조.

원화예금계약을 체결한다. 이때 원화예금계약 체결행위를 구속행위 간주규제에서 제외한다.[258]

1.4. 간주규제의 적용례

구속행위 간주규제는 시행일('21.3.25.) 이후 체결되는 금융상품(구속행위 규제의 제한대상인 보장성 · 투자성 · 예금성 상품) 판매분부터 적용한다.[259]

2. 대출상환방식 강요

금융소비자의 선택권을 보장하기 위해 판매업자가 특정한 대출상환방식을 강요하는 행위를 금지한다(법§20① ⅳ가). 상환방식은 계약에 따라 자율적으로 결정되는 사항으로 사적자치의 영역이기 때문이다.

3. 중도상환수수료 부과

소비자의 상환시기에 대한 선택권을 확대하기 위해 어떠한 명목으로든지 금융소비자에게 중도상환수수료를 부과하는 것을 원칙적으로 금지한다(법§20① ⅳ나). 다만, 중도상환수수료는 만기 전 상환으로 발생하는 자금운용비용을 보전하기 위한 것으로 손해배상액의 예정(민법§398 ①)인데 이를 전면 금지하면 비용부담이 소비자에게 전가될 가능성이 크다. 따라서 대출계약 성립일(실행일)로부터 3년 이내 상환하거나[260] 법령상 허용되는 경우 등 예외사유를 두고 있다.

시설대여는 계약기간 동안, 연불판매는 당사자간 약정으로 정한 기간 동안 차량 등 특정 물건의 소유권이 판매업자에게 있어 계약의 중도해지 시 물건의 가치감소분, 처분 등의 부담이 판매업자에게 부과되는 점을 감안해 예외를 인정한다(영§15①). 단, 해당 물건을 인도받지 못하거나, 물건에 하자가 있어 정상적 사용이 어려운 경우 중도상환수수료 없이 해지가 가능하다.

한편, 동일한 판매업자로부터 신규로 대출받은 소비자가 기존 대출금을 신규 대출금으로 갚은 후에 신규계약을 중도해지하는 경우 기존 및 신규계약 기간을 합산하여 그 기

258) 구속행위준칙(27면) 및 금융위원회 보도자료("24개 KIKO 등 거래기업에 대한 유동성 지원 개시", 2008.10.30., 5면) 참조.

259) 구속행위준칙, 29면 참조.

260) 금융회사 대부분이 중도상환수수료 부과기간을 3년으로 고려하여 자금을 조달한다.

간이 3년을 넘지 않았다면 중도상환수수료를 부과할 수 없다(규정§14⑥ⅸ). 이는 중도상환수수료 부과기한(3년) 규제를 회피하기 위해 금리나 대출금 등 계약의 주요 내용이 동일한 계약을 새로 체결하는 행태를 방지하기 위함이다.[261] 여기서 신규대출은 기존 대출과 사실상 동일성을 유지해야 하는데, 담보, 대출기간, 대출금액, 상환방식 등을 종합적으로 고려하여 동일성 여부를 판단한다.[262]

4. 연대보증

연대보증이란 그 형식이나 명칭에 관계 없이 채무자가 채권자에 대한 금전채무를 이행하지 아니하는 경우에 보증인이 그 채무를 이행하기로 하는 채권자와 보증인 사이의 계약[263] 중 민법 제437조 본문에 따른 최고·검색의 항변권 및 민법 제439조에 따른 분별의 이익이 배제되는 계약[264]을 의미한다.[265]

금융소비자보호법은 소비자 및 제3자 보호를 강화하고 제3자의 경제적 피해를 방지하여 재기에 도움이 될 수 있도록 제3자 연대보증을 원칙적으로 금지한다(법§20①ⅳ다). 다만, 금융회사의 채권회수가 어려워져 부실률이 증가할 우려가 있고 법인대표자의 연대보증은 사실상 자기책임적 성격이 강함에도 허용하지 않음으로써 도덕적 해이가 유발할 수 있는 점 등을 감안하여 예외를 일부 허용한다.[266]

---

261) 신속처리시스템 회신(생보 210409-8) 참조.

262) 신속처리시스템 회신(은행 210415-37) 참조.

263) **보증인 보호를 위한 특별법 제2조(정의)** 이 법에서 사용하는 용어의 뜻은 다음과 같다.
2. "보증계약"이란 그 형식이나 명칭에 관계없이 채무자가 채권자에 대한 금전채무를 이행하지 아니하는 경우에 보증인이 그 채무를 이행하기로 하는 채권자와 보증인 사이의 계약을 말한다.

264) **민법 제437조(보증인의 최고, 검색의 항변)** 채권자가 보증인에게 채무의 이행을 청구한 때에는 보증인은 주채무자의 변제자력이 있는 사실 및 그 집행이 용이할 것을 증명하여 먼저 주채무자에게 청구할 것과 그 재산에 대하여 집행할 것을 항변할 수 있다. 그러나 보증인이 주채무자와 연대하여 채무를 부담한 때에는 그러하지 아니하다.
제439조(공동보증의 분별의 이익) 수인의 보증인이 각자의 행위로 보증채무를 부담한 경우에도 제408조의 규정을 적용한다.

265) 3차 FAQ, 1면 참조.

266) 검토보고서(2006092), 56면 참조.

❖ 주요사례

구분	사례	연대보증 가부
공통	다수인(연대보증 예외사유에 해당하는 자)에 대한 연대보증 요구[267)]	○
차주(법인)	법인대출 시 주택도시기금법에 따라 주택도시보증공사에게 연대보증 요구[268)]	○
	법인(SPC)의 부동산 프로젝트금융 대출 시 대상사업의 시공사에게 연대보증 요구[269)]	○
	도시정비법상 재건축조합의 대출 시 프로젝트 금융의 시공사에게 연대보증 요구[270)]	○
	법인대출 시 단순고용임원인 대표이사에게 연대보증 요구[271)]	×
차주(개인)	개인의 분양자금대출 시 해당 건축물이 아파트·지식산업센터 등 건축물분양법 적용을 받지 않는 경우 분양사업자 및 시공사에게 연대보증 요구[272)]	○
	프랜차이즈 가맹점(개인사업자)의 대출시 프랜차이즈 본사에게 연대보증 요구[273)]	×
	개인대출 시 차주가 대표이사로 있는 법인 또는 차주와 관련된 법인에게 연대보증 요구[274)]	○
차주(조합)	지역주택조합 등 조합대출 시 시공사에게 연대보증 요구[275)]	×

법 시행일 이후 체결된 대출상품 계약부터 금융소비자보호법을 적용한다. 만약, 법 시행일 이전 소비자가 대출 청약을 하고 해당 청약에 대한 금융회사의 승낙이 법 시행일 이후에 이루어진 경우에는 승낙이 이루어진 시점이 기준이다.[276)]

5. 편익요구나 제공

판매업자등(소속 임직원 포함)이 업무와 관련하여 편익을 요구하거나 제공하는 것을 금

267) 신속처리시스템 회신(여전 210422－14) 참조.
268) 신속처리시스템 회신(금투 210423－9) 참조.
269) 3차 FAQ, 1면 참조.
270) 법령해석 회신문(220174)
271) 법령해석 회신문(220145)
272) 신속처리시스템 회신(은행 210402－12) 참조.
273) 신속처리시스템 회신(은행 210412－23) 참조.
274) 신속처리시스템 회신(여전 210427－17) 참조.
275) 옴부즈만 회신(2021.4.6.접수) 및 법령해석 회신문(220174) 참조.
276) 3차 FAQ, 2면 참조.

지하는데(법§20①iii), 편익 제공자는 계약당사자인 금융소비자 외에도 이해관계자를 포함한다(규정§14⑥iii). 여기서 '편익'은 금전적 이익에 한정되지 않고 모든 재산적 · 비재산적 이익을 말한다. 요구하거나 제공받는 당사자는 반드시 판매업자등이나 그 임직원에 한정되지 않고 그와 생계를 같이 하는 자를 포함한다. '직접 또는 간접적으로' 편익요구나 제공하는 행위를 금지하고 있기 때문이다.[277]

6. 연계 · 제휴서비스등의 축소 · 변경

특정 금융상품 계약이 유지되는 상황에서 소비자가 불측의 피해를 입지 않도록, 연계 · 제휴서비스등을 정당한 이유없이 부당하게 축소 · 변경하거나(영§15③ii), 축소 · 변경 사실을 6개월 전부터 2개 이상의 일정방법으로 매월 고지하지 않고 축소 · 변경하는 행위를 금지한다(영§15③ i).[278] 법에서 열거한 '정당한 이유' 외에 '제휴업체의 휴업 · 도산 · 경영위기로 인해 일방적으로 불가피하게 연계 · 제휴서비스등을 변경 · 축소한 경우로서, 다른 제휴업체를 통해 동종의 유사한 연계 · 제휴서비스등의 제공이 전혀 불가능한 경우'가 예외로 인정된다.[279] 이는 기존규제상 예외였던 점과 불가피성을 감안한 것으로 이해된다. 다만, 법령에서 명시하지 않은 사항을 해석을 통해 예외로 인정하는 것은 법적 안정성을 저해하므로 향후 개정(입법적 보완)을 통해 동 예외사유를 반영할 필요가 있다.

여기서 연계 · 제휴서비스등은 금융상품과 연계되거나 제휴된 금융상품 또는 서비스로(법§19①ii), 대가여부를 불문하고 금융소비자의 계약체결 시 의사결정에 영향을 미칠 수 있는 부가적인 서비스 등을 의미한다.[280] 연계 · 제휴서비스에 해당하는지 여부에 대해서는 해당 금융상품 가입 시 설명(광고) 여부, 제공되는 서비스가 필수적인지 여부, 금융상품 계약의 주된 내용을 구성하는지 여부 등에 따라 달리 판단된다.[281]

277) 정순섭, "은행법", 서울: 지원출판사, 2017., 253면 참조.
278) 신속처리시스템 회신(여전 210809－57) 참조.
279) 신속처리시스템 회신(여전 210525－36) 참조.
280) 신속처리시스템 회신(은행 210525－105) 참조.
281) 신속처리시스템 회신(저축 210914－33) 참조.

❖ 주요사례

구분	연계 · 제휴서비스 여부
금융상품 가입 시 일회적으로 제공되는 쿠폰, 사은품[282]	×
신용카드 결제실적에 따른 대출금리 우대[283]	×
기존 신용카드의 갱신발급, 추가발급[284]	×
CD/ATM 출금 · 이체 수수료면제[285]	○
은행에 입금된 자금이 증권사 CMA계좌로 자동 입금되는 입출금상품의 '스윙(Swing)서비스'[286]	○
타사앱에 게재된 광고를 통해 유입된 고객에게 해당(타사) 앱의 쿠폰을 지급하는 '쿠폰지급형'[287]	×
간편결제 플랫폼에서 자사 결제계좌 등록 · 연계 시 간편결제 플랫폼의 포인트를 제공하는 '포인트지급형'[288]	
타사앱에 게재된 광고를 통해 유입된 고객에게 유입채널에 따라 자사 금융상품의 금리혜택을 제공하는 '금융혜택형'[289]	
소비자가 보험금(현금)대신 선택하는 현물급부 담보(간병인 지원 서비스, 장례서비스 등)[290]	×

연계 · 제휴서비스가 기존 금융소비자에게 그대로 유지되거나, 신규 소비자에 대해서는 금융상품 계약체결 시부터 동 서비스 제공이 되지 않는 경우 등 특별히 소비자 권리가 제한되는 상황이 발생하지 않는 경우라면 연계 · 제휴서비스 축소 · 변경에 대한 고지 의무를 이행할 필요는 없다.[291]

7. 청약철회를 이유로 불이익 부과

금융소비자가 금융소비자보호법(§46①)에 따라 청약을 철회하였다는 이유만으로 금융상품 계약시 불이익을 부과하는 행위를 금지한다(규정§14⑥vi). 다만, 악용소비자를 방지

282) 신속처리시스템 회신(은행 210420-49) 참조.
283) 신속처리시스템 회신(은행 210503-71) 참조.
284) 신속처리시스템 회신(여전 210809-57) 참조.
285) 신속처리시스템 회신(은행 210525-105) 참조.
286) 신속처리시스템 회신(은행 210511-96) 참조.
287) 신속처리시스템 회신(저축 210416-04) 참조
288) Ibid.
289) Ibid.
290) 신속처리시스템 회신(손보 210726-32) 참조.
291) 신속처리시스템 회신(저축 210914-33) 참조.

하기 위해 청약철회 횟수를 제한하였던 여신거래기본약관(§4-2)[292]을 참고하여 예외를 규정한다. 금융소비자보호법(§46)상 청약철회는 금융소비자의 권리로 제한없이 보장되므로 철회의 횟수 자체는 제한할 수 없어 거래거절 · 대출금리 상승 등 불이익 부과는 가능하도록 규정한 것이다.

8. 포괄근담보 · 포괄근보증 요구

금융소비자 또는 제3자와 담보 · 보증 계약 시 해당 계약서에 그 담보 또는 보증의 대상이 되는 채무를 특정하지 않거나, 해당 담보 또는 보증이 장래 다른 채무에도 적용된다는 내용으로 계약하는 행위를 금지한다(규정§14⑥viii). 이는 포괄근담보[293] 및 포괄근보증[294]을 금지하는 것으로, 특정근담보(보증)와 한정근담보(보증)는 허용된다.[295]

Ⅳ. 제재

법 제20조제1항 각 호의 어느 하나에 해당하는 행위를 한 경우 판매업자에게 과태료[296](법§69①iii)와 과징금이 부과되며(법§57①ii), 판매업자 및 임직원에게 제재조치(시정명령, 정직 등) 가능하다(법§51 · §52). 또한, 법 제20조제1항을 위반하여 계약이 체결된 경우 금융소비자는 위법계약해지를 요구할 수 있다.

Ⅴ. 시행일

직접판매업자 및 대리 · 중개업자는 2021.3.25일부터 시행하며, 자문업자의 경우 2021.9.25일 시행한다(법 부칙§1).

---

292) **은행여신거래기본약관 제4조의2(대출계약 철회)** ⑥ 은행은 다음 각 호에 해당하는 경우 채무자의 대출계약 철회를 제한할 수 있습니다.
1. 해당 은행을 대상으로 1년 이내에 2회 초과하여 대출계약을 철회하는 경우
2. 전체 금융회사를 대상으로 1개월 이내에 1회 초과하여 대출계약을 철회하는 경우

293) 현재 발생하였거나 장래에 발생할 다수의 채무 또는 불확정 채무를 일정한 한도에서 담보하기 위한 물건 또는 권리를 제공하는 것.

294) 현재 발생하였거나 장래에 발생할 다수의 채무 또는 불확정 채무를 일정한 한도에서 보증하는 것.

295) 금융위원회, "금융소비자보호법상 일부 불공정영업행위 규제에 대한 오해를 바로잡습니다.(연합뉴스, 조선비즈, 헤럴드경제 등 3.29일자 보도에 대한 설명)", 보도자료, 2012.03.28., 1면 참조.

296) 법인 7천만원, 법인이 아닌 자 3천5백만원.

Ⅵ. 기존규제

불공정영업행위의 금지는 대부업법, 신용협동조합법을 제외한 개별법에서 규정되었다. 은행법상 일부규제를 제외하고 개별법상 불공정영업행위 규제는 금융소비자보호법에 이관되어 삭제되었다.

구분	은행	금융투자	보험	저축은행	여전	대부
도입 여부	○	○	○	○	○	×
근거 규정	舊은행법 §52-2①	舊자본시장법 시행령 §330③	舊보험업법 §100, §110-2	舊저축은행법 시행령§8-2ⅹ	舊여전법 시행령 별표1-3	−

금융소비자보호법에서 기존 금융업법의 구속행위 간주규제 예외사유를 일부 인용하지 않았지만, 포괄적 예외사유(규정§14⑤ⅵ)에 해당한다면 예외로 인정 가능하다. 다만, 구속행위로 금융소비자 권익이 크게 침해받을 수 있다는 점에서 제한적으로 해석될 소지가 크며, 예외사유에 해당한다는 사실과 관련해 세부적인 근거자료를 판매업자가 마련하도록 한다.[297)]

금융소비자보호법을 중심으로 기존 금융업법과 금지행위 비교시 달라진 부분은 별도 표시[298)]하고, 표현과 내용이 동일한 경우에만 '좌동'으로 기재한다.[299)]

❖ 불공정영업행위 비교

금융소비자보호법	기존규제
▫ **대출성 상품** 계약체결과 관련하여 금융소비자 의사에 반하여 **다른 금융상품**의 계약체결을 강요(법§20①ⅰ)	▫ **여신거래**와 관련하여 차주의 의사에 반하여 예금, 적금 등 **은행상품**의 가입 또는 매입을 강요(舊은행법 시행령§24-5①ⅰ) ▫ 상동(舊저축은행법 시행령§8-2ⅹ가) ▫ 금융기관보험대리점등은 대출 등 해당 금융기관이 제공하는 용역(이하 이 조에서 **"대출등"**이

297) 신속처리시스템 회신(은행 210517−100) 참조.
298) 세부내용이 다른 경우(예시가 추가되거나 삭제된 경우 포함) 굵게 밑줄 표시하고, 해당 조항 전체가 신설된 규제이거나 기존규제가 인용되지 않은 경우 해당 칸을 음영표시한다.
299) 내용이 동일하더라도 표현이 다른 경우에도 현행 금융소비자보호법과 비교가 될 수 있도록 기존 규제내용 그대로 기재한다.

금융소비자보호법	기존규제
	라 한다)을 제공하는 조건으로 대출등을 받는 자에게 그 금융기관이 대리 또는 중개하는 **보험계약**을 체결할 것을 요구하거나 **특정한 보험회사와 보험계약을 체결할 것을 요구**(舊보험업법§100① i) □ 보험회사 또는 금융기관보험대리점등은 **대출**을 조건으로 차주의 의사에 반하여 **보험**가입을 강요(舊보험업법§110-2① i , 영§48① ii · §56-2 i)
□ **대출성 상품** 계약체결과 관련하여 제3자 명의로 **다른 금융상품** 계약체결 **강요**(영§15④ i 가)	□ **여신거래**와 관련하여 제3자 명의를 이용하여 **실질적으로 차주의 자금사용을 제한**(舊은행업감독규정§88⑦ i) □ 상동(舊저축은행업감독규정§35-5⑦ i) □ 보험회사 또는 금융기관보험대리점 등이 **구속행위 간주규제를 회피할 목적으로** 차주가 아닌 제3자의 명의로 **보험**계약을 체결한 것이 명백한 경우에는 구속행위를 한 것으로 본다(舊보험업감독규정§5-15②) □ 보험회사가 **대출**과 관련하여 제3자의 명의를 이용하여 **실질적으로 차주의 자금사용을 제한**(舊보험업감독규정§5-15⑩ iii)
— 300)	□ 은행이 상환우선주를 배정받은 거래와 관련하여 발행회사(중소기업인 경우 대표자 · 임직원 및 그 가족)의 의사에 반하여 은행취급상품의 가입 또는 매입을 강요(舊은행업감독규정§88⑦ ii) □ 상동(舊저축은행업감독규정§35-5⑦ ii)
□ **대출성 상품** 계약체결과 관련하여 다른 판매업자를 통해 **다른 금융상품** 계약체결 강요(영§15④ i 나)	□ **여신거래**와 관련하여 여신거래영업소 이외의 다른 영업소 또는 다른 금융회사를 이용하여 이루어지는 거래를 통해 **실질적으로 차주의 자금사용을 제한**(舊은행업감독규정§88⑦ i) □ 상동(舊저축은행업감독규정§35-5⑦ i) □ **대출**과 관련하여 다른 금융기관을 이용하여 이루어지는 거래를 통해 **실질적으로 차주의 자금사용을 제한**(舊보험업감독규정§5-15⑩ iii)

300) 기존규제에서 불공정영업행위로 규정하였던 점 고려 시 상환우선주 강요행위는 부적절한 행위(불공정영업행위)로 본다. 금융위원회는 향후 하위법령 개정을 통해 이를 명확히 규정하는 방안을 검토하겠다고 밝혔다(신속처리시스템 회신, 은행 210701－115 참조).

<table>
<tr><th>금융소비자보호법</th><th>기존규제</th></tr>
<tr><td>□ <u>대출성 상품</u> 계약체결과 관련하여 중소기업[301]의 대표자 또는 관계인(임직원 및 그 가족)에게 <u>다른 금융상품</u> 계약체결 강요(영§15④ i 다)</td><td>□ <u>여신거래</u>와 관련하여 중소기업의 대표자 또는 관계인(임직원 및 그 가족)의 <u>의사에 반하여 은행상품</u>의 가입 또는 매입을 강요(舊은행법 시행령§24-5① v)
□ 상동(舊저축은행법 시행령§8-2 x 다)
□ 보험회사 또는 금융기관보험대리점등이 <u>대출</u>과 관련하여 중소기업의 대표자 또는 관계인(임직원 및 그 가족)의 <u>의사에 반하여 보험</u>가입 강요(舊보험업법 시행령§48①iii · §56-2 iv)</td></tr>
<tr><td>[구속행위 간주규제]
□ <u>대출성 상품</u>(이하 "금전제공계약"[302])의 최초 이행일 전후 1개월 내 <u>아래 금융상품</u> 계약체결(규정§14④)
○ 보장성 상품 또는 투자성 상품(집합투자증권, <u>금전신탁, 투자일임계약 및 연계투자계약</u> 한정)에 관한 계약으로서 아래 어느 하나(이하 "취약차주등")에 해당하는 금융소비자와의 계약(규정§14④ i 가)
- 중소기업 및 그 기업의 대표자
- 개인신용평점이 하위 10%에 해당하는 사람</td><td>□ <u>여신거래</u>와 관련하여 차주인 중소기업, 그 밖에 금융위원회가 정하는 자에게 여신실행일 전후 1개월 이내에 아래 상품을 판매(舊은행법 시행령§24-5① vi · 舊은행업감독규정§88⑥ ii)
○ <u>원리금 비보장형 금전신탁</u>
○ <u>원리금 비보장형 ISA</u>
○ 공제<u>(소기업·소상공인 공제 및 성과보상공제 제외)</u>
○ 보험상품
○ 집합투자증권</td></tr>
<tr><td></td><td>- "금융위원회가 정하는 자"란 차주인 중소기업, 차주인 신용등급이 낮은 개인(<u>은행의 신용평가 결과 신용평가회사의 신용등급 기준</u> 7등급 이하에 해당하는 자)과 차주의 관계인 중 중소기업의 대표자를 말한다(이하 "취약차주")(舊은행업감독규정§88⑤)
□ <u>여신거래</u>와 관련하여 차주인 중소기업, 그 밖에 금융위원회가 정하는 자에게 여신실행일 전후 1개월 이내에 아래 상품을 판매(舊저축은행법 시행령§8-2 x 라 · 舊저축은행업감독규정§35-5⑥ ii)
○ <u>원리금 비보장형 금전신탁</u>
○ 보험상품
○ 집합투자증권
○ <u>후순위채권</u></td></tr>
</table>

301) 금융업을 영위하지 않거나 은행법상 주채무계열에 속하지 않는 중소기업으로 한정한다(규정§14③).
302) 지급보증, 보험약관대출, 신용카드, 카드론, 자본시장법(§72①)상 신용공여 제외(규정§14⑤ i).

금융소비자보호법	기존규제
	- "금융위원회가 정하는 자"란 차주인 중소기업, 차주인 신용등급이 낮은 개인(**신용조회회사의 신용등급 기준** 7등급 이하에 해당하는 자)과 차주의 관계인 중 중소기업의 대표자를 말한다(舊저축은행업감독규정§35-5⑤) □ 보험회사 또는 금융기관보험대리점등이 **대출**과 관련하여 금융위원회가 정하는 자에게 대출실행일 전후 1개월 이내에 **보험상품**을 판매(舊보험업법 시행령§48① iv · §56-2 v) ○ "금융위원회가 정하는 자"란 차주인 중소기업, 차주인 신용등급이 낮은 개인(**금융기관보험대리점 또는 보험회사의 신용평가 결과 신용평가회사의 신용등급 기준** 7등급 이하에 해당하는 자)과 차주의 관계인 중 중소기업의 대표자를 말한다(舊보험업감독규정§5-15⑧)
- 피성년후견인 또는 피한정후견인	–
○ **취약차주등에 해당하지 않는 금융소비자**와의 **보장성 상품 또는 투자성 상품(집합투자증권, 금전신탁, 투자일임계약 및 연계투자계약 한정)**계약: 금융소비자(투자성 상품인 경우 개인 한정)가 계약에 따라 매월 직판업자에게 지급하는 금액(금융감독원장이 정한 금액으로서 "월지급액"이라 한다)이 금전제공계약에 따라 금융소비자가 제공받는 금액의 1000분의 10을 초과하는 경우에 해당하는 계약(규정§14④ i 나)	○ **취약차주**에게 여신실행일 전후 1월 이내에 아래 상품 중 하나를 감독원장이 정하는 월지급액이 여신금액의 100분의 1을 초과하여 판매(舊은행업감독규정§88⑥ i) - **원리금보장형 금전신탁** - **원리금보장형 ISA** ○ **취약차주**에게 여신실행일 전후 1월 이내에 아래 상품 중 하나를 감독원장이 정하는 월지급액이 여신금액의 100분의 1을 초과하여 판매(舊저축은행업감독규정§35-5⑥ i) - **원리금보장형 금전신탁** ○ 보험회사 또는 금융기관보험대리점 등은 대출을 실행함에 있어 **차주**에 대하여 대출실행일 전후 1개월 이내에 감독원장이 정하는 월납보험료가 대출금의 100분의 1을 초과하는 **보험계약**의 체결을 요구(舊보험업감독규정§5-15①)
- "금융감독원장이 정한 금액"이란 아래를 의미. 금융소비자가 2개 이상 계약체결 시에는 이를 합산(세칙§3)	- "감독원장이 정하는 월지급액"이란 아래를 의미. 차주 및 차주의 관계인에게 동 은행상품을 2개 이상 판매한 경우에는 이를 합산((舊은행업감독업무시행세칙§67②) - 상동(舊저축은행업 감독업무 시행세칙§19-6②) - "감독원장이 정하는 월납보험료"는 아래를 의미(舊보험업감독업무시행세칙§3-12①)

금융소비자보호법	기존규제
• 월납입식 계약인 경우에는 월 납입금액	• 월 정기납입식 은행상품의 경우 월 납입금액 • 상동(저축은행) • 보험료 납부방식이 월납인 경우 월납보험료
• 정기납입식 계약인 경우에는 월납기준 환산한 금액. 다만, 정기납 주기가 1년 이상인 경우에는 초회 납입금액을 일시수취금액으로 간주하여 계산	• 정기납입식 은행상품이나 **월납이 아닌 경우**에는 월납 기준 환산금액. 다만 정기납 주기가 1년 이상인 경우 초회 납입금액을 일시납 은행상품의 입금액으로 간주하여 계산 • 상동(저축은행) • 보험료 납부방식이 일시납을 제외한 비월납(3월납, 6월납, 연납, 선납)인 경우, 월납으로 환산한 보험료
• 자유적립식 계약의 경우 금전제공일 1개월 전부터 금전제공일까지 납입된 금액과 금전제공일 후 1개월 이내에 납입된 금액 중 큰 금액	• 자유적립식 은행상품의 경우 여신실행일 1월 전부터 여신실행일까지 납입된 금액과 여신실행일 후 1월 이내에 납입된 금액 중 큰 금액 • 상동(저축은행)
• 일시납 계약의 경우 일시수취금액을 만기(유효기간) 개월수로 나눈 금액. 다만, 만기(유효기간)가 1년 이상이거나 미정인 계약은 12개월수로 나눈 금액	• 일시납 계약인 경우 일시수취금액을 만기(유효기간) 개월수로 나눈 금액. 다만, 만기(유효기간)가 1년 이상인 은행상품**(유가증권 중 선불카드, 선불전자지급수단, 상품권 제외)**이거나 미정인 은행상품은 12개월수로 나눈 금액 • 일시납 계약인 경우 일시수취금액을 만기(유효기간) 개월수로 나눈 금액. 다만, 만기(유효기간)가 1년 이상인 저축은행상품**(선불전자지급수단, 상품권 제외)**이거나 미정인 저축은행상품은 12개월수로 나눈 금액 • 보험료 납부방식이 일시납인 경우, 일시납보험료의 12분의 1
• 일시납과 정기납이 혼합된 계약의 경우에는 위 4가지 기준으로 각 계산 후 합산	• 일시납 금액과 정기납 금액 등이 혼합된 은행상품의 경우에는 위 4가지 기준에 따라 각각 계산한 후 합산 • 상동(저축은행)
○ **예금성 상품**(수시입출금상품 제외)에 관한 계약: **금융소비자**의 월지급액이 금전제공계약에 따라 금융소비자가 제공받거나 받을 금액의 **1000분의 10**을 초과하는 경우(규정§14④ ii)	○ **취약차주**에게 여신실행일 전후 1월 이내에 아래 상품 중 하나를 감독원장이 정하는 월지급액이 여신금액의 100분의 1을 초과하여 판매(舊은행업감독규정§88⑥ i) - **예·적금** - **상호부금** ○ **취약차주**에게 여신실행일 전후 1월 이내에 아

금융소비자보호법	기존규제
	래 상품 중 하나를 감독원장이 정하는 월지급액이 여신금액의 100분의 1을 초과하여 판매(舊저축은행업감독규정§35-5⑥ ⅰ) - **<u>예·적금</u>** - **<u>계금·부금</u>** ○ 구속행위 간주규제 예외: 입출금이 자유로워 전액인출이 가능한 (저축)은행상품에 가입(舊은행업감독업무시행세칙§67① ⅱ · 舊저축은행업 감독업무 시행세칙§19-6① ⅱ) ○ 종합금융회사가 제공한 여신의 **<u>100분의 5</u>**를 초과하여 차주의 자금사용을 제한하거나 금융비용을 가중시키는 예금의 가입을 강요(舊자본시장법 시행령§330③ ⅰ)
○ **<u>취약차주등</u>**의 **<u>예금성 상품</u>** 계약 시 구속행위 간주규제 예외 - **<u>예금성 상품</u>**의 월지급액이 10만원 이하인 경우 - **<u>예금성 상품</u>** 계약에 따라 직판업자에 지급하는 금액이 총 100만원 이하인 경우	○ **<u>취약차주</u>**의 구속행위 간주규제 예외 - 월지급액이 10만원 이하이고 일시에 수취하는 금액이 100만원 이하인 소액상품 등 차주의 여유자금 운용을 위해 필요한 **<u>은행상품(원리금 비보장형 금전신탁, 원리금 비보장형 ISA, 공제[303], 보험상품, 집합투자증권 제외)</u>**을 판매(舊은행업감독업무시행세칙§67① ⅳ) - 월지급액이 10만원 이하이고 일시에 수취하는 금액이 100만원 이하인 소액상품 등 차주의 여유자금 운용을 위해 필요한 **<u>저축은행상품(원리금 비보장형 금전신탁, 보험상품, 집합투자증권, 후순위채권 제외)</u>**을 판매(舊저축은행업 감독업무 시행세칙§19-6① ⅳ) - **<u>여신거래처의 신용상태의 급격한 악화 등 채권보전상의 불가피한 사유로 여신거래처의 예금을 구속</u>**(舊은행업감독업무시행세칙§67③) - 상동(舊 저축은행업감독업무시행세칙§19-6③)
[구속행위 간주규제의 예외] □ 금전제공계약이 아래 계약인 경우(규정§14⑤ ⅰ) ○ 지급보증 ○ 보험약관대출 ○ 신용카드 및 카드론 ○ 자본시장법(§72①)상 신용공여	□ 은행법상 여신거래(금소법상 금전제공계약에 대응)는 아래 어느 하나를 의미(舊은행업감독규정§88①) ○ 원화대출 ○ 원화 지급보증 중 융자담보용 지급보증, 사채발행 지급보증, 상업어음 보증, 무역어음 인수

303) 소기업·소상공인 공제 및 성과보상공제를 제외한다(舊은행업감독업무시행세칙§67① ⅲ).

금융소비자보호법	기존규제
	○ 특정기업에 대한 여신에 갈음하는 유가증권 매입 중 사모사채 인수, 보증어음 매입 ○ 외화대출 □ 저축은행법상 여신거래(금소법상 금전제공계약에 대응)는 아래 어느 하나를 의미(舊저축은행업감독규정§35-5①) ○ 대출 ○ 저축은행법(영§11-2①)에 따른 지급보증[304)] ○ 특정기업에 대한 여신에 갈음하는 유가증권의 매입 중 사모사채 인수, 보증어음 매입
□ 주택담보노후연금보증에 의한 대출과 연계하여 상해·질병·간병보험 계약을 체결한 경우(규정§14⑤ⅱ)	□ 좌동(舊은행업감독업무시행세칙§67①ⅴ) □ 좌동(舊보험업감독업무시행세칙§3-12②ⅶ)
□ 중소기업이 아닌 기업과 자산관리계약, 퇴직보험, 종업원의 복리후생 목적 보장성 상품[305)] 계약을 체결한 경우(규정§14⑤ⅲ)	□ 좌동[306)](舊보험업감독업무시행세칙§3-12②ⅰ)
□ 단체보험계약(**단체 구성원**이 보험료 납입한 경우 한정) 계약을 체결한 경우(규정§14⑤ⅳ가)	□ **종업원**이 보험료를 부담하는 단체보험계약체결(舊보험업감독업무시행세칙§3-12②ⅲ)
□ 일반손해보험 계약을 체결한 경우(규정§14⑤ⅳ나)	□ 좌동(舊보험업감독업무시행세칙§3-12②ⅳ)
□ 장기손해보험으로서 채권확보·자산보호 목적의 담보물건가액 기준인 장기화재보험 등 재물보험 계약을 체결한 경우(규정§14⑤ⅳ다)	□ 좌동(舊보험업감독업무시행세칙§3-12②ⅴ)
□ 금전제공계약의 최초 이행일 전·후 **1개월 이내에** 해지한 **예금성 상품** 금액 범위 내에서 재가입(규정§14⑤ⅴ)	□ **은행상품**을 만기해지 또는 중도해지한 후 해지금액 범위내에서 재예치(舊은행업감독업무시행세칙§67①ⅵ) □ 상동(舊저축은행업 감독업무 시행세칙§19-6①ⅴ)

304) ① 예금등의 계약금액 내 담보권 설정 후 해당 예금자를 위한 보증, ② 다른 저축은행이 중앙회·예보·타 금융회사로부터 차입 시 그에 대한 보증 및 담보제공(저축은행법 시행령§11-2①).

305) 해당 보험료가 「법인세법」에 따른 복리후생비로 인정되는 경우에 한정한다.

306) 기존규제에서는 근로자퇴직급여보장법 제29조제2항을 인용하였으나, 금융소비자보호법은 근로자퇴직급여보장법 제29조제1항을 인용한다. 내용상 차이는 없는 것으로 보여 '좌동'으로 표시한다.

금융소비자보호법	기존규제
▫ 해당 계약을 사회통념상 불공정영업행위로 보기 어렵거나 그러한 행위에 해당하지 않는다는 사실이 명백한 경우(다만, 금융소비자로부터 불공정영업행위가 아니라는 의사를 서명등으로 확인받는 것만으로는 명백하다고 볼 수 없음)(규정§14⑤ⅵ)[307]	▫ 법령에 따라 차주가 은행상품을 해당 은행에 가입하는 것이 불가피(舊은행업감독업무시행세칙§67①ⅰ) ▫ 상동(舊저축은행업 감독업무 시행세칙§19-6①ⅰ) ▫ 가입자가 계정 미지정 시 퇴직연금사업자의 개인형퇴직연금 계정으로 퇴직금 이전(舊보험업감독업무시행세칙§3-12②ⅱ)
	▫ 상품권·선불카드를 기업의 내부수요 목적(직원복지용, 거래업체 선물용 등 기업 경영을 위해 필요한 경우)으로 구입하는 경우 또는 영업활동을 위한 대금 결제 또는 담보물 교체를 위해 은행상품에 가입하는 등 금융거래상 차주에게 필요한 경우(舊은행업감독업무시행세칙§67①ⅱ) ▫ 상동(舊저축은행업 감독업무 시행세칙§19-6①ⅱ)
	▫ 여신실행일 전에 판매된 은행상품(원리금 비보장형 금전신탁, 원리금 비보장형 ISA, 공제[308], 보험상품, 집합투자증권 제외)으로서 동 은행상품을 담보로 하고 그 담보가능금액 범위내에서 대출을 취급(舊은행업감독업무시행세칙§67①ⅲ) ▫ 여신실행일 전에 판매된 저축은행상품(원리금 비보장형 금전신탁, 보험상품, 집합투자증권, 후순위채권 제외)으로서 동 저축은행상품을 담보로 하고 그 담보가능금액 범위내에서 대출을 취급(舊저축은행업 감독업무 시행세칙§19-6①ⅱ)
	▫ 농축산경영자금 대출실행일 전후 1개월 이내에 차주 명의로 체결된 보험계약(직·간접 불문하고 보험료 납입재원이 농축산경영자금인 계약 제외) 체결(舊보험업감독업무시행세칙§3-12②ⅵ)
	▫ 구속행위 규제 적용으로 인해 차주의 불이익이 명백히 우려되는 경우(舊은행업감독업무시행세칙§67①ⅶ) ▫ 상동(舊저축은행업 감독업무 시행세칙§19-6①ⅵ)
▫ 금전제공계약의 최초 이행일 전후 1개월 내 **금융소비자**와 아래 금융상품 계약체결(규정§14⑥ⅰ)	▫ **취약차주**에게 여신실행일 전후 1월 이내에 **아래 상품 중 하나**를 감독원장이 정하는 월지급액이 **여신금액의 100분의 1을 초과하여 판매**하는 행위(舊은행업감독규정§88⑥ⅰ) ▫ 상동(舊저축은행업감독규정§35-5⑥ⅰ)

307) 앞에서 상술하였듯이 신속처리시스템 회신 등 해석을 통해 기존규제상 예외사유를 포괄적 예외사유로 대부분 인정하였으며, 이 경우 포괄적 예외사유에 해당한다는 사실(명백히 구속행위가 아니라는 사실)을 판매업자가 입증하도록 한다.

308) 소기업·소상공인 공제 및 성과보상공제를 제외한다(舊은행업감독업무시행세칙§67①ⅲ).

금융소비자보호법	기존규제
○ 소기업 · 소상공인공제. 다만, 금융소비자가 **중소기업**인 경우로서 월지급액이 금전제공계약에 따라 금융소비자가 제공받는 금액의 1000분의 10을 초과하는 경우로 한정	○ 소기업 · 소상공인공제(舊은행업감독규정§88⑥ i 바) ○ 상동(舊저축은행업감독규정§35-5⑥ i)
○ **상품권**[309](온누리상품권 및 지방자치단체가 발행한 상품권 제외)	○ **유가증권(양도성예금증서, 금융채, 환매조건부채권, 선불카드, 선불전자지급수단**, 상품권 등. 단, 온누리상품권 및 지방자치단체가 발행한 상품권은 제외(舊은행업감독규정§88⑥ i 사) ○ **유가증권(금융채, 환매조건부채권, 선불전자지급수단,** 상품권 등. 단, 온누리상품권 및 지방자치단체가 발행한 상품권은 제외(舊저축은행업감독규정§35-5⑥ i)
○ 중소벤처기업진흥공단의 공제. 다만, 금융소비자가 **중소기업**인 경우로서 월지급액이 금전제공계약에 따라 금융소비자가 제공받는 금액의 1000분의 10을 초과하는 경우로 한정	○ 성과보상공제(舊은행업감독규정§88⑥ i 아)
□ **대출성 상품** 계약체결과 관련하여 부당하게 담보 또는 보증을 요구(법§20① ii)	□ **여신거래**와 관련하여 차주 등에게 부당하게 담보를 요구하거나 보증을 요구(舊은행법§52-2① ii) □ 보험회사가 부당하게 담보를 요구하며 불공정하게 **대출**(舊보험업법§110-2① ii)
○ 담보 · **보증**이 필요 없음에도 이를 요구(영§15④ ii 가) ○ 통상 요구되는 담보 · **보증**범위보다 과도하게 요구(영§15④ ii 나)	○ 통상적인 대출담보비율을 초과하여 담보와 **계열회사의 채무보증**을 이중으로 요구하거나 **계열회사의 중복채무보증**을 요구(舊은행업감독규정§88-2③ i)
□ 판매업자등(소속 임직원 포함)이 업무와 관련하여 편익을 요구하거나 제공받는 행위(법§20① iii)	□ 은행업무, 부수업무 또는 겸영업무와 관련하여 은행이용자에게 **부당하게** 편익을 요구하거나 제공받는 행위(舊은행법§52-2① iii) □ 보험회사 또는 그 임직원이 **대출업무**와 관련하여 **부당한** 편익을 제공받는 행위(舊보험업법§110-2① iii)
○ 업무 관련으로 금융소비자 · 이해관계자로부터 금전 · 물품 · 편익 등 제공받거나 이를 요구(규정§14⑥ iii)	○ 은행 또는 그 임직원이 업무와 관련하여 **직접 또는 간접적으로** 은행이용자 또는 이해관계자로부터 금전, 물품, 편익 등을 부당하게 요구하거나 제공받는 행위로써 **아래 중 어느 하나**(舊은행업감독규정§88-2③ v) - **은행이 제공받은 금전 등의 이익이 사회적 상규에 반하거나 공정한 업무수행을 저해하는 경우** - **거래상대방과 비정상적인 금융상품 거래계약 체결 등을 통해 이루어지는 경우**

309) 기존 금융업법상 유가증권 범위와 동일하다고 해석(신속처리시스템 회신, 은행 210503－79 참조).

금융소비자보호법	기존규제
▫ 대출성 상품의 경우 **자기 또는 제3자의 이익을 위하여** 금융소비자에게 **특정 대출 상환방식**을 강요(법§20① ⅳ가)	▫ 보험회사가 대출과 관련하여 **차주의 의사에 반하여 보험료납입방법을 일시납, 연납 또는 선납**으로 강요[310](舊보험업감독규정§5-15⑩ ⅰ)
▫ 대출성 상품의 경우 중도상환수수료 부과(법§20① ⅳ나) ▫ 아래의 경우 제외 ○ 3년 이내 상환(법§20① ⅳ나1)) ○ 법령상 허용(법§20① ⅳ나2)) ○ 시설대여, 연불판매, 할부금융 해지(재화를 인도받지 못하거나 인도받은 재화에 하자가 있어 정상적 사용이 어려운 경우 제외)(영§15①)	–
▫ **대출성 상품**의 경우 제3자 연대보증 요구(법§20① ⅳ다)	▫ **여신거래**와 관련하여 제3자인 담보제공자에게 연대보증을 요구(舊은행법 시행령§24-5① ⅳ) ○ **단, 제3자가 해당 은행에 예치되어 있는 예금·적금 또는 금전신탁수익권을 담보로 제공하고, 연대보증의 책임을 담보제공 범위내로 제한하는 경우 제외**(舊은행업감독규정§88-2②) ▫ 여신거래처 고용임원에 대하여 연대입보를 요구(舊은행업감독규정§88-2③ ⅲ) ▫ 신용보증기금의 신용보증서 등 공신력 있는 금융기관의 지급보증서를 담보로 하는 여신에 대하여 연대보증인의 보증을 요구하는 행위. **다만, 부득이하여 보증하는 경우에도 연대보증인의 보증채무는 동 지급보증서에 의하여 담보되지 아니하는 부분에 한한다는 것을 명확하게 하여야 한다.**(舊은행업감독규정§88-2③ ⅳ) ▫ 보험회사가 연대보증을 요구하며 불공정하게 **대출**(舊보험업법§110-2① ⅱ) ▫ 보험회사가 **대출**과 관련하여 제3자인 담보제공자에게 연대보증을 요구(舊보험업법 시행령§56-2ⅲ)
▫ 다만, 아래의 경우 제외 ○ 개인대출 시 제3자가 사업자등록증상 공동대표자, 분양대금 지급목적 대출의 분양사업자·시공사인 경우(영§15② ⅰ)	–

310) 대출과 관련해 보험료 납입방식을 강요하는 것이므로 엄밀하게 비교하면 대출성 상품 자체의 특정 상환방식을 강요하는 금융소비자보호법상 규제내용과는 다르나, 특정 상환방식을 강요하는 행위가 유사하여 참고입법례로 기재한다.

금융소비자보호법	기존규제
○ 법인대출 시 제3자가 ① 해당 법인의 대표이사·무한책임사원·최대주주·의결권있는 발행주식총수의 30%초과[311] 보유자, ② 해당 법인과 동일 기업집단 소속회사, ③ 프로젝트금융(유사금융 포함) 관련 대출 시 대상사업의 이익을 해당 법인과 공유하는 법인, ④ 분양대금 지급목적 대출의 분양사업자·시공사인 경우(영§15② ii ·규정§14①)	–
○ 조합·단체대출 시 제3자가 해당 조합·단체의 대표자인 경우(영§15② iii)	–
□ **연계·제휴서비스등의 축소·변경사실을** 6개월 전부터 서면교부, (전자)우편, **전화·팩스**, 문자메시지·**이에 준하는 의사표시** 중 **2개 이상의 방법으로** 매월 고지하지 않고 축소·변경(영§15③ i ·규정§14②)	□ 신용카드업자가 **신용카드등 출시 당시의 부가서비스를 축소변경 하지 않고 3년 이상 경과하였고, 현재의 부가서비스를 유지할 경우 해당 상품의 수익성 유지가 어려운 경우 변경사유, 변경내용 등을** 부가서비스 변경일 6개월 이전부터 **신용카드등의 대금청구서,** 우편서신, 이메일, 문자메시지(SMS, MMS) 중 **어느 하나의 방법으로** 매월 고지(舊여신전문금융업감독규정§25④但·②iii)
□ 아래 사유발생 시 서면교부, (전자)우편, **전화·팩스**, 문자메시지·**이에 준하는 의사표시** 중 2개 이상의 방법으로 즉시 고지 ○ 휴업·파산, 경영상의 위기(규정§14②但)	□ 신용카드업자가 변경사유, 변경 내용 등을 해당 신용카드업자의 **인터넷 홈페이지, 신용카드등의 대금청구서,** 우편서신, 이메일, 문자메시지(SMS, MMS) 중 2가지 이상의 방법으로 아래 변경발생 시 즉시 고지(舊여전업감독규정§25④本) ○ 부가서비스와 관련된 **제휴업체** 또는 신용카드업자의 휴업·도산·경영위기, **천재지변, 금융환경의 급변, 또는 그 밖에 이에 준하는 사유에 따른 불가피한 변경**(舊여전업감독규정§25④ i ·② i)
○ 연계·제휴서비스등을 제공하는 자의 일방적인 제공 중단(규정§14②但)	○ 신용카드업자가 부가서비스 유지를 위해 노력했음에도 불구하고 제휴업체가 일방적으로 부가서비스 변경을 통보함에 따른 불가피한 변경. **단, 다른 제휴업체를 통해 동종의 유사한 부가서비스 제공이 가능한 경우 제외**(舊여전업감독규정§25④ i ·② ii)
○ 금융소비자에게 상응하는 다른 연계·제휴서비스등을 제공(법§20① v 但)	–
□ 연계·제휴서비스등을 정당한 이유 없이 금융소비자에게 불리하게 축소·변경(영§15③ ii 本)	□ 신용카드업자가 신용카드등의 이용 시 제공되는 추가적인 혜택을 부당하게 변경(舊여전법 시행령 별표1-3 i 마)

311) 배우자·4촌이내 혈족·인척 보유주식수 합산한다(영§15② ii 다).

금융소비자보호법	기존규제
□ 다만, 아래의 경우 제외 ○ 3년 이상 제공된 연계·제휴서비스등으로 인해 해당 금융상품의 수익성이 현저히 낮아진 경우(영§15③ ii 但)	□ 다만, 아래의 부가서비스 변경(**소비자의 권익을 증진하거나 부담을 완화하는 경우 제외**)은 제외(舊여전업감독규정§25②) ○ 신용카드등 출시 당시의 부가서비스를 축소변경하지 않고 3년 이상 경과하였고, 현재의 부가서비스를 유지할 경우 해당 상품의 수익성 유지가 어려운 경우의 변경(舊여전업감독규정§25② iii)
—312)	○ 신용카드업자가 부가서비스 유지를 위해 노력했음에도 불구하고 제휴업체가 일방적으로 부가서비스 변경을 통보함에 따른 불가피한 변경. 다만, 다른 제휴업체를 통해 동종의 유사한 부가서비스 제공이 가능한 경우는 제외(舊여전업감독규정§25② ii)
○ 판매업자등의 휴업·파산·경영상의 위기(법§20① v 但)	○ 부가서비스와 관련된 **제휴업체** 또는 신용카드업자의 휴업·도산·경영위기, **천재지변, 금융환경의 급변, 또는 그 밖에 이에 준하는 사유에 따른 불가피한 변경**(舊여전업감독규정§25② i)
□ 계약변경·해지(요구)에 **정당한 사유 없이** 금전요구하거나 **불이익** 부과(영§15④ iii가)	□ **여신거래와 관련**하여 **차주의 의사에 반하여** 예금, 적금 등 **은행상품**의 해약 또는 **인출**을 제한(舊은행법 시행령§24-5① ii) ○ **여신거래와 관련**하여 **차주의 동의 없이 담보권을 설정하거나 정당한 사유 없이 주의 또는 사고계좌로 전산등록을 하는 방법으로** 은행상품의 해약 또는 **인출**을 제한(舊은행업감독규정§88②) □ 상동(舊저축은행법 시행령§8-2 x 나) ○ 상동(舊저축은행업감독규정§35-5②)
□ 계약·법령에 따른 금리·보험료 인하요구를 정당한 사유 없이 거절하거나 처리지연(영§15④iii나)	—
□ **적합성 원칙에 따라 확인한 소비자정보**를 정당한 사유 없이 금리·**대출한도** 등에 미반영(영§15④ iii다)	□ **여신거래와 관련하여 차주가 제공한 정보**를 합리적인 이유 없이 대출금리 산정에 반영하지 않는 행위. **다만, 차주가 제공한 정보가 대출금리 산정에 영향을 미치지 않는 경우는 제외**(舊은행법 시행령§24-5①vii)

312) 법령상 예외로 규정하지 않았으나, 제휴업체가 휴업·도산·경영위기로 인해 일방적으로 연계·제휴서비스등을 축소·변경함에 따라 불가피하게 연계·제휴서비스등을 변경·축소한 경우로서, 다른 제휴업체를 통해 동종의 유사한 연계·제휴서비스등의 제공이 전혀 불가능한 경우 예외로 인정한다(신속처리시스템 회신, 여전 210525-36). 이는 기존규제상 예외였던 점과 불가피성을 감안한 것으로 이해된다. 다만, 법령에서 명시하지 않은 사항을 해석을 통해 예외로 인정하는 것은 법적 안정성을 저해하므로 향후 개정(입법적 보완)을 통해 동 예외사유를 반영할 필요가 있다.

금융소비자보호법	기존규제
	□ **여신거래와 관련하여 차주의 신용위험 및 상환능력**을 합리적 이유 없이 대출금리 산정에 반영하지 않는 행위. **다만, 차주의 신용위험 및 상환능력이 대출금리 산정에 영향을 미치지 않는 경우는 제외**(舊은행법 시행령§24-5①viii)
□ **보장성상품**(신용생명보험 제외) 계약체결을 위해 **다른 금융상품**의 이자율 우대 등 특혜 제공(규정§14⑥ ii)	□ **보험상품** 판매 시 **예금**금리의 특별우대 등 해당 은행상품과 관련된 특별이익을 제공(舊은행업감독규정§89⑧ iii)
□ **금전제공계약 체결자**의 의사에 반하여 보험상품 계약조건 등을 변경(은행만 해당)(규정§14⑥ iv)	□ 은행이 **차주**의 의사에 반하여 **보험료 납입방법 등** 보험대리점으로서 판매하는 보험상품의 계약조건 등을 변경(舊은행업감독규정§89⑧ ii)
□ 계약해지 요구를 막기 위해 재산상 이익 제공, 다른 금융상품 권유, 또는 해지 시 불이익에 대한 과장된 설명(규정§14⑥ v)	□ 신용카드업자가 신용카드회원등의 계약해지 신청 및 그 처리를 **정당한 이유 없이** 거절하거나 **지연**(舊여전법 시행령 별표1-3 i 바) ○ 회원의 계약 해지 신청시**(해지 문의시를 포함한다. 이하 같다) 부가서비스 등** 경제적 이익의 제공 또는 **제공을 약속**(舊여전업감독규정§25⑤ i) ○ 회원의 계약 해지 신청 시 **다른 상품에 대해 설명**하거나 다른 상품으로의 전환을 권유. **단, 사전동의 받은 경우 제외**(舊여전업감독규정§25⑤ ii) ○ 회원의 계약 해지 신청 시 해지할 경우의 불이익을 과장하여 설명(舊여전업감독규정§25⑤ iii) ○ **회원의 계약 해지 신청 시 신용카드업자의 인터넷 홈페이지, 자동응답전화 등을 통한 해지 신청의 편의를 제공하지 않거나 복잡한 해지절차 운영 등으로 부당하게 해지업무를 지체하여 처리하는 행위**(舊여전업감독규정§25⑤ iv)
□ 청약철회를 이유로 불이익 부과(동일 판매업자에게 동일 유형의 상품을 1개월 내 2회 이상 철회시 제외)(규정§14⑥ vi)	–
□ 계약에 따른 예치금액 회수임에도 **정당한 사유 없이** 미지급(규정§14⑥ vii)	□ 해당 은행에 예치되어 있는 예금·적금·금전신탁 등에 대하여 **예금증서 미교부 또는 보관 등의 방법으로** 사실상 해약 또는 인출을 제한(舊은행업감독규정§89⑧ i)
□ 금융소비자 또는 제3자와 담보·보증계약 시 해당 계약서에 그 담보·보증의 대상채무를 특정하지 않거나, 담보·보증이 장래 다른 채무에도 적용된다는 내용으로 계약(규정§14⑥ viii)	□ **여신거래와 관련하여** 차주 또는 제3자로부터 담보 또는 보증을 취득할 때 **정당한 사유 없이** 포괄근담보 또는 포괄근보증을 요구(舊은행법 시행령§24-5① iii) ○ 차주 또는 제3자로부터 담보를 취득할 경우 포괄근담보를 요구**(아래요건 모두 갖춘 경우는 제외)**(舊은행업감독규정§88-2① i)

금융소비자보호법	기존규제
	- **<u>차주가 장기적으로 지속적인 거래관계가 있는 기업(개인기업 포함)</u>** - **<u>포괄근담보의 설정효과에 대한 충분한 설명 및 담보제공자의 포괄근담보 설정 동의</u>** - **<u>포괄근담보가 담보제공자에게 유리하다는 사실을 입증할 수 있는 자료의 작성·보관</u>** ○ 차주 또는 제3자로부터 담보를 취득하면서 담보되는 채무의 종류와 범위를 포괄적으로 정하여 사실상 포괄근담보를 요구(舊은행업감독규정§88-2① ii) ○ 차주 또는 제3자로부터 보증을 취득할 경우 포괄근보증을 요구. 다만, **<u>기업의 실질적 소유주(과점주주 포함)라고 판단되는 경우 제외</u>**(舊은행업감독규정§88-2① iii) □ 보험회사가 **<u>대출과 관련하여</u>** 차주 또는 제3자로부터 담보 또는 보증을 취득할 때 **<u>정당한 사유 없이</u>** 포괄근담보 또는 포괄근보증을 요구(舊보험업법 시행령§56-2 ii) ○ 舊 은행업감독규정(§88-2①i)과 상동(舊보험업감독규정§5-4-2①)
□ 대출계약(기존계약)과 사실상 동일한 계약(신규계약)을 체결한 후 기존 및 신규의 합산한 계약기간이 3년을 초과하였음에도 중도상환수수료를 부과하는 등 등 계약의 변경·해지를 이유로 수수료 등 금전지급을 부당하게 요구(규정§14⑥ ix)	–
□ 근저당이 설정된 금전제공계약의 채무를 금융소비자가 모두 변제한 경우 해당 담보제공자에게 근저당설정 유지의사를 확인하지 않는 행위(규정§14⑥ x)	□ 은행은 근저당이 설정된 여신거래의 채무변제가 완료되었을 경우 담보제공자에게 근저당 설정을 유지할 것인지 여부를 확인하여야 한다(舊은행업감독규정§88-3)
□ 지급제시기간 내 자기앞수표의 도난·분실 등 사고신고가 접수되었음에도 접수일부터 5영업일 이내에 신고자가 아닌 자기앞수표 제시자에게 해당 금액을 지급(해당 기간 내 신고자가 공시최고절차 신청사실을 입증할 수 없는 경우는 제외)(규정§14⑥ xi)	□ 사고신고가 있는 자기앞수표의 처리에 관하여 아래 사항을 준수하지 않는 행위 ○ 사고신고인이 사고신고 후 5영업일 이내에 공시최고, 수표인도청구소송 등 법적 절차가 진행중임을 확인하는 서류를 은행에 제출하지 않을 경우 최종소지인에게 지급할 것(舊은행업감독규정§89⑧ vii 나)
–	□ 도시계획에 저촉되는 부동산의 담보취득에 관하여 아래 사항을 준수하지 않는 행위(舊은행업감독규정§89⑧ v) ○ 도시계획사업 시행자를 통하여 보상예정금액이 확정되는 등 채권보전에 지장이 없는 범위 내

금융소비자보호법	기존규제
	에서 취득 ○ 보상금액이 확인되지 않는 경우 합리적인 담보 취득 기준을 설정·운영
–	□ 사고신고가 있는 자기앞수표의 처리에 관하여 다음 각 목에서 정하는 사항을 준수하지 않는 행위 ○ 지급제시기간 내 지급제시된 자기앞수표에 대하여 도난, 분실 등 사고신고된 경우에는 지급을 정지(舊은행업감독규정§89⑧ⅶ가) ○ 지급제시기간 경과 후 지급제시된 경우에는 사고신고인 또는 지급제시인으로 하여금 법적 절차를 취하게 하거나 당사자간 화해를 적극 주선(舊은행업감독규정§89⑧ⅶ다)
–	□ 자기앞수표의 분실, 도난 등으로 인한 법원의 제권판결을 위하여 사고신고인이 미지급증명 발급을 신청하는 경우에 사고신고담보금을 요구(舊은행업감독규정§89⑧ⅸ)
–	□ 종합금융회사가 부담하고 있는 신용위험 등을 직접 또는 간접으로 부당하게 거래고객에게 이전(舊자본시장법 시행령§330③ⅱ)
–	□ 여신취급과 관련하여 백지수표를 받거나 담보용 백지어음의 보충권을 남용(舊은행업감독규정 §88-2③ⅱ) □ 보험회사는 대출취급 또는 보험계약체결과 관련하여 백지수표를 징구하는 등 불건전한 영업행위를 하여서는 아니 된다(舊보험업감독규정§5-15④)
–	□ 보험회사가 보험가입이 되지 아니한 사실을 이유로 대출을 거절(舊보험업감독규정§5-15⑩ⅱ)

구속행위 간주규제는 舊은행법, 舊보험업법, 舊저축은행법에 공통적으로 규율되는 주요규제이다. 먼저 기존규제(舊은행법, 舊보험업법, 舊저축은행법)와 비교 시 보호대상에 피성년·피한정후견인을, 판매가 제한되는 상품에 투자일임 및 온라인연계투자 계약을 추가하여 금융소비자 보호를 더 두텁게 하는 한편, 금전신탁은 원금이 보장되더라도 투자성 상품으로 분류하여 규제를 강화한다. 또한 소비자 부담을 감안하여 일반차주(개인)에 대해서도 대출 전·후 1개월 내 투자성 상품 판매를 보험과 같이 1%까지만 허용한다. 마지막으로 1%까지 소기업·소상공인공제 및 성과보상공제 판매가 허용되는 차주를 중소기업으로 한정하여 규제를 강화하고, 상품권의 경우 전면 판매를 금지한다.

❖ 구속행위 간주규제 비교

제한상품	중소기업		저신용자		피성년 · 피한정후견인 (저신용자 제외)		그 밖의 차주	
	기존	현행	기존	현행	기존	현행	기존	현행
보험	×	×	×	×	1%	×	1%	1%
펀드, 원금비보장형 금전신탁	×	×	×	×	–	×	–	1% (개인한정)
투자일임, 온라인연계투자	–	×	–	×	–	×	–	1% (개인한정)
원금보장형 금전신탁	1%	×	1%	×	–	×	–	1% (개인한정)
예 · 적금313)	1%	1%	1%	1%	–	1%	–	–
소기업·소상공인 및 성과보상공제	1%	1%	1%	×	–	×	–	×
상품권314)	1%	×	1%	×	–	×	–	×

* ×: 판매금지, 1%: 1%룰315), –: 규제 없음, 기존규제와 비교제와 비교시 강화된 경우 음영표시

1. 은행법

舊은행법(§52-2)에서 구속행위, 부당한 담보 · 보증요구 등이 금지되었다. 동 규제가 금융소비자보호법으로 이관되면서 대부분의 조항이 삭제되었으나(법 부칙§13⑮), 감독규정 상 일부조항(舊은행업감독규정§89⑧ vi · viii)이 불건전 영업행위 중 하나로 개정되어 존치한다(규정 부칙§3⑧).

313) 판매제한 상품이 수시입출금예금이거나, 월지급액이 10만원 이하거나 총 지급액이 100만원 이하인 경우 제외된다.

314) 권면금액에 상당하는 물품 또는 용역을 제공받을 수 있는 유가증권을 의미한다. 다만, 온누리상품권 및 지방자치단체가 발행한 상품권은 제외한다(규정§14⑥ i 다).

315) '1%룰'은 [(대출 전후 1개월 내 차주에게 다른 금융상품을 판매하여 받는 월 납입액) / 대출금액 ×100]이 1%를 넘길 수 없다는 의미이다.

舊은행업감독규정	현행
제29조의3(불건전 영업행위의 금지) ② 영 제20조의2제5호에서 "금융위원회가 정하여 고시하는 행위"란 다음 각 호의 행위를 말한다. 다만, 제1호부터 제3호까지의 어느 하나에 해당하는 행위는 감사통할책임자의 확인 및 영업점장의 승인을 받은 경우에는 이를 제외하고, 은행은 그 처리사항에 관한 기록 및 보관 등 관리를 철저히 하여야 한다. 1. ~ 4. (생 략) <신 설> <신 설>	**제29조의3(불건전 영업행위의 금지)** ② (현행과 같음) 1. ~ 4. (현행과 같음) 5. (舊 제89조제8항제6호와 같음) 6. (舊 제89조제8항제8호와 같음)
제89조(금융거래조건의 공시 및 설명 등) ⑧ 영 제24조의5제4항에 따라 은행은 은행이용자의 피해 또는 금융 분쟁을 유발할 수 있는 다음 각 호의 행위를 하여서는 아니된다. 6. 집합건물의 소유 및 관리에 관한 법률에 따른 집합건물을 담보로 하는 대출에 관하여 다음 각 목에서 정하는 사항을 준수하지 않는 행위 가. 원칙적으로 동 담보건물의 건축자금에 한하여 취급할 것 나. 입주자 또는 입주예정자 등 제3자의 기득권 보호를 위한 조치를 강구한 후 취급할 것 8. 당좌대출에 대한 부채잔액증명서 발급시 미결제타점권(未決濟他店券) 입금액(자기앞수표, 송금수표, 우편환증서 및 국고수표는 제외한다)이 있는 경우 그 내용을 별도 기재하지 않는 행위	<삭 제>

2. 자본시장법

舊자본시장법(영§330③)에서 불공정영업행위와 관련된 규제는 종합금융회사에 대한 예금상품 구속행위가 유일하였다. 동 규제는 금융소비자보호법으로 이관되어 모두 삭제되었다(영 부칙§2㉑).

3. 보험업법

보험회사에 대해서는 대출 실행 시 차주에게 과중한 부담을 주는 보험계약체결 요구 등을(舊보험업법§110-2), 금융기관보험대리점에 대해서는 대출을 조건으로 보험계약체결을 요구하는 행위 등을 금지했다(舊보험업법§100). 동 규제는 금융소비자보호법으로 이관되어 모두 삭제되었다(법 부칙§13⑦).

4. 저축은행법

은행법과 거의 유사하게 구속행위 등을 舊저축은행법(영§8-2 x)에서 규율했으며, 현재 금융소비자보호법으로 이관되어 모두 삭제되었다(영 부칙§2⑬).

5. 여신전문금융업법

舊여신전문금융업법(영 별표1-3 i 마·바)에서는 부가서비스를 부당하게 변경하는 행위 및 정당한 이유 없이 소비자의 해지신청을 거절하는 행위를 금지행위로 규율하였다. 현재 동 규제는 금융소비자보호법으로 이관되어 모두 삭제되었다(영 부칙§2⑲). 이로 인해 舊여신전문금융업법(영 별표1-3 i 마·바)상 규제대상이었던 직불카드, 선불카드의 규제공백이 발생한다. 금융소비자보호법상 금융상품(적용대상)이 아니기 때문이다. 향후 입법적 보완이 필요할 것으로 보인다.

Ⅶ. Q&A

[중도상환수수료]

1. '대출계약 성립일'로부터 3년 이내 상환 시 중도상환수수료를 부과하지 못하도록 한 규정(법§20① iv 나1))에서 '대출계약 성립일'의 해석기준은?

금융소비자의 청약에 대해 은행이 소비자에 승낙의 의사표시를 한 때로 보아야 한다는 점, 금융소비자가 은행의 승낙에 대한 의사표시를 인지하는 때는 통상 은행으로부터 대출금을 받는 때로 볼 수 있는 점을 감안하여 '대출계약이 성립한 날'은 일반적으로 '대출 실행일'로 볼 수 있음.

2. 보험회사의 PF대출(기업대출 포함)이 대출성 상품에 해당하여 중도상환수수료 부과 금지규제를 적용받는지?
신속처리시스템 회신(생보 210409-9)

보험회사가 대출을 취급하는 경우 대출성 상품에 해당*(하므로(규정§2① ii), PF대출도 중도상환수수료 관련 규제를 적용받음)*.

3. 프로젝트 금융(대출)과 관련하여 차주가 프로젝트에서 발생하는 현금흐름으로 조기상환(리파이낸싱)하는 경우 대부업법 규정[316)]을 근거로 상환 시점에 상관없이 중도상환수수료를 면제할 수 있는지?
신속처리시스템 회신(은행 210421-53)

금융소비자보호법상 금융소비자의 대출 상환시기에 대한 선택권 확대를 위해 중도상환수수료 부과를 원칙적 금지하되, 대출계약 성립한 날로부터 3년 이내이거나, 타 법령상 중도상환수수료 부과가 허용되는 경우 예외적으로 허용됨.
대부업법 시행령 제9조제3항제3호 규정은 대부업법상 최고금리 규제 관련 이자율의 계산에 대한 규정으로서, 직접적으로 중도상환수수료를 허용하는 근거규정으로 볼 수 없음. 따라서 리파이낸싱일로부터 3년이 도과되었다면 중도상환수수료를 부과할 수는 없을 것으로 판단됨.

4. 중도상환수수료 부과 금지 조항에서 말하는 중도상환수수료는 고객의 기한 전 상환으로 인하여 은행에게 실제 손해가 발생하는 경우의 비용(스왑 해지 비용 등)도 포함되는지?
법령해석 회신문(210329)

중도상환으로 발생한 스왑 해지 비용 역시 중도상환을 이유로 고객에게 부과하는 비용이라면 금융소비자보호법상 중도상환수수료에 포함됨. 따라서, 중도상환수수료 부과가 가능한 예외 사유(대출계약 성립 3년 이내 상환 등)에 해당하지 않는 이상, 스왑 해지 비용 등을 중도상환을 이유로 고객에게 부과하는 행위는 금융소비자보호법상 불공정영업행위에 해당함.

---

316) 대부업법 및 동법 시행령(법§15②·§8②, 영§9③iii)은 이자율 산정 시 '만기가 1년 이상인 대부계약의 대부금액을 조기상환함에 따라 발생하는 비용으로서 조기상환 금액의 100분의 1을 초과하지 아니하는 금액'을 이자로 보지 않는다.

5. 아래의 경우가 기존 대출계약의 유지 기간과 신규 대출계약(기존 계약과 사실상 동일)의 유지기간을 합하여 3년이 넘었음에도 중도상환수수료를 부과하는 행위에 해당하는지?

1 사례1: 기존 대출 1억 → 금번 기존 대출 1억 상환조건으로 동일 금액을 대출

2 사례2: 기존 대출 1억 → 금번 기존 대출 1억 상환 + 신규 추가금액 2천만원 지급조건으로 1.2억 대출(추가금액은 금융소비자에게 지급)

신속처리시스템 회신(생보 210409-8)

동 규제(규정§14⑥ix)의 취지는 중도상환수수료 부과기한(3년) 규제를 회피하기 위해 금리나 대출금 등 계약의 주요 내용이 동일한 계약을 새로 체결하는 행태를 방지하는 데 있음. 따라서 '사실상 동일한 계약'은 구체적인 사실관계에 따라 계약의 주요 내용이 동일한지 여부를 기준으로 달리 해석하여야 함.

동 사실관계에 따르면, 사례1의 경우 계약의 주요 내용이 변경되지 않았으므로 '사실상 동일한 계약'에 해당하며, 사례2의 경우는 기존 계약보다 신규 계약의 대출금액이 큰 경우로서 계약의 주요 내용이 변경되었기 때문에 '사실상 동일한 계약'으로 보기 어려움.

6. 기존 대출계약과 신규대출 계약 기간을 합산하여 3년 이내인 경우 중도상환수수료 부과를 금지하는 규제(감독규정§14⑥ix)의 적용시점은?

신속처리시스템 회신(생보 210406-2)

동 규제는 '기존 대출계약'이 금융소비자보호법 시행 이후 체결된 계약인 경우부터 적용됨.

7. '중도금대출을 잔금대출로 전환하는 경우'도 '기존 계약을 해지하고 그 계약과 사실상 동일한 계약을 체결한 경우'에 해당되는지?

신속처리시스템 회신(은행 210415-37)

중도금대출과 잔금대출은 담보, 대출기간, 상환방식 등이 상이하므로 '사실상 동일한 계약'으로 보기 어려움.

8. 다음의 사례가 '그 계약과 사실상 동일한 계약(규정 §14⑥ix)'에 해당하는지?

1 한도거래를 개별거래로 재대출 또는 대환하는 경우[317]

317) (예시) 3천만원 한도대출(실제 대출한 금액은 1천) → 개별 1천만원 대출 3건

2 정책자금대출 등 외부차입자금으로 취급된 대출을 은행자금대출로 재대출 또는 대환하는 경우
3 다수의 기존 계약을 해지하고 하나의 신규계약으로 체결하는 경우
4 중도상환수수료가 부과되지 않는 기존계약을 중도상환수수료가 부과되는 계약으로 신규 체결하는 경우

1 한도거래 시 한도약정수수료나 한도미사용수수료를 받고 있으므로 사실상 동일 계약으로 볼 필요 있음.

[필자 보충의견] 3천만원 한도대출에서 실제 대출실행한 금액은 1천에 불과하더라도 2천만원에 대한 한도미사용수수료를 받고 있다면, 1천만원 대출이 아니라 3천만원 전체에 대한 대출로 볼 수 있으므로 개별거래로 대출 받은 총 금액(3천만원)이 기존 한도 거래상 대출가능금액과 동일하다면 '사실상 동일한 계약'으로 판단됨.

2 계약의 주요 내용이 변경되는 게 아니라 은행의 자금조달방식에 변경이 있는 것으로 사실상 동일한 계약에 해당.
3 기존 개별 계약과 신규계약 간 계약의 주요 내용에 변경이 있다면 사실상 동일한 계약이 아님.
4 중도상환수수료는 계약체결 의사결정에 비교적 중요한 사항 중 하나이므로 사실상 동일한 계약 아님.

9. 기존 계약(2021.3.25일 이후 체결)을 3년 이내에 중도상환하고, 동일한 신규 계약을 체결하는 경우[318] 기존계약에 중도상환수수료를 부과할 수 있는지?

중도상환수수료 부과 가능함.

[필자 보충의견] 불공정영업행위로 금지되는 중도상환수수료 부과행위는, 기존계약(A)을 해지하고 사실상 동일성이 인정되는 신규계약(B)을 체결한 후 신규계약(B)을 3년 이내에 중도해지하려는 경우로서, 신규계약의 유지기간과 기존계약의 유지기간을 합하여 3년을 초과함에도 신규계약의 유지기간이 3년 이내임을 이유로 신규계약(B)에 대해 중도상환수수료를 부과하려는 경우인바, 본 건과 같은 기존계약에 대한 중도상환수수료 부과 가부는 동 규정의 적용대상이 아님.

318) (예시) 2020.1.1.에 5년 만기로 A대출 계약체결 후 2021.6.30.에 A대출 상환 및 동일한 성격의 B대출 계약을 체결한다.

10. 아래 예시와 같이 기존 계약을 해지하고 그 계약과 사실상 동일한 계약을 체결하는 사례가 연속적으로 여러 차례 발생하는 경우(아래 예시) 중도상환수수료 부과 가능 기간(3년)의 산정 기준은?

2020.6.1. A 대출 실행

2021.1.1. 대환대출 B 실행

2022.1.1. 대환대출 C 실행

2023.1.1. 대환대출 D 실행

※ 대환대출 B,C,D는 모두 A 대출 전액을 순차적으로 대환한 것으로 A와 사실상 동일한 대출계약

신속처리시스템 회신(은행 210426-63)

감독규정 제14조제6항제9호는 중도상환수수료 부과기한(3년) 규제를 회피하기 위해 금리나 대출금 등 계약의 주요내용이 동일한 계약을 새로 체결하는 행태를 방지하는데 있음. 동 규정상 기존계약은 반드시 신규계약 직전 체결된 계약으로 한정되지 않음.
사실관계상 전제된 바와 같이 연속된 계약 모두 사실상 동일한 계약에 해당한다면, 최초 체결된 계약을 기준으로 3년의 기간을 기산하여야 함. 단 금융소비자보호법 적용은 법 시행 이후 체결된 계약부터 적용됨.

[특정 상환방식]

11. 특정 대출의 상환방식을 강요하는 행위(법§20①iv가)란?

신속처리시스템 회신(은행 210405-18)

'특정 상환방식 강요행위'인지 여부는 원칙적으로 소비자의 재산상황 및 변제계획, 소비자 상환부담의 경감여부 등을 종합 고려하여 판단해야 함. 다만, 법령 및 정부의 행정지도 등으로 불가피하게 상환방식을 한 종류로만 제한해야 하는 경우는 '강요행위'로 보지 않음.

12. 특정 대출의 상환방식을 강요하는 행위(법§20①iv가)로 판단하는 기준은?

공정거래위원회 예규인 「불공정거래행위 심사지침」 제6호 거래상지위의 남용의 (4) 위법성 판단 일반기준[319]을 참고하여 구체적 사실관계에 따라 판단 가능함.

[연대보증]

13. 연대보증을 대신하여 실무상 운영하는 자금보충, 조건부채무인수약정이 '연대보증 금지'에 위반되지 않는지?

3차 FAQ(1면)

금융소비자보호법상 연대보증이란, 그 형식이나 명칭에 관계 없이 채무자가 채권자에 대한 금전채무를 이행하지 아니하는 경우에 보증인이 그 채무를 이행하기로 하는 채권자와 보증인 사이의 계약 중, 민법 제437조 본문에 따른 최고 · 검색의 항변권 및 민법 제439조에 따른 분별의 이익이 배제되는 계약을 의미함.

보증인 보호를 위한 특별법 제2조(정의) 이 법에서 사용하는 용어의 뜻은 다음과 같다.
2. "보증계약"이란 **그 형식이나 명칭에 관계없이 채무자가 채권자에 대한 금전채무를 이행하지 아니하는 경우에 보증인이 그 채무를 이행하기로 하는 채권자와 보증인 사이의 계약**을 말한다.

14. 금융기관이 A에게 대출을 함에 있어 C가 자금보충확약[320]을 하는 경우 C가 금융소비자보호법이 요구하는 연대보증인 자격이 있어야 하는지?

법령해석 회신문(220053)

자금보충확약은 채무자의 금전채무 불이행시 확약 상대방이 실제 해당 채무를 부담하는 것이고, 별도로 최고 · 검색의 항변권이나 분별의 이익이 보장되지 않는 것으로 보이는 바 금융소비자보호법 상 연대보증에 해당될 것으로 판단. 따라서 금융소비자보호법 상 연대보증 자격이 있는 자에 한해서 자금보충확약이 가능함.

---

319) (가) 거래상지위 남용행위는 사업자가 거래상대방에 대해 거래상지위를 가지고 있는 지 여부, 거래내용의 공정성을 침해하는지 여부, 합리성이 있는 행위인지 여부를 종합적으로 고려하여 판단한다.
(나) 거래상지위 여부는 이 지침의 「V. 6. (3) 거래상지위 여부」에서 제시되는 바에 따라 판단한다.
(다) 거래내용의 공정성 여부는 당해 행위를 한 목적, 거래상대방의 예측가능성, 당해업종에서의 통상적인 거래관행, 관련법령 등을 종합적으로 고려하여 판단한다.
(라) 합리성이 있는 행위인지 여부는 당해 행위로 인한 효율성 증대효과나 소비자후생 증대효과가 거래내용의 불공정성으로 인한 공정거래저해 효과를 현저히 상회하는지 여부, 기타 합리적인 사유가 있는 여부 등을 종합적으로 고려하여 판단한다. 다만, 거래상지위 남용행위의 속성상 제한적으로 해석함을 원칙으로 한다.

320) 자금보충 확약의 내용: "자금보충인은 차주가 대출원리금을 상환하지 못하는 경우 해당 금원을 차주에게 대여하기로 한다.

15. 금융기관이 법인인 금융소비자에 대한 대출을 하면서 금융소비자보호법 시행령 제15조제2항 각호의 요건을 갖추지 않은 자를 일반보증인으로 입보하는 것이 가능한지?

법령해석 회신문(220098)

금융소비자보호법 제20조 및 동법 시행령 제15조는 판매업자등의 불공정영업행위 금지를 위하여 대출성 상품에 대한 제3자의 연대보증을 원칙적으로 금지하고, 예외적인 경우에 한하여 연대보증을 허용하고 있는 규정임. 따라서 시행령 제15조제2항 각 호의 요건을 일반보증에 대한 입보를 제한하는 규정으로 해석하기는 어려워 보임.

16. 법 시행 전 연대보증된 대출계약이 법 시행 후 만기연장·재약정되는 경우, '연대보증 금지' 관련 조항이 적용되는지?

최초 계약과 동일한 내용으로 대출계약이 만기연장, 재약정되는 경우 적용된다고 보기 어려움.

17. 주택도시보증공사·한국주택금융공사(이하"보증기관")와 관련한 보증부대출 취급과정에서 은행의 아래 업무처리가 연대보증 요구(법§20①ⅳ다)에 해당하는지?

1 은행이 보증의뢰인(차주)의 이해관계인으로부터 신용보증서 발급에 필요한 연대보증 입보서류를 보증기관을 대신하여 징구

2 은행이 보증기관에서 보증한 대출상품을 취급 시, 대출금액 중 비보증 부분에 대해 차주의 이해관계인에게 연대보증을 입보

1 주택도시보증공사·한국주택금융공사의 보증서비스는 금융소비자보호법 적용대상(금융상품)이 아니므로 해당 기관의 연대보증 입보서류를 은행이 대신 받는 행위는 불공정영업행위에 해당하지 않음.

2 차주의 이해관계인이 금융소비자보호법상 연대보증 허용범위에 포함되지 않으면 해당 이해관계인에 대한 연대보증은 불공정영업행위에 해당됨.

18. 다수인(연대보증 예외사유에 해당하는 자)에 대한 연대보증 입보가 가능한지?

신속처리시스템 회신(여전 210422-14)

현행 규정에서 연대보증인의 수를 제한하고 있지는 않으므로 연대보증인이 다수라는 이

유만으로는 불공정영업행위으로 보지 않음.

19. 대출 취급시점에는 연대보증 가능한 제3자에 해당하나, 대출 실행 이후 연대보증 자격이 상실되는 경우[321] 불공정영업행위에 해당하는지?

신속처리시스템 회신(은행 210517-102)

불공정영업행위(법§20①ⅳ다)는 '개인에 대한 대출 등 대통령령으로 정하는 대출상품의 계약과 관련하여 제3자의 연대보증을 요구하는 경우'를 의미하며 이는 판매업자등이 금융소비자보호법상 연대보증이 허용되지 않는 자를 대상으로 연대보증 계약을 체결하도록 요구하는 경우를 전제로 함.

금융소비자보호법상 연대보증이 허용되는 자를 대상으로 연대보증 계약을 체결한 이후, 소비자 또는 연대보증인의 사정으로 해당 연대보증인이 금소법상 허용되지 않는 자로 변경되는 경우에는 법 제20조제1항제4호다목에 따른 불공정영업행위에 해당하지 않음.

20. 건축물분양법[322]에 따른 분양대금을 지급하기 위한 대출 취급 시 같은 법에 따른 분양사업자 및 시공사의 연대보증이 허용되는데(시행령§15②i나), 아파트·지식산업센터 등 건축물분양법의 적용을 받지 않는 건축물에 대한 분양자금 대출 취급 시에도 동 규정이 적용되는지?

신속처리시스템 회신(은행 210402-12)

아파트·지식산업센터 등 건축물분양법의 적용을 받지 않는 건축물에도 동 조항이 적용됨. 건축물분양법의 개념을 차용한 취지는 연대보증을 입보할 수 있는 '대출종류'(분양대금을 지급하기 위한 목적의 대출)와 '연대보증인'(분양사업자)의 범위를 보다 명확히 하기 위한 것임.

21. 은행권은 프랜차이즈 가맹점(개인사업자)에 대한 대출 시 프랜차이즈 본사의 연대보증을 통해 해당 가맹점에 자금을 지원하는 형태의 협약대출을 운용하고 있는데 동 연대보증이 허용되는지?

신속처리시스템 회신(은행 210412-23)

금융소비자보호법상 하위법령에서 열거된 예외적인 사유에 한하여만 연대보증을 허용하

321) (예시) 법인의 자사주 매입을 목적으로 한 운전자금 대출 취급 시, 자사주를 매도하려는 주주(의결권 있는 주식 30%초과 보유)가 연대보증을 입보하였고 대출 실행이후 지분매매가 이뤄진 경우.
322) 건축물분양법(§3②)은 주택, 지식산업센터 등의 건축물을 법률의 적용범위에서 제외한다.

고 있어 현행 법령상 프랜차이즈 본사의 연대보증을 허용된다고 판단하기 어려움. 다만, 금융소비자보호법상 연대보증이 아닌 일반보증은 허용되므로 필요 시 일반보증을 활용할 수 있음.

22. 금융소비자보호법 시행 후 다수의 은행, 증권, 보험사 등 금융기관에서 취급하는 법인대출에 대해 '주택도시보증공사(HUG)'가 연대보증[323]을 할 수 있는지?

신속처리시스템 회신(금투 210423-9)

주택도시보증공사의 보증은 근거법률인 주택도시기금법에 따라 제공되는 공공서비스로 금융소비자보호법 제20조제1항제4호다목의 취지상 해당 규정에 따른 연대보증으로 보기는 어려움.

23. 판매업자가 법인인 금융소비자에 대한 대출 시 해당 법인의 대표이사의 직을 수행하고 있는 제3자에 대해서 연대보증을 요구할 수 있는지?

법령해석 회신문(220097)

금융소비자보호법 시행령 제15조제2항제2호 단서조항의 가목은 판매업자가 법인에 대한 대출 시 제3자의 연대보증을 요구할 수 있는 예외적인 경우로 해당 법인의 대표이사 또는 무한책임사원을 들고 있음. 따라서 법인의 대표이사인 제3자는 연대보증을 요구할 수 있는 예외적인 경우에 해당됨.

24. 판매업자등이 법인인 금융소비자에 대한 대출 시 단순고용임원인 대표이사에 대해서 연대보증을 요구할 수 있는지?

법령해석 회신문(220145)

법 시행 이전부터 법인에 대한 대출 시 연대보증이 허용되는 경우에서 '대표이사가 단순고용임원인 경우'는 제외되었음. 법인에 대한 실질적 지배권이 없는 단순고용임원이 회사의 강압에 따라 연대보증을 하여 거액의 채무를 부담하는 등의 폐해를 방지하기 위해, 법인 대출 시 대표이사의 연대보증을 허용하면서도 대표이사가 단순고용임원인 경우는 허용대상에서 제외하였던 것임.

---

323) 부동산(주택) PF 대출의 상당수가 연대보증인으로 주택도시기금법에 따른 주택도시보증공사를 입보한다.

따라서 시행령 제15조제2항가목에 따라 법인에 대한 대출 시 예외적으로 연대보증이 허용되는 '대표이사'에 '단순고용임원인 대표이사'는 포함되지 않는 것으로 해석함이 타당함.

25. 연대보증과 관련하여, 아래 사례가 가능한지?

1 대표이사 개인이 대출성 상품에 대한 계약을 체결할 경우, 그 대표이사의 법인 (대표이사가 지분을 보유함)을 연대보증인으로 요구[324)]할 수 있는지?

2 개인이 화물차 구입 시 업무와 연관 있는 법인을 연대보증인으로 입보[325)] 가능한지?

신속처리시스템 회신(여전 210427-17)

금융소비자보호법상 개인에 대한 대출인 경우 시행령 제15조제2항제1호 각 목의 제3자[326)]에 대해서만 연대보증을 요구할 수 있으므로 동 사례의 경우 법인을 연대보증인으로 입보할 수는 없음.

26. 본인(A)은 법인에 대하여 주식을 전혀 보유하고 있지 않으나, '배우자 · 4촌 이내의 혈족 및 인척'이 보유한 의결권 있는 발행주식을 합산하여 해당 법인의 의결권 있는 발행 주식 총수의 100분의 30 이상 보유한 개인(A)은 해당 법인의 연대보증인으로 입보할 수 있는지?

신속처리시스템 회신(저축 210914-35)

금융소비자보호법상 제3자 연대보증은 원칙적으로는 금지되고 시행령상 열거된 경우에 한하여 예외적으로만 허용되므로, 연대보증인을 판단함에 있어 엄격히 해석해야 됨.
동법 시행령의 취지가 대표이사, 최대주주, 주요주주 등 법인과 직접적 관련이 있는 자에 한해 연대보증을 허용하는 것임을 감안할 때, '의결권 있는 주식 총수의 30%를 초과하여 보유한 자'의 경우에도 주식을 직접적으로 보유하고 있는 경우에 한정하여 해석하는 것이 적절함.

---

324) (예시) 대표이사가 개인대출을 활용하여 법인 영업에 필요한 화물차를 구입하는 경우.
325) (예시) 용역업무를 위해 화물차를 구입하는 개인이 해당 용역의 계약 당사자인 법인을 연대보증인으로 요구하는 경우.
326) 사업자등록증상 공동대표자, 분양대금 대출시 분양사업자 및 시공사.

27. 부동산 프로젝트금융의 경우 해당 사업 차주인 법인에 대해 시공사가 연대보증을 할 수 있는지?

3차 FAQ(1면)

시공사는 금융소비자보호 감독규정(§14①2호)에 따라 '프로젝트금융 사업[327])에 따른 이익을 차주와 공유하는 법인'으로 보아 연대보증을 할 수 있음.

28. 법인을 대상으로 한 분양사업(예: 아파트형 공장 등) 관련 집단대출의 경우에도 개인과 같이 시공사 연대보증이 가능한지?

3차 FAQ(1면)

(감독규정 개정을 통해 법인의 분양대금 대출 시 시공사 연대보증 허용.)

29. 차주가 법인이 아닌 지역주택조합 등의 조합인 경우에도 시공사의 연대보증을 허용하는지?

옴부즈만 회신(2021.04.06.접수)

시행령 제15조제2항제3호에서는 조합·단체가 차주인 경우 연대보증이 가능한 자를 해당 조합·단체의 대표자로 한정*(하고 있어, 지역주택조합이 민법상 조합에 해당한다면 연대보증 불가).*

30. 차주가 도시정비법상 재건축조합 또는 주택법상 지역주택조합인 경우 프로젝트금융의 시공사 연대보증이 가능한지?

법령해석 회신문(220174)

시행령 제15조제2항제2호 단서 및 감독규정 제14조제1항제2호에 따르면 법인인 금융소비자에 대한 대출 시, 자본시장법에 따른 프로젝트금융(대출 한정) 또는 이와 유사한 구조의 금융상품에 관한 계약을 체결하는 경우에 그 프로젝트금융의 대상이 되는 사업에 따른 이익을 금융소비자와 공유하는 법인의 경우에는 연대보증이 허용됨.
도시정비법에 따른 재개발 · 재건축 조합은 근거 법률에 따라 법인격이 인정되므로 법인인 금융소비자에 해당*(하여 시공사 연대보증이 가능함)*. 다만, 주택법상 지역주택조합은 근거법상 법인격을 인정하는 조항이 없으므로 법인인 금융소비자로 볼 수 없*(어 시공사 연대보증이 불가)*.

327) 차주가 특수목적법인(SPC)인 경우로 한정하지 않는다.

[연계 · 제휴서비스]

31. 연계 · 제휴서비스가 무료로 제공된 경우에도 해당 서비스의 변경 · 축소행위가 불공정영업행위(영§15③ⅱ)에 해당하는지?

대가여부를 불문하고 금융소비자의 계약체결 시 의사결정에 영향을 미칠 수 있는 연계 · 제휴서비스는 규제대상에 해당됨.

32. 금융상품의 고객 유치를 위해서 커피쿠폰, 온라인 적립금 등을 일회성으로 제공하는 것[328]도 금융소비자보호법상 연계 · 제휴서비스에 해당하여 불공정영업행위 규제를 준수해야 하는지?

신속처리시스템 회신(은행 210420-49)

금융소비자보호법에서는 연계 · 제휴서비스를 금융상품과 연계되거나 제휴된 금융상품 또는 서비스로 규정. 연계 · 제휴서비스를 규율하는 취지는, 판매업자 또는 자문업자가 계약을 체결한 금융상품 · 서비스에 부가하여 제공하기로 한 서비스로 인한 소비자 피해[329]를 방지하는 데 있음. 따라서 금융상품 가입 시 일회적으로 제공되는 쿠폰, 사은품은 금융상품 계약내용의 일부를 구성한다고 보기 어려우므로 금융소비자보호법상 연계 · 제휴서비스로 보기 어려움.

33. 은행계좌를 결제계좌로 한 신용카드 이용실적에 따라 가계대출에 우대금리를 적용하는 경우[330] 금융소비자보호법(§20①ⅴ) 상 '연계 · 제휴서비스등'에 해당하는지?

신속처리시스템 회신(은행 210503-71)

'신용카드 결제실적에 따른 대출금리 우대'는 금융소비자보호법상 연계 · 제휴서비스로 보기 어려움. 금리우대는 '대출'에 부가하여 제공되는 서비스가 아니라 해당 금융상품의 주된 계약내용(금리, 대출한도 등)에 해당하기 때문임.

---

328) (예시1) 모바일 앱, SNS플랫폼 등 판매채널 활성화를 위해 일정기간동안 특정 채널에서 가입하는 경우 커피쿠폰 등의 다양한 리워드를 일회성으로 제공.
(예시2) 대면창구에서도 영업 프로모션을 위해 특정 기간동안 금융상품을 가입한 고객에게 달력, 치약, 수세미 등 다양한 사은품을 제공.

329) 계약 시 약정한 부가서비스를 부당하게 축소하거나 변경.

330) (예시) 결제계좌가 은행이고 해당 은행의 자회사인 신용카드사의 카드 이용실적이 최근 3개월간 50만원 이상인 경우 0.1%p 우대금리 적용.

34. 아래 혜택이 "연계/제휴서비스"에 해당하는지?

구분	혜택
쿠폰지급형	온라인 플랫폼의 자사 광고배너를 통해 유입된 대출신청 고객에게 해당 앱에서 등록 가능한 신용관리 쿠폰 지급
금융혜택형	온라인 플랫폼의 자사 광고배너를 통해 유입되는 고객에게 유입채널에 따라 금리혜택(신용대출 시 연 −0.5% 금리할인 및 보통예금 시 연 +0.5% 추가 금리 제공)
포인트지급형	○○페이 등 간편결제 플랫폼에서 당행 결제계좌 신청 및 결제계좌 연동시 간편결제 플랫폼의 포인트 제공

신속처리시스템 회신(저축 210416-04)

쿠폰지급형 및 포인트지급형은 소비자가 금융상품 신청 시 일시적으로 제공되는 금전적 성격의 대가에 해당하므로 금융소비자보호법상 연계·제휴 서비스로 보기는 어려움. 금융혜택형의 경우, 직접판매업자가 직접 제공하는 서비스이며, 소비자의 금융상품 신청경로에 따라 금융상품의 구조를 변경하는 것으로 금융소비자보호법상 연계·제휴 서비스로 보기는 어려움.

35. 일부 입출금이 자유로운 예금상품에는 CD/ATM 이용시 출금 및 이체 수수료를 면제해주는 혜택(수수료 우대혜택)이 있는데, 동 면제조건 변경 시 금융소비자보호법상 연계·제휴서비스의 변경에 따른 고지의무를 준수해야 하는지?

신속처리시스템 회신(은행 210525-105)

금융소비자보호법상 연계·제휴서비스는 특정 금융상품과 연계 또는 제휴되어 계약체결 시 소비자의 의사결정에 영향을 미칠 수 있는 부가적인 서비스 등을 의미함. CD/ATM 이용시 출금 및 이체 수수료면제 혜택을 받기 위해 예금상품을 가입한 경우, 해당 혜택을 부당하게 축소하면 소비자 피해가 발생될 우려가 있으므로 금융소비자보호법 감독규정 제14조제2항의 적용대상에 포함될 것으로 판단됨.

36. 수신 입출금상품 서비스의 일종으로, 입금된 자금이 증권사 CMA계좌로 자동 입금되는 스윙(Swing)서비스를 운영할 경우, 이를 증권사와의 연계·제휴서비스라고 볼 수 있는지?

신속처리시스템 회신(은행 210511-96)

금융소비자보호법상 연계·제휴서비스는 특정 금융상품과 연계 또는 제휴되어 계약체결시 소비자의 의사결정에 영향을 미칠 수 있는 부가적인 서비스 등을 의미함. 동 사례의 예금상품의 경우 입금된 금액이 스윙서비스를 통해 증권사 CMA계좌로 자동 입금되는 특징을 가지고 있고, 스윙서비스 혜택을 누리기 위해 예금상품을 가입한 경우, 해당 혜택을 부당하게 축소하면 소비자 피해가 발생될 우려가 있어 금융소비자보호법 감독규정 제14조제2항의 적용대상에 포함될 것으로 판단됨.

아울러 스윙서비스로 인한 혜택 등이 실질적으로 해당 수시 입출식 상품의 금리를 결정하는 등 중요한 요소를 구성하는 경우 금융소비자보호법상 연계·제휴서비스가 아니라 해당 금융상품의 주된 계약내용에 해당할 수 있음.

37. 금융소비자가 보험금 대신 선택하는 보험상품의 현물급부 담보[331]는 보험상품의 주된 계약의 내용으로 약관에 기재되어 있는데 동 담보서비스가 연계·제휴서비스에 해당하는지?

신속처리시스템 회신(손보 210726-32)

보장성 상품 약관에 포함되어 보험료, 보장내용 등 상품의 중요 내용을 해당되는 것이라면 이는 보장성 상품을 구성하는 요소로서 금융소비자보호법상 연계·제휴서비스로 보기 어려움.

38. 여신전문금융업법(영 별표1-3 ii 바)상 금지행위를 위반하여 과도한 경제적 이익을 제공받은 법인고객에 대해 기존 신용카드의 갱신발급을 거절하거나, 추가발급을 금지하는 것이 '부당하게 연계·제휴서비스를 축소하거나 변경하는 행위'에 해당하는지?

신속처리시스템 회신(여전 210809-57)

기존 신용카드의 갱신발급, 추가발급은 금융소비자보호법 제20조제1항제5호에 따른

331) 가입 담보에 따라 보험수익자는 보험사고 발생 시 보험금(현금) 또는 서비스(간병인 지원 서비스, 장례서비스 등)를 선택할 수 있다.

'연계·제휴서비스등'에 해당한다고 보기 어려움. 해당 규정의 취지는 특정 신용카드 계약이 유지되는 상황에서 소비자가 불측의 피해를 입지 않도록 하는 데 있음. 갱신발급 거절 및 추가발급 중단은 소비자의 기존 계약 내용에 영향을 미치지 않으므로 이러한 규제 취지 감안 시 동 조치는 금융소비자보호법 제20조제1항제5호에 해당한다고 보기 어려움.

39. 연계·제휴서비스등을 축소·변경 시 6개월 전부터 매월 문자메시지 등의 방법으로 고지해야 하는데, 첫 고지이후, 고객의 수신거부 의사가 있을 시에는 추후 고지를 생략할 수 있는지?

신속처리시스템 회신(은행 210525-106)

현행 관련 법규상 금융소비자의 수신거부 의사에 대한 예외 규정은 없으므로 *(고지를 생략할 수 없음)*.

40. '제휴업체의 휴업·도산·경영위기'가 연계·제휴서비스를 변경·축소할 수 있는 정당한 이유에 해당하는지?

신속처리시스템 회신(여전 210525-36)

제휴업체가 휴업·도산·경영위기로 인해 일방적으로 연계·제휴서비스등을 축소·변경함에 따라 불가피하게 연계·제휴서비스등을 변경·축소한 경우로서, 다른 제휴업체를 통해 동종의 유사한 연계·제휴서비스등의 제공이 전혀 불가능한 경우라면 금융소비자보호법 제20조제1항제5호 단서에 따른 '불가피한 경우'에 포섭될 수 있다고 판단됨.

[구속행위]

41. 구속행위 간주규제(규정§14④)에서 기준이 되는 '금전제공계약을 체결하고 계약이 최초로 이행된 날'과 '금전제공계약에 따라 금융소비자가 제공받거나 받을 금액'의 의미는?

한도거래여신, 분할여신, 일괄여신과 같이 '금전을 제공한 날'과 '금전제공계약에 따라 금융소비자가 제공받은 금액'을 특정하기 어려운 경우에는 최초 한도약정일과 한도약정금액 기준으로 함.

- 한도거래여신: 통장대출, 할인어음 등 여신한도를 약정한 후 약정한도 내에서 고객의 필요에 따라 동일과목의 여신을 인출 및 상환하며 필요에 따라 회전기간을 둘 수 있는 여신
- 분할여신: 시설자금대출 등과 같이 여신한도를 약정한 후 고객의 자금소요 시기에 맞춰 대출금을 분할하여 지급하는 여신
- 일괄여신: 여신한도를 약정한 후 약정한도 내에서 고객의 필요에 따라 대출과목, 금액 등을 변경할 수 있는 여신

42. 신용카드업자가 금융소비자와 할부금융, 신용대출 등 대출성 상품 계약을 체결하고, 계약이 최초로 이행된 날 전·후 각각 1개월 내 동일 금융소비자에게 금융기관보험대리점으로서 보험상품의 계약을 중개하는 경우 구속행위에 해당하는지?

신속처리시스템 회신(여전 210615-42)

금융소비자보호 감독규정 제14조제4항 적용범위는 제정취지를 고려하여 판단할 필요가 있음. 해당 규정은 소비자가 대출을 위해 불필요한 금융상품에 가입하는 상황 방지를 위해 도입되었다는 점에서 은행, 카드사 등 여신금융기관에 적용되지 않는다고 보기 어려움. 보험상품의 경우, 모집인이 소비자로부터 가입 청약을 받고 보험회사는 심사를 통해 승낙여부를 결정하는 판매구조에서 여신금융기관이 직접 계약을 체결하지 않는다는 이유로 적용대상에서 제외될 경우 규정 제정취지에 어긋날 우려가 있음. 따라서 카드사 등 금융기관보험대리점에도 금융소비자보호 감독규정 제14조제4항이 적용됨.

43. 대출계약의 만기일 연장 후 1개월 이내에 가입한 금융상품에 대해 구속행위 간주 규제가 적용되는지?

신속처리시스템 회신(은행 210510-94)

대출 기한연장은 계약체결로 보지 않기 때문에*(은행업감독규정 별표5 i 라)* 구속행위 간주규제가 적용되지 않음.

44. 수협중앙회 등 상호금융업권에서 판매하는 공제상품에 대해 구속행위 규제가 적용되는지?

신속처리시스템 회신(은행 210415-34)

수협 공제상품은 금융소비자보호 감독규정 제14조제4항제1호에 따른 보장성 상품에 해당하지 않음. 다만, 그동안 은행업감독규정에 따라 동일한 규제가 적용되어 왔기 때문에 관련 판매관행이 정착되어 온 걸로 알고 있으며, 현재 상호금융 관계부처가 함께 신협 뿐만 아니라 다른 상호금융기관에도 금융소비자보호법을 적용하는 방안을 추진 중인 점을 감안할 필요가 있을 것으로 생각됨. 따라서 구속성 판매행위와 관련하여 추후 불필요한 혼란이 발생하지 않도록 하기 위해서는 현재와 같이 관련 적용대상으로 이해하는 것이 바람직.

[필자의견] 법령에서 명시하지 않았음에도 해석을 통해 적용대상으로 인정하는 것은 법적 안정성을 저해하므로 향후 개정(입법적 보완)을 통해 적용대상을 명확히 할 필요 있음.

45. 금융상품판매업의 범위에서 제외된 업종(규정§2②ⅲ다)[332]을 영위하는 자가 취급하는 금융상품[333]에 대해 구속행위 규제가 적용되는지?

신속처리시스템 회신(은행 210415-35)

구속행위 간주규제(규정§14④)에서 금지하는 행위는 '제2조제2항제3호 각 목의 금융상품 판매행위'가 아니라 금융소비자보호법상 대출성 상품 계약을 체결한 차주에게 '보장성 상품 등 다른 금융소비자보호법상 금융상품을 판매하는 행위'임.

감독규정 '제2조제2항제3호다목의 금융상품 판매행위'는 금융소비자보호법 영업규제 적용을 받지 않지만, 제2조제2항제3호다목의 금융상품은 금융소비자보호법상 대출성 상품에 해당함.

따라서 감독규정 제2조제2항제3호다목의 금융상품 계약을 체결한 차주에게 감독규정 제14조제4항에서 금지하는 행위를 한 경우는 금융소비자보호법상 불공정영업행위에 해당함.

332) 서민의 주거안정을 위해 주택도시보증공사·한국주택금융공사가 「국가재정법」 별표2에 따른 법률에 따라 설치된 기금을 통해 지원하는 대출을 취급하는 업(규정§2②ⅲ다).

333) (예시) 국민주택기금계정대출, 주택금융공사계정대출 등 서민지원 가계대출.

46. 기존규제(舊은행업감독규정§88⑥ⅰ)상 구속행위 간주규제가 적용되어 가입이 제한되었던 입주자저축(주택법§56)에 대해 금융소비자보호법상 구속행위 간주규제가 적용되는지?

신속처리시스템 회신(은행 211013-134)

입주자저축의 경우 구속행위 간주규제의 적용대상이 아님.

47. 금융소비자가 먼저 피성년 또는 피한정후견인 정보를 제공하지 않는 한 판매업자가 이를 알 수 없어 구속행위 간주규제를 준수하기 어려운데, 이에 대한 방안은?

[후견인 정보는 신용정보에 해당하므로(신용정보법 시행령§2⑫ⅰ)] 금융위원회는 신용정보원을 통해 후견 관련 정보를 공유할 수 있도록 추진할 계획임.

48. 구속행위 간주규제의 예외로 인정되는 지급보증의 범위는?

신속처리시스템 회신(은행 210503-80)

지급보증이란, 은행이 거래처의 위탁에 따라 그 거래처가 제3자에 대해 부담하는 채무를 보증하는 거래를 의미함.
지급보증의 특성상, 비금융기업 등 소비자가 일반적으로 주거래은행이 아닌 은행으로부터 지급보증을 받을 것이라 기대하기 어렵다는 점에서, 구체적 사실관계에 대한 고려없이 지급보증 거래 1개월 전 다른 금융상품 거래가 있었다는 이유만으로 지급보증을 제한하기는 어려운 점을 감안하여 '지급보증'을 구속행위 간주규제 적용대상에서 제외함.

49. 중소기업이 아닌 법인이 금전제공계약체결 전·후 1개월 내 상품권에 관한 계약체결을 할 수 있는지?

신속처리시스템 회신(은행 210506-86)

기업의 상품권 구매가 명백히 구속행위로 보기 어려운 경우에는 금융소비자 보호에 관한 감독규정 제14조제5항제6호[334]에 따라 예외 인정이 가능함. *(또한, 명백하게 구속행위가 아니라는 사실에 대한 판매업자의 입증자료 필요).*

---

334) 그 밖에 해당 계약을 사회통념상 법 제20조제1항제1호에 따른 행위로 보기 어렵거나 그러한 행위에 해당하지 않는다는 사실이 명백한 경우(그 사실을 금융소비자가 서명, 기명날인, 녹취 각각에 준하여 안정성·신뢰성이 확보될 수 있는 전자적 확인방식으로 확인한 경우는 제외한다).

50. 초단기금전신탁(MMT), 초단기금융집합투자신탁(MMF) 등 입출금을 수시로 할 수 있는 투자성 상품 계약은 구속행위 간주규제 적용 대상에서 제외되는지?

입출금을 수시로 할 수 있는 금융상품 가입의 경우, 금융소비자의 자금 사용을 구속한다고 보기 어렵고, 금융소비자에 대한 보호에 문제가 발생할 우려가 적으므로 구속성 판매 간주행위 적용 예외 대상으로 보는 것이 적절함(감독규정§14⑤vi).

51. 기존 은행법상 예외사유였던, 상품 해지금액 범위 내에서 재예치하는 경우 구속행위 간주규제의 예외대상으로 인정되는지? 신속처리시스템 회신(은행 210402-1)

구속행위 간주규제(규정§14⑤)에 예외를 둔 취지는 사실관계에 대한 구체적 판단없이 구속행위로 간주할 경우 특정 금융상품의 판매가 곤란해지거나 제3자의 피해가 발생하는 상황을 방지하기 위해서이며, 같은 항 제6호에서는 일의적 규정은 어렵지만 구속행위 간주로 인해 소비자의 선택권이 부득이하게 침해될 수 있는 상황 등을 방지하기 위해 포괄적 예외규정을 두고 있음.

감독규정 제14조제5항제5호는 예금의 자동갱신, 예금담보대출 등에 따른 소비자의 어려움을 감안하여 규정한 것으로, 예금성 상품 외의 다른 금융상품은 해지 당시 금액 범위 내에서 다시 다른 금융상품에 가입한다는 이유만으로는 구속행위가 아니라고 일의적으로 판단하기 어려움.[335]

구속행위 간주규제(규정§14④)로 인해 소비자가 예금성 상품 外 다른 금융상품에 재가입하는 데 어려움을 겪을 수 있는 경우에는 같은 조 제5항제6호에 따라 재가입이 가능함. 다만, 이 경우 판매자는 제14조제5항제6호(포괄적 예외규정)에 해당한다는 사실을 입증할 수 있어야 할 것임.

52. 다음의 경우를 '사회통념상 법 제20조제1항제1호에 따른 행위로 보기 어렵거나 그러한 행위에 해당하지 않는다는 사실이 명백한 경우'로 볼 수 있는지?

1 정부의 유동성지원프로그램(Fast-Track Program)에 따라 파생상품(KIKO)의 결제 목적으로 지원되는 외화대출

335) 예컨대 대출 시점에 펀드·신탁을 중도에 해지한 사람은 통상 자금에 여유가 있다고 보기 어려우므로 재가입을 꺾기가 아니라고 일의적으로 보기는 어려움.

2 은행 내부 신용등급(또는 평점)과 개인신용평가회사의 신용평점이 없는 대출: 중도금대출, 이주비대출 등 대출조건에 차별이 없는 단체성 협약대출 등
3 금융상품에 가입하는 것이 법령상 불가피한 경우: 퇴직연금가입자가 개인형 퇴직연금제도의 계정등을 지정하지 아니하는 경우에는 가입자 명의의 개인형 퇴직연금제도의 계정으로 이전(퇴직급여법§17⑤) 등
4 영업활동을 위한 대금 결제 또는 담보물 교체를 위해 금융상품에 가입하는 등 금융거래상 필요한 경우: 구매기업이 본인 자금을 재원으로 하여 판매기업(차주) 명의로 가입한 예금, 담보교체를 위해 기존 담보금액 범위 내에서 가입한 예금 등
5 구속행위 간주규제 적용으로 금융상품 해지 시 원금손실·계약불이행 발생 등 차주의 불이익이 명백히 우려되는 경우
6 구속행위 간주규제 적용으로 IRP·ISA 계좌의 개설·해지 시 세제상 불리함이 발생하는 등 차주의 불이익이 명백히 우려되는 경우
7 퇴직연금의 동일금융회사 내 동일금액 이내에서 이전되는 경우(계좌이동 방식 포함): 회사의 합병·양수도·분할·제도전환, 근로자의 계열사이전(근무회사 변경) 등에 따른 이전(DB → DB, DC → DC, DB → DC), 가입자 수 증가에 따른 퇴직연금제도 전환(기업형IRP → DC), 퇴직신탁에서 퇴직연금으로의 제도 전환 등
8 개인(개인사업자 포함)이 본인 명의로 가입한 임의단체의 예금

신속처리시스템 회신(은행 210517-100)

각 상황(1~8)도 금융소비자 보호에 관한 감독규정(§14⑤vi)상 예외사유에 해당할 수 있음. 이 경우 개별 금융회사는 자체적으로 각 상황(1~8)이 구속행위에 해당하기 어렵다는 사실과 관련하여 세부적인 근거자료를 마련해야 할 것임.

53. 대출계약체결일 이전 판매된 금융상품을 담보로 하고 그 담보가능금액 범위 내에서 대출계약을 체결하는 경우를 감독규정 제14조제5항제6호의 '사회통념상 법 제20조제1항제1호에 따른 행위로 보기 어렵거나 그러한 행위에 해당하지 않는다는 사실이 명백한 경우'로 볼 수 있는지?

신속처리시스템 회신(은행 210405-17)

예치된 금액을 담보로 하여 그 금액 범위 내에서 대출을 하는 경우 사실상 판매자가 대

출을 제한할 유인이 크지 않다는 점을 감안하면, 특별한 사유가 없는 한 예치금 범위 내에서의 금융상품 담보대출은 감독규정 제14조제5항제6호에 해당한다고 볼 수 있음. *(다만, 이에 대한 판매업자의 입증자료는 필요)*.

54. 중소기업에 대한 구속행위 규제를 적용하기 위해 은행이 중소기업 대표자로부터 개인정보 수집·이용·제공 동의를 받아야 하나,[336] 대표자의 실종·의식불명 등으로 여신 취급 시점까지 동의가 어려운 경우 이를 감독규정 제14조제5항제6호의 '사회통념상 법 제20조제1항제1호에 따른 행위로 보기 어려운 경우'로 보아 구속행위 간주규제의 예외 적용이 가능한지?

신속처리시스템 회신(은행 210528-110)

중소기업 여신 취급 시 구속행위 간주규제와 관련한 '1%룰'을 적용함에 있어 대표자의 금융상품 가입금액도 합산하여 판단할 경우, 불가피한 사유로 대표자의 가입금액 확인이 어렵게 되면, 중소기업에 대한 대출 자체가 막혀 피해를 입을 우려가 있음. 이 경우에는 대표자가 가입한 금융상품 금액을 합산하여 적용하는 것의 예외를 인정할 필요가 있어 보임.

55. 포트폴리오 리밸런싱(상품 재조정/교체 매매)[337] 거래 후 대출계약 시 구속행위 간주규제를 위반하는지?

시기	예시
2021.08.01.	포트폴리오상품(5개) 계약
2021.11.01.	소비자의 리밸런싱 신청에 따라 리밸런싱(포트폴리오상품 5개 中 2개 상품 → 해지 후 계약)
2021.11.10.	대출계약

신속처리시스템 회신(은행 211209-147)

기존에 투자한 자금 범위 내에서 개별 펀드를 교체하거나 비중을 조정하는 '포트폴리오

336) 은행연합회 자율규제인 「구속행위 관련 업무처리준칙」에 따르면 중소기업에 대한 여신실행의 경우 중소기업과 그 대표자에 대한 여신을 합산하여 적용하므로, 은행은 중소기업에 대한 여신 실행 시 대표자의 여신을 확인하기 위해 개인정보 제공 동의가 필요하다.

337) 기존에 투자한 자금(불입금액) 범위 내에서 현재 시장상황에 부합하는 개별펀드로 교체하거나 비중을 조정하는 것.

리밸런싱'의 경우 특별한 사정이 없는 한 금융소비자보호법 감독규정 제14조제5항제6호에 해당됨.

56. 감독규정 제14조제6항제1호 본문의 '계약이 최초로 이행된 날'에서의 계약은 대출성 상품에 관한 계약만을 의미하는지?

신속처리시스템 회신(은행 210405-16)

감독규정 제14조제6항제1호[338] 전단의 "계약이 최초로 이행된 날" 중 계약의 범위가 명시되어 있지 않으나, 동 규정은 중소기업협동조합법상 공제상품 등에 대한 구속행위(꺾기) 규제 일환으로 마련된 것이고, 동 규정 후단에 "이 경우, 가목 및 나목은 금융소비자가 중소기업의 경우로서 금융소비자의 월지급액이 금전제공계약에 따라 금융소비자가 제공받거나 받을 금액의 1000분의 10을 초과하는 경우"라고 규정하고 있는 점을 감안하면, 상기 '계약'의 범위는 감독규정 제14조제4항상 "금전제공계약"을 의미하는 "대출성 상품에 관한 계약"을 의미함.

57. 선불전자지급수단·선불카드 등 금융소비자보호법상 금융상품이 아닌 상품에 구속행위 간주규제가 적용되는지?

신속처리시스템 회신(은행 210503-79)

「여신전문금융업법」에 따른 선불카드, 「전자금융거래법」에 따른 선불전자지급수단은 금융소비자보호에 관한 감독규정 제14조제6항제1호다목에 따른 '상품권'에 포섭됨.

---

338) **감독규정 제14조(불공정영업행위의 금지)** ⑥ 영 제15조제4항제3호라목에서 "금융위원회가 정하여 고시하는 행위"란 다음 각 호의 행위를 말한다.
1. 금융상품직접판매업자가 계약이 최초로 이행된 날 전·후 각각 1개월 내에 다음 각 호의 상품에 관한 계약을 체결하는 행위를 말한다. 이 경우, 가목 및 나목은 금융소비자가 중소기업인 경우로서 금융소비자의 월지급액이 금전제공계약에 따라 금융소비자가 제공받거나 받을 금액의 1000분의 10을 초과하는 경우로 한정한다.
   가. 「중소기업협동조합법」 제115조제1항에 따른 공제상품
   나. 「중소기업 인력지원 특별법」 제35조의6제1항에 따른 공제상품
   다. 상품권(권면금액(券面金額)에 상당하는 물품 또는 용역을 제공받을 수 있는 유가증권). 다만, 「전통시장 및 상점가 육성을 위한 특별법」 제2조제12호에 따른 온누리상품권 및 지방자치단체가 발행한 상품권은 제외한다.

58. 기프트카드(「여신전문금융업법」 제2조 제8호의 선불카드) 구매 당사자 또는 그로부터 기프트카드를 양도[339]받은 자가 해당 카드를 충전 또는 재발급하고자 하는 경우 구속행위 간주규제를 적용해야 하는지?

신속처리시스템 회신(은행 211021-137)

기프트카드가 여신전문금융업법에 따른 선불카드에 해당할 경우 감독규정 제14조제6항 제1호(구속행위 간주규제)상 상품권에 포섭되므로 기프트카드의 충전 또는 재발급이 새로운 계약을 체결하는 것으로 볼 수 있다면 상기 규정에 따라 구속행위 간주규제에 해당할 것으로 판단됨.

59. 금융소비자보호법 시행일 이전에 체결한 금전제공계약 및 금융상품 계약에 대해서는 기존 은행업감독규정의 구속행위 관련 규제를 적용하는 것인지?

구속행위 규제의 제한대상이 되는 '금융상품'의 계약체결일을 기준으로 규정을 적용함.

[그 밖의 불공정영업행위]

60. 직계가족 등 제3자의 상품 가입[340] 시 본인의 대출금리가 대출계약에 따라 감면되는 경우 금융소비자보호법상 금지되는 불공정영업행위에 해당하는지?

신속처리시스템 회신(은행 210528-109)

금융소비자보호법 시행령 제15조제4항제1호 가목에서는 금융소비자에게 제3자의 명의를 사용하여 다른 금융상품의 계약체결을 강요하는 행위를 불공정영업행위로 규정하고 있음. '계약체결 강요' 여부는 구체적 사실관계를 토대로 판단해야 할 사항으로 제출의견만으로는 금융소비자보호법 위반여부 판단이 어려움.

61. 신청인 회사(제조사)와 판매업자(금융회사)가 대출업무 협약을 체결하여 신청인 회사의 물품을 판매대리점을 통해 구매한 개인(채무자, 소비자)[341]에게 판매업자가 대출 시 동 신청인 회사가 연대보증하기로 사전 약정한 경우

339) 무기명 선불카드로서 타인에게 양도 가능하다.
340) 현재는 본인이 다른 예금상품 가입 시 대출금리를 감면한다.
341) 대출협약 당시에는 신청인 회사 물품을 구입하는 자(차주이자 금융소비자)를 특정할 수 없다.

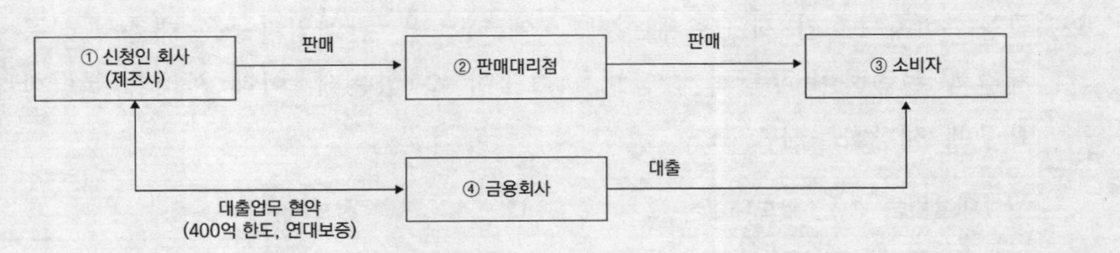

1 신청인 회사가 추천하는 개인에게, 협약에 근거하여 판매업자(금융회사)가 대출을 실행하고 신청인 회사가 동 대출을 보증하는 경우, 신청인 회사를 제3자가 아닌 당사자로 해석하여 연대보증을 할 수 있는지?

2 판매업자(금융회사)와 대출업무 협약을 체결하면서 소비자(채무자) 부실에 따른 자산 재매입 및 대위변제를 하기로 약정한 경우, 금융기관이 각 소비자에게 대출실행하면서 협약 당사자에게 '은행 지급보증서'[342]를 요구하는 행위가 제15조제4항제2호가목 "담보 또는 보증이 필요 없음에도 이를 요구하는 행위"에 해당되는지?

법령해석 회신문(210104)

1 현행 규정상 이와 같은 경우를 연대보증 금지의 예외로 인정할 수 있는 법적근거는 없음. 다만, 주어진 사실관계로 판단 시 대출업무 협약상 보증이 연대보증이 아닌 민법 제428조의3에 따른 근보증[343]으로 판단되는 바 해당 보증이 금융소비자보호법상 연대보증에 해당하는지에 대한 판단이 선결되어야 함.

2 은행이 지급보증을 요구하는 대상이 대출계약을 체결하고자 하는 소비자가 아닌 경우에는 금융소비자보호법 시행령 제15조제4항제2호가목이 적용되지 않음. 그러나 지급보증을 소비자에게 요구하는 경우라면, 해당 규정이 적용되는지에 대해서는 연대보증을 제공하는 자의 신용 등 사실관계에 대해 추가적으로 확인한 후에 검토가 가능함.

---

342) 신청인 회사와 대출업무 협약을 맺은 금융회사가 아닌 다른 금융회사의 지급보증서를 의미하는 것으로 이해된다.

343) **민법 제428조의3(근보증)** ① 보증은 불확정한 다수의 채무에 대해서도 할 수 있다. 이 경우 보증하는 채무의 최고액을 서면으로 특정하여야 한다.
② 제1항의 경우 채무의 최고액을 제428조의2제1항에 따른 서면으로 특정하지 아니한 보증계약은 효력이 없다.

62. 금융소비자보호법 제20조제1항제2호에 따르면, 판매업자등은 대출성 상품 계약 체결과 관련하여 부당하게 담보를 요구할 수 없는데, 아래 사례가 부당한 담보 요구에 해당하는지?

대출물품	담보대상	담보사유
① 트레일러	트레일러, 트랙터	트레일러는 무동력 장치로 트랙터가 없으면 활용이 불가능하며, 수요와 공급이 많지 않아 중고시세의 변동 폭이 크기 때문에 추가채권 확보 필요
② 선박 엔진	선박	선박 엔진 자체로는 독립적으로 사용될 수 없는 물품이나, 선박 엔진을 장착한 선박은 등록 및 근저당설정이 가능
③ 콘크리트 플래싱 붐344)	부동산, 자동차	고가(평균 1억원)이며 비등록장비로 근저당권 설정이 불가능하여 별도 채권확보가 필요한데, 부대하는 물품을 특정할 수 없어 담보대상을 소비자 소유의 자산으로 특정
④ 건설기계	건설기계, 부동산	건설기계는 수요와 공급이 매우 불규칙해 가격변동 폭이 급변하는 특성이 있으며, 대출기간이 타상품 대비 장기간(최대 84개월)이기에 신용리스크 발생 가능성이 높아 추가채권 확보 필요

신속처리시스템 회신(여전 210623-45)

판매업자가 특정한 물건 구입 용도의 대출로서 해당 물건에 대해서 담보를 설정할 수 있다면 특별한 사정이 없는 한 해당 물건 이외에 채무자 소유의 다른 물건에 대해서까지 담보를 요구하는 것은 금융소비자보호법 제20조제1항제2호에 따른 부당하게 담보를 요구하는 행위로서 불공정영업행위에 해당될 소지가 있음.

자동차 등 특정동산 저당법, 선박등기법, 동산·채권 등의 담보에 관한 법률 등에 따라 담보대상이 되는 물건의 구입 용도의 대출에 해당하는 경우에는 해당 법률에 따라 해당 물건에 대해서만 설정하는 것이 정당한 담보설정행위로 판단됨. 다만, 민법 동산간 부합 규정345)상 선박에 장착된 엔진의 소유권은 선박의 소유자에게 귀속되는 바, 선박 엔진을 포함한 선박 전체에 대해 담보를 설정하는 것은 정당한 담보설정행위로 판단됨.

344) 고압의 콤프레셔를 통해 고층 건물에 콘크리트를 전달하는 장비.

345) **민법 제257조(동산간의 부합)** 동산과 동산이 부합하여 훼손하지 아니하면 분리할 수 없거나 그 분리에 과다한 비용을 요할 경우에는 그 합성물의 소유권은 주된 동산의 소유자에게 속한다. 부합한 동산의 주종을 구별할 수 없는 때에는 동산의 소유자는 부합당시의 가액의 비율로 합성물을 공유한다.

63. 채무자의 연체로, 계약사항이 아니지만 채권보전을 위해 채무 상환방식의 변경[346) 등을 기한이익 상실 전에 요구하는 행위가 금융소비자보호법 시행령 제15조제4항 제3호가목의 '계약의 변경에 대해 정당한 사유없이 불이익을 부과하는 행위'에 해당되는지?
신속처리시스템 회신(대부 210416-4)

'채무자의 원리금 연체'를 계약의 변경으로 볼 수 없으므로 원리금 연체를 이유로 계약과 상이한 내용을 채무자에게 요구하는 행위가 시행령(§15④iii가) 위반은 아닌 것으로 보임.
다만, '채무 상환방식의 변경'은 그 구체적 사실관계에 따라 금융소비자보호법 제20조제1항제4호가목에 따른 '특정 대출 상환방식을 강요하는 행위'에 해당할 수 있음.

64. 기존보험 계약자가 신규로 부동산담보대출을 받을 시 우대금리 혜택을 제공하는 경우 불공정영업행위에 해당하는지?
신속처리시스템 회신(생보 210429-18)

감독규정 제14조제6항제2호에서는 보장성상품 계약체결을 위해 다른 금융상품의 계약체결과 관련한 이자율우대 등 특혜를 제공하는 행위를 금지. 따라서 상기 규정에 해당하기 위해서는 보장성 상품 계약체결과 특혜 제공행위 간 인과관계가 인정되어야 함.
질의내용으로는 인과관계 인정여부를 판단하기 어려우나, 기존 보험계약체결시기, 특혜 제공 사유 등의 추가 사실관계를 감안하여 판단하여야 할 것임.

65. 금융소비자보호법 시행일인 2021년 3월 25일 이전에 당사와 기 체결된 대출계약 건에 감독규정(§14⑥ii)[347)이 적용되는지?
신속처리시스템 회신(손보 210406-7)

감독규정 제14조제6항제2호는 시행일 이후 체결되는 금융상품에 대하여 적용되므로, 금융소비자보호법 시행 이전에 이미 체결되어 확정된 계약에 대해서는 적용되지 않음.

66. 일반소비자가 1개월 내 두 번 이상 청약의 철회의사를 표시한 경우 금융상품에 관한 계약에 불이익을 부과하더라도 불공정영업행위로 보지 않는데(규정§14⑥vi), 아래의 경우가 불공정영업행위 예외사유에 해당하는지?

---

346) (예시) 자유상환을 원리금균등상환 또는 원금일부상환으로 변경.
347) 금융상품판매업자가 보장성 상품(「보험업법 시행령」 별표5 제1호에 따른 신용생명보험은 제외한다)에 관한 계약체결을 위해 금융소비자에게 해당 계약체결과 관련하여 이자율 우대 등 특혜를 제공하는 행위.

1 금융소비자의 추가적인 철회권 행사를 제한
2 신규 대출취급 시 대출거절·한도축소·금리우대 제한 등
3 기존 대출에 대한 만기연장 거부·금리우대 축소 등

1 철회권 행사를 제한할 수 없음.

[필자 보충의견] 법에서 철회권 행사를 '제한'하고 있지 아니하므로 불가. 다만, 2·3의 경우 법령상 제한 없으므로 일반적으로는 가능함.

67. 채무자가 근저당설정채무를 변제하는 즉시 담보제공자에게 근저당권 유지의사를 확인하되, 부득이한 경우[348] LMS, 이메일 등 전자적 방식으로 담보제공자에게 유지의사를 확인 요청하고 일정기간 회신이 없는 경우에는 말소예정의사로 간주하여 전산적으로만 관리해도 되는지?

신속처리시스템 회신(은행 210414-28)

감독규정 제14조제6항제10호에서는 "근저당이 설정된 금전제공계약의 금융소비자가 채무를 모두 변제한 경우에 해당 담보를 제공한 자에게 근저당권 설정을 유지할 것인지를 확인하지 않는 행위"를 불공정영업행위로 금지하고 있음.
이에 판매업자는 근저당권의 피담보채무가 모두 변제된 경우 담보제공자에게 근저당권 유지의사를 확인하여야 할 것이고, 휴대폰 문자메시지, 이메일 등 전자적 방식을 통해 담보제공자에게 근저당권 유지의사를 요청하고 일정 기간까지 회신이 없는 경우에 말소 예정 의사가 있는 것으로 간주하여 전산적으로 관리하는 것만으로는 담보제공자에게 근저당권 유지의사를 확인한 것으로 보기 곤란함.
다만, 판매업자가 채무를 변제한 금융소비자 또는 근저당권설정계약서를 통해 담보제공자의 연락 가능한 전화번호 등을 확인할 수 없는 등 특별한 사정이 있는 경우에는 담보제공자의 근저당권 유지의사를 확인할 수 없는 경우로 별도로 전산 관리하고 주기적으로 채무를 변제한 금융소비자 등을 통해 담보제공자의 근저당권 유지의사를 확인할 필요가 있음.

348) (예시) 담보제공자가 차주(금융소비자)가 아닌 제3자인데, 담보제공자 연락처가 과거번호여서 연락이 되지 않는 경우 등.

68. 대출 실행 시(근저당권 설정 시), 담보 제공자로부터 향후 대출종료 시점에 해당 근저당을 말소하기로 사전 동의를 받을 수 있는지?

신속처리시스템 회신(여전 210705-50)

금융소비자보호법 감독규정 제14조제6항제10호상 근저당권 유지 확인 의무를 규정한 취지는 기존 채무변제가 완료된 시점에서 타 채무에 대한 담보로 활용할 것인지 등 소비자의 의사를 확인하고, 이를 금융회사 임의로 유용하는 것을 방지하고자 하는 것이므로 대출 실행 시점에 미리 소비자 사전 동의를 받는 것은 불가.

아울러 동 규정은 과거 은행업감독규정[349]을 이관한 것으로서 동 규정에서는 '채무변제가 완료되었을 경우'를 명시하고 있음을 참고할 필요 있음.

69. 감독규정 제14조제6항제10호와 관련하여 근저당권의 피담보채무가 모두 변제된 경우, 근저당권 '말소' 관련 비용 및 절차를 안내하고 이에 대한 동의 의사를 확인하는 방식[350]으로 처리할 수 있는지? 아니면 근저당설정 '유지' 가능 여부를 직접적으로 언급(안내)하고 이에 대한 유지의사를 확인해야 하는지?

신속처리시스템 회신(저축 210516-21)

해당 규정의 취지는 대출 상환 시 근저당의 소멸여부, 등기유용 등을 명확히 하여 소비자 피해를 예방하려는 것이므로[351] 근저당 소멸·존속 여부에 대한 담보제공자의 의사가 충분하고 명확히 확인된다면 반드시 '유지' 여부를 직접적으로 언급하여야 한다고 보기 어려움.

70. 은행이 기업으로부터 상환우선주를 신주로 배정받은 거래와 관련하여, 해당 주식을 발행한 회사(중소기업으로 한정) 또는 그 회사의 대표자·임직원·가족에게 금융상품의 가입 또는 주식매입을 강요하는 경우 불공정영업행위에 해당하는지?

신속처리시스템 회신(은행 210701-115)

---

349) **舊은행업감독규정 제88조의3(근저당 설정 유지 확인)** 은행은 근저당이 설정된 여신거래의 채무변제가 완료되었을 경우 담보제공자에게 근저당 설정을 유지할 것인지 여부를 확인하여야 한다.

350) (예시) ① 피담보채무 모두 변제 시 근저당권 말소 관련 문자(말소 절차 및 비용부담 등 안내) 발송 및 유선 연락 시도, ② 말소 관련 안내 및 의사 확인(녹취), ③ 소비자의 근저당 유용의사 등 표명시 근저당설정 유지/소비자 의사 확인이 어려운 경우 전산관리 및 주기적 연락 시도.

351) 금융위원회·금융감독원, "금융소비자 보호를 위한 은행의 근저당 제도 개선", 보도자료, 2012.04.13., 4면 참조.

舊은행업감독규정(§88⑦)[352]에서도 불공정영업행위로 규정하였던 점을 고려 시 은행이 중소기업의 상환우선주를 배정받는 과정에서 우월적인 지위를 이용하여 중소기업의 관계인들에게 다른 금융상품 가입 또는 매입을 강요하는 행위는 부적절한 행위로 판단됨. 금융위원회는 향후 하위법령 개정을 통해 이를 명확히 규정하는 방안을 검토하겠다고 밝힘.

▌제6절▐ 부당권유행위 금지

Ⅰ. 의의

판매업자등의 올바른 계약체결 권유를 유도하고, 부당권유에 따른 금융소비자 피해를 방지하기 위해 금융상품 계약체결 권유 시 금융소비자가 오인할 우려가 있는 허위 사실 등을 알리는 행위를 금지한다.[353]

금융소비자보호법은 권유규제로 적합성 원칙, 설명의무, 부당권유행위 금지를 규정하고 있다. 적합성 원칙이 일반소비자에게 적합한 금융상품을 권유해야 한다는 작위의무임에 비하여, 부당권유금지는 소비자보호 또는 건전한 거래질서를 해할 우려가 있는 일정한 권유행위를 금지하는 것으로, 부작위의무에 해당한다.[354]

설명의무는 일반소비자만을 대상으로 이해를 돕기 위해 상품내용의 세부사항을 설명하도록 하는 것임에 반해, 부당권유금지는 모든 금융소비자를 대상으로 잘못된 내용을 설명하거나 부당한 방법으로 권유하는 것을 금지한다.

Ⅱ. 적용범위

판매업자등의 부당한 권유행위를 금지하기 위함이므로 일반소비자에 한해 규제를 적

352) **舊은행업감독규정 제88조(구속행위 금지)** ⑦ 영 제24조의5제1항제9호에서 "금융위원회가 정하여 고시하는 행위"란 다음 각 호의 어느 하나에 해당하는 행위를 말한다.
2. 은행이 「상법」 제344조의3제1항에 따른 의결권이 없는 종류주식이나 의결권이 제한되는 종류주식으로서 같은 법 제345조제1항에 따른 회사의 이익으로써 소각할 수 있는 종류주식이거나 같은 법 제345조제3항에 따른 주주가 회사에 대하여 상환을 청구할 수 있는 종류주식(이하 "상환우선주"라 한다)을 같은 법 제418조제2항의 방법에 따라 배정받은 거래와 관련하여 다음 각 목의 어느 하나에 해당하는 자의 의사에 반하여 은행취급상품의 가입 또는 매입을 강요하는 행위.
가. 상환우선주를 발행한 회사(이하 이 조에서 "발행회사"라 한다)
나. 발행회사가 중소기업인 경우 발행회사의 대표자·임원·직원 및 그 가족

353) 금융소비자보호법 안내자료(2021.03.24.), 33면 참조.

354) 온주 자본시장과금융투자업에관한법률 제49조(2019. 11. 26.) 참조.

용하는 적합성 · 적정성 원칙, 설명의무와 달리 금융소비자(일반 및 전문 소비자) 전체를 보호대상으로 한다.

구분	내용
주체(규제대상)	직접판매업자, 대리 · 중개업자, 자문업자
상대방(보호대상)	금융소비자(일반소비자 및 전문소비자)
대상상품	全상품(보장성 · 투자성 · 예금성 · 대출성 상품)
시기	판매업자의 금융상품 계약체결 권유 시, 자문업자의 금융상품 자문에 응할 시

Ⅲ. 유형

관련상품	부당권유행위
모든 상품	□ 불확실한 사항에 대한 단정적 판단을 제공하거나 오인소지 있는 내용 고지
	□ 금융상품의 내용을 사실과 다르게 고지
	□ 금융상품의 가치에 중대한 영향을 미치는 사항을 미리 알고 있으면서 미고지
	□ 비교대상 및 기준을 밝히지 않거나 객관적 근거 없이 비교
	□ 내부통제기준에 따른 직무수행교육을 받지 않은 자가 권유 관련 업무수행
	□ 적합성 원칙상 판단해야 하는 일반소비자의 정보를 조작하여 권유
	□ 적합성 원칙을 적용받지 않기 위해 소비자로부터 불원의사(계약체결 권유를 원하지 않는다는 의사)를 서면등으로 수령
보장성	□ 금융소비자(피보험자 포함)가 계약의 주요사항을 직판업자에게 알리는 것을 방해하거나 알리지 말 것을 권유
	□ 금융소비자(피보험자 포함)가 계약의 주요사항에 대하여 부실하게 직판업자에게 알릴 것을 권유
투자성	□ 금융소비자로부터 권유를 요청받지 아니하고 방문 · 전화 등 실시간 권유 □ 다만, 증권 및 장내파생상품에 대해서는 금융소비자의 권유 요청 없이 실시간 권유 가능
	□ 계약체결의 권유를 받은 소비자가 거부의사를 표시하였는데도 계속 권유 □ 다만, 다른 유형(아래 각 유형을 다른 유형으로 본다)의 금융상품 권유하거나, 거부의사 밝힌 소비자에게 1개월 경과 후 재권유는 허용 ○ 금융투자상품인 경우 수익증권/장내파생상품/장외파생상품/증권예탁증권/지분증권/채무증권/투자계약증권/파생결합증권으로 구분 ○ 신탁계약인 경우 금전신탁/비금전신탁으로 구분 ○ 투자자문 · 투자일임계약인 경우 계약대상(장내파생상품/장외파생상품/증권)에 따라 구분 ○ 위 각 유형에도 불구하고 장외파생상품의 기초자산 종류, 상품구조(선도 · 스왑 · 옵션)가 다른 경우 다른 유형으로 간주
	□ 상품을 권유하면서 일반소비자가 요청하지 않은 다른 대출성 상품을 안내하거나 정보제공

관련상품	부당권유행위
	□ 상품가치에 영향 미치는 중요사항임을 알면서도 그 사실을 알리지 않고 매수·매도 권유
	□ 자기 또는 제3자 소유의 상품가치를 높이기 위해 해당 상품의 취득을 권유
	□ 미공개중요정보 이용, 시세조종행위, 부정거래행위 등 위법한 거래의도를 알면서도 그 거래를 권유
대출성	□ 신용카드 회원의 사전동의 없이 신용카드 사용을 유도하거나 다른 대출성 상품 권유

1. 단정적 판단 제공

1.1. 개념

금융상품 계약체결 권유 시 금융소비자에게 불확실한 사항에 관하여 단정적 판단을 제공하거나 확실하다고 오인할 우려가 있는 사실을 알리는 행위를 금지한다(법§21 i). '단정적 판단'이란 확실하지 않음에도 확실하다고 오해하도록 판단하는 것을 말한다. 예컨대 "A주식이 반드시 적어도 얼마까지 오른다." 또는 "100 퍼센트 확실하다."라고 말하는 것과 같다. '확실하다고 오인하게 할 소지가 있는 내용을 알리는 행위'는 단정된 판단처럼 금융소비자에게 제공된 판단이 단정적인 것은 아니지만 계약체결에 현저하게 영향을 줄 수 있는 것을 말한다.355)

제2호의 허위사실의 고지는 '거짓 사실'을 알리는 것이고 단정적 판단의 제공은 금융소비자의 자기결정의 기초가 되는 '평가'를 제공한다는 점에서 차이가 있다. 양자 모두 금융소비자의 의사형성과정에 부당한 영향을 주는 행위이기 때문에 마찬가지로 금지행위로 규제된다.356)

1.2. 규제취지

전문가인 판매업자등의 단정적 판단은 금융소비자의 계약체결을 왜곡할 위험이 있다. 금융소비자가 판매사업자의 단정적 판단을 신뢰하고 계약을 하는 등 금융소비자의 의사결정에 영향을 미칠 가능성이 있기 때문이다. 이에 판매업자등이 금융소비자의 판단을 돕는 자료를 제공하는 것에 그치도록 하여 금융소비자가 자기책임의 원칙에 의해 투

---

355) Ibid.
356) Ibid.

자판단을 할 수 있도록 해야 한다.[357]

1.3. 적용범위

판매업자등의 비단정적 예상이나 견해를 알리는 행위는 금지대상이 아니다. 계약체결의 기초자료로서 제3자의 평가(예상)을 제공하는 행위도 이에 해당하지 않는다. 단정적 판단을 제공하는 행위 자체가 금지되기 때문에 그러한 단정적 판단이 결과적으로 옳은지 여부는 묻지 않는다.[358]

2. 허위사실의 고지

금융상품 계약체결 권유 시 거짓의 내용을 알리는 행위는 금지된다(법§21 ii). 권유 시에 거짓의 내용을 제공하는 행위는 설명의무에서도 금지된다. 금융소비자의 합리적인 판단 또는 해당 금융상품의 가치에 중대한 영향을 미칠 수 있는 사항("중요사항")을 거짓으로 설명하는 행위를 금지하고 있기 때문이다(법§19③). 양자는 적용대상과 위반 시 효과의 측면에서 차이가 있다. 설명의무의 위반으로 인정되는 거짓 설명의 적용대상은 해당 금융상품에 있어서 '중요사항'으로 한정되지만, 부당권유행위 금지에서 허위의 고지는 이에 한정되지 않는다. 또한 위반시 민사책임으로 전자에 대해서는 손해배상책임 규정(§44)이 적용되어 고의·과실의 입증책임이 전환되지만, 후자의 위반에 대해서는 법 제44조가 적용되지 않으므로 민법상 불법행위책임의 성부에 의해 민사책임 여부를 가린다.[359]

3. 부정확한 비교

금융상품 계약체결 권유 시 '다른 금융상품과 비교'하는 경우[360] 상품 내용과 관련해 비교대상 및 기준을 밝히지 아니하거나, 객관적인 근거 없이 다른 금융상품과 비교하여 해당 금융상품이 우수하거나 유리하다고 알리는 행위를 금지한다(법§21 iv). 다른 판매업자의 상품에 대해서는 물론이고 판매업자 본인의 다른 금융상품에 대해서도 부정확한 비교를 해서는 안 된다. 부정확한 비교를 통해 기존에 체결된 금융상품을 해지하고 다른

357) Ibid.
358) Ibid.
359) Ibid.
360) 신속처리시스템 회신(은행 211118－145) 참조.

금융상품 계약을 유도할 수 있어, 전문적인 지식이 없는 금융소비자에 대한 기망행위로 비춰질 수 있기 때문이다.[361)]

4. 상품숙지의무

내부통제기준에 따른 직무수행교육을 받은 자로 하여금 금융상품을 권유하도록, 판매업자등에게 상품숙지의무(know your product)를 부과한다(영§16③ i). 사실 상품숙지의무는 적합성 · 적정성 원칙(법§17 · 18) 및 설명의무(법§19)상 내재되어 있다. 권유하려는 상품을 정확하게 파악한 이후 일반소비자에게 적합 · 적정한 상품을 권유하거나 설명할 수 있기 때문이다. 그럼에도 부당권유행위의 유형으로 별도 규정한 것은 판매업자등의 내부통제기준에 따라 체계적으로 교육을 받은 사람이 금융상품을 권유하도록 하여, 상품에 대한 이해가 부족한 사람이 권유하는 행위를 원천적으로 금지하기 위함이다.

5. 불원의사 확인

자본시장법상 적합성 원칙 규제를 적용하던 때에는 금융투자업자로부터 금융투자상품 권유받기를 원하지 않는다는 투자자의 의사를 서면(불원확인서)으로 확인받은 후 적합성 원칙 규제를 적용하지 않았었다. DLF 사태[362)] 이후 적합성 원칙 규제를 회피하기 위해 불원확인서가 악용될 위험성이 크다는 인식이 팽배해졌고, 금융소비자보호법에서는 이를 부당권유행위의 유형 중 하나로 규제한다(규정§15④ v).

6. 고지의무 위반 권유

6.1. 의의

금융소비자(피보험자 포함)가 보장성 상품 계약의 중요한 사항을 직접판매업자에게 알리는 것을 방해하거나, 알리지 아니할 것을 권유, 또는 중요한 사항에 대하여 부실하게 알릴 것을 권유하는 행위를 금지한다(법§21 v). 예를 들어 보험계약청약서상 질문사항에 대하여 판매업자가 "제대로 기재하지 않더라도 계약을 체결하는 데 지장이 없다"고 하면서 사실과 다르게 기재하도록 권유하거나, 판매업자가 그 사항을 임의로 기재하는 행위

361) 정찬형, '주석 금융법 II (보험업법2)', 2007.05.10., 한국사법행정학회, 136면 참조.
362) 2019년 해외금리 연계 DLF 판매과정에서 부적합한 투자자에게 해당 상품을 판매했다는 비판이 제기된 사건.

를 들 수 있다. 금융소비자(피보험자 포함)는 자신에게 불리한 사항을 고지하는 것을 꺼리는 경향이 있는데, 판매업자가 이를 부추기게 되면 고지의무 이행을 기대하기가 어려우므로 이에 대한 규제가 필요한 것이다.[363] 상법(§651)상 보험계약의 고지의무가 제대로 이행되도록 하기 위한 규제이므로 보장성 상품에만 적용한다.

6.2. 중요한 사항

보장성 상품 계약의 '중요한 사항'이란 상법(§651)상 고지의무의 대상이 되는 중요한 사항을 말한다. 대법원은 "보험자가 보험사고의 발생과 그로 인한 책임부담의 개연율을 측정하여 보험계약의 체결 여부 또는 보험료나 특별한 면책조항의 부가와 같은 보험계약의 내용을 결정하기 위한 표준이 되는 사항으로서, 객관적으로 보험자가 그 사실을 안다면 그 계약을 체결하지 않든가 적어도 동일한 조건으로는 계약을 체결하지 않으리라고 생각되는 사항"이라고 판시[364]한 바 있다. 일반적으로 보험계약청약서상 질문사항이 중요한 사항으로 추정된다(상법§651-2).[365]

7. 불초청 권유

7.1. 의의

금융소비자로부터 권유의 요청을 받지 아니하고 방문·전화 등 실시간 대화의 방법을 이용하는 행위를 금지한다(법§21 vi 가). 다만, '증권과 장내파생상품에 대하여 투자권유를 하는 행위'는 예외적으로 허용한다(영§16① i). 불초청 권유의 금지는 금융소비자가 요청하지 않는 경우에는 자택 또는 회사로의 방문, 전화 등 실시간 대화에 의한 투자권유를 하지 못하고, 금융소비자가 원할 경우에만 가능하도록 하여 금융소비자의 사생활과 평온한 삶의 영위가 침해받지 않도록 하기 위함이다.[366]

7.2. 적용대상

불초청 권유행위의 금지는 증권과 장내파생상품에 대해서는 적용되지 않고(영§16① i), 장외파생상품의 권유 시에만 적용하도록 하고 있다. 이는 동 규제를 모든 투자성 상

363) 정찬형, 전게서, 138~139면 참조.
364) 대법원 2003. 11. 13. 선고 2001다49623 판결.
365) 정찬형, 전게서, 138~139면 참조.
366) 온주 자본시장과금융투자업에관한법률 제49조(2019. 11. 26.) 참조.

품에 적용하는 경우 판매업을 위축시키게 된다는 문제를 고려한 것으로 보인다.[367)]

7.3. 금지행위 범위

법문에서는 방문, 전화 등 실시간 대화에 의한 권유가 금지된다. 규정의 취지상 실제 권유하는 것뿐만 아니라 권유해도 무방한지를 묻는 것도 금지되는 것으로 보아야 할 것이다. 방문, 전화 이외의 방법에 의한 권유는 본호의 불초청 권유에는 해당하지 않더라도, 법 제21조제6호나목의 재권유행위에는 해당할 수 있다.[368)]

본호는 권유의 요청을 하지 않은 금융소비자에 대해 권유하는 행위를 금지하고 있기 때문에 금융소비자의 권유요청이 판매업자의 권유보다 선행된다면 금지대상이 아니다. 이 경우 판매업자인 권유자가 방문하거나 전화하기 이전에 금융소비자의 권유 요청이 이루어져야 할 것이다.[369)]

8. 재권유

8.1. 의의

권유를 받은 금융소비자가 이를 거부하는 취지의 의사를 표시하였음에도 불구하고 권유를 계속하는 행위, 즉 재권유행위를 금지한다(법§21 vi 나). 권유 거부의 의사를 표시한 금융소비자의 의사를 존중하고 건전한 거래 질서를 확보하기 위함이다.[370)]

8.2. 예외

재권유행위의 금지 기간(투자자의 거부의사 표시 후 1개월) 도과 후 권유하거나, 다른 종류의 금융투자상품에 대하여 권유하는 행위는 재권유행위에 해당하지 않는다. 재권유행위에 해당하는지 여부는 권유 대상인 투자성 상품에 따라 달라진다(규정§15①). 우선 채무증권, 지분증권, 수익증권, 투자계약증권, 파생결합증권, 증권예탁증권, 장내파생상품, 장외파생상품은 각기 다른 종류의 투자성 상품으로 본다. 따라서 채무증권의 취득을 권유한 후 다시 장내파생상품 계약의 체결을 권유하는 것은 다른 종류의 금융투자상품의 권유행위에 해당하므로 금지되지 않는다. 다음으로 투자자문계약 또는 투자일임계약은 계

367) Ibid.
368) Ibid.
369) Ibid.
370) Ibid.

약하려는 상품에 따라 증권, 장내파생상품, 장외파생상품으로 구분한다. 마지막으로 신탁계약은 법 제103조제1항제1호의 신탁재산에 대한 신탁계약(금전신탁계약)과 법 제103조제1항제2호부터 제7호까지의 신탁재산에 대한 신탁계약(비금전신탁계약)으로 구분한다. 다만 상품의 특성 등을 고려하여 앞서 구분한 유형에도 불구하고 장외파생상품의 기초자산 종류, 상품구조(선도 · 스왑 · 옵션)가 다른 경우 다른 유형으로 간주한다(규정§15②).

Ⅳ. 제재

법 제21조 각 호의 어느 하나에 해당하는 행위를 한 경우 판매업자에게 과태료[371](법§69①ⅳ)와 과징금이 부과되며(법§57①ⅲ), 판매업자 및 임직원에게 제재조치(시정명령, 정직 등) 가능하다(법§51 · §52). 또한, 법 제21조를 위반하여 계약이 체결된 경우 금융소비자는 위법계약해지를 요구할 수 있다(법§47①).

Ⅴ. 시행일

직접판매업자 및 대리 · 중개업자는 2021.3.25일부터 시행하며, 자문업자의 경우 2021.9.25일 시행한다(법 부칙§1).

Ⅵ. 기존규제

구분	은행	금융투자	보험	저축은행	여전	대부	신협
도입 여부	×	○	○	×	○	×	×
근거 규정	–	舊자본시장법 §49	舊보험업법 §97	–	舊여전법 시행령 별표1-3	–	–

금융소비자보호법을 중심으로 기존 금융업법과 금지행위 비교 시 달라진 부분은 별도 표시[372]하고, 표현과 내용이 동일한 경우에만 '좌동'으로 기재한다.[373]

371) 법인 7천만원, 법인이 아닌 자 3천5백만원.
372) 세부내용이 다른 경우(예시가 추가되거나 삭제된 경우 포함) 굵게 밑줄 표시하고, 해당 조항 전체가 신설된 규제이거나 기존규제가 인용되지 않은 경우 해당 칸을 음영표시한다.
373) 내용이 동일하더라도 표현이 다른 경우에도 현행 금융소비자보호법과 비교가 될 수 있도록 기존 규제내용 그대로 기재한다.

❖ 금지행위 비교

금융소비자보호법	기존규제
□ **불확실한 사항에 대하여 단정적 판단을 제공하거나 확실하다고 오인하게 할 소지가 있는 내용**을 알리는 행위(법§21 i)	□ 좌동(舊자본시장법§49 ii) □ 투자매매업자 또는 투자중개업자가 **특정 집합투자증권의 판매와 관련하여 투자자를 상대로 예상수익률의 보장, 예상수익률의 확정적인 단언 또는 이를 암시하는 표현, 실적배당상품의 본질에 반하는 주장이나 설명 등**을 하는 행위(舊금융투자업규정§4-20① x)
□ **금융상품의 내용을 사실과 다르게** 알리는 행위(법§21 ii)	□ 금융투자업자가 거짓의 내용을 알리는 행위(舊자본시장법§49 i) □ 보험계약체결 또는 모집에 종사하는 자는 보험계약자나 **피보험자에게** 보험상품의 내용을 사실과 다르게 알리는 행위(舊보험업법§97① i) □ 신용카드업자가 **과장되거나** 거짓된 설명 등으로 신용카드회원등의 권익을 부당하게 침해하는 행위(舊여전법§24-2① i) ○ 신용카드회원등에 대하여 **연회비, 이자율, 수수료, 이용한도 등 신용카드등의 거래조건 및 그 밖에 신용카드회원등의 신용카드등 이용시 제공되는 추가적인 혜택과 관련된 사항(이하 "신용카드등이용조건"이라 한다)과 그 변경에 관련된 사항**을 사실과 다르게 설명하거나 **지나치게 부풀려서** 설명하는 행위(舊여전법 시행령 별표1-3 i 가) ○ **신용카드등이용조건을 감추거나 축소하는 등의 방법으로** 설명하는 행위(舊여전법 시행령 별표1-3 i 나)
□ **금융상품의 가치에 중대한 영향을 미치는 사항을 미리 알고 있으면서** 금융소비자에게 알리지 아니하는 행위(법§21 iii)	□ 보험계약체결 또는 모집에 종사하는 자는 보험계약자나 **피보험자에게 보험상품 내용의 중요한 사항**을 알리지 아니하는 행위(舊보험업법§97① i) □ 신용카드업자가 신용카드 상품에 관한 충분한 정보를 제공하지 아니하여 신용카드회원등의 권익을 부당하게 침해하는 행위(舊여전법§24-2① i) ○ **신용카드등이용조건을 감추거나 축소하는 등의 방법으로** 설명하는 행위(舊여전법 시행령 별표1-3 i 나)
□ 금융상품 내용의 일부에 대하여 비교대상 및 기준을 밝히지 아니하거나 객관적인 근거 없이 다른 금융상품과 비교하여 해당 금융상품이 우수하거나 유리하다고 알리는 행위(법§21 iv)	□ 보험계약체결 또는 모집에 종사하는 자는 보험계약자나 **피보험자에게** 보험상품의 내용의 일부에 대하여 비교의 대상 및 기준을 분명하게 밝히지 아니하거나 객관적인 근거 없이 다른 보험상품과 비교하여 그 보험상품이 우수하거나

금융소비자보호법	기존규제
	유리하다고 알리는 행위(舊보험업법§97① ii) ○ **보험상품의 내용의 일부에 대한 비교 금지규정은 다음 각 호의 어느 하나에 해당하는 자가 보험계약자의 합리적인 보험상품 선택을 위하여 비교하는 경우에는 적용하지 아니한다**(舊 보험업법§97②). - **다른 보험회사를 위하여 모집을 하는 보험설계사** - **보험대리점 중 각각 2 이상의 생명보험업을 경영하는 보험회사·손해보험업을 경영하는 보험회사(보증보험업만을 경영하는 보험회사는 제외) 또는 제3보험업을 경영하는 보험회사와 모집에 관한 위탁계약을 체결한 보험대리점** - **보험중개사** □ 신용카드업자가 신용카드등이용조건의 비교대상 및 기준을 명확하게 설명하지 않거나 객관적인 근거 없이 다른 회사의 것보다 유리하다고 설명하는 행위(舊여전법 시행령 별표1-3 i 다) □ 신용카드업자가 다른 회사의 신용카드등이용조건을 객관적인 근거가 없는 내용으로 비방하거나 불리한 사실만을 설명하는 행위(舊여전법 시행령 별표1-3 i 라)
□ 금융소비자(피보험자 포함)가 보장성 상품 계약의 중요한 사항을 직접판매업자에게 알리는 것을 방해하거나 알리지 아니할 것을 권유하는 행위(법§21 v 가)	□ 좌동(舊보험업법§97① iii)
□ 금융소비자(피보험자 포함)가 보장성 상품 계약의 중요한 사항에 대하여 부실하게 직접판매업자에게 알릴 것을 권유하는 행위(법§21 v 나)	□ 좌동(舊보험업법§97① iv)
□ 금융소비자로부터 투자성 상품 계약의 체결권유를 해줄 것을 요청받지 아니하고 방문·전화 등 실시간 대화의 방법을 이용하는 행위(법§21 vi 가)	□ 좌동(舊자본시장법§49 iii)
○ 증권 및 장내파생상품에 대한 권유행위는 허용(영§16① i)	○ 좌동(舊자본시장법 시행령§54①)
□ 투자성 상품 계약의 체결권유를 받은 금융소비자가 이를 거부하는 취지의 의사를 표시하였는데도 계약의 체결권유를 계속하는 행위(법§21 vi 나)	□ 좌동(舊자본시장법§49 iv)

금융소비자보호법	기존규제
○ 다른 유형(아래 구분)의 금융상품 권유행위는 허용(영§16① ii · 규정§15①)	○ 다른 종류(아래 구분)의 금융투자상품에 대하여 투자권유를 하는 행위는 허용(舊자본시장법 시행령§54② iii · 舊금융투자업규정§4-8②)
- 금융투자상품인 경우 수익증권/장내파생상품/장외파생상품/증권예탁증권/지분증권/채무증권/투자계약증권/파생결합증권으로 구분	- 좌동
- 신탁계약인 경우 금전신탁/비금전신탁으로 구분	- 좌동
- 투자자문 · 투자일임계약인 경우 장내파생상품에 관한 계약/장외파생상품에 관한 계약/증권에 관한 계약으로 구분	- 좌동
- 위 각 유형에도 불구하고 장외파생상품의 기초자산 종류, 상품구조(선도 · 스왑 · 옵션)가 다른 경우 다른 유형으로 간주(규정§15②)	- 다음 어느 하나에 해당하는 금융투자상품의 매매에 대한 투자권유는 서로 다른 투자권유로 본다(舊금융투자업규정시행세칙§3-1). • **상품구조(원금보장여부)가 상이한 파생결합증권** • 기초자산의 종류(**주가관련, 금리관련, 환율관련, 상품가격관련, 신용관련 등**) 또는 상품구조(선도, 스왑, 옵션)가 상이한 장외파생상품
○ 투자성 상품에 대한 계약의 체결권유를 받은 금융소비자가 이를 거부하는 취지의 의사를 표시한 후 1개월이 지난 경우에 해당 상품에 대한 권유행위는 허용(영§16① iii · 규정§15③)	○ 투자권유를 받은 투자자가 이를 거부하는 취지의 의사를 표시한 후 1개월이 지난 후에 다시 투자권유를 하는 행위는 허용(舊자본시장법 시행령§54② ii · 舊금융투자업규정§4-8①)
–	□ 투자권유대행인이 투자목적, 재산상황 및 투자경험 등을 감안하지 아니하고 투자자에게 지나치게 빈번하게 투자권유를 하는 행위(舊금융투자업규정§4-10① iv) □ 투자매매업자 또는 투자중개업자가 일반투자자의 투자목적, 재산상황 및 투자경험 등을 고려하지 아니하고 일반투자자에게 지나치게 자주 투자권유를 하는 행위(舊자본시장법 시행령§68⑤ ii)
□ 내부통제기준에 따른 직무수행 교육을 받지 않은 자로 하여금 계약체결 권유와 관련된 업무를 하게 하는 행위(영§16③ i)	–
□ 적합성 원칙에 따라 파악해야 하는 일반소비자의 정보를 조작하여 권유하는 행위(영§16③ ii)	–

금융소비자보호법	기존규제
□ 투자성 상품에 관한 계약의 체결을 권유하면서 일반금융소비자가 요청하지 않은 다른 **대출성 상품**을 안내하거나 관련 정보를 제공하는 행위(영§16③iii)	□ 금융투자업자가 투자자(전문투자자와 **법 제72조제1항에 따른 신용공여를 받아 투자를 한 경험이 있는 일반투자자는 제외한다)**[374]로부터 **금전의 대여나 그 중개·주선 또는 대리**를 요청받지 아니하고 이를 조건으로 투자권유를 하는 행위(舊자본시장법 시행령§55)
–	□ 투자권유대행인이 금융투자상품의 매매, 그 밖의 거래와 관련하여 투자자에게 금전·물품·편익 등을 10억원(최근 5개 사업연도를 합산한 금액을 의미)을 초과하여 직접 또는 간접적인 재산상의 이익을 제공하면서 권유하는 행위(舊금융투자업규정§4-10① i)
□ 투자성 상품의 가치에 중대한 영향을 미치는 사항을 알면서 그 사실을 금융소비자에 알리지 않고 그 금융상품의 매수 또는 매도를 권유하는 행위(규정§15④ i)	□ **투자권유대행인이** 금융투자상품의 가치에 중대한 영향을 미치는 사항을 **사전에** 알고 있으면서 이를 투자자에게 알리지 아니하고 당해 금융투자상품의 매수 또는 매도를 권유하는 행위(舊금융투자업규정§4-10① ii)
□ 자기 또는 제3자가 소유한 투자성 상품의 가치를 높이기 위해 금융소비자에게 해당 투자성 상품의 취득을 권유하는 행위(규정§15④ ii)	□ **투자권유대행인이** 자기 또는 제3자가 소유한 금융투자상품의 가격상승을 목적으로 투자자에게 당해 금융투자상품의 취득을 권유하는 행위(舊금융투자업규정§4-10① v)
–	□ 금융투자업자 자기가 발행하였거나 발행하고자 하는 주식(전환사채 등 주식관련사채를 포함한다. 이하 이 호에서 같다)을 일반투자자를 상대로 매수를 권유하거나 매도하는 행위. 다만, 아래 어느 하나에 해당하는 경우는 제외(舊금융투자업규정§4-20①xiii) ○ 둘 이상의 신용평가업자로부터 모두 상위 2등급 이상에 해당 하는 신용등급을 받은 경우 ○ 주권상장법인인 금융투자업자가 주식을 모집 또는 매출하는 경우
□ 금융소비자가 「자본시장과 금융투자업에 관한 법률」 제174조, 제176조 또는 제178조에 위반되는 매매, 그 밖의 거래를 하고자 한다는 사실을 알고 그 매매, 그 밖의 거래를 권유하는 행위(규정§15④iii)	□ **투자권유대행인이** 투자자가 법 제174조·제176조 및 제178조에 위반되는 매매, 그 밖의 거래를 하고자 함을 알고 그 매매, 그 밖의 거래를 권유하는 행위(舊금융투자업규정§4-10①vi)

374) 자본시장법(영§55)에서는 신용공여를 받아 투자경험이 있는 일반투자자는 예외대상이었지만, 투자여력이 없는 소비자에게 대출을 조건으로 투자를 권유함으로써 자산손실위험을 방지하기 위함이 규제취지인 점 감안시 투자경험이 있는 소비자가 곧 투자여력이 있다고 보기는 어려워 기존규제상 예외를 모두 인용하지 않았다.

금융소비자보호법	기존규제
–	ㅁ 투자권유대행인이 금융투자상품의 매매, 그 밖의 거래와 관련하여 투자자의 위법한 거래를 은폐하여 주기 위하여 부정한 방법을 사용하도록 권유하는 행위(舊금융투자업규정§4-10①vii)
ㅁ 금융소비자(이하 "신용카드 회원"이라 한다)의 사전 동의 없이 신용카드를 사용하도록 유도하거나 다른 **대출성 상품**을 권유하는 행위(규정§15④ iv)	ㅁ **신용카드업자가** 신용카드회원등의 사전 동의 없이 신용카드의 이용 또는 **자금의 융통**을 권유(舊여전법 시행령 별표1-3 i 사)
ㅁ 적합성 원칙을 적용받지 않고 권유하기 위해 일반금융소비자로부터 계약체결의 권유를 원하지 않는다는 의사를 서면 등으로 받는 행위(규정§15④ v)	–

1. 자본시장법

허위사실 고지, 단정적 판단 제공, 불초청 권유 및 재권유 금지 등 금융투자업자의 부당권유금지 규제(舊자본시장법§49)가 거의 동일하게 금융소비자보호법으로 이관되어 삭제되었다(법 부칙§13⑯). 투자권유대행인에 대한 권유규제(舊금융투자업규정§4-10)도 대부분 금융소비자보호법으로 이관되었으나(규정 부칙§3③), 과도한 경제적 이익 제공 금지규제(舊금융투자업규정§4-10① i)는 이관되지 않고 삭제되기만 하여 입법적 보완이 필요한 것으로 이해된다. 현행 자본시장법에서 투자매매업자, 투자중개업자, 투자일임업자, 신탁업자에 대해서는 과도한 경제적 이익 제공을 제한하고 있는데 반해, 투자권유대행인에 대해서는 금융소비자보호법 및 자본시장법 어디에서도 제한하고 있지 않기 때문이다.

투자매매업자 및 투자중개업자의 불건전 영업행위(舊자본시장법 시행령§68⑤ ii) 및 투자권유대행인의 영업행위 규제(舊금융투자업규정§4-10① iv)로 규율되던 과당매매 권유 금지는 금융소비자보호법으로 이관되지 않고 삭제되었다(영 부칙§2㉑ · 규정 부칙§3③).

2. 보험업법

보험계약의 체결 또는 모집에 관한 금지행위 중 허위사실 고지, 주요사항 고지 누락,

부정확한 비교, 고지의무 위반권유 규제(舊보험업법§97① i ~ iv)만 이관되었고, 전환계약 부당권유 등 보험업권 고유의 영업행위 규제는 현행 보험업법상 존치한다(법 부칙§13⑦).

교차 모집종사자(보험설계사, 보험대리점 및 보험중개사)의 경우 舊보험업법(§97②)상 객관적 근거 없이도 보험상품 비교가 가능했으나, 소비자보호 관점에서 판단 시 교차모집종사자라고 달리 볼 이유가 크지 않아 동 예외조항은 이관되지 않았다. 이에 금융소비자보호법제 하에서는 (2021.3.25일부터) 보험상품 비교 시 교차모집종사자라도 비교기준 및 근거를 밝혀야 한다.

금융소비자보호법에서는 규제대상이 아닌 보험회사 임직원이 舊보험업법(§97① i ~ iv)에서는 모집종사자로서 보험계약체결·모집 관련 금지행위의 규제대상이었던 점을 감안하여, 규제공백이 생기지 않도록 보험회사 임직원에 대한 준용규정을 보험업법(§101-2①)[375] 상 신설한다(법 부칙§13⑦).

3. 여신전문금융업법

舊여신전문금융업법(영 별표1-3 i 가~라·사)에서 허위사실 설명(고지), 주요 사항 누락 설명(고지), 부정확한 비교, 동의없이 신용카드등 권유행위를 신용카드회원등의 권익을 부당하게 침해하는 행위로 규율하였다. 현재 관련 규제는 금융소비자보호법으로 이관되어 모두 삭제되었다(영 부칙§2⑲). 이로 인해 舊여신전문금융업법(영 별표1-3 i)상 규제대상이었던 직불카드, 선불카드의 규제공백이 발생한다. 금융소비자보호법상 금융상품(적용대상)이 아니기 때문이다. 향후 입법적 보완이 필요할 것으로 보인다.

Ⅶ. Q&A

1. 비교대상이 존재하지 않는 경우 비교대상을 밝히지 않는 행위가 부당권유행위(부정확한 비교행위, 법§21ⅳ)에 해당하는지? 신속처리시스템 회신(은행 211118-145)

금융소비자보호법 제21조제4호의 취지는 금융상품 계약체결 권유 시 다른 금융상품과 비교하는 경우 비교대상, 기준 등을 밝히고 객관적인 근거에 따르도록 하여 소비자의 오

375) **보험업법 제101조의2(「금융소비자 보호에 관한 법률」의 준용)** ① 보험회사 임직원의 설명의무 및 부당권유행위 금지에 관하여는 「금융소비자 보호에 관한 법률」 제19조제1항·제2항 및 제21조를 준용한다. 이 경우 "금융상품판매업자등"은 "보험회사 임직원"으로 본다.

해를 방지하려는 것임. 동 사례와 같이 비교대상 금융상품이 없거나 권유 시 다른 금융상품과 비교·설명하는 행위를 하지 않는다면 동 규정이 적용될 여지는 없음.

2. 대출모집인은 은행의 전체 대출성 상품 중 일부만 취급하는데, 대출모집인이 금융소비자에게 본인이 취급할 수 있는 대출성 상품만 권유[376]하는 것은 부당권유행위(법§21ⅳ)에 해당하는지?

대출모집인이 본인이 취급할 수 있는 대출 상품의 범위 내에서 금융소비자에게 가장 적합한 대출성 상품을 권유하였다면 부당권유행위로 볼 수 없음.

[필자 보충의견] 법 제21조제4호의 취지는 금융상품판매업자등이 객관적인 근거 없이 특정 금융상품이 타 금융상품에 비해 우수하거나 유리하다는 이유로 가입 권유하는 것을 방지하기 위한 것으로, 대출모집인이 취급할 수 있는 금융상품 종류 내에서 상품간의 특성을 비교하여 금융소비자에게 가장 적합한 상품을 권유할 경우 부당권유행위라고 보기 어려움.

3. 대리·중개업자가 온라인플랫폼(앱)상에서 여러 대출상품을 권유하는 경우, 금융소비자의 대출상품 선호도를 머신러닝 기법[377]으로 분석하여 선호도가 높을 것으로 예측되는 순서로 나열하여 고객에게 보여주는 것이 부당권유행위(법§21ⅳ)에 해당하는지?

신속처리시스템 회신(은행 211102-141)

대리·중개업자의 머신러닝 기법이 온라인 대출모집법인의 등록요건 중 알고리즘 요건을 충족하고 있고 해당 머신러닝 기법이 객관적인 데이터에 기반하는 경우에는 특별한 사정이 없는 한 금융소비자보호법 제21조제4호의 부당권유행위에 해당하지 않는다고 판단됨.

4. 상품숙지의무의 이행에 대한 구체적 가이드라인이 있는지? 10문 10답(4면)

상품숙지의무 이행여부에 대한 판단은 판매업자가 개별 금융상품에 필요한 직무교육 사항을 내규로 정하여 이행했는지를 기준으로 판단할 수 있음. 개별 금융상품에 필요한 직무교육 사항은 판매업자가 상품의 내용, 소비자보호 정책 등을 고려하여 자율적으로 정할 수 있음.

---

376) (예시) 디딤돌대출 대상이 되는 금융소비자가 디딤돌대출 취급이 불가한 대출모집인을 통해 다른 주택담보대출 상품을 권유받게 되는 경우.

377) 여러 대출상품 간의 조건 비교(금리·한도·중도상환수수료 무료 여부 등) 및 과거 대출상품 중개 이력 데이터 등을 기반으로 고객별 대출상품 선호도를 예측하는 기법.

5. 보험대리점 소속 설계사에 대한 상품숙지의무 이행을 위해 교육 등 관리책임(내부통제기준 마련)을 지는 주체는 해당 보험대리점인지, 해당 보험대리점에 업무를 위탁한 보험회사인지? 구체적인 이행방안은? 신속처리시스템 회신(생보 210507-19)

상품숙지의무는 직접판매업자 뿐만 아니라 대리·중개업자에도 적용되며, 해당 의무이행을 위한 내부통제기준은 각각 마련해야 하므로, *(보험대리점 소속 설계사에 대한 직무교육의 관리책임은 보험대리점에게 있음.)* 직접판매업자 *(및 대리·중개업자)*는 내부통제기준 또는 위탁계약 등을 통해 *(업무를 위탁받은 자의)* 상품숙지의무 이행에 관한 사항을 자율적으로 관리 가능함.

▌제7절▌ 광고

Ⅰ. 의의

1. 규제취지

금융소비자보호법(§22)은 금융상품 또는 판매업자등의 업무 광고(이하 "금융상품등 광고"라 한다) 시 광고를 할 수 있는 주체, 광고에 포함되어야 하는 내용(사항), 광고의 방법·절차 및 금지행위 등을 규정한다. 허위·과장광고로부터 금융소비자를 보호하기 위함이다.[378)]

기본법으로 표시·광고의 공정화에 관한 법률(이하 "표시광고법"이라 한다)이 있으나, 금융상품등 광고에 반드시 기재해야 하는 사항(이하 "광고사항"이라 한다)에 대해서는 규율하고 있지 않다.[379)] 이에 금융소비자보호법에서는 상품 유형별로 광고사항을 규정한다.

또한 표시광고법(§3)상 광고에 대한 금지행위를 고시(금융상품 등의 표시·광고에 관한 심사지침 등)를 통해 구체적으로 규율하고 있지만 규제대상(금융회사) 및 적용대상(금융상품)을 일부[380)]에 한정하고 있어, 금융상품 전부를 아우르는, 판매업자등에게 특화된 금지행위

378) 금융소비자보호법 안내자료(2021.03.24.), 37면 참조.
379) 표시광고법(§4)에 따른 중요한 표시·광고사항 고시에서 금융업은 규정되어 있지 않다.
380) "금융기관"이란 국내에서 저축상품·신탁상품·대출상품을 취급하는 기관, 생명보험회사 및 손해보험회사, 보험대리점 및 보험중개사(국내에 소재하고 있는 외국기관 및 이의 지점 포함)를, "금융상품 등"이란 금융기관에서 취급하는 다음 각 목의 저축상품, 신탁상품, 대출상품 및 보험상품 등을 의미한다(금융상품 등의 표시·광고에 관한 심사지침Ⅲ i · ii)

를 금융소비자보호법에서 규정한다.

2. 정의

'광고'란 사업자[381] 및 사업자단체[382]가 상품 · 용역에 관한 사항을 (인터넷)신문, 정기간행물, 방송, 전기통신, 전단 · 팸플릿 · 견본 · 입장권, 인터넷 · PC통신, 포스터 · 간판 · 네온사인 · 애드벌룬 · 전광판, 비디오물 · 음반 · 서적 · 간행물 · 영화 · 연극 등을 통해 소비자에게 널리 알리거나 제시하는 것을 말한다(표시광고법§2 ii).

위 정의로부터 다른 영업행위(권유/단순 안내)와 구분되는 광고의 2가지 요건을 추론할 수 있다. 첫째, 행위양태인 '널리 알리는 행위'로부터 광고 상대방의 범위가 '불특정 다수' 또는 '특정 다수'[383]임을 알 수 있다. 그에 반해 '권유'는 '특정 소비자'[384]로 하여금 특정 금융상품에 대해 청약의사를 표시하도록 유인하는 행위이다. 즉 '광고'와 '권유' 중 어디에 해당하는지는 그 행위가 개별 상대방의 특성을 어느 정도 반영하는지에 따라 달라질 수 있다. 만약 상대방이 불특정다수이거나 특정 다수이지만 개별성의 정도가 높지 않다면[385] '광고'로 볼 수 있다.[386]

둘째, 광고 내용이 상품 · 용역에 관한 사항[387]이라는 점이다. 따라서 판매업자 홈페이지에 게시하는 광고성 보도자료의 경우 사실을 적시하는 기사 형식을 취했더라도 금융상품 내용을 다루고 있다면 광고에 해당한다.[388] 다만, 계약상 내용[389]을 알려주는 행위, 판매의도 없이 익명처리하여 상품을 쉽게 유추할 수 없도록 한 후 정보[390]를 제공하는 행위, 공익적 목적의 비교공시는 금융상품을 알리는 경우라도 금융상품 계약체결을 유인

---

381) 제조업, 서비스업, 기타 사업을 행하는 자를 말한다. 사업자의 이익을 위한 행위를 하는 임원 · 종업원 · 대리인 기타의 자는 사업자단체에 관한 규정의 적용에 있어서는 이를 사업자로 본다(독점규제법§2 i).

382) 그 형태 여하를 불문하고 2이상의 사업자가 공동의 이익을 증진할 목적으로 조직한 결합체 또는 그 연합체(독점규제법§2 iv).

383) (예시) 신용카드 회원.

384) 특정 1人 또는 개별성의 정도가 높은 특정 다수.

385) (예시) 예: 특정 연령대 또는 특정 소득계층만을 기준으로 소비자군을 분류하는 경우.

386) 신속처리시스템 회신(손보 210608-29) 및 금융위원회 · 금융감독원, "금융소비자의 광고 피해가 없도록 금융업권 협회와 함께 블로거 · 유튜버의 뒷광고(hidden ad)까지도 확인하겠습니다. - 금융소비자보호법 시행 상황반 3차 회의 개최, 「금융광고규제 가이드라인」 마련 -", 보도자료의 별첨자료(금융광고규제 가이드라인, 이하 "광고 가이드라인"이라 한다), 2021.06.08., 2면 참조.

387) 자기 또는 다른 사업자등에 관한 사항, 자기 또는 다른 사업자등의 상품등의 내용 · 거래 조건 · 그 밖에 그 거래에 관한 사항(표시광고법§2 i).

388) 인터넷 홈페이지의 FAQ에 신용조회관련 설명 게시는 광고에 해당한다(대법원 2009두843).

389) (예시) 보험약관대출이 가능하다는 사실 등.

390) (예시) A社로 익명처리.

할 목적이 없으므로 단순안내에 불과하여 광고가 아니다.[391]

3. 유형

광고대상에 따라 상품 및 업무(서비스 또는 용역)에 관한 광고로 구분된다(법§22①). 먼저 금융상품 광고란 금융상품의 내용, 거래조건, 그 밖의 거래에 관한 사항을 소비자에 널리 알리거나 제시하는 행위이다(표시광고법§2 ii). 다음으로 업무 광고란 ① 자문서비스에 관한 광고 및 ② 금융거래·금융상품 계약체결을 유인할 목적으로 소비자에게 제공하는 서비스[392]에 관한 광고를 의미한다. 판매업자가 겸영하거나 부수적으로 영위하는 업무라도 해당 업무가 금융상품 또는 금융서비스에 관한 사항이 아닌 경우[393]에는 광고규제를 적용받지 않는다.[394]

통상 규제취지[395]를 감안하여 업무광고인지 여부를 판단한다. 대출모집인 또는 보험설계사가 금융정보를 제공하면서 '필요 시 상담을 제공하겠다'는 의미의 메시지와 함께 연락처를 제공하는 행위의 경우 대출성·보장성 상품의 계약체결을 유인할 목적이므로 업무광고에 해당한다.

또한, 특정 서비스를 명시적으로 소개하지 않아도 특정 업체(판매업자)의 판매를 촉진시키도록 설계된 광고는 업무광고로 볼 수 있다. 특정 모집법인 소속 보험설계사가 전문가로 출연하고, 시청자가 상담 연락 시 해당 모집법인으로 연결되는 경우를 예로 들 수 있다. 다만, 특정 판매업자에 관한 광고더라도 해당 업자의 지명도를 높이거나 이미지(image)를 개선하기 위한 광고는 규제대상이 아니다.[396] 결론적으로 금융소비자보호법상 광고인지 여부 판정은 아래 흐름도를 따른다.

---

391) 신속처리시스템 회신(손보 210608－29) 및 광고 가이드라인 2~3면 참조.
392) (예시) 보험 관련 재무설계 서비스 제공, 금융상품(특정 금융상품이 아닌 해당 금융상품판매업자가 취급하는 금융상품 일반) 가입 관련 비대면서비스 제공 등.
393) (예시) 신용카드 회사의 중고차 거래 플랫폼 광고, 보험사의 헬스케어 광고.
394) 광고 가이드라인, 2면 참조.
395) 금융소비자가 업무광고를 접하여 금융상품을 오인하는 상황을 방지.
396) 1차 FAQ(9면) 및 광고 가이드라인(2면) 참조.

❖ 광고여부 흐름도

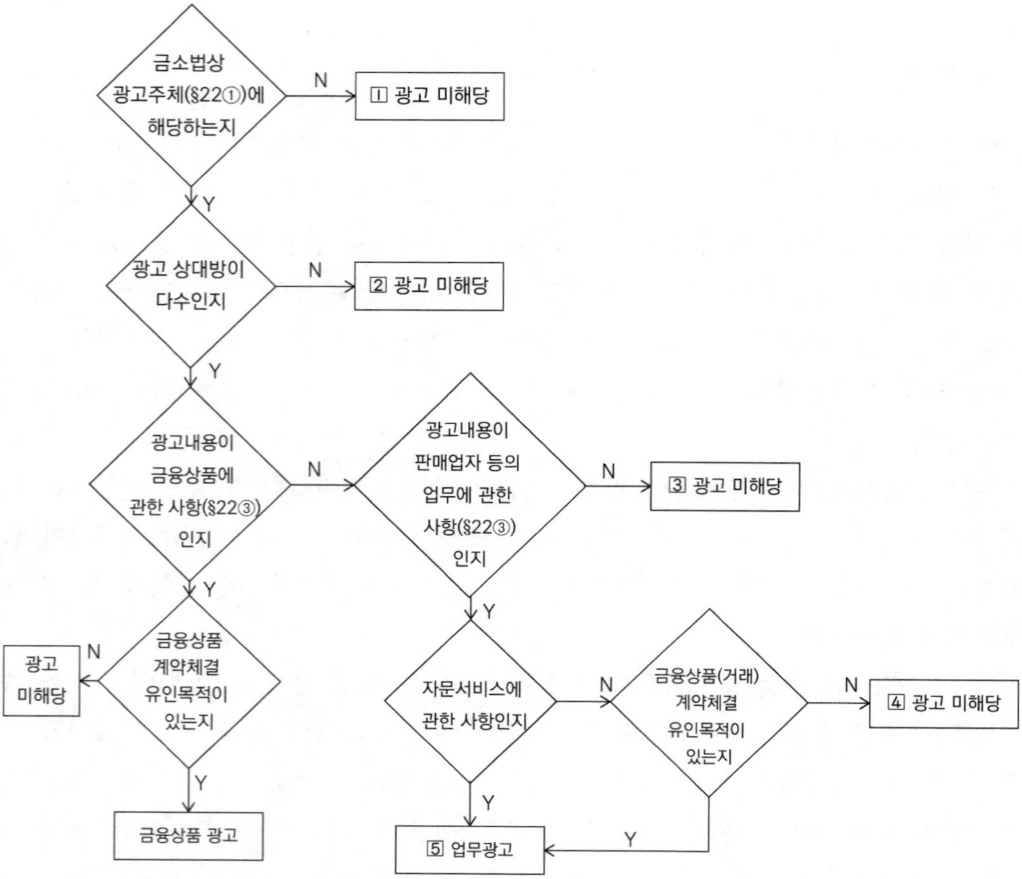

- 금소법상 광고주체(§22①)에 해당하는지
  - N → ① 광고 미해당
  - Y → 광고 상대방이 다수인지
    - N → ② 광고 미해당
    - Y → 광고내용이 금융상품에 관한 사항(§22③) 인지
      - Y → 금융상품 계약체결 유인목적이 있는지
        - N → 광고 미해당
        - Y → 금융상품 광고
      - N → 광고내용이 판매업자 등의 업무에 관한 사항(§22③) 인지
        - N → ③ 광고 미해당
        - Y → 자문서비스에 관한 사항인지
          - Y → ⑤ 업무광고
          - N → 금융상품(거래) 계약체결 유인목적이 있는지
            - N → ④ 광고 미해당
            - Y → ⑤ 업무광고

❖ 금융소비자보호법상 광고가 아닌 사례397)

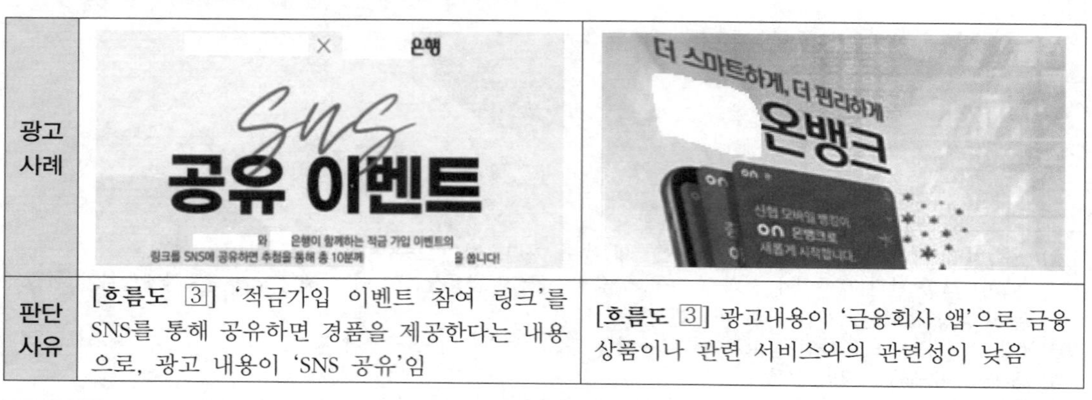

광고 사례	(이미지)	(이미지)
판단 사유	[흐름도 ③] '적금가입 이벤트 참여 링크'를 SNS를 통해 공유하면 경품을 제공한다는 내용으로, 광고 내용이 'SNS 공유'임	[흐름도 ③] 광고내용이 '금융회사 앱'으로 금융상품이나 관련 서비스와의 관련성이 낮음

397) 광고 가이드라인, 5면 참조.

광고 사례	 은행이 자영업자의 사업경쟁력 강화를 위해 지원합니다! 소상공인·자영업자 무료컨설팅 신청접수	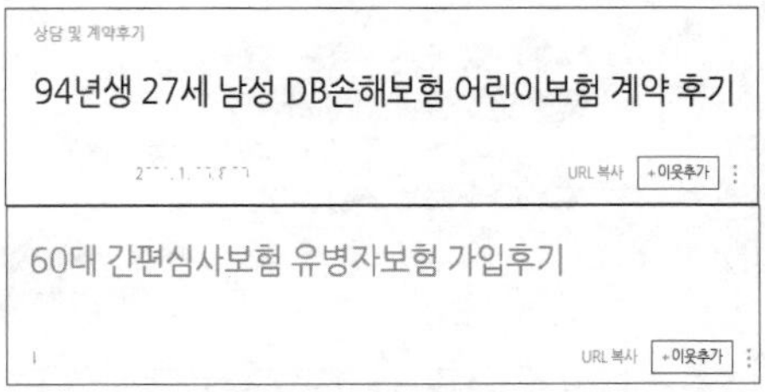 상담 및 계약후기 94년생 27세 남성 DB손해보험 어린이보험 계약 후기 URL 복사 +이웃추가 60대 간편심사보험 유병자보험 가입후기 URL 복사 +이웃추가
판단 사유	[흐름도 4] 광고내용이 '자영업자인 대출 고객을 대상으로 한 컨설팅'이므로 금융거래를 유도하지 않음	[흐름도 1] 소비자 작성 계약후기는 작성주체가 판매업자가 아니기 때문에 일반적으로 광고로 보기 어려움
광고 사례	아파트 관리비 자동납부는 어떻게 하나요 ? 아파트 관리비는 당사 카드로 자동납부 신청이 가능하며, 매월 카드로 승인된 관리비를 고객님의 결제일에 맞춰 다음달 또는 다음 다음달에 청구합니다. 고객님의 편의 증진을 위하여, 아파트관리비 자동납부 신청은 신한카드 고객센터(☎1544-7000), 홈페이지(PC/모바일), 전용ARS(☎1522-3170)에서 신청하실 수 있습니다. 기타 상세내용 1) 신한카드 고객센터(☎1544-7000)를 통해 신청 시 가족카드로 자동이체 신청 가능합니다. 2) 기존 은행 및 카드 자동이체건에 대해서는 이중출금 및 카드 미승인 우려가 있으므로 반드시 해지하시고, 신규 신청 바랍니다. 3) 최초 자동납부 신청된 카드의 거래가 안되는 경우(거래정지, 해지 등) 발생시 아파트 관리비가 연체되는 것을 방지하기 위하여 다른 유효한 카드로 자동승계되어 승인처리 되며 다음달부터는 최초 신청된 카드로 다시 자동납부가 진행됩니다. 4) 카드 재발급 교체, 도난, 분실, 갱신 등의 사유로 카드번호가 변경된 경우에는 변경된 카드로 계속하여 자동납부 됩니다.	 iOS Android OO플랫폼을 설치하고 카드와 연동해 보세요. 놓치는 혜택이 없도록 실시간 코칭이 활성화됩니다. ① 구글플레이/앱스토어에서 앱을 다운로드하세요. ② 회원 가입 후 안내에 따라 카드 연동을 진행하세요. ③ 카드에 등록된 아이디를 입력하시면 연동이 완료됩니다.
판단 사유	[흐름도 4] 신용카드를 활용한 아파트 관리비 자동납부 방법을 알려주는 내용으로 금융거래를 유도한다고 보기 어려움	[흐름도 3] 핀테크 플랫폼을 모바일에 설치 시 신용카드 혜택을 제공한다는 내용으로 핀테크 플랫폼 광고에 가까우므로 광고로 보기 어려움

❖ 금융소비자보호법상 업무광고 사례398)

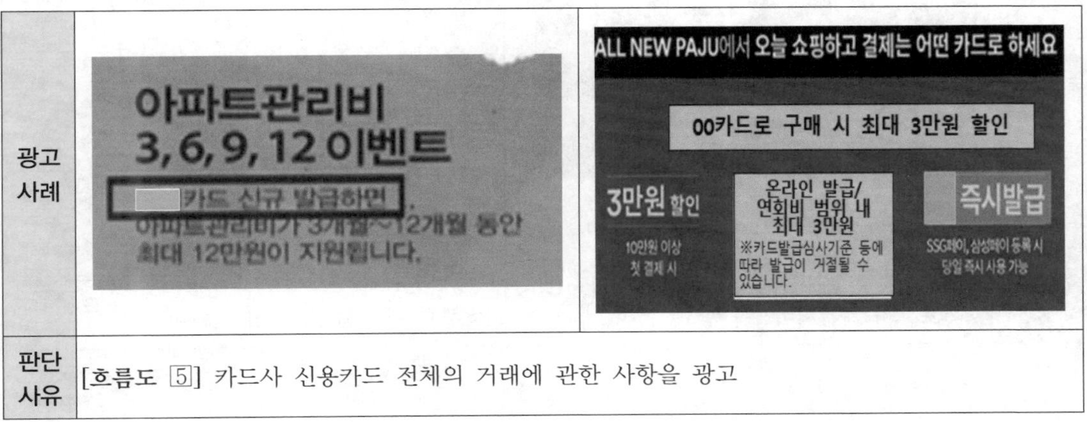

광고 사례	아파트관리비 3,6,9,12 이벤트 카드 신규 발급하면, 아파트관리비가 3개월~12개월 동안 최대 12만원이 지원됩니다.	ALL NEW PAJU에서 오늘 쇼핑하고 결제는 어떤 카드로 하세요 OO카드로 구매 시 최대 3만원 할인 3만원 할인 10만원 이상 첫 결제 시 온라인 발급/ 연회비 범위 내 최대 3만원 ※카드발급심사기준 등에 따라 발급이 거절될 수 있습니다. 즉시발급 SSG페이, 삼성페이 등록 시 당일 즉시 사용 가능
판단 사유	[흐름도 5] 카드사 신용카드 전체의 거래에 관한 사항을 광고	

398) 광고 가이드라인, 6면 참조.

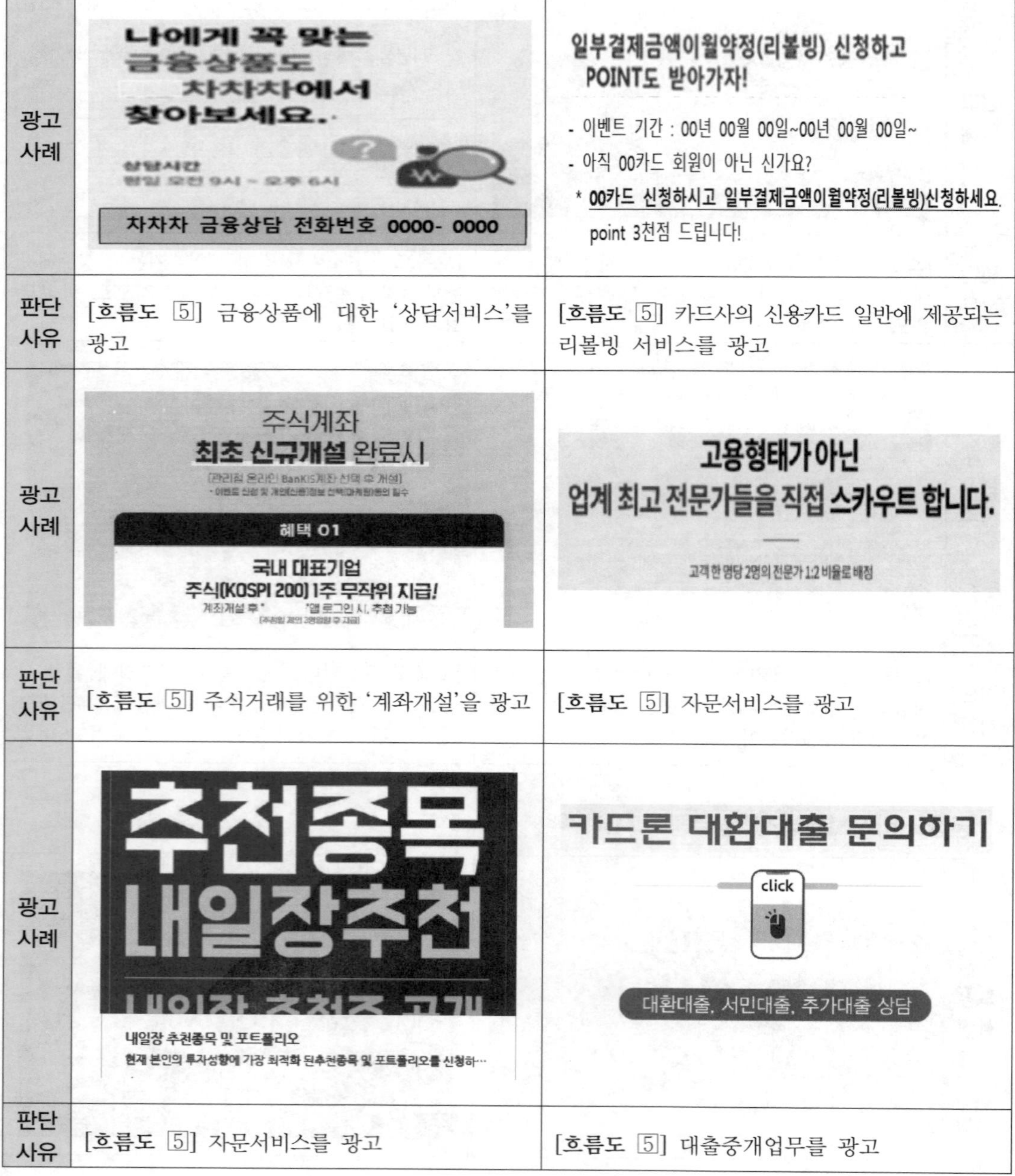

광고 사례		
판단 사유	[흐름도 5] 금융상품에 대한 '상담서비스'를 광고	[흐름도 5] 카드사의 신용카드 일반에 제공되는 리볼빙 서비스를 광고
광고 사례		
판단 사유	[흐름도 5] 주식거래를 위한 '계좌개설'을 광고	[흐름도 5] 자문서비스를 광고
광고 사례		
판단 사유	[흐름도 5] 자문서비스를 광고	[흐름도 5] 대출중개업무를 광고

II. 주체

금융소비자보호법에서는 금융상품등 광고를 할 수 있는 자를 한정하고 있다(법§22① · 영§17①~③).

광고주체
□ 직접판매업자 및 자문업자 □ 직접판매업자로부터 법령 위배여부를 확인받아 광고가 허용된 대리 · 중개업자(투자성 상품에 관한 대리 · 중개업자 제외) □ 금융협회: 금융투자협회, 생명보험협회, 손해보험협회, 상호저축은행중앙회, 여신전문금융협회, 대부금융협회, 은행연합회, 신용협동조합중앙회 □ 판매업자등을 자회사 또는 손자회사로 하는 금융지주회사 □ 증권의 발행인 또는 매출인(해당 증권 광고로 한정) □ 주택도시보증공사 □ 한국주택금융공사 □ 집합투자업자

온라인 포털, 핀테크 업체의 역할이 '광고 매체'가 아니라 판매과정에 적극 개입하는 '광고 주체'에 해당하는 경우에는 판매업자로 등록해야 한다. 광고주체인지 여부 판단과 관련해 아래 판례(대법원 2003두 8296)를 참고할 수 있을 것이다.[399] 이하 금융소비자보호법상 광고를 할 수 있는 자를 이 절에서 "판매업자등"이라 한다.

> **사이버몰 운영자가** 입점업체의 광고행위에 대해 ~ **행정적 책임을 지는지 여부는** 사이버몰 운영자와 입점업체 간 **거래약정 내용**, 사이버몰 이용약관 내용, 문제된 광고에 관하여 사이버몰 운영자와 입점업체가 **수행한 역할과 관여정도, 광고행위 주체에 대한 소비자 오인가능성,** 광고 내용 등을 종합하여 판단해야
>
> <중 략>

399) 광고 가이드라인, 7면 참조.

Ⅲ. 내용

1. 광고사항

투자성 상품 중 전문투자형 사모집합투자기구의 집합투자증권의 경우 자본시장법(§249-5)상 투자광고 규제가 별도로 존재하므로 금융소비자보호법상 광고사항 규제를 적용하지 않는다(법§22③但).

특이한 점은 집합투자증권을 제외한 다른 상품의 경우 광고사항은 네거티브 규제 형식(원칙허용, 예외금지)이어서 법에서 열거한 사항 외에 광고에 추가로 내용을 기재하는 것이 (금지행위 위반이 아니라면) 가능하다. 이에 반해 집합투자증권의 경우 포지티브 형식(원칙금지, 예외허용) 규제를 취하고 있어 법에서 열거한 사항 외에 광고사항을 추가하는 것은 금지된다.

다음 표에서 반드시 광고에 기재되어야 하는 사항(제외가 불가능한 사항)의 경우 굵게, 상품 광고사항이면서 업무 광고사항인 경우 밑줄로 표시한다.

구 분	광고사항	
공통 (펀드 제외)	□ **<u>계약체결 전 설명서·약관을 읽어 볼 것</u>**[400] □ **<u>판매업자등의 명칭</u>** □ **금융상품의 내용** ○ **금융상품의 명칭** ○ **이자율(대부업법상 대부이자율[401] 및 연체이자율 포함)** ○ **수수료**	□ 대리·중개업자의 광고[402] ○ 대리·중개업자가 대리·중개하는 직판업자의 명칭 및 업무 내용 ○ 1사전속 여부 ○ 직판업자로부터 계약체결권을 부여받지 않은 경우 금융상품 계약체결권한이 없다는 사실

400) (예시) ① 금융상품에 관한 계약을 체결하기 전에 금융상품 설명서 및 약관을 읽어 보시기 바랍니다, ② 계약체결/가입 전 설명서 및 약관 필독 등[은행연합회, "은행권 광고심의 매뉴얼(이하 "광고심의 매뉴얼")", 2021.9월, 3면 참조].

401) 대부업법 제9조제1항을 인용하고 있으나, 동 조의 규제대상은 대부업자의 대부이자율 및 연체이자율만 뜻하므로 여신금융기관 및 대부중개업자에 대부·연체이자율까지 포함시키려면 제9조 및 제15조를 인용하는 것이 적절해 보인다. 입법적 보완(인용조문 수정)이 필요하다.

402) 입법적 보완이 필요한 사항으로, 시행령(§18③ⅳ)상 대리·중개업자의 광고사항(법 제26조제1항제1호부터 제3호까지의 사항)이 감독규정(별표5 ⅴ 가)에서도 기재되어 있어 반복조문 중 하나는 삭제할 필요가 있다.

구 분	광고사항	
	□ 법19조에 따른 설명받을 권리[403] □ 법령 · 내부통제기준에 따른 광고절차 준수사항 □ 예금자보호법[404] 등 타 법률상 금융소비자 보호내용(대출성 상품 제외) □ 광고 유효기간이 있는 경우 해당 기간 □ 통계수치 · 도표 등 인용시 해당 자료의 출처 □ 연계 · 제휴서비스 광고 시 그 이용요건	○ 금융관계법률에 따른 등록사실 □ 자문업자의 광고[405] ○ 독립금융상품자문업자인지 여부 ○ 판매업자로부터 자문 관련 재산상 이익을 제공받는 경우 그 이익의 종류 및 규모. 단, 20만원 이내인 경우 제외 ○ 판매업 겸영시 위탁관계에 있는 판매업자의 명칭 및 위탁 내용 ○ 자문업무를 제공하는 금융상품의 범위
보장성	□ **기존계약을 해지하고 다른 계약체결 시 계약체결의 거부 또는 보험료 등이 인상되거나 보장내용이 변경될 수 있다는 사항** □ **보장성 상품의 내용** ○ **보험금 지급제한 사유** ○ **이자율의 범위 및 산출기준**(금리연동형 상품 한정) □ 자산운용의 성과에 따른 보험금 · 해약환급금 손실발생사실(변액보험 및 이와 유사한 상품 한정)	□ 보험상품 이미지 광고가 아닌 경우 ○ 주계약 및 특약의 위험보장사항과 각각의 보험료 · 보험금 예시 ○ 특정 시점(체결 후 1/3/5년)에 해약을 하거나 만기에 이른 경우의 환급금 예시 및 산출근거 ○ 해약환급금이 이미 납부한 보험료보다 적거나 없을 수 있다는 사실
투자성	□ **투자에 따른 위험** ○ **원금 손실 발생 가능성** ○ **원금 손실에 대한 소비자의 책임** □ **과거 운용실적 광고 시 해당 실적이 미래의 수익률을 보장하는 것이 아니라는 사항** □ **투자성 상품의 내용** ○ **연계투자계약: 연계투자 상품의 내용,** 연계투자위험 ○ **투자성 상품**(연계투자계약 제외): **이자 · 수익의 지급시기 및 지급제한 사유**	□ 투자성 상품(연계투자 제외) ○ 수수료 부과기준 및 절차 ○ (최대)손실이 발생할 수 있는 상황 및 그에 따른 손실 추정액(객관적 · 합리적 근거 포함) ○ 수상등을 표기 시 수상기관 · 단체의 명칭, 수상등의 시기 및 내용 ○ 과거 재무상태 · 영업실적 표기 시 광고시점(기간) 및 미래에는 이와 다를 수 있다는 내용 ○ 최소비용 표기 시 그 최대비용, 최대수익 표기시 그 최소수익 ○ 새로운 제도 시행 전 관련 금융상품 광고시 그 제도의 시행시점 및 해당 제도 관련 중요사항

403) (예시) ① 금융소비자는 해당 상품 또는 서비스에 대하여 설명 받을 권리가 있습니다, ② 금융상품 · 서비스에 대해 설명 요청 가능 등(광고심의 매뉴얼, 3면 참조).

404) 예금자보호법(§29②)에 따라 예금보험공사가 표기방법을 별도로 정하고 있다.

405) 입법적 보완이 필요한 사항으로, 시행령(§18③ⅴ)상 자문업자의 광고사항이 감독규정(별표5ⅵ)에서도 기재되어 있어 반복조문 중 하나는 삭제할 필요가 있다.

구 분	광고사항	
펀드	□ 발행자의 명칭·소재지·연락처·조직 □ 집합투자재산 운용인력 및 실적 □ 집합투자증권의 환매 □ 집합투자재산은 신탁업자의 고유재산과 분리하여 안전하게 보관·관리된다는 사실 □ 준법감시인 및 외감법상 감사인이 집합투자재산이 적법하게 운용되는지 감시한다는 사실 □ 집합투자기구의 투자목적에 적합한 금융소비자에 관한 사항 □ 집합투자기구의 수익구조 □ 집합투자기구평가회사 등의 평가결과 □ 일반적인 경제상황에 대한 정보 □ 투자금의 한도 및 적립방법 □ 비교광고 시 비교대상이 되는 다른 집합투자업자 및 집합투자기구의 유형, 운용기간, 운용실적 및 그 밖에 비교의 기준일자 등 □ 광고의 특성상 필요한 표제·부제	□ 법(§19①)상 설명사항 ○ 연계·제휴서비스: 서비스 내용, 이행책임, 제공기간, 변경·종료 시 사전통지, 이용요건 ○ 청약철회의 기한·행사방법·효과 ○ 민원처리 및 분쟁조정 절차 ○ 예금자보호법 등 타법 보호여부(대출성 제외) ○ 상품내용, 투자에 따른 위험 ○ 위험등급(연계투자 및 비금전신탁 제외) ○ 수수료, 계약의 해제·해지 ○ 증권의 환매·매매 ○ 전문투자형 사모펀드: 기구 명칭·종류 등 ○ 연계투자 및 전문투자형 사모펀드 제외한 투자성 상품: 계약기간, 상품구조, 기대수익·손실발생상황·손실추정액(각 근거 포함), 위험등급 산정이유·의미·유의사항, 만기 전 계약종료 시 종료요건
예금성	□ **만기지급금 등을 예시하는 경우 해당 지급금 등이 미래수익을 보장하는 것이 아니라는 사항(ELD 등 기초자산 가치에 따라 수익이 변동하는 상품 한정)**	□ **예금성 상품의 내용** ○ **이자율·수익률 각각의 범위 및 산출기준** ○ **이자·수익의 지급시기 및 지급제한 사유**
대출성	□ **대출조건** ○ **갖춰야 할 신용 수준에 관한 사항** ○ **원리금 상환방법** □ **대출성 상품의 내용** ○ **신용카드: 연회비, 연체율** ○ **시설대여·연불판매·할부금융: 연체율, 수수료, 중도상환 시 적용받는 조건** ○ **그 밖의 대출성 상품: 이자율(연체이자율 포함)의 범위 및 산출기준,[406] 이자 부과시기, 중도상환 시 적용받는 조건**	□ 경고문구 ○ 상환능력 대비 대출금, 신용카드 사용액이 과도할 경우 개인신용평점의 하락 가능성[407] ○ 개인신용평점 하락으로 금융거래 관련 불이익 발생가능성[408] ○ 원리금 연체 시 기한 전 채무변제의무의 발생가능성[409]

406) 현수막, X배너 등 지면에 제약이 있고 연결페이지 제공이 어려운 광고의 경우 아래처럼 축약 표기 가능(광고심의 매뉴얼, 8면 참조).
  ○ 최저 연0.00%~최고 연0.00%
  ○ 기준금리(KORIBOR 3개월 0.00%) ＋ 개인별 가산금리(0.00%~0.00%) － 우대금리(0.00%~0.00%)
  ○ 실제적용 금리는 상담을 통해 확인 가능

407) (예시) 상환능력에 비해 대출금이 과도할 경우 개인신용평점이 하락할 수 있습니다 등(광고심의 매뉴얼, 4면 참조).

408) (예시) 개인신용평점 하락으로 금융거래 관련 불이익이 발생할 수 있습니다 등(광고심의 매뉴얼, 4면 참조).

409) (예시) 원리금을 연체할 경우 모든 원리금에 대해 변제할 의무가 발생할 수 있습니다 등(광고심의 매뉴얼, 4면 참조).

2. 제외

광고사항은 광고의 목적, 광고매체의 특성, 광고시간의 제약 등을 감안하여 규제취지를 형해화하지 않는 범위 내에서 탄력적으로 운영할 수 있다(영§18④). 예컨대 온라인 배너·팝업광고는 광고면적이 협소한 점을 감안, 광고 내용을 연결되는 웹페이지에 나누어 게시하는 것도 가능하다. 이와 같이 탄력적 운영이 가능한 까닭은 광고는 다수의 사람에게 압축적으로 상품·서비스를 알리는 행위이기 때문이다. 계약단계에서 해당 상품을 상세히 설명하여 정보의 비대칭성을 해소할 필요가 있는 설명의무와 달리, 통상 면적이나 시간에 있어 제약을 많이 받는 광고에 설명사항만큼 많은 내용을 기재하도록 강제하기는 어렵다.[410]

어디까지 광고에 기재해야 하는지는 금융소비자의 오인가능성[411]을 기준으로 한다. 자의적인 정보 제외로 인해 상품에 대한 소비자의 오인이 발생하지 않도록 하는 수준까지 광고에 기재해야 하는 것이다. 따라서 광고에 표기되지 않아 소비자 피해가 자주 발생하는 사항, 광고에 표기하지 않을 경우 소비자가 거래 의사결정에 영향을 미치는 중요사항의 중대한 결함 등을 명확히 알지 못하게 되거나 소비자의 재산에 위해를 끼칠 가능성이 있는 사항은 특별한 사유가 없는 한 광고에 반드시 기재할 필요가 있다. 구체적으로 법 제22조제3항제1호부터 제3호까지의 사항은 예외없이 반드시 기재해야 한다. 법에서 명시한 사항을 시행령에서 제외하는 것은 위임범위 일탈 소지가 있으므로 제외할 수 없다.[412] 제외할 수 없는 광고사항은 앞의 표에서 볼드체로 표시했다.

한편 보험상품에서 보험료·보험금은 중요한 정보이나, 금융소비자의 연령 등 개별상황에 따라 보험료 등이 달라지므로 이를 일률적으로 정하여 광고에 기재할 수 없다. 이에 따라 보험료·보험금에 대한 구체적인 예시 없이 보험상품의 이미지만을 노출하는 광고가 이루어진다. 이러한 보험상품 이미지광고의 경우 광고사항이 간소화되어 있는 반면, 일정한 기준을 만족해야 한다. 첫째, 4가지 사항(① 상품편익, ② 적합한 금융소비자의 특성 또는 가입요건, ③ 상품특성, ④ 판매채널의 특징 및 상담 연락처) 중 전부 또는 일부를 개괄적으로

---

410) 광고 가이드라인, 12면 참조.

411) 참고판례(대법원 2017두60109)
"일반 소비자는 광고에서 직접적으로 표현된 문장, 단어, 디자인, 도안, 소리 또는 이들의 결합에 의하여 제시되는 표현뿐만 아니라 광고에서 간접적으로 암시하고 있는 사항, 관례적이고 통상적인 상황 등도 종합하여 전체적·궁극적 인상을 형성하게 된다. 따라서 **광고가 소비자를 속이거나 소비자로 하여금 잘못 알게 할 우려가 있는지는 보통의 주의력을 가진 일반 소비자가 그 광고를 받아들이는 전체적·궁극적 인상을 기준으로 하여 객관적으로 판단**해야 한다."

412) 광고 가이드라인, 12면 참조.

알려야 한다(규정§17③ i 가). 둘째, 영상 또는 음성을 활용하는 광고인 경우에는 광고 시간이 2분 이내여야 한다(규정§17③ i 나). 셋째, 보장성 상품의 가격, 보장내용 및 만기환급금 등의 특징을 안내하면서 그 이행조건을 동일한 방법(음성 또는 자막 등을 말한다)으로 안내해야 한다(규정§19① ⅳ가). 넷째, 상품의 주요 특징을 유사한 단어로 3회 이상 연속 또는 반복하여 음성으로 안내해서는 안 된다(규정§19① ⅳ나).

Ⅳ. 금지행위

광고로 인한 오인가능성을 방지하기 위해 금지행위를 규정한다.

구분	금지행위
공통	▫ 보험료·대출이자를 일(日) 단위로 표시하는 등 금융소비자의 경제적 부담이 작아 보이도록 하거나 계약체결에 따른 이익을 크게 인지하도록 표시 ▫ 비교대상 및 기준을 분명하게 밝히지 않거나 객관적인 근거 없이 다른 금융상품등과 비교 ▫ 불확실한 사항에 대해 단정적 판단을 제공하거나 확실하다고 오인하게 할 소지가 있는 내용을 알리는 행위 ▫ 계약체결 여부나 금융소비자의 권리·의무에 중대한 영향을 미치는 사항을 사실과 다르게 알리거나 분명하지 않게 표시 ▫ 금융소비자에 따라 달라질 수 있는 거래조건을 누구에게나 적용될 수 있는 것처럼 표시
보장성	▫ 보장한도, 보장 제한조건, 면책사항, 감액지급 사항 등을 누락하거나 충분히 고지하지 아니하여 제한 없이 보장 가능한 것으로 표시 ▫ 보험금이 큰 특정 내용만을 강조하거나 고액 보장 사례 등을 소개하여 보장내용이 큰 것으로 표시 ▫ 보험료를 일(日) 단위로 표시하거나 보험료의 산출기준을 불충분하게 설명하는 등 보험료 등 금융소비자의 지급비용이 저렴한 것으로 표시 ▫ 자동갱신되는 상품의 경우 갱신 시 보험료등이 인상될 수 있음을 충분하게 미고지 ▫ 금리 및 투자실적에 따라 만기환급금이 변동될 수 있는 보장성 상품의 경우 만기환급금이 보장성 상품의 만기일에 확정적으로 지급되는 것으로 표시 ▫ 보험금 지급사유나 지급시점이 다름에도 불구하고 각각의 보험금이 한꺼번에 지급되는 것처럼 표시 ▫ 금융상품 광고에 연계하여 보험계약체결 시부터 최초 1년간 납입되는 보험료의 100분의 10과 3만원 중 적은 금액을 초과하는 금품을 금융소비자에 제공 ▫ 보험상품 이미지 광고인 경우 ○ 보장성 상품의 가격, 보장내용 및 만기환급금 등의 특징을 안내하면서 그 이행조건을 동일하지 않은 방법(음성 또는 자막 등을 말한다)으로 안내 ○ 금융상품의 주요 특징을 유사한 단어로 3회 이상 연속 또는 반복하여 음성으로 안내

구분	금지행위
투자성	ㅁ 금융상품과 관련하여 해당 광고매체 또는 대리·중개업자의 상호를 부각시키는 등 금융소비자가 직판업자를 올바르게 인지하는 것을 방해[413] ㅁ 손실보전(損失補塡) 또는 이익보장이 되는 것으로 표시. 단, 연금이나 퇴직금 지급목적의 신탁계약으로 손실의 보전이나 이익의 보장한 경우는 제외 ㅁ 집합투자증권에 대해 법령상 정한 사항(광고사항 표 참조) 외 사항을 광고에 사용 ㅁ 수익률이나 운용실적을 표시하는 경우 수익률이나 운용실적이 좋은 기간의 수익률이나 운용실적만을 표시 ㅁ 자본시장법에 따른 경영실태 및 위험평가의 결과(관련 세부내용 포함)를 다른 직판업자와 비교하여 광고
예금성·대출성	ㅁ (대출)이자율의 범위·산정방법, (대출)이자의 지급·부과 시기 및 부수적 혜택·비용을 명확히 미표시 ㅁ 수익률이나 운용실적을 표시하는 경우 수익률이나 운용실적이 좋은 기간의 수익률이나 운용실적만을 표시(예금성 상품 한정)

V. 광고방법·절차

1. 광고방법

원칙은 명확성과 공정성이다. 금융상품의 내용을 금융소비자가 오해하지 아니하도록 명확하고 공정하게 전달해야 하므로(법§22②), 해당 금융상품으로 인해 소비자가 받을 수 있는 혜택과 불이익을 균형있게 전달할 수 있도록 글자의 색깔·크기 또는 음성의 속도·크기 등을 구성하면 된다(영§19①·규정§18). 이처럼 광고의 방법을 포괄적으로 규정하여 광고에 대한 판매업자등의 자율성이 광범위하게 허용되나, 광고방법에 대한 판매업자의 자체기준은 명확히 규정·운영되어야 한다. 협회 심의기준 등을 참고하여 판매업자등의 내부통제기준에 광고 제작 및 심의기준을 자체적으로 반영하고 이를 준수해야 한다(규정 별표2 ii 나).[414]

413) 보장성 상품의 금지행위이나(규정§19① v), 증권사 cma 통장을 대형 포털사 통장처럼 광고한 행위를 규제하기 위해 도입한 점(금융위원회, "「금융소비자보호법 시행령 제정안」 입법예고(10.28.~12.6.)", 보도자료, 2020.10.28., 6면 참조), 보장성 상품 외 금융상품에도 유사하게 오인가능성이 발생할 수 있는 점 등 감안 시 전체상품에 대한 금지행위로 규정되는 것이 합리적이다. 입법적 보완이 필요하다.

414) 광고 가이드라인, 12면 참조.

2. 광고절차

판매업자등은 내부통제기준에 따라 준법감시인(준법감시인이 없는 경우에는 감사)의 심의를 받아야 한다(영§19②). 관련 금융협회도 사전심의가 가능하며, 심의대상 및 심의기준은 협회가 자율적으로 정할 수 있어(법§22⑥ · 영§21 · 규정§20), 협회 심의대상인 경우 판매업자등은 다중의 심의절차를 거친다. 직접판매업자인 경우 자체심의와 협회심의를, 대리 · 중개업자인 경우 자체심의, 해당 금융상품의 직접판매업자로부터 확인(심의)[415]과 협회심의 절차를 거친다. 대리중개업자는 블로그, 유튜브 등 온라인 매체를 통해 광고를 하는 경우에도 광고에 직접판매업자의 확인을 받았다는 표시를 해야 한다.[416] 다만, 업무광고인 경우 직접판매업자의 확인(심의) 없이 자체심의를 거치면 된다(영§17① i).

<table>
<tr><th colspan="2">구분</th><th>심의절차</th><th>표시(예시)[417]</th></tr>
<tr><td rowspan="3">협회심의의 대상인 경우</td><td>직판업자 광고</td><td rowspan="2">① 자체심의－② 협회심의</td><td rowspan="2">○○협회 심의필 0－0호(심의결과 유효기간 또는 유효한 현재시점, 이하 “2023.11.24.”으로 표시)</td></tr>
<tr><td>대리 · 중개업자 업무광고</td></tr>
<tr><td>대리 · 중개업자 상품광고</td><td>① 자체심의－② 직판업자 확인(심의)－③ 협회심의</td><td>○○협회 심의필 0－0호(2023.11.24.)
○○사 준법감시인 심의필 0－0호(2023.11.24.)</td></tr>
<tr><td rowspan="3">협회심의의 대상이 아닌 경우</td><td>직판업자 광고</td><td rowspan="2">자체심의</td><td rowspan="2">준법감시인 심의필 0－0호(2023.11.24.)</td></tr>
<tr><td>대리 · 중개업자 업무광고</td></tr>
<tr><td>대리 · 중개업자 상품광고</td><td>① 자체심의－② 직판업자 확인(심의)</td><td>준법감시인 심의필 0－0호(2023.11.24.)
○○사 준법감시인 심의필 0－0호(2023.11.24.)</td></tr>
</table>

3. 협회심의

기존 금융업법상 각 금융협회(은행연합회 및 신협중앙회 제외)가 수행해 온 소속 회원사에 대한 광고심의 기능을 금융소비자보호법에서는 포괄하여 규정한다. 기존에 광고심의

415) 만약 직접판매업자가 다른 2개 이상의 금융상품이 포함된 광고인 경우, 해당 직접판매업자 모두로부터 확인을 받아야 한다.

416) 광고 가이드라인, 7면 참조.

417) ‘법령 · 내부통제기준에 따른 광고절차 준수사항’을 광고사항으로 기재해야 하므로(영§18③ ii) 이를 예시로 기재한다.

권한이 없었던 금융협회(은행연합회 및 신협중앙회)에도 권한을 부여하여 회원사 및 회원사로부터 업무를 수탁받은 대리·중개업자의 광고에 대하여 법령상 기준을 준수하는지를 확인하고 그 결과에 대한 의견을 해당 판매업자등에게 통보할 수 있다(법§22⑥·영§21①).

<table>
<tr><th colspan="2">구분</th><th colspan="2">협회심의</th></tr>
<tr><td rowspan="8">심의 주체</td><td rowspan="8">심의 대상</td><td>은행연합회</td><td>은행 및 은행의 대출성 상품을 취급하는 대리·중개업자의 광고</td></tr>
<tr><td>금융투자협회</td><td>금융투자업자(겸영금융투자업자 포함)의 광고</td></tr>
<tr><td>생명보험협회</td><td>생명보험회사 및 생명보험회사의 상품을 취급하는 대리·중개업자의 광고</td></tr>
<tr><td>손해보험협회</td><td>손해보험회사 및 손해보험회사의 상품을 취급하는 대리·중개업자의 광고</td></tr>
<tr><td>저축은행중앙회</td><td>저축은행 및 저축은행의 대출성 상품을 취급하는 대리·중개업자의 광고</td></tr>
<tr><td>여신전문협회</td><td>여신전문금융회사(겸영여신업자 포함)의 광고</td></tr>
<tr><td>대부금융협회</td><td>대부업자 및 대부중개업자의 광고</td></tr>
<tr><td>신협중앙회</td><td>신협조합 및 공제상품을 취급하는 대리·중개업자의 광고</td></tr>
<tr><td colspan="2">심의기준</td><td colspan="2">□ 보통의 주의력을 가진 일반적인 금융소비자의 관점에서 법령 준수여부를 확인</td></tr>
<tr><td colspan="2">심의절차</td><td colspan="2">□ 사전심의가 원칙이나, 생방송광고인 경우 사후심의 가능
□ 심의과정에서 관련 기관·단체 또는 전문가 등에게 자료 또는 의견제출 요청 가능
□ 심의종료 후 그 결과(수정 필요 시 구체적인 수정사유 포함)를 지체 없이 해당 판매업자(대리·중개업자가 1사전속인 경우에는 해당 직판업자)에게 통보
□ 심의결과에 대한 이의신청 절차 운영</td></tr>
</table>

협회별 심의대상을 구분하는 기준은 소속 회원사인지 및 광고하려는 금융상품·서비스가 무엇인지에 따른다. 여러 금융상품을 취급하는 은행의 경우 광고대상이 되는 금융상품에 따라 심의주체가 달라진다. 은행이 겸영여신업자로서 카드상품을 광고하려는 경우 여신전문금융업협회의, 겸영금융투자업자로서 투자성 상품을 광고하려는 경우 금융투자협회의 광고심의 대상이 된다(규정§20①).

협회 자체적으로 심의대상의 범위를 한정할 수 있는데, 이때 기준은 금융상품의 특성 및 민원빈도, 광고매체의 파급효과 등을 종합적으로 고려해야 한다(규정§20② ii).[418]

418) 생명보험협회의 경우 변액보험은 전체, 변액보험이 아닌 보험상품인 경우는 신문(인터넷신문 포함) 및 다중이용시설의 게시물로 한정하고 있다[생명보험 광고에 관한 규정(§4) 참조].

Ⅵ. 제재

아래 광고규제 위반사례는 가공된 예시이다.[419]

사례	세상에 없던 금리로 갈아탈 기회! 아파트담보대출 얼리버드 이벤트 최저 1%대 금리에 최대한도는 5억원까지 응모하러 가기 > 최저 연 1.64%
위반사유	광고에 포함하도록 규정한 "이자율의 범위 및 산출기준"을 미포함(규정§17① iv 다1) 위반)
사례	체크카드가 있으면 500정도는 대출 신청 첫 고객이면 기존 한도에 천만원 더!
위반사유	누구에게나 적용될 수 있는 조건으로 오인될 수 있는 표현의 사용은 금지(규정§19① i 위반)
사례	A플랫폼 '최대 연 5% 금리' 주는 아이적금 이벤트 A플랫폼 X △△은행 13세 이하 자녀가 있는 엄마, 아빠를 위한 아이적금 이벤트 최대금리 연 3.3% 아이가 있다면 + 연 0.7% A플랫폼 신규회원 + 연 1.0% (기존회원은 친구초대)
위반사유	핀테크 업체와 은행이 제휴 광고를 하면서 핀테크 업체의 온라인 플랫폼 신규 가입 시 제공되는 선불충전금을 은행이 제공하는 이자로 오해할 수 있는 표현 사용(영§20① v · 영§20④ 위반)

419) 광고 가이드라인, 15면 참조.

사례	
위반사유	종신보험에 관한 광고이므로, '목돈 마련' 등 저축성보험으로 오인할 수 있는 표현은 금지(영 §20① v 위반)

위와 같이 법 제22조제1항 · 제3항 또는 제4항을 위반하여 금융상품등에 관한 광고를 한 경우 판매업자에게 과태료[420](법§69① v)와 과징금이 부과되며(법§57① iv), 판매업자 및 임직원에게 제재조치(시정명령, 정직 등) 가능하다(법§51 · §52).

Ⅶ. 시행일

직접판매업자 및 대리 · 중개업자는 2021.3.25일부터 시행하며, 자문업자의 경우 2021.9.25일 시행한다(법 부칙§1). 광고규제는 광고대상이 아닌 광고행위를 기준으로 적용하므로 2021.3.25일(시행일) 이전에 출시된 금융상품의 광고라고 하더라도 광고가 2021.3.25일 이후 계속된다면, 해당 광고는 금융소비자보호법 규제를 적용받는다.

다만, 대리 · 중개업자가 금융상품 광고 시 직접판매업자로부터 확인받아야 할 의무는 제도 시행 초기인 점, 과거 금융상품 광고물에 소급하여 규정 적용 시 발생할 수 있는 시장 혼란 등을 감안하여 법 시행 전 만들어진 금융상품 광고물에 대해서는 예외를 인정한다.[421]

Ⅷ. 기존규제

광고규제는 신협을 제외한 전 금융업법에서 규율되었다. 은행, 보험사, 저축은행, 여신금융회사로부터 대출모집업무를 위탁받은 대출모집인에 대해서는 금융감독원 행정지도인 대출모집인 모범규준(폐지) 제12조에서 규율하였다. 다음 표에서는 법을 기준으로 비교한다.

---

420) 법인 1억원, 법인이 아닌 자 5천만원.
421) 2차 FAQ, 6면 참조.

구분		판매업자	은행	금융투자	보험	저축은행	여전	대부
도입 여부		○	○	○	○	○	○	○
근거 규정		금소법 §22	舊은행법 §52-3	舊자본시장법§57	舊보험업법 §95-4	舊저축은행법§18-5, 18-6	舊여전법 §50-9, §50-10	대부업법 §9, §9-2, §9-3
규제대상		직판업자, 대리·중개업자, 자문업자	은행	금융 투자업자	보험회사, 모집종사자	저축은행	여전사, 겸영 여신업자	대부업자, 대부 중개업자
광고범위		금융상품·업무	은행상품	금융투자 상품·업무	보험상품	저축은행 상품	여신금융 상품	대부계약
심의	내부	○	○	○	○	○	○	△[422]
	협회	○	×	○	○	○	○	○
광고사항		○	○	○	○	○	○	○
	제외	○	○	×	○[423]	×	○	△[424]
금지행위		○	○	○	○	○	○	○
과태료 (만원)		1억	1억	1억	7백	5천	5천	1/2천[425]
벌칙 (만원)		–	벌금(3천↓)	징역(1년↓)·벌금(3천↓)	–	징역(3년↓)·벌금(3천↓)	–	징역(5년↓)·벌금(5천↓)

기존 금융업법과 비교 시 달라진 부분은 ① 규제대상 확대, ② 광고범위 확대, ③ 심의기구 추가, ④ 광고사항 제외(생략) 시 기준 명확화, ⑤ 광고방법 자율화이다. ① 법령상 광고규제 적용을 받지 않던 신협, 대출모집인 등도 적용받게 되면서, 대출모집인 모범규준(§12)에 따라 행정지도로 규율되던 대출모집인 광고규제가 법에서 규정된다. ② 자본시장법상에서만 규율하였던 업무광고(금융투자업자의 영위업무에 관한 광고)가 전 판매업자등

422) 금융위원회 등록 대부업자 중 일정 자산규모(대부채권매입추심업을 영위하는 대부업자인 경우 10억원, 그 외 500억원) 대부업 이용자 보호기준을 정하여 운영하여야 하며, 동 보호기준에 따라 광고 관련 준수사항을 보호감시인이 점검하도록 한다(대부업법§9-7). 다만, 일부 대부업자에 한해서 보호기준 준수의무가 부과되는 점을 감안하여 △로 표시한다.

423) 보험상품 이미지광고에 한해 광고사항 중 일부를 제외하고 광고가 가능하다(舊보험업법 시행령§42-4②但).

424) 광고사항 중 경고문구에 한해 광고면적 한계(150㎠미만 지면광고)를 이유로 생략이 가능하다(대부업법 시행령 별표1 ii 다).

425) 광고사항을 포함시키지 않은 경우 최대 2천만원, 광고방법을 위반한 경우 최대 1천만원을 부과한다(대부업법 시행령 별표3).

의 광고범위에 포섭되었다. ③ 판매업자등과 관련된 금융협회 전부에 심의권한을 부여하면서 기존 금융업법상 심의기능이 없었던 은행연합회와 신협중앙회도 소속 회원사 등에 대한 광고심의가 가능하다. ④ 은행법 및 여신전문금융업법상 광고면적, 시간제한만을 이유로 광고사항 생략이 가능하였는데, 금융소비자보호법(규정§17③ⅱ)에서는 광고면적·시간, 소비자보호 및 건전한 시장질서까지 고려하여 생략(제외)이 가능하도록 그 한계를 명확히 규정한다. ⑤ 보험업법(舊보험업법 시행령§42-4④ⅰ~ⅲ)에서는 소비자의 혜택과 불이익을 비슷한 글씨크기로 표시하거나 음성의 강도·속도를 조절하도록 하였고, 여신전문금융업법(舊여전법 시행령§19-14②·별표1-5ⅲ)에서는 글자크기, 방송시간에서 특정 광고사항이 차지하는 비율 등을 규정하였으나, 금융소비자보호법은 구체적 제한 없이 소비자 혜택 및 불이익이 균형있게 알려지도록 광고가 구성될 것만을 요구한다.[426)]

기존규제가 많이 인용된 광고사항 및 금지행위를 금융소비자보호법을 중심으로 비교하면 아래와 같다. 기존 금융업법(대출모집인 모범규준[427)] 포함)과 비교 시 달라진 부분은 별도 표시[428)]하고, 표현과 내용이 동일한 경우에만 '좌동'으로 기재한다.[429)] 광고사항 중 생략이 가능한 경우 *이탤릭체*로 표시한다.

❖ 광고사항 비교

금융소비자보호법	기존규제
▫ 계약체결 전 설명서·약관을 읽어 볼 것(법§22③ⅰ)	▫ 은행상품 광고사항 일부 생략 시 은행이용자에게 제공하는 자료를 반드시 참조하도록 안내(舊은행업감독규정§90②但) ▫ 금융투자업자로부터 제1호에 따른 설명을 듣고서 투자할 것을 권고하는 내용(舊자본시장법 시행령§60①ⅱ) ▫ 보험계약체결 전에 상품설명서 및 약관을 읽어 볼 것(舊보험업법§95-4②ⅰ) ▫ 여신금융상품 계약을 체결하기 전에 금융이용자에게 상품설명서와 약관을 읽어보도록 안내(舊여전법 시행령§19-14②·별표1-5ⅰ라)

426) 광고 가이드라인, 1면 참조.
427) 대출모집인 모범규준상 광고조문(§12)에서 광고사항으로 인용된 부분을 표시하되, 설명사항(법§19) 및 고지사항(법§26)으로 인용된 경우에는 해당 파트에서 언급한다.
428) 세부내용이 다른 경우(예시가 추가되거나 삭제된 경우 포함) 굵게 밑줄 표시하고, 해당 조항 전체가 신설된 규제이거나 기존규제가 인용되지 않은 경우 해당 칸을 음영표시한다.
429) 내용이 동일하더라도 표현이 다른 경우에도 현행 금융소비자보호법과 비교가 될 수 있도록 기존 규제내용 그대로 기재한다.

금융소비자보호법	기존규제
▫ 판매업자등의 명칭(법§22③ ii)	▫ 은행의 명칭(舊은행법§52-3①) ▫ 금융투자업자의 명칭(舊자본시장법§57②) ▫ 보험회사의 명칭(舊보험업법 시행령§42-4② i) ▫ 상호저축은행의 명칭(舊저축은행법§18-5①) ▫ 여신전문금융회사등의 명칭(舊여전법§50-9① i · 舊여전법 시행령 별표1-5 i) ▫ "대출 모집법인", "대출 상담자"라는 명칭(대출 모집인 모범규준§12① ii)
▫ 금융상품의 내용(법§22③ ii)	▫ 은행상품의 내용(舊은행법§52-3①) ▫ 금융투자상품의 내용(舊자본시장법§57②) ▫ 저축은행상품의 내용(舊저축은행법§18-5①) ▫ 여신금융상품의 주요 내용(舊여전법§50-9① ii)
○ 금융상품의 명칭(영§18① i 가)	▫ 보험상품의 명칭(舊보험업법 시행령§42-4② i) ▫ 저축은행상품의 명칭(舊저축은행법§18-5①) ▫ 신용카드업, 시설대여업, 할부금융업, **<u>신기술사업금융업</u>**, 신용카드회원에 대한 자금의 융통, 대출업무 관련 여신금융상품명(舊여전법 시행령 별표1-5 i 가1) · 나1) · 다1))
○ 이자율(대부업법상 대부이자율 및 연체이자율 포함)(영§18① i 나)	▫ 은행상품: 이자율의 범위(舊은행법§52-3②) ○ *가입조건*(舊은행업감독규정§90① i) ▫ 여신금융상품: 이자율(舊여전법§50-9① ii) ○ 시설대여업, 할부금융업, **<u>신기술사업금융업</u>**, 신용카드회원에 대한 자금의 융통, 대출업무 관련 여신금융상품: 대출의 최고금리, 연체료율(舊여전법 시행령 별표1-5 i 나3) · 다3)) ▫ 거래조건: 이자율의 범위(舊저축은행법 시행령 §11-5①)
○ 수수료(영§18① i 다)	▫ 은행상품: 부수적 비용(舊은행법§52-3②) ▫ 금융투자상품: 수수료에 관한 사항(舊자본시장법 시행령§60①iii) ▫ 거래조건: 부대비용(舊저축은행법 시행령§11-5①) ▫ 시설대여업, 할부금융업, **<u>신기술사업금융업</u>**, 신용카드회원에 대한 자금의 융통, 대출업무 관련 여신금융상품: 취급수수료 등 각종 요율(舊여전법 시행령 별표1-5 i 나3) · 다3)) ▫ 대출 시 부대비용(대출모집인 모범규준§12② iv)
▫ 보장성 상품의 내용(규정§17① i)	
○ 보험금 지급제한 사유	▫ **<u>지급한도, 면책사항, 감액지급 사항 등</u>** 보험금 지급제한 조건(舊보험업법 시행령§42-4② v)

금융소비자보호법	기존규제
○ 이자율의 **범위 및 산출기준**(피보험자가 생존 시 직판업자가 지급하는 보험금의 합계액이 일반소비자가 이미 납입한 보험료를 초과하는 보장성 상품으로서 일반소비자가 적용받을 수 있는 이자율이 고정되지 않는 계약에 한정)	□ 금리연동형 상품인 경우 적용이율에 관한 사항(舊보험업법 시행령§42-4② vi)
□ 투자성 상품의 내용(규정§17① ii)	
○ 연계투자계약: 연계투자 상품의 내용	□ 특정 연계투자 상품 또는 연계투자 조건에 관한 광고를 하는 경우 연계투자 상품의 내용이 포함되도록 하여야 한다(온라인투자연계금융업법§19④)
○ 투자성 상품(연계투자계약 제외): 이자 · 수익의 지급시기 및 지급제한 사유	□ 유가증권, 그 밖의 채무증서의 발행: 이자의 지급 및 부과 시기(舊은행법§52-3②), 거래조건(舊은행법§52-3①) ○ *가입조건*(舊은행업감독규정§90① i) □ 후순위채권: 이자의 지급 및 부과 시기(舊저축은행법§18-5②) □ 거래조건: 지급시기와 지급제한(舊저축은행법 시행령§11-5①)
□ 예금성 상품의 내용(규정§17① iii)	
○ 이자율 · 수익률 각각의 범위 및 산출기준	□ 이자율의 범위 및 산정방법(舊은행법§52-3②) ○ *이자율*(舊은행업감독규정§90① i)
○ 이자 · 수익의 지급시기 및 지급제한 사유	□ 이자의 지급 시기(舊은행법§52-3②), 거래조건(舊은행법§52-3①) ○ *가입조건*(舊은행업감독규정§90① i) □ 거래조건(舊저축은행법§18-5①) □ 예금등: 이자의 지급 및 부과 시기(舊저축은행법§18-5②) □ 거래조건: 이자의 지급시기와 지급제한(舊저축은행법 시행령§11-5①)
□ 대출성 상품의 내용(규정§17① iv)	
○ 신용카드: 연회비, 연체율	□ 신용카드업 관련 여신금융상품: 연회비, 연체료율(舊여전법 시행령 별표1-5 i 가3))
○ 시설대여 · 연불판매 · 할부금융: 연체율, 수수료, 중도상환 시 적용받는 조건	□ 시설대여업, 할부금융업, **신기술사업금융업** 관련 여신금융상품: 연체료율, 취급수수료 등 각종 요율 및 중도상환 조건(舊여전법 시행령 별표1-5 i 나3) · 4))
○ 그 밖의 대출성 상품	
- 이자율(연체이자율 포함)의 범위 및 산출기준	□ 이자율의 **범위 및 산정방법**(舊은행법§52-3②) ○ *이자율*(舊은행업감독규정§90① ii)

금융소비자보호법	기존규제
	▫ 대출금리(대출모집인 모범규준§12② iii)
- 이자 부과시기	▫ 이자의 부과 시기(舊은행법§52-3②) ▫ 대출: 이자의 지급 및 부과 시기(舊저축은행법 §18-5②) ▫ 거래조건: 이자의 부과시기(舊저축은행법 시행령 §11-5①)
- **<u>중도상환 시 적용받는 조건</u>**	▫ ***<u>부대비용</u>***(舊은행업감독규정§90① ii) ▫ 중도 상환 시 불이익(대출모집인 모범규준§12② vi)
▫ 보장성 상품: 기존계약을 해지하고 다른 계약 체결 시 계약체결의 거부 또는 보험료 등이 인상되거나 보장내용이 변경될 수 있다는 사항(법§22③ iii 가)	▫ 보험계약자가 기존에 체결했던 보험계약을 해지하고 다른 보험계약을 체결하면 보험인수가 거절되거나 보험료가 인상되거나 보장내용이 달라질 수 있다는 내용(舊보험업법§95-4② ii)
▫ 투자성 상품	
○ 투자에 따른 위험(법§22③ iii 나1))	▫ 투자에 따른 위험(舊자본시장법§57②)
- 원금 손실 발생 가능성(영§18① ii 가)	
- 원금 손실에 대한 소비자의 책임(영§18① ii 나)	
○ 과거 운용실적 광고 시 해당 실적이 미래의 수익률을 보장하는 것이 아니라는 사항(법§22 ③ iii 나2))	–
–	▫ 후순위채권: 거래조건(舊저축은행법§18-5①)
▫ 예금성 상품: 만기지급금 등을 예시하는 경우 해당 지급금 등이 미래수익을 보장하는 것이 아니라는 사항(ELD 등 기초자산 가치에 따라 수익이 변동하는 상품 한정)(법§22③ iii 다 · 영§18②)	–
▫ 대출성 상품: **<u>대출</u>**조건(법§22③ iii 라)	▫ **<u>거래</u>**조건(舊은행법§52-3①) ▫ **<u>거래</u>**조건(舊저축은행법§18-5①) ▫ 대출가능조건(대출모집인 모범규준§12② i)
○ 갖춰야 할 신용 수준에 관한 사항(영§18① iii 가)	–
○ 원리금 상환방법(영§18① iii 나)	▫ **<u>대출만기</u>** 및 대출상환방법(대출모집인 모범규준§12② v)
–	▫ 대출가능금액(대출모집인 모범규준§12② ii)
▫ *법19조에 따른 설명받을 권리*(영§18③ i)	▫ 금융투자업자는 금융투자상품에 대하여 충분히 설명할 의무가 있다는 내용(舊자본시장법 시행령 §60① i)
▫ *법령 · 내부통제기준에 따른 광고절차 준수사항*(영§18③ ii)	▫ 은행상품: *준법감시인의 심의필*. 단, TV, 라디오 등 심의필 표시가 불가능한 광고의 경우 표

금융소비자보호법	기존규제
	시 생략 가능(舊은행업감독업무시행세칙§76 ii) □ 금융투자상품: 협회 심사필 또는 준법감시인 심사필(舊금융투자업규정§4-12① vi) □ *준법감시인 또는 여전협회로부터 심의를 받았다는 표시*. 단, 라디오 방송 등 준법감시인 또는 여전협회의 확인을 받았다는 표시를 하는 것이 어려운 경우 생략가능(舊여전법 시행령 별표1-5 i 마)
□ *예금자보호법[430] 등 타 법률상 금융소비자 보호내용(대출성 상품 제외)*(영§18③ iii)	□ **변액보험**: 「예금자보호법」이 적용되는 보험금의 범위(舊보험업법 시행령§42-4① ii) □ 저축은행상품: 「예금자보호법」에 따른 보험관계 성립 여부(舊저축은행법§18-5②)
□ *대리·중개업자의 광고*(영§18③ iv)	
○ *대리·중개업자가 대리·중개하는 직판업자의 명칭 및 업무 내용*	□ 계약관계에 관한 문구(대출모집인 모범규준§12①iii) ○ 금융회사와 계약을 체결한 대출상담사: 위 사람은 ○○금융회사와 위탁계약을 체결하고 ○○협회에 등록된 대출상담사입니다. ○ 대출모집법인과 계약을 체결한 대출상담사: 위 사람은 ○○금융회사와 위탁계약을 체결한 ○○대출모집법인에 소속되어 있으며, ○○협회에 등록된 대출상담사입니다. ○ 금융회사와 계약을 체결한 대출모집법인: ○○는 ○○금융회사와 대출모집 위탁계약을 체결한 대출모집법인입니다. □ 대출모집인이 홈페이지·광고·상품안내장 등에 명칭을 부각하여 사용(CI 포함)할 때에는 대출모집인의 명칭의 상단 또는 하단에 "○○금융회사 대출모집인"임을 명시(대출모집인 모범규준§12④)
○ *1사전속 여부*	–
○ *직판업자로부터 계약체결권을 부여받지 않은 경우 금융상품계약을 체결할 권한이 없다는 사실*	–

430) 예금자보호법(§29②)에 따라 예금보험공사가 표기방법을 별도로 정하고 있다.

금융소비자보호법	기존규제
○ *금융관계 법률에 따라 등록되어 있다는 사실*(규정 별표5 v 나)	–
□ *자문업자의 광고*(영§18③ v)	–
○ *독립금융상품자문업자인지 여부*	–
○ *판매업자로부터 자문 관련 재산상 이익을 제공받는 경우 그 이익의 종류 및 규모. 단, 20만원 이내인 경우 제외*	–
○ *판매업 겸영 시 위탁관계에 있는 판매업자의 명칭 및 위탁 내용*	–
○ *자문업무를 제공하는 금융상품의 범위*	–
□ *모든 상품 및 업무*(규정 별표5 i)	
○ *광고 유효기간이 있는 경우 해당 기간*	□ 은행상품: 광고의 유효기간. **단, 유효기간 표시가 곤란한 경우에는 유효한 현재 시점으로만 표시 가능**(舊은행업감독업무시행세칙§76 iii) □ 여신전문금융상품: 광고의 유효기간. **단, 유효기간 표시가 곤란한 경우 유효한 현재 시점으로 표시 가능**(舊여전업감독규정§7-5 i)
○ *통계수치·도표 등 인용 시 해당 자료의 출처*	□ **금융투자상품**: 통계수치나 도표 등을 인용하는 경우 해당 자료의 출처(舊금융투자업규정§4-11① v)
○ *연계·제휴서비스 광고 시 그 이용요건*	□ 부수적 혜택(舊은행법§52-3②) □ *신용카드 등 이용 시 제공되는 추가적인 혜택의 주요 내용 및 이용 조건.* 단, 광고게재면적 또는 광고시간 등의 제약으로 표시할 수 없을 때에는 일부 생략 가능(舊여전법 시행령 별표1-5 i 가4))
□ *보장성 상품 및 관련 업무*(규정 별표5 ii)	
○ *자산운용의 성과에 따른 보험금·**해약환급금** 손실발생사실(변액보험 및 이와 유사한 상품 한정)*	□ 변액보험 계약과 관련하여 아래 내용(舊보험업법§95-4② iii) ○ 자산운용의 성과에 따라 보험금이 변동될 수 있다는 내용(舊보험업법 시행령§42-4① i)
○ *보험료·보험금에 관한 아래 사항(보험료·보험금 각각의 예시를 광고에 포함하는 경우만 해당)*	□ 보험료·보험금에 대한 구체적인 예시 없이 보험상품의 이미지만을 노출하는 등 금융위원회가 정하여 고시하는 요건에 부합하는 광고의 경우 아래 사항(舊보험업법 시행령§42-4②但)
- *주계약 및 특약의 위험보장사항과 각각의 보험료·보험금 예시*	○ 주계약 및 특약별 보험료 예시(舊보험업법 시행령§42-4② ii)

금융소비자보호법	기존규제
	- ***주계약 및 특약별 보험료의 납입기간, 보험기간이 다를 경우 이를 구분할 것***(舊보험업감독규정§4-35-4① i) ○ *주계약 및 특약별로 보장하는* ***사망, 질병, 상해 등*** *주요 위험 및 보험금 예시*(舊보험업법 시행령§42-4② iii)
- *특정 시점(체결 후 1/3/5년)에 해약을 하거나* ***만기****에 이른 경우의 환급금 예시 및 산출근거*	○ *해약환급금 예시(舊보험업법 시행령§42-4② iv)* - *보험계약체결 후 1년, 3년, 5년별로 납입한* ***보험료*** *및 해약환급금을 예시할 것*(舊보험업감독규정§4-35-4① iii)
- 해약환급금이 이미 납부한 보험료보다 적거나 없을 수 있다는 사실	- *해약환급금이 이미 납입한 보험료보다 적거나 없을 수 있다는 내용을 포함할 것*(舊보험업감독규정§4-35-4① ii)
□ *투자성 상품*(규정 별표5 iii)	
○ *투자성 상품(연계투자 제외)*	
- *수수료* ***부과기준 및 절차****(업무광고사항에도 포함)*	□ 수수료에 **관한 사항**(舊자본시장법 시행령§60① iii)
- *손실이 발생할 수 있는 상황(최대 손실이 발생할 수 있는 상황을 포함한다) 및 그에 따른 손실 추정액. 이 경우, 객관적·합리적인 근거를 포함해야 한다*	–
- *다른 기관·단체로부터 수상, 선정, 인증, 특허 등을 받은 내용을 표기하는 경우 그 기관·단체의 명칭, 수상등의 시기 및 내용*	□ 좌동(舊금융투자업규정§4-11① i)
- *과거의 재무상태 또는 영업실적을 표기하는 경우 투자광고 시점(또는 기간) 및 미래에는 이와 다를 수 있다는 내용*	□ 좌동(舊금융투자업규정§4-11① ii)
- *최소비용을 표기하는 경우 그 최대비용과 최대수익을 표기하는 경우 그 최소수익*	□ 좌동(舊금융투자업규정§4-11① iii)
- *세제(稅制) 변경 등 새로운 제도가 시행되기 전에 그 제도와 관련된 금융상품을 광고하는 경우에는 그 제도의 시행 시점 및 금융소비자가 알아야 할 제도 관련 중요사항*	□ 관련법령·약관 등의 시행일 또는 관계기관의 인·허가 전에 실시하는 광고의 경우 투자자가 당해 거래 또는 계약 등의 시기 및 조건 등을 이해하는 데에 필요한 내용(舊금융투자업규정§4-11① iv)
○ *연계투자: 연계투자에 따른 위험*	□ 특정 연계투자 상품 또는 연계투자 조건에 관한 광고를 하는 경우 연계투자에 따른 위험이 포함되도록 하여야 한다(온라인투자연계금융업법§19④)

금융소비자보호법	기존규제
▫ *대출성 상품 및 관련 업무*(규정 별표5 ⅳ) ○ *상환능력 대비 대출금, 신용카드 사용액이 과도할 경우 개인신용평점의 하락가능성* ○ *개인신용평점 하락으로 금융거래 관련 불이익 발생가능성*	▫ 대출과 관련된 신용등급 또는 개인신용평점의 하락 가능성을 알리는 경고문구(舊저축은행법 §18-5③) ○ 상호저축은행상품 중 대출의 이용과 관련된 신용등급의 하락 가능성(舊저축은행법 시행령§11-5⑤ ⅰ) - "대출상품 이용 시 귀하의 신용등급이 하락할 수 있습니다."(舊저축은행업감독규정§35-4① ⅰ) ○ 신용등급 하락 시 금융거래와 관련된 불이익 발생 가능성(舊저축은행법 시행령§11-5⑤ ⅱ) - "신용등급이 하락하면 추가 대출이 제한되거나, 대출금리 상승, 대출한도 감소 등 불이익이 발생할 수 있습니다." 또는 "신용등급 하락으로 금융거래가 제약될 수 있습니다."(舊저축은행업감독규정§35-4① ⅱ) - **경고문구는 광고에 사용된 배경과 명확하게 구분되어 이용자가 쉽게 알아볼 수 있어야 함** (舊저축은행업감독규정§35-4②) ▫ 과도한 채무 또는 신용카드 남용의 위험성 및 여신금융상품 이용에 따른 신용등급의 하락 가능성을 알리는 경고문구(개인 대상 상품에 한정)(舊여전법§50-9① ⅲ) ○ 신용카드업, 시설대여업, 할부금융업, **신기술사업금융업**, 신용카드회원에 대한 자금의 융통, 대출업무 관련 여신금융상품(舊여전법 시행령 별표1-5 ⅰ·ⅱ) - 과도한 채무의 위험성을 알리는 경고문구 • "과도한 빚, 고통의 시작입니다." • "과도한 빚, 파산으로 가는 지름길입니다." - 신용카드 남용의 위험성을 알리는 경고문구 • "신용카드 남용은 가계경제에 위협이 됩니다." • "신용카드 사용, 갚아야 할 빚입니다." - 여신금융상품 이용에 따른 신용등급의 하락 가능성을 알리는 경고문구 • "여신금융상품 이용 시 귀하의 신용등급이 하락할 수 있습니다." • "여신금융상품 이용 시 신용등급 하락으로 다른 금융거래가 제약받을 수 있습니다." - **경고문구는 광고에 사용된 배경과 명확하게 구분되어 이용자가 쉽게 알아볼 수 있어야 함**

금융소비자보호법	기존규제
○ *원리금 연체 시 기한 전 채무변제의무의 발생 가능성*	□ 대출이자 또는 원금 연체 시 불이익(대출모집인 모범규준§12②vii)
□ 집합투자증권[431]	□ 집합투자증권
–	○ 집합투자증권을 취득하기 전에 투자설명서 또는 간이투자설명서를 읽어 볼 것(舊자본시장법§57③ i)[432]
–	○ 집합투자기구의 운용실적을 포함하여 투자광고를 하는 경우에는 그 운용실적이 미래의 수익률을 보장하는 것은 아니라는 내용(舊자본시장법§57③iii)[433]
○ <u>발행자</u>의 명칭 · <u>소재지 · 연락처</u>(영§20③ i)	○ <u>집합투자업자</u>의 상호 등 <u>그 업자에 관한 사항</u>(舊자본시장법 시행령§60② i)
○ <u>발행자의 조직</u> 및 집합투자재산 운용인력(영§20③ ii)	○ 해당 집합투자기구의 투자운용인력에 관한 사항(舊자본시장법 시행령§60②iii)
○ 집합투자재산 운용실적(영§20③iii)	○ <u>과거의 운용실적이 있는 경우에는</u> 그 운용실적(舊자본시장법 시행령§60②iv)
○ 집합투자증권의 환매(영§20③iv)	○ 집합투자증권의 환매에 관한 사항(舊자본시장법 시행령§60② v)
○ 법(§19①)상 설명사항(규정§19② i)	○ 자본시장법(§47)상 설명의무에 따라 일반투자자가 이해할 수 있도록 설명하여야 하는 사항(舊금융투자업규정§4-11② i)
- 연계 · 제휴서비스: 서비스 내용, 이행책임, 제공기간, 변경 · 종료 시 사전통지, 이용요건	–
- 청약철회의 기한 · 행사방법 · 효과	–

431) 펀드의 경우 광고사항으로 분류하여 기재했지만, 금지행위로 규율되는 사항으로서, 법령에서 열거한 사항 外 광고에 기재하는 것은 금지되는 점을 유의해야 한다.

432) 집합투자증권의 경우 별도로 위임한 사항에 대해서만 광고를 할 수 있어(법§22④ ii 나), 자본시장법에서 규정했던 광고사항이 누락된 것으로 이해된다. 입법적 보완이 필요하다.
(참고) 금융투자협회는 금융소비자보호법 시행 이전(자본시장법 적용시기)에는 금융투자상품과 집합투자증권 광고사항을 구분하여 표시하였으나, 금융소비자보호법 시행 이후에는 집합투자증권의 광고사항에 투자성 상품의 광고사항이 포함된다고 규정(금융투자회사의 영업 및 업무에 관한 규정§2-37②)한다. 협회 광고심의시 법에서 누락된 사항을 자체 보완하려는 의도로 이해된다.

433) 집합투자증권의 경우 별도로 위임한 사항에 대해서만 광고를 할 수 있어(법§22④ ii 나), 자본시장법에서 규정했던 광고사항이 누락된 것으로 이해된다. 입법적 보완이 필요하다.

금융소비자보호법	기존규제
- 민원처리 및 분쟁조정 절차	–
- 예금자보호법 등 타법 보호여부(대출성 제외)	–
- 상품내용	- 금융투자상품의 내용
- 투자에 따른 위험	- 투자에 따르는 위험 • 집합투자기구는 운용결과에 따라 투자원금의 손실이 발생할 수 있으며, 그 손실은 투자자에게 귀속된다는 사실
- 위험등급(연계투자 및 비금전신탁 제외)	–
- 수수료	• 수수료에 관한 사항
- 계약의 해제 · 해지	• 계약의 해제 · 해지에 관한 사항
- 증권의 환매 · 매매	–
- **전문투자형 사모펀드 설명사항**	○ 집합투자기구의 명칭, 집합투자기구의 종류에 관한 사항(舊자본시장법§57③)
• 투자전략 및 주요투자자산	–
• 투자구조 및 최종 기초자산(다른 집합투자증권이 편입되는 경우 한정)	○ 자본시장법(§47) 상 설명사항(舊금융투자업규정 §4-11② i) - 금융투자상품의 투자성에 관한 구조와 성격
• 레버리지한도 및 여유자금 운용방법 • 재산평가 및 기준가 산정방법	–
• 보수 · 수수료	○ **집합투자업자, 집합투자재산을 보관 · 관리하는 신탁업자와 집합투자증권을 판매하는 투자매매업자 · 투자중개업자**(일반사무관리회사가 있는 경우에는 일반사무관리회사를 포함한다)가 받는 보수나 수수료에 관한 사항(舊자본시장법 시행령§60② ii)
• 위험등급 및 관련설명, 위험요소 • 유동성 리스크 및 관리방안 • 집합투자기구 환매(방법 및 수수로 포함) • 집합투자기구의 최소투자금액 및 만기일자	–
• 집합투자업자 · 판매회사 · 수탁회사 · 사무관리회사 명칭	○ 집합투자업자, 집합투자재산을 보관 · 관리하는 신탁업자와 집합투자증권을 판매하는 투자매매업자 · 투자중개업자(일반사무관리회사가 있는 경우에는 일반사무관리회사를 포함한다)의 상호 등 **그 업자에 관한 사항**(舊자본시장법 시행령§60② i)

금융소비자보호법	기존규제
• 판매 · 환매일정, 결산 및 이익분배	–
- 연계투자 및 전문투자형 사모펀드 제외한 투자성 상품 설명사항 • 계약기간	–
• 상품구조	○ 자본시장법(§47) 상 설명사항(舊금융투자업규정 §4-11② i) - 금융투자상품의 투자성에 관한 구조와 성격
• 기대수익(근거 포함) • 손실발생상황 및 손실추정액(각 근거 포함) • 위험등급 산정이유 · 의미 · 유의사항	–
• 계약상 만기에 이르기 전에 일정 요건이 충족되어 계약이 종료되는 금융상품의 경우 그 요건에 관한 사항	○ 자본시장법(§47) 상 설명사항(舊금융투자업규정§4-11② i) - 조기상환조건이 있는 경우 그에 관한 사항
○ 집합투자재산은 신탁업자의 고유재산과 분리하여 안전하게 보관 · 관리된다는 사실(규정§19② ii)	○ 좌동(舊금융투자업규정§4-11② ii)
○ 준법감시인 및 외감법상 감사인이 집합투자재산이 적법하게 운용되는지 감시한다는 사실(규정§19② iii)	○ **신탁업자, 집합투자업자의** 준법감시인 및 회계감사인이 집합투자재산을 적법하게 운용하고 있는지 여부를 감시한다는 사실(舊금융투자업규정§4-11② iii)
○ 집합투자기구의 투자목적에 적합한 금융소비자에 관한 사항(규정§19② iv)	○ 좌동(舊금융투자업규정§4-11② iv)
○ 집합투자기구의 수익구조(규정§19② v)	○ 좌동(舊금융투자업규정§4-11② v)
○ 집합투자기구평가회사 등의 평가결과(규정§19② vi)	○ 좌동(舊금융투자업규정§4-11② vi)
○ 일반적인 경제상황에 대한 정보(규정§19② vii)	○ 좌동(舊금융투자업규정§4-11② vii)
○ 투자금의 한도 및 적립방법(규정§19② viii)	○ 좌동(舊금융투자업규정§4-11② viii)
○ 비교광고 시 비교대상이 되는 다른 집합투자업자 및 집합투자기구의 유형, 운용기간, 운용실적 및 그 밖에 비교의 기준일자 등(규정§19② ix)	○ 좌동(舊금융투자업규정§4-11② ix)
○ 광고의 특성상 필요한 표제 · 부제(규정§19② x)	○ 좌동(舊금융투자업규정§4-11② x)

❖ 광고 금지행위 비교

금융소비자보호법	기존규제
▫ [보장성] 보장한도, 보장 제한조건, 면책사항, 감액지급 사항 등을 누락하거나 충분히 고지하지 아니하여 제한 없이 보장 가능한 것으로 표시(법§22④ i 가)	▫ 보험금 지급한도, 지급제한 조건, 면책사항, 감액지급 사항 등을 누락하거나 충분히 고지하지 아니하여 제한 없이 보험금을 수령할 수 있는 것으로 표시(舊보험업법§95-4③ i)
▫ [보장성] 보험금이 큰 특정 내용만을 강조하거나 고액 보장 사례 등을 소개하여 보장내용이 큰 것으로 표시(법§22④ i 나)	▫ 보장금액이 큰 특정 내용만을 강조하거나 고액 보험금 수령 사례 등을 소개하여 보험금을 많이 지급하는 것으로 표시(舊보험업법§95-4③ ii)
▫ [보장성] 보험료를 일(日) 단위로 표시하거나 보험료의 산출기준을 불충분하게 설명하는 등 보험료 등 금융소비자의 지급비용이 저렴한 것으로 표시(법§22④ i 다)	▫ 보험료를 일할로 분할하여 표시하거나 보험료 산출기준**(보험가입금액, 보험료 납입기간, 보험기간, 성별, 연령 등)**을 불충분하게 설명하여 보험료가 저렴한 것으로 표시(舊보험업법§95-4③ ii)
▫ [보장성] 만기 시 자동갱신되는 상품의 경우 갱신 시 보험료등이 인상될 수 있음을 금융소비자가 인지할 수 있도록 충분하게 미고지(법§22④ i 라)	▫ 좌동(舊보험업법§95-4③ ii)
▫ [보장성] 금리 및 투자실적에 따라 만기환급금이 변동될 수 있는 보장성 상품의 경우 만기환급금이 보장성 상품의 만기일에 확정적으로 지급되는 것으로 표시(영§20① i)	▫ 좌동(舊보험업법§95-4③ v)
▫ [공통] 보험료를 일(日) 단위로 표시하는 등 금융소비자의 경제적 부담이 작아 보이도록 하거나 계약체결에 따른 이익을 크게 인지하도록 하여 금융상품을 오인하게끔 표시(영§20① ii)	▫ 보험료를 일할로 분할하여 표시하여 보험료가 저렴한 것으로 표시(舊보험업법§95-4③ ii) ▫ 은행이용자에게 불리한 내용을 누락 또는 편익보다 작게 표시하거나 편익만을 강조함으로써 분쟁을 야기할 우려가 있는 표현을 사용(舊은행업감독규정§90③ v) ▫ 여신금융상품 이용자에게 불리한 내용을 누락 또는 축소하거나 편익만을 강조하는 등 이용자를 속이거나 잘못 알게 할 우려가 있는 표현을 사용(舊여전법 시행령§19-14③ ii) ▫ 이자율, 수수료 등을 광고하거나 신용카드회원 등에게 안내하면서 최저 수준만을 크게 표기하고 최고 수준은 작게 표기하거나 안내하지 않은 경우(舊여전업감독규정§25① ii)
▫ [공통] 비교대상 및 기준을 분명하게 밝히지 않거나 객관적인 근거 없이 다른 금융상품등과 비교(영§20① iii)	▫ 이자율의 범위 및 산정방법, 이자의 지급 및 부과 시기, 부수적 혜택 및 비용과 관련하여 구체적인 근거와 내용을 제시하지 아니하면서 다른 금융상품보다 비교우위에 있음을 나타내

금융소비자보호법	기존규제
	는 행위(舊은행법 시행령§24-6① ii) □ 상동(舊 저축은행법 시행령§11-5② ii) □ 구체적인 근거없이 최고, 최상, 최저, 우리나라 처음, 당행만이 등 최상 또는 유일성을 나타내는 표현을 사용(舊은행업감독규정§90③ i) □ 금융투자상품의 비교광고를 하는 경우에는 명확한 근거 없이 다른 금융투자상품이 열등하거나 불리한 것으로 표시(舊자본시장법 시행령§60③ ii) □ 구체적인 근거와 내용을 제시하지 아니하고 다른 금융회사의 금융상품보다 우위에 있음을 표시(舊여전법§50-9② iii) □ 객관적이고 구체적인 근거 없는 최고, 최상, 최저, 최초 등의 표현을 사용(舊저축은행업감독규정§35-4③ i)
□ [공통] 불확실한 사항에 대해 단정적 판단을 제공하거나 확실하다고 오인하게 할 소지가 있는 내용을 알리는 행위(영§20① iv)	□ 이자율의 범위 및 산정방법, 이자의 지급 및 부과 시기, 부수적 혜택 및 비용과 관련하여 확정되지 아니한 사항을 확정적으로 표시(舊은행법 시행령§24-6① i) □ 상동(舊저축은행법 시행령§11-5② i) □ 보장, 즉시, 확정 등 오해 또는 분쟁의 소지가 있는 표현을 사용(舊은행업감독규정§90③ ii) □ 통화, 주식, 채권 등 기초자산의 가격이나 특정 지수의 변동에 의해 이자율 또는 수익률이 달라질 수 있음에도 이자율 또는 수익률을 확정적으로 나타내는 표현을 사용(舊은행업감독규정§90③ iv)
□ [공통] 계약체결 여부나 금융소비자의 권리·의무에 중대한 영향을 미치는 사항을 사실과 다르게 알리거나 분명하지 않게 표시(영§20① iv)	□ 사실과 다르게 광고하거나 사실을 지나치게 부풀리는 방법으로 광고(舊여전법§50-9② i) □ 사실을 숨기거나 축소하는 방법으로 광고(舊여전법§50-9② ii) □ 기타 해당상품의 내용상 은행이용자의 권리의무에 중대한 영향을 미치는 사항을 왜곡, 과장, 누락 또는 모호하게 나타내는 표현을 사용(舊은행업감독규정§90③ vi) □ 상동(舊여전법 시행령§19-14③ iii)
□ [공통] 금융소비자에 따라 달라질 수 있는 거래조건을 누구에게나 적용될 수 있는 것처럼 표시(규정§19① i)	□ 거래상대방 등에 따라 거래조건이 달리 적용될 수 있음에도 확정적인 것으로 표시하거나 누구에게나 적용되는 것으로 오해를 유발하는 표현을 사용(舊은행업감독규정§90③ iii) □ 상동(舊여전법 시행령§19-14③ i) □ 거래 상대방에 따라 달라질 수 있는 거래조건

금융소비자보호법	기존규제
	이 누구에게나 적용되는 것으로 오해를 유발하는 표현을 사용(舊저축은행업감독규정§35-4③ ii)
ㅁ [보장성] 보험금 지급사유나 지급시점이 다름에도 불구하고 각각의 보험금이 한꺼번에 지급되는 것처럼 표시(규정§19① ii)	ㅁ 지급사유 또는 지급시점이 다른 두 개 이상의 보험금을 더하여 하나의 보험사고 발생 시에 지급될 수 있는 것으로 표시(舊보험업법 시행령§42-4③ i)
ㅁ [보장성] 금융상품 광고에 연계하여 보험계약 체결 시부터 최초 1년간 납입되는 보험료의 100분의 10과 3만원 중 적은 금액을 초과하는 금품을 금융소비자에 제공(규정§19① iii)	ㅁ 보험회사 또는 보험의 모집에 종사하는 자가 보험상품에 대하여 광고를 하는 경우 보험계약체결 시부터 최초 1년간 납입되는 보험료의 100분의 10과 3만원 중 적은 금액을 초과하는 금품을 제공하여 건전한 보험거래 질서를 저해하는 행위를 하여서는 아니된다(舊보험업감독규정§4-35-4②)
ㅁ [보장성] 보험상품 이미지 광고인 경우(규정§19① iv) ○ 보장성 상품의 가격, 보장내용 및 만기환급금 등의 특징을 안내하면서 그 이행조건을 동일하지 않은 방법(음성 또는 자막 등을 말한다)으로 안내하는 경우 ○ 금융상품의 주요 특징을 유사한 단어로 3회 이상 연속 또는 반복하여 음성으로 안내	ㅁ 보험광고가 다음 각 호의 어느 하나에 해당하는 경우에는 영 제42조의4제2항 단서 규정에 따른 광고로 보지 아니한다(舊보험업감독규정§4-35-4④) ○ 보험상품의 가격 특성, 보장내용 및 만기환급금 등에 대한 특징을 음성 및 자막 등의 방법으로 안내하면서 해당 사항의 이행조건을 같은 방법으로 안내하지 않는 경우 ○ 보험상품의 주요 특징을 유사 단어로 3회 이상 연속 또는 반복하여 음성으로 안내하는 경우
ㅁ [보장성] 금융상품과 관련하여 해당 광고매체 또는 대리·중개업자의 상호를 부각시키는 등 금융소비자가 직판업자를 올바르게 인지하는 것을 방해[434](규정§19① v)	–
ㅁ [투자성] 손실보전(損失補塡) 또는 이익보장이 되는 것으로 표시. 단, 연금이나 퇴직금 지급목적의 신탁계약으로 손실의 보전이나 이익의 보장한 경우는 제외(법§22④ ii 가)	ㅁ 금융투자업자는 투자광고를 함에 있어서 연금이나 퇴직금 지급목적의 신탁계약으로 손실의 보전이나 이익의 보장한 경우를 제외하고는 손실보전 또는 이익보장으로 오인하게 표시(舊자본시장법§57④)
ㅁ [투자성] 집합투자증권에 대해 법령상 정한 사항 외 사항을 광고에 사용(법§22④ ii 나)	ㅁ 금융투자업자는 집합투자증권에 대하여 투자광고를 하는 경우 다음 각 호의 사항이 포함되도록 하여야 하며, 집합투자기구의 명칭, 집합투자기구의 종류에 관한 사항, 집합투자기구의 투자목적 및 운용전략에 관한 사항, 그 밖에 집합투자증권의 특성 등을 고려하여 대통령령으로 정하는 사항 외의 사항을 투자광고에 사용하여서는 아니 된다(舊자본시장법§57③)

금융소비자보호법	기존규제
□ [투자성 · 예금성[수익률이나 운용실적을 표시하는 경우 수익률이나 운용실적이 좋은 기간의 수익률이나 운용실적만을 표시(영§20④ ii)	□ 좌동(舊자본시장법 시행령§60③ i)
□ [투자성] 자본시장법에 따른 경영실태 및 **위험평가의 결과**(관련 세부내용 포함)를 다른 직판업자와 비교(규정§19③ ii)	□ 금융투자업자의 경영실태평가결과와 **순자본비율, 영업용순자본비율, 최소영업자본액 등**을 다른 금융투자업자의 그것과 비교하는 방법 등(舊금융투자업규정§4-12① ii)
□ [예금성] 이자율의 범위 · 산정방법, 이자의 지급 · 부과 시기 및 부수적 혜택 · 비용을 명확히 표시하지 아니하여 금융소비자가 오인(법§22④iii가)	□ 이자율의 범위 및 산정방법, 이자의 지급 및 부과 시기, 부수적 혜택 및 비용과 관련하여 확정되지 아니한 사항을 확정적으로 표시(舊은행법 시행령§24-6① i) □ 상동(舊저축은행법 시행령§11-5② i)
□ [대출성] 대출이자율의 범위 · 산정방법, 대출이자의 지급 · 부과 시기 및 부수적 혜택 · 비용을 명확히 표시하지 아니하여 금융소비자가 오인(법§22④ iv가)	□ 이자율의 범위 및 산정방법, 이자의 지급 및 부과 시기, 부수적 혜택 및 비용과 관련하여 확정되지 아니한 사항을 확정적으로 표시(舊은행법 시행령§24-6① i) □ 상동(舊저축은행법 시행령§11-5② i)

1. 은행법 및 자본시장법

은행의 예금 및 대출상품의 광고규제(舊은행법§52-3), 금융투자상품 및 금융투자업자의 업무에 관한 광고규제(舊자본시장법§57)가 금융소비자보호법으로 이관되어 모두 삭제되었다(법 부칙§13⑮ · §13⑯).

2. 보험업법

보험회사 및 보험모집종사자(보험회사 임직원 제외)의 보험상품에 관한 광고 규제가 금융소비자보호법으로 이관되어 삭제되었다(법 부칙§13⑦).

금융소비자보호법에서는 규제대상이 아닌 보험회사 임직원(모집종사자)이 舊보험업법(§95-4)에서는 광고규제 대상이었던 점을 감안하여, 보험회사 임직원이 금융소비자보호법

---

434) 보장성 상품 금지행위이나(규정§19① v), 증권사 cma 통장을 대형 포털사 통장처럼 광고한 행위를 규제하기 위해 도입한 점(금융위원회, "「금융소비자보호법 시행령 제정안」 입법예고(10.28.~12.6.)", 보도자료, 2020.10.28., 6면 참조), 보장성 상품 외 금융상품에도 유사하게 오인가능성이 발생할 수 있는 점 등 감안시 전체상품에 대한 금지행위로 규정되는 것이 합리적이다. 입법적 보완이 필요하다.

상 광고 규제를 준수하도록 보험업법(§101-2②)[435] 준용규정을 신설한다(법 부칙§13⑦).

3. 저축은행법

저축은행상품의 광고규제(舊저축은행법§18-5)는 금융소비자보호법으로 이관되어 삭제되었고(법 부칙§13⑨), 협회의 심의 조문(저축은행법§18-6)만 저축은행법에 존치한다. 이는 규제강도가 달리 규정된 점을 감안한 것으로 이해된다. 금융소비자보호법(§22⑥)에서는 협회심의가 강제되지 않으나, 저축은행법에서는 협회심의를 반드시 거치도록 규정하고 있기 때문이다.

4. 여신전문금융업법

여신금융상품의 광고규제(舊여신전문금융업법§50-9)는 금융소비자보호법으로 이관되어 삭제되었다(법 부칙§13⑬). 이로 인해 舊여신전문금융업법(영 별표1-3ⅰ)상 규제대상이었던 직불카드, 선불카드, 신기술사업금융업 관련 여신금융상품, 채무면제·유예업무 관련 여신금융상품의 규제공백이 발생한다. 금융소비자보호법상 금융상품(적용대상)이 아니기 때문이다. 향후 입법적 보완이 필요할 것으로 보인다.

현재 협회의 심의 조문(여신전문금융업법§50-10)만 여신전문금융업법에 존치하는데, 이는 저축은행법과 같이 규제강도가 달리 규정된 점을 감안한 것으로 이해된다. 여신전문금융업법에서는 협회심의를 반드시 거치도록 규정하고 있기 때문이다.

5. 대부업법 및 온라인투자연계금융업법

대부업자 및 대부중개업자, 온라인투자연계금융업자의 광고규제는 소관 법률에 각 존치하므로(대부업법§9·§9-2·§9-3, 온라인투자연계금융업§19), 금융위원회에 등록한 대부업자등과 온라인투자연계금융업자는 양법(소관 법률 및 금융소비자보호법)을 모두 준수해야 한다.

---

435) **보험업법 제101조의2(「금융소비자 보호에 관한 법률」의 준용)** ② 보험회사 임직원의 광고 관련 준수사항에 관하여는 「금융소비자 보호에 관한 법률」 제22조제2항부터 제7항의 규정을 준용한다. 이 경우 "금융상품판매업자등"은 "보험회사 임직원"으로 본다.

6. 예금자보호법

금융소비자보호법(영§18③ⅲ)상 광고사항인 '예금자보호법 등 타 법률상 금융소비자 보호내용'과 관련하여 예금자보호법상 부보금융회사[436]에게 예금등에 대한 보험관계 성립 여부와 및 보호한도(원금과 소정의 이자를 합하여 1인당 최고 5천만원)를 예금보험공사가 정하는 바에 따라 표시하도록 한다(예금자보호법§29②). 이에 예금보험공사는 「예금보험관계 표시 및 설명 · 확인에 관한 규정」 및 「예금보험관계 표시 및 설명 · 확인에 관한 시행세칙」을 통해 표시항목, 표시방법 등을 구체화하고 있다.

Ⅸ. Q&A

[광고/권유 구분]

1. 소비자군을 분류하여 금융상품을 안내하는 행위가 권유에 해당하는지?

3차 FAQ(4면)

45면 23번 참조.

2. 직전 1년내 당사 대출상품 이용고객 등 문자발송 고객군을 선정하여 상품안내 문자를 발송하는 행위는 광고인지, 권유인지?

신속처리시스템 회신(생보 210409-7)

46면 24번 참조.

3. 이벤트 기간 동안 100만원 이상 보험계약대출을 실행한 고객을 대상으로 경품 추천 이벤트를 안내(모바일·PC상 팝업, 알림톡, LMS 발송)하는 경우 해당 안내행위가 권유에 해당하는지?

신속처리시스템 회신(생보 210727-27)

46면 25번 참조.

---

436) 은행, 외국은행의 국내지점, 투자매매업자 · 투자중개업자(다자간매매체결회사, 전문투자자에 대해 채무증권만 취급하는 투자매매업자 · 투자중개업자, 전문투자자에 대해 증권의 환매조건부매매만 중개하는 투자중개업자, 온라인소액투자중개업자 및 농업협동조합은 제외), 증권금융회사, 보험회사(재보험을 주로 취급하는 보험회사는 제외), 종합금융회사, 상호저축은행 및 상호저축은행중앙회(예금자보호법§2 i).

4. 다음의 경우 금융소비자보호법상 어떤 규제(광고/권유)가 적용되는지?

1 보험계약대출 관련 제도안내를 불특정 다수에게 문자로 발송

2 계약자별로 받을 수 있는 계약대출 가능금액, 금리 등을 특정하여 문자로 발송하는 행위

3 보험해지에 대한 대안으로서의 계약대출 안내

신속처리시스템 회신(손보 210608-29)

47면 28번 참조.

5. 온라인 또는 모바일 페이지를 통해 투자성 상품 정보를 게시(수익률 검색기능을 미제공)하고, 고객이 동 페이지에서 특정 상품을 선택하여 가입신청을 하는 경우, 이를 권유가 없는 것으로 보아 적합성 원칙을 적용하지 않아도 되는지?

신속처리시스템 회신(은행 210429-69)

47면 27번 참조.

6. 권유행위의 구체적 예시는?

1 금융소비자의 금융상품 추천 요청 시 판매업자등이 고객 요청정보에 맞춰 추천하는 행위

2 금융소비자에게 마케팅 광고문자 전송

3 온라인 광고업자(온라인 플랫폼)의 금융상품 소개, 단순 링크 등 게시

4 금융소비자가 온라인에서 상품을 특정하여 가입하다 중단하여 체결이 완료되지 않았을 때 판매업자가 전화를 통해 체결의사 확인 후 체결 희망 시 절차 안내·계약체결

5 기존 계약 만료 전 계약관리 차원에서 금융소비자에게 전화로 계약 연장안내 및 계약연장

6 금융소비자의 자발적 의사로 신용카드를 교체발급

48면 29번 참조.

7. 권유의 범위는 아래 예시에서 어디까지로 보는지?

1. 고객이 불특정 다수에게 노출되는 인터넷 배너광고를 보고 클릭하여 당행 홈페이지 대출 신청화면으로 연결된 경우
2. 토스 신용대출 추천 메뉴처럼 고객이 본인의 정보를 입력하고, 조회된 각 은행의 대략적인 신용대출 금리 및 한도를 보고 자발적으로 은행을 선택하여 당행 홈페이지 대출 신청화면으로 연결된 경우
3. 당행 기존대출 고객의 데이터베이스정보를 활용하여 우수거래 고객에게 대출 증액가능함을 문자로 안내하는 경우
4. 대출 만기도래고객에게 대출 기간연장하도록 문자로 안내하는 경우

48면 30번 참조.

8. 광고심의한 상품안내장을 객장에 비치하는 행위가 금융소비자보호법상 '권유'인지, '광고'인지?

신속처리시스템 회신(은행 210701-118)

46면 26번 참조.

[(업무)광고 여부]

9. 협회의 금융상품 정보 비교공시 서비스가 금융소비자보호법상 광고에 해당하는지?

광고 가이드라인(3면)

협회의 금융상품 정보 비교공시 서비스는 금융소비자보호법에 따라 공익 목적으로 제공된다는 점에서 광고로 보기 어려움.

10. GA 대리점의 상품교육을 목적으로 만든 전단지 형태의 자료[437]를 금융소비자보호법상 광고로 판단할 수 있는 것인지? GA 대리점 혹은 모집자가 교육용 전단지를 수정하여 고객에게 상품을 설명하고 판매한 경우 보험회사에게 책임을 물을 수 있는지?

신속처리시스템 회신(손보 210614-30)

판매자 교육을 위해 만들어진 자료는 교육에 활용되는 한 광고로 보지 않음. 다만, 동 자

---

437) 전단지의 상단 하단에 "판매자 교육용, 본 자료는 판매자 교육용으로 고객님께 상품 설명 자료로 활용하는 등의 다른 목적으로 사용할 수 없습니다."라는 경고 문구가 포함된다.

료가 광고로 활용되는 경우 소비자는 광고규제 위반에 따른 피해에 대해 보험모집인 뿐만 아니라 보험회사에도 손해배상 청구가 가능함. 한편, 보험회사가 업무 감독에 대하여 적절한 주의를 하였고 손해를 방지하기 위해 노력한 경우에는 손해배상 책임이 있다고 보기 어려움.

11. 금융정보 제공 방송도 금융소비자보호법상 광고에 해당하는지?

광고 가이드라인(3면)

특정 판매업자의 금융상품에 관한 정보를 직·간접적으로 제공하는 방송은 '금융상품 광고'로 볼 수 있음. 다만, 판매의도 없이 소비자가 판매업자나 금융상품을 쉽게 유추할 수 없도록 조치[438]하여 금융정보를 제공하는 경우에는 광고로 보기 어려움.

한편 특정 판매업자·자문업자의 서비스를 소개하여 금융거래를 유인하는 방송[439]은 '업무광고'에 해당함. 특정 서비스를 명시적으로 소개하지 않아도 특정 업체의 판매를 촉진시키도록 설계된 방송[440]은 업무광고로 볼 수 있음.

12. 아파트 입주 전 입주자를 대상으로 은행이 배포하는 집단대출 안내문[441]은 금융소비자보호법상 광고에 해당하는지?

광고 가이드라인(4면)

대출상담사의 대출상담 및 대출서류 작성 지원은 금융소비자보호법상 대리·중개업에 해당하므로 관련 정보를 알리는 행위는 같은 법상 '업무광고'에 해당됨.

13. 보험업법 제95조[442]에 따른 보험안내자료를 불특정 다수가 확인할 수 있는 온라인

438) (예시) "A社"로 익명처리.

439) (예시) 대출모집인 또는 보험설계사가 금융정보를 제공하면서 '필요 시 상담을 제공하겠다'는 의미의 메시지와 함께 연락처를 제공.

440) (예시) 특정 모집법인 소속 보험설계사가 전문가로 출연하고, 시청자가 상담 연락 시 해당 모집법인으로 연결되는 경우.

441) 주요 내용
- ㅁ 대출상품 취급 은행 및 관련 대출모집인 명칭
- ㅁ 대출상담을 진행하는 은행직원 또는 대출모집인의 연락처
- ㅁ 대출 신청 시 구비서류
- ㅁ 대출 자필서명을 받는 장소

442) **보험업법 제95조(보험안내자료)** ① 모집을 위하여 사용하는 보험안내자료(이하 "보험안내자료"라 한다)에는 다음 각 호의 사항을 명백하고 알기 쉽게 적어야 한다.
1. 보험회사의 상호나 명칭 또는 보험설계사·보험대리점 또는 보험중개사의 이름·상호나 명칭

상에 게재하면 광고로 볼 수 있는지? 신속처리시스템 회신(손보 210405-9)

안내자료의 제공 방법 또는 명칭에 관계없이, 모집을 목적으로 하는 자가 불특정다수에게 금융상품의 내용을 알리는 행위는 광고에 해당됨.

14. 회사에서 전 고객(불특정 고객)**을 대상으로 '보험계약대출 제도**(대출가능금액, 이율, 신청 방법 등 안내)**'를 안내**(소정의 상품을 제공한다는 내용 포함)**하고 보험계약대출을 신청한 고객을 대상으로 추첨 등을 통하여 소정의 상품을 제공하는 경우 권유행위로 보아 적합성 원칙 적용대상이 되는 것인지?** 신속처리시스템 회신(생보 210405-1)

205면 14번 참조.

15. 아래의 경우 광고로 볼 수 있는지?

[1] 법규에 따라 작성된 자료를 제공하거나, 관련법규에 따른 의무를 이행하기 위하여 자료를 공시하는 행위

[2] 다음 어느 하나에 해당하는 단순한 정보를 제공하는 행위

① 회사의 명칭, 로고, 주소·연락처, 인터넷 홈페이지 주소, 시스템 이용방법, 업무절차 등에 관한 정보

② 설명회·세미나 개최 안내

③ 유인문구나 구체적인 상품명이 포함되지 않는 시황·업황의 분석 및 전망

④ 회사가 운용 또는 판매중인 전체 상품 또는 회사의 전체 영위업무에 관한 목록·편람으로서 유인 문구를 포함하지 않은 것[443)]

⑤ 관계법규 제정 및 개정 등에 따른 제도의 변경 안내

[3] 회사 등에 관한 이미지를 표현하는 등 단순히 회사의 지명도를 높일 목적으로

---

2. 보험 가입에 따른 권리·의무에 관한 주요 사항
3. 보험약관으로 정하는 보장에 관한 사항
3-2. 보험금 지급제한 조건에 관한 사항
4. 해약환급금에 관한 사항
5. 「예금자보호법」에 따른 예금자보호와 관련된 사항
6. 그 밖에 보험계약자를 보호하기 위하여 대통령령으로 정하는 사항

443) 감독당국은 광고로 보고 있으나, 금융투자협회의 광고 심의규정[금융투자회사의 영업 및 업무에 관한 규정(§2-35② ii 라), 개정 2021.07.17.]에서는 투자광고로 보고 있지 않다.

실시하거나, 회사명 또는 상품명만을 노출하는 행위

4 개별 금융소비자의 요청에 의한 상담과정에서 발생하는 상품정보의 제공행위, 인터넷 홈페이지 등에서 개별 금융소비자의 질의에 대한 답변 등(광고 형태로 운영되는 FAQ 등은 제외)444)

5 다수 금융상품에 대하여 명칭, 각종 요율 등을 표로 단순하게 나열하는 경우445)

2-④, 4, 5을 제외하고 모두 광고에 미해당. 2-④·5의 경우 상품정보를 알리고 있으므로 유인목적이 없다고 할 수 없어 광고에 해당됨.
4의 경우 구체적 사실관계에 따라 판단해야 함. 일반적으로는 개별 금융소비자의 요청에 따라 맞춤형 상품정보를 제공할 경우 자문 또는 권유로 봄.

16. 소비자 유인목적이 없는 업무를 광고 규제대상에서 제외하는 바, 소비자 유인목적이 없는 상품안내의 경우에도 규제대상에서 제외되는지?

상품정보 제공은 원칙적으로 유인목적이 없다고 할 수 없으며, 구체적 사실관계에 따라 제외대상인지 판단 가능함.

17. 금융회사의 비대면 채널에서 상품가입 시 접속하게 되는 안내화면의 경우 광고에 해당하는지?

신속처리시스템 회신(은행 210525-107)

온라인 금융상품몰에서 불특정 다수를 대상으로 상품을 알리는 경우 해당 웹페이지는 금융소비자보호법상 광고에 해당됨.

18. 인터넷뱅킹 홈페이지가 아닌 은행 일반 홈페이지에 게시된 상품 관련 보도자료도 광고성 보도자료로서 광고에 해당되는지?

신속처리시스템 회신(은행 210804-124)

은행 일반 홈페이지는 불특정 다수가 열람할 수 있는 공간인 만큼 게시된 자료들 중 금

---

444) 감독당국은 광고로 보고 있으나, 여신전문금융업협회의 광고 심의규정(「여신전문금융회사 등의 광고에 관한 규정」, 개정 2021.07.01., 이하 "여전협회 광고규정")에서는 광고로 보고 있지 않다(여전협회 광고규정 §2② iv).

445) 감독당국은 광고로 보고 있으나, 여전협회 광고규정(§2② vi)에서는 광고로 보고 있지 않다.

융상품에 관한 사항은 광고에 해당됨.

19. 다음 사례가 업무광고에 해당하는지?

신속처리시스템 회신(은행 210630-117)

① 오픈뱅킹 광고(이벤트 없음)

② 오픈뱅킹 가입 이벤트 광고

③ 환전, 해외송금 광고(이벤트 없음)

④ 해외송금 이벤트 광고

⑤ 모바일앱 광고	⑥ 모바일앱 가입 이벤트 광고

위 사례는 모두 금융소비자보호법상 금융상품에 관한 사항이 아니므로 금융소비자보호법상 광고가 아님.

20. 판매업자등의 '업무'에 관한 광고의 범위는?

1차 FAQ(9면)

업무광고 규제의 취지는 금융소비자가 업무광고로 인해 관련 금융상품을 오인하는 상황을 방지하는 데 있음. 업무광고는 아래 2개 유형으로 구분 가능함.

1 자문업자의 자문서비스에 관한 광고

2 판매업자가 금융상품 계약체결을 유인할 목적으로 소비자에 제공하는 서비스446)에 관한 광고

21. 구체적 상품내용 언급 없이 특정 상품의 명칭만 알리는 광고는 상품광고와 업무광고 중 어디에 해당하는지?

신속처리시스템 회신(저축 210405-1)

상품판매를 목적으로 상품에 관한 사항을 알리는 행위는 상품광고에 해당하며, 상품광고 시 상품명칭 뿐만 아니라 금융소비자보호법상 광고에 포함시켜야 하는 사항은 반드시 광

446) (예시) 비대면 계약 이벤트 광고, 개인 재무설계 서비스 광고 등.

고내용에 포함해야 함.

22. 판매업자가 자사 금융상품 가입 시 경품을 제공한다는 내용의 이벤트를 광고하는 경우에 해당 광고는 금융상품 광고인지? 광고 가이드라인(4면)

특정 금융상품이 아닌 금융상품 일반에 대한 이벤트 광고는 금융소비자보호법상 '업무광고'에 해당됨.

23. 판매업자가 자사 신용카드의 현금서비스, 리볼빙 서비스를 광고하는 경우 이는 금융상품 광고인지? 광고 가이드라인(4면)

신용카드 현금서비스, 리볼빙 서비스는 금융상품이 아니며, 신용카드에 일반적으로 제공되는 서비스에 해당하므로 관련 광고는 '업무광고'에 해당됨.

24. 자사 고객을 대상으로 하는 통신판매중개, 쇼핑, 여행, 웨딩, 멤버십 서비스 등 카드사 부수업무의 안내 및 이용유도 행위가 업무광고인지? 신속처리시스템 회신(여전 211203-83)

보유중인 신용카드를 활용하여 얻을 수 있는 부수적인 혜택·서비스 등에 대하여 알리는 것으로서 금융거래 유인의 목적 없는 경우는 업무광고에 해당하지 않음.

[광고주체]

25. 자문서비스 온라인 플랫폼에 특정 판매업자나 특정 금융상품에 관한 광고를 해도 되는지? 광고 가이드라인(10면)

금융소비자보호법 시행령 제25조제5항[447]에 따르면 자문업자는 특정 금융상품 또는 특정 판매업자 광고를 할 수 없음.

---

447) **시행령 제25조(금융상품자문업자의 영업행위준칙 등)** ⑤ 법 제27조제5항제2호에서 "대통령령으로 정하는 행위"란 다음 각 호의 행위를 말한다.
3. 특정 금융상품판매업자 또는 특정 금융상품을 광고하는 행위

26. 광고하는 금융상품 판매실적에 따라 대가를 받는 경우에도 해당 업체를 광고매체로 볼 수 있는지?

광고 가이드라인(10면)

해당 업체가 광고에 대해 법적 책임을 지는 광고주체인지를 확인하기 위해서는 광고대가 지급방식 외에도 광고내용에의 관여정도, 광고행위 주체에 대한 소비자 오인가능성 등에 대해 개별적·구체적으로 검토해야할 것으로 보임.

〈 광고주체 해당여부에 대한 판단 관련 참고판례(대법원 2003두 8296) 〉

"**사이버몰 운영자가** 입점업체의 광고행위에 대해 ~ **행정적 책임을 지는지 여부는** 사이버몰 운영자와 입점업체 간 **거래약정 내용**, 사이버몰 이용약관 내용, 문제된 광고에 관하여 사이버몰 운영자와 입점업체가 **수행한 역할과 관여정도**, **광고행위 주체에 대한 소비자 오인가능성**, 광고 내용 등을 종합하여 판단해야 ~"

27. 유튜브 및 인터넷 포털에 대리 · 중개업자가 아닌 플랫폼 소개광고를 게시하는 경우 금융소비자보호법상 광고규제를 적용받는지?

법령해석 회신문(220100)

통상 판매업자등이 아닌 경우 본인의 업무에 대해 광고하는 것은 금융소비자보호법상 광고에 해당하지 않는다고 볼 수 있으나, 소비자로 하여금 해당 플랫폼에서 계약체결 또는 대리 · 중개가 이루어진다고 오인할 만한 문구(재무설계 서비스 제공, 가입 관련 비대면서비스 제공 등)가 포함되는 경우, 소비자의 입장에서 판매업자등의 업무광고로 볼 여지가 크므로 주의할 필요가 있음.

28. 자사(비금융회사)와 금융회사가 업무협약을 맺어 자사의 회원 또는 서비스 이용자에게 특정 금융상품에 할인 등의 혜택을 부여할 때, 자사 홈페이지상 배너 게시를 통해 해당 금융상품을 홍보하는 것이 금융소비자보호법에 위배되는지?

법령해석 회신문(220410)

법(§22①)에서는 판매업자등이 아닌 자의 광고를 엄격히 제한하고 있어 판매업자가 아닌 업체의 경우 그 역할이 '광고 매체'가 아니라 '광고 주체'에 해당 시 판매업자로 등록하여야 함. 아울러 '광고 주체'에 해당하는지 여부는 행정적 책임을 지는지 여부, 거래약정 내용, 수행한 역할과 관여정도, 광고행위에 대한 소비자 오인가능성 등을 종합적으로 고려하여 판단하여야 함.

동 사례의 경우 별도의 수수료를 받지 않는 점, 금융상품 가입 등은 해당 금융기관에서 진행되는 점 등을 감안할 때 특별한 사정이 없는 한 질의자(비금융회사)의 역할은 '광고 매체'에 해당하는 것으로 보이나, 금융상품 할인 혜택의 구체적인 내용 등에 따라 금융상품의 판매과정에 질의자가 적극적으로 개입하는 수준에 이르는 것으로 판단되는 경우에는 대리 · 중개업에 해당할 수 있음.

다만, 질의내용이 개별적 사실인정에 관한 사항으로 구체적인 사실관계에 따라 법령해석 및 적용 여부 등이 달라질 수 있으며, 질의내용만으로는 종합적인 판단에 한계가 있어 정확한 답변은 곤란함.

29. 하나의 대부중개업자가 여러 대부업자의 대출성 상품을 광고하는 경우 업자간 공통사항에 대해 모든 대부업자로부터 사전동의를 받으면 동 공통사항을 광고할 수 있는지?

신속처리시스템 회신(대부 210405-2)

금융소비자보호법 관련 규정에서는 대부업자가 대부중개업자 상품광고를 확인해야 하는 의무를 부과하며, 대부업자는 해당 광고의 내용이 법령에 위반되는지를 확인해야 함(영 §17① ii).

대부중개업자가 상품광고와 관련하여 대부업자로부터 확인을 받는다면 그 과정에서의 절차나 방법이 금융소비자보호법상 관련 규정을 형해화하지 않는 한 상품광고가 가능.

일반적으로는 대부중개업자가 수 개의 대부업자 대출성 상품 공통사항을 표시하여 대부업자로부터 확인을 받는 행위를 금융소비자보호법상 관련 규정을 형해화한다고 보기는 어려움.

[광고내용]

30. 집단이주잔금대출 사전점검안내문[448]은 상품내용 확정 전 배포되며, 상품 내용이 확정된 후에는 준법감시인의 승인을 받은 상품안내장을 활용하여 광고하는 점 감

448) 아파트 잔금대출 전환을 희망하는 경우 대출상담사 및 대출모집법인(연락처 · 등록번호 등 기재)에게 연락하도록 안내하는 문서이다.

안 시 금융상품명, 대출한도, 이자율, 신용수준, 원리금상환방법 등을 사전점검안내문에 포함하지 않아도 되는지?

신속처리시스템 회신(은행 210614-113)

사전점검 안내문이 대출상담사의 대출상담 및 대출서류 작성 지원 서비스 등을 알리는 업무광고에 해당할 경우, 아직 확정되지 않은 금융상품의 내용은 광고에서 생략 가능함.

31. 주식, 장내채권, 장내파생상품 등 광고 시에도 설명서 및 약관을 읽어볼 것을 광고물에 기재하여야 하는지?

신속처리시스템 회신(금투 210405-1)

약관을 대신 하는 투자설명서 등이 있는 경우 '계약체결 전에 투자설명서 등을 읽어 볼 것을 권유하는 내용'으로 기재하면 됨.

32. 대출상품 광고 시 "이자율의 범위 및 산출기준"을 포함해야 하는데, 현행과 같이 '변동금리', '금리변동 가능' 등으로 기재해도 되는지?

광고 가이드라인(16면)

금융소비자보호 감독규정 제17조제1항제4호다목1)에 따른 "이자율의 범위 및 산출기준"이란 소비자가 대출상품의 핵심 거래조건인 이자율에 대해 오인하지 않도록 하기 위해 규정되었음. '변동금리', '금리변동 가능'과 같은 표현은 "이자율의 범위 및 산출기준"에 해당되지 않음.

33. 금융상품 광고 시 지면에 제약이 있는 경우 '중도상환 시 적용되는 조건'을 간략[449] 하게 표시할 수 있는지?

신속처리시스템 회신(은행 210630-116)

중도상환 시 적용받는 조건의 핵심사항은 보통의 일반적 소비자가 인지할 수 있는 수준으로 제시할 필요가 있음. 예컨대 중도상환수수료의 경우 그 업계의 일반적인 산정방식에서 벗어나지 않는다면 수수료율만 기재해도 무방할 것으로 판단됨.

---

449) (예시) 중도상환 수수료: 0.6% 또는 0.7%.

34. 금융소비자보호법상 대출성 상품 광고의 필수 포함사항 중 "갖춰야 할 신용 수준"에 대한 이행방법은? '내부 심사에 따라 대출 가능여부가 달라진다'고 표기하면 되는지?

광고 가이드라인(16면)

개인신용평점 등 소비자가 거래가능 여부를 판단하는데 필요한 기준을 제시해야 하므로 '내부 심사에 따라 대출 가능여부가 달라진다'는 표기는 대출성 상품 거래가능 여부를 판단하는 기준으로 부적합함. 따라서 위 표기는 광고에 포함되어야 하는 '갖춰야 할 신용 수준'에 해당하지 않음.

35. 대출성 상품 광고 중 필수적으로 포함해야되는 '갖춰야 할 신용수준에 관한 사항'을 '은행연합회 공시 참고' 문구로 갈음할 수 있는지?

신속처리시스템 회신(은행 210804-124)

현실적으로 개개의 조건을 일일이 나열할 수 없는 만큼 예시 문구를 제시할 수 있으며, 제도의 취지가 소비자가 거래가능 여부를 판단하는 데 있는 만큼 최소한 거래가 가능하지 않은 소비자의 예시(예: 개인신용평점 00점 미만의 경우 대출 불가)는 명기해야 함.

36. 광고에 대해 내부심의나 협회심의를 받은 경우 그 표기방식은?

광고 가이드라인(11면)

판매업자나 자문업자는 광고에 대해 법령에 따라 내부심의나 협회심의를 받은 경우에 해당 절차를 거쳤다는 사실을 광고에 표기해야 함(영§18③ⅱ). 그 표기방식에 대해 법령에서 별도로 정한 사항은 없으므로 규제취지를 벗어나지 않는 범위 내에서 소비자가 이해하기 쉽게 해당 사실을 표기하면 됨.

37. 투자성 상품 광고에서 '손실이 발생할 수 있는 상황 및 그에 따른 손실 추정액'을 어떻게 기재해야 하는지?

신속처리시스템 회신(금투 210405-2)

손실액의 객관적·합리적 산출이 가능한 ELS·ELF 등은 각 손실 조건별로 발생 가능한 최대 손실액 등을 기재하고, 손실액이 기초자산(원자재·외화·부동산·채권 등)의 가격변동에 연동되는 상품은 손실발생 조건[450]과 최대 손실액 등을 최대한 구체적으로 기재해야 함.

38. 시행령 제18조제3항 각 호의 사항 외의 광고 필수 포함사항도 광고에서 생략할 수 있는지?

신속처리시스템 회신(여전 210513-30)

금융소비자보호법에서 시행령에 위임하지 않고 광고 시 포함하도록 법(§22③)에서 직접 규정한 사항은 임의로 생략할 수 없음.

[관련 조문]

금융소비자보호법 시행령 제18조(광고의 내용) ③ 법 제22조제3항제4호에서 "대통령령으로 정하는 내용"이란 다음 각 호의 사항을 말한다.

1. 법 제19조제1항에 따른 설명을 받을 수 있는 권리
2. 법령 및 내부통제기준에 따른 광고 관련 절차의 준수에 관한 사항
3. 「예금자보호법」 등 다른 법률에 따른 금융소비자의 보호 내용(대출성 상품은 제외한다)
4. 법 제26조제1항제1호부터 제3호까지의 규정에 따른 사항(금융상품판매대리·중개업자의 광고만 해당한다)
5. 법 제27조제3항제1호부터 제4호까지의 규정에 따른 사항(금융상품자문업자의 광고만 해당한다)
6. 그 밖에 금융소비자의 계약체결이나 권리·의무에 중요한 영향을 미치는 사항으로서 금융위원회가 정하여 고시하는 사항

④ 제3항에도 불구하고 금융위원회는 법 제22조제1항 각 호외의 부분 본문에 따른 금융상품등에 관한 광고(이하 "금융상품등에 관한 광고"라 한다)의 목적, 광고매체의 특성, 광고시간의 제약 등에 따라 제3항 각 호의 사항을 금융상품등에 관한 광고에 모두 포함시키기 곤란하다고 인정하는 경우에는 금융위원회가 정하여 고시하는 바에 따라 일부 내용을 제외할 수 있다.

39. 광고매체의 특성상 글자수 제한 등이 있는 경우에도 금융소비자보호법상 광고사항(영 제18조제3항의 광고사항)을 광고 내에 모두 기재하여야 하는지?

신속처리시스템 회신(은행 210414-31)

배너광고, 팝업광고 등 이용가능한 광고지면이 제한적인 인터넷 광고의 경우에는 해당 광고와 연결된 인터넷 페이지까지 종합 고려하여 법령 준수여부를 판단함.

---

450) (예시1) 투자대상의 신용등급 하락 시 원금손실 발생이 가능하고, 파산·부도 시 원금 100% 손실이 발생할 수 있습니다.
(예시2) 해당 부동산 미분양·미준공 시 원금회수가 불가할 수도 있습니다.
(예시3) 원/달러 환율이 현재보다 200원 상승 시 원금의 30%, 현재보다 400원 상승 시 원금의 70% 손실이 발생할 수 있습니다.

40. 옥외광고, 인쇄물 등에 상세내용 확인이 가능한 URL주소, QR코드를 광고 내에 포함하는 경우도 배너광고와 마찬가지로 연결페이지(랜딩페이지)451)를 통해 광고사항을 포함하는 것으로 볼 수 있는지?

신속처리시스템 회신(은행 210804-124)

배너광고의 경우 정보를 담을 수 있는 공간이 한정되어 있는 점, 온라인 특성 등을 감안하여 금융소비자보호법상 광고에 포함시켜야 할 사항을 연결페이지를 통해 제공이 가능함. 그러나 인쇄물, 옥외광고 등의 경우, 필요 시 그 내용을 간략히 표시할 수는 있으나 광고 포함사항을 일정한 기준없이 URL, QR 표시로 대체하기는 어려움.

[금지행위]

41. 금융소비자보호법상 객관적인 근거 없이 다른 금융상품등과 비교하는 광고를 금지하는데, 보험설계사 등이 특정 상품에 대해 각 보험사별 보험료를 단순 비교하는 영상광고 시 객관적 근거를 갖추기 위한 요건은 무엇인지?

신속처리시스템 회신(손보 210429-22)

금융소비자보호법 시행령 제20조제1항제3호에서 "객관적인 근거없이 다른 금융상품등과 비교하는 행위"를 금지하는 취지는 비교대상이 되는 정보에 자의적 판단이 개입되는 등 소비자의 합리적 의사결정을 저해하는 행위를 방지하기 위함임.

[필자 보충의견] 비교표시·광고에 관한 심사지침(공정거래위원회예규, 제269호)에서는 학술·산업계에서 일반적으로 인정된 방법 등 객관적이고 타당한 방법으로, 법령에 근거하거나 사업자와 독립적인 시험·조사기관에서 실시한 시험·조사 결과에 근거할 것을 일반원칙으로 규정하고 있음.

[광고방법·절차]

42. 대출성 상품은 투자성 상품과 달리 금융소비자의 손실이 발생하지 않는 상품인 점 감안 시 소비자의 불이익 및 혜택을 균형있게 표시하는 규제가 불필요해 보이는데, 이에 대한 구체적인 기준은 무엇인지?

신속처리시스템 회신(저축 210516-20)

451) 필수 포함내용 중 일부는 연결페이지에 기재한다.

대출상품도 다른 금융상품과 같이 거래조건에 대한 오해, 과도한 대출유도 등에 따른 소비자 피해 우려가 있으므로 이러한 불이익에 관한 사항을 소비자에 명확히 알릴 필요. 금융소비자보호법에서는 글자, 영상, 음성 등 광고 방법에 대해 자율성을 광범위하게 허용하되, 그 한계를 정하고 있음.

즉, 광고 시 글자의 색깔·크기 또는 음성의 속도·크기 등을 해당 금융상품으로 인해 소비자가 받을 수 있는 혜택과 불이익을 균형있게 전달할 수 있도록 구성할 것을 요구함. 이에 판매업자등은 협회 심의기준 및 지적사례 등을 참고하여 광고 관련 자체기준을 내부통제기준에 반영해야 함.

43. 준법감시인, 상임감사가 모두 없는 경우 광고심의 주체는?

광고 가이드라인(11면)

준법감시인, 상임감사가 모두 없는 경우에는 금융소비자 총괄기관 책임자 또는 대표이사가 광고심의를 수행할 수 있음.

44. 보험회사가 심의· 제작한 보험상품(방카슈랑스) 광고를 은행이 대리·중개업자(금융기관보험대리점) 지위에서 동일하게 하는 경우 은행 준법감시인의 내부심의를 거쳐야 하는지?

신속처리시스템 회신(은행 211214-148)

보험회사가 금융소비자보호법에 따른 광고심의를 거쳐 제작한 금융상품 광고에 대해 은행 등 금융기관보험대리점이 추가적으로 내부 광고심의를 받아야 할 의무는 없음.

45. 금융소비자보호법상 금융상품에 해당하지 않는 상품 또는 서비스 등의 광고는 법률상 은행 준법감시인의 심의근거가 없으므로, 은행 자체적으로 심의대상 여부 및 기준을 정하여 운영하는 것이 필요한지?

신속처리시스템 회신(은행 210414-30)

전자금융서비스(모바일·오픈뱅킹등)와 외국환업무(환전·송금등), 제휴서비스(골드바 판매등) 등은 금융소비자보호법상 금융상품에 해당하지 않으므로, 이에 관한 광고는 금융소비자보호법상 심의대상에 해당하지 않음. 따라서 금융소비자보호법상 금융상품에 해당하지 않는 상품 또는 서비스 등의 광고는 금융소비자보호법 취지 등을 충분히 감안하여 은행이

자율적으로 심의대상 포함여부 및 심의기준을 정할 수 있음.
참고로 주택도시공사·한국주택금융공사 보증을 통한 중도금·이주비·전세대출 등은 금융상품으로, 금융소비자보호법상 광고심의 대상에서 제외할 수 없음.

[적용시기]

46. 법 시행 전 만들어진 광고물도 금융소비자보호법 적용을 받는지? 2차 FAQ(6면)

금융소비자보호법에 별도의 경과조치나 적용례가 없으므로 법 시행 전 만들어진 광고물을 활용하여 광고를 하는 경우에는 금융소비자보호법상 광고 시 준수사항을 적용받음.
다만, 대리·중개업자가 금융상품 광고 시 직접판매업자로부터 확인받아야 할 의무는 제도 시행 초기인 점, 과거 금융상품 광고물에 소급하여 규정 적용 시 발생할 수 있는 시장 혼란 등을 감안하여 법 시행 전 만들어진 금융상품 광고물에 대해서는 예외를 인정함.

[기타]

47. 마케팅 정보활용 및 카드론 이용에 동의한 고객을 대상으로 모바일뱅킹 PUSH알람을 통해 카드론 광고 배너[452]를 노출하는 경우, 배너클릭 시 신청화면(계약체결화면)으로 즉시 연동하여 적합성 원칙·설명의무 이행없이 계약절차를 진행해도 되는지? 신속처리시스템 회신(은행 211111-142)

기존 카드 고객을 상대로 금융상품의 내용을 알리는 행위는 금융소비자보호법상 광고에 해당하므로, 광고배너 클릭 시 연결되는 페이지에 금융소비자보호법상 필수기재사항 등을 모두 표시하여야 함.[453]
아울러 광고상에 기재된 상품과 관련하여 소비자 입장에서는 구체적으로 어떠한 상품이 제공되는지, 다른 유사한 상품이 있는지 여부 등을 사전적으로 명확하게 판단하기 어렵다는 점을 감안할 때, 특별한 사정이 없는 한 해당 배너를 클릭하였다는 사실만으로는 소비자가 해당 금융상품을 특정하였다거나, 권유 절차가 없었다고 단정할 수 없음. 따라서 금융소비자보호법 취지에 따라 적합성 원칙·설명의무 등 관련 규제를 준수할 필요가 있음.

---

452) 상품명, 고객센터 번호, 준법감시인 심의번호, 광고 유효기간, push 수신동의 철회방법이 기재된다.
453) 온라인 배너·팝업광고는 광고면적이 협소한 점을 감안, 연결되는 웹페이지에 광고 내용을 나누어 게시하는 것도 가능하다(광고 가이드라인, 12면).

[필자 보충의견] 동 사례에서는 카드론 상품이 특정되었다고 보기 어려워 권유규제(적합성 원칙 · 설명의무) 적용이 필요하나, 광고에서 상품이 특정된 경우라면 권유규제가 요구되지 않음. 00은행의 00정기예금 팸플릿을 보고 해당 상품을 특정한 소비자가 영업점에서 계약을 체결하고자 하는 경우 권유규제가 적용될 여지가 없듯이, 비대면상에서도 광고에서 노출된 금융상품이 특정되고 해당 상품이 적정성 원칙 대상이 아니라면 권유규제 없이 계약체결 절차를 진행할 수 있음.454)

▌제8절▐ 계약서류의 제공

Ⅰ. 의의

금융소비자와 금융상품계약을 체결한 경우 금융소비자보호법(§23)은 판매업자에게 계약서류 제공의무를 부과한다. 일반적인 계약은 당사자간의 대등한 교섭력에서 이루어지나, 금융상품계약은 그 특성상 판매업자가 제시하는 계약서에 따라 이루어지고, 금융소비자는 그 내용을 잘 모를 수 있다. 이에 소비자가 해당 거래와 관련하여 자신의 권익보호에 필요한 자료를 판매업자에 요구할 수 있는 권리를 보장하고, 계약의 내용에 대한 이해와 이후 발생 가능한 분쟁 등을 명확히 하기 위함이다.455)

Ⅱ. 적용범위

금융소비자와 금융상품 계약을 체결하는 직접판매업자와 자문계약을 체결하는 자문업자로 한정하여 의무를 부과하고, 계약체결의 당사자가 아닌 대리 · 중개업자는 제외한다. 향후 분쟁발생 시 증빙자료로 기능하는 점 등을 감안하여 금융소비자(일반 및 전문 소비자) 전체를 보호대상으로 한다. 다만, 법인인 전문소비자는 금융상품에 대한 이해 역량을 갖추었고 설명의무 대상자가 아닌 점 등을 감안하여 계약서류 중 설명서에 한해 제공 예외를 인정한다.456)

금융소비자보호법 시행 후 새로운 계약이 체결되는 경우부터 적용한다. 새로운 계약인지 여부는 기존 계약과의 동일성, 계약 당사자의 의사 등을 감안하여 판단하여야 한다.457)

---

454) 신속처리시스템 회신(은행 210429－69)참조.
455) 온주 자본시장과금융투자업에관한법률 제59조(2015. 12. 29.) 및 신속처리시스템 회신(은행 210420－47) 참조.
456) 신속처리시스템 회신(금투 210428－13) 참조.
457) 신속처리시스템 회신(은행 210420－50) 참조.

구분	내용
주체(규제대상)	직접판매업자, 자문업자
상대방(보호대상)	금융소비자(일반소비자 및 전문소비자). 단, '법인인 전문소비자'는 설명서 제공 예외
시기	금융상품 또는 자문에 관한 계약체결 시

Ⅲ. 내용 및 절차

판매업자는 금융소비자와 금융상품 또는 금융상품자문에 관한 계약을 체결하는 경우 해당 계약서류를 금융소비자자에게 지체 없이[458] 제공하여야 한다(법§23①). 제공서류 중 계약서는 계약의 성립을 증명하는 문서로서 그 형식에 별도의 제한을 두지 않는다.[459]

구분	계약서류 제공
제공서류	계약서, 약관, 설명서(판매업자 限,) 보험증권(보험상품 限)
제공예외	▫ 대부업법, 자본시장법(온라인소액투자중개업자만 해당[460]), 온라인투자연계금융업법에 따라 계약서류가 제공 ▫ 기본 계약[461]을 체결하고 그 계약내용에 따라 계속적·반복적으로 거래 ▫ 기존 계약과 동일한 내용으로 계약을 갱신 ▫ 법인인 전문소비자와 계약을 체결(설명서만 해당)
제공방법	▫ 아래 방법 중 소비자가 선택한 방법으로 제공 ○ 서면교부 ○ 우편·전자우편 ○ 휴대전화 메시지 및 이에 준하는 전자적 의사표시[462]
준수사항	▫ 법령 및 내부통제기준에 따른 절차 준수사실을 계약서류에 기재 ▫ 전자우편 또는 휴대전화 메시지 및 이에 준하는 전자적 의사표시로 제공 시 위·변조되지 않도록 기술적 조치 ▫ 전자우편 또는 이에 준하는 전자적 의사표시[463]로 교부 시 전자적 장치를 통해 계약서류를 확인하는데 필요한 소프트웨어 및 안내자료 제공

---

458) 법령상 "지체 없이"의 의미는 시간적 즉시성이 강하게 요구되지만, 정당하거나 합리적인 이유에 따른 지체는 허용되어 사정이 허락하는 한 가장 신속하게 처리해야 한다는 뜻이므로(법제처 유권해석), 발송수단별 소요되는 통상 기간 이내라면 '지체 없이' 발송한 것으로 이해된다.

459) 금융위원회·금융감독원, "금융소비자보호법 시행 후 원활한 금융상품거래를 위해 판매자·소비자가 알아야 할 중요사항을 알려드립니다.", 보도자료, 2021.03.29., 5면 참조.

460) 기존규제(舊자본시장법§117-7①)에서도 온라인소액투자중개업자는 계약서류 제공의무의 예외로 인정되었다.

461) (예시) 금융투자상품을 거래하기 위한 매매거래계좌를 설정하는 계약(신속처리시스템 회신, 금투 210428－12 참조).

462) ① 카카오톡 메시지, ② 전자기기(모바일 앱, 태블릿 등)를 통해 위변조 없는 설명서 내용을 전자문서로 상시조회하는 것(전자문서의 내용을 열람할 수 있고, 전자문서가 작성·변환되거나 송신·수신 또는 저장된 때의 형태 또는 그와 같이 재현될 수 있는 형태로 보존되어야 함) 등이 해당한다.

463) 전자우편에 준하는 전자적 의사표시를 의미한다.

1. 제공방법

금융소비자가 3가지 방법(서면교부/우편 또는 전자우편/휴대전화 메시지 또는 이에 준하는 전자적 의사표시) 중 특정 하나를 요청하는 경우 그 방법으로 계약서류를 제공받을 수 있도록 하여(영§22③), 소비자의 선택권을 보장한다.464) 예를 들어 금융소비자와 대면계약을 체결하는 경우 판매업자는 3가지 선택사항(서면교부/전자우편/카카오톡)을 해당 소비자에게 제시할 수 있다.

2. 준수사항

소비자에게 제공하는 계약서류가 적법한 절차에 따른 것임을 보장하기 위해 '법령 및 내부통제기준에 따른 절차 준수사실'을 계약서류별로 기재하도록 한다(영§22④ i). 예를 들어 예금상품 계약 시 은행은 계약서 · 약관 · 설명서에, 보험상품 계약 시 보험사는 계약서 · 약관 · 설명서 · 보험증권에 해당 문구를 각각 기재한다. 구체적인 문구 등 이행방법은 법 취지 내에서 개별 금융회사가 자율적으로 운영 가능하다.465)

또한 계약서류가 온전히 보존되어 소비자 권익이 저해되지 않도록 위변조 방지조치를 취해야 한다(영§22④ ii). 이러한 제도의 취지에 벗어나지 않는 한 기술적 조치는 자율적으로 운영이 가능하다.466) 기술적 조치의 예시로 타임스탬프를 들 수 있다. 대상 파일을 pdf 파일로 변환 후 해당 파일에 타임스탬프 조치를 하면, 타임스탬프 발급 문서에 대해서는 전자문서진본확인센터에서 위변조 여부에 대한 검증이 가능하다.

3. 증명책임

계약서류 발급사실에 대해 다툴 경우 직접판매업자와 자문업자에 증명책임을 부과한다(법§23②). 판매업자 및 자문업자는 계약서류 발급사실 및 계약서류 자체를 체계적으로 보관하므로 스스로의 발급사실을 입증하는 것이 용이한 여건을 반영한 것이다.

---

464) 신속처리시스템 회신(은행 210420－47) 참조.
465) 신속처리시스템 회신(손보 210416－12) 참조.
466) 신속처리시스템 회신(은행 210426－65) 참조.

Ⅳ. 제재

법 제23조제1항을 위반하여 계약서류를 제공하지 않은 경우 판매업자에게 과태료[467]가 부과되며(법§69①vii), 판매업자 및 임직원에게 제재조치(시정명령, 정직 등) 가능하다(법§51 · §52).

Ⅴ. 시행일

직접판매업자 및 대리 · 중개업자는 2021.3.25일부터 시행하며, 자문업자의 경우 2021.9.25일 시행한다(법 부칙§1).

Ⅵ. 기존규제

계약서류 제공은 저축은행법, 신용협동조합법을 제외한 개별법에서 규정되었다. 계약서류 제공사실에 대한 증명책임 부과는 금융소비자보호법에서 처음 도입된 규제로 기존 금융업법상 규제는 아니다.

구분	은행	금융투자	보험	저축은행	여전	대부
도입 여부	○	○	○	×	○	○
근거 규정	舊은행법 시행령 §24-5②	舊자본시장법 §59①	舊보험업 감독규정 §7-45	–	여전법 §14⑤, §18, §39	대부업법§6

기존규제가 많이 인용된 계약서류 제공 예외사유를 금융소비자보호법을 중심으로 비교하면 다음과 같다. 기존 금융업법과 비교 시 달라진 부분은 별도 표시[468]하고, 표현과 내용이 동일한 경우에만 '좌동'으로 기재한다.[469]

467) 법인 5천만원, 법인이 아닌 자 2천5백만원.
468) 세부내용이 다른 경우(예시가 추가되거나 삭제된 경우 포함) 굵게 밑줄 표시하고, 해당 조항 전체가 신설된 규제이거나 기존규제가 인용되지 않은 경우 해당 칸을 음영표시한다.
469) 내용이 동일하더라도 표현이 다른 경우에도 현행 금융소비자보호법과 비교가 될 수 있도록 기존 규제내용을 그대로 기재한다.

❖ 계약서류 제공 예외사유 비교

금융소비자보호법	기존규제
ㅁ 아래 법률에 따라 계약서류가 제공된 경우 ○ 대부업법 ○ 자본시장법(온라인소액투자중개업자만 해당) ○ 온라인투자연계금융업법	ㅁ 대부업자가 대부 또는 보증계약체결 시 대부 또는 보증계약서를 거래상대방에게 교부(대부업법§6) ㅁ 자본시장법상 계약서류 제공 규제는 온라인소액투자중개업자에게 미적용(舊자본시장법§117-7) ㅁ 온라인투자연계금융업자는 투자자와 연계투자계약을 체결하거나 차입자와 연계대출계약을 체결하는 경우 계약서를 상대방에게 교부(온라인투자연계금융업법§23 · §24)
ㅁ 기본 계약을 체결하고 그 계약내용에 따라 계속적 · 반복적으로 거래	ㅁ 기본 계약을 체결하고 그 계약내용에 따라 계속적 · 반복적으로 거래(舊은행업감독규정§89⑥ⅰ) ㅁ 매매거래계좌를 설정하는 등 금융투자상품을 거래하기 위한 기본 계약을 체결하고 그 계약 내용에 따라 계속적 · 반복적으로 거래(舊자본시장법 시행령§61①ⅰ)
ㅁ 기존 계약과 동일한 내용으로 계약을 갱신	ㅁ 이미 체결된 계약과 동일한 내용으로 갱신(舊은행업감독규정§89⑥ⅱ)
ㅁ 법인인 전문소비자와 계약을 체결(설명서만 해당)	— 470)
— 471)	ㅁ 은행이용자가 은행상품 관련 정보 등을 제공받거나 설명받기를 거부하는 의사를 서면, 전신 · 모사전송, 전자우편 및 이와 비슷한 전자통신, 그 밖에 감독원장이 정하는 방법으로 표시하는 경우(舊은행업감독규정§89⑥ⅲ) ○ 은행이용자에 대한 정보 및 자료의 제공 방법은 서면, 전자우편, 전신 · 모사전송 및 이와 비슷한 전자통신을 의미(舊은행업감독업무시행세칙§71①) ㅁ 투자자가 계약서류를 받기를 거부한다는 의사를 서면으로 표시(舊자본시장법 시행령§61①ⅱ)
—	ㅁ 보험계약자가 보험료의 전부 또는 최초의 보험료를 지급하지 아니한 경우 보험증권 교부 제외(상법§640①但)472)

470) 舊금융투자업규정(§4-20①ⅸ나)상 권유 단계에서만 설명서를 제공하고, 계약체결 단계에서는 설명서를 제공하지 않았으므로, 계약서류 제공의 예외사유로서 '설명서 제공'이 별도로 규정되지 않았다.

471) DLF 사태에서 쟁점이었던 불완전판매를 계기로 계약체결 시에는 거부의사 표시하는 소비자에게도 계약서류를 제공하도록 하기 위해 기존 금융업법상 예외사유를 인용하지 않았다.

472) 보험업법(舊보험업감독규정§7-45②ⅲ)에서는 보험회사가 보험계약 승낙 시 지체없이 보험증권을 교부하도록 하였고 이에 대한 예외는 없었으므로 상법의 동 예외규정은 인용되지 않았다.

1. 은행법

은행법(은행법 시행령§24-5②)은 '금융거래' 단계별로 정보나 자료를 제공하도록 한다. 여기서 '금융거래'에는 금융소비자보호법상 금융상품이 아닌 외환거래 등이 포함되므로 은행법상 '금융거래'와 금융소비자보호법상 '금융상품 계약에 따른 거래'의 범위는 일치하지 않는다. 은행법 규정을 삭제하게 되면 외환거래 등에 대해 규제공백이 발생하므로 이를 방지하기 위해 '금융거래'에 금융소비자보호법상 금융상품 계약에 따른 거래는 제외되도록 개정하여 존치[473]한다(법 부칙§13⑮).

舊은행법 시행령	현행
제24조의5(불공정영업행위 금지 등) ② 은행은 법 제52조의2제2항에 따라 예금자 등 은행이용자를 보호하고 금융분쟁의 발생을 방지하기 위하여 다음 각 호의 조치를 하여야 한다.	**제24조의5(금융거래상 중요 정보 제공)** ② (舊조문과 같음)
1. 금리, 계약 해지 및 예금자 보호에 관한 사항 등 은행이용자가 유의하여야 할 사항을 공시할 것	1. (舊조문과 같음)
2. 금융거래 단계별로 다음 각 목의 구분에 따라 해당 정보나 자료를 제공하고 그 내용을 설명할 것. 다만, 이미 체결된 계약과 같은 내용으로 계약을 갱신하는 경우 등 금융위원회가 정하여 고시하는 경우에는 정보나 자료의 제공 및 설명을 생략할 수 있다.	2. 금융거래**(「금융소비자 보호에 관한 법률」에 따른 금융상품의 계약에 따른 거래는 제외한다)** 단계별로 다음 각 목의 구분에 따라 해당 정보나 자료를 제공하고 그 내용을 설명할 것. 다만, 이미 체결된 계약과 같은 내용으로 계약을 갱신하는 경우 등 금융위원회가 정하여 고시하는 경우에는 정보나 자료의 제공 및 설명을 생략할 수 있다.
가. 계약체결을 권유하는 경우: 계약조건, 거래비용 등 계약의 주요 내용	가. (舊조문과 같음)
나. 은행이용자가 청약하는 경우: 약관	나. (舊조문과 같음)
다. 계약을 체결하는 경우: 계약서류	다. (舊조문과 같음)

2. 자본시장법

舊자본시장법(§59 · §117-7)상 금융투자업자(온라인투자연계금융업자는 제외)는 투자자와 계

473) 은행법 시행령만 개정되었고(영 부칙§2⑳), 관련 하위규정인 은행업감독규정(§89① · ③) 조항은 개정되지 않았다.

약을 체결하는 경우 그 계약서류를 투자자에게 지체없이 교부해야 했다. 동 계약서류 제공의무는 금융소비자보호법으로 이관되어 모두 삭제되었다(법 부칙§13⑯).

3. 보험업법

舊보험업법(舊보험업감독규정§7-45② i 나 · ii · iii)상 보험회사 및 모집종사자가 보험계약자에게 모집 단계별로 상품설명서(권유단계), 보험약관(청약단계) 및 보험증권(보험회사 승낙단계)을 제공하여야 했고, 전자적 방법에 의한 교부절차도 규정(舊보험업감독규정§7-45-2)하였다. 동 규제는 금융소비자보호법으로 이관되어 모두 삭제되었다(규정 부칙§3⑤).

舊보험업법상 보험설계사, 보험중개사, 보험대리점에게 계약서류 제공의무가 부과되었으나, 금융소비자보호법에서는 대리 · 중개업자가 아닌 직접판매업자 및 자문업자에 대해서만 계약서류 제공의무를 부과한다. 이는 보험계약 체결 시 금융소비자는 계약 당사자인 보험회사를 통해 계약서류를 제공받으므로 모집종사자에게 재차 받을 필요가 없는 점을 감안하여 제공의무를 부과하지 않은 것으로 이해된다.

4. 여신전문금융업법

여신전문금융업법(§14⑤ · §18 · §39)상 신용카드와 할부금융에 대해서 계약자료 제공의무를 규정한다. 신용카드 · 직불카드를 발급하거나 할부금융계약을 체결한 경우 계약내용을 서면으로 알려주어야 하며, 소비자가 동의한 경우 팩스나 전자문서로 보낼 수 있다. 금융소비자보호법상 계약서류 제공의무와 유사한 규제이나, 계약자료에 포함되어야 할 사항에 대해서 별도로 규정하고 있고, 규제대상 범위도 금융소비자보호법보다 넓어서[474] 존치한 것으로 이해된다.[475]

5. 대부업법 및 온라인투자연계금융업법

대부업법(§6) 및 온라인투자연계금융업법(§23 · §24)상 계약서류 제공의무를 부과하고 있으므로 개별법에 따라 계약서류를 제공한 경우 금융소비자보호법상 계약서류를 제공할 필요가 없다(영§22② i).

474) 금융소비자보호법상 규제대상이 아닌 직불카드가 여신전문금융업법에서는 규제 대상이다.
475) 신속처리시스템 회신(여전 210507－25) 참조.

Ⅶ. Q&A

[적용여부]

1. 기존 대출을 만기연장하는 경우에도 계약서류를 금융소비자에게 제공하여야 하는지?

신속처리시스템 회신(은행 210402-13)

은행업 감독규정에 따라 대출의 만기연장은 신규계약으로 보지 않으므로 계약서류를 제공하지 않아도 됨.

> **은행업감독규정 별표6[주택관련 담보대출에 대한 리스크관리기준]**
> 1. **(용어의 정의)** 이 기준에서 사용하는 용어의 정의는 다음과 같다.
> 라. "신규대출"이라 함은 신규로 취급하는 대출을 말하며 기존 대출의 증액, 재약정, 대환, 채무인수 등을 포함한다. 다만, 대출을 기한연장하는 경우와 금리 또는 만기 조건만 변경되는 재약정·대환 등은 신규대출로 보지 아니한다.

2. 기존의 예금계약 명의인이 예금을 제3자에 양도하는 명의변경 요청 시, 이를 금융상품에 관한 계약체결로 보아 설명의무 및 계약서류 제공의무를 이행해야 하는지?

신속처리시스템 회신(은행 210407-20)

37면 2번 참조.

3. 예금이 만기된 경우 동일 상품으로 재예치가 가능한데, 재예치도 금융상품 계약체결로 보아 설명의무를 적용받는지?

신속처리시스템 회신(저축 210521-6)

37면 3번 참조.

4. 신용카드 갱신·재발급·추가발급 시 금융소비자보호법상 영업행위 규제(적합성 원칙, 설명의무, 계약서류 제공)**가 적용되는지?**

신속처리시스템 회신(여전 210520-32)

38면 4번 참조.

5. 자산운용사가 특정법인(전문소비자)과 투자일임계약을 체결 후 투자일임 운용을 위해 펀드매매 등 단순 주문수탁자 역할을 하는 경우 증권사가 해당 법인에게 관련 상품을 설명하고 계약서류를 제공하는 등의 의무를 이행하여야 하는지?

신속처리시스템 회신(금투 210512-27)

39면 7번 참조.

6. 퇴직연금 운용관리계약에 따라 가입자가 별도 지시를 하지 않으면 기존에 운용 중이던 상품으로 재예치하는데, 판매업자가 소비자에게 재예치 시 변경된 금리를 안내(문자메시지, URL 등)한 경우 별도의 계약서류를 제공해야 하는지?

신속처리시스템 회신(은행 210405-14)

금융소비자보호법 제23조의 계약서류 제공의무는 금융상품 또는 금융상품자문에 관한 계약을 체결하는 경우에 발생함. 이미 체결되어 있는 금융상품등에 관한 계약의 내용에 따라 기존에 운용 중이던 금융상품을 재예치하는 경우에 해당한다면 금융소비자보호법 제23조의 계약서류 제공의무 적용대상이 아님.

7. 舊보험업감독규정(§4-35-3④)에서는 '이미 가입되어 있는 보험계약과 동일한 조건으로 갱신하는 보험계약'의 경우 최초 계약체결 시 중요사항을 설명하면 이후 계약체결 시에도 설명의무를 이행한 것으로 간주하였는데, 매년 보험료를 갱신하는 실손의료보험 등 기존 계약을 같은 내용으로 갱신하는 경우에도 금융소비자보호법에 따라 갱신 시마다 계약서류를 제공해야 하는지?

신속처리시스템 회신(손보 210416-17)

실손의료보험의 갱신이 새로운 계약체결 없이 이루어진다면 계약 갱신 시 계약서류를 제공할 필요는 없음.

8. 금융회사가 대출 한도거래[476)]를 할 경우, 최초 약정 이후 한도 내에서 반복적으로 건별 계약이 체결되는데, 이 경우 계약서류로서 설명서를 반복하여 제공해야 하는지?

신속처리시스템 회신(여전 210414-7)

---

476) 약정을 체결한 일정 한도 내에서 자유롭게 상환 또는 재대출할 수 있는 거래방식.

금융소비자보호법 제23조의 계약서류 제공의무는 금융상품 또는 금융상품자문에 관한 계약을 체결하는 경우에 발생함. 이미 체결되어 있는 금융상품등에 관한 계약의 내용에 따라 기존 한도대출 범위에서 수시 상환 및 대출을 하는 경우는 금융소비자보호법 제23조의 계약서류 제공의무 적용대상이 아님.

9. 보험계약대출을 '금융상품 등에 관한 계약의 내용에 따라 기존 한도대출 범위에서 수시 상환 및 대출을 하는 경우'와 유사하게 보아 계약서류 제공의무 적용대상이 아닌 것으로 해석할 수 있는지? 아니면 보험계약대출의 경우 건별로 계약서류를 제공해야 하는지?

신속처리시스템 회신(생보 210514-20)

보험계약대출 계약은 보험계약과 별도로 체결되기 때문에 보험계약을 한도대출 계약[477]으로 보기는 어려움. 따라서 보험계약대출은 한도대출 계약과 달리 계약체결 건별로 소비자에 계약서류를 제공해야 함. 다만, 계약서류 中 설명서, 약관은 그 내용이 과거 소비자가 계약을 체결한 보험계약대출과 동일하고 당시 해당 자료가 소비자에 제공된 경우에는 추가로 제공하지 않아도 됨.

10. 국고금 관리법(§24⑤)상 정부구매카드를 계약서류 제공 대상상품에서 제외할 수 있는지?

구분	정부구매카드 개요
도입배경	예산집행의 투명성 제고를 위해 물품구입비, 업무추진비, 여비 등 관서 운영에 필요한 소액경비 지출 시 정부구매카드를 의무적으로 사용
발급	정부 또는 지자체가 디지털 예산회계시스템(정부세입과 예산 편성·집행·평가 등 국가 재정업무 全 과정을 포괄하는 통합재정정보시스템)을 통해 카드 발급신청, 제신고 등 진행
특징	신규 발급 시 한도나 이율 등이 정해지지 않으며, 리볼빙, 카드론 등은 모두 이용불가. 상품서비스(캐시백율)도 기획재정부에서 정하며 全 카드사 모두 동일

신속처리시스템 회신(여전 210809-59)

금융소비자보호법은 계약서류 제공의무를 규정하면서 정부구매카드를 제외하고 있지 않으며, 제공대상도 금융소비자로 규정하고 있을 뿐 일반소비자로 제한하고 있지 않으므로

477) Ibid.

정부구매카드 발급 시에도 계약서류 제공의무가 적용되는 것으로 판단됨.

11. 기본 계약을 체결하고 그 계약내용에 따라 계속적·반복적 거래를 하는 경우에는 계약서류 제공의무가 면제되는데, 어떤 사례가 있는지?

신속처리시스템 회신(금투 210428-12)

매매거래계좌를 설정하는 등 금융투자상품을 거래하기 위한 기본 계약을 체결하고 그 계약내용에 따라 계속적·반복적으로 거래를 하는 경우 등 구 자본시장법 시행령 제61조제1항제1호에 해당하는 사례(계약서류 교부의무의 예외사유)가 포함됨.

12. 금융소비자(개인)에게 투자성 상품의 계약서류 교부 시, 해당 소비자가 계약서류 중 설명서 교부를 희망하지 않는 경우에도 이를 교부하여야 하는지?

신속처리시스템 회신(금투 210630-38)

금융소비자보호법에서는 기존 자본시장법과는 달리 금융소비자의 수령 거부의사를 계약서류 제공의 예외로 규정하고 않고 있어, 명시적인 규정이 없는 한 예외를 인정하기 어려움.

13. 비대면 설명(설명과정에서 설명서 제공) 후 실제 영업점을 방문하여 계약을 체결하고 계약서류(설명서 포함)를 수령하게 되는 경우 같은 설명서를 2번 받게 되는데 이러한 경우에도 계약체결 후 지체없이 설명서를 제공해야 하는지?

설명단계에서 설명서를 제공하였다면 동일한 내용의 설명서를 계약체결 시 추가로 제공할 필요는 없음.

14. ① 설명의무 이행 단계와 ② 계약체결 완료 단계에서 설명서를 각 제공해야 하며, ③ 적정성 원칙에 따라 부적정 사실 고지 단계와 ④ 계약체결 완료 단계에도 설명서를 각 제공해야 하는데, 설명과 계약체결(①·②) 또는 적정성 원칙과 계약체결(③·④)이 거의 동시에 이루어지는 경우 설명서를 2회 제공해야 하는지?

235면 22번 참조.

[제공의무 상대방]

15. 계약서류 교부 시 전문소비자에게 설명서를 반드시 교부해야 하는지?

신속처리시스템 회신(금투 210428-13)

금융소비자보호법 제19조상 설명의무는 전문소비자에게 적용되지 않으므로 설명의무 이행을 위해 전문소비자에게 설명서를 제공할 의무는 없음. 다만, 금융소비자보호법 제23조상 계약서류 제공의무는 전문소비자에게도 적용되는바, 계약서류 제공 의무가 면제되는 사유가 없는 한 전문소비자에게 계약서류의 일종인 설명서를 제공할 의무가 있다고 할 것임. 다만, '법인인 전문금융소비자'는 금융상품에 대한 이해 역량 등을 감안하여 설명서 제공의 예외를 인정함(규정§21②iii).

[계약서류]

16. 판매업자가 비대면 계약체결 후 계약내용을 기재한 전자문서[478]를 제공하는 경우 해당 전자문서가 계약서에 해당하는지?

「전자문서 및 전자거래 기본법」에 따른 전자문서로서 계약의 성립을 증명할 수 있는 경우에는 계약서로 인정 가능함. 다만, 해당 전자문서가 i) 열람 가능하고, ii) 작성·변환되거나 송신·수신 또는 저장된 때의 형태 또는 그와 같이 재현될 수 있는 형태로 보존되어 있는 경우로 한정함.

17. 영업점에서 계약을 체결하고 전자문서 또는 전자적 의사표시의 방법으로 계약서를 제공할 경우 반드시 고객의 서명이 있는 문서사본을 제공해야 하는지?

신속처리시스템 회신(은행 210420-46)

계약서는 계약의 성립을 증명하는 문서로서 법령상 그 형식이나 내용에 별도의 제한을 두지 않음. 예컨대 소비자의 청약 후에 판매업자가 승낙을 하는 방식의 계약인 경우, 계약서가 판매업자의 소비자의 청약에 대한 승낙사실을 증명[479]할 수 있다면 반드시 소비자의 서명을 필요로 하지는 않음.

---

478) 정보처리시스템에 의하여 전자적 형태로 작성·변환되거나 송신·수신 또는 저장된 정보(전자문서법§2 i).
479) 승낙서에 아래와 같이 승낙사실 기재 가능(신속처리시스템 회신, 여전 210701－47 참조).
(예시) OO社와 □□□님은 상기와 같은 계약사항에 동의하여 계약이 성립되었음을 알려드립니다.

18. 기존에 계약서(약관 포함) 없이 가입하는 상품이 있다면 해당 상품에 대해서는 가입신청서(가입내역서)를 계약서로 볼 수 있는지? 또한 약관이 없는 상품이 있다면, 계약서만 제공하는 것도 가능한지?

신속처리시스템 회신(금투 210504-22)

금융소비자보호법상 계약서류는 계약서, 약관, 설명서를 의미함. 여기서 계약서는 계약의 성립을 증명하는 문서로서 계약을 성립을 증명할 수만 있다면 그 형식에 별도로 제한을 두지 않음. 다만, 해당 금융상품에서 별도의 약관 등을 마련해두고 있지 않다면 금융소비자보호법상의 의무 이행을 위해 별도로 제정할 필요는 없음.

19. 개인(신용)정보 동의서는 계약서인지?

계약의 성립을 증빙하는 문서만 해당하며, 개인(신용)정보동의서는 계약서에 포함되지 않음.

20. 아래 서류가 계약서에 해당하는지?

1 대출거래약정서: 대출성 상품에 대한 기본적인 사항(대출한도·금액·이자율·중도상환해약금 등)을 약정
2 추가약정서: 개별 대출성 상품에 대한 추가적인 사항(우대금리 요건·기존주택 처분조건 등) 및 조건변경 사항(한도변경·금리변경·기한연장 등) 등을 약정
3 담보·보증계약서: 대출성 상품과 관련한 인적·물적담보 설정에 관한 사항을 약정(근저당권설정계약서·근질권설정계약서·근보증서)

신속처리시스템 회신(은행 210506-87)

(1·2는 계약서에 해당하나, 3은 미해당.) 금융소비자보호법 시행령 제22조제1항제1호의 계약서는 계약의 성립을 증명하는 문서로서 법령상 그 형식이나 내용에 별도의 제한을 두지 않음. 다만, 위 '담보·보증계약서'는 대출성 상품과는 별도로 체결되는 담보·보증 계약에 대한 계약서이므로, 금융소비자보호법 시행령 제22조제1항제1호의 '금융상품 계약서'에 해당하지 않는다고 판단됨.

21. 개인형 기업카드[480] 발급 시, 아래 '계약조건 확인서'를 교부하는 경우 계약서를 제공한 것으로 볼 수 있는지?

기업카드 계약조건 확인[Confirmation on Corp. Card Contract]

<계약세부사항/Information on Contract>
법인명(사업자번호):
Company Name (Business registration number):

1. 기본계약사항/General information

1) 카드종류/Type		2) 발급예정좌수/Number of cards	
3) 상품코드/Product Code		4) 브랜드/Brand	
5) 청구 방식/Billing type		6) 결제일/Due Date	
7) 카드배송/Delivery to		8) 해외한도/Overseas Credit Limit	
9) 기본연회비/Annual Fee		10) 포인트적립율/Reward rate	

2. 부가서비스/Other Services

1) 온네임 적용/On−name service		2) SMS 서비스/SMS service	
3) 사번 입력/Employee ID		4) 기업카드 데이터 전송/File Feeds	

신속처리시스템 회신(여전 210427-16)

위 '기업카드 계약조건 확인서'가 계약내용을 요약하는데 그치지 않고 계약의 성립사실을 증명할 수 있는 서류로 기능한다고 보기는 어렵다고 판단됨.

22. 집합투자증권(펀드) 계약 시 제공되는 계약서류(약관)에 '운용사와 신탁사 간의 집합투자규약'도 포함되는지?

운용사와 수탁사 간의 계약인 집합투자규약은 제공이 불필요함.

480) 기업카드 중 사용자를 지정하여 결제계좌는 사용자(임직원)의 계좌로 하고, 대금결제와 연체에 대한 책임은 기업이 부담하는 형태의 법인카드로 기업에 부여된 신용한도 내에서 임직원에게 회사의 신용한도를 분할하여 부여한다.

[제공방법]

23. 금융상품 기본약관을 홈페이지에 게시하거나, 영업점 등에 비치하여 금융소비자가 직접 확인하도록 하는 경우 계약서류 제공의무를 이행한 것인지?

신속처리시스템 회신(은행 210408-21)

홈페이지 공시(소비자의 개인 메뉴에서 계약별로 상시조회되는 경우는 제외) 및 영업점 비치는 계약서류 제공의무의 이행으로 보기 어려움.

24. 비대면 거래에서 "서면교부"의 이행방법은? 신속처리시스템 회신(은행 210421-52)

금융소비자보호법 시행령 제22조제3항제1호에 따른 "서면교부"는 전자문서법에 따라 서면으로 인정되는 전자문서 뿐만 아니라 일반 서면도 포함되기 때문에 소비자 요구 시 계약서류를 일반 서면으로도 제공할 수 있어야 함.
다만, 거래특성상 계약서류를 소비자에게 직접 교부할 수 없는 비대면 거래의 경우에는 계약서류를 전자문서[481]로 제공 시 금융소비자보호법 시행령 제22조제3항제1호에 따른 "서면교부"를 이행했다고 볼 수 있음.

25. 금융소비자가 계약서류를 우편으로 수령 시까지 통상 2~3일이 소요되는데 이를 "지체 없이" 제공한 것으로 볼 수 있는지?

부득이한 경우이므로 허용 가능. 정당하거나 합리적 이유가 있는 경우 그 장애사유 해소 후 신속히 제공한 필요 있음.

[필자 보충의견] 법령상 "지체 없이"의 의미는 시간적 즉시성이 강하게 요구되지만, 정당하거나 합리적인 이유에 따른 지체는 허용되어 사정이 허락하는 한 가장 신속하게 처리해야 한다는 뜻이므로(법제처 유권해석), 발송수단별 소요되는 통상 기간 이내라면 "지체 없이" 발송한 것으로 이해됨.

---

481) ① 전자문서의 내용을 열람할 수 있어야 하고, ② 전자문서가 작성·변환되거나 송신·수신 또는 저장된 때의 형태 또는 그와 같이 재현될 수 있는 형태로 보존되어 있어야 한다(전자문서법§4-2).

26. 비대면 거래 시 계약완료 후 모든 고객에게 먼저 이메일로 계약서류를 제공하고, 이후 계약관리 메뉴 등에서 고객이 다른 방법으로 계약서류를 제공해 달라고 요청하는 경우 해당 방법으로 계약서류를 제공하는 것이 가능한지?

신속처리시스템 회신(은행 210420-47)

금융소비자보호법 제23조에 따른 계약서류 제공의무의 취지는 소비자가 해당 거래와 관련하여 자신의 권익 보호에 필요한 자료를 판매업자에 요구할 수 있는 권리를 보장하는 데 있으며, 동법 시행령 제22조제3항 단서에서는 계약서류 수령방법에 대한 소비자 선택권을 보장함.

따라서 비대면 거래 시 계약서류 수령방법에 대한 소비자 선택과 관계없이 우선 이메일로 계약서류를 제공하더라도, 계약체결 과정 또는 계약체결 직후 고객이 계약서류를 수령할 수 있는 다른 방법을 안내하고 고객이 요청하면 지체없이 대응함으로써 소비자의 선택권을 보장한다면 관련 제도의 취지를 벗어난다고 보기는 어렵다고 판단됨.

27. 신용카드사는 금융소비자에게 설명을 하기 전 ① 금융소비자보호법에 따른 일반설명서와 ② 여신전문금융업법 제14조제5항에 따른 상품설명서(상품약관, 상품안내장)를 제공 후 카드발급 시 ② 여전법상 상품설명서를 서면으로 교부하고 있어 중복 제공중인데,[482] 금융소비자보호법을 우선 적용하여 전자적 방식으로 제공하고, 고객 요청이 있을 경우에만 서면으로 발송해도 되는지?

신속처리시스템 회신(여전 210507-25)

여신전문금융업법이 소비자보호 목적으로 약관 등을 서면으로 교부토록 별도로 규정한 점 등을 고려할 때, 여신전문금융업법 규정을 준수하는 것이 바람직할 것으로 판단됨.

482) 여신전문금융업법(§14⑤本)에서는 카드 발급 시 서면제공 하도록 규정되어 있으므로 설명시점에 제공하지 않고, 계약체결 후 카드 실물과 함께 제공하여도 되나, 소비자 혼란을 막기 위해 설명 시 제공서류와 계약체결 시 제공서류를 일치시키는 실무관행이 있다. 또한, 여신전문금융업법법(§14⑤但)에 따라 카드신청자 동의시 팩스나 전자문서로 교부할 수 있으나, 사전동의를 받기 어려운 현실적으로 어려워 동 사례와 같이 운영중이다.

28. '팩스'를 통해 금융소비자에게 계약서류를 제공하는 것이 금융소비자보호법상 인정되는 계약서류의 제공방법에 해당하는지?

신속처리시스템 회신(은행 210507-85)

금융소비자보호법(영§11⑤[483], 영§26⑤[484]) 및 타 법상 '서면교부'와 '팩스'를 구분하여 규정하고 있는 점을 고려할 때 별도의 규정없이 '팩스'를 '서면교부'와 동일하게 보긴 어려움.

29. 이메일, LMS로 계약서류를 제공한 경우 제공의무를 이행한 것인지?

이메일 등 전자적 제공방식도 허용됨(영§22③).

30. 계약서류 제공방법에 카카오톡 메시지가 포함되는지?

카카오톡 메시지도 문자메시지와 같이 전자적 방식에 의한 의사표시로 볼 수 있음.

31. 대면거래 시 고객이 계약서류를 전자문서 또는 전자적 의사표시의 방법으로 제공받기를 원하는 경우 모바일 앱 등 상시 조회서비스를 통해 제공하는 것이 가능한지?

신속처리시스템 회신(은행 210420-46)

계약체결 당시 제공된 계약서류와 동일한 내용(위·변조가 없을 것)의 계약서류에 한해 소비자가 해당 전자문서[485]를 모바일 앱 등 전자기기를 통해 상시조회할 수 있는 경우에는 계약서류 제공으로 볼 수 있음.

---

483) **시행령 제11조(적합성 원칙)** ⑤ 법 제17조제5항 단서에 따라 「자본시장과 금융투자업에 관한 법률」 제249조의2에 따른 적격투자자 중 일반금융소비자는 같은 항 본문에 따른 금융상품판매업자등에게 같은 조 제1항부터 제3항까지의 규정을 적용해 줄 것을 다음 각 호의 방법으로 요청할 수 있다. 이 경우 해당 금융상품판매업자등은 같은 조 제6항에 따라 다음 각 호의 방법으로 이를 요청할 수 있다는 사실을 미리 알려야 한다.

1. 서면 교부

3. 전화 또는 팩스

484) **시행령 제26조(자료의 기록 및 유지·관리 등)** ⑤ 금융상품판매업자등은 법 제28조제4항부터 제6항까지의 규정에 따른 열람, 열람의 연기 및 열람의 제한·거절을 알리는 경우에는 금융위원회가 정하여 고시하는 바에 따라 문서로 해야 한다. 다만, 법 제28조제4항 전단에 따라 열람을 알리는 경우에는 전화, 팩스, 전자우편 또는 휴대전화 문자메시지 등의 방법으로 이를 알릴 수 있다.

485) 정보처리시스템에 의하여 전자적 형태로 작성·변환되거나 송신·수신 또는 저장된 정보(전자문서법§2 i).

32. 비대면으로 계약체결 시 계약서류 다운버튼을 클릭해야 다음 절차가 진행되도록 하거나, 이메일·문자 등으로 서류를 다운로드 받을 수 있는 URL·링크 등을 제공한 경우 계약서류 제공의무를 이행한 것인지?

계약서류 내용에 위·변조 없이, 다운로드 기능을 통해 계약서류를 제공하거나 url 등을 통해 계약서류를 제공받을 수 있도록 한다면 계약서류 제공의무 이행한 것으로 볼 수 있음.

33. 대기업, 정부부처 등이 은행을 방문하지 않고도 예금계약을 직접 체결할 수 있는 펌뱅킹 서비스[486]의 경우 서비스 이용기관과의 펌뱅킹 협약에 따라 미리 정한 방법으로 은행이 계약서류를 제공할 수 있는지?

신속처리시스템 회신(은행 210510-95)

금융소비자보호법상 계약서류 제공의무는 금융소비자에게 정보제공의 측면 이외에 분쟁 발생 시 필요한 증빙 자료를 확보토록 하기 위한 것으로 동법 시행령 제22조제3항에서 정한 각호의 방법에 따라 계약체결 시 금융소비자에게 직접 제공될 필요가 있다고 판단됨. 동 사례의 경우 펌뱅킹 서비스 협약 당시 정한 방법(펌뱅킹 프로그램을 통한 상시조회서비스)을 통해 계약서, 약관 등이 금융소비자에게 직접 제공된다면 은행이 계약서류 제공의무를 이행한 것으로 볼 수 있을 것이나, 시행령 제22조제4항에 따라 해당 계약서류가 위·변조되지 않도록 기술적 조치를 취하여야 함.

34. 보험계약자에게 보험약관을 제공하는 방법으로서 기존의 보험업감독규정 제7-45조의2제1항에서 규정하였던 '광기록 매체 등 전자적 방법' 또는 'USB 메모리' 등으로 교부할 수 있는지?

신속처리시스템 회신(생보 210521-21)

광기록 매체, USB 메모리 등 디지털 기록매체로써 교부되는 전자문서가 「전자문서법」 제4조의2 각 호의 요건[487]을 충족하는 경우에는 금융소비자보호법 시행령 제22조제3항 제1호에 따른 서면교부로 볼 수 있음.

486) 은행과 협약기관의 전용회선을 직접 연결하고 협약기업의 단말기로 직접 예·적금 계약을 체결할 수 있도록 하는 전산시스템.

487) ① 전자문서의 내용을 열람할 수 있어야 하고, ② 전자문서가 작성·변환되거나 송신·수신 또는 저장된 때의 형태 또는 그와 같이 재현될 수 있는 형태로 보존되어 있어야 한다(전자문서법§4-2).

[준수사항]

35. 계약서류에 '법령 및 내부통제기준에 따른 절차를 거쳐 제공된다는 사실'을 기재하여야 하는데(영§22④) 이를 준법심의필로 대체할 수 없는지?

신속처리시스템 회신(손보 210416-12)

상기 규정의 취지는 소비자에게 제공하는 계약서류가 적법한 절차에 따른 제공임을 보장하려는 것으로서, 구체적인 이행 방법은 법 취지 내에서 개별 금융회사가 자율적으로 운영 가능함.

36. 영 제22조제4항의 위·변조되지 않는 기술적 조치의 의미는?

신속처리시스템 회신(은행 210426-65)

금융소비자보호법 시행령 제22조제4항의 취지는 소비자의 권익이 저해되지 않도록 계약서류가 보존되어야 한다는 데 있음. 이러한 제도의 취지에 벗어나지 않는 한 '위·변조되지 않는 기술적 조치'는 자율적으로 운영이 가능함.

제3장 판매업자등의 업종별 영업행위 준수사항

▌제1절▐ 미등록자를 통한 대리·중개 금지

Ⅰ. 의의

금융소비자보호법 또는 금융관련법률에 따라 인허가, 등록을 하지 않은 자로 하여금 금융상품 계약체결등을 대리하거나 중개하게 하는 행위를 금지한다(법§24). 적법한 판매채널에게만 금융상품 계약체결등을 대리·중개하게 하여 판매행위를 보다 철저하게 관리하기 위함이다.[1)]

Ⅱ. 미등록자 영업금지와의 관계

'미등록자의 영업행위 금지(법§11)'는 무자격자 본인의 영업행위를 금지하는 반면, '미등록자를 통한 대리·중개 금지(법§24)'는 무자격자에 대한 대리·중개행위를 금지하는 것으로 그 방향성을 달리한다. 즉, 규제대상이 각각 미등록자 본인, 미등록자에게 대리·중개한 자로서 구별된다. 예를 들어 ① A가 무인가·미등록 상태(판매업자등이 아닌 상태)에서 영업행위를 한 경우에는 '미등록자 영업행위 금지' 위반이며, ② A는 금융업을 영위할 자격이 있지만 해당 업무를 위탁하여 대리·중개하도록 한 B가 미등록자인 경우 '미등록자를 통한 대리·중개 금지' 위반이다. 2가지 사례 모두 A가 처벌대상이지만 처벌근거는 ①의 경우 법 제11조, ②의 경우 법 제24조이다.

1) 금융소비자보호법 안내자료(2021.03.24.), 40면 참조.

구분	미등록자 영업금지(법§11)	미등록자 통한 대리 · 중개금지(법§24)
규제목적	① 미등록 영업행위에 따른 소비자보호 ② 영업행위 건전성 유지	
규제대상	판매업자등으로 등록하지 아니한 자	미등록자에게 대리 · 중개하게 한 판매업자
규제행위	미등록자의 영업행위	미등록자를 통한 대리 · 중개행위
규제정도	직접규제	간접규제
제재	5년 이하의 징역 또는 2억원 이하의 벌금	

Ⅲ. 제재

대리 · 중개업자가 아닌 자에게 금융상품 계약체결등을 대리하거나 중개하게 한 경우 형사처벌[2)]이 부과된다(법§67ⅲ).

Ⅳ. 시행일

2021.3.25일부터 시행한다(법 부칙§1).

Ⅴ. 기존규제

개별 금융업법에 따른 진입규제이므로 개별법에 존치한다.

구분	은행	금융투자	보험	저축은행	여전	대부	신협
도입 여부	×	○	○	×	○	○	×
근거 규정	–	자본시장법 §52①	보험업법 §99①	–	여전법 §14-5①	대부업법 §9-4②	–
벌칙 (만원)	–	징역(3년↓) · 벌금(1억↓)	(과징금)	–	(과태료)	징역(3년↓) · 벌금(3천↓)	–

2) 5년 이하의 징역 또는 2억원 이하의 벌금.

1. 자본시장법

투자권유대행인 외의 자에게 금융투자업자가 투자권유 대행을 금지한다(자본시장법§52①). 위반 시에는 3년 이하의 징역 또는 1억원 이하의 벌금이 부과된다(자본시장법§445viii).

2. 보험업법

보험회사가 모집할 수 있는 자(보험설계사, 보험대리점, 보험중개사, 보험회사 임직원) 이외의 자에게 모집위탁을 금지한다(보험업법§99①). 위반 시에는 해당 보험계약의 수입보험료 50% 이하 과징금이 부과된다(보험업법§196①iii).

3. 여신전문금융업법

신용카드업자는 신용카드회원을 모집할 수 있는 자(신용카드업자 임직원, 모집인, 제휴모집인 및 그 임직원) 이외의 자에게 모집위탁을 금지한다(여신전문금융업법§14-5①). 위반 시에는 법인인 경우 250만원, 법인이 아닌 경우 120만원의 과태료를 부과한다(여신전문금융업법§72①i).

4. 대부업법

대부업자는 미등록대부중개업자로부터 대부중개를 받은 거래상대방과의 거래가 금지된다(대부업법§9-4②). 위반시에는 3년 이하의 징역 또는 3천만원 이하의 벌금이 부과된다(대부업법§19②iv).

제2절 대리·중개업자의 금지행위

Ⅰ. 의의

대리·중개업자의 경우 직접판매업자로부터 위임·위탁을 받아 업무를 영위하는 특성을 감안하여 일반적인 영업행위 규제 이외 추가적인 규제를 규율한다. 이해상충, 불공정 행위 등이 금지행위로 규정되어 있어 전체 금융소비자를 보호대상으로 한다.

II. 유형

<table>
<tr><th colspan="2">구분</th><th>대리·중개업자의 금지행위</th></tr>
<tr><td colspan="2">급부수령 금지</td><td>□ 금융소비자로부터 투자금, 보험료 등 계약의 이행으로서 급부를 수령. 다만, 직판업자로부터 급부 수령에 관한 권한을 부여받은 경우로서 보장성 상품에 관한 계약과 관련하여 보험료 또는 공제료를 수령 시 제외</td></tr>
<tr><td colspan="2">재위탁 금지</td><td>□ 대리·중개업자의 대리·중개 업무를 제3자에게 하게 하거나 그에 대한 수수료·보수 등 대가 지급. 다만, 아래 구분에 따른 당시자간 위탁계약 체결 시 제외
<table>
<tr><th>구분</th><th>수탁자</th><th>재수탁자</th></tr>
<tr><td>보장성</td><td>보험설계사</td><td>같은 보험회사·보험대리점·보험중개사에 소속된 다른 보험설계사</td></tr>
<tr><td>보장성</td><td>보험대리점</td><td>소속 보험설계사</td></tr>
<tr><td>보장성</td><td>(직판업자로부터 사전 동의 후) 보험대리점</td><td>같은 보험회사의 다른 보험대리점</td></tr>
<tr><td>보장성</td><td>보험중개사</td><td>소속 보험설계사 또는 다른 보험중개사</td></tr>
<tr><td>예금성
대출성</td><td>법인인 대리·중개업자</td><td>개인인 대리·중개업자[3]</td></tr>
</table></td></tr>
<tr><td>이해상충금지</td><td>공통</td><td>□ 직판업자를 대신하여 계약을 체결. 다만, 해당 직판업자가 보험대리점에게 계약에 관한 의사표시 권한을 부여하는 경우 제외[4]
□ 금융소비자를 대신하여 계약을 체결
□ 직판업자 또는 자문업자로 오인할 수 있는 상호를 광고나 영업에 사용
□ 직판업자에게 독점적 업무 위탁을 강요하거나 다른 대리·중개업자에 대한 위탁을 방해
□ 다른 대리·중개업자의 명의를 사용하거나 다른 대리·중개업자가 자신의 명의를 사용하도록 허용
□ 업무수행 과정에서 알게 된 금융소비자의 정보를 자기 또는 제3자의 이익을 위해 이용</td></tr>
</table>

3) (예시) 대출모집법인에 소속된 대출모집상담사.

4) 상법(§646-2① iv)상 보험대리상은 보험계약자에게 보험계약의 체결, 변경, 해지 등 보험계약에 관한 의사표시를 할 수 있는 권한이 있으므로 이를 감안하여 예외를 인정한다.

<table>
<tr><th>구분</th><th>대리·중개업자의 금지행위</th></tr>
<tr><td></td><td>□ 위탁 계약을 체결한 직판업자가 발행한 주식의 매수 또는 매도를 권유</td></tr>
<tr><td>1
사
전
속</td><td>□ 둘 이상의 직판업자를 위해 같은 상품유형의 금융상품을 대리·중개(동일인이 다수의 대리·중개업자에 각각 영향력을 행사하는 경우에 해당 법인들은 모두 하나의 대리·중개업자로 간주). 다만, 아래의 구분에 따른 대리·중개업자가 해당 구분에 따른 상품을 대리·중개하는 경우 제외
<table>
<tr><th>대리·중개업자</th><th>대리·중개 상품</th></tr>
<tr><td>보험대리점, 보험설계사, 보험중개사</td><td>보장성 상품</td></tr>
<tr><td>은행, 저축은행 등 직판업자</td><td>다른 직판업자의 대출성 상품</td></tr>
<tr><td>신용카드 모집인</td><td>대출(하나의 직판업자로부터만 수탁가능)</td></tr>
<tr><td>시설대여, 연불판매 또는 할부금융 대리·중개자</td><td>□ 시설대여·연불판매·할부금융 또는 이와 유사한 금융상품
□ 신용카드(하나의 직판업자로부터만 수탁가능)
□ 대출(하나의 직판업자로부터만 수탁가능)</td></tr>
<tr><td>대부중개업자, 온라인 대출모집법인</td><td>대출성 상품</td></tr>
<tr><td>신협의 대출모집인</td><td>신협 대출성 상품</td></tr>
<tr><td>방문판매법상 전화권유판매자</td><td>대출성 상품</td></tr>
</table></td></tr>
<tr><td>투
자
성</td><td>□ 투자일임재산이나 신탁재산을 금융소비자별 또는 재산별로 운용하지 않고 모아서 운용하는 것처럼 투자일임 또는 신탁계약의 계약체결등(계약의 체결 또는 계약체결의 권유를 하거나 청약을 받는 것을 말한다)을 대리·중개하거나 광고
□ 금융소비자로부터 금융투자상품을 매매할 수 있는 권한을 수임
□ 계약체결과 관련하여 제3자가 금융소비자에 금전을 대여하도록 대리·중개
□ 보험설계사가 위탁계약을 체결하지 보험회사의 투자성 상품 대리·중개</td></tr>
<tr><td>보
장
성</td><td>□ 방송채널사용사업을 승인받은 대리·중개업자 보장성 상품을 대리·중개할 수 없는 개인으로 하여금 방송에서 해당 금융상품 설명
□ 대리·중개업자(전화 또는 사이버몰을 이용하여 모집하는 자는 제외)가 일반소비자와 만나지 않고 설명하게 함. 다만, 아래 요건을 모두 충족하는 경우 제외
○ 표준상품설명대본에 따라 설명
○ 해당 직판업자가 실제 녹취파일상 설명내용이 「보험업감독규정」 제4-36조제6항에 따른 표준상품설명대본과 일치하는지를 확인하고 그 전자파일을 보관</td></tr>
<tr><td>대
출
성</td><td>□ 겸업금지(대리·중개업자가 아래 업 영위)
○ 대부업·대부중개업. 다만, 대부업자·대부중개업자 및 온라인 대출모집법인(서민금융 우수 대부업자의 대출성 상품을 대리·중개하는 경우 한정)의 경우 제외
○ 다단계판매업
○ 사행산업
○ 단란주점영업 및 유흥주점영업</td></tr>
</table>

구분	대리·중개업자의 금지행위
불공정 행위 금지	▫ 직판업자로부터 정해진 수수료 외의 금품, 그 밖의 재산상 이익(아래 사항)을 요구하거나 수령 ○ 금전등(금전 또는 그 밖의 재산적 가치가 있는 것)의 지급 또는 대여 ○ 대리·중개업 수행 시 발생하는 비용 또는 손해의 보전 ○ 직판업자의 금융상품 계약체결 시 우대 혜택

1. 급부수령 금지

대리·중개업자가 금융소비자로부터 보험료, 투자금 등을 수령하는 행위를 금지한다(법§25① i). 이는 금융소비자가 대리·중개업자를 계약체결 상대방으로 오인하여 보험료 등을 지급하는 사례를 방지하기 위함이다. 다만, 보험대리점 등은 보험회사로부터 권한을 위탁받아 보험료를 수령할 수 있으며(상법§646-2① i), 초회보험료를 수령하는 경우가 있는 점을 감안하여 예외를 두고 있다.

2. 재위탁 금지

직접판매업자로부터 위임·위탁받은 업무를 제3자에게 재위임·재위탁하거나 그러한 행위에 관하여 수수료·보수나 그 밖의 대가를 지급하는 행위를 금지한다(법§25① ii). 금융상품 계약체결을 위탁한 직접판매업자는 수탁자(대리·중개업자)에 대한 관리책임을 부담하고 있어, 수탁자가 이를 재위임할 경우 책임소재가 불명확해지고 소비자보호에 문제가 발생할 수 있기 때문이다.

투자성 상품의 재위탁은 모두 금지되며, 대출성 상품은 대출모집법인의 소속 대출상담사에 대한 수탁 등이 예외로 인정된다. 보장성 상품의 경우 기존규제(보험업법§99②)상 예외사유가 거의 그대로 인용되었다. 다만, 보험상품 직접판매업자의 책임 강화를 위해, 동일 보험회사로부터 판매 위탁을 받은 보험대리점 간의 재위탁 시에는 보험회사로부터 승인받을 것을 의무화하여 기존규제보다 엄격하게 규정하였다(영§23② i 나(但)).[5]

3. 1社 전속의무

수수료 수입을 늘리기 위해 소비자에게 불리한 대출상품을 추천하거나 불필요하게

5) 금융위원회, "「금융소비자보호법 시행령 제정안」 입법예고(10.28.~12.6.)", 보도자료, 2020.10.28., 7면 참조.

자주 대출상품을 가입시키는 행위 등을 방지하기 위해, 행정지도인 대출모집인 모범규준(§9)을 통해 규율해왔던 1사 전속의무를 법제화했다.[6] 또한 동일인이 각각 다른 직접판매업자로부터 위탁을 받는 다수의 대리·중개법인을 운영하여 해당 규정을 우회하는 상황을 방지하기 위해 같은 호에서 "동일인이 다수의 대리·중개업자에 각각 사실상 영향력을 행사하는 경우에 해당 법인들은 모두 하나의 대리·중개업자로 본다"는 규정을 두고 있다.[7] 기존규제 및 금융업권 현황을 그대로 반영하여 1사 전속의무의 예외를 인정한다.

대리·중개 상품	대리·중개업자	1사전속	근거	비고
보장성	보험설계사	△ (교차모집 가능)	보험업법§85	
	보험대리점	×	규정§22 i 가	
	보험중개사	×	규정§22 i 가	
대출	대출모집인	○ (온라인 제외)	규정§22 i (규정§22 i 마2))	신용카드 및 리스·할부 모집인도 등록 후 대출모집 가능
신용카드	신용카드 모집인	○ (제휴 제외[8]))	여전법§14-3·§14-5	대출 및 리스·할부 모집인도 등록 후 신용카드모집 가능
리스·할부	리스·할부모집인	×	규정§22 i 바	대출 및 신용카드 모집인도 등록 후 리스·할부모집 가능
대부	대부중개업자	×	규정§22 i 마1)	대부계약 외 대출성 상품의 대리·중개는 겸업금지의무(규정§22 ii 가) 위반이므로 대부중개만 가능
투자성	투자권유대행인	○	규정§22 i	

온라인 대출모집법인은 최근 혁신금융서비스(규제 샌드박스)로 지정(금융혁신법§4①)되어 1사전속 규제의 특례로 인정된 점,[9] 다양한 업체의 정보를 찾아 비교하는데 드는 비용이 현저히 낮고, 자동거래가 이루어지므로 부당권유로 인한 이해상충 발생 우려가 낮다는 온라인 채널의 특수성 등을 고려하여 1社 전속의무가 적용되지 않는다.[10]

---

6) Ibid.
7) 법령해석 회신문(210084).
8) 신속처리시스템 회신(여전 210928-75) 참조.
9) 금융위원회, "19.5.2일 금융위원회, 혁신금융서비스 9건 지정 – 금융규제 샌드박스 제도의 연착륙을 지속 지원하여 완성도 제고 –", 보도자료의 별첨1(제2차 혁신금융서비스 주요 내용), 2019.05.02., 1면 참조.
10) 금융위원회, "「금융소비자보호법 시행령 제정안」 입법예고(10.28.~12.6.)", 보도자료, 2020.10.28., 7면 참조.

또한 1사전속의무가 없었던 이들에게 의무부과 시 시장혼란이 예상되므로 제도안착을 위해 리스·할부금융모집인 및 대부중개업자도 전속의무에서 제외한다(규정§22 i 바).

마지막으로 은행이 저축은행에 대출을 중개하는 등 직접판매업자가 대리·중개하는 경우도 전속의무의 예외이다(규정§22 i 나). 다만, 동 조항이 대리·중개업자에 대한 금지행위임을 감안 시 직접판매업자의 예외사유를 규정한 것은 법체계적으로 부적절해 보인다.

추후 영업실태, 금융소비자보호법 적용상황, 시장상황 등을 2년마다 점검·검토하여 금융위원회의 개선조치가 이루어진다(규정§35②). 대리·중개업자에게 1사 전속의무를 부과하는 해외사례가 없고, 보험대리점이나 온라인 대출모집법인의 경우 예외를 인정하여 업권간 형평성에도 맞지 않는 점 등을 감안 시 기존규제(대출모집인 모범규준상 1사 전속의무)의 존속이 필요한지에 대한 지속적인 검토가 필요하기 때문이다.[11]

4. 겸업금지

카지노, 경마, 다단계, 유흥 등과 연계한 과도한 대출권유나 약탈적 대출을 방지하기 위해 대출성 상품의 대리·중개업자에 대해서 사행산업, 유흥주점영업 등에 대한 겸업을 금지한다(규정§22 ii). 다만, 온라인 대출모집법인의 대부업 겸업금지 규제는 일부 완화하고 있다. 이는 대부업 서민대출 공급활성화 방안(2021.3월)에 따른 것으로 서민금융 우수대부업자의 대출상품 대리·중개를 허용하여 원가절감 및 서민금융 공급 확대를 유도하기 위함이다.[12]

5. 불공정행위 금지

대리·중개업자가 우월적 지위를 이용하여 직판업자에 대해 정해진 수수료 등 외 재산상 이익을 요구·수취하는 행위를 금지한다(법§25②). 대형 대리·중개업자의 불공정 행위를 금지하기 위함으로 과도한 중개수수료 요구로 인해 소비자의 부담이 늘어나지 않도록 수수료 및 재산상 이익의 범위를 정한다.[13]

---

11) 제468회 규제개혁위원회 회의록, 7면 참조.

12) 금융위원회·금융감독원, "최고금리 인하 이후에도 서민에 원활한 자금이 공급될 수 있도록 관련 제도를 개선하겠습니다. – 대부업 제도개선을 통한 서민대출 공급활성화 유도 및 소비자보호방안 (최고금리 인하 후속조치 ❷) –", 보도자료, 2021.04.01., 2면 참조.

13) 금융위원회, 「금융소비자보호법 시행령 제정안」 입법예고(10.28.~12.6.), 보도자료, 2020.10.28., 7면 참조.

Ⅲ. 제재

법 제25조제1항 각 호의 어느 하나에 해당하는 행위를 하거나, 법 제25조제2항을 위반하여 수수료 외의 금품, 그 밖의 재산상 이익을 요구하거나 받은 경우 판매업자에게 과태료[14)]가 부과되며(법§69② v · vi), 판매업자 및 임직원에게 제재조치(시정명령, 정직 등) 가능하다(법§51 · §52).

Ⅳ. 시행일

2021.3.25일부터 시행한다(법 부칙§1).

Ⅴ. 기존규제

舊자본시장법(투자권유대행인), 舊보험업법(보험대리점, 보험설계사, 보험중개사), 舊여신전문금융업법(신용카드모집인), 대출모집인 모범규준(은행, 보험사, 저축은행, 여신금융회사, 신협으로부터 대출모집업무를 위탁받은 대출모집인)에서 대리 · 중개업자의 금지행위를 규정했다. 불완전판매 방지를 위한 영업행위 규제인 점을 감안하여 금융소비자보호법에서 대리 · 중개업자의 금지행위 규제를 포괄적으로 규정하면서 기존규제는 금융소비자보호법으로 이관되어 삭제되었다. 개별 금융법이 아닌 대출모집인 모범규준(행정지도)로만 규제되었던 경우 △로 개별 금융법에서 직접 규제한 경우[15)]는 ○로 표시한다.

구분	은행	금융투자	보험	저축은행	여전	대부	신협
도입 여부	△	○	○	△	○	○	△
근거 규정	대출모집인 모범규준	자본시장법 §52②	보험업법 §99② 등	대출모집인 모범규준	여전법 §14－5② 등	대부업법 §5－2, §11－2	대출모집인 모범규준

자본시장법상 투자권유대행인 관련 규제를 모든 대리 · 중개업자에게 적용하되 일부

14) 법인 3천만원, 법인이 아닌 자 1천5백만원.
15) 대출모집인 모범규준의 경우 은행, 보험, 저축은행, 여전, 신협 업권에 공통으로 적용되었으므로, 개별 금융법과 대출모집인 모범규준이 모두 규제로 적용되던 보험, 여전에서는 개별법 조문 뒤에 '등'이라 표시한다.

예외를 인정하고 있다. 금융소비자보호법을 중심으로 조문별 비교하면 아래와 같다. 기존 금융업법과 비교 시 달라진 부분은 별도 표시[16]하고, 표현과 내용이 동일한 경우에만 '좌동'으로 기재한다.[17]

❖ 대리·중개업자의 금지행위 비교

금융소비자보호법	기존규제
▫ 금융소비자로부터 투자금, 보험료 등 계약의 이행으로서 급부를 수령(법§25① i) ▫ 다만, 직판업자로부터 급부 수령에 관한 권한을 부여받은 경우로서 보장성 상품에 관한 계약과 관련하여 보험료 또는 공제료를 수령 시 허용(영§23①)	▫ 투자권유대행인이 투자자로부터 금전·증권, 그 밖의 재산을 수취(舊자본시장법§52② ii)
▫ 대리·중개업자의 대리·중개 업무를 제3자에게 하게 하거나 그에 대한 수수료·보수 등 대가 지급(법§25① ii) ▫ 다만, 아래 **위탁계약을 체결한 경우**[18] 수탁자로 하여금 보장성 상품에 관한 계약의 체결을 대리·중개하는 업무를 하게 하거나 그러한 행위에 관하여 위탁자가 수수료·보수나 그 밖의 대가를 지급 시 제외(영§23② i)	▫ 투자권유대행인이 금융투자업자로부터 위탁받은 투자권유대행업무를 제삼자에게 재위탁(舊자본시장법§52② iii) ▫ 신용카드 모집인이 타인에게 신용카드회원의 모집을 하게 하거나 그 위탁을 하는 행위(舊여전법§14-5② ii) ▫ 신용카드 모집인이 모집에 관하여 수수료·보수, 그 밖의 대가를 지급(舊여전법§14-5② iii) ▫ 모집에 종사하는 자는 다음 각 호의 어느 하나에 해당하는 경우 이외에는 타인에게 모집을 하게 하거나 그 위탁을 하거나, 모집에 관하여 수수료·보수나 그 밖의 대가를 지급하지 못한다(舊보험업법§99②)
○ 보험설계사가 같은 보험회사·보험대리점 또는 보험중개사에 소속된 다른 보험설계사와 **위탁계약**	○ 보험설계사: 같은 보험회사등(보험회사, 보험대리점 및 보험중개사)에 소속된 다른 보험설계사에 대한 경우
○ 보험대리점이 소속 보험설계사 또는 같은 보험회사의 다른 보험대리점과 **위탁계약. 다만, 같은 보험회사의 다른 보험대리점과 위탁계약을 체결하는 경우에는 직판업자로부터 그 계약의 내용에 대해 사전동의를 받아야 한다**	○ 보험대리점: 같은 보험회사와 모집에 관한 위탁계약이 체결된 다른 보험대리점이나 소속 보험설계사에 대한 경우

16) 세부내용이 다른 경우(예시가 추가되거나 삭제된 경우 포함) 굵게 밑줄 표시하고, 해당 조항 전체가 신설된 규제이거나 기존규제가 인용되지 않은 경우 해당 칸을 음영표시한다.

17) 내용이 동일하더라도 표현이 다른 경우에도 현행 금융소비자보호법과 비교가 될 수 있도록 기존 규제내용 그대로 기재한다.

18) 기존규제와 비교 시 '위탁계약체결'이라는 요건이 추가되었으나, 일반적으로 모집업무 위탁 시 위탁계약을 체결하므로 실제 규제적용에 있어서 실질적인 차이는 없어 보인다.

금융소비자보호법	기존규제
○ 보험중개사가 소속 보험설계사 또는 다른 보험중개사와 **위탁계약**	○ 보험중개사: 다른 보험중개사나 소속 보험설계사에 대한 경우
○ 법인인 대리·중개업자가 개인인 대리·중개업자에게 예금성 상품 또는 대출성 상품에 관한 계약의 체결을 대리·중개하는 업무를 하게 하거나 그러한 행위에 관하여 수수료·보수나 그 밖의 대가를 지급하는 행위(영§23② ii)	□ 대출모집법인은 대출상담사 등록요건을 갖춘 자와 업무위탁계약을 체결하여야 한다(대출모집인 모범규준§5⑤)
□ 직판업자를 대신하여 계약을 체결. **다만, 보험대리점이 해당 직판업자로부터 계약에 관한 의사표시를 할 수 있는 권한을 받은 경우는 제외**(영§23③ i)	□ 투자권유대행인이 위탁한 금융투자업자를 대리하여 계약을 체결(舊자본시장법§52② i)
□ 금융소비자를 대신하여 계약을 체결(영§23③ ii)	□ 투자권유대행인이 투자자를 대리하여 계약을 체결(舊자본시장법 시행령§59① i)
□ 금융소비자로 하여금 직판업자 또는 자문업자로 오인할 수 있는 상호를 광고나 영업에 사용(영§23③ iii)	□ 보험대리점과 그 보험대리점에 소속된 임직원 및 보험설계사는 보험상품에 관한 광고에서 보험대리점의 상호를 사용하는 경우에는 그 상호 중에 "보험대리점"이라는 글자를 사용하여야 한다(舊보험업법 시행령§33-2② ii) □ 보험중개사와 그 보험중개사에 소속된 임직원 및 보험설계사는 보험상품에 관한 광고에서 보험중개사의 상호를 사용하는 경우에는 그 상호 중에 "보험중개사"라는 글자를 사용하여야 한다(舊보험업법 시행령§36② ii) □ 금융회사 직원으로 오인 받을 수 있는 명칭(금융회사 영업부서 또는 지점 명칭, 과장 및 팀장 등) 또는 금융회사, **정부, 정부유관기관, 정부정책목적을 위해 설립된 기관 등**으로 오인 받을 수 있는 상호·이미지 등의 사용(대출모집인 모범규준§11 ii) □ 대출모집인(대출모집법인 및 대출상담사를 의미한다. 이하 같다)이 홈페이지·광고·상품안내장 등에 명칭을 부각하여 사용(CI 포함)할 때에는 대출모집인의 명칭의 상단 또는 하단에 "ㅇㅇ금융회사 대출모집인"임을 명시하여야 하며, 이 경우 대출모집인의 명칭이 금융회사 상호 보다 크게 표시되어야 한다(대출모집인 모범규준§12④)
□ 직판업자에게 자신에게만 대리·중개 업무를 위탁하거나 다른 대리·중개업자에게 위탁하지 않도록 강요(영§23③ iv)	–

금융소비자보호법	기존규제
▫ 다른 대리·중개업자의 명의를 사용하거나 다른 대리·중개업자가 자신의 명의를 사용하도록 허용(영§23③ v)	–
▫ 같은 상품유형의 금융상품에 대하여 둘 이상의 직판업자를 위해 금융상품에 관한 계약의 체결을 대리·중개(동일인이 다수의 대리·중개업자에 각각 사실상 영향력을 행사하는 경우에 해당 법인들은 모두 하나의 대리·중개업자로 본다)(규정§22 i) ▫ 다만, 아래의 경우 제외(규정§22 i 但) ○ 보장성 상품을 취급하는 대리·중개업자가 둘 이상의 직판업자를 위해 보장성 상품에 관한 계약의 체결을 대리·중개 ○ 대출성 상품을 취급하는 직판업자가 다른 직판업자의 대출성 상품에 관한 계약의 체결을 대리·중개 ○ 신용카드, 시설대여, 연불판매 또는 할부계약[19]에 관한 계약의 체결을 대리·중개하는 자가 다른 하나의 직판업자를 위해 대출 계약의 체결을 대리·중개 ○ 시설대여, 연불판매 또는 할부계약[20]에 관한 계약의 체결을 대리·중개하는 자가 다른 하나의 직판업자를 위해 신용카드에 관한 계약의 체결을 대리·중개 ○ 아래의 자가 둘 이상의 직판업자를 위해 대출성 상품에 관한 계약의 체결을 대리·중개	▫ 투자권유대행인이 둘 이상의 금융투자업자와 투자권유 위탁계약을 체결(舊자본시장법 시행령§59① v) ▫ 대출모집법인은 1개의 금융회사와 대출모집업무 위탁계약을 체결해야 하고 대출상담사는 1개의 금융회사 또는 대출모집법인과 대출모집업무 위탁계약을 체결해야 한다. 다만, 상호금융기관의 경우 해당 중앙회 소속 단위조합 전체를 하나의 금융회사로 본다(대출모집인 모범규준§9②)
- 대부중개업자 - 대출성 상품에 관한 대리·중개업을 전자금융거래 방식으로만 영위하는 법인 - 신용협동조합이 취급하는 대출성 상품에 관한 계약의 체결만 대리·중개하는 대리·중개업자 ○ 시설대여·연불판매·할부금융 또는 이와 유사한 금융상품에 관한 계약의 체결을 대리·중개 ○ 「방문판매 등에 관한 법률」에 따른 전화권유판매로만 대출성 상품에 관한 계약의 체결을 대리·중개	

19) 할부거래법(§2 i)상 할부계약이 아닌 여신전문금융업법(§2 x iii)상 할부금융으로 이해되므로 개정(입법적 보완)이 필요하다.
20) Ibid.

금융소비자보호법	기존규제
□ 대출성 상품에 관한 계약의 체결을 대리하거나 중개하는 자가 아래의 업을 영위(규정§22 ii) ○ 대부업·대부중개업. **다만, 대출성 상품에 관한 대리·중개업을 전자금융거래 방식으로만 영위하는 법인이 「대부업등 감독규정」에 따른 서민금융 우수 대부업자의 대출성 상품을 대리·중개하는 경우와** 대부업자· 대부중개업자는 제외	□ 대부업자 및 대부중개업자는 대출상담사로 등록하거나 대출모집법인이 될 수 없다(대출모집인 모범규준§4③ ix · §5⑥ ii)
○ 다단계판매업	□ 대출모집인이 피라미드 또는 프랜차이즈 방식 등의 다단계 **대출모집**(대출모집인 모범규준§11 vii)
○ 사행산업	–
○ 단란주점영업 및 유흥주점영업	–
–	□ 사금융업[21]을 영위하거나 사금융업체와 대출모집계약을 체결한 자는 대출상담사로 등록하거나 대출모집법인이 될 수 없다(대출모집인 모범규준§4③viii · §5⑥ i)
□ 투자성 상품에 관한 계약의 체결을 대리하거나 중개하는 행위로서 아래 어느 하나에 해당(규정§22 iii) ○ 투자일임재산이나 신탁재산을 각각의 금융소비자별 또는 재산별로 운용하지 않고 모아서 운용하는 것처럼 투자일임계약이나 신탁계약의 계약체결등(계약의 체결 또는 계약체결의 권유를 하거나 청약을 받는 것을 말한다)을 대리·중개하거나 광고	□ 투자권유대행인이 투자일임재산이나 신탁재산을 각각의 투자자별 또는 신탁재산별로 운용하지 아니하고 집합하여 운용하는 것처럼 그 투자일임계약이나 신탁계약의 체결에 대한 투자권유를 하거나 투자광고(舊자본시장법 시행령 §59① iv)
○ 금융소비자로부터 금융투자상품을 매매할 수 있는 권한을 수임	□ 투자권유대행인이 투자자로부터 금융투자상품에 대한 매매권한을 수탁(舊자본시장법 시행령 §59① ii)
○ 투자성 상품에 관한 계약의 체결과 관련하여 제3자가 금융소비자에 금전을 대여하도록 대리·중개	□ 투자권유대행인이 제3자로 하여금 투자자에게 금전을 대여하도록 중개·주선 또는 대리(舊자본시장법 시행령§59① iii)
○ 보험설계사가 위탁계약을 체결하지 않은 보험회사의 투자성 상품에 관한 계약의 체결을 대리·중개	□ 투자권유대행인이 보험설계사가 소속 보험회사가 아닌 보험회사와 투자권유 위탁계약을 체결(舊자본시장법 시행령§59① vi)
□ 업무수행 과정에서 알게 된 **금융소비자의 정보를 자기 또는 제3자의 이익을 위해** 이용(규정§22 iv)	□ 고객정보의 **외부유출** 또는 부정사용(대출모집인 모범규준§11 ii)

21) 공인된 금융회사를 통하지 않고 자금이 공급되고 상환되는 것(대출모집인 모범규준§3vii).

금융소비자보호법	기존규제
□ 위탁 계약을 체결한 금융상품직접판매업자가 발행한 주식의 매수 또는 매도를 권유(규정§22 v)	□ 투자권유대행인이 위탁계약을 체결한 금융투자업자가 이미 발행한 주식의 매수 또는 매도를 권유(舊금융투자업규정§4-10① iii)
□ 상품소개와 판매에 관한 전문편성을 행하는 방송채널사용사업을 승인받은 대리·중개업자(보장성 상품을 취급하는 자에 한정)가 보장성 상품에 관한 대리·중개업을 영위할 수 없는 개인으로 하여금 방송을 통해 그 금융상품을 설명하게 함(규정§22 vi)	□ 방송채널사용사업자로 승인된 보험대리점이 모집을 할 수 있는 자가 아닌 자로 하여금 보험상품을 설명하게 하는 행위(舊보험업법 시행령 §42-4③ ii)
□ 보장성 상품을 취급하는 대리·중개업자(「보험업법 시행령」 제43조제2항에 따른 전화를 이용하여 모집하는 자 및 같은 조 제4항에 따른 사이버몰을 이용하여 모집하는 자는 제외)가 일반소비자와 만나지 않고 법 제19조에 따른 설명(규정§22 vii) □ 다만, 아래의 요건에 모두 해당하는 경우 제외(규정§22 vii但) ○ 「보험업감독규정」 제4－36조제6항에 따른 표준상품설명대본에 따라 설명 ○ 해당 금융상품을 취급하는 직판업자가 위 설명내용이 녹취된 전자파일을 통해 해당 설명내용이 「보험업감독규정」 제4－36조제6항에 따른 표준상품설명대본과 일치하는지를 확인하고 그 전자파일을 보관	□ 보험회사 또는 모집종사자는 제2항에 따른 상품설명서 2부에 보험계약자가 보험계약의 중요사항, 해당 모집종사자의 소속·지위 및 이와 관련하여 보험료·고지의무사항을 수령할 수 있는지 여부(이하 "보험계약의 중요사항 등"이라 한다)에 대해 설명받아 이해하였음을 확인받아야 하며, 1부는 모집종사자가 서명(「전자서명법」 제2조 제2호에 따른 전자서명 및 그 밖에 「전자금융거래법」 제21조제2항에 따르는 기준을 준수하는 안정성과 신뢰성이 확보될 수 있는 수단을 활용하여 하는 서명을 포함한다)한 후에 보험계약자에게 교부하고 다른 1부는 보험회사가 보관하여야 한다(舊보험업감독규정§4-35-2③) □ 다만, 전자서명으로 보험계약자로부터 보험계약의 중요사항 등에 대해 설명받아 이해하였음을 상품설명서에 확인받는 경우로서 다음 각목의 사항을 모두 충족한 경우 제외[22)] ○ 모집종사자는 보험계약자와 직접 대면하여 보험계약의 중요사항 등을 설명하고, 보험계약자에게 전자적 방법으로 상품설명서를 제공할 것 ○ 보험계약자는 가목의 상품설명서에 전자서명하여 확인할 것 ○ 모집종사자는 보험계약의 중요사항 등을 충실히 설명하였고, 보험계약자에 제공되는 상품설명서의 내용과 모집종사자가 보험계약자에게 설명한 내용이 동일하며, 이와 관련한 모

22) 기존규제에 따르면 대면채널 보험설계사는 반드시 1회 이상 소비자를 대면하여 보험계약 중요사항을 설명해야 했으나, 「코로나19에 따른 금융규제유연화 조치」를 상시화하여, 전화로 중요사항의 설명·녹취, 보험사의 녹취 확인 등 안전장치가 전제된 경우, 대면없이도 전화 설명할 수 있도록 금융소비자보호법에 반영했다(금융위원회, "소비자 보호의 실효성은 높이고, 보험모집의 비효율은 낮출 수 있도록 「비대면·디지털 모집규제」를 개선하겠습니다. [보험업법 시행령 및 감독규정 등 입법예고]", 보도자료, 2021.05.17., 5면 참조).

금융소비자보호법	기존규제
	든 책임을 부담한다는 취지의 확인서에 전자서명하여 보험계약자가 전자서명한 상품설명서와 함께 보험계약자에게 교부할 것 ○ 보험회사는 전자서명된 상품설명서를 보관할 것
□ 직판업자로부터 정해진 수수료 외의 금품, 그 밖의 재산상 이익을 요구하거나 수령(법§25②) ○ 재산상 이익의 범위(영§23④) - 금전등(금전 또는 그 밖의 재산적 가치가 있는 것)의 지급 또는 대여 - 대리·중개업 수행 시 발생하는 비용 또는 손해의 보전 - 직판업자의 금융상품 계약체결 시 우대 혜택	□ 금융회사는 대출모집인에게 지급하는 수수료·보수와 그 밖의 대가의 내용을 대출종류·금액·기간 등으로 세분화하여 금융회사 홈페이지에 공시하여야 한다.(대출모집인 모범규준 §10① vi)
–	□ 대출상담사는 대출모집과정에서 고객 등과 분쟁 또는 민원이 발생하지 않도록 해야 하며, 분쟁 또는 민원이 발생된 경우에는 대출모집법인 및 금융회사에게 즉시 보고하고 신속하고 적정한 해결을 위해 최선을 다하여야 한다(대출모집인 모범규준§10③ v)
–	□ 대출상담사는 대출모집업무 처리방법 및 모집활동시 금지사항 등에 관해 해당 금융업협회 및 금융회사가 주관하는 교육에 반드시 참석하고 이를 준수하여야 한다(대출모집인 모범규준 §10③ vi)
–	□ 대출모집인이 금융회사의 고객DB 접근 및 대출희망고객의 신용정보 조회(대출모집인 모범규준§11 iii)
–	□ 대출모집인이 고객제출서류 또는 대출관련서류 등의 위·변조(대출모집인 모범규준§11 v)
–	□ 대출모집인이 고객 등으로부터 별도의 수수료 요구 또는 수수(대출모집인 모범규준§11 vi)
–	□ 대출모집인이 과도한 경품제공 등을 통한 거래질서 문란행위(대출모집인 모범규준§11viii)
–	□ 대출모집인이 타 금융회사와 연계하여 후순위대출을 광고 또는 중개(대출모집인 모범규준 §11 x)
–	□ 대출모집인이 모집수당 수취 목적으로 기존대출을 고금리대출로 갈아타도록 권유(대출모집인 모범규준§11 xi)

1. 은행업권 등

대출모집인 모범규준에서 1사전속 의무를 포함하여 분쟁 · 민원발생 시 보고의무(§10③ⅴ), 교육참가의무(§10③ⅵ), 금지행위(§11) 등 대출모집인(대출상품 대리 · 중개인)에 대한 일반적인 영업행위 규칙을 규율해 왔다. 동 행정지도는 금융소비자보호법이 시행됨에 따라 2021.3.24일에 폐지되었다.

2. 자본시장법

舊자본시장법(§52②)에 따라 투자권유대행인(금융투자업자의 중개행위 채널)에 대해 금전수취금지, 재위탁금지 등 금지행위를 규정했다. 동 규제 일부는 부당권유행위 금지(법§21)로, 일부는 대리 · 중개업자의 금지행위(법§25)로 이관되면서 삭제되었다(법 부칙§13⑯).

舊자본시장법	현행
제52조(투자권유대행인의 금지행위 등) ① 금융투자업자는 투자권유대행인 외의 자에게 투자권유를 대행하게 하여서는 아니 된다.	**제52조(투자권유대행인의 금지행위 등)** ① (舊조문과 같음)
② 투자권유대행인은 다음 각 호의 어느 하나에 해당하는 행위를 하여서는 아니 된다. 1. 위탁한 금융투자업자를 대리하여 계약을 체결하는 행위 2. 투자자로부터 금전 · 증권, 그 밖의 재산을 수취하는 행위 3. 금융투자업자로부터 위탁받은 투자권유대행업무를 제삼자에게 재위탁하는 행위 4. 그 밖에 투자자 보호 또는 건전한 거래질서를 해할 우려가 있는 행위로서 대통령령으로 정하는 행위	② 삭제
④ 금융투자업자는 투자권유대행인이 투자권유를 대행함에 있어서 법령을 준수하고 건전한 거래질서를 해하는 일이 없도록 성실히 관리하여야 하며, 이를 위한 투자권유대행기준을 정하여야 한다.	④ (舊조문과 같음)
⑥ **제46조부터 제49조까지**, 제54조, 제55조 및 「금융실명거래 및 비밀보장에 관한 법률」 제4조는 투자권유대행인이 투자권유를 대행하는 경우에 준용한다.	⑥ **제48조**, 제54조, 제55조 및 「금융실명거래 및 비밀보장에 관한 법률」 제4조는 투자권유대행인이 투자권유를 대행하는 경우에 준용한다.

3. 보험업법

舊보험업법(§99②)상 재위탁 금지의무 및 보험상품 광고시 보험대리점·보험중개사 상호 사용의무(영§33-2② ii·영§36② ii)는 금융소비자보호법으로 이관되어 삭제되었다. 금융소비자보호법에서는 규제대상이 아닌 보험회사 임직원(모집종사자)이 기존규제에서 재위탁 금지 규제대상이었던 점을 감안하여, 규제공백이 생기지 않도록 기존규제에서 보험업법(§101-2③)[23]상 준용규정을 신설한다(법 부칙§13⑦).

4. 여신전문금융업법

여신전문금융업법(§14-5)에서 모집행위와 관련된 금지행위를 규율한다. 제1항은 대리·중개업자의 금지행위가 아닌, 직판업자(신용카드업자)의 금지행위를 규정하였으므로 존치한다. 제2항에서 제2호와 제3호는 모집인의 재위탁 금지행위이므로 금융소비자보호법으로 이관되어 삭제되었다.

舊여신전문금융업법	현행
제14조의5(모집질서 유지) ① 신용카드업자는 제14조의2제1항 각 호의 어느 하나에 해당하는 자 외의 자에게 신용카드회원의 모집을 하게 하거나 모집에 관하여 수수료·보수, 그 밖의 대가를 지급하지 못한다.	**제14조의5(모집질서 유지)** ① (舊조문과 같음)
② 모집인은 다음 각 호의 어느 하나의 행위를 하지 못한다.	② (舊조문과 같음)
1. 자신이 소속된 신용카드업자 외의 자를 위하여 신용카드회원을 모집하는 행위	1. (舊조문과 같음)
2. 타인에게 신용카드회원의 모집을 하게 하거나 그 위탁을 하는 행위	2. 삭제
3. 모집에 관하여 수수료·보수, 그 밖의 대가를 지급하는 행위	3. 삭제
4. 신용카드회원을 모집할 때 알게 된 발급신청인	4. (舊조문과 같음)

23) **보험업법 제101조의2(「금융소비자 보호에 관한 법률」의 준용)** ③ 보험회사 임직원의 제3자에 대한 모집위탁에 관하여는 「금융소비자 보호에 관한 법률」 제25조제1항 각 호 외의 부분 및 같은 항 제2호를 준용한다. 이 경우 "금융상품판매대리·중개업자는"은 "보험회사 임직원은"으로, "금융상품판매대리·중개업자가 대리·중개하는 업무"는 "보험회사 임직원의 모집 업무"로 한다.

의 개인식별정보(「신용정보의 이용 및 보호에 관한 법률」 제34조에 따른 정보를 말한다. 이하 이 항에서 같다) 또는 신용정보(같은 법 제2조제1호에 따른 신용정보를 말한다. 이하 같다) 및 사생활 등 개인적 비밀을 업무 목적 외의 목적으로 누설하거나 이용하는 행위	
5. 거짓이나 그 밖의 부정한 수단 또는 방법으로 취득하거나 제공받은 개인식별정보 또는 신용정보를 모집에 이용하는 행위	5. (舊조문과 같음)

5. 대부업법

대부중개업자에 대한 교육(대부업법§3-4), 상호에 '대부중개' 사용(대부업법§5-2②), 명의대여 금지(대부업법§5-2⑤), 소비자로부터 급부수령 금지(대부업법§11-2)의무를 대부업법상 규정한다. 대부업법상 시도지사 등록 대부업자는 금융소비자보호법상 규제대상이 아니므로 해당 규정을 삭제하면 시도지사 등록 대부업자에 대한 규제공백이 존재하게 되어, 동 규정은 대부업법에 존치한다.

Ⅵ. Q&A

1. 법 시행 전 대리·중개업자가 재위탁 계약에 따라 위탁한 업무의 수행이 법 시행 후에는 금지되는지?

2차 FAQ(6면)

금융소비자보호법상 대리중개업무 재위탁 금지대상에 해당된다면 법 시행 전 재위탁 계약이 법 시행 후에 유효하더라도 재위탁은 금지됨. 다만, 법 시행 전 계약에 대한 거래당사자 간 신뢰보호 등을 감안하여 해당 계약의 유효기간(최장 2년) 동안에는 재위탁 금지규정의 적용을 유예함.

2. 대리·중개업자가 금지행위(법§25)를 위반하거나 금융회사·금융소비자에게 손해를 입히는 등 건전한 거래질서를 해치는 행위를 할 경우 직접판매업자는 이를 근거로 위탁계약을 해지(향후 위탁계약 거절 포함)할 수 있는지?

별도 규제가 없으므로 가능함.

3. 온라인 대출모집법인이 온라인에서 고객에게 금융상품 정보를 제공하고 중개한 후, 고객의 본인확인·서류작성·필요서류 징구 등을 위해 오프라인 대출모집인과 업무위탁계약을 체결하고 동 업무를 오프라인 법인에게 대리하게 하거나 대리행위에 대하여 수수료·보수 등 대가를 지급하는 행위가 금지되는지?

법령해석 회신문(210093)

금융소비자보호법 제25조제1항제2호에서는 대리·중개업자의 재위탁을 금지하며, 같은 호 단서에서 그 예외를 시행령에 위임하고 있음. 금융소비자보호법 시행령 제23조제2항제2호에서는 "법인인 대리·중개업자가 개인인 대리·중개업자에게 대출성 상품에 관한 계약의 체결을 대리·중개하는 업무를 하게 하거나 그러한 행위에 관하여 수수료·보수나 그 밖의 대가를 지급하는 행위"를 금융소비자보호법 제25조제1항제2호 본문의 예외로 규정함. 따라서 개인인 대리·중개업자에게 대출성 상품에 관한 대리·중개업을 재위탁하는 행위는 가능함. 그러나 금융소비자보호법상 「전자금융거래법」에 따른 전자적 장치를 이용한 자동화 방식을 통해서만 대리·중개업을 영위하는 법인은 자동화 방식을 통해서만 서비스를 제공해야 한다는 특성상 오프라인 모집인에게 업무를 위탁할 수 없음.

4. A社가 위탁 보험회사의 다른 보험대리점(이하 "수탁 대리점")과 모집에 관한 위탁계약을 체결하되 보험회사로부터 계약 내용에 관한 사전동의를 얻은 후 수탁 대리점에 고객 DM을 제공하고 TM 영업 방식으로 보험상품을 모집하도록 위탁하는 경우, 시행령 제23조제2항제1호나목의 "보험대리점이 소속 보험설계사 또는 같은 보험회사의 다른 보험대리점과 위탁계약을 체결한 경우"에 해당하여 허용되는지?

법령해석 회신문(220386)

시행령 제23조제2항제1호나목에서는 보험대리점이 다른 보험대리점에 보험상품 모집업무를 재위탁하는데 필요한 요건으로, ① 업무를 수탁받는 보험대리점이 업무를 위탁하는 보험대리점과 같은 보험회사로부터 보험모집 업무 위탁을 받았을 것(이하 "①요건"), ② 업무를 위탁하는 보험대리점은 업무를 수탁받는 보험대리점과의 보험모집 위탁계약 내용에 대해 해당 업무 관련 보험회사로부터 사전동의를 받을 것(이하 "②요건")을 규정함. 동 사례에서 ①요건 충족여부가 불명확하지만, A社로부터 TM 모집업무를 위탁받은 업체가 A社와 같은 보험회사로부터 보험상품 모집업무를 위탁받은 보험대리점인 경우에는 시행령 제23조제2항제1호나목 위반 소지는 없다고 판단됨.

5. A캐피탈사의 계약직 직원이 특정 고객을 대상으로 오토론 계약 체결과 관련한 심사를 수행한 결과, 심사 거절된 고객에 대해 타 캐피탈사(C캐피탈사)와 거래 중인 대리·중개업자(B중고차 제휴점)에게 소개 후 소개수수료를 수취하는 경우 동 행위가 대리중개업자의 금지행위에 해당하는지?

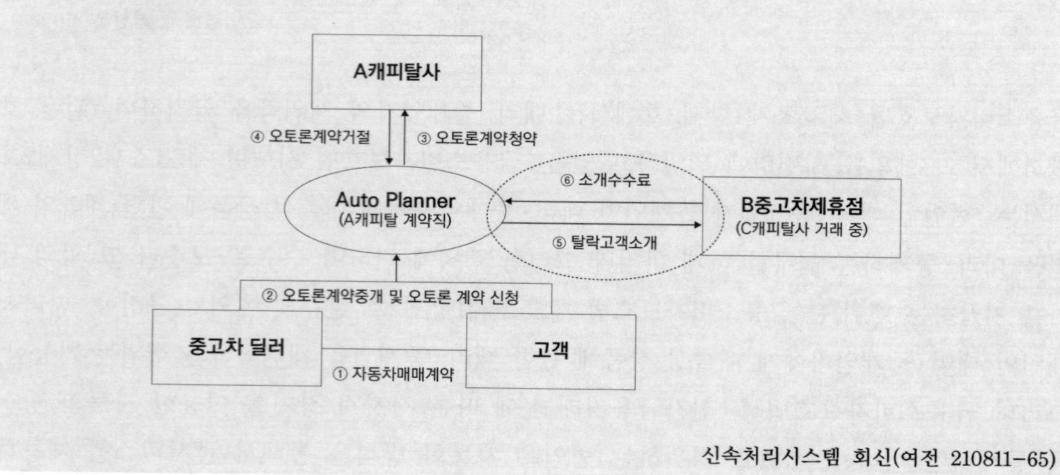

신속처리시스템 회신(여전 210811-65)

먼저, 해당 행위가 '중개에 해당하지 않는 단순 소개'인지 '중개'인지가 문제되는데, 해당 행위가 '중개에 해당하지 않는 단순 소개'라면, 금융소비자보호법의 규제 대상에 해당하지 않음. 반면, 해당 행위가 고객이 제출한 대출서류를 넘겨주는 등 실질적으로 '중개'에 해당한다면 금융소비자보호법의 규제 대상이므로 중개에 해당된다는 가정 하에 이하 검토함.
오토플래너(A캐피탈계약직직원)가 B중고차제휴점에 중개를 하고, 한 번 더 B중고차제휴점이 C캐피탈사로 중개하는 구조는, B중고차제휴점이 C캐피탈사로부터 위탁받은 대리·중개 업무를 다시 오토플래너에게 '재위탁'한 구조로 해석됨.
한편, 금융소비자보호법 제25조제1항제2호는 대리·중개업무의 재위탁을 금지하면서, 시행령에서 (대출성 상품의 경우) 법인인 대리·중개업자가 개인인 대리·중개업자에게 재위탁하는 경우는 예외적으로 허용. 따라서, 위 영업구조가 시행령상 예외적 허용에 해당되는지 여부를 판단할 필요가 있음.
B중고차제휴점이 법인인 대리 · 중개업자가 아니라면 동 영업구조는 시행령상 예외적으로 허용되는 경우가 아니므로 법 위반에 해당함.
B중고차제휴점이 법인인 경우, 오토플래너가 개인인 대리·중개업자라면 시행령상 예외적으로 허용이 되는 경우이므로 해당 영업행위가 가능. 그러나, 오토플래너가 개인인 대리 · 중개업자가 아니라 A캐피탈사의 직원으로서 중개를 하는 것이라면, B중고차제휴점

이 A캐피탈사에게 재위탁을 하는 구조이므로 시행령상 예외적으로 허용되는 경우가 아니라고 해석됨.

A캐피탈사의 입장에서, 여신전문금융업법상 허용하는 겸영업무로서 대출의 중개 또는 주선이 가능하다고 하더라도, 동 영업구조는 B중고차제휴점 입장에서는 본인이 위탁받아 수행해야하는 중개업무를 일부를 재위탁한 것이므로 금융소비자보호법 위반 소지가 있음(A캐피탈사가 직접 C캐피탈사의 대출을 대리 · 중개하는 것은 금지되지 않음).

정확한 판단을 위해서는, A캐피탈사와 오토플래너의 관계[24], 오토플래너가 B중고차제휴점으로부터 받는 수수료의 귀속[25] 등 다른 요인들을 종합적으로 검토해야 함.

6. 자동차판매사원(이하 "자동차딜러")이 고객에게 금융회사의 대리·중개업자(이하 "리스·할부모집인")의 연락처를 알려주면서 이에 대한 수수료를 금융회사로부터 받는 행위는 금융소비자보호법에 위배되는지? 신속처리시스템 회신(여전 210809-58)

금융소비자보호법상 판매업자는 대리·중개업자가 아닌 자에게 금융상품 계약체결 등을 대리·중개하게 하는 것을 금지하고(법§24), 대리·중개업자는 제3자에게 대리·중개 업무를 재위탁하거나 관련 수수료 등 대가 지급을 원칙적으로 금지함(법§25①ii).

구체적인 사실관계가 명확하지 않으나, 대리·중개업자가 아닌 자동차딜러가 리스·할부모집인의 연락처를 알려주면서 그 대가로 금융회사로부터 수수료를 수취하는 경우에는 금융소비자보호법 제24조 및 제25조제1항제2호 위반 소지가 있을 수 있음.

다만, 구체적인 사실관계에 따라 법령해석 및 적용 여부 등이 달라질 수 있으며, 질의내용만으로는 종합적인 판단에 한계가 있음.

7. 소비자를 대리하는 계약체결이 금지되는데(영§23③ii) 소비자의 대리권한을 정당하게 위임받아 체결하는 행위[26]도 금지되는지?

대리권 부여가 적법했는지 여부를 불문하고 금지됨.

---

24) 오토플래너를 A캐피탈사와 위탁계약을 맺은 대리 · 중개업자로 봐야하는지, A캐피탈사의 직원으로 봐야 하는지.

25) 수수료가 A캐피탈사의 수입으로 귀속되는지 아니면 A캐피탈사와 무관하게 오토플래너의 개인적 영업에 대한 대가로 귀속되는지.

26) (예시) 소비자의 대출 신청을 위한 예금계좌 대리개설 등.

8. 보험대리점이 보험상품을 기획·구상하여 보험회사에 상품개발을 요청하고 상호협의 하에 만들어진 보험상품에 대해 동 보험대리점만 일정기간 독점 판매한다는 내용을 담은 상호약정을 체결한 경우에도 독점적 위탁 강요에 해당하여 금지되는지?

신속처리시스템 회신(손보 210506-23)

금융소비자보호법 시행령 제23조제3항제4호 해당여부를 독점판매 계약을 맺었다는 사실만으로는 판단하기 어려움. 계약 사실 외에도 금융상품의 특성, 직접판매업자 및 대리·중개업자의 내부통제기준,[27] 해당 계약내용(예: 당사자 간 수익배분 구조) 등을 종합 고려 후 판단 가능함.

9. 대출성 상품 대리·중개업자가 다른 하나의 직접판매업자를 위해 신용카드, 시설대여, 연불판매 또는 할부 금융에 관한 계약의 체결을 대리·중개하는 행위가 가능한지?

감독규정(§22 i 다)상 가능함.

감독규정 제22조(금융상품판매대리·중개업자의 금지행위) 영 제23조제3항제6호에서 "금융위원회가 정하여 고시하는 행위"란 다음 각 호의 행위를 말한다.

1. 같은 상품유형의 금융상품에 대하여 둘 이상의 금융상품직접판매업자를 위해 금융상품에 관한 계약의 체결을 대리·중개하는 행위(동일인이 다수의 금융상품판매대리·중개업자에 각각 사실상 영향력을 행사하는 경우에 해당 법인들은 모두 하나의 금융상품판매대리·중개업자로 본다). 다만, 다음 각 목의 행위는 제외한다.
   다. 신용카드, 시설대여, 연불판매 또는 할부계약에 관한 계약의 체결을 대리·중개하는 자가 다른 하나의 금융상품직접판매업자를 위해 대출 계약의 체결을 대리·중개하는 행위

10. 은행이 대출모집인(대출성 상품의 대리·중개업자)과 위수탁 계약체결 시, 계약서에 신용카드, 시설대여, 연불판매 또는 할부계약에 관한 계약체결을 대리·중개하는 업무를 겸업할 수 없도록 명시[28]하는 것이 가능한지?

계약을 통해 다른 금융상품의 대리·중개를 금지하는 것까지 법에서 규제(금지)하지 않음.

27) 대리중개업자 관리, 판매채널 운영방식 등.
28) (예시) A은행과 대출모집인이 위수탁 계약체결 시, 위수탁 계약서에 타 금융회사의 금융상품 모집을 금지.

11. 오프라인으로 대출성 상품의 대리·중개업을 영위하고 있는 대주주(동일인)가, 전자금융거래 방식으로만 대출성 상품에 관한 대리·중개업(온라인사업자)을 영위하는 법인의 대주주(동일인)로서 사업을 동시 영위하는 것이 금융소비자보호법 제25조제1항제3호에 위반되는지?

법령해석 회신문(210084)

감독규정 제22조제1호에서는 같은 상품유형의 금융상품에 대해 둘 이상의 직접판매업자를 위해 금융상품 계약체결을 대리·중개하는 행위를 금지하고 있으며, 이를 소위 1社 전속의무라 함.

또한 동일인이 각각 다른 직접판매업자로부터 위탁을 받는 다수의 대리·중개법인을 운영하여 해당 규정을 우회하는 상황을 방지하기 위해 같은 호에서 "동일인이 다수의 대리·중개업자에 각각 사실상 영향력을 행사하는 경우에 해당 법인들은 모두 하나의 대리·중개업자로 본다"는 규정을 두고 있음.

감독규정 제22조제1호 단서에서는 그 예외를 규정하고 있으며, "대출성 상품에 관한 대리·중개업을 전자금융거래 방식으로만 영위하는 법인"은 감독규정 제22조제1호마목2)에 따라 예외가 인정됨.

[필자 반대의견] 원 사실관계에 따르면 온라인 대출모집법인을 영위하는 대주주가 오프라인 대출모집법인 영위가 가능한지를 문의한 것이며, 온라인 대출모집법인은 규정(§22 i 마 2))상 1사 전속의무 예외이므로, 위와 같이 위반이 아니라고 판단한 것으로 이해됨.

그러나, 동 논리에 따를 시 동일인이 오프라인 대출모집법인을 먼저 영위한 경우라면 예외에 해당하지 않아 온라인 대출모집이 불가함. 동일한 결과(동일인이 온라인 및 오프라인 대출모집법인 동시 영위)의 위법여부 판단이 시간적 선후관계에 따라 달라지는 것은 비합리적임.

또한, 온라인 대출모집법인에게 예외를 인정한 취지 자체가 다양한 업체의 정보를 찾아 비교하는데 드는 비용이 현저히 낮고, 자동거래가 이루어지므로 부당 권유로 인한 이해상충 발생 우려가 낮다는 온라인 채널의 특수성을 고려한 것임을 감안하면 위와 같이 예외 인정 시 이해상충 발생(규제취지 퇴색) 우려가 있음. 따라서 논리 정합성 및 규제취지를 감안하면 동 사례를 예외로 인정하지 않는 것이 타당함.

12. 대출상품의 판매업무를 위탁받아 영업하는 TM업체가 대부중개업 겸영이 가능한지?

신속처리시스템 회신(대부 210820-10)

금융소비자 보호 및 건전한 거래질서 유지를 위해 대출성 상품에 관한 대리·중개업자

(대부업자 및 대부중개업자 제외)는 원칙적으로 대부업 · 대부중개업을 겸영할 수 없음(규정§22ii가本). 다만, 대출성 상품에 관한 대리 · 중개업을 전자금융거래 방식으로만 영위하는 법인이 대부업 감독규정상 서민금융 우수 대부업자의 대출성 상품을 대리 · 중개하는 경우에는 예외적으로 대부중개업을 겸영할 수 있음(규정§22ii가但).

13. 대출모집인이 본인 소유 주택을 담보로 제공하고 공시된 금리 기준에 따라 주택담보대출을 받는 경우 대리중개업자의 금지행위(대리중개업무 수행 시 직접판매업자로부터 정해진 수수료 외 재산상 이익 요구금지)에 해당하는지?

신속처리시스템 회신(손보 210830-39)

금융소비자보호법 제25조제2항은 대리·중개업자의 우월적 지위를 남용하여 대리·중개업무를 수행한 대가로서 법률 또는 계약상 정해진 수수료 외의 재산상 이익을 요구하는 행위를 금지하고, 동 법 시행령 제23조제4항제1호에서는 '재산상 이익'의 구체적 내용으로써 '금전 등의 지급 또는 대여'를 규정하고 있음.
대출모집인이 소비자로서 주택담보대출 계약을 체결하는 것은 대리·중개 업무를 수행하는 것으로 보기 어려우므로 금융소비자보호법 규정(대리·중개업자의 금지행위 규제)이 적용된다고 보기 어려움.

14. 카드사는 카드모집인 등 대리·중개업자에게 카드발급 수수료를 지급함과 동시에, 프로모션을 통해서 발급실적에 연동된 '격려금' 등을 지급하는데, 동 '격려금'이 금융소비자보호법 제25조제2항에 따른 '정해진 수수료'에 포함되는지? '격려금' 관련 내용을 카드사와 카드모집인 간 위탁계약서 등에 명시[29]한 경우, 이를 '정해진 수수료'로 볼 수 있는지?

※ 프로모션 예시

- ▫ 본인신규회원 대상 자동납부* 전표매입 시 건당 격려금 1~2만원 지급
  - * 아파트관리비/4대사회보험/도시가스/전기/통신요금/스쿨뱅킹/렌탈요금 자동납부
- ▫ 카드 발급 시 고객이 모바일앱서비스에 가입/사용하면 건당 격려금 5천원 지급

신속처리시스템 회신(여전 210512-28)

---

29) (예시) '카드사'는 모집수수료 외에 영업지원을 위해 특정기간(연 · 분기 · 월 · 주단위 등) 프로모션을 상시 운영할 수 있다.

직접판매업자가 대리·중개업자에게 지급하는 '수수료'는 그 명칭을 불문하고 대리·중개 업무과 관련한 대가를 모두 포함하는 개념임. 동 '격려금'이 금융소비자보호법상 '수수료'에 해당하는지는 불분명하나, 기본 수수료 외 판매실적과 연동된 대가가 '수수료'에 해당하는지 여부는 판매실적과의 관련성, 기본 수수료보다 과다하지 않는지 여부, 업계 관행 등을 종합적으로 고려하여야 함.

아울러 금융소비자보호법에서는 대리·중개업자가 정해진 수수료 외 금품, 그 밖의 재산상 이익을 요구·수수하는 행위를 금지하고 있으므로 직접판매업자는 수수료 지급에 관한 사항을 금융소비자보호법상 내부통제기준에 반영(감독규정 [별표2] 2호 사목 참조)하고, 대리·중개업자와 계약 시 이를 반영하여야 함.

▌제3절▌ 대리·중개업자의 고지의무 등

Ⅰ. 의의

자격 없는 자의 대리·중개행위를 예방하고 또는 대리·중개업자에 대한 정보 부족으로 인한 소비자 피해를 방지하기 위해[30] 대리·중개업자가 자신에 대한 주요정보(위탁직판업자의 명칭, 전속여부, 체결권한 등)를 소비자에게 알리도록 한다(법§26①). 또한, 대리·중개업자임을 알 수 있도록 표지를 게시하거나 증표를 제시해야 한다(법§26②).

고지사항 중 상당내용이 대리·중개업자의 금지행위를 다시 반복한 것에 불과해 규제실익이 크지 않다고 볼 수 있으나, 고지의무는 금융소비자의 정보비대칭을 해소하기 위해 대리·중개업자에게 일정사항을 알릴 작위의무라는 점에서 대리·중개업자에게 일정한 부작위의무를 부과하고 있는 금지행위와 구분된다.

Ⅱ. 내용

1. 고지의무

대리·중개업자는 대리·중개 업무를 수행할 때 금융소비자에게 아래 사항 모두를 미리 알려야 한다(법§26①). 여기서 '미리' 알려야 한다는 것은 상품 권유가 이루어지기 전

30) 신속처리시스템 회신(손보 210406－2) 참조.

에 고지사항을 안내하라는 의미이다.[31)]

고지사항
□ 대리 · 중개하는 직판업자의 명칭 및 업무 내용[32)] □ 하나의 직판업자만을 대리하거나 중개하는 대리 · 중개업자인지 여부(1사전속 여부) □ 직판업자로부터 금융상품 계약체결권을 부여받지 아니한 대리 · 중개업자의 경우 자신이 금융상품 계약의 체결권한이 없다는 사실 □ 법(§44 · §45)상 손해배상책임에 관한 사항 ○ 고의 · 과실로 법 위반하여 손해 발생 시 판매업자등의 배상책임 ○ 설명의무를 위반하여 손해 발생 시 판매업자등의 배상책임 및 고의 · 과실없음의 입증책임 전환 ○ 대리 · 중개업자등(재위탁자 및 보험회사 임직원 포함, 보험중개사 제외)의 대리 · 중개로 인한 손해 발생 시 직판업자의 배상책임. 다만, 직판업자가 선임 · 감독의 주의의무 다한 경우 제외 ○ 위 직판업자의 배상책임은 대리 · 중개업자에 대한 직판업자의 구상권 행사를 침해하지 아니함 □ 금융소비자로부터 투자금, 보험료 등 계약의 이행으로서 급부를 받을 수 있는지 여부 □ 보장성 상품의 대리 · 중개업무 수탁 시 그 업무를 위탁한 대리 · 중개업자의 명의와 위탁받은 업무 내용 □ 금융소비자가 제공한 개인(신용)정보 등은 직판업자가 보유 · 관리한다는 사실(보험중개사는 제외) □ 투자성 상품: 금융소비자의 금융상품 매매를 대신할 수 없다는 사실 □ 보험: 아래 사항을 전자적 장치로 확인할 수 있다는 사실 및 확인방법 ○ 보험설계사의 이력(위탁계약을 체결했던 법인 및 그 법인과의 계약기간 포함) ○ 보험업법에 따른 영업정지, 등록취소 또는 과태료 처분을 받은 경우 그 이력 ○ 보험사기행위에 대한 3개월 이상의 업무정지 조치를 받은 경우 그 이력 ○ 보험업감독규정(§9-4-2ⅶ)에 따른 불완전판매비율 및 계약 유지율

1.1. 1사전속

금융소비자와 대리 · 중개업자간의 이해상충을 방지하기 위해 금융소비자에게 1사전속여부를 고지하도록 한다(법§26① ii).

1.2. 계약체결권한 유무

금융상품 계약체결권의 위임 · 위탁을 받지 않은 대리 · 중개업자의 경우 자신이 계약체결권한이 없다는 사실을 금융소비자에게 알리도록 한다(법§26①iii). 금융소비자가 대리 · 중개업자를 계약체결 상대방으로 오해하여 계약상대방인 직접판매업자에 대한 고지의무 등을 누락하는 사례를 방지하기 위함이다. 인수심사(underwriting)을 수반하는 금융상

31) Ibid.
32) (예시) ○○생명보험사의 ○○보험상품 취급에 관한 위탁을 받았음.

품 계약의 경우 승낙여부의 최종 결정은 대리·중개업자가 아닌 직접판매업자라는 점을 금융소비자에게 인지시키는 효과가 있다.

1.3. 급부수령 제한

대리·중개업자가 금융소비자로부터 급부를 수취할 수 있는지 여부에 대해 고지해야 한다(영§24① i). 금융소비자가 대리·중개업자를 계약체결의 상대방으로 오해하여 급부를 직접 지급함에 따라 발생할 수 있는 피해를 방지하기 위함이다.

2. 표지게시 및 증표제시

대리·중개 업무 수행 시 자신이 대리·중개업자라는 사실을 나타내는 표지를 게시하거나, 증표를 금융소비자에게 제시해야 한다(법§26②). 이때 권한 있는 기관이 발급한 표지나 증표를 사용해야 하며(영§24② i), 표지는 사업장 및 인터넷 홈페이지(홈페이지가 있는 경우만 해당)에 항상 게시해야 한다(영§24② ii). 금융소비자보호법 및 개별 금융업법상 등록의무가 부여된 대리·중개업자에 적용되는 규정이므로 별도의 등록 절차가 없는 여신전문금융업법상 제휴모집인에 대해서는 동 규제가 적용되기 어렵다.[33]

Ⅲ. 제재

법 제26조제1항을 위반하여 같은 항 각 호의 어느 하나에 해당하는 사항을 미리 금융소비자에게 알리지 않은 경우 또는 같은 조 제2항을 위반하여 표지를 게시하지 않거나 증표를 보여 주지 않은 경우 판매업자에게 과태료[34]가 부과되며(법§69②vii), 판매업자 및 임직원에게 제재조치(시정명령, 정직 등) 가능하다(법§51·§52).

Ⅳ. 시행일

2021.3.25일부터 시행한다(법 부칙§1).

---

33) 신속처리시스템 회신(여전 210811-64) 참조.
34) 법인 2천만원, 법인이 아닌 자 1천만원.

Ⅴ. 기존규제

舊자본시장법(투자권유대행인), 舊보험업법(보험대리점, 보험설계사, 보험중개사), 舊여신전문금융업법(신용카드모집인), 대출모집인 모범규준(대출모집인)에서 대리·중개업자의 고지의무를 규정했다. 불완전판매 방지를 위한 영업행위 규제이므로 금융소비자보호법에서 대리·중개업자의 고지의무 규제를 포괄적으로 규정하면서 기존규제(여신전문금융업법 제외)는 금융소비자보호법으로 이관되어 삭제되었다.

구분	은행	금융투자	보험	저축은행	여전	대부	신협
도입 여부	△	○	○	△	○	×	△
근거 규정	대출모집인 모범규준 §7, §10③	자본시장법 §52③	보험업법 §92① 등[35]	대출모집인 모범규준 §7, §10③	여전법 §14-2② 등[36]	–	대출모집인 모범규준 §7, §10③

자본시장법상 투자권유대행인의 고지의무 규제를 거의 그대로 인용하고 있다. 금융소비자보호법을 중심으로 조문별 비교하면 아래와 같다. 기존 금융업법과 비교 시 달라진 부분은 별도 표시[37]하고, 표현과 내용이 동일한 경우에만 '좌동'으로 기재한다.[38]

❖ 대리·중개업자의 고지사항

금융소비자보호법	기존규제
□ 대리·중개하는 직판업자의 명칭 및 **업무 내용** (법§26① i)	□ 투자권유를 위탁한 금융투자업자의 명칭(舊자본시장법§52③ i)
□ 하나의 직판업자만을 대리하거나 중개하는 대리·중개업자인지 여부(법§26① ii)	–
□ 직판업자로부터 금융상품 계약체결권을 부여받지 아니한 대리·중개업자의 경우 자신이 금융상	□ 투자권유를 위탁한 금융투자업자를 대리하여 계약을 체결할 권한이 없다는 사실(舊자본시장

35) 대출모집인 모범규준(§7·§10③)을 포함한다.
36) Ibid.
37) 세부내용이 다른 경우(예시가 추가되거나 삭제된 경우 포함) 굵게 밑줄 표시하고, 해당 조항 전체가 신설된 규제이거나 기존규제가 인용되지 않은 경우 해당 칸을 음영표시한다.
38) 내용이 동일하더라도 표현이 다른 경우에도 현행 금융소비자보호법과 비교가 될 수 있도록 기존 규제내용 그대로 기재한다.

금융소비자보호법	기존규제
품계약의 체결권한이 없다는 사실(법§26①iii)	법§52③ ii · 舊금융투자업규정§4-10② ii) □ 보험중개사는 **보험증권을 발행하거나** 보험회사를 대리하여 보험계약의 체결 및 **변경 또는 해지의 의사표시를 수령할** 권한이 없다는 내용(보험업법 시행규칙§24 i) □ 여신심사 등을 통한 대출실행의 결정은 금융회사가 한다는 사실(대출모집인 모범규준§10③iii다)
□ 법(§44 · §45)상 손해배상책임에 관한 사항(법§26① iv) ○ 고의·과실로 법 위반하여 손해 발생 시 판매업자등의 배상책임(법§44①) ○ 설명의무를 위반하여 손해 발생 시 판매업자등의 배상책임 및 고의·과실없음의 입증책임 전환(법§44②) ○ 대리·중개업자등(재위탁자 및 보험회사 임직원 포함, 보험중개사 제외)의 대리·중개로 인한 손해 발생 시 직판업자의 배상책임. 다만, 직판업자가 선임·감독의 주의의무 다한 경우 제외(법§45①) ○ 위 직판업자의 배상책임은 대리·중개업자에 대한 직판업자의 구상권 행사를 침해하지 아니함(법§45②)	–
–	□ 보험중개사의 손해배상에 관한 사항(舊보험업법 시행령§41③iii · 보험업법 시행규칙§25) ○ 영업보증금의 예탁금액 및 예탁방법 ○ 보험중개사 배상책임보험에 가입한 경우에는 그 보험회사 및 가입금액과 주요 내용 ○ 보험중개사가 보험계약체결의 중개와 관련하여 보험계약자 등에게 손해를 가한 경우에도 보험중개사가 중개한 보험계약을 인수한 보험회사는 그에 대한 책임을 지지 아니한다는 내용
□ 금융소비자로부터 투자금, 보험료 등 계약의 이행으로서 급부를 받을 수 있는지 여부(영§24① i)	□ 투자권유대행인은 투자자로부터 금전·증권, 그 밖의 재산을 수취**하지 못하며, 금융투자업자가 이를 직접 수취한다는 사실**(舊자본시장법§52③iii · 舊금융투자업규정§-10② ii) □ 보험료의 수령 또는 **환급**에 대한 **권한이 없다는 내용**(보험업법 시행규칙§24 i) □ 대출모집인은 '고객에게 **별도의 수수료를 요구하거나 수취할 수 없다'는 사실**(대출모집인 모범규준§10③iii나)

금융소비자보호법	기존규제
▫ 보장성 상품의 위탁계약을 체결한 경우 그 업무를 위탁한 대리·중개업자의 명의와 위탁받은 업무 내용(영§24① ii)	-
-	▫ 금융투자업자로부터 위탁받은 투자권유대행업무를 제삼자에게 재위탁하는 행위가 금지되어 있다는 사실(舊금융투자업규정§4-10② ii)
▫ **금융소비자가 제공한 개인**(신용)**정보 등**은 직판업자가 보유·관리한다는 사실(보험중개사는 제외)(영§24① iii)	▫ **금융투자상품의 매매, 그 밖에 거래에 관한 정보**는 금융투자업자가 관리하고 있다는 사실(舊금융투자업규정§4-10② i)
▫ 투자성 상품: 금융소비자의 금융상품 매매를 대신할 수 없다는 사실(규정§23① i)	▫ 투자권유대행인이 투자자로부터 금융투자상품에 대한 매매권한을 위탁받을 수 없다는 사실(舊자본시장법 시행령§59② ii)
▫ 보험: 아래 사항을 **전자적 장치로** 확인할 수 있다는 사실 및 확인방법	▫ 보험설계사 등의 모집에 관한 경력 중 아래의 사항을 **협회에서** 조회할 수 있다는 사실 및 그 방법(舊보험업 감독규정§4-35-2① x)[39]
○ 보험설계사의 이력(위탁계약을 체결했던 법인 및 그 법인과의 계약기간 포함)	○ 보험회사등 소속별 보험설계사 등록기간(보험업 감독규정§9-4-2 i) ○ 금융업협회는 등록 및 해지, 변경에 따른 대출모집인의 이력을 계약해지일로부터 **5년간 보관하고 금융회사**(타권역 금융회사 포함) 및 금융소비자가 조회할 수 있도록 하여야 한다(대출모집인 모범규준§7①)
○ 보험업법에 따른 영업정지, 등록취소 또는 과태료 처분을 받은 경우 그 이력 ○ 보험사기방지 특별법 제2조제1호에 따른 보험사기행위에 대한 3개월 이상의 업무정지 조치를 받은 경우 그 이력	○ 보험업법에 따라 영업정지, 등록취소 또는 과태료 처분을 받거나, 보험사기방지특별법 제2조제1호의 보험사기행위 관련 사유로 업무정지 3개월 이상 자체 징계를 받은 이력(보험법 감독규정§9-4-2 iii) ○ 금융업협회는 **의무사항, 금지행위, 광고규제 위반에 따른 이력**(이하 "위반이력")을 **위반이력 등록일로부터 5년간 보관하고 금융회사**(타권역 금융회사 포함) 및 금융소비자가 조회할 수 있도록 하여야 한다(대출모집인 모범규준§7②)
○ 보험업감독규정(§9-4-2vii)에 따른 불완전판매비율 및 계약 유지율	○ **보험설계사·개인보험대리점이 동의한 경우** 감독원장이 정하는 산식에 따른 불완전판매비율 및 계약 유지율**(원계약 기준)**(보험업 감독규정§9-4-2vii)

39) 舊보험업법상 설명사항이나, 금융소비자보호법상 고지사항에 포함된다.

금융소비자보호법	기존규제
–	□ 투자권유대행인이 투자자를 대리하여 계약을 체결할 수 없다는 사실(舊자본시장법 시행령 §59② i ·舊금융투자업규정§4-10② ii)
–	□ 보험중개사의 상호 또는 명칭, 대표자의 성명 및 주소(舊보험업법 시행령§41③ i)
–	□ 보험중개사의 권한과 지위에 관한사항(보험업법 시행세칙 §24) ○ 보험계약자 등으로부터의 보험계약에 관한 고지 또는 통지사항의 수령, 보험사고에 대한 보험회사 책임 유무의 판단이나 보험금의 결정에 대한 권한이 없다는 내용 ○ 최근 2개 사업연도에 생명보험업·손해보험업·제3보험업별로 해당 보험중개사가 중개한 보험계약을 인수한 주요 보험회사의 상호 또는 명칭과 거래상황(각 사업연도의 주요 보험회사별 수수료·보험료 및 보험가입금액을 포함) ○ 보험중개사가 법인인 경우에는 해당 법인의 주식 또는 출자지분의 100분의 25 이상을 소유한 자의 명단
–	□ 보험회사로부터 위임받은 권한이 있는 경우에는 그 내용(舊보험업법 시행령§41③ iv)
–	□ 보험중개사의 준수사항(舊보험업법 시행령§41③ v ·보험업법 시행규칙§26) ○ 보험계약의 체결을 중개할 때에 보험계약자 등에게 성실히 업무를 수행하고, 직무상 객관적이고 독립적인 조언을 하며, 어떠한 경우에도 보험계약자 등의 이익에 배치되는 행위를 하지 아니한다는 내용 ○ 보수의 많고 적음에 따라 보험계약자 등에 대하여 업무수행에 차별을 두지 아니한다는 내용 ○ 보험계약자 등의 사전동의를 받은 경우 또는 보험계약체결의 중개, 계약의 유지·관리 및 보험금 처리를 위한 경우를 제외하고는 보험계약체결의 중개로 인하여 알게 된 보험계약자 등의 정보 또는 비밀을 누설하지 아니한다는 내용 ○ 보험회사 또는 보험계약자 등으로부터 얻은 보험에 관한 정보를 객관적이고 성실하게 전달한다는 내용 ○ 보험계약자 또는 불특정 다수인을 대상으로

금융소비자보호법	기존규제
	보험안내자료 등을 배포하거나 광고하는 경우에는 객관적 사실만을 적거나 광고하고, 오해 또는 과장의 소지가 있는 내용을 적거나 광고하지 아니한다는 내용 ○ 위 5가지 내용을 위반하여 보험계약자 등에게 손해를 가한 경우에는 그 손해를 배상한다는 내용
– 40)	□ 대출모집인은 금융회사의 업무위탁을 받아 대출모집 및 소개 등의 섭외 활동을 한다는 사실(대출모집인 모범규준§10③iii가)

1. 은행업권 등

대출모집인 모범규준(§7 · §10③)에서 대출모집인의 이력을 조회할 수 있도록 했고, 대출모집업무를 위탁받았다는 사실 및 계약체결권한이 없다는 사실 등을 고지하도록 했다. 동 행정지도는 금융소비자보호법이 시행됨에 따라 2021.3.24일에 폐지되었다.

2. 자본시장법

舊자본시장법(§52③)상 투자권유대행인(금융투자업자의 중개행위 채널)의 고지의무 및 표지게시 · 증표제시의무는 금융소비자보호법상 대리 · 중개업자의 고지의무 등(법§26)으로 이관되면서 삭제되었다(법 부칙§13⑯).

3. 보험업법

舊보험업법(§92① · 영§41③)상 보험중개사는 고지사항을 서면에 적어 이를 보험계약자에게 발급하고 설명하여야 했다. 동 시행령 규정이 금융소비자보호법으로 이관되어 삭제되면서, 해당 규정의 하위규정인 보험업법 시행규칙 조항(§24~§26)도 삭제되어야 했으나, 현재 존치하고 있는 것으로 확인된다. 위임근거가 삭제되었으므로 향후 보험업법 시행규칙 개정을 통해 관련 조항을 모두 삭제해야 할 것이다.

---

40) 금융소비자보호법(§26②)상 표지게시 및 증표제시를 통해 확인 가능하므로 고지사항에서 제외한 것으로 이해된다.

4. 여신전문금융업법

여신전문금융업법(§14-2② · 영§6-8① i)에서 신용카드 모집자는 자신이 모집자임을 고지하여야 한다. 동 규정은 여신전문금융업법에 존치한다.

5. 대부업법

대부중개업자에 대한 고지의무 규정은 부재하나, 대부업자가 대부 및 보증계약체결시 대부업 등록번호를 설명하도록 하고(대부업법 시행령§4①), 채권추심자는 채무자에게 소속·성명을 명시하도록 규정한다(대부업법§10-2).

Ⅵ. Q&A

1. 은행 직원이 신용카드 모집 행위와 관련하여,

[1] 은행 직원은 금융소비자보호법상 대리·중개업자인지?

[2] 은행 직원이 대리·중개업자에 해당할 경우, 금융소비자보호법 제26조 고지의무를 이행해야 하는지?

[3] 은행 직원이 금융소비자보호법 제26조 고지의무를 이행해야 할 경우 구체적인 이행 방식은?

신속처리시스템 회신(여전 210811-64)

[1] 은행은 여전사와 신용카드 모집에 대한 업무 제휴 계약을 체결한 제휴모집인에 해당되므로, 동 은행은 금융소비자보호법상 대리·중개업자에 해당됨. 반면 은행 직원은 대리·중개업자인 은행 업무를 대리하여 수행하는 자이므로 금융소비자보호법상 대리·중개업자라고 보기는 어려움.

[2] 여신전문금융업법상 제휴모집인은 금융소비자보호법상 대리·중개업자에 해당되므로 대리·중개업자의 고지의무 등 금융소비자보호법상 관련 의무를 준수하여야 함.

[3] 반면 금융소비자보호법상 표지 게시 및 증표 제시의무는 금융소비자보호법 및 개별 금융업법상 등록의무가 부여된 대리·중개업자에 적용되는 규정이라고 할 것이므로 별도의 등록 절차가 없는 여신전문금융업법상 제휴모집인에 대해서는 동 규정이 적

용되기 어려움. 다만, 대리·중개업자임을 소비자에게 알리는 방법을 은행과 여전사가 자율적으로 협의하여 정할 수는 있음.

2. 증표제시를 사원증 형태로 제작[41])하여 보여주거나 상품설명서에 반영하여 안내하고, 금융소비자의 확인을 받을 경우 고지의무를 이행한 것으로 볼 수 있는지?

신속처리시스템 회신(손보 210506-24)

금융소비자보호법상 대리·중개업자가 소비자에게 보여주어야 할 표지 및 증표는 권한있는 기관이 발급한 것을 전제로 하므로 동 사례와 같이 등록증을 변경 및 제시하는 것은 등록증 발급기관과 사전 협의를 거쳐야 할 것으로 보임. 그 외 금융소비자보호법상 대리·중개업자 고지의무 이행방법에 대해서는 특별한 제한이 없으므로, 설명서 등에 미리 기재하여 소비자에게 안내하고 이에 대해 확인받는 방법도 가능함.

3. TM(Tele-marketing) 영업 시 ① 증표내용[42]) 또는 등록여부를 확인할 수 있는 협회 e-클린서비스를 안내하거나, ② 고지사항을 계약체결 후 계약서류 제공 시 같이 안내하는 경우 증표제시 및 고지의무를 이행한 것인지?

신속처리시스템 회신(손보 210406-2)

대리·중개업자 고지의무의 취지는 자격 없는 자의 모집행위 또는 판매자에 대한 정보 부족으로 인한 소비자 피해를 방지하는 데 있음. 고지방법은 자율적으로 운영이 가능하며 반드시 구두로 알려야 할 필요는 없음. 예컨대 모바일 기기를 통해 자세한 사항을 알리는 방법도 가능함. 다만, 금융소비자보호법 제26조제1항에서 대리·중개 업무를 수행할 때 미리 소비자에 알리도록 규정하는 만큼 상품 권유가 이루어지기 전에는 알려야 함. *(따라서 계약체결 후 계약서류 제공과 함께 고지의무를 이행하는 것은 법 위반 소지가 있음).*

---

41) 사원증 형태 제작(안)
- ㅁ 앞면은 회사 사원증 형태: 성명, 소속 기재
- ㅁ 뒷면은 주민번호, 등록번호, 등록일자, 발급일, 손해보험협회장 직인 캡쳐

42) (예시) 설계사 이름 및 고유번호를 TM 스크립트로 안내.

4. TM(Tele Marketing)으로 상품 권유 시 증표를 제시하기 어려워 녹취 및 청약 서류에 모집인의 고유번호를 안내할 수 있는지?

신속처리시스템 회신(손보 210601-28)

고지방법은 자율적으로 운영이 가능하나, 금융소비자보호법(영§24②)에서는 권한 있는 기관이 발급한 표지나 증표를 사용하도록 규정하고 있기 때문에 청약서류에는 해당 표지나 증표를 포함하되, 고지의무의 취지와 관계없는 모집인의 개인정보는 제외해야 함.

▌제4절▐ 자문업자의 영업행위준칙 등

Ⅰ. 의의

자문의 독립성 및 공정성을 확보하기 위해 자문업자에게 추가적인 의무를 부과한다.[43)]

Ⅱ. 유형

자문업자의 일반적인 영업행위 규제(법§27①~③)와 독립자문업자만 대상으로 하는 영업행위 규제(법§27④·⑤)로 구분된다.

구분		자문업자의 영업행위준칙
자문업자	선관주의의무	□ 선량한 관리자의 주의로 금융소비자에게 자문
	충실의무	□ 금융소비자의 이익을 보호하기 위하여 자문업무를 충실하게 수행
	고지의무	□ 아래 사항을 금융소비자에게 고지 ○ 독립자문업자인지 여부 ○ 판매업자로부터 자문과 관련한 재산상 이익을 제공받는 경우 그 재산상 이익의 종류 및 규모. 단, 20만원 이내의 범위에서 금융위원회가 정하여 고시[44)]하는 재산상 이익을 제공받은 경우는 제외

43) 금융위원회, "「금융소비자보호에 관한 법률」 제정안 및 「금융위원회 설치 등에 관한 법률」 개정안 입법예고", 보도자료의 별첨자료(금융소비자보호에 관한 법률 제정안 주요 내용), 2011.11.16., 16면 참조.
44) 현재 규정되어 있지 않다.

구분		자문업자의 영업행위준칙
		○ 판매업을 겸영하는 경우 자신과 위탁관계에 있는 판매업자의 명칭 및 위탁 내용 ○ 자문업무를 제공하는 금융상품의 범위 ○ 자문업무의 제공 절차 ○ 자문업무에 따른 보수 및 그 결정 기준 ○ 보수 외에 추가로 금전등을 요구하지 않는다는 사실 ○ 금융소비자의 금융상품 취득·처분에 따른 손실에 대해 책임을 지지 않는다는 사실 □ 자신이 자문업자라는 사실을 나타내는 표지를 게시하거나 증표를 금융소비자에게 제시
독립자문업자의 금지행위		□ 자문에 대한 응답과 관련하여 판매업자(임직원 포함)로부터 재산상 이익을 수령. 단, 판매업자의 자문에 응하여 그 대가를 받는 경우는 제외 □ 특정 직판업자의 금융상품으로 한정하여 자문 □ 금융소비자의 개인정보 및 신용정보 등을 자신 또는 제3자의 이익을 위해 사용 □ 특정 판매업자 또는 특정 금융상품을 광고 □ 자문계약 이후에 그 금융소비자의 동의 없이 자문업무를 제3자에게 위탁 □ 자본시장법(§63)상 임직원의 금융투자상품 매매규제 위반 □ 투자자문에 응하는 경우 금융투자상품등의 가격에 중대한 영향을 미칠 수 있는 투자판단에 관한 자문 의사를 결정한 후 이를 실행하기 전에 그 금융투자상품등을 자기의 계산으로 매매하거나 제삼자에게 매매를 권유 □ 자본시장법(§98-2①)상 성과보수 제한 규제 위반
유사 '독립'문자 사용금지		□ 독립자문업자가 아닌 자는 "독립" 또는 이와 같은 의미를 가지고 있는 외국어(영어·프랑스어·스페인어·일본어·중국어) 문자를 명칭이나 광고에 사용 금지

1. 고지의무

금융소비자와의 이해상충 방지 등을 위해 자문업자(독립자문업자 포함)가 독립자문업자인지 여부, 판매업자로부터 자문 관련 재산상 이익을 제공받는 경우 그 이익의 종류 및 규모 등을 금융소비자에게 알려야 한다(법§27③).

2. 독립자문업자

금융소비자보호법은 판매회사와 독립되어 중립적인 지위에서 금융소비자에게 자문서비스를 제공할 수 있도록 이해상충방지체계를 갖춘 '독립자문업자' 제도를 도입한다. 등록규제(법§12②vi)에서 ① 판매업(투자일임업 제외) 겸영 금지, ② 판매업자(투자일임업자 제외)와 계열관계 금지, ③ 판매업자와 겸직금지 등을 규율하고, 영업행위 규제(법§27)에서는 판매업자로부터 재산상 이익 수취 금지 등을 규정한다.

독립자문업자가 아닌 자는 상호 · 광고 등에 '독립'과 연관되는 단어를 사용할 수 없으로 독립자문업자가 아닌 자문업자도 '독립' 문자를 사용할 수 없다.

3. 금지행위

자본시장법상 투자자문업자 규제 일부를 그대로 인용하여 독립자문업자에 대한 금지행위로 규정하고 있다. 대표적으로 임직원의 금융투자상품 매매규제, 성과보수 제한 규제 등이다.

Ⅲ. 제재

법 제27조제3항을 위반하여 같은 항 각 호의 어느 하나에 해당하는 사항을 금융소비자에게 알리지 않은 경우 또는 표지를 게시하지 않거나 증표를 내보이지 않은 경우, 법 제27조제4항을 위반하여 독립문자를 명칭에 사용하거나 광고에 사용한 경우, 또는 법 제27조제5항 각 호의 어느 하나에 해당하는 행위를 한 경우 판매업자에게 과태료[45)]가 부과되며(법§69① ix ~ xi), 판매업자 및 임직원에게 제재조치(시정명령, 정직 등) 가능하다(법§51 · §52).

법 제27조제3항 및 제5항 위반 시에는 법인이 아닌 자에 대한 과태료 금액이 규정되어 있지 않다. 이는 각 조항의 규제대상이 독립자문업자(법인)이기 때문이다. 법 제27조제4항은 독립자문업자가 아닌 자에 대해서 규율하므로 법인이 아닌 자에 대해서 과태료 금액을 규정한다.

Ⅳ. 시행일

2021.9.25일부터 시행한다(법 부칙§1但).

Ⅴ. 기존규제

자본시장법에서는 투자자문업자의 선관의무 및 충실의무, 명시의무, 불건전 영업행

45) 법인 7천만원, 법인이 아닌 자(법§27④위반 한정) 3천5백만원.

위 금지 등을 규정한다. 투자자문업자에 대한 규제는 모두 금융소비자보호법으로 이관하지 않고 자본시장법에 존치하였으나, 설명의무(舊자본시장법 시행령§53① v) 및 광고규제(舊자본시장법 시행령§60③ iv)상 자문업자에 대한 규제는 모두 삭제(이관)되었다.

구분	은행	금융투자	보험	저축은행	여전	대부
도입 여부	×	○	×	×	×	×
근거 규정	–	자본시장법 §96~§98	–	–	–	–

금융소비자보호법 기준으로, 주로 이관되어 삭제된 舊자본시장법과 비교한다. 舊자본시장법 투자자문업자의 영업행위 규제가 금융소비자보호법상 등록규제로 이관된 부분은 *이탤릭*으로 표시한다. 기존 금융업법과 비교 시 달라진 부분은 별도 표시[46]하고, 표현과 내용이 동일한 경우(기존규제를 인용한 경우 포함)에만 '좌동'으로 기재한다.[47]

❖ 고지사항 및 금지행위 비교

금융소비자보호법	기존규제
□ 아래 사항을 금융소비자에게 고지	□ 투자자문업자가 투자권유를 하는 경우에는 아래 사항을 설명
○ 독립자문업자인지 여부(법§27③ i)	○ 독립투자자문업자인지 여부(舊자본시장법 시행령§53① v 가) ○ 독립투자자문업자인지 여부 및 해당하는 경우 그 내용(舊금융투자업규정§4-7-3 iii)
–	○ 금융투자상품등을 예치받거나 운용 · 판매(중개 포함)하는 자(이하 "금융투자상품판매회사등")의 수수료 수입 또는 투자자의 매매거래 규모 등에 연동하여 다른 금융투자상품판매회사등(임직원 포함)으로부터 직접 또는 간접의 대가를 지급받는 경우 그 사실과 대가의 산

46) 세부내용이 다른 경우(예시가 추가되거나 삭제된 경우 포함) 굵게 밑줄 표시하고, 해당 조항 전체가 신설된 규제이거나 기존규제가 인용되지 않은 경우 해당 칸을 음영표시한다.

47) 내용이 동일하더라도 표현이 다른 경우에도 현행 금융소비자보호법과 비교가 될 수 있도록 기존 규제내용 그대로 기재한다.

금융소비자보호법	기존규제
	정방식 및 규모(舊금융투자업규정§4-7-3 i)
○ 판매업자로부터 자문과 관련한 재산상 이익을 제공받는 경우 그 재산상 이익의 종류 및 규모. 단, 20만원 이내의 범위에서 **금융위원회가 정하여 고시**하는 재산상 이익을 제공받은 경우는 제외(법§27③ ii · 영§25①)	○ 금융투자상품판매회사등(임직원 포함)으로부터 재산상 이익을 제공 받는 경우 그 재산상 이익의 종류 및 정도. 다만, 불특정 다수에게 제공되는 등 이해상충 가능성이 낮은 것으로서 **협회가 정하는** 경미한 재산상 이익은 제외(舊금융투자업규정§4-7-3 ii)
○ 판매업을 **겸영**하는 경우 자신과 위탁관계에 있는 **판매업자의 명칭** 및 위탁 내용(법§27③iii)	○ 특정한 금융투자상품판매회사등과 **협력하여 투자자문을 제공**하는 경우 그 내용(舊금융투자업규정§4-7-3 iv)
○ 자문업무를 제공하는 금융상품의 범위(법§27③ iv)	○ 투자자문을 제공하는 금융투자상품등의 종류와 범위(舊자본시장법 시행령§53① v 나)
○ 자문업무의 제공 절차(법§27③ v) ○ 자문업무에 따른 보수 및 그 결정 기준(영§25② i)	○ 투자자문 제공 절차와 투자자문수수료 등 관련 비용의 규모 및 산정방식(舊자본시장법 시행령§53① v 다)
○ 보수 외에 추가로 금전등을 요구하지 않는다는 사실(영§25② ii)	–
○ 금융소비자의 금융상품 취득·처분에 따른 손실에 대해 책임을 지지 않는다는 사실(영§25②iii)	–
◻ 독립금융상품자문업자가 아닌 자는 "독립"이라는 문자 또는 이와 같은 의미를 가지고 있는 외국어(영어·프랑스어·스페인어·일본어·중국어) 문자(이하 "독립문자")를 **명칭이나** 광고에 사용금지(법§27④·영§25③)	◻ 금융투자업자는 투자광고 시 아래 사항 준수 ○ "독립"이라는 문자 또는 이와 같은 의미의 외국어 문자로서 "independent"라는 문자나 그와 비슷한 의미를 가지는 다른 외국어 문자(그 한글표기문자를 포함한다. 이하 "독립등")를 표시하려는 투자자문업자는 아래 요건을 갖추어 금융위원회의 확인을 받을 것(舊자본시장법 시행령§60③ iv)
◻ *자문업자로 등록하려는 자는 판매업자와 이해관계를 갖지 않는 자로서 아래 요건 갖추어야 함* ○ *판매업(투자일임업 제외), 금융투자업,* ***농협법·산림조합법·새마을금고법·수협법에 따른 신용·공제사업****을 겸영하지 아니할 것*(법§12① vi가·영§5⑤)	- *투자일임업 외의 다른 금융투자업,* ***그 밖의 금융업****을 겸영하지 아니할 것*(舊자본시장법 시행령§60③ iv)
○ *판매업자(투자일임업자 제외)와* ***독점규제법상 계열회사 또는 외감법상 지배·종속의 관계에***	- *다른 금융투자업 또는 그 밖의 금융업을 영위하는 회사(이하 "금융회사등")의* ***계열회사****가*

금융소비자보호법	기존규제
있는 종속회사(이하 "계열회사등")가 아닐 것 (법§12① vi 나 · 영§5⑥)	*아닐 것*(舊금융투자업규정§4-12-2① i)
○ *임직원이 판매업자의 임직원 직위를 겸직하거나 그로부터 파견받은 자가 아닐 것*(법§12① vi 다)	- *임직원이 다른 금융회사등의 임직원 직위를 겸직하는 자거나 다른 금융회사등으로부터 파견 받은 자가 아닐 것*(舊금융투자업규정§4-12-2① ii)
▫ 독립자문업자는 아래 행위 금지 ○ 금융소비자의 자문에 대한 응답과 관련하여 판매업자(임직원 포함)로부터 재산상 이익을 받는 행위. 다만, 판매업자의 자문에 응하여 그 대가를 받는 경우는 제외(법§27⑤ i · 영§25④)	- 투자자에게 제공하는 투자자문과 관련하여 다른 금융회사등(임직원 포함)으로부터 투자자의 매매거래 규모 또는 금융회사등의 수수료 수입에 연동되는 직접 또는 간접의 대가[48] 및 재산상 이익을 받지 아니할 것. 다만, 아래 경우는 제외(舊금융투자업규정§4-12-2① iii) • 금융회사등에게 투자자문을 제공하고 그 대가를 수취하는 경우 • **금융회사등이 투자자문수수료 등 투자자문의 대가를 투자자로부터 수취하여 전달하는 경우** • **그 밖에 경미한 사항으로서 재산상 이익으로 보기 어려운 경우**
○ 특정 직판업자의 금융상품으로 한정하여 자문(영§25⑤ i)	- 투자자문을 제공하는 과정에서 특정 금융회사등이 운용 · 판매하는 금융투자상품에 한정하여 투자자문을 하지 않을 것. **다만, 특정 금융회사등이 운용 · 판매하는 금융투자상품의 수수료, 보수 등이 투자자에게 유리한 경우에는 제외**(舊금융투자업규정§4-12- 2① iv)
○ 금융소비자의 개인정보 및 신용정보 등을 자신 또는 제3자의 이익을 위해 사용(영§25⑤ ii)	–
○ 특정 판매업자 또는 특정 금융상품을 광고(영§25⑤ iii)	–
○ 자문계약 이후에 **그 금융소비자의 동의 없이** 자문업무를 제3자에게 위탁(영§25⑤ iv)	○ 투자자문업인 경우 아래 업무의 제3자 위탁 금지. 다만, **투자자문계약자산 중 외화자산에 대한 투자판단을 제공하는 업무 및 원화자산인 투자자문계약자산 총액의 100분의 50 범위에서의 투자판단을 제공하는 업무는 제외**(舊자본시장법 시행령§45 ii)[49]

48) 직 · 간접의 대가는 재산상 이익 범위에 포섭되는 것으로 이해된다.
49) 금융소비자보호법 이관으로 삭제된 것이 아니라, 금융투자업의 업무에 대한 위탁 · 재위탁의 범위를 확대하고자 하는 자본시장법 개정(2021.5.18.)으로 삭제되었다.

금융소비자보호법	기존규제
	- 투자자문계약의 체결과 해지업무 - 투자자문의 요청에 응하여 투자판단을 제공하는 업무
○ 자본시장법(§63)상 임직원의 금융투자상품 매매규제 위반(규정§24 i · ii)	○ 좌동(자본시장법§63)
○ 투자자문에 응하는 경우 금융투자상품등의 가격에 중대한 영향을 미칠 수 있는 투자판단에 관한 자문 의사를 결정한 후 이를 실행하기 전에 그 금융투자상품등을 자기의 계산으로 매매하거나 제삼자에게 매매를 권유(규정§24 iii)	○ 좌동(자본시장법§98① v)
○ 자본시장법(§98-2①)상 성과보수 제한 규제 위반(규정§24 iv)	○ 좌동(자본시장법§98-2①)

▌제5절▐ 자료의 기록 및 유지·관리 등

Ⅰ. 의의

금융거래 자료의 훼손을 방지하기 위해 판매업자에게 자료에 대한 관리책임(기록·유지·관리의무)을 부과한다(법§28①·②). 한편 소송·분쟁 시 금융소비자의 공격·방어권을 위해 자료접근권을 보장한다(법§28③~⑦).[50] 이를 통해 금융소비자가 소송·분쟁 제기 전 객관적으로 승소 가능성을 따져볼 수 있어 남소 등 무리한 요구가 줄어들 수 있으며, 판매업자 업무수행의 투명성을 제고할 수 있다.

Ⅱ. 적용범위

금융상품 계약 관련 자료 외 광고·업무위탁·내부통제기준 자료 등을 기록·유지·관리해야 하므로 모든 판매업자가 규제대상이다. 자료열람권은 소송 및 분쟁 대응 시 금융소비자가 관련 자료를 요구하는 권리이므로 금융소비자(일반 및 전문소비자) 전체가 행사

50) 금융소비자보호법 안내자료(2021.03.24.), 45면 참조.

할 수 있다. 법 시행 이후 금융상품 또는 금융상품자문에 관한 계약의 체결을 권유(자문업자가 자문에 응하는 경우 포함)하거나 계약을 체결하는 경우부터 적용한다(법 부칙§2).

구분	내용
주체(규제대상)	직접판매업자, 대리·중개업자, 자문업자
상대방(보호대상)	금융소비자(일반소비자 및 전문소비자)
유지·관리 및 열람대상	2021.9.25. 이후 금융상품(자문)계약이 권유(자문에 응하는 경우 포함) 또는 체결된 경우 해당 계약의 성립(청약과 승낙 포함)을 입증하는 자료
	2021.9.25. 이후 금융상품(자문)계약이 체결된 경우 해당 계약의 권리·의무 이행에 관한 자료
	2021.9.25. 이후 금융상품등에 대해 광고한 경우 해당 광고 자료[51]
	2021.9.25. 이후 체결된 금융상품(자문)계약의 자료열람 연기·제한·거절, 청약철회, 위법계약해지에 관한 자료
	2021.9.25. 시행하는 내부통제기준[52]의 제정·운영 등에 관한 자료
	2021.9.25. 이후 금융상품(자문) 계약체결과 관련된 업무가 위탁된 경우 해당 업무 위탁에 관한 자료

Ⅲ. 내용 및 절차

1. 자료의 기록 및 유지·관리

판매업자등은 판매업등의 업무와 관련한 자료를 기록하여야 하며, 자료의 종류별로 이를 유지·관리하여야 한다(법§28①). 불법행위 손해배상청구권(10년) 및 일반 상사채권(5년)의 소멸시효를 고려하여 관리기간은 5년 또는 10년으로 규정한다(영§26②). 여기서 기록·유지·관리기간은 최소 보관기간을 의미하므로 신용정보법 및 상법 등 타 법률에 위배되지 않는 범위에서 금융소비자보호법상 관리기간 도과 후 관련 자료를 일괄하여 폐기 가능하다. 또한, 기록 및 유지·관리하여야 하는 자료가 멸실 또는 위조되거나 변조되지 아니하도록 적절한 대책을 수립·시행하여야 한다(법§28②).

51) 금융상품이 아닌 광고행위 시점을 기준으로 하므로 2021.9.25. 이전 출시된 금융상품에 대한 광고자료도 광고가 2021.9.25. 이후 이루어졌다면 대상범위에 포함된다.
52) 금융소비자보호법(§16)상 내부통제기준을 의미한다(영§10②).

기록 및 유지·관리대상	예시	유지·관리 기간
계약체결에 관한 자료	적합성 원칙 이행자료(소비자정보 확인서, 적합성판단 결과), 설명의무 이행자료(설명서), 적정성 원칙 이행자료(적정성 판단보고서), 계약서, 약관 등	10년(장기 보장성 상품의 경우 해당 상품의 보장기간)
계약의 이행에 관한 자료	신용카드 결제내역(추심이체, 선결제, 가상계좌 납부내역), 각종 신용카드 거래조건(거래정지, 재발급, 한도변경) 변경 내역 등[53]	
금융상품등의 광고 자료	광고문(사본 포함) 등	10년
자료열람 연기·제한 및 거절에 관한 자료	금융소비자의 자료열람 신청서, 판매업자의 자료열람 통지서 등	10년
청약의 철회에 관한 자료	청약철회 의사표시에 관한 자료(일반소비자가 청약철회 의사를 표시하여 발송한 서면), 금전·재화등 반환에 관한 자료(일반소비자 지정계좌로 판매업자가 금전을 입금한 자료) 등[54]	
위법계약의 해지에 관한 자료	금융소비자의 위법계약해지 요구서, 판매업자의 위법계약 해지 통지서 등	
내부통제기준의 제정·운영 등에 관한 자료	내부통제기준 제·개정안, 내부통제기준 운영·점검사항 등	5년
업무 위탁에 관한 자료	금융상품 계약체결과 관련된[55] 업무 위탁계약서 등	10년

2. 자료열람권

금융소비자는 분쟁조정 또는 소송의 수행 등 권리구제를 위한 목적으로 판매업자등이 기록 및 유지·관리하는 자료의 열람(사본의 제공 또는 청취를 포함)을 요구할 수 있다(법§28③). 판매업자등은 소비자의 열람 요구 시 아래 구분에 따른 고지 및 조치를 취해야 하며, 금융소비자에게 실비를 기준으로 수수료와 우송료(사본우송 청구에 한정)를 청구할 수 있다(법§28④~⑦).

53) 신속처리시스템 회신(여전 210726－52) 참조.
54) 신속처리시스템 회신(은행 210419－44) 참조.
55) 신속처리시스템 회신(손보 210526－27) 참조.

주체	절차	
금융소비자	1 아래 사항이 기재된 열람요구서를 제출하여 분쟁조정·소송수행 등 권리구제 목적의 자료열람(사본제공 또는 청취 포함)을 요구 ○ 열람목적: 분쟁조정 신청내역 또는 소송제기 내역 ○ 열람범위: 열람하고자 하는 자료의 내용 및 해당 자료와 열람목적 간의 관계 ○ 열람방법	
판매업자등	2 아래 4가지 유형(①~④)에 따라 문서로 아래 사항을 통지. 열람이 가능함을 알리는 경우에는 전화·팩스·전자우편·휴대전화 문자메시지 등의 방법으로 통지 가능	3 통지 후 4가지 유형(①~④)별 조치
① 열람가능	○ 열람이 가능한 자료목록 ○ 열람이 가능한 날짜 및 시간 ○ 열람방법	8일내 전부열람 가능하도록 조치
② 열람제한	○ 열람이 가능한 자료목록 ○ 열람이 가능한 날짜 및 시간 ○ 열람방법 ○ 열람요구한 자료 중 일부만 열람이 가능한 이유(※) ○ 이의제기 방법	8일내 일부열람 가능하도록 조치
③ 열람거절	○ 열람이 불가한 사유(※) ○ 이의제기 방법	–
④ 열람연기	○ 기간 내에 열람할 수 없는 정당한 사유 ○ 이의제기 방법	연기사유 소멸 시 지체없이 열람 가능하도록 조치

1 소비자가 열람할 수 있는 방법은 대면 열람, (우편, 이메일, 휴대폰 문자메시지 등을 통한) 사본제공, 청취 중 하나이다.

2 통지기한에 대해서는 별도 규정이 없다. 열람 '통지 후' 8일내 열람할 수 있도록 해야 하는 점과 유사입법례(개인정보법 시행령§42②)에서 열람연기·거절 통지기한을 열람조치 기한(10일)과 동일하게 규정한 점 감안 시 통지기한은 열람조치 기한과 동일한 8일로 이해된다.

3 열람조치 기한 8일은 8 영업일이 아니라 8 달력일을 의미한다. 금융소비자가 열람이 가능하도록 조치해야 하므로 우편으로, 사본을 제공하는 경우 8일내 해당 사본이 사회관념상 내용을 알 수 있는 객관적 상태에 놓여있어야 한다. 현실적으로 금융소비자가 우편을 수령하였거나 그 내용을 알았을 것까지 필요하지 않다.[56] 금융소비자의 세력범위 안에 들어온 후 인식가능성을 가지게 되는 시점에(예를 들어 영업시간 이후 우편물이 회사 우편함에 투입된 경우라면 그 다음날 영업개시 시간에) 열람조치가 이루어진 것으로 볼 수 있다.[57]

56) 대법원 1983. 8. 23. 선고 82다카439 판결 참조.
57) 엄동섭, "의사표시의 도달에 관한 판례분석", 서강법학 7(2005), 113면 참조.

열람을 제한(일부 열람조치)하거나 거절(열람불가)할 수 있는 사유(※)는 아래와 같다.

열람제한 및 거절사유
▫ 법령에 따라 열람을 제한하거나 거절 ▫ 타인의 생명·신체 훼손하거나 타인의 재산과 그 밖의 이익을 부당하게 침해할 우려 ▫ 부정경쟁방지법(§2 ii)상 영업비밀을 현저히 침해할 우려 ▫ 개인정보의 공개로 인해 사생활의 비밀 또는 자유를 부당하게 침해할 우려 ▫ 열람하려는 자료가 열람목적과 관련이 없다는 사실이 명백

Ⅳ. 제재

법 제28조제1항을 위반하여 자료를 기록하지 않거나 자료의 종류별로 유지·관리하지 않은 경우, 법 제28조제2항을 위반하여 대책을 수립·시행하지 않은 경우, 또는 법 제28조제4항을 위반하여 열람하도록 하지 않은 경우 판매업자 및 임직원에게 제재조치(시정명령, 정직 등) 가능하다(법§51·§52). 법 제28조제1항을 위반하여 자료를 기록하지 않거나 자료의 종류별로 유지·관리하지 않은 경우에 과태료[58]가 부과된다(법§69①xii).

Ⅴ. 시행일

2021.9.25일부터 시행한다(법 부칙§1 ii).

Ⅵ. 기존규제

일반법으로서 자료보존의무는 상법(§33)에서, 열람권은 개인정보법(§35) 및 신용정보법(§38)에서 규정하고 있다. 개별법으로서 금융투자업자의 자료 유지·관리의무는 자본시장법(§60)에서, 열람권은 은행법(영§24-5)에서 규정한다. 다음 표에서는 개별 금융업법 기준으로 기재한다.

구분	은행	금융투자	보험	저축은행	여전	대부
도입 여부	△	○	△	×	×	○

58) 법인 1억원, 법인이 아닌 자 5천만원.

구분		은행	금융투자	보험	저축은행	여전	대부
근거규정	관리	–	자본시장법 §60	–	–	–	대부업법§6⑤
	열람	舊은행법 시행령 §24-5③	금융투자업 규정§4-13	보험업 감독규정 §7-45③	–	–	대부업법§6⑥

기록·유지·관리의무의 경우 자본시장법, 열람권의 경우 개인정보법상 규제틀을 참고하였으며, 기존규제(자본시장법)는 존치한다. 이에 기존규제에서 이관(삭제)된 규제가 금융소비자보호법에 어떻게 반영되었는지를 살펴봄으로써 비교의의를 지니던 앞선 규제들과 달리 조항별 비교가 큰 의미를 지니진 않는다. 따라서 큰 틀에서 금융소비자보호법을 중심으로 비교한다. 기존법과 비교 시 달라진 부분은 별도 표시[59]하고, 표현과 내용이 동일한 경우에만 '좌동'으로 기재한다.[60]

금융소비자보호법	기존규제
▫ 판매업자등은 금융상품판매업등의 업무와 관련한 자료로서 대통령령으로 정하는 자료를 기록하여야 하며, 자료의 종류별로 대통령령으로 정하는 기간 동안 유지·관리하여야 한다(법§28①)	▫ 금융투자업자는 금융투자업 영위와 관련한 자료를 대통령령으로 정하는 자료의 종류별로 대통령령으로 정하는 기간 동안 기록·유지하여야 한다(자본시장법§60①)
▫ 판매업자등은 기록 및 유지·관리하여야 하는 자료가 멸실 또는 위조되거나 변조되지 아니하도록 적절한 대책을 수립·시행하여야 한다(법§28②)	▫ 좌동(자본시장법§60②)
▫ 금융소비자는 분쟁조정 또는 소송의 수행 등 권리구제를 위한 목적으로 판매업자등이 기록 및 유지·관리하는 자료의 열람(사본의 제공 또는 청취를 포함)을 요구할 수 있다(법§28③)	▫ 정보주체는 개인정보처리자가 처리하는 자신의 개인정보에 대한 열람을 해당 개인정보처리자에게 요구할 수 있다(개인정보법§35①)
▫ 판매업자등은 열람을 요구받았을 때에는 해당 자료의 유형에 따라 요구받은 날부터 **<u>8일</u>** 이내에 금융소비자가 해당 자료를 열람할 수 있도록 하여야 한다. 이 경우 해당 기간 내에 열람	▫ 개인정보처리자는 열람을 요구받았을 때에는 **<u>10일</u>**내에 정보주체가 해당 개인정보를 열람할 수 있도록 하여야 한다. 이 경우 해당 기간 내에 열람할 수 없는 정당한 사유가 있을 때에는

59) 세부내용이 다른 경우(예시가 추가되거나 삭제된 경우 포함) 굵게 밑줄 표시하고, 해당 조항 전체가 신설된 규제이거나 기존규제가 인용되지 않은 경우 해당 칸을 음영표시한다.
60) 내용이 동일하더라도 표현이 다른 경우에도 현행 금융소비자보호법과 비교가 될 수 있도록 기존 규제내용 그대로 기재한다.

금융소비자보호법	기존규제
할 수 없는 정당한 사유가 있을 때에는 금융소비자에게 그 사유를 알리고 열람을 연기할 수 있으며, 그 사유가 소멸하면 지체 없이 열람하게 하여야 한다(법§28④·영§26④)	정보주체에게 그 사유를 알리고 열람을 연기할 수 있으며, 그 사유가 소멸하면 지체 없이 열람하게 하여야 한다(개인정보법§35③·동법 시행령§41④)
–	□ 개인정보처리자는 열람 요구 사항 중 일부가 열람제한·거절사유에 해당하는 경우에는 그 일부에 대하여 열람을 제한할 수 있으며, 열람이 제한되는 사항을 제외한 부분은 열람할 수 있도록 하여야 한다(개인정보법 시행령§42①)
□ 금융상품판매업자등은 아래 어느 하나에 해당하는 경우에는 금융소비자에게 그 사유를 알리고 열람을 제한하거나 거절할 수 있다(법§28⑤)	□ 개인정보처리자는 아래 어느 하나에 해당하는 경우에는 정보주체에게 그 사유를 알리고 열람을 제한하거나 거절할 수 있다(개인정보법§35④)
○ 법령에 따라 열람을 제한하거나 거절	○ 법률에 따라 열람이 금지되거나 제한
○ 다른 사람의 생명·신체를 해칠 우려가 있거나 다른 사람의 재산과 그 밖의 이익을 부당하게 침해할 우려	○ 좌동
○ 부정경쟁방지법(§2 ii)상 영업비밀을 현저히 침해할 우려	–
○ 개인정보의 공개로 인해 사생활의 비밀 또는 자유를 부당하게 침해할 우려	–
○ 열람하려는 자료가 열람목적과 관련이 없다는 사실이 명백	–
□ 판매업자등은 열람, 열람의 연기 및 열람의 제한·거절을 알리는 경우에는 아래 구분에 따른 사항을 기재한 문서로 해야 한다. 다만, 열람을 알리는 경우에는 전화, 팩스, 전자우편 또는 휴대전화 문자메시지 등의 방법으로 이를 알릴 수 있다(영§26⑤·감독규정§25③) ○ 열람이 가능한 경우 - 열람이 가능한 자료의 목록 - 열람이 가능한 날짜 및 시간 - 열람 방법 ○ 열람을 요구한 자료 중 일부만 열람이 가능한 경우 - 열람이 가능한 자료의 목록 - 열람이 가능한 날짜 및 시간 - 열람 방법 - 열람을 요구한 자료 중 일부만 열람이 가능한	□ 개인정보처리자는 개인정보 열람 요구를 받은 날부터 10일 이내에 정보주체에게 해당 개인정보를 열람할 수 있도록 하는 경우와 열람 요구 사항 중 일부를 열람하게 하는 경우에는 열람할 개인정보와 열람이 가능한 날짜·시간 및 장소 등(제42조제1항에 따라 열람 요구 사항 중 일부만을 열람하게 하는 경우에는 그 사유와 이의제기방법을 포함한다)을 보호위원회가 정하여 고시하는 열람통지서(열람형태·방법 포함)로 해당 정보주체에게 알려야 한다. **다만, 즉시 열람하게 하는 경우에는 열람통지서 발급을 생략할 수 있다**(개인정보법 시행령§41⑤)

금융소비자보호법	기존규제
이유 - 이의제기 방법	
○ 열람이 불가한 경우 - 열람이 불가한 사유 - 이의제기 방법	□ 개인정보처리자가 정보주체의 열람을 연기하거나 열람을 거절하려는 경우에는 열람 요구를 받은 날부터 **10일 이내에** 연기 또는 거절의 사유 및 이의제기방법을 보호위원회가 정하여 고시하는 열람의 연기·거절 통지서로 해당 정보주체에게 알려야 한다(개인정보법 시행령§42②)
□ 판매업자등은 금융소비자가 열람을 요구하는 경우 실비를 기준으로 수수료와 우송료(사본의 우송을 청구하는 경우만 해당)를 청구할 수 있다(법§28⑥·영§26⑦)	□ 개인정보처리자는 열람등요구를 하는 자에게 실비의 범위에서 해당 개인정보처리자가 정하는 바에 따라 수수료와 우송료(사본의 우송을 청구하는 경우에 한한다)를 청구할 수 있다(개인정보법§38③·동법시행령§47①)
–	□ 개인정보처리자는 열람등요구를 하게 된 사유가 그 개인정보처리자에게 있는 경우에는 수수료와 우송료를 청구해서는 아니 된다(개인정보법 시행령§47②)
–	□ 수수료 또는 우송료는 해당 개인정보처리자가 정하는 방법으로 낸다(개인정보법 시행령§47③)

1. 상법

상법(§33)상 영업에 관한 중요서류는 10년간, 전표 또는 이와 유사한 서류는 5년간 보존하여야 한다. 중요서류인지 여부는 개별 회사가 자율적으로 정한다.

2. 개인정보법

개인정보법(§35)상 정보주체는 개인정보처리자에게 자신의 개인정보 열람을 요구할 수 있다. 앞서 언급하였듯이 금융소비자보호법상 자료열람권은 개인정보보호법상 개인정보의 열람요구권을 참고하여 규정하였으므로 내용과 절차가 상당히 유사하다.

3. 신용정보법

신용정보주체는 신용정보회사등에 본인의 신분을 나타내는 증표를 내보이거나 전화,

인터넷 홈페이지의 등 정하는 방법으로 본인임을 확인받아 신용정보회사등이 가지고 있는 개인신용정보의 교부 또는 열람을 청구할 수 있다(신용정보법§38).

신용정보법(§20-2②)상 신용정보제공·이용자의 전체 금융거래 종료일을 기준으로 '최장' 5년 이내 관련 정보를 삭제해야 하며, 금융소비자보호법은 해당 자료의 생성일[61]로부터 10년을 '최소' 보관해야 한다. 신용정보법상 최장 보관기관이 도과하였지만, 금융소비자보호법 최소 보관기간이 종료되지 않은 경우 금융소비자보호법상 최소 보관기간만큼 보관해야 한다(신용정보법§20-2② i).[62] 금융소비자보호법상 최소 보관기간이 도과하였지만 신용정보법상 최장 보관기간이 종료되지 않은 경우에는 신용정보법 및 판매업자의 내부 개인정보관리지침에 따라 보관 가능하다.

4. 은행법

은행법(은행법 시행령§24-5③)은 약관 및 계약서류에 대해 '은행이용자'가 열람할 수 있도록 한다. 은행거래에는 금융소비자보호법상 금융상품이 아닌 외환거래 등이 포함되므로 '은행이용자'는 금융소비자보호법상 금융소비자와 범위가 일치하지 않는다. 동 조항을 삭제하게 되면 외환거래 이용자 등은 열람을 요구할 수 없는 규제공백이 발생하므로 이를 방지하기 위해 은행이용자의 범위에서 금융소비자를 제외되도록 개정하여 존치[63]한다(법 부칙§13⑮).

舊은행법 시행령	현행
제24조의5(불공정영업행위 금지 등) ③ 은행이용자는 약관 및 계약서류에 대한 열람을 신청할 수 있다. 이 경우 은행은 정당한 사유가 없으면 이에 따라야 한다.	**제24조의5(금융거래상 중요 정보 제공)** ③ 은행이용자(「금융소비자 보호에 관한 법률」에 따른 금융소비자는 제외한다)는 약관 및 계약서류에 대한 열람을 신청할 수 있다. 이 경우 은행은 정당한 사유가 없으면 이에 따라야 한다.

5. 자본시장법

금융투자업자는 투자자와 체결한 계약 관련 자료를 10년간 기록·유지하여야 하고,

61) 신속처리시스템 회신(여전 210525-34) 참조.
62) 신속처리시스템 회신(손보 210416-14) 참조.
63) 은행법 시행령만 아래와 같이 개정되었고(영 부칙§2⑳), 관련 하위규정인 은행업감독규정(§89⑦) 조항은 개정되지 않았다.

자료멸실 · 위변조 예방대책을 수립 · 시행하여야 한다(자본시장법§60). 또한 투자자가 서면으로 요청하는 경우 금융투자업자가 기록 · 유지하는 자료를 6영업일 이내 제공하여야 한다(금융투자업규정§4-13③). 동 조항은 삭제하지 않고 존치한다. 자본시장법(자본시장법 시행령 §62)에서 기록 · 유지 관리하도록 하는 자료의 범위에 재무자료, 금융투자업자의 부수업무 관련 자료 등이 포함되어 있어, 금융소비자보호법상 보관자료의 범위와 일치하지 않기 때문으로 이해된다.

6. 보험업법

보험계약자는 보험회사의 본점에서 아래 서류등에 대한 열람을 신청할 수 있으며, 보험회사는 특별한 사유가 없는 한 이에 응하여야 한다(보험업감독규정§7-45③). 기초서류 중 보험약관을 제외하고는 금융소비자보호법상 열람대상과 일치하지 않으며 보험상품에만 관련된 서류이므로 동 규제는 존치한다.

열람대상
□ 기초서류[64](다만, 보험료 및 책임준비금산출방법서 중 보험료의 계산에 관한 사항은 제외) □ 변액보험(퇴직연금실적배당보험 포함) 특별계정에 관한 장부 · 서류로서 아래 사항 ○ 자산명세서 ○ 기준가격대장 ○ 재무제표 및 그 부속명세서 ○ 유가증권등매매거래내역서

7. 대부업법

대부업자는 대부 또는 보증계약체결 시 계약서 및 계약관계서류[65]를 채무변제일 이후 2년까지 보관하여야 하며, 거래상대방 또는 대리인은 동 서류의 열람을 요구할 수 있다(대부업법§6⑤ · ⑥). 열람 · 보관의 대상이 되는 자료의 범위가 상이한 점 등을 감안하여 해당 규정은 현행 대부업법에 존치한다.

64) 보험종목별 사업방법서, 보험약관, 보험료 및 책임준비금의 산출방법서(보험업법§5ⅲ).
65) 대부계약대장, 채무자와 날짜별로 원리금 및 부대비용을 주고 받은 내역, 담보 관련 서류 등 거래상대방(보증인을 포함한다)이 대부계약 또는 그와 관련된 보증계약의 체결과 관련하여 제출한 서류(채무자가 채무를 변제하고 관련 서류의 반환을 서면으로 요구하여 반환한 경우에는 그 반환요구서).

Ⅶ. Q&A

[적용범위]

1. 조달청(나라장터)의 국방전자조달시스템을 통한 입찰로 계약이 체결된 리스 상품[66]에 대해서도 판매업자가 계약 관련 자료를 별도로 보관해야 하는지?

신속처리시스템 회신(여전 210416-11)

금융소비자보호법상 자료기록·유지의무에 별도의 예외규정이 없어 예외를 인정하기 곤란함.

2. 2021.3.25일부터 규제가 시행되는 광고, 청약철회 자료 등의 경우 언제부터 해당 자료를 유지 관리해야 하는지?

2021.9.25일부터 기록 및 유지·관리하면 됨.

[필자 보충의견] 법 시행 이후 금융상품 또는 금융상품자문에 관한 계약의 체결을 권유(자문업자가 자문에 응하는 경우 포함)하거나 계약을 체결하는 경우부터 적용하므로(법 부칙§2), 광고의 경우 2021.9.25. 이후 금융상품등에 대해 광고한 경우 해당 광고 자료, 청약철회의 경우 2021.9.25. 이후 체결된 금융상품(자문)계약의 청약철회에 관한 자료가 기록 및 유지·관리 대상에 해당됨.

[타 법률과의 관계]

3. 금융소비자보호법상 자료유지·관리의무와 신용정보법에 따른 개인(신용)정보 파기 의무 간 관계는? 신용정보법에 따라 파기했을 경우 금융소비자의 자료요구를 거절할 수 있는 사유에 해당하는지?

신속처리시스템 회신(손보 210416-14)

신용정보법(§20-2② i)에서도 “다른 법률 이행을 위한 경우”에는 개인신용정보 보유기간의 예외로 규정하고 있고, 금융소비자보호법상 자료 기록·유지의무는 금융소비자의 권리 구제를 위한 것으로 신용정보법과 그 취지를 달리한다는 점에서 금융소비자보호법상

66) 계약서는 수요기관 및 낙찰자가 조달청 사이트에 접속 시 10년이 경과한 건도 상시 열람이 가능하다.

자료 기록·유지의무 기간은 준수하여야 함.

4. 신용정보법 제20조의2제2항에 따른 개인신용정보 보유기간(거래종료 후 3개월 이내, 최장 5년)**이 금융소비자보호법 시행령 제26조제2항의 유지기간**(10년)**에 포함되는지?**

신속처리시스템 회신(여전 210809-53)

금융회사의 개인(신용)정보와 관련하여 신용정보법과 금융소비자보호법을 모두 준수하여야 하며, 동 사례와 같이 기간이 중복되는 경우 각 법을 모두 준수하는 것으로 볼 수 있음.

5. 소비자의 열람요청 서류가 자본시장법(금융투자업규정§4-13)**상 제공의무 있는 서류에 해당하는 경우 어느 법을 따라야 하는지?**

금융투자업 관련 자료인 경우 자본시장법에 따라 *(6영업일 내)* 제공해야 함.

6. 자료기록·유지·관리와 관련하여 대부업법 제6조제5항(계약서 및 계약관계서류를 채무변제일 이후 2년 되는 날까지 보관)**과 금융소비자보호법 제28조 경합 시 어느 법이 우선하는지?**

신속처리시스템 회신(대부 210521-7)

금융소비자보호법 제6조에서는 금융소비자 보호에 관하여 다른 법률에서 특별히 정한 경우를 제외하고는 이 법에서 정하는 바에 따른다고 규정하고 있음. 따라서 대부업자의 계약서류 보관에 관한 사항을 규정하는 대부업법 제6조제5항을 금융소비자보호법 제6조에 우선하여 적용됨.

[필자 보충의견] 앞서 신용정보법상 파기의무에도 불구하고 금융소비자보호법상 유지·관리의무가 우선한다고 해석(손보 210416-14)한 것에 반해, 동 답변에서는 금융소비자보호법보다 대부업법이 우선한다고 해석한 이유는 두 법률(신용정보법과 대부업법)간 차이에서 기인함.

신용정보법(§20-2② i)과 달리 대부업법에서는 다른 법률의 이행을 위한 경우 우선한다는 예외 조항을 두고 있지 아니하며, 대부업법 총칙에서도 '다른 법률과의 관계'를 별도로 규정하고 있지 아니하므로 금융소비자보호법 제6조에 따라 대부업법에서 특별히 정한 계약서류 보관의무 규제가 우선 적용됨.

7. 고난도금전신탁계약에 대해 자본시장법에 따라 숙려기간 중 그 계약을 해지하거나 금융소비자보호법에 따라 청약을 철회하면서 소비자가 계약 관련 자료(신청서, 녹취 파일[67] 등)의 삭제를 요청할 경우 금융회사가 이에 응해야 하는지?

신속처리시스템 회신(은행 210806-125)

금융소비자보호법상 판매업자등은 청약철회, 위법계약해지 등 소비자 권리행사에 관한 자료를 10년간 보관하도록 규정됨(시행령 제26조제1항제4호). 따라서 금융회사가 소비자의 요청 등으로 관련 자료를 삭제하는 경우 금융소비자보호법 위반 소지가 있음.

[자료범위]

8. 계약을 체결하지 아니한 소비자의 적합성 진단결과 등 자료도 유지·관리해야 하는지?

신속처리시스템 회신(생보 210429-17)

금융소비자보호법 시행령 제26조제1항 각 호에서는 계약체결이 되지 않은 경우에 관한 경우까지 의무를 부과하지 않으므로 해당 자료의 유지·관리 의무는 없음.

9. 계약체결·이행에 관한 자료와 관련하여,

1. '계약체결에 관한 자료'는 '계약서'를 의미하는지?
2. 아래 예시가 신용카드의 계약이행 관련 자료에 해당되는지?
   - ① 신용카드 거래가 이루어진 승인자료, 매입자료
   - ② 소비자가 이행한 결제내역: 추심이체, 선결제, 가상계좌 납부내역 등
   - ③ 각종 거래조건(거래정지, 재발급, 한도변경) 변경 내역
   - ④ 고객 정보(주소, 전화번호) 변경 내역
   - ⑤ 명의도용발급, 보이스피싱, 부정사용 등에 대한 이의제기
3. 금융상품 계약체결, 계약의 이행, 단순 상담내용(개인정보 포함 가능)이 포함된 녹취자료 자체도 관리자료에 포함되는지?
4. 고객 원장 정보가 기록 유지·관리할 자료인지?

신속처리시스템 회신(여전 210726-52)

---

67) 개인인 일반투자자와 고난도금전신탁계약 체결 시 계약을 해지할 수 있는 2영업일 이상의 숙려기간을 부여하고 계약체결과정을 녹취해야 하며, 투자자가 요청하면 녹취파일을 제공해야 한다(자본시장법 시행령§109③ⅰ-ⅲ가).

[1] '계약체결에 관한 자료'란, 계약이 적법하게 체결되었다는 사실을 입증할 수 있는 자료로서 적합성 원칙, 설명의무 등 계약 이전 금융소비자보호법상 규제준수에 관한 자료를 포함함.

[2] 동 사례상의 예시(①~⑤) 중 ②, ③은 '신용카드 계약이행에 관한 자료'에 해당됨.

[3] *(계약체결 및 이행과 관련된)* '녹취' 자료도 유지·관리 대상에 해당됨. 단순 상담은 일반적으로 계약체결·이행에 관한 자료로 보기 어려우므로 유지·관리 대상이 아님.

[4] 고객원장 정보는 계약체결·이행 등에 관한 정보를 포함하고 있는 만큼 유지·관리 대상에 해당됨.

10. 금융소비자보호법 시행령 제26조제1항제1호 및 제2호 사항과 관련하여, 보험대리점에서 유지·관리해야 하는 자료에 청약서, 보험상품 비교확인서(보험업감독규정 별표5-6에 의거), **증권 등도 해당되는지?**

신속처리시스템 회신(손보 210416-19)

금융소비자보호법 시행령 제23조제3항제1호에서는 대리·중개업자가 소비자와 계약을 체결하는 행위를 금지하며, 관련하여 금융소비자보호법 시행령 제24조제1항제3호에서 "소비자가 제공한 개인정보 또는 신용정보 등을 보유·관리할 수 없다"고 규정하고 있음. 이러한 법체계를 감안하여 판단하건대, 대리·중개업자는 예외적으로 계약을 체결하는 경우가 아닌 한, 계약체결에 관한 자료 및 계약의 이행에 관한 자료를 보관·유지할 의무가 없음.

[필자의견] 보험대리점은 예외적으로 보험회사가 위탁한 경우에 계약체결이 가능하나, 실제로는 보험회사로부터 계약체결권한을 위탁받지 않고 단순 중개방식으로 영업하고 있어 대리·중개업자가 계약체결 및 이행에 관한 자료를 보관해야 하는 경우는 없을 것으로 이해됨.

11. 대출과 관련된 고객 안내문(Direct Mail)[68]**이 계약체결 또는 계약이행에 관한 자료에 해당하는지?**

신속처리시스템 회신(은행 210616-114)

금융소비자보호법상 자료의 유지·관리 대상으로 '계약체결에 관한 자료'는 금융상품 계약의 성립(청약과 승낙을 포함)을 입증하는 자료를 의미하고, '계약이행에 관한 자료'란 금융

68) 만기안내·기한이익 상실통지·기일경과 통지·실행내역 통지·신용정보 제공 관련 통지 등.

상품 계약상 권리·의무의 행사를 입증하는 자료를 의미함.
따라서 고객 안내문에 기재된 사항들이 개별 금융상품 계약(약관)상 금융회사의 의무사항을 이행한 것이라면 이는 금융소비자보호법상 '계약이행에 관한 자료'에 포함된다고 할 것이나, 고객 안내문 자체가 금융소비자보호법 시행령에 따른 자료라고는 볼 수 없음.

12. 금융소비자가 모집식 고난도 금융투자상품(신탁 포함)을 판매업자가 운용하기 전에 청약 철회하는 경우 판매업자가 자료보관의무에 따라 보관해야 하는 '청약철회에 관한 자료'는?

신속처리시스템 회신(은행 210419-44)

금융소비자보호법 시행령 제26조제1항제4호나목의 "법 제46조에 따른 청약의 철회에 관한 자료"는 일반소비자의 청약철회 의사표시에 관한 자료, 판매업자등의 금전·재화등 반환에 관한 자료 등이 있음.
'일반소비자의 청약철회 의사표시에 관한 자료'는 일반소비자가 청약 철회 의사를 표시하여 발송한 서면, 전자우편, 휴대전화 문자메시지 또는 이에 준하는 전자적 의사표시 등(영§37②)이 있고, '판매업자등의 금전·재화등 반환에 관한 자료'는 해당 일반소비자가 지정한 계좌로 금전을 입금한 자료(영§37⑥), 재화등을 반환하였음을 뒷받침하는 자료 등이 있음.

13. 시행령 제26조의 '자료의 기록 및 유지·관리' 대상인 및 '업무 위탁에 관한 자료'의 경우 대리·중개업으로서의 금융상품 계약체결의 위탁을 의미하는 것인지? 건물관리, 청소용역, 보안, 보험금 손해사정, 보험사고 조사 등의 경우도 '업무 위탁' 범위에 포함되는지?

신속처리시스템 회신(손보 210526-27)

금융소비자보호법상 자료기록 및 유지·관리의무 대상인 업무 위탁에 관한 자료에서 '업무'란 금융상품 계약체결과 관련된 업무(법§2ⅱ)이므로 금융소비자보호법상 '업무 위탁'은 금융상품 계약체결과 관련된 업무를 위탁하는 것을 의미. 예시로 나열된 업무 등은 금융소비자보호법상 '업무 위탁'에 포함되지 않음.

[보관기간 · 방법]

14. 금융소비자보호법 제28조에 따른 자료 기록 · 유지의무(10년)를 준수하기 위한 기산점이 해당 금융상품 계약의 체결 시점부터인지? 금융거래가 10년 이상 지속 시, 10년 경과일부터는 자료 기록 · 유지의무가 소멸하는지?

신속처리시스템 회신(여전 210525-34)

업무 관련 자료 유지 · 관리의 기산점은 동 자료를 기록하는 시점이며, 유지 · 관리의무의 종료시점에 대하여 타 법상 금융소비자보호법 보다 장기(長期)의 유지 · 관리의무를 규정하는 경우에는 해당 법상 의무 기간을 준수하여야 함.
보장성 상품 외 금융소비자보호법상 유지 · 관리의무 기간보다 장기(長期)인 금융상품과 관련한 자료의 경우 소비자보호 등 금융소비자보호법의 취지를 감안하여, 금융위원회는 관련 규정 개정을 통해서 유지·관리 기간을 연장하도록 할 예정임을 밝힘.

15. 계약체결 · 이행자료의 보관의무와 관련해 보관기간의 기산점은?

법령해석 회신문(220030)

현행법상 기산점에 대해 별도의 규정(예: 거래종료일부터 기산한다)이 없고, 보장기간이 10년을 초과하는 보장성 상품의 경우, 해당 상품의 보장기간을 자료 유지 · 관리 기간으로 보는 만큼 계약체결 및 이행에 관한 자료의 기산점은 각각 관련 자료 생성일(계약체결 및 이행 시점)로 보아야 함.

16. 판매업자등이 법 제28조제1항에 의하여 기록 및 유지 · 관리하여야 하는 자료는 원본이 아닌 사본으로 대체가 가능한지?

신속처리시스템 회신(손보 210526-26)

전자문서 및 전자거래기본법 제5조제2항의 요건을 갖춘 경우라면 원본이 아닌 전자화문서로 보관 가능. 다만, 다른 법령에서 원본 보관의무를 부여하는 등 보관방법에 대한 특별한 규정이 있는 경우라면 해당 법령상 의무를 준수하여야 함.

17. 상법 제33조 및 동법 시행령 제3조[69]에 따른 방법으로 실물문서(지류원본) 보관없이 이미지 파일 등 전자적 형태로 보관하는 경우 금융소비자보호법(§28)상 자료의 유지·관리의 의무를 이행한 것으로 볼 수 있는지?

법령해석 회신문(210227)

금융소비자보호법 제28조에 따른 자료의 유지·관리 의무 이행과 관련하여 자료의 보관 방법에 대해 금융소비자보호법상 직접적으로 규율하는 규정은 없음. 다만, 금융소비자보호법 제28조제2항에서는 판매업자가 자료가 멸실 또는 위조되거나 변조되지 않도록 적절한 대책을 수립·시행해야 한다는 의무를 부과하고 있을 뿐임. 따라서 판매업자는 상법 제33조 및 관련 하위규정에 따라 자료를 보관할 수 있음.

[열람요구]

18. 자료열람요구권과 관련하여,

1 자료열람요구가 가능한 금융소비자는 보험계약자에 한정하는지? 피보험자, 연대보증인, 담보제공자, 보험료 제3납부자, 보험금청구권 질권자, 신용보험의 외상구매자·할부구매자·채무자도 포함인지?

2 권리구제 목적 중 소송의 수행에서 소송이 금융회사가 당사자(원고 또는 피고)인 소송만 포함되는지? 보험계약자와 피보험자간 소송도 포함되는지?

3 열람요구서상 "법 제36조에 따른 분쟁조정 신청내역 또는 소송제기 내역"을 기재하도록 되어있는 바, 분쟁조정 신청 및 소송제기 이전에도 자료 열람을 허용해야 하는지?

신속처리시스템 회신(손보 211005-40)

69) **상법 제3조(전산정보처리조직에 의한 보존)** 법 제33조제1항에 따른 상업장부와 영업에 관한 중요서류(이하 이 조에서 "장부와 서류"라 한다)를 같은 조 제3항에 따라 마이크로필름이나 그 밖의 전산정보처리조직(이하 이 조에서 "전산정보처리조직"이라 한다)에 의하여 보존하는 경우에는 다음 각 호의 어느 하나에 해당하는 방법으로 보존하여야 한다. 다만, 법에 따라 작성자가 기명날인 또는 서명하여야 하는 장부와 서류는 그 기명날인 또는 서명이 되어있는 원본을 보존하여야 한다. <개정 2012. 8. 31.>
1. 「전자문서 및 전자거래 기본법」 제5조제2항에 따라 전자화문서로 보존하는 방법
2. 제1호 외의 경우에는 다음 각 목의 기준에 따라 보존하는 방법
   가. 전산정보처리조직에 장부와 서류를 보존하기 위한 프로그램의 개발·변경 및 운영에 관한 기록을 보관하여야 하며, 보존의 경위 및 절차를 알 수 있도록 할 것
   나. 법 및 일반적으로 공정·타당한 회계관행에 따라 그 내용을 파악할 수 있도록 보존할 것
   다. 필요한 경우 그 보존 내용을 영상 또는 출력된 문서로 열람할 수 있도록 할 것
   라. 전산정보처리조직에 보존된 자료의 멸실·훼손 등에 대비하는 조치를 마련할 것

1 법 제28조제3항에 따르면 자료열람요구권 행사주체는 '금융소비자'이고, 법 제2조제8호에 따르면 금융소비자란 '금융상품계약체결 등에 관한 금융상품판매업자의 거래상대방 등'을 의미하는 바, 보험계약에 있어 자료열람요구권 행사주체는 보험계약자로 판단됨.

2 법(§28③)상 소비자의 자료열람요구권은 법 제36조에 따른 분쟁조정 또는 소송의 수행 등 권리구제를 목적으로 한다고 규정하고 있고, 법 제36조제1항에 따르면 '금융회사 등, 금융소비자 및 그 밖의 이해관계인'은 금융과 관련하여 분쟁이 있을 때에는 금융감독원장에게 분쟁조정을 신청할 수 있다고 규정하고 있음. 이를 감안하면 법 제28조제3항에서 말하는 '소송'이란 금융회사 등과 금융소비자 간 소송뿐 아니라, 금융소비자와 그 밖의 이해관계인 간 소송도 포함된다고 판단됨.

3 자료열람요구권 도입 취지에는 금융소비자가 분쟁조정 신청 등에 앞서 객관적인 수용가능성을 판단하여 무리한 분쟁조정 신청 등을 방지하는 것도 포함되어 있는 바, 분쟁조정 신청 등 권리구제 절차가 진행되지 않았다고 하더라도 자료열람요구서에 관련 진행 내역이 기재되지 않았다는 이유만으로 금융소비자의 자료열람을 거절할 수 없다고 판단됨.

제4편

금융소비자 보호

제1장 금융소비자정책 등
제2장 금융분쟁의 조정
제3장 손해배상책임 등

제1장 금융소비자정책 등

제1절 금융소비자정책 수립

금융소비자 권익 보호를 위해 금융위원회는 금융소비자정책을 수립 · 시행하고, 금융소비자의 능력 향상을 위해 노력해야 한다(법§29). 이를 통해 금융소비자보호에 관한 중장기적인 비전을 마련하고 이에 따라 일관되게 정책을 수립 · 추진할 수 있다.[1] 대표적인 참고입법례로 독과점적 시장구조의 개선 등 공정거래위원회의 주요업무 및 역할을 선언적으로 규정한 독점규제법 제4조[2]가 있다.

제2절 금융교육

Ⅰ. 의의

금융소비자와 금융기관 간의 정보 불균형을 해소하고 금융소비자의 금융역량을 제고함으로써 자기책임 하에 합리적인 의사결정을 할 수 있도록 금융교육은 필수적으로 요구된다.[3] 그간 법적 근거 없이 실무차원에서 운영된 금융교육협의회의 설치 · 운영근거를 금융소비자보호법에 마련하여 금융교육의 종합적 추진 등을 논의한다.[4]

1) 검토보고서(1900573), 30면 참조.

2) **제4조(독과점적 시장구조의 개선 등)** ① 공정거래위원회는 독과점적 시장구조가 장기간 유지되고 있는 상품이나 용역의 공급시장 또는 수요시장에 대하여 경쟁을 촉진하기 위한 시책을 수립 · 시행하여야 한다.

3) 검토보고서(1900573), 30면 참조.

4) 금융위원회, "「금융소비자보호에 관한 법률 공포안」 국무회의 의결", 보도자료, 2020.03.17., 8면 참조.

II. 내용

1. 금융교육

금융위원회는 예산범위 내에서 금융금융 지원, 교육프로그램 개발, 금융교육 관련 시책 수립·수행, 금융소비자의 금융역량 조사(매 3년) 실시하여야 하며, 이러한 금융교육 업무를 금융감독원 또는 금융교육 관련 기관·단체에 위탁하여 시행한다(법§30). 업무 위탁 시에는 관련 사항을 금융위원회 홈페이지에 게시해야 하며(영§27②), 업무 수탁자(금융감독원 등)는 금융교육협의회를 거쳐 연간 업무 수행계획(직전연도 12월말), 수행계획에 따른 연간실적(다음연도 6월말)을 금융위원회에 보고하여야 한다(영§27③·규정§26②). 금융위원회가 수행계획사항 중 개별 이행결과를 요청하는 경우에는 해당 결과를 별도 보고한다(규정§26②).

2. 금융교육협의회

금융교육에 대한 정책을 심의·의결하기 위해 금융위원회에 금융교육협의회를 설치한다(법§31①).

구분	내용
심의의결 사항	금융교육의 종합적 추진, 금융소비자 교육 관련 평가, 제도개선 및 부처 간 협력
의장	금융위 부위원장
구성	25명 이내(의장 1명 포함)의 위원
위원자격	금융위·공정위·기재부·교육부·행안부·복지부·노동부·여가부 고위공무원으로서 소속 기관 장이 지명하는 자, 금감원 부원장(소보처장)
권한	관련 기관(금융교육협의회 소속 기관 및 관계기관·단체, 전문가)에 대한 자료제출 요구권, 회의참석 요구권
개최	정기회의(매년 2회) 또는 임시회의(의장이 소집)
의결정족수	위원 과반수의 출석 및 출석 위원 과반수의 찬성, 단, 위원 소집이 어려운 경우 서면 의결 가능

Ⅲ. 시행일

금융교육 부분(금융역량 조사 제외)은 2021.3.25.일부터 시행하고(법 부칙§1). 금융소비자의 금융역량 조사는 2021.3.25일 이후 3년 이내 최초로 실시한다(법 부칙§3).

제3절 비교공시

Ⅰ. 의의

금융소비자가 금융상품의 주요 내용을 알기 쉽게 비교할 수 있도록 금융상품의 유형별(투자성/보장성/대출성/예금성)로 금융상품의 주요 내용을 비교하여 공시할 수 있도록 한다(법§32①). 금융소비자의 합리적인 금융상품 선택을 지원하기 위해 금융상품 비교공시를 위한 법적 근거를 마련한 것이다.[5)]

Ⅱ. 내용 및 절차

1. 비교공시 사항

구분	공시사항	공시주기
공통	□ 금융권역: 은행, 저축은행, 카드회사, 여신전문회사, 보험회사, 금융투자업자 등 □ 금융회사명: OO은행, OO저축은행, OO카드, OO보험 등 □ 소재지역: 서울, 부산, 대구, 인천, 광주, 대전, 울산 등 영업점 소재지 □ 금융상품명: 판매상품의 명칭 □ 상품유형: 예금, 적금, 연금계좌, 주택담보대출, 전세자금대출, 개인신용대출 등 □ 공시일자: 공시정보를 업데이트한 일자 □ 가입방법: 인터넷, 전화, 창구 가입 등 □ 정보제공자인 직판업자의 담당부서 및 연락처	월별
예·적금	□ 저축기간: 6, 12, 24, 36개월로 구분 □ 이자 계산방식: 단리, 월복리 □ 세전 이자율: 저축기간별 세전 이자율(소수점 둘째 자리까지) □ 만기후 이자율: 만기일 이후 적용되는 이자율	월별

5) 검토보고서(1900573), 31면 참조.

구분	공시사항	공시주기
	□ 우대조건: 가입조건에 따른 우대이율(예: 월 50만원 이상 입금, 신용카드 월 1회 이상 사용 시 0.1% 우대 등) □ 적립방식(적금 한정) : 정액적립식, 자유적립식	
연금 저축 계좌	□ 연금종류: 연금신탁, 연금보험, 연금펀드로 구분 □ 가입연령: 30세, 40세 등 표준연령 □ 월납입액: 10만원, 20만원, 30만원 등 표준금액 □ 납입기간: 10년, 20년 등 표준기간 □ 연금개시연령: 60세, 65세 등 표준연령 □ 연금수령기간: 10년 확정, 20년 확정, 종신(남녀 10년보증 연금보험상품 한정) □ 판매개시일(설정일): 해당상품을 판매개시한 일자(연금펀드의 경우 설정일) □ 유지건수(설정액): 해당상품의 판매후 유지되고 있는 전월말 기준 계약건수(연금펀드의 경우 설정액) □ 상품유형: (신탁)채권형, 안정형 / (보험) 이자율연동형, 이자율확정형 / (펀드) 주식형, 채권형, 혼합형, 재간접형 등 □ 연평균 수익률: 판매개시일부터 공시일의 전월말까지 기간동안의 연평균 수익률 [판매후 1년 미만의 상품은 판매개시일 이후의 누적수익률: (적립금−원금)/원금×100] □ 공시이율 및 최저보증이율: 연금보험만 기재 □ 월 예상 연금수령액: 표준이율로 계산한 최초 수령월의 예상 연금수령액(월납입액·납입기간·연금개시연령·연금수령기간을 기초로 계산, 수수료 및 사업비 등은 차감하되 세금효과는 고려하지 않음) □ 과거 수익률: 직전 3개년의 연간 수익률 □ 판매회사: 연금펀드 등 해당 금융상품을 판매하고 있는 회사가 별도로 있는 경우 기재 □ 중도인출가능여부: 계약을 유지하면서 전부 또는 일부 금전을 인출할 수 있는지 여부 □ 기타 사항: 해당상품에 적용되는 특약사항, 기타 소비자에게 제공되는 우대혜택 등	분기별
주택 담보 대출 · 전세 자금 대출	□ 주택종류: 아파트, 아파트 외(연립주택, 다세대주택, 다가구주택, 단독주택 등) □ 상환방식: 분할상환방식(원금균등, 원리금균등), 일시상환방식 등 □ 이자율방식: 고정이자율, 변동이자율. 일정기간(예시 : 3년 이상) 고정이자율 적용 후 변동되는 혼합이자율은 고정이자율로 구분 □ 이자율: 최저이자율 및 최고이자율 ○ 산정기준(주택담보대출 한정) - 신용도: 신용평가모형(CSS) 3등급 차주 또는 이에 준하는 CB사의 신용평점 - 만기: 해당 상품의 최대만기 □ 전월 취급 평균이자율: 공시일의 직전월에 신규 취급한 대출의 가중평균이자율을 입력 □ 대출부대비용: 이자를 제외하고 인지세, 주택채권매입비용, 주택구입자금의 경우 주택신보료, 질권설정통지비용, 보험료 등 소비자가 부담하는 비용의 항목 및 산출방식 □ 중도상환수수료: 중도상환수수료율 및 산정방식(예시: 중도상환금액×수수료율×	월별

구분	공시사항	공시주기
	대출잔여일수/대출기간) □ 연체이자율: 연체기간별 가산이자율 □ 대출한도 ○ 주택담보대출: LTV(예: 70%) 등을 고려한 대출한도가 있는 경우 한정 ○ 전세자금대출: 지역별 임차보증금 규모 제한 또는 대출금 한도가 있는 경우 한정	
개인 신용 대출	□ 개인신용평점[6]별(평균/300점 이하/301점~400점/‥(중략)‥/900점 초과로 구분) 아래 이자율: 보험회사의 경우 소득증빙형 신용대출[7]의 이자율, 신용카드업을 겸업하는 은행의 경우 카드론[8] 제외한 신용대출의 이자율 ○ 대출이자율: 공시일의 직전월에 신규 취급한 신용대출의 가중평균이자율(무점수 차주인 경우 제외하되, 전체 평균이자율 산정시에는 포함) ○ 기준이자율/가산이자율/가감조정이자율: 은행업감독업무시행세칙에서 정한 기준, 구분 산정이 곤란한 경우 생략 □ 공시대상 금융상품 산정 기준: 신용대출상품 중 대출상품(협약대출, 특판상품 제외한 개인신용도에 따라 금리가 차등화되는 상품)을 선정하여 공지	월별

2. 절차

2.1. 자료제출요구권

금융감독원[9]은 비교공시 운영을 위해 관계 중앙행정기관, 지방자치단체, 금융 관련 기관·단체 또는 전문가의 의견을 듣거나 자료의 제출을 요청할 수 있다(영§29③).

2.2. 공시절차

금융감독원은 협회등[10]을 통해 제출받은 공시자료를 금융감독원 인터넷 홈페이지에 게시한다(영§29④·규정§27④). 이 경우 금융감독원은 협회등이 자체 운영하는 비교공시 전산처리시스템과 연결하여 정보를 제공받을 수 있다(세칙§5③). 직접판매업자는 월별 공시의 경우 매월 20일까지, 분기별 공시의 경우 매분기말을 기준일로 하여 익월말까지 소속 금융협회를 통하여 공시정보를 금융감독원에게 제출한다(세칙 별표1다). 이 경우 협회등은 제출자료가 비교공시 작성 기준에 따라 적정하게 작성되었는지 확인하여야 한다(세칙 별

6) CB사 기준이며 대출취급 시 차주의 개인신용평점 기준이다(시행세칙 별표2).
7) 소득무증빙형은 보험협회를 통하여 공시한다(시행세칙 별표2).
8) 여신전문금융협회를 통하여 공시한다(시행세칙 별표2).
9) 금융위원회는 금융감독원에 비교공시 업무를 위탁한다(영§49①ⅲ).
10) 한국금융투자협회, 생명보험협회, 손해보험협회, 상호저축은행중앙회, 여신전문금융업협회, 대부업 및 대부중개업 협회, 전국은행연합회, 신용협동조합중앙회를 말한다(규정§7③).

표1). 금융감독원과 협회등은 제출자료의 범위 · 작성방법, 제출시기 · 방법, 협회등의 비교공시 전산시스템의 관련 사항(세부내용, 비교항목 작성방법, 운영절차, 개선 필요사항) 등을 사전에 협의해야 한다(규정§27④ · 세칙§5).

2.3. 만족도 조사

금융감독원 및 협회등이 운영하는 비교공시 전산처리시스템에 대해 금융감독원은 일반소비자의 만족도를 조사해야 한다(규정§27⑤). 금융감독원은 조사결과에 따라 금융소비자의 편익을 제고하기 위해 개선이 필요한 사항은 지체 없이 조치해야 하며, 그 조사결과와 관련하여 협회등의 조치결과도 확인해야 한다(규정§27⑥). 금융감독원은 만족도 조사결과 및 조사결과에 따른 조치결과(협회등의 조치결과 포함)를 홈페이지에 게시해야 한다(규정§27⑦).

Ⅲ. 시행일

비교공시의 경우 2021.3.25.일부터(법 부칙§1), 소비자 만족도 조사의 경우 2022.1.1.부터(규정 부칙§1 ii) 시행한다.

Ⅳ. 기존규제

금융감독원 행정지도인 「금융상품 통합 비교공시기준」에 따라 통합 비교공시(금융감독원) 및 업권별 비교공시(개별 협회) 시스템을 운영해왔다. 동 기준은 금융소비자보호법이 시행되면서 폐지되었다. 현행 금융소비자보호법과 비교 시 상품유형별 공시사항, 공시주기는 일치하며, 공통 공시사항 중 일부 달라진 게 있다. 기존규제와 비교 시 달라진 부분은 별도 표시[11]하고, 표현과 내용이 동일한 경우에만 '좌동'으로 기재한다.[12]

---

11) 세부내용이 다른 경우(예시가 추가되거나 삭제된 경우 포함) 굵게 밑줄 표시하고, 해당 조항 전체가 신설된 규제이거나 기존규제가 인용되지 않은 경우 해당 칸을 음영표시한다.

12) 내용이 동일하더라도 표현이 다른 경우에도 현행 금융소비자보호법과 비교가 될 수 있도록 기존 규제내용 그대로 기재한다.

❖ 공시사항 비교

금융소비자보호법(세칙 별표1)		금융상품 통합 비교공시기준(별표1)	
정보명	분류기준	정보명	분류기준
금융권역	은행, 저축은행, 카드회사, 여신전문회사, 보험회사, 금융투자업자 등	좌동	좌동
금융회사명	OO은행, OO저축은행, OO카드, OO보험 등	좌동	좌동
소재지역	서울, 부산, 대구, 인천, 광주, 대전, 울산 등 영업점 소재지	좌동	좌동
금융상품명	판매상품의 명칭	좌동	좌동
상품유형	예금, 적금, 연금계좌, 주택담보대출, 전세자금대출, 개인신용대출 등	좌동	좌동
공시일자	공시정보를 업데이트한 일자	–	–
가입방법	인터넷, 전화, 창구 가입 등	좌동	좌동
담당부서 및 연락처		–	

▌제4절▐ 금융소비자 보호실태

Ⅰ. 의의

금융감독원은 판매업자등의 금융소비자 보호실태를 평가하고 그 결과를 공표할 수 있다(법§32②). 금융소비자 보호를 위한 체계·절차를 마련하도록 하여 판매업자등의 자율적인 경쟁을 유도하고 관련 정보를 제공함으로써 금융소비자의 판매업자등 선택권을 제고하기 위함이다.[13)]

Ⅱ. 내용 및 절차

금융감독원에게 실태평가 및 결과공표 권한을 부여하고 실태평가 시 금융감독원이 준수해야 할 사항 등을 규정한다. 금융감독원은 매년 금융소비자보호 실태평가 매뉴얼(이

13) 검토보고서(1900573), 31면 참조.

하 "평가매뉴얼"이라 한다)을 작성하여 평가의 구체적 기준을 판매업자등에게 제시한다.

구분	실태평가	
평가 대상 지정	□ 고려요소 ○ 영업규모, 시장점유율, 취급상품의 종류 및 성격 ○ 감독 및 검사결과, 민원 및 분쟁현황 ○ 자율진단 결과 ○ 실태평가 결과에 따른 판매업자등의 개선 계획 또는 조치내용 ○ 동일 업종내 영업규모[14] 및 민원 비중 ○ 자산규모(최근 사업연도 말 또는 분기말 현재 자산총액)	□ 제외 ○ 최초 영업을 개시한 후 2년이 경과하지 않은 자 ○ 회생절차개시 신청이나 파산신청을 한 자 ○ 직전연도에 실태평가를 받은 자(①) ○ 해당연도에 금감원 요청으로 자율진단을 실시하고 그 결과를 금감원에 제공한 자 (자율진단 요청대상에는 해당, ②)
	□ 금감원의 준수사항 ○ 대상을 지정하기 위해 필요한 기준 및 절차를 마련 ○ 판매업자등의 실태평가 주기를 사전에 금융위와 협의하여 정하고, 그 주기에 따라 실태평가를 실시 ○ ① 및 ②를 실태평가 대상에서 제외	
평가 주기	□ 매년(단, 직전연도 받은 자는 제외) ○ 평가대상 회사를 민원 · 영업규모 · 자산비중을 고려하여 3개 그룹으로 편성하고, 실태평가는 매년 1개 그룹에 대하여 실시함으로써 개별 회사의 평가주기는 3년을 원칙으로 운영[15]	
평가 내용	□ 내부통제기준 및 금융소비자보호기준의 운영(자율진단 평가내용과 동일)	
자율 진단	□ 지정 시 고려요소 ○ 자율진단 결과 ○ 실태평가 결과에 따른 판매업자등의 개선 계획 또는 조치내용 ○ 동일 업종내 영업규모 및 민원 비중 ○ 자산규모(최근 사업연도 말 또는 분기말 현재 자산총액) □ 지정 제외 ○ 최초 영업 개시 후 2년이 경과하지 않은 자 ○ 회생절차개시 신청이나 파산신청을 한 자	□ 절차 ○ 실태평가 미실시 회사 중 일부를 선별하여 스스로 평가를 실시하도록 하고 그 결과를 자율진단 대상이 금감원에 제출 ○ 자율진단 대상에 자율진단기준, 자율진단 업무매뉴얼 등을 제공 ○ 자율진단 대상이 실태평가를 신청하는 경우 전년도 자율진단 결과를 고려하여 실태평가 대상에 포함 가능

14) 세칙 별표3에 따라 산정한다.
15) 금융감독원, "'21년도 금융소비자보호 실태평가 결과", 보도자료, 2022.01.07., 8면 참조.

<table>
<tr><th>구분</th><th colspan="2">실태평가</th></tr>
<tr><td>평가
절차</td><td>□ 매년 실시계획(평가대상 · 시기 · 대상기간 · 방법 · 인원 등이 포함) 수립
□ 평가 시 준수사항
○ 신뢰성과 타당성이 있는 평가지표를 사용
○ 금융상품의 유형별 특성을 반영
○ 평가결과에 대한 객관적인 근거를 확보
○ 평가 대상자(필요 시 금융 관련 기관 · 단체 또는 전문가)의 의견을 확인</td><td>□ 현장평가. 다만, 국가적 재난상황 등 현장평가가 곤란한 경우에는 서면평가 등 다른 평가방식으로 변경
□ 현장평가 실시하는 경우 실시 1개월 전까지 평가대상에 평가기간 · 일정 · 방식 · 항목 · 담당자를 서면, 전자문서, 전자우편, 팩스 등을 통해 통지
□ 평가대상, 금융 관련 기관 · 단체 또는 전문가에게 평가를 위해 필요한 자료제출 요구 가능</td></tr>
<tr><td>평가
등급</td><td colspan="2">□ 유형: 부문평가결과(평가항목별 평가결과), 종합평가결과
□ 등급조정: 소비자보호와 관련하여 아래 사유 발생 시 종합등급을 하향조정
○ 금융관계법령 위반으로 기관경고 및 임원 문책경고 이상의 조치 확정
○ 중대한 금융사고 발생, 사회적 물의 야기
○ 실태평가를 정당한 사유 없이 거부 · 방해, 허위의 부실자료 제출</td></tr>
<tr><td>결과
공표</td><td colspan="2">□ 내용: 부문평가결과와 종합평가결과의 등급
□ 방법: 금감원, 관련 협회등, 평가대상[16]의 인터넷 홈페이지에 지체 없이 게시
□ 준수사항: 평가등급 및 평가등급 정의를 금융소비자가 명확하게 알 수 있도록 작성</td></tr>
<tr><td>개선
계획</td><td colspan="2">□ 내부보고: 평가대상은 평가결과(자율진단결과 포함)를 이사회 · 대표이사를 포함한 회사 내부의 부문별 업무집행임원이 참석하는 내부 의사결정기구인 경영위원회(명칭 불문) 등에 보고
□ 금감원은 실태평가 종료 후 2개월 이내 개선계획을 확인하고 그 조치결과를 1년 이내 확인
○ 부문평가결과 및 종합평가결과가 미흡 이하인 평가대상은 평가결과[17]를 통지받은 후 2개월 이내에 위 내부보고 절차를 거쳐 구체적인 개선계획을 금감원에 제출
○ 개선계획을 확인하여 부적정 또는 미흡한 경우 적절한 기한을 정하여 개선계획을 다시 요구</td></tr>
</table>

1. 평가대상

판매업자 중 은행, 생보사, 손보사, 카드사, 비카드여전사, 증권사, 저축은행을 대상으로 평가한다. 민원건수 및 영업규모 등을 고려하여 금융소비자보호에 미치는 영향이 큰 회사에 대해 매년 '실태평가 대상회사 Pool'(이하 "Pool" 이라 한다)을 선정한다. Pool을 3개 그룹으로 구분하여 매년 1개 그룹 소속회사를 '금융소비자보호실태 평가대상'(이하 "평가대상"이라 한다)으로 정하여 현장 평가를 한다. Pool 중 실태평가 미실시 그룹회사 및 금융감독원이 지정하는 회사를 '자율진단 요청 대상'으로 정하여 자율 진단을 실시한다.[18]

16) 소속 금융협회 홈페이지 공시화면과 연동될 수 있도록 구축한다(세칙§11①).
17) 비계량지표 부문평가결과가 '미흡' 이하인 경우 해당 부문의 '항목별 상세' 평가결과 포함한다(평가매뉴얼(2022.7월), 8면 참조).
18) 평가매뉴얼(2022.7월), 1면 참조.

실태평가 대상회사 Pool(신생회사, 정리회사 등 제외)
▫ 은행: 아래 요건에 모두 해당하는 경우 ① 개별 은행의 민원발생건수가 은행 권역내 비중이 0.5% 이상인 경우 ② 개별 은행의 영업규모 비중이 0.5% 이상인 경우 ③ 개별 은행의 자산규모가 5조원 이상인 경우
▫ 생보사, 손보사, 카드사: 아래 요건에 모두 해당하는 경우 ① 해당 회사의 민원발생건수가 해당 권역내 비중이 1% 이상인 경우 ② 해당 회사의 영업규모가 해당 권역내 비중이 1% 이상인 경우 ③ 해당 회사의 자산규모가 1조원 이상인 경우
▫ 비카드여전사, 증권사, 저축은행: 아래 요건에 모두 해당하는 경우 ① 해당 회사의 민원발생건수가 해당 권역내 비중이 2% 이상인 경우 ② 해당 회사의 영업규모가 해당 권역내 비중이 2% 이상인 경우 ③ 해당 회사의 자산규모가 1조원 이상인 경우

2. 평가항목

평가내용을 구체화한 평가항목 및 지표는 다음 표와 같다(세칙 별표4). 금융감독원은 금융시장상황 및 판매업자등의 영업형태 등을 고려하여 일부 평가항목 및 평가지표 적용이 불합리하다고 판단되는 경우에는 이를 조정하여 적용할 수 있다(세칙§8②).

구분	평가항목	평가지표
계량 지표	민원 사전예방에 관련 사항	▫ 금융상품에 대한 민원·분쟁의 발생건수 ▫ 금융상품에 대한 민원·분쟁의 증감률
	민원 처리노력 및 금융소비자 대상 소송 관련 사항	▫ 평균 민원처리 기간 ▫ 자율조정처리 의뢰된 민원건중 조정성립된 민원건수비율 ▫ 소송건중 패소율 및 분쟁조정 중 금융회사의 소송제기 건수
비 계량 지표	금융소비자보호를 전담하는 조직 관련 사항	▫ 금융소비자보호 내부통제위원회, 금융소비자보호 총괄기관의 설치·권한 및 운영현황 등 ▫ 금융소비자보호 총괄기관의 업무를 수행하는 임직원의 임명·자격요건·권한·직무 현황 및 성과 보상체계 설계·운영 등 ▫ 금융소비자보호 업무계획 수립 및 유관 부서의 소비자보호 노력에 대한 성과 보상체계 설계·운영 등
	금융상품 개발과정의 소비자보호 체계 구축 및 운영	▫ 금융상품 개발 단계에서 부서간 정보공유, 금융소비자에 대한 잠재적 위험 평가 관련 절차·방법·기준 및 운영현황 등 ▫ 외부 전문가·금융소비자 등 의견 반영 관련 절차·방법·기준 및 운영현황 등

구분	평가항목	평가지표
	금융상품 판매과정의 소비자보호 체계 구축 및 운영	ㅁ 금융상품 판매 관련 절차 · 방법 · 기준 및 운영현황 등 ㅁ 영업 담당 임직원의 자격요건, 교육 및 소비자보호 관련 성과 보상체계의 운영 현황 등 ㅁ 금융상품 판매 후 프로세스(미스터리 쇼핑 등) 운영 현황 등
	민원 관리시스템 및 소비자정보 공시 관련 사항	ㅁ 민원 접수채널, 규정 · 매뉴얼 및 전산시스템 운영 현황 등 ㅁ 민원 모니터링, 사전예방 프로그램 및 인력운영 현황 등 ㅁ 홈페이지, ARS 등을 통한 소비자정보 접근성 ㅁ 금융상품 설명 등 관련 공시, 안내 현황
	기타 소비자보호 관련 사항	ㅁ 고령자, 장애인의 편의성 제고 및 소비자 피해 예방을 위한절차 · 방법 및 기준 현황 등 ㅁ 임직원 대상 교육 프로그램 운영 현황 등 ㅁ 금융당국의 소비자보호 정책 등에 대한 참여 및 이행 ㅁ 그 밖에 금융회사의 내부통제기준, 소비자보호 기준에서 소비자보호 관련 기타 사항

2.1. 민원 관련 계량지표

민원건수, 민원증감률, 민원처리기간, 소송지표(소송 패소율 및 분쟁조정 중 소제기 건수)를 계량화하여 점수가 부여된다.[19)]

구분		평가지표
민원건수		ㅁ 금융회사별 평가대상기간 중 평균 민원건수 항목과 각 권역별 평균대비 민원건수 항목의 산출 등급 중 높은 등급으로 산정
민원증감률		ㅁ 영업규모를 고려한 최근 3년간(평가연도 직전 3년간) 평균 민원건수 대비 평가기간 중의 (평균)민원건수 증감률 $\text{민원증감률}(\%) = [\frac{\text{평가년도 평균민원건수}}{\text{최근 3년간 평균 민원건수}} - 1] \times 100$
민원처리기간		ㅁ 이첩처리: 금감원(금소처)에서 해당 평가대상(금융회사)로 이첩처리한 후 민원인에게 회신될 때까지의 기간 ㅁ 자율조정: 금감원(금소처)에 접수된 민원 중 해당 평가대상의 자율조정처리 요청 후 금감원에 회신될 때까지의 기간
소송 지표	소송 패소율	ㅁ 전체 소송건수 대비 패소건수(일부 승 · 패소 포함) 비율 ○ 소송건수: 평가대상 기간에 최종 판결이 확정되고 금융회사가 소송당사자인 소송건수(원 · 피고 불문). 단, 민사조정, 선고외(화해, 소취하 등) 및 정당한 집행권원 확보를 위한 소송은 제외

19) 평가매뉴얼(2022.7월), 12~19면 참조.

구분		평가지표
		○ 소송상대방: 금융회사와 직접 또는 간접적으로 금융서비스(상품) 계약체결 등의 거래를 한 상대방. 금융소비자 범주에 포함되지 않은 개인 및 법인, 타금융회사, 행정기관, 해당 금융회사 임직원 등은 미포함
	분쟁조정 중 소제기 건수	□ 평가대상 기간에 금감원 분쟁조정 중 금융회사가 제기한 소송(민사조정, 경매개시결정, 지급명령 등 포함) 건수 ○ 평가대상 기간 이전에 분쟁조정이 신청되었으나 평가대상 기간에 소송이 제기된 경우 평가대상 기간에 포함

민원건수 합산은 평가대상 연도중에 금융감독원에 접수된 민원(접수일 기준)이 대상이며, 소관부서가 금융소비자보호처[20]인 경우로 한정한다. 아래의 경우 민원건수 산정시 제외한다.[21]

구분	금감원 접수민원 중 제외민원
중복·반복 민원	□ 금감원에 반복적으로 제기한 민원 및 타기관(국민신문고, 청와대, 감사원, 금융위 등)에 중복 제기하여 금감원이 최종적으로 처리한 민원의 경우 1건으로 처리 □ 동일 민원인이 동일 회사를 상대로 동일내용의 민원을 반복 제기시 1건으로 처리 □ 중복·반복민원으로 인정하지 않는 경우: 금융소비자의 입장에서 민원의 제기내용이 다르거나 회신내용이 다르다면 중·반복 민원으로 보기 어려움 ○ 동일인이 다른 내용으로 같은 날 민원을 제기 (예시) 민원인이 같은 날 신용카드 부가서비스 축소 관련 민원과 현금서비스 이자율 관련 민원을 제기한 경우 2건으로 산정 ○ 동일인이 다른 회사를 상대로 같은 내용의 민원을 제기 ○ 민원인이 재민원으로 명기한 민원 중 원민원의 내용과 상이하거나 새로운 내용의 민원 ○ 민원내용은 동일하지만 민원인별 분쟁금액 등이 상이 (예시) 아파트 중도금 대출시 약정금리가 CD+가산금리(0.8%)였으나, 실제 대출실행시 CD+가산금리(3.0%)로 변경되어 동 사항에 대하여 아파트 주민 30명이 민원을 제기한 경우 30건으로 산정
문제행동 민원	□ 문제행동소비자(악성민원인) 판단기준(아래)을 참고하여 증빙에 근거하여 판단 □ 문제행동 민원(악성민원) 판단기준 ○ 민원내용이 정당하지 않은 경우: 관련 법규 등이 허용하는 범위를 초과하여 무리하게 주장하거나, 민원내용이 사실과 다른 것으로 회신하였음에도 계속하여 일방적 주장만을 내세우며 반복적으로 민원을 제기 ○ 민원의 표출 행동에 문제가 있는 경우: 민원 표출 행동이 법률에 위반되거나

20) 분쟁조정 1·2·3국, 신속민원처리센터, 민원·분쟁조사실(舊), 불법금융대응단, 보험사기대응단, 각 지원 및 사무소 등(금융소비자보호감독국(舊), 금융교육국 등은 제외).

21) 평가매뉴얼(2022.7월), 9~13면 참조.

22) 대법원 판결로 최종 확정되거나, 1·2심 판결 이후 추가적인 상소·항고 등 없이 최종심으로 확정된 사항.

구분	금감원 접수민원 중 제외민원
	사회통념상 용인할 수 있는 수준을 초과하여 정당한 금융소비자의 권리 행사로 보기 어려운 경우
자율조정성립민원	□ 금소처 접수민원에서 평가대상에게 자율조정처리를 의뢰한 민원 중 민원인 취하 등으로 자율조정이 성립된 민원 □ 과실비율 민원이면서 손보협회(과실비율민원센터)로 통보된 건 중 최종 자율조정이 성립되거나, 자율조정 의뢰전 민원이 취하된 민원
보험사기 민원	□ 금감원 내 보험사기 담당부서(보험사기대응단) 요청으로 제외
단순이첩 민원	□ 단순이첩 민원인 경우 제외
자동차보험 관련 민원	□ 자동차보험 관련 정비·부품업체, 렌트카 회사가 직접 접수한 민원중 소비자보호와 관련성이 없는 것으로 인정되는 민원(민원 제외를 금융회사가 요청하면 제외여부를 결정)
모집인 민원	□ 금융회사와 관련이 없는 모집인(보험설계사 등) 수당, 위·해촉 불만 등 금융회사와 모집인 간의 갈등으로 제기된 민원 중 소비자보호와 관련성이 없는 것으로 인정되는 민원(민원 제외를 금융회사가 요청하면 제외여부를 결정)
금융사기 민원	□ 금감원 내 보이스피싱 담당부서(불법금융대응단 및 각 지원) 요청으로 제외
코로나19 민원	□ 상생소비지원금, 긴급재난지원금 지원 및 방역지침 대응 등 코로나19 관련 불가피하게 발생한 민원 중 제외를 요청한 아래 민원 ○ 긴급재난지원금 사용 및 가맹점 카드사용 불편사항 관련 민원 ○ 코로나19 관련 금융지원 프로그램 취급, 소상공인의 대출 원금상환 유예·이자감면 등 여신취급 관련 민원 ○ 방역지침으로 인한 콜센터 축소, 지점폐쇄 등 영업시간 변경, 비대면업무 진행 등 콜센터·영업점 이용 불편사항 관련 민원 ○ 코로나19로 인한 여행불편 관련 항공권 환불, 여행자보험 연장, 여행·숙박 바우처 사용 불만사항 관련 민원 ○ 보험금 청구 등을 위해 의료·행정기관 등에서 증빙서류 발급시 방역지침에 따른 발급 어려움으로 인한 서류간소화 요청 관련 민원
확정판결 민원	□ 법원판결에 의하여 확정된 사항[22], 개인정보 삭제요청 등 법령상 금지·강제사항 중 제외를 요청한 민원
귀책사유 없는 민원	□ 금감원 직접처리 민원 중 금융회사 영업행위 등에 대한 단순질의, 사실확인 등 금융회사의 귀책사유가 없는 민원
오분류 민원 등	□ 금융회사에 민원 내용과 관련된 금융거래가 없는 등 해당 금융회사와 관련 없는 민원, 다른 회사의 민원이 해당 금융회사로 잘못 분류된 경우 민원제외를 해당 금융회사가 요청하면 제외여부를 결정

2.2. 금융사고 및 휴면금융자산 관련 계량지표[23)]

구분	평가지표
금융사고	□ 평가대상 연도에 금융감독원에 보고한 금융사고 건수 ○ 금융사고를 인지하고 금융감독원에 보고한 시점을 기준으로 평가 ○ 금융사고: 금전사고(횡령·유용, 배임, 사기, 도난·피탈), 금융질서 문란행위 중 기타 ○ 평가연도 중 금융사고로 인한 총 사고금액에 따라 등급 차감
휴면금융 자산 환급률	□ 평가대상 연도 중에 금융회사가 보유한 휴면상태의 금융자산 계좌수 중 소비자에게 환급한 금융자산 계좌수 ○ 각 금융회사가 금감원에 보고한 업무보고서를 기준으로 평가 $환급률(\%) = \frac{평가대상기간 중 환급계좌수}{직전년말 휴면금융계좌수 + 평가대상기간 중 신규발생계좌수} \times 100$

2.3. 비계량지표

비계량지표의 세부 점검사항은 아래와 같다.[24)]

평가항목 및 평가지표	세부 점검사항
Ⅲ. 금융소비자 내부통제체계 구축 및 이의 운영을 위한 전담조직 · 인력	
Ⅲ－가. 내부통제기준 및 금융소비자보호기준 마련 · 운영	1. 내부통제기준 및 금융소비자보호기준 마련 2. 내부통제기준 및 금융소비자보호기준 준수여부 점검 및 조치
Ⅲ－나. 내부통제체계 구축 · 운영을 위한 이사회 · 대표이사의 역할	1. 내부통제체계 구축 관련 이사회의 역할 2. 내부통제체계 운영 관련 대표이사의 역할
Ⅲ－다. 내부통제위원회 설치 및 운영	1. 내부통제위원회 설치·운영에 관한 규정 마련 2. 내부통제위원회 운영의 적정성
Ⅲ－라. 금융소비자보호 담당임원(CCO)의 선임 및 직무	1. 금융소비자보호 담당임원(CCO)의 선임 2. 금융소비자보호 담당임원(CCO)의 직무
Ⅲ－마. 금융소비자보호 총괄기관의 설치 및 운영	1. 총괄기관의 설치 및 운영 2. 총괄기관 업무 수행직원의 자격요건 및 직무
Ⅳ. 금융상품 개발 단계에서 준수하여야 할 기준 및 절차	
Ⅳ－가. 금융상품 개발 시 금융소비자 위험요인 점검 기준 마련 · 운영	1. 금융소비자 위험요인 점검 등과 관련한 내부기준 마련 · 운영 2. 금융소비자 위험요인 점검 등을 위한 사전협의 운영의 적정성

23) 평가매뉴얼(2022.7월), 21~25면 참조.
24) 평가매뉴얼(2022.7월), 4면 참조.

평가항목 및 평가지표	세부 점검사항
Ⅳ－나. 금융상품 개발 시 금융소비자의견 등 반영절차 마련·운영	1. 상품개발 단계에서 금융소비자 의견을 반영하는 절차 운영
Ⅴ. 금융상품 판매 단계에서 준수하여야 할 기준 및 절차	
Ⅴ－가. 금융상품 판매시 준수절차 마련·운영	1. 금융상품별·판매채널별 준수기준 마련·운영 2. 광고물 내부 심의절차 마련·운영 3. 금융상품 판매 임직원 자격요건 마련·운영 4. 해피콜, 자체 미스터리쇼핑 등 판매절차 준수여부 점검기준 마련·운영
Ⅴ－나. 업무위탁 수행시 준수절차 마련·운영	1. 판매업무 위탁시 준수사항 마련·운영 2. 금융상품자문업무수행 관련 보수안내의 적정성
Ⅵ. 금융상품 판매후단계에서 준수하여야 할 기준 및 절차와 민원관리	
Ⅵ－가. 금융상품 판매 후 단계에서 준수하여야 할 기준 및 절차	1. 판매상품에 대한 금융소비자 위험요인 모니터링 및 조치 2. 청약철회권 등 금융소비자 권리 처리기준 마련·운영 3. 금융소비자의 신용정보 및 개인정보 관리
Ⅵ－나. 금융민원·분쟁 사전예방 및 처리	1. 민원처리절차 마련 및 운영 2. 민원처리를 위한 적정 인력 및 전산시스템 구축 3. 민원 원인분석 및 사후관리
Ⅶ. 임직원에 대한 금융소비자보호 교육 및 보상체계 운영	
Ⅶ－가. 임직원에 대한 금융소비자 보호 교육	1. 금융상품판매 임직원에 대한 금융소비자보호 교육 2. 기타 전체 임직원에 대한 금융소비자보호 교육
Ⅶ－나. 금융소비자와의 이해상충 방지를 위한 성과보상 체계의 운영	1. 금융소비자보호 담당임원(CCO) 및 총괄기관 업무담당자의 성과보상제도 마련 2. 금융상품 판매 임직원 및 영업점 조직에 대한 성과보상제도 마련 3. 금융소비자 보호 노력 제고를 위한 성과보상제도 마련
Ⅷ. 기타 금융소비자정보제공 및 취약계층 등의 피해방지 관련 사항	
Ⅷ－가. 금융소비자 정보제공 및 권리안내	1. 금융소비자정보제공을 위한 시스템 구축 및 운영 2. 금융소비자의 권리안내
Ⅷ－나. 취약계층 거래편의성 제고 및 피해방지	1. 고령자에 대한 거래편의성 제고 및 피해방지 2. 장애인에 대한 거래편의성 제고 및 피해방지
Ⅷ－다. 기타 금융소비자 피해방지 노력	1. 금융소비자에 대한 금융교육 실시 2. 휴면금융자산 발생예방 및 감축노력 3. 보이스피싱 등 금융사기 피해 및 금융사고 예방노력 4. 기타 소비자보호 정책참여

3. 평가등급

종합평가결과는 실태평가의 경우 1등급(우수)/2등급(양호)/3등급(보통)/4등급(미흡)/5등급(취약), 자율진단의 경우 적정/미흡으로 구분한다. 등급별 정의는 다음과 같다(세칙 별표 5). '민원처리노력 및 금융소비자 대상소송 사항'의 평가등급이 '미흡' 이하인 경우 종합등급은 '우수', '양호' 등급을 부여할 수 없다.[25)]

등급		정의
실태평가	우수	내부통제기준, 금융소비자보호기준이 요구하는 수준을 상회하는 수준의 소비자보호 경영관리를 수행하고 있어 매우 높은 수준의 소비자보호 달성 가능
	양호	금융소비자보호 체계·조직·제도가 유기적으로 연계되어 소비자보호 경영관리를 수행하고 있어 양호한 수준의 소비자보호 달성 가능
	보통	내부통제기준, 금융소비자보호기준이 요구하는 소비자보호 수준을 대체로 이행하고 있으나, 부분적으로는 소비자보호 체계·조직·제도와 실제 운영간 연계성이 부족
	미흡	내부통제기준, 금융소비자보호기준이 요구하는 소비자보호 수준을 부분적 또는 형식적으로 이행하고 있어 소비자피해 예방에 부분적 결함이 존재
	취약	내부통제기준, 금융소비자보호기준이 요구하는 소비자보호 수준을 미이행하고 있어 소비자피해 예방에 심각한 결함 존재
자율진단	적정	내부통제기준, 금융소비자보호기준이 요구하는 소비자보호 수준을 대체로 이행하고 있어 소비자보호 수준이 적정함
	미흡	내부통제기준, 금융소비자보호기준이 요구하는 소비자보호 수준을 부분적 또는 형식적으로 이행하고 있어 소비자피해 예방에 부분적 결함이 존재

검사결과 중징계 조치, 사회적 물의 야기, 평가자료 부실제출 판매업자에 대해서는 종합등급을 하향 조정할 수 있다(세칙§9④).

구분	종합등급 하향 조정사유[26)]
검사결과 중징계	검사결과 위법·부당행위로 심각한 소비자피해를 초래하여 중징계 조치
사회적 물의 등	중대한 금융사고가 발생하거나, 사회적 물의(아래 예시)를 야기 ① 검사결과 등에 따라 위법·부당한 사실관계 등이 확정되지는 않았으나 대규모 소비자피해 개연성이 크고 국회·언론 등이 이슈를 제기 ② 금감원 중간검사 결과 경영진의 무리한 판매 드라이브 등을 통해 '불완전 판매 정황'이 확인
허위·부실 자료제출	단순 오류 등 통상적인 실수 범위를 벗어나서 우수한 평가결과를 위해 고의(또는 중과실)로 사실과 다르게 작성하거나 실적을 부풀려서 작성하는 경우 등

25) 평가매뉴얼(2022.7월), 7면 참조.
26) 평가매뉴얼(2022.7월), 7~8면 참조.

Ⅲ. 시행일

직접판매업자 및 대리·중개업자는 2021.3.25일부터 시행하며, 자문업자의 경우 2021.9.25일 시행한다(법 부칙§1).

Ⅳ. 기존규제

금융감독원은 행정지도인 금융소비자 모범규준(§33·§33-2, 다음 표)을 근거로 실태평가 매뉴얼(금융감독원 제정)에 따라 매년[27] 금융소비자보호 실태평가를 실시해왔다. 동 행정지도(금융소비자 모범규준)는 금융소비자보호법 시행으로 폐지되었다.

제33조(금융소비자보호 실태평가제도) ① 금융회사는 금융감독원이 주관하는「금융소비자보호 실태평가제도」를 통해 금융소비자보호 수준을 종합적으로 평가받아야 하며, 금융감독원이 직접 평가를 실시하지 않는 경우에는 금융회사가 자율적으로 평가를 실시하여야 한다.
② 금융회사는 금융감독원이 실시하거나 회사가 자율적으로 실시한 금융소비자보호 실태평가 결과를 이사회 또는 대표이사를 포함한 회사 내부의 부문별 업무집행임원이 참석하는 내부 의사결정기구인 경영위원회(명칭 불문) 등에 즉시 보고하여야 한다. 단, 금융감독원이 실시하는 실태평가 결과 미흡한 사항에 대한 구체적인 개선계획을 금융감독원에 제출하여야 한다.
③ 금융회사(금융감독원이 평가한 금융회사에 한한다)는 금융소비자보호 실태평가 항목별 평가결과를 홈페이지에 게시하고, 각 금융협회 홈페이지 공시화면에 연동될 수 있도록 구축하여야 한다.
④ 금융협회는 홈페이지에서 금융회사(금융감독원이 평가한 금융회사에 한한다)의 항목별 평가결과를 조회할 수 있도록 공시하여야 한다.

제33조의2(금융소비자 중심 경영인증) ① 제33조에 따른 실태평가 직접 평가 대상회사는 실태평가 결과에 따른 인증을 금융감독원에 신청할 수 있으며, 제33조 제1항 후단에 따라 금융소비자보호 실태평가를 자율적으로 실시하는 금융회사는 금융감독원에 금융소비자 중심 경영 인증 부여를 신청할 수 있다.
② 제33조제1항에 따라 금융소비자실태평가를 자율적으로 실시하는 금융회사에 대한 금융소비자 중심 경영 인증의 효력은 2년으로 한다. 다만, 다음 각호에 해당하는 경우 인증 부여를 철회할 수 있다.

27) 금융감독권은 매년 평가를 실시하나, 실태평가 대상회사 기준으로는 3년 주기이다.

▌제5절▐ 금융소비자보호기준

Ⅰ. 의의

판매업자등은 금융소비자 불만 예방 및 신속한 사후구제를 통하여 금융소비자를 보호하기 위하여 그 임직원이 직무를 수행할 때 준수하여야 할 기본적인 절차와 기준(이하 "금융소비자보호기준"이라 한다)을 정하여야 한다(법§32③). 금융감독원 행정지도였던 금융소비자보호 모범규준(2022.09.25. 폐지)의 법적 근거를 마련한 것으로 볼 수 있다.[28)]

법 제16조에서 규정된 내부통제기준의 규제대상과 절차를 그대로 준용하고 있어 규제틀이 매우 흡사하다. 두 기준을 큰 틀에서 비교하면 아래와 같다.

구분	내부통제기준	금융소비자보호기준
근거	법§16	법§32③
개념	임직원 및 대리·중개업자의 법령준수 및 건전한 거래질서 유지를 위해 직무수행 시 준수하여야 할 기준 및 절차	금융소비자 불만예방 및 신속한 사후구제를 통하여 금융소비자를 보호하기 위하여 임직원이 직무수행 시 준수하여야 할 절차와 기준
주체 (규제대상)	법인인 판매업자등(영세한 규모의 판매업자등은 제외)	좌동
절차	제·개정 시 이사회 승인(경미한 사항은 대표이사 승인) 및 제·개정사항 공시	좌동
규율범위	소속 임직원 및 대리·중개업자	소속 임직원
규율사항	업무분장 및 조직구조	금융소비자의 권리
	업무수행 시 기준·절차	민원·분쟁발생 시 절차
	영업조직으로부터 독립된 전담조직·인력	금융소비자보호기준 운영 위한 조직·인력
	내부통제기준 준수여부에 대한 점검·평가	금융소비자보호기준 준수여부에 대한 점검·평가
	금융소비자 대상 직무수행자에 대한 교육·자격	민원·분쟁 대응 관련 교육·훈련
	내부통제기준의 제·개정절차 등	금융소비자보호기준의 제·개정절차 등

28) 검토보고서(1900573), 31면 참조.

II. 규제대상

판매업자등은 금융소비자보호기준을 마련하여야 하나, 영세한 판매업자등에게 과도한 규제부담이 될 수 있는 점 등을 고려하여 마련의무에서 일부 제외한다. 제외되는 규제대상은 내부통제기준과 동일(133~134면 참조)하다.

III. 내용 및 절차

1. 법령

시행령 및 감독규정에서 금융소비자보호기준에서 규정해야 할 사항을 정한다.

금융소비자보호기준 포함사항	
시행령	감독규정
▫ 금융소비자의 권리 ▫ 민원·분쟁발생 시 절차 ▫ 금융소비자보호기준 운영 위한 조직·인력 ▫ 금융소비자보호기준 준수여부에 대한 점검·평가 ▫ 민원·분쟁 대응 관련 교육·훈련 ▫ 금융소비자보호기준의 제·개정절차	▫ 금융소비자와의 민원·분쟁조정·소송 진행상황 및 결과를 관리하는 전산처리시스템의 구축 ▫ 금융소비자의 자료열람요구 대응 ▫ 일반금융소비자의 청약철회 대응 ▫ 위법계약해지 요구 대응 ▫ 법령 및 약관상 금융소비자의 권리 안내방법 ▫ 계약체결 후 소비자보호를 위한 점검 및 제도 개선

2. 표준안

은행연합회는 금융감독원의 내부통제기준·소비자보호기준 가이드라인[29]을 반영하여 금융소비자보호기준 포함사항을 구체화하는 「금융소비자보호 모범규준」[30]을 제정하였다. 표준안 제정 시 참고했던 기존규제(금융소비자 모범규준[31], 은행권 표준내부통제기준[32])를 조문별로 비교하고, 금융소비자 모범규준(표에서 인용 시 '모범규준'), 은행권 표준내부통제기준(표에서 인용 시 '표준')과 비교 시 달라진 부분은 별도 표시한다.[33]

29) 금융감독원, '금소법 시행에 따른 내부통제·금융소비자보호기준 가이드라인', 2021.06.16.
30) 협회 자율규제.
31) 금융소비자보호법 시행전 소비자보호를 위해 금융감독원이 제정·운영한 행정지도.
32) 금융회사 지배구조법(규정§11⑥)에 따라 은행연합회가 제정한 표준내부통제기준으로서 자율규제.
33) 세부내용이 다른 경우(예시가 추가되거나 삭제된 경우 포함) 굵게 밑줄 표시하고, 조문 전체가 신설되거나 변경된 경우 해당 칸을 음영표시한다.

표준안	참고조문
제1장 총칙	
제1조(목적) 이 규준은 「금융소비자 보호에 관한 법률」(이하 "금융소비자보호법"이라 한다) 및 관련 법규(이하 "금융소비자보호법령"이라 한다)에서 정한 바에 따라, 금융소비자의 민원 예방 및 신속한 사후구제를 통하여 금융소비자를 보호하기 위해 은행의 임직원이 직무를 수행할 때 준수하여야 할 기본적인 절차와 기준을 정함을 목적으로 한다.	**법 제32조(금융상품 비교공시 등)** ③ 대통령령으로 정하는 금융상품판매업자등은 금융소비자 불만 예방 및 신속한 사후구제를 통하여 금융소비자를 보호하기 위하여 그 임직원이 직무를 수행할 때 준수하여야 할 기본적인 절차와 기준(이하 "금융소비자보호기준"이라 한다)을 정하여야 한다.
제2조(적용범위) ① 이 규준은 은행의 모든 임직원과 금융소비자보호와 관련한 모든 업무에 적용한다. 다만, 은행 업무의 일부를 위탁 받은 자 및 위탁업무에 대해서는 그 위탁 범위 내에서 이 규준을 적용한다. ② 금융소비자보호와 관련하여, 이 규준 및 이 규준의 위임에 따른 하위 규정에서 정하지 아니한 사항은 금융소비자보호법령에 의한다.	–
제3조(용어의 정의) 이 규준에서 사용하고 있는 용어의 정의는 다음 각 호와 같다. 1. "금융상품"이라 함은 금융소비자를 상대로 계약을 체결함에 있어 그 대상이 되는 상품이나 서비스로서, 「은행법」에 따른 예금 및 대출, 「자본시장과 금융투자업에 관한 법률」에 따른 금융투자상품, 「보험업법」에 따른 보험상품, 「상호저축은행법」에 따른 예금 및 대출, 「여신전문금융업법」에 따른 신용카드, 시설대여, 연불판매, 할부금융 등 금융소비자보호법 제2조제1호에서 정한 '금융상품'을 말한다.	**법 제2조(정의)** 이 법에서 사용하는 용어의 뜻은 다음과 같다. 1. "금융상품"이란 다음 각 목의 어느 하나에 해당하는 것을 말한다. 가. 「은행법」에 따른 예금 및 대출 나. 「자본시장과 금융투자업에 관한 법률」에 따른 금융투자상품 다. 「보험업법」에 따른 보험상품 라. 「상호저축은행법」에 따른 예금 및 대출 마. 「여신전문금융업법」에 따른 신용카드, 시설대여, 연불판매, 할부금융 바. 그 밖에 가목부터 마목까지의 상품과 유사한 것으로서 대통령령으로 정하는 것
2. "금융소비자"라 함은 은행이 제공하는 금융상품에 관한 계약의 체결 또는 계약체결의 권유를 받거나 청약을 하는 자로서 금융소비자보호법 제2조제8호에서 정한 '금융소비자'를 말한다.	8. "금융소비자"란 금융상품에 관한 계약의 체결 또는 계약체결의 권유를 하거나 청약을 받는 것(이하 "금융상품계약체결등"이라 한다)에 관한 금융상품판매업자의 거래상대방 또는 금융상품자문업자의 자문업무의 상대방인 전문금융소비자 또는 일반금융소비자를 말한다.
3. "금융소비자보호기준"이라 함은 금융소비자보호법 제32조제3항에서 정한 '금융소비자보호기준'을 말한다.	–
4. "내부통제기준"이라 함은 은행이 금융소비자보호법 제16조제2항에 따라 마련한 '내부통제	**법 제16조(금융상품판매업자등의 관리책임)** ② 법인인 금융상품판매업자등으로서 대통령령으로 정

표준안	참고조문
기준'을 말한다.	하는 자는 제1항에 따른 관리업무를 이행하기 위하여 그 임직원 및 금융상품판매대리·중개업자가 직무를 수행할 때 준수하여야 할 기준 및 절차(이하 "내부통제기준"이라 한다)를 대통령령으로 정하는 바에 따라 마련하여야 한다.
5. 그 밖에 이 규준에서 사용되는 용어의 정의는 금융소비자보호법령 및 내부통제기준에서 정하는 바에 따른다.	–
제2장 금융소비자의 권리(영§31② i)	
제4조(금융소비자의 기본적 권리) ① 금융소비자는 다음 각 호의 기본적 권리를 가진다. 1. 은행의 위법한 영업행위로 인한 재산상 손해로부터 보호받을 권리 2. 금융상품을 선택하고 소비하는 과정에서 필요한 지식 및 정보를 제공받을 권리 3. 금융상품의 소비로 인하여 입은 피해에 대하여 신속·공정한 절차에 따라 적절한 보상을 받을 권리 4. 그 밖에 금융소비자보호법령에서 정하는 금융소비자의 권리	**법 제7조(금융소비자의 기본적 권리)** 금융소비자는 다음 각 호의 기본적 권리를 가진다. 1. 금융상품판매업자등의 위법한 영업행위로 인한 재산상 손해로부터 보호받을 권리 2. 금융상품을 선택하고 소비하는 과정에서 필요한 지식 및 정보를 제공받을 권리 4. 금융상품의 소비로 인하여 입은 피해에 대하여 신속·공정한 절차에 따라 적절한 보상을 받을 권리
② 은행은 제1항의 금융소비자의 기본적 권리가 실현될 수 있도록 하기 위하여 금융소비자보호법령에서 정하는 책무를 진다.	**법 제10조(금융상품판매업자등의 책무)** 금융상품판매업자등은 제7조에 따른 금융소비자의 기본적 권리가 실현되도록 하기 위하여 다음 각 호의 책무를 진다. 1. 국가의 금융소비자 권익 증진 시책에 적극 협력할 책무 2. 금융상품을 제공하는 경우에 공정한 금융소비생활 환경을 조성하기 위하여 노력할 책무 3. 금융상품으로 인하여 금융소비자에게 재산에 대한 위해가 발생하지 아니하도록 필요한 조치를 강구할 책무 4. 금융상품을 제공하는 경우에 금융소비자의 합리적인 선택이나 이익을 침해할 우려가 있는 거래조건이나 거래방법을 사용하지 아니할 책무 5. 금융소비자에게 금융상품에 대한 정보를 성실하고 정확하게 제공할 책무 6. 금융소비자의 개인정보가 분실·도난·누출·위조·변조 또는 훼손되지 아니하도록 개인정보를 성실하게 취급할 책무
제3장 민원·분쟁 발생 시 업무처리 절차 및 평가·제도개선(영§31② ii)	
제5조(민원 및 분쟁처리의 기준 및 절차) ① 은행	**모범규준 제26조(민원관리시스템 구축)** ① 금융회

표준안	참고조문
은 독립적이고 공정한 민원처리 및 분쟁처리 절차를 마련하여 운영하여야 하며, 금융소비자가 시의적절하고 효율적이며 저렴한 비용으로 이용할 수 있도록 하여야 한다.	사는 독립적이고 공정한 민원처리와 구제절차를 마련하여 운영하여야 하며, 금융소비자가 시의적절하고 효율적이며 저렴한 비용으로 이용할 수 있도록 하여야 한다.
② <u>은행</u>은 금융소비자의 민원 또는 금융소비자가 제기한 분쟁이 발생하는 경우 즉각적으로 민원 또는 분쟁의 내용을 파악하고 신속히 대응하여야 한다.	**모범규준 제8조(금융소비자보호 총괄부서의 업무)** ③ <u>금융소비자보호 총괄부서</u>는 발생 민원에 대해 즉각적으로 고객불만 내용을 파악하고 대응해야 하며, (후략)
③ 은행은 금융소비자의 <u>**민원 또는 분쟁 해소와 민원 또는 분쟁의 관리절차**</u>가 효율적으로 시행되도록 행동기준을 제시하고 <u>**민원처리 및 분쟁처리에 관한**</u> 은행 방침과 시행 내용을 전달하기 위해 <u>**민원 및 분쟁의 처리에 관한 기준과 절차**</u>를 마련하여야 한다.	**모범규준 제25조(민원업무처리 규정 및 매뉴얼)** ① 금융회사는 <u>**민원관리 프로세스**</u>가 효율적으로 실행되도록 명확한 행동기준을 제시하고 민원을 적극적으로 처리하려는 회사방침과 시행내용을 전달하기 위해 「<u>**민원업무처리 규정 및 매뉴얼**</u>」을 작성, 운영하여야 한다.
④ 제3항에 따른 기준과 절차에는 다음의 사항이 포함되어야 한다. 1. <u>**민원사무와 분쟁사무 담당조직 및 기구에 관한 사항**</u> 2. 민원 및 분쟁의 접수 및 처리 3. <u>**민원 및 분쟁 예방 및 사후관리**</u> 4. <u>**민원 및 분쟁 업무 조사 및 금융소비자에 대한 보상**</u> 5. <u>**민원사무편람 등에 관한 사항**</u>	**모범규준 제8조(금융소비자보호 총괄부서의 업무)** ③ (전략) 접수된 민원의 신속한 처리를 위해 <u>**처리방법, 과정관리 등**</u>을 포함한 업무처리 규정을 마련, 시행하여야 한다.
⑤ 은행은 민원 및 분쟁의 효율적인 처리를 위해 필요한 다음과 같은 사항이 포함된 매뉴얼을 마련할 수 있다. 1. <u>**주요 소비자 권리**</u> 2. <u>**민원 및 분쟁의 진행절차와 소요기간**</u> 3. 민원 <u>**및 분쟁**</u> 사례 및 <u>**관련 판례**</u> 4. 민원 <u>**및 분쟁**</u> 사례별 응대요령 5. 민원 <u>**및 분쟁**</u> 체크리스트 6. 업무자료집 접속방법 7. 주요업무 Q&A 8. 업무담당자 연락처	② 제1항의 「민원업무처리 규정 및 매뉴얼」에는 다음 각 호의 사항이 포함되어야 한다. 1. 대고객 응대요령 2. 민원/분쟁 사례 및 판례 3. 민원사례별 응대요령 4. 민원예방 체크리스트 5. 업무자료집 접속방법 6. 주요업무 Q&A 7. <u>**본점**</u> 업무담당자 문의연락처
제6조(민원 및 분쟁에 관한 평가) ① 금융소비자보호 총괄기관은 민원평가를 실시하여 민원발생에 책임이 있는 부서, 업무절차 및 담당자 등을 규명하고 관련 부서에 피드백하여 개선방안을 강구하여야 한다.	**모범규준 제8조(금융소비자보호 총괄부서의 업무)** ④ 금융소비자보호 총괄부서는 민원평가를 실시하여 민원발생에 책임이 있는 부서, 업무프로세스 및 담당자 등을 규명하고 관련 부서에 피드백하여 개선방안을 강구하여야 한다.
② 금융소비자보호 총괄기관은 다음 각 호의 사항을 분석하고 민원예방 및 해소방안을 수립하여 정기적으로 경영진에게 보고하여야 한다. 1. 민원발생 및 처리 현황, 민원처리 소요시간	⑤ 금융소비자보호 총괄부서는 다음 각 호의 사항을 분석하고 민원예방 및 해소방안을 수립하여 정기적으로 경영진에게 보고하여야 한다. 1. 민원발생 및 처리 현황, 민원처리 소요시간

표준안	참고조문
2. 주요 빈발민원에 대한 원인 및 대책 3. 민원평가 결과, 민원관련 경영성과지표 4. 제도개선 실적, 교육훈련 실시 결과 등	2. 주요 빈발민원에 대한 원인 및 대책 3. 민원평가 결과, 민원관련 경영성과지표(계약유지율, 갱신율 등) 4. 제도개선 실적, 교육훈련 실시 결과 등
제7조(제도개선시스템 구축) ① 금융소비자보호 총괄기관은 민원 관련부서에 실시간으로 민원 접수 내용을 제공하고, 제도개선 시스템을 구축하여 소비자불만을 근본적으로 해소하고자 노력하여야 한다.	**모범규준 제27조(제도개선시스템 구축)** ① 금융소비자보호 총괄부서는 민원 관련부서에 실시간으로 민원 접수 내용을 제공하고, 제도개선 시스템을 구축하여 소비자불만을 근본적으로 해소하고자 노력하여야 한다.
② 금융소비자보호 담당임원은 민원처리 관련 민원유형에 대한 심층분석 결과에 따라 제도개선사항을 도출하여 일정한 절차에 의거 관련부서에 제도개선을 요구하여야 한다.	② 금융소비자보호 총괄책임자는 민원처리 관련 민원유형에 대한 심층분석 결과에 따라 제도개선 사항을 도출하여 일정한 절차에 의거 관련 부서장에게 제도개선 조치를 요청하고, **개선여부를 관리하여야 한다.**
③ 제2항에 따른 제도개선을 요구받은 관련 부서는 **특별한 사정이 없으면** 신속하게 개선계획 및 결과를 금융소비자보호 총괄기관에 보고하여야 하며, 금융소비자보호 총괄기관은 진행사항 및 결과를 **은행장 및 내부통제위원회에 보고하고** 관리하여야 한다.	③ 제도개선을 요구받은 관련 부서는 신속하게 개선계획 및 결과를 보고하여야 하며, 금융소비자보호 총괄부서는 그 제도개선 진행사항 및 결과를 관리하여야 한다.
–	④ 제도개선을 요구받은 관련 부서가 이를 수용하지 않는 경우에는 그 사유와 요인을 분석하여 재검증 절차(임원회의 부의, 경영진 별도보고 등)를 통해 미수용 결정이 타당한지 여부를 재검증하고, 타당하지 않은 경우 제도개선을 요구받은 관련 부서는 지체없이 개선 계획을 마련하고, 사후 결과를 금융소비자보호 총괄책임자에게 보고하여야 한다.
④ 금융소비자보호 총괄기관은 금융소비자, 내부직원 등으로부터 제도개선 사안 발굴을 위한 다양한 접수채널을 개발하고, 이를 활성화하기 위한 제도를 구축, 운영하여야 한다.	⑤ 금융소비자보호 총괄부서는 금융소비자, 내부직원 등 제도개선 사안 발굴을 위한 다양한 접수채널을 개발하고, 이를 활성화하기 위한 제도를 구축, 운영하여야 한다.
제4장 금융소비자보호기준의 운영을 위한 조직·인력(영§31②iii)	
제8조(금융소비자보호기준의 운영 조직 및 인력의 구성) ① 은행은 이 기준의 원활한 운영을 통해 금융소비자의 민원 예방 및 신속한 사후구제가 효과적으로 실현될 수 있도록 금융소비자보호 내부통제위원회 및 금융소비자보호 총괄기관을 설치한다.	내부통제기준·소비자보호기준 가이드라인(14면) 준용[34]

34) 금융소비자보호 총괄기관 업무에 민원·분쟁 현황 및 결과 관리가 포함되어 있는 점을 감안한다.

표준안	참고조문
② 은행은 민원·분쟁 대응 임직원의 업무 난이도 등을 감안하여 근무연한, 순환배치, 인센티브 부여 등과 관련한 보상체계를 마련할 수 있다. ③ 그 밖에 이 기준의 운영을 위한 조직 및 인력에 관한 사항은 내부통제기준에서 정한 바에 따른다.	
제5장 금융소비자보호기준 준수 여부에 대한 점검·조치 및 평가(영§31② iv)	
제9조(금융소비자보호기준의 준수 여부에 대한 점검·조치 및 평가) ① 은행은 임직원등의 금융상품 판매 관련 업무가 이 기준 및 금융소비자보호법령을 충실히 준수하고 있는지 여부를 업무의 중요도 및 위험도 등을 감안하여 수시 또는 주기적으로 점검한다.	내부통제기준·소비자보호기준 가이드라인(14면) 준용[35]
② 은행은 제1항에 따라 점검한 사항을 평가하고, 점검에 따른 조치 결과가 금융소비자보호 내부통제위원회에서 조정·의결될 수 있도록 하여야 한다. ③ 제1항에 따른 점검 방법, 이 기준의 미준수시 조치, 평가 등에 관한 사항은 내부통제기준을 준용한다.	
제6장 민원·분쟁 대응 관련 교육·훈련(영§31② v)	
제10조(금융소비자의 민원·분쟁에 대한 교육 및 훈련) ① **은행**은 금융소비자의 권리를 존중하고 발생된 민원·**분쟁의 적시 대응과** 예방을 위하여 다음 각 호의 사항을 포함한 **교육 및 훈련을 수행**하여야 한다. 1. 금융소비자보호를 위한 민원 **및 분쟁** 예방 프로그램의 개발 및 시행 2. 금융소비자보호와 관련된 임직원 교육 및 평가, 대내외 홍보 3. 민원사례, 상담화법, 응대요령 등 유사 민원·분쟁의 재발방지를 위한 **임직원 훈련** 및 제도개선 방안의 개발, 활용 방안	**모범규준 제8조**(금융소비자보호 총괄부서의 업무) ② **금융소비자보호 총괄부서**는 금융소비자의 권리를 존중하고 민원을 예방하기 위하여 다음 각 호의 사항을 포함한 **시스템을 개발·운영**하여야 한다. 1. 금융소비자보호를 위한 민원예방 프로그램의 개발 및 시행 2. 금융소비자보호와 관련된 임직원 교육 및 평가, 대내외 홍보 3. 유사민원의 재발 방지를 위한 교육 프로그램 및 제도개선 방안의 개발 및 활용 ⑥ 금융소비자보호 총괄부서는 전 임직원(모집인 등 판매조직을 포함한다)을 대상으로 민원사례, 상담화법, 응대요령, **금융소비자보호제도 및 민원예방** 등에 대한 교육을 온/오프라인을 통해 정기적으로 실시하여야 한다.
4. 금융소비자의 민원 및 분쟁의 처리를 위한 업무처리 매뉴얼 및 전자정보처리시스템 활용에 대한 임직원 교육 과정 진행 및 정기·수시 보수교육 실시	내부통제·소비자보호기준 가이드라인(15면) 반영

35) 금융소비자보호 총괄기관 업무에 금융소비자보호기준 점검결과 보고 등이 포함되어 있는 점을 감안한다.

표준안	참고조문
② 금융소비자보호 총괄기관은 과거 민원 이력, 금융감독원 검사 및 현장점검 사례 등을 감안하여 직원중(모집인 등 판매조직을 포함한다) 불완전판매 유발 직원을 지정·관리할 수 있으며, 동 직원에 대해서는 불완전판매 예방 교육을 직접 실시하거나 관련 부서에 실시를 요청하여야 한다.	⑦ 금융소비자보호 총괄부서는 과거 민원 이력, 금융감독원 검사 및 현장점검 사례 등을 감안하여 직원중(모집인 등 판매조직을 포함한다) 불완전판매 유발 직원을 지정·관리할 수 있으며, 동 직원에 대해서는 불완전판매 예방 교육을 직접 실시하거나 관련 부서에 실시를 요청하여야 한다.
제7장 전자정보처리시스템의 구축 및 관리(규정§29 i)	
제11조(전자정보처리시스템 구축 및 관리) ① 은행은 **민원 상황 및 처리결과, 금융소비자와의 분쟁조정, 소송 등 각종 권리구제절차의 진행상황 및 처리결과를 효율적·체계적으로 관리하기 위하여** 전자정보처리시스템을 구축·운영하여야 한다.	**모범규준 제26조(민원관리시스템 구축)** ② 금융회사는 **금융소비자가 다양한 민원접수 채널(방문, 전화, 서신, 팩스, 전자우편, 인터넷)을 통해 언제 어디서나 민원을 제기할 수 있도록 하여야 하고, 해당 민원을 One-Stop으로 처리할 수 있도록** 전산화된 시스템을 구축하여야 한다.
② 은행은 제1항의 전자정보처리시스템을 통하여 민원처리시 접수사실 및 사실관계 조사현황 등을 정기적으로 금융소비자에게 고지하여야 하며, 민원인의 의견을 회사 경영에 반영하여 민원예방에 노력하여야 한다.	③ 금융회사는 민원관리 시스템을 통하여 민원처리시 접수사실 및 사실관계 조사현황 등을 정기적으로 금융소비자에게 고지하여야 하며, 또한 민원인의 의견을 회사 경영에 반영하여 민원예방에 노력하여야 한다.
③ 은행은 민원처리 결과를 금융소비자가 수긍할 수 있도록 관련 법령, 사실관계 조사결과 등 명시적인 근거를 제시하고 금융소비자가 이해하기 쉬운 용어를 사용하여야 하며, 민원처리 후에는 처리결과를 문서, 팩스, 전자우편, 문자메시지, 전화 등의 방법으로 금융소비자에게 통지하여야 한다.	④ 금융회사는 민원처리 결과를 금융소비자가 수긍할 수 있도록 법규, 사실관계 조사결과 등 명시적인 근거를 제시하고 금융소비자가 이해하기 쉬운 용어를 사용하여 가능한 자세히 기재하여야 하며, 민원처리 후에는 처리결과를 문서, 팩스, 전자우편, 문자메시지, 전화 등의 방법으로 금융소비자에게 통지하여야 한다. **또한 서신, 팩스, 전자우편, 인터넷으로 접수된 민원의 처리결과 통지시에는 금융감독원으로의 분쟁조정 신청 절차·방법을 안내하여야 한다. 다만, 안내 방법 등에 대해서는 금융업권별로 금융협회가 공통 기준을 마련하여 운영할 수 있다.**
④ 제1항에 따른 전자정보처리시스템은 진행 단계별로 구분되어야 하고, 각 단계별 소요기간, 업무담당자를 명시하여야 하며, 민원·분쟁 진행 상황 및 처리결과의 주요 내용을 금융소비자가 요청하는 방법으로 금융소비자에게 안내 및 통지할 수 있도록 노력하여야 한다.	내부통제·소비자보호기준 가이드라인(14면) 반영
제8장 금융소비자의 권리행사에 대한 대응 체계((규정§29 ii ~ v)	
제12조(금융소비자의 자료열람 요구에 관한 기준 및 절차) ① 금융소비자는 분쟁조정 또는 소송의	**법 제28조(자료의 기록 및 유지·관리 등)** ③ 금융소비자는 제36조에 따른 분쟁조정 또는 소송의 수

표준안	참고조문
수행 등 권리구제를 위한 목적으로 은행이 기록 및 유지·관리하는 다음 자료의 열람(사본의 제공 또는 청취를 포함)을 요구할 수 있다. 1. 계약체결에 관한 자료 2. 계약의 이행에 관한 자료 3. 금융상품등에 관한 광고 자료 4. 금융소비자의 권리 행사에 관한 다음의 자료 가. 금융소비자의 자료 열람 연기·제한 및 거절 나. 청약의 철회 다. 위법계약의 해지 5. 내부통제기준의 제정 및 운영 등에 관한 자료 6. 업무 위탁에 관한 자료	행 등 권리구제를 위한 목적으로 제1항에 따라 금융상품판매업자등이 기록 및 유지·관리하는 자료의 열람(사본의 제공 또는 청취를 포함한다. 이하 이 조에서 같다)을 요구할 수 있다. **시행령 제26조**(자료의 기록 및 유지·관리 등) ① 법 제28조제1항에서 "대통령령으로 정하는 자료"란 다음 각 호의 자료를 말한다. 1. 계약체결에 관한 자료 2. 계약의 이행에 관한 자료 3. 금융상품등에 관한 광고 자료 4. 금융소비자의 권리행사에 관한 다음 각 목의 자료 가. 법 제28조제4항 후단 및 제5항에 따른 금융소비자의 자료 열람 연기·제한 및 거절에 관한 자료 나. 법 제46조에 따른 청약의 철회에 관한 자료 다. 법 제47조에 따른 위법계약의 해지에 관한 자료 5. 내부통제기준의 제정 및 운영 등에 관한 자료 6. 업무 위탁에 관한 자료
② 은행은 제1항에 따른 금융소비자의 자료열람요구에 대응하기 위해 필요한 절차 및 기준을 마련하여야 한다.	내부통제·소비자보호기준 가이드라인(15면) 반영
제13조(일반금융소비자의 계약청약 철회에 관한 기준과 절차) 은행은 금융소비자보호법 제2조제10호에서 정한 일반금융소비자가 금융소비자보호법령에 따라 금융상품에 관한 계약의 청약을 철회하는 경우에 필요한 기준과 절차를 마련하여야 한다.	상동
제14조(금융소비자의 위법계약해지요구에 관한 기준과 절차) 은행은 금융소비자가 은행이 금융소비자보호법에서 정하는 적합성 원칙, 적정성 원칙, 설명의무, 불공정영업행위금지 또는 부당권유행위금지를 위반하여 금융상품에 관한 계약의 해지를 요구하는 경우에 필요한 기준 및 절차를 마련하여야 한다.	상동
제15조(휴면 금융재산 발생 예방을 위한 기준과 절차) 은행은 휴면 및 장기미청구 금융재산 발생예방을 위해 다음 각 호를 포함한 관리방안을 마련하여야 한다. 1. 휴면 및 장기미청구 금융재산 발생예방 및 감축 등을 위해 필요한 절차와 기준 2. 금융상품 만기시 처리방법(자동재예치·자동입금계좌 설정 등) 및 만기통보방법 지정 등에 대한 안내 방안	**모범규준 제28조의2(판매 후 소비자 권익 보호 및 휴면 금융재산 등 관리방안 수립)** ② 금융회사는 휴면 및 장기미청구 금융재산 발생예방을 위해 다음 각 호와 같은 관리방안을 마련하여야 한다. 1. 금융회사는 **금융소비자에게 최선의 이익이 될 수 있도록** 휴면 및 장기미청구 금융재산 발생예방 및 감축 등을 위해 필요한 절차와 기준을 마련하여야 한다. 2. 금융상품의 **신규가입·유지 단계**에서 금융상품

표준안	참고조문
	만기시 처리방법(자동재예치 · 자동입금계좌 설정 등) 및 만기통보방법 지정 등에 대해 금융소비자에게 안내하는 **한편, 금융소비자가 자신에게 유리한 방법을 선택할 수 있도록 하여야 한다.**
제16조(금융소비자의 권리 안내) ① 은행은 금융소비자[36]에게 금융상품에 관한 계약체결을 권유하거나 금융소비자와 금융상품에 관한 계약을 체결하는 경우 금융소비자의 유형에 따라 다음 각 호에 관한 중요한 사항을 이해할 수 있도록 설명하여야 한다.	–
1. 자료열람요구권의 행사에 관한 사항 2. 청약철회의 기한 · 행사방법 · 효과에 관한 사항 3. 금융소비자가 제공받는 서비스별 수수료 등 부대비용[37] 4. 위법계약해지권의 행사에 관한 사항 5. 민원처리 및 분쟁조정 절차에 관한 사항 6. 「예금자보호법」 제24조에 따른 예금보험기금 등 법률상 기금에 따라 보호되는지에 관한 사항 7. 그 밖에 금융소비자의 합리적 의사결정 지원 또는 권익보호를 위해 필요한 정보에 관한 사항	
② 은행은 금융소비자가 요청하는 경우, 제1항 각 호의 사항, 금융소비자보호법령 · 약관상 권리 및 기타 금융소비자에게 부담되는 정보에 대해 전화, 서면 또는 전자적 방법 등 금융소비자가 선택하는 수단[38]으로 금융소비자에게 안내[39]할 수 있는 방안을 마련하여야 하고, 금융소비자 보호 및 시의성 등을 고려하여 안내 시기 · 내용에 대한 매뉴얼을 정할 수 있다.	내부통제 · 소비자보호기준 가이드라인(15면) 반영
③ 은행은 제12조 내지 제14조에서 정한 권리의 행사방법 및 절차, 거부사유 유형, 관련 대응요령 및 주요 대응사례 등에 대한 매뉴얼을 마련하고, 이에 대한 임직원 교육을 실시할 수 있다.	–

36) 모범규준 제16조상 보호대상은 금융소비자(일반 및 전문소비자) 전체를 의미한다. 설명의무(법§19, 보호대상이 일반소비자)가 아닌 '금융소비자'보호기준 마련의무(법§32③)에 근거를 둔 규정이기 때문이다.

37) 예금성 상품의 부대비용은 예금성상품의 가입, 유지, 종료 시까지 소비자에게 부과하는 비용 일체를 의미한다.

38) 전화, 서면, 전자적 방법과 같이 최소한 3가지 이상 방법을 준비하고 이중에서 소비자가 선택할 수 있도록 하면 된다.

39) 약관 등을 소비자에게 서면등으로 제공하는 것뿐만 아니라 해당 약관 등에서 소비자에게 부여된 권리를 함께 안내하여야 한다.

표준안	참고조문
④ 은행은 금리인하요구권, 금융상품 만기 전·후 안내 등 소비자의 권리에 관한 정보와 계좌의 거래중지, 지점 폐쇄 등 소비자에게 부담이 되는 정보에 대해 해당 정보의 성격에 따라 수시 또는 정기적으로 금융소비자에게 고지하여야 한다.	**모범규준 제30조의2(정보제공의 정례화)** ① 금융회사는 금리인하요구권, **보험의 보장범위**, 금융상품 만기 전·후 안내 등 소비자의 권리에 관한 정보와 계좌의 거래중지, **보험 실효**, 지점 폐쇄 등 소비자에게 부담이 되는 정보에 대해 해당 정보의 성격에 따라 수시 또는 정기적으로 금융소비자에게 고지하여야 한다.
–	② 제1항에 따른 고지대상 정보의 범위나 방법에 대해서는 금융소비자보호 총괄책임자가 금융소비자보호협의회를 통해 정하여야 하며, 공통되는 사항에 대해서는 금융업권별로 금융협회가 관련 기준을 마련하여 운영할 수 있다.
제17조(정보의 시의성 확보) ① 은행은 금융소비자의 권리 등에 대한 정보제공과 관련하여 제공시기 및 내용을 금융소비자의 관점에서 고려하고 정보제공이 시의적절하게 이루어 질 수 있도록 내부지침을 마련하여 운영하여야 한다.	**모범규준 제30조(정보의 시의성 확보)** ① 금융소비자에 대한 정보제공은 제공시기 및 내용을 금융소비자의 관점에서 고려하고 정보제공이 시의적절하게 이루어 질 수 있도록 내부지침을 마련하여 운영하여야 한다.
② 은행은 공시자료 내용에 변경이 생긴 경우 특별한 사유가 없는 한 지체 없이 자료를 수정함으로써 금융소비자에게 정확한 정보를 제공하여야 한다.	② 금융회사는 공시자료 내용에 변경이 생긴 경우 특별한 사유가 없는 한 지체없이 자료를 수정함으로써 금융소비자에게 정확한 정보를 제공하여야 한다.
제9장 금융소비자보호체계의 점검 및 제도 개선(규정§29vi)	
제18조(계약체결 후 금융소비자보호체계의 점검 및 제도 개선) ① 은행은 금융소비자와 계약체결 후 금융소비자가 자료열람 요구, 청약철회권 또는 위법계약해지권의 행사, 기타 금융소비자보호법규상 권리를 행사하는 경우 이를 금융소비자보호법령에 따라 적절하게 처리하고 있는지 여부를 점검하여야 한다. ② 은행은 금융소비자의 민원제기, 자료열람 요구, 청약철회권 또는 위법계약해지권의 행사 등이 자주 발생하는 경우 주요 원인을 파악하고 분석하여야 한다. ③ 은행은 금융소비자보호체계에 관한 점검을 실시하여 금융소비자보호를 위하여 필요한 사항이 있는지 여부를 점검하여야 한다. ④ 은행은 제1항 내지 제3항의 점검 및 분석 결과 필요한 제도 개선 사항을 도출하여야 하며, 해당 사항을 제도 개선에 반영하고 개선 여부를 점검하여야 한다.	**모범규준 제24조(판매 과정 관리)** ② 상품 및 서비스와 관련한 금융소비자의 불만이 빈발하는 경우 금융소비자의 불만내용과 피해에 대한 면밀한 분석을 통하여 금융소비자불만의 주요원인을 파악하고 이를 관련부서와 협의하여 개선되도록 하여야 한다. 금융소비자보호 총괄부서는 구축된 판매프로세스가 원활히 운영될 수 있도록 적정성을 점검하여야 한다. **모범규준 제27조(제도개선시스템 구축)** ② 금융소비자보호 총괄책임자는 민원처리 관련 민원유형에 대한 심층분석 결과에 따라 제도개선사항을 도출하여 일정한 절차에 의거 관련 부서장에게 제도개선 조치를 요청하고, 개선여부를 관리하여야 한다. ③ 제도개선을 요구받은 관련 부서는 신속하게 개선계획 및 결과를 보고하여야 하며, 금융소비자보호 총괄부서는 그 제도개선 진행사항 및 결과를 관리하여야 한다.

표준안	참고조문
제10장 금융소비자보호기준의 제정·변경 절차 및 위임(영§31②vi)	
제19조(이 규준등의 제정·변경 절차 및 세부사항 위임) ① 은행은 이 규준의 제정·변경 절차와 관련된 사항은 내부통제기준을 준용한다.	**시행령 제31조(금융소비자보호기준)** ③ 금융소비자보호기준의 제정·변경 절차에 관하여는 제10조 제3항 및 제4항을 준용한다.
② 이 규준의 시행 및 금융소비자보호에 필요한 세부사항은 은행장이 별도로 정하는 바에 따른다.	**표준 제40조(세부지침 위임)** 이 규정의 시행 및 준법감시인의 직무수행에 필요한 세부사항은 대표이사가 별도로 정하는 바에 따른다.

Ⅳ. 시행일

직접판매업자 및 대리·중개업자는 2021.3.25일부터 시행하며, 자문업자의 경우 2021.9.25일 시행한다(법 부칙§1).

Ⅴ. Q&A

1. 외국은행의 국내지점(은행법§58)도 소비자보호기준(법§32③)을 마련해야 하는지?

외국은행 국내지점도 소비자보호기준 마련해야 함.

2. 금융소비자보호기준 포함사항(규정§29② i 나)인 '금융소비자와의 분쟁조정·소송 진행상황 및 결과를 관리하기 위한 전산처리시스템의 구축'에서 분쟁조정은 금융감독원에 신청된 분쟁조정을 의미하는지?

금융감독원과 금융감독원 외 기관에서 진행되는 분쟁조정 모두를 의미함.

[필자 보충의견] 다른 감독규정(§25② i)에서는 '법 제36조에 따른 분쟁조정'으로 규정한 것과 달리 동 규정에서는 '분쟁조정'으로 규정되어 있으므로 금융소비자보호법에 따른 분쟁조정 뿐만 아니라 타법(예: 독점규제법에 따른 분쟁조정 등)에 따른 금융소비자와의 분쟁조정 모두를 의미함.

3. 금융소비자보호기준 포함사항(규정§29② i 나)인 '금융소비자와의 분쟁조정·소송 진행 상황 및 결과를 관리하기 위한 전산처리시스템의 구축'에서 소송은 소송상대방이 금융소비자인 경우로 한정하는지?

감독규정(§29 i 나)상 *('금융소비자와의 분쟁조정'으로 규정되어 있으므로)* 금융소비자인 경우로 한정함.

제2장 금융분쟁의 조정

▌제1절▌ 총칙

Ⅰ. 의의

금융소비자의 사후적 피해구제수단으로서 기능하는 분쟁조정제도를 「금융위원회의 설치 등에 관한 법률(이하 "금융위원회법")」에서 이관하여 금융소비자보호법에서 규정한다. 이로써 '영업행위 규제(판매업자 규제 포함) – 금융정책 – 분쟁조정' 등 금융소비자보호 관련 제도를 단일법에 담아 금융소비자 보호에 관한 기본법으로 기능할 수 있도록 한다.[1)]

금융분쟁조정세칙(이하 "조정세칙"이라 한다)에서 분쟁조정제도를 구체적으로 규율한다. 조정세칙은 금융감독원 정관(§21)[2)]에 따라 금융분쟁조정위원회(이하 "조정위원회"이라 한다)의 운영과 금융분쟁의 조정절차 등에 관하여 필요한 사항을 금융감독원장(이하 "원장"이라 한다)이 정한 행정규칙이다(조정세칙§1).

Ⅱ. 정의

조정대상기관은 금융소비자보호법상 규제대상인 판매업자등 중 금융감독원의 검사

---

1) 검토보고서(2006092), 75면 참조.
2) **제21조(금융분쟁조정위원회의 설치 등)** ① 금융감독원의 검사대상기관과 예금자 등 금융수요자 기타 이해관계인 사이에 발생하는 금융관련분쟁의 조정에 관한 사항을 심의·의결하기 위하여 금융감독원에 금융분쟁조정위원회를 둔다.
② 법 및 법시행령에서 정하지 아니한 금융분쟁조정위원회의 운영 등에 관한 사항은 원장이 정한다.

를 받는 기관에 한정된다(법§33). 일반적으로 신청인은 금융소비자, 피신청인은 금융회사로 대응된다.

구분	정의
조정대상기관	「은행법」에 따른 인가를 받아 설립된 은행 「자본시장법」에 따른 금융투자업자, 증권금융회사, 종합금융회사 및 명의개서대행회사 「보험업법」에 따른 보험회사 「상호저축은행법」에 따른 상호저축은행과 그 중앙회 「신용협동조합법」에 따른 신용협동조합 및 그 중앙회 「여신전문금융업법」에 따른 여신전문금융회사 및 겸영여신업자 「농업협동조합법」에 따른 농협은행 「수산업협동조합법」에 따른 수협은행
신청인	원장에게 금융관련분쟁의 조정을 신청한 자
피신청인	신청인의 상대방
당사자	당사자 일방(신청인 또는 피신청인) 또는 당사자 쌍방(신청인 및 피신청인)
금융분쟁	조정대상기관, 금융소비자 및 그 밖의 이해관계인이 조정대상기관의 금융업무 등과 관련하여 권리의무 또는 이해관계가 발생함에 따라 조정대상기관을 상대로 제기하는 분쟁

▌제2절▐ 조정위원회

Ⅰ. 의의

조정대상기관, 금융소비자 및 그 밖의 이해관계인 사이에 발생하는 금융 관련 분쟁의 조정에 관한 사항을 심의·의결하기 위하여 금융감독원에 설치한 분쟁조정기구이다(법§33).

Ⅱ. 구성 및 운영

1. 구성

조정위원회는 위원장 1인을 포함한 35인 이내의 위원으로 구성된다(법§34①). 위원장은 원장이 부원장 중에서 지명하며, 위원은 원장이 지명하는 부원장보와 원장이 위촉하는 외부위원으로 다시 구분된다(법§34③). 여기서 35명 이내의 위원은 조정위원회 회의를 구성하기 위한 인력 풀(pool)로 기능한다.

<table>
<tr><th rowspan="3">구분</th><th colspan="3">조정위원회 구성</th></tr>
<tr><th rowspan="2">위원장</th><th colspan="2">위원</th></tr>
<tr><th>내부</th><th>외부</th></tr>
<tr><td>자격</td><td>금감원 부원장</td><td>금감원 부원장보</td><td>① 판사·검사 또는 변호사
② 한국소비자원 및 소비자단체(소비자기본법 등록단체)의 임원, 임원경력 보유자, 직원(15년 이상 재직)
③ 조정대상기관 및 금융 관계 기관·단체의 경력 보유자(15년 이상 재직)
④ 금융·소비자 분야의 학식있는 경험자
⑤ 전문의
⑥ 그 밖에 원장이 인정한 자</td></tr>
<tr><td>임기</td><td colspan="2">해당 직에 재직하는 기간</td><td>2년(1회에 한해 연임 가능)</td></tr>
<tr><td>직무</td><td>조정위원회 대표,
회의주재 및 사무통할,
조정사건의 심의·의결</td><td>위원장 직무대행,
조정사건 심의·의결</td><td>조정사건 심의·의결</td></tr>
<tr><td>지명·
위촉</td><td>원장 지명</td><td>원장 지명</td><td>아래 기관·단체장으로부터 정원의 2배수 이상을 추천받고, 성별을 고려하여 원장 위촉
① 법무부, 법원행정처, 법률구조공단, 변협
② 서금원, 신복위, 한국소비자원, 전국규모 소비자단체(소비자기본법상 등록)
③ 금융협회등
④ 한국소비자원, 금융협회등
⑤ 의사회, 의학한림원</td></tr>
<tr><td>지명철회·
위촉해제</td><td colspan="3">심신장애, 직무 관련 비위사실, 직무태만·품위손상, 제척사유에 해당함에도 미회피 사실, 직무수행이 어렵다는 본인의 의사표시를 이유로 원장은 위원의 지명철회·위촉해제 가능</td></tr>
<tr><td>공무원
의제</td><td colspan="3">공무원이 아닌 위원은 형법(§129~§132)상 수뢰죄 적용 시 공무원으로 의제</td></tr>
</table>

2. 회의운영

구분	조정위원회 회의운영
회의구성	ㅁ 위원장 + 위원장이 보험/비보험 분야(은행, 증권, 비은행 등)별로 회의마다 지명한 위원(6~10人)

구분	조정위원회 회의운영
	○ 소비자원 · 소비자단체 추천자 및 금융협회등 추천자는 동수(同數) 구성 □ 회의 1주일(긴급한 경우 예외) 전까지 구성
제척·기피·회피	□ 제척: 아래 사유 해당 시 위원은 해당 사건의 심의 · 의결에서 제척 ○ 위원, 위원의 배우자 또는 全배우자가 당사자(법인 · 단체인 경우 임원 포함)이거나 당사자와 공동권리자 또는 공동의무자인 경우 ○ 위원이 당사자(법인 · 단체인 경우 임원 포함)와 친족이거나 친족이었던 경우 ○ 위원이 당사자인 법인 또는 단체(계열회사등 포함. 이하 같다)에 속하거나 조정신청일 전 최근 5년 이내에 속하였던 경우 ○ 위원 또는 위원이 속한 법인 또는 단체, 사무소가 해당 사건에 증언 · 법률자문 또는 손해사정 등을 한 경우 ○ 위원 또는 위원이 속한 법인 또는 단체, 사무소가 해당 사건에 당사자의 대리인으로서 관여하거나 관여하였던 경우 □ 기피: 위원의 공정한 심의 · 의결을 기대하기 어려운 경우 당사자는 위원장에게 기피신청. 위원장은 신청의 타당성 인정 시 기피결정 □ 회피: 위 제척사유에 해당하는 경우 스스로 심의 · 의결에서 회피
소집	□ 주체: 위원장 □ 정기: 첫째 주(첫째 주 화요일이 없는 경우는 셋째 주) 화요일과 셋째 주(첫째 주 화요일이 없는 경우는 다섯째 주) 화요일 □ 수시: 위원장의 필요성 인정 시 □ 통지: 지명된 위원에게 회의 개최일 1주일 전까지 회의 일시 · 장소 · 안건 서면통지. 단, 긴급한 경우 개최 전날 통지 가능
의결정족수	□ 구성원 과반수의 출석과 출석위원 과반수의 찬성
사무	□ 간사: 사무를 처리하기 위하여 조정위원회에 금감원 소관부서장 중 1인을 간사로 지정 ○ 조정위원회에 참석하여 필요 시 안건 설명 ○ 회의경과를 기재한 의사록(위원장, 참석위원, 간사의 기명날인 · 서명 포함)을 작성 · 보관 ○ 의사록을 조정위원회의 차기회의에 보고
자문	□ 전문위원: 원장 또는 조정위원회의 자문에 응하기 위하여 전문위원 위촉 ○ 자격: 변호사, 대학 · 공인연구기관의 조교수 이상, 전문의, 원장이 인정하는 자 ○ 직무: 금감원 접수사건 및 조정위원회 회부사건의 처리를 위해 원장이 자문의뢰 시 자문에 응함 ○ 임기: 2년(연임 가능) ○ 위원의 제척 · 기피 및 회피 준용 □ 전문소위원회: 법률 또는 의료사항 등 고도의 전문적 판단이 필요한 사건의 효율적 처리를 위하여 설치. 구성 및 운영은 원장이 정함.
정보누설 금지	□ 참석위원은 회의와 관련하여 알게 된 정보를 타인에게 누설 금지

▌제3절▐ 조정절차

Ⅰ. 흐름도[3]

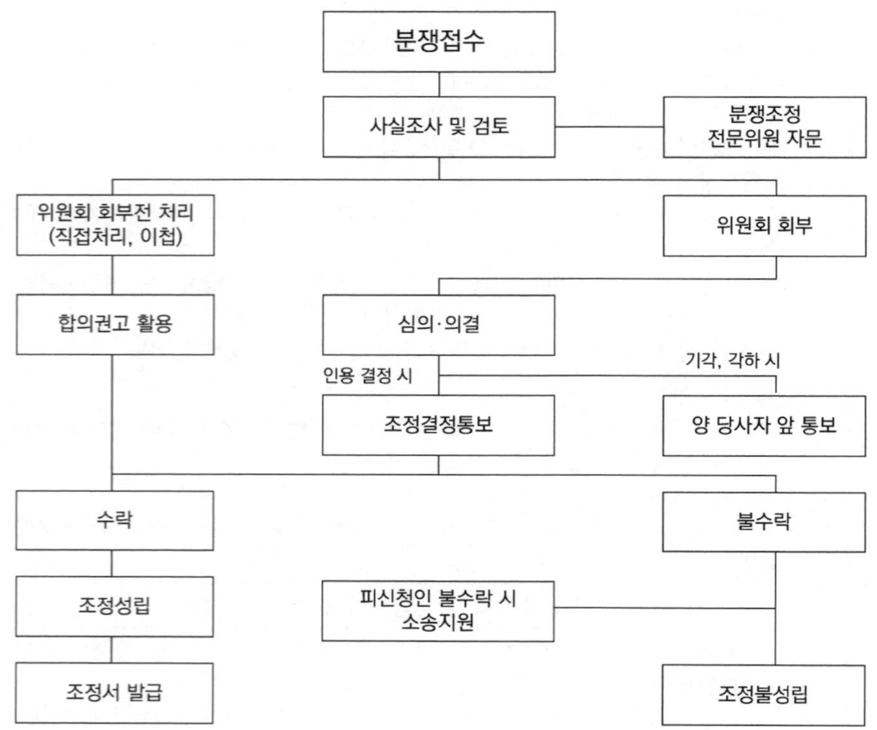

Ⅱ. 조정신청

1. 분쟁접수

조정대상기관, 금융소비자 및 그 밖의 이해관계인은 금융 관련 분쟁이 있는 경우 원장에게 분쟁의 조정을 신청(이하 "조정신청"이라 한다)할 수 있다(법§36①). 원장에게 조정신청을 하고자 하는 자는 ① 조정신청의 원인 및 사실을 증명하는 서류, ② 대리인[4]이 조

3) 정무위원회, "금융소비자 보호에 관한 법률 일부개정법률안(이용우 의원 대표발의) 검토보고(2102904)", 2020.11월, 5면 참조.

4) 당사자는 변호사, 기타 제3자를 대리인으로 선임할 수 있으며, 이 경우 선임사실을 서면으로 증명하여야 한다(조정세칙§13).

정신청서를 제출하는 경우에는 그 위임장, ③ 그 밖의 증거서류 등을 첨부한 분쟁조정신청서(이하 “조정신청서”라 한다)를 원장에게 제출하여야 한다(조정세칙§11①). 조정신청서의 경우 정해진 서식은 없으나, ① 신청인과 상대방의 성명 및 주소(당사자가 법인인 경우 법인의 명칭 및 주된 사무소의 소재지와 그 대표자의 성명 및 주소), ② 대리인이 있는 경우에는 그 성명 및 주소, ③ 신청의 취지, ④ 신청의 이유를 기재하여야 한다(조정세칙§11②). 원장은 감독원에 접수된 진정서, 탄원서 기타 민원서류 중 그 내용이 조정절차에 의하여 처리함이 타당하다고 인정되는 경우 그 명칭 및 형식의 여하에 불구하고 조정신청이 있는 것으로 처리할 수 있다(조정세칙§11③). 분쟁처리 담당자는 분쟁조정신청을 접수하는 즉시, 처리부서, 담당자 직책 · 성명, 전화번호 등을 유선, 전자우편, 문서 등 연락 가능한 방법으로 접수사실을 통지하여야 한다(조정세칙§11④).

2. 자율조정

원장은 분쟁조정 신청건의 처리에 앞서 신청인과 조정대상기관이 자율적인 조정절차를 거치도록 할 수 있다(조정세칙§11-2①). 원장은 사건의 내용 · 성격 등이 금융 · 보험거래와 무관하거나 금융감독원이 직접 처리하기 어렵다고 판단되는 경우 원장이 별도로 정하는 기관 등에서 자율조정에 대한 검토를 거치도록 할 수 있다(조정세칙§11-2②).

3. 대표자 선정

다수의 신청인이 공동으로 분쟁조정을 신청하는 경우에는 신청인 중 3명 이내의 대표자를 선정할 수 있다(영§33①). 신청인이 대표자를 선정하지 아니한 경우에 원장은 필요하다고 인정되는 때에는 신청인에게 대표자를 선정할 것을 권고할 수 있다(조정세칙§12②). 대표자 변경 시 신청인은 그 사실을 지체 없이 원장에게 통지하여야 한다(조정세칙§12③). 다수인이 공동으로 신청한 분쟁조정에 있어 대표자를 선정한 경우에는 그 선임사실을 서면으로 증명하여야 한다(조정세칙§12④). 선정된 대표자는 이를 선임한 신청인들을 위하여 사건에 관한 모든 행위를 할 수 있다(조정세칙§12⑤本). 다만, 조정신청의 취하, 피신청인과 합의 또는 조정결정서의 수락은 다른 신청인의 동의를 얻어야 하며, 이 경우 동의를 얻은 사실을 서면으로 증명하여야 한다(조정세칙§12⑤但).

4. 사실조사 및 검토

원장은 사건의 조사를 위하여 필요하다고 인정되는 경우에는 사실조사 및 조회 또는 관련자의 출석 등의 방법으로 조사를 하게 하거나 당사자에 대하여 사실의 확인 또는 자료의 제출 등을 요구할 수 있다(조정세칙§16①). 관계기관에는 감정, 조회 기타 필요한 검사 등을 의뢰할 수 있다(조정세칙§16②).

조사출장을 가는 경우 조사목적 · 내용 · 기간 등을 출장 3일 전까지 유선, 전자우편, 문서 등 연락 가능한 방법으로 사전통지하여야 하나, 긴급을 요하거나 증거인멸 등이 우려되는 경우 이를 생략할 수 있다(조정세칙§16⑥). 또한 필요 시 원장은 피신청인에게 조정신청서사본을 송달하거나 상당한 기일을 정하여 조정신청에 대한 의견서 또는 답변서와 관련 자료의 제출을 요구할 수 있다(조정세칙§16⑧).

분쟁조정업무 담당부서는 분쟁조정절차 진행 중 금융기관의 위법 · 위규사항이 발견되거나 제도개선이 필요한 경우 관련 부서에 이를 통보하여야 하고, 관련 부서에서는 이에 대한 적절한 조치를 취하여야 한다(조정세칙§16⑦).

5. 보완요구 및 중간회신

원장은 관련자료 보완이 필요하다고 인정될 때에는 상당한 기간을 정하여 구술 · 전화 · 문서 · 우편 · 전신 · 모사전송(FAX) 또는 인터넷 등으로 보완을 요구할 수 있다(조정세칙§15①). 신청인이 요구기간 내에 보완을 하지 아니한 경우 7일 이내의 기간을 정하여 다시 보완을 요구할 수 있다(조정세칙§15②).

조정신청 중 사실조사 또는 조정위원회의 회부 등의 사유로 처리가 지연되는 경우 원장은 지연사유 등을 신청인에게 통지하여야 한다(조정세칙§14①).

Ⅲ. 회부 전 처리

1. 합의권고

원장은 금융감독원에 접수된 사건 중 분쟁의 원만한 해결을 위하여 당사자가 합의하도록 함이 상당하다고 인정되는 사건의 경우에는 구두 또는 서면으로 당사자에게 합의할 것을 권고할 수 있다(법§36② · 조정세칙§20①). 원장은 합의권고 사항으로 인정하는 경우 당사자(대리인을 포함한다)에게 의견의 진술 또는 자료의 제출을 요구할 수 있고(영§33②), 당해 조정신청에 관하여 이해관계를 가지는 자를 출석시켜 합의에 참가하도록 할 수 있다(조정세칙§20②).

의료사항 등에 대한 제3자의 전문적 판단이 필요하다고 인정되는 사건에 대하여 합의를 권고하는 경우에 당사자가 정한 제3자의 의견을 따르도록 할 수 있으며, 당사자인 조정대상기관은 제3자의 의견에 따라야 한다(조정세칙§20-2).

당사자가 원장의 합의권고를 거부하거나 정당한 이유 없이 합의권고 절차 진행을 위한 출석기일에 출석하지 아니한 때에는 합의가 성립되지 아니한 것으로 본다(조정세칙§21).

2. 직접처리 · 이첩

신청내용이 아래 어느 하나에 해당하는 경우 합의를 권고하지 아니하거나 조정위원회에 회부하지 않고, 직접처리하거나 해당기관에 이첩하여 처리하게 할 수 있다(법§36② · 영§33③ · 조정세칙§17). 합의권고를 하지 아니하거나 조정위원회에 회부하지 아니할 경우(직접처리하거나 이첩하는 경우) 조정신청 접수일로부터 30일 이내에 그 처리결과 및 사유를 명시하여 당사자에게 서면으로 통지한다(법§36③ · 영§33④ · 조정세칙§17-2). 동 처리기간(30일)에 조정신청의 보완에 소요되는 기간(보완을 위하여 신청서를 신청인에게 발송한 날과 보완되어 감독원에 도달한 날 포함), 사실조사 및 조회 등에 부득이하게 소요되는 기간, 공휴일 · 토요일은 산입하지 않는다(조정세칙§17-3). 부득이한 사유로 30일 내에 사건처리가 어려운 경우 30일 이내의 범위에서 처리기간을 연장할 수 있고, 신청인 동의 시 1회에 한해 재연장이 가능하다(조정세칙§17-4①). 처리기간을 연장한 경우 연장 사유와 처리완료 예정일을 지체없이 민원인에게 통지하여야 한다(조정세칙§17-4②). 처리결과의 통지는 문서를 통하여 이루어져야 하나, 신청인이 원하거나 전자민원창구를 통하여 접수된 조정신청은 전자민원시스템에 입력함으로써 통지에 갈음할 수 있다(조정세칙§17-5).

직접처리 · 이첩 사유
▫ 금융 · 보험거래와 직접 관련이 없거나 수사기관의 수사가 필요한 경우 등 신청내용이 분쟁조정대상으로서 적합하지 아니하다고 원장이 인정 ▫ 신청내용이 관련 법령 또는 객관적인 증명 등에 따라 합의권고 또는 조정절차를 진행할 실익 부재 ▫ 조정위원회에 회부되기 전에 소제기. 단, 소송중지제도에 따라 중지된 경우 제외 ▫ 신청내용의 보완을 2회 이상 요구하였으나 정당한 사유 없이 지정된 기한 내에 보완하지 아니하거나

직접처리 · 이첩 사유
소재불명 등으로 보완요구가 반송
□ 신청내용과 신청인간 직접적인 이해관계 부재
□ 신청인의 부당이익 목적이 인정
□ 상당한 이유 없이 취하된 조정신청건 또는 동일건으로 재조정신청을 하거나 가명으로 조정신청
□ 당사자간 주장 상이, 증거채택의 어려움 등으로 사실관계 확정이 곤란하거나 수사사건과 직접적으로 관련
□ 주장내용이 부당하거나 관련법령, 조정선례, 법원판례 등에 비추어 명백하게 받아들일 수 없다고 인정

3. 종결처리

신청인이 동일내용의 조정신청을 정당한 사유없이 3회 이상 반복하여 제출한 경우(2개 이상의 행정기관에 제출한 동일내용의 조정신청을 다른 행정기관으로부터 이송받은 경우 포함) 2회 이상 그 처리결과를 통지하고, 그 후에 접수되는 조정신청에 대하여는 종결처리할 수 있다(조정세칙§17-6① · ②). 동일한 내용의 조정신청인지 여부에 대하여는 해당 조정신청의 성격, 종전 조정신청과의 내용적 유사성 · 관련성 및 종전 조정신청과 동일한 답변을 할 수 밖에 없는 사정 등을 종합적으로 고려하여 결정하여야 한다(조정세칙§17-6③).

신청인은 사건명, 당사자 및 취하사유가 표시된 취하서를 우편 · 모사전송(FAX) 등으로 제출하거나 유선(녹취 등)으로 조정신청을 취하할 수 있다(조정세칙§18①). 신청인이 조정신청을 취하한 경우 등 조정절차진행의 필요가 없는 사유가 발생한 경우에는 조정절차진행을 중지하고 당해 사건을 종결처리할 수 있다(조정세칙§18②). 절차진행이 불필요해지는 사유 발생으로 사건을 종결처리한 경우 원장은 당사자에게 통지하여야 하나, 조정신청을 취하한 신청인에게는 그러하지 아니하다(조정세칙§18③). 당해사건이 조정위원회에 회부되어 계류 중인 경우에는 조정위원회에도 이를 통보하여야 한다(조정세칙§18④).

4. 재검토 요구

원장은 법률, 기존의 조정위원회 조정례 및 판례 등에 비추어 피신청인의 처리가 부당하다고 판단되는 상당한 이유가 있는 때에는 서면으로 피신청인에게 재검토를 요구할 수 있다(조정세칙§20-3).

Ⅳ. 심의 · 의결

1. 조정위원회 회부

1.1. 회부사유

원장은 ① 원장이 직접처리하거나 해당기관에 이첩하여 처리하는 것이 적당하지 않다고 인정되는 경우, ② 합의권고가 적당하지 않다고 인정되는 경우, ③ 합의권고절차를 진행하였으나 사건의 접수일로부터 30일 이내에 당사자 간에 합의가 성립되지 아니한 경우에는 조정위원회 회부사건 요약표를 작성하고 관련자료를 첨부하여 조정위원회에 회부하여야 한다(법§36④ · 조정세칙§22①).

여기서 합의권고 절차 기간(30일) 계산 시 보완에 소요되는 기간, 사실조사 및 조회 등에 부득이하게 소요되는 기간, 공휴일 · 토요일은 산입하지 않는다(조정세칙§22④ · §17-3). 부득이한 사유로 30일 내에 처리가 어려운 경우 30일 이내의 범위에서 기간을 연장할 수 있고, 신청인 동의 시 1회에 한해 재연장이 가능하다(조정세칙§22④ · §17-4①). 처리기간을 연장한 경우 연장 사유와 처리완료 예정일을 지체없이 민원인에게 통지하여야 한다(조정세칙§22④ · §17-4②).

1.2. 회부사실 통지

조정위원회는 원장이 사건을 회부한 때 당사자에게 당해 사건이 조정위원회에 회부된 사실을 통지하여야 하며, 이 경우 당사자에게 일정기간 내에 추가자료를 제출할 수 있다는 사실과 위원의 명단 및 이들에 대한 기피의 신청을 할 수 있다는 사실을 통지하여야 한다(조정세칙§22②).

당사자가 기피의 신청을 하는 경우에는 기피사유와 증거자료를 서면으로 제출하여야 한다(조정세칙§22③).

2. 자료제출

조정위원회는 사건의 심의를 위하여 필요한 경우에는 원장에게 당해 사건에 대한 조사 또는 관련자료의 수집을 요청할 수 있다(조정세칙§23①). 원장은 조정위원회로부터 사건조사 및 자료수집 요청을 받은 때에는 지체없이 조사를 실시하거나 관련자료를 수집하여 조정위원회에 제출하여야 한다(조정세칙§23②).

3. 당사자 의견청취

조정위원회는 특별한 사유가 없는 한 당사자가 회의에 참석하여 진술을 할 수 있도록 해야 한다(영§34③ · 조정세칙§24①). 조정위원회는 당사자 기타 이해관계인 · 감정인 · 참고인 등의 의견을 들을 필요가 있다고 인정되는 때에는 이들에게 회의에 출석하여 의견을 진술할 것을 요청할 수 있다(조정세칙§24②). 조정위원회는 당사자의 의견을 듣고자 하는 때에는 시기 및 장소를 정하여 긴급을 요하는 경우가 아닌 한 의견청취 3일전까지 당사자 등에게 통지하여야 한다(조정세칙§24③).

4. 사전심의

조정위원회는 ① 다수인이 신청한 사건으로서 조정기준 마련 등을 위해 필요한 경우, ② 전문소위원회 심의를 거친 경우, ③ 그 밖에 조정위원회가 사전심의가 필요하다고 인정하는 경우 사전심의할 수 있다(조정세칙§24-2①). 사전심의의 구성 및 운영에 관하여는 조정위원회 규정을 준용한다(조정세칙§24-2②).

5. 결정 및 통보

조정위원회는 사건이 회부된 날로부터 60일 이내에 이를 심의하여 조정결정하여야 한다(법§36⑤ · 조정세칙§25①). 조정결정은 인용/기각/각하결정으로 구분된다. 인용결정은 신청사항을 전부 또는 일부 받아들이는 경우, 기각결정은 신청사항이 이유 없는 경우, 각하결정은 직접처리 · 이첩사유에 해당되는 등 조정위원회의 조정의 실익이 없는 경우이다.

조정위원회가 결정을 한 때에는 조정결정서 또는 각하결정서를 작성하여야 하고(조정세칙§25②), 동 문서에는 ① 당사자의 성명 또는 명칭과 주소, ② 조정 또는 각하결정사항, ③ 조정 또는 각하결정이유, ④ 조정 또는 각하결정일자를 기재하여야 한다(조정세칙§25③).

조정위원회가 사건에 대한 심의 · 의결을 종료한 때에는 그 결과를 원장에게 통보하여야 한다(조정세칙§26). 원장은 조정위원회의 조정결정서 또는 각하결정서를 첨부하여 조정위원회의 의결내용을 당사자에게 통지하며, 신청인의 청구를 인용(부분인용 포함)하는 것으로 조정결정된 사건에 대하여는 아래 사항을 함께 통지하면서 수락을 권고할 수 있다(법§36⑥ · 조정세칙§28).

인용결정 시 당사자앞 통지사실
ㅁ 조정결정의 수락은 조정결정의 통지를 받은 날로부터 20일 이내에 이루어져야 하며, 그러하지 아니할 경우에는 조정이 성립되지 아니한 것으로 처리된다는 사실 ㅁ 당사자 쌍방이 조정결정내용을 수락할 경우 감독원에 출석하여 조정조서를 작성하거나 조정결정 수락서에 기명하고 날인 또는 서명하여 감독원에 제출하여야 한다는 사실 ㅁ 당사자 쌍방이 조정결정 내용을 수락하여 조정이 성립하면 법이 정하는 바에 따라 재판상 화해와 동일한 효력을 가진다는 사실

6. 재조정신청

당사자는 아래 사유가 있는 때에는 조정위원회의 결정에 대하여 재조정을 신청할 수 있으나, 당사자가 당초 조정신청을 할 때에 그 사유를 주장하였거나 이를 알면서 주장하지 아니한 경우에는 그러하지 아니하다(조정세칙§31①).

재조정신청 사유
ㅁ 조정 당시에는 제출되지 않았으나, 조정 결과에 중대한 영향을 미치는 새로운 사실이 나타난 경우 ㅁ 조정의 증거로 된 문서, 증인의 증언, 참고인의 진술 등의 자료가 위조 또는 변조된 것이거나 허위임이 밝혀진 경우 ㅁ 조정의 기초가 된 법률, 판결 등이 변경된 경우 ㅁ 조정에 영향을 미칠 중요한 사항에 관하여 조정위원회가 판단하지 아니한 경우 ㅁ 제척되어야 할 위원이 조정에 관여한 경우

재조정신청은 당사자가 조정결정 또는 각하결정을 통지받은 날로부터 1개월 이내에 하여야 한다(조정세칙§31②). 재조정신청 사건의 처리절차는 조정위원회에 처리절차 규정을 준용한다(조정세칙§31③). 원장은 결정통지일로부터 1개월이 경과한 재조정신청에 대하여는 특별한 사유가 없는 한 이를 각하처리한다(조정세칙§31④).

V. 보칙

1. 공표

원장은 공익 또는 금융소비자 등의 보호를 위하여 필요하다고 인정하는 때에는 분쟁조정업무와 관련된 내용을 공표할 수 있다(조정세칙§32). 동 조항을 근거로 금융감독원은 감독행정작용으로서 금융협회 홈페이지에 소속 금융회사의 분쟁 중 소제기 건수를 공시하도록 한다.5)

2. 사건개입 금지

누구든지 감독원 담당직원에게 분쟁조정 신청사건에 대한 처리를 종용하거나 관련 법령 등에 근거하지 아니하고 정보 등의 제공을 요구하여서는 아니 된다(조정세칙§32-3①). 금융감독원 담당직원은 분쟁조정 신청사건 관련 정보제공 요구를 받은 경우 이에 응하여서는 아니 된다(조정세칙§32-3②).

3. 수당

원장은 ① 위원이 조정위원회에 참석하는 경우, ② 위원이 사건의 해결을 위하여 국내외에 출장을 하는 경우, ③ 전문위원 및 전문위원 외의 전문가 등이 원장의 자문에 응하는 경우, ④ 조정위원회가 요청한 감정인·참고인 등이 조정위원회에 출석하여 의견을 진술하는 경우 감독원의 예산범위 내에서 따로 정하는 바에 따라 수당 및 실비, 출장비, 자문료 또는 수임료 등을 지급할 수 있다(조정세칙§33).

5) 금융감독원, 비조치의견서(분쟁 중 소제기현황 공시), https://better.fsc.go.kr/fsc_new/replyCase/OpinionDetail.do?stNo=11&muNo=86&muGpNo=75&opinionIdx=619 참조.

▌제4절▌ 효력

Ⅰ. 조정성립

1. 효력

당사자가 통지된 조정안을 수락한 경우 당해 조정안은 재판상 화해와 동일한 효력을 갖는다(법§39 · 조정세칙§29①). 확정된 조정결정 내용을 어느 일방이 이행하지 않을 경우에는 별도의 소송절차 없이 조정서를 근거로 강제집행이 가능하다. 또한 기판력이 생기므로 향후 다시 소를 제기하여 이를 다툴 수 없다.

2. 절차

당사자쌍방은 조정결정의 통지를 받은 날로부터 20일 이내에 감독원에 출석하여 조정조서 3부에 기명하고 날인 또는 서명하여야 하며 이를 원장에게 제출하면 조정은 성립한다(영§33⑤ · 조정세칙§29②). 원장이 기명날인 또는 서명된 조정조서를 확인하여 당사자에게 조정조서 각 1부를 교부하고 1부는 금융감독원에서 보관하여야 한다(조정세칙§29②). 원장은 당사자가 금융감독원에 출석하여 조정조서에 기명날인하기 곤란하다고 판단될 때에는 당사자로 하여금 조정결정의 통지를 받은 날로부터 20일 이내에 조정결정수락서에 기명하고 날인 또는 서명하여 감독원에 제출토록 할 수 있다. 이 경우 원장이 조정결정수락서를 확인하여 조정조서 3부를 작성하여 당사자에게 각각 1부를 교부 또는 송달하고 1부는 감독원에서 보관하여야 한다(조정세칙§29③).

원장은 조정결정한 사건의 처리결과(조정안의 성립/불성립)를 조정위원회에 통보한다(조정세칙§30①). 조정이 성립된 경우 당사자인 조정대상기관은 조정에 따른 처리결과를 조정이 성립한 날로부터 20일 이내에 원장에게 보고하여야 한다(조정세칙§30②).

Ⅱ. 조정불성립

1. 불성립 간주

신청인과 관계 당사자가 조정안을 제시(통지)받은 날부터 20일 이내에 조정안을 수락하지 아니한 경우에는 조정안을 수락하지 아니한 것으로 본다(법§36⑦ · 조정세칙§29④).

2. 절차

원장은 조정이 성립되지 아니한 때에는 당사자에게 조정이 성립되지 아니한 사실 및 사유를 명시하여 통지한다(조정세칙§29⑤). 조정대상기관은 조정안을 수락하지 아니한 때에는 그 사유를 원장에게 제출하여야 한다(조정세칙§29⑥). 원장은 조정결정한 사건의 처리결과(조정안의 성립/불성립)를 조정위원회에 통보한다(조정세칙§30①).

3. 소송지원

조정안에 대한 당사자 일방의 거부로 조정이 불성립된 경우 법원의 소송절차를 통해 해결할 수 있다. 원장은 ① 신청인의 청구를 인용하는 것으로 조정결정된 사건, ② 조정결정이 있기 전 조정선례 또는 판례 등에 비추어 신청인의 청구를 인용하는 것으로 조정결정될 것이 명백한 사건[6]에 대하여 피신청인의 조치가 현저히 부당하다고 조정위원회가 인정하고 신청인이 소송지원을 요청하는 경우 신청인을 위한 소송지원을 할 수 있다(조정세칙§32-2①本.). 다만, 소송지원이 실익이 없거나 공익목적상 부적절하다고 인정되는 경우에는 그러하지 아니한다(조정세칙§32-2①但).

원장은 소송지원 결정 이후 ① 신청인이 특별한 사정없이 소송당사자로서의 의무를 다하지 아니하는 경우, ② 신청인이 소송지원 신청 시 제출한 자료나 진술 등이 허위로 판명된 경우, ③ 소송지원 과정에서 새로이 발견된 사실로 인해 당해 소송지원이 실익이 없게 되거나 공익목적상 부적절하게 된 경우에는 소송지원을 중단할 수 있다(조정세칙§32-2③).

Ⅲ. 시효중단

1. 의의

분쟁조정절차 진행 중 조정의 대상이 된 권리의 소멸시효가 완성되어 분쟁당사자의

6) 일반적으로 조정결정 전 사건(②)이 아닌 인용결정된 사건(①)에 대해 소송지원이 이루어진다.

권익을 보호하지 못하는 상황을 방지하기 위해 당사자의 조정신청을 시효중단의 사유로 인정한다. 유사입법례로는 「의료사고 피해구제 및 의료분쟁 조정 등에 관한 법률」[7]·「가맹사업거래의 공정화에 관한 법률」[8]·「소비자기본법」[9]등이 있다.[10]

2. 내용

분쟁조정의 신청은 시효중단의 효력이 있다(법§40①本). 중단된 시효는 ① 양 당사자가 조정안을 수락한 때, ② 분쟁조정이 이루어지지 아니하고 조정절차가 종료된 때부터 새로이 진행한다(법§40③). ②의 경우 조정절차의 진행이 오래 걸리면 조정신청 시로부터 시효가 상당부분 진행하게 되어 시효완성의 시기를 당사자가 예측하기 어려운 문제점이 예상되므로, 조정이 성립하지 않은 때로부터 시효가 진행되도록 함으로써 당사자의 예측가능성을 높여 재판청구권을 강하게 보장하기 위함이다.[11]

합의권고를 하지 아니하거나 조정위원회에 회부하지 아니할 때에는 시효중단의 효력이 없다(법§40①但). 이 경우 1개월 이내 재판상의 청구·파산절차참가·압류 또는 가압류·가처분을 한 때에는 최초의 분쟁조정의 신청으로 인하여 시효가 중단된 것으로 본다(법§40②).

---

7) **의료사고 피해구제 및 의료분쟁 조정 등에 관한 관한 법률 제42조(시효의 중단)** ① 제27조제1항에 따른 조정의 신청은 시효중단의 효력이 있다. 다만, 그 신청이 취하되거나 각하된 때에는 그러하지 아니하다.

8) **가맹사업거래의 공정화에 관한 법률 제22조(조정의 신청 등)** ④ 제1항에 따른 분쟁조정의 신청은 시효중단의 효력이 있다. 다만, 신청이 취하되거나 각하된 때에는 그러하지 아니하다.

9) **소비자기본법 제68조의3(시효의 중단)** ① 제58조 및 제65조제1항에 따른 분쟁조정의 신청과 제68조제1항 및 제3항에 따른 집단분쟁조정의 의뢰 또는 신청은 시효중단의 효력이 있다. 다만, 다음 각 호의 어느 하나에 해당하는 경우 외의 경우로 분쟁조정절차 또는 집단분쟁조정절차가 종료된 경우에는 그 조정절차가 종료된 날부터 1개월 이내에 소를 제기하지 아니하면 시효중단의 효력이 없다.
  1. 당사자가 분쟁조정 또는 집단분쟁조정의 내용을 수락하거나 수락한 것으로 보는 경우
  2. 당사자의 일방 또는 쌍방이 분쟁조정 또는 집단분쟁조정의 내용을 수락하지 아니한 경우
② 제1항 각 호 외의 부분 본문에 따라 중단된 시효는 같은 항 각 호의 어느 하나에 해당하는 때부터 새로이 진행한다.

10) 검토보고서(2006092), 80면 참조.

11) 검토보고서(2006092), 81~82면 참조.

▌제5절▐ 소송과의 관계

Ⅰ. 소송중지제도

1. 의의

기존규제(舊금융위원회법)상 금융회사에게 불리한 조정결정이 내려질 것이 예상되면 금융회사가 조정안 결정통지 전에 소송을 제기하여 분쟁조정을 중단시키는 사례가 발생할 수 있다. 이를 방지하기 위해 도입된 것으로 분쟁조정제도의 실효성을 제고하기 위함이다.[12] 유사입법례로는 환경분쟁조정법상 재정 신청 사건에 대하여 도입·시행[13]되고 있는 '소송중지제도'가 있다.

2. 내용

조정이 신청된 사건에 대하여 신청 전 또는 신청 후 소가 제기되어 소송이 진행 중일 때에는 수소법원(受訴法院)은 조정이 있을 때까지 소송절차를 중지할 수 있다(법§41①). 법원이 소송절차를 중지하지 아니하는 경우에는 조정위원회가 해당 사건의 조정절차를 중지하여야 한다(법§41②). 조정위원회는 조정이 신청된 사건과 동일한 원인으로 다수인이 관련되는 동종·유사 사건에 대한 소송이 진행 중인 경우에는 조정위원회의 결정으로 조정절차를 중지할 수 있다(법§41③).

3. 통지

소송중지제도가 원활히 시행되도록 통지의무를 부과한다. 당사자는 조정위원회에 회부되기 전에 소가 제기된 경우 지체 없이 그 사실을 원장에게 알려야 한다(영§35①). 당사자는 수소법원이 소송절차를 중지한 경우 지체 없이 그 사실을 원장에게 알려야 한다(영

---

12) 검토보고서(2006092), 76면 참조.

13) 「환경분쟁 조정법」상 재정은 당사자간의 환경분쟁에 관하여 재정위원회(5인으로 구성)가 재판에 준하는 엄격한 소정의 절차에 따라 인과관계의 유무, 피해액 등에 대한 법률적 판단을 하여 분쟁을 해결하는 제도로서, 「환경분쟁조정법」 제45조는 ① 재정이 신청된 사건에 대하여 소송이 진행중인 때에는 수소법원은 재정이 있을 때까지 소송절차를 중지할 수 있고, ② 소송절차의 중지가 없는 경우에는 재정위원회는 당해 사건의 재정절차를 중지하여야 하며, ③ 재정위원회는 재정이 신청된 사건과 동일한 원인으로 다수인이 관련되는 동종·유사 사건에 대한 소송이 진행 중인 경우에는 결정으로 재정절차를 중지할 수 있도록 규정하고 있다.

§35②). 원장은 소송중지제도에 따라 조정위원회가 조정절차를 중지한 경우 지체 없이 그 사실을 당사자에 알려야 한다(영§35③).

II. 조정이탈금지제도

1. 의의

舊금융위설치법(§56)상 분쟁조정제도는 조정신청 전 또는 조정과정 중 어느 일방이 소를 제기하는 경우 절차가 중지되었다. 이에 금융회사가 분쟁조정을 회피하려고 소를 제기함으로써 일반소비자가 분쟁조정을 통한 사후구제에 어려움을 겪을 수 있었다. 이러한 가능성을 차단하기 위해 분쟁조정가액이 2천만원 이하인 분쟁조정이 진행 중인 경우에는 금융회사의 소 제기를 금지한다(법§42).[14] 간이한 절차로 분쟁이 해결되도록 하여 금융소비자를 보호하기 위함이다.[15]

2. 내용

① 일반소비자 신청사건이고 ② 조정을 통하여 주장하는 권리나 이익의 가액이 2천만원 이하인 경우의 분쟁사건(이하 "소액분쟁사건"이라 한다)에 대하여 조정절차가 개시된 경우에는 조정대상기관(금융회사)은 조정안을 제시받기 전에는 소를 제기할 수 없다(법§42本.) 여기서 '조정가액'은 소비자가 분쟁조정 신청 시 주장하는 금액을,[16] '조정절차가 개시된 경우'는 신청인 外 당사자가 조정절차 개시사실을 인지한 후를[17] 의미한다. 다만, 합의권고를 하지 않거나 조정위원회 미회부사실에 대한 서면통지를 받거나, 심의기간(합의 불성립으로 회부된 시점으로부터 60일) 내에 조정안을 제시받지 못한 경우에는 그러하지 아니하다(법§42但).

14) 10문 10답, 4면 참조.
15) 검토보고서(2006092), 78면 참조.
16) 10문 10답, 4면 참조.
17) 신속처리시스템 회신(손보 210416－15) 참조.

▌제6절▐ 시행일

2021.3.25.일부터 시행하나, 금융소비자보호법(부칙§10)은 금융위원회법에 따라 설치·구성된 조정위원회, 동 법에 따라 진행중인 분쟁조정 사건 등에 대해서 경과조치를 두고 있다. 또한, 금융소비자보호법에서 새롭게 도입된 점을 감안하여 소송중지제도(법§41), 조정이탈금지제도(법§42)는 법 시행 이후 신청건부터 적용한다(법 부칙§3).

구분		내용
경과조치	조정위원회	2021.3.25. 이전에 금융위원회법에 따라 설치한 조정위원회는 금융소비자보호법에 따른 조정위원회로 간주
	위원	2021.3.25. 이전에 금융위원회법에 따라 위촉된 조정위원회 위원은 금융소비자보호법에 따른 지명·위촉된 위원(임기는 위촉된 날부터 기산)으로 간주
	신청사건	2021.3.25일 이전에 분쟁조정 신청한 사건은 금융소비자보호법에 따른 분쟁조정 신청 사건으로 간주(시효중단·소송중지·조정이탈금지제도는 적용제외)
	조정행위	기존의 조정위원회와 금감원이 행한 분쟁조정 관련 행위는 금융소비자보호법에 따른 조정위원회와 금감원의 행위로 간주
시행일		2021.3.25.
적용례		시효중단, 소송중지제도, 조정이탈금지제도는 시행 이후 분쟁조정을 신청하는 경우부터 적용

▌제7절▐ 기존규제

舊금융위원회법(§51~§57)에서 분쟁조정을 규정하였으며, 관련 규정은 금융소비자보호법으로 이관하여 모두 삭제되었다(법 부칙§13①). 기존규제(舊금융위원회법)와 비교 시 크게 달라진 부분은 3가지이다. 첫째, 위원장이 회의구성 시 객관성·공정성을 위해 한국소비자원 또는 소비자단체 추천자와 금융기관(관련 단체 포함) 추천자를 동수(同數)로 지명해야 한다(영§34①). 둘째, 당사자의 의견진술권을 보장하기 위해 기존법(舊금융위원회법)상 출석허가제를 폐지하여, 조정위원회는 특별한 사유가 없는 한 당사자가 회의에 참석하여 진술을 할 수 있도록 해야 한다(영§34③).[18] 셋째, 소송 관련 규제를 신설하여 분쟁조정 과정에서 금융회사가 소를 제기하여 조정을 회피하지 못하도록 조정이탈금지제도와 소송금지제도를 도입한다.[19] 전술한 3가지 사항 외에 기존규제를 거의 그대로 이관하였으므로 큰 틀에서 기존규제와 현행 금융소비자보호법을 비교한다. 기존법과 비교시 달라진 부분은 별도 표시[20]하고, 표현과 내용이 동일한 경우에만 '좌동'으로 기재한다.[21]

구분		금융소비자보호법	舊금융위원회법
근거		금융소비자 보호에 관한 법률(§33~§43)	舊금융위원회 설치 등에 관한 법률(§51~§57)
위원회 구성		위원장 1명 포함한 35명 이내 위원	위원장 1명 포함한 30명 이내 위원
	위원장	원장 지정 부원장	좌동
	자격	금감원 부원장보	좌동
		변호사 자격 소지자	좌동
		한국소비자원 및 소비자단체의 임원, 임원 경력 보유자, 직원**(15년 이상 재직)**	한국소비자원 및 소비자단체의 임원, 임원 경력 보유자, 직원
		조정대상기관 및 금융 관계 기관·단체의 경력 보유자(15년 이상 재직)	좌동
		금융·소비자 분야의 학식있는 경험자	금융전문가로서 **법률·경제·경영**·소비자 관련 분야 **학문을 전공하고 대학이나 공인된 연구기관에서 7년 이상 근무한 자로 부교수 이상 또는 이에 상당하는 직에 있거나 있었던 자**
		전문의 자격 소지자	좌동
		그 밖에 원장이 인정한 자	좌동
	임기	내부위원: 해당 직 재직기간	좌동
		외부위원: 2년(1회 한해 연임가능)	외부위원: 2년(1회 한해 연임가능). **단, 금융관계기관·단체 대표위원의 경우 2년이나 해당 직 재직 기간 내에서 연임가능**

18) 금융위원회, "「금융소비자보호법 시행령 제정안」 입법예고(10.28.~12.6.)", 보도자료 2020.10.28., 9면 참조.
19) 금융위원회, "「금융소비자보호에 관한 법률 공포안」 국무회의 의결", 보도자료, 2020.03.17., 2면 참조.
20) 세부내용이 다른 경우(예시가 추가되거나 삭제된 경우 포함) 굵게 밑줄 표시하고, 해당 조항 전체가 신설된 규제이거나 기존규제가 인용되지 않은 경우 해당 칸을 음영표시한다.
21) 내용이 동일하더라도 표현이 다른 경우에도 현행 금융소비자보호법과 비교가 될 수 있도록 기존 규제내용 그대로 기재한다.

구분		금융소비자보호법	舊금융위원회법
	지명·위촉	원장이 위원장(부원장) 및 내부위원(부원장보) 지명	좌동
		원장이 **관련기관으로부터 인원수의 2배수로 추천을 받아** 위촉	원장이 외부위원 위촉
	지명철회·위촉해제	원장은 심신장애, 직무 관련 비위사실, 직무태만·품위손상, 제척사유에 해당함에도 미회피, 직무수행이 어렵다는 본인의 의사표시를 이유로 위원의 지명철회·위촉해제 가능	원장은 금융기관으로부터 금품·향응 제공, 위촉시 경력·학력·부패행위 전력 거짓제출, 정보누설금지 위반, 회피사유에 해당함에도 미회피, 본인귀책으로 절반이상 회의 불참시 해촉
	공무원 의제	공무원이 아닌 위원은 형법(§129~§132)상 수뢰죄 적용시 공무원으로 의제	–
위원회 회의		위원장 + 위원장 지명 6~10명. **소비자단체 추천자와 금융회사 추천자를 동수로 지명**	위원장 + 위원장 지명 7~11명
		당사자에게 회의참석 및 의견진술권 보장	위원회 허가시 당사자 출석 및 의견진술
절차		① 신청 ② 합의 권고 ③ 30일 이내 합의 불성립시 위원회 회부 ④ 60일 이내 심의 및 조정안 작성 ⑤ 수락권고: 조정안 미수락시 불성립 간주	좌동
위원회 미회부 사유		금융·보험거래와 직접 관련이 없거나 수사기관의 수사가 필요한 경우 등 신청내용이 분쟁조정대상으로서 적합하지 아니하다고 원장이 인정	좌동
		신청내용이 관련 법령 또는 객관적인 증명자료 등에 따라 합의권고 또는 조정절차를 진행할 실익이 부재	좌동
		조정위원회에 회부되기 전에 소제기**(소송중지제도에 의해 중지시 제외)**	이미 법원에 제소된 사건이거나 분쟁조정을 신청한 후 소송을 제기
		신청내용의 **보완을 2회 이상 요구하였으나** 정당한 사유 없이 지정된 기한 내에 보완하지 아니하거나 소재불명 등으로 보완요구가 반송	신청인이 정당한 사유 없이 보완요구를 받고도 지정된 기한 내에 이를 보완하지 아니하거나 소재불명 등으로 보완요구가 2회에 걸쳐 반송된 경우
		신청내용과 신청인간 직접적인 이해관계 부재	좌동
		신청인의 부당이익 목적이 인정	좌동
		상당한 이유 없이 취하된 조정신청건 또는 동일건으로 재조정신청을 하거나 가명으로	좌동

구분	금융소비자보호법	舊금융위원회법
	조정신청	
	당사자간 주장 상이, 증거채택의 어려움 등으로 사실관계 확정이 곤란하거나 수사사건과 직접적으로 관련	좌동
	주장내용이 부당하거나 관련법령, 조정선례, 법원판례 등에 비추어 명백하게 받아들일 수 없다고 인정	좌동
제척 사유	위원, 위원의 배우자 또는 全배우자가 당사자**(법인·단체인 경우 임원 포함)**이거나 당사자와 공동권리자 또는 공동의무자인 경우	위원 또는 위원의 배우자나 배우자이었던 자가 당해 사건의 당사자가 되거나 당해 사건에 관하여 공동권리자 또는 의무자의 관계에 있는 경우
	위원이 당사자**(법인·단체인 경우 임원 포함)**와 친족이거나 친족이었던 경우	위원이 당해 사건의 당사자와 친족관계에 있거나 있었던 경우
	위원이 당사자인 법인 또는 단체(계열회사 등 포함. 이하 같다)에 속하거나 조정신청일 전 최근 5년 이내에 속하였던 경우	–
	위원 또는 **위원이 속한 법인·단체·사무소**가 해당 사건에 증언·법률자문 또는 손해사정 등을 한 경우	위원이 당해 사건에 관하여 증언·법률자문 또는 손해사정 등을 한 경우
	위원 또는 **위원이 속한 법인·단체·사무소**가 해당 사건에 당사자의 대리인으로서 관여하거나 관여하였던 경우	위원이 당해 사건에 관하여 당사자의 대리인으로서 관여하거나 관여하였던 경우
기피 사유	위원의 공정한 심의·의결을 기대하기 어려운 경우 당사자는 **위원장에게** 기피신청. 위원장은 신청의 타당성 인정시 기피결정	위원의 공정한 심의·의결을 기대하기 어려운 경우 당사자는 기피신청. **원장은 조정위원회의 의결을 거치지 아니하고** 기피여부를 결정
회피 사유	위 제척사유에 해당하는 경우 스스로 심의·의결에서 회피	좌동
효력	신청 = 시효중단, 조정성립 = 화해	좌동
소송중지	소액분쟁(2천만원 이하)은 분쟁조정 절차가 완료될 때까지 제소 금지	–
조정이탈 금지	법원은 분쟁조정이 종료되지 않은 사건이 소로 제기된 경우 소송중지 가능. 법원이 소송절차 미중지시 조정 중지	–

▌제8절▌ Q&A

1. 소액분쟁조정의 판단기준은?

10문 10답(4면)

금융소비자보호법(§42ii)에서는 분쟁조정가액을 '조정을 신청한 일반소비자가 조정을 통하여 주장하는 권리나 이익의 가액이 2천만원 이내일 것'이라 규정함. 법 문언상 소액분쟁조정 해당여부와 관련하여 분쟁조정가액은 소비자가 분쟁조정 신청 시 주장하는 금액으로 판단함.

2. 금융소비자보호법 제42조의 소제기 금지가 되는 시점인 '조정절차가 개시된 경우'의 의미는?

신속처리시스템 회신(손보 210416-15)

금융소비자보호법 제42조에 따른 '조정절차의 개시'는 타 입법례[22]를 감안하면 통상 조정신청 후 이루어지는 절차를 의미함. 조정절차는 무엇보다 조정 당사자 확인 없이 진행되기 어려운 점을 감안하면 금융소비자보호법 제42조에 따른 '조정절차가 개시된 경우'는 신청인 外 당사자가 조정절차 개시사실을 인지한 후로 볼 수 있음.

---

22) **소비자기본법 제65조(분쟁조정)** ② 조정위원회는 제58조 또는 제1항의 규정에 따라 분쟁조정을 신청받은 경우에는 대통령령이 정하는 바에 따라 지체 없이 분쟁조정절차를 개시하여야 한다.

제3장 손해배상책임 등

▌제1절▐ 판매업자등의 손해배상책임

Ⅰ. 의의

판매업자등이 고의 또는 과실로 금융소비자보호법(설명의무 제외)을 위반하여 금융소비자에게 손해를 발생시킨 경우에는 그 손해를 배상할 책임이 있다(법§44①). 이는 민법(§750)상 손해배상의 일반원칙을 주의적으로 규정한 것이다.

특칙으로 판매업자등이 설명의무를 위반하여 금융소비자에게 손해를 발생시킨 경우에는 그 손해를 배상할 책임을 진다(법§44②本). 다만, 그 판매업자등이 고의 및 과실이 없음을 입증한 경우에는 그러하지 아니하다(법§44②但). 소비자가 판매업자와 대등한 지위에서 권리를 주장할 수 있도록, 설명의무 위반에 대한 소송 시 위법행위에 대한 고의·과실 없음을 판매업자가 입증하도록 한 규정이다.[1)] 이는 금융상품의 복잡성 등에 따른 정보비대칭을 감안한 것으로, 소송 수행과정에서 소비자의 입증책임을 완화(판매업자에게 입증책임을 전환)하여 금융소비자의 소송부담을 경감시키기 위함이다.[2)]

Ⅱ. 입증책임 전환 시 적용범위

민사상 손해배상 소송 시 원고(금융소비자)가 ① 위법성, ② 고의·과실, ③ 손해액,

1) 금융위원회, "「금융소비자보호에 관한 법률 공포안」 국무회의 의결", 보도자료, 2020.03.17., 2면 참조.
2) 검토보고서(2006092), 84~85면 참조.

④ 위법성과 손해와의 인과관계를 입증하는 것이 원칙이다. 입증책임 원칙이 누구에게 있는지에 따라 소송의 승패가 좌우되므로 소비자의 소송부담 완화를 위해 판매업자에게 입증책임을 전환하되, 그 적용범위를 한정한다. 타 입법례[3]를 감안하여 ② 고의·과실 요건에 한정하여 입증책임을 전환하였고, 적용대상 위법행위의 범위도 판매업자가 입증하기 용이한[4] 설명의무 위반으로 한정한다.

법 시행 이후 판매업자등이 설명의무를 위반하여 금융소비자에게 손해를 발생시킨 경우부터 적용한다(부칙§5).

Ⅲ. 시행일

구분	법(설명의무 제외) 위반(법 부칙§1)	설명의무 위반(법 부칙§5)
직접판매업자 및 대리·중개업자	2021.3.25. 시행	2021.3.25일 이후 설명의무 위반으로 손해를 발생시킨 경우부터 적용
자문업자	2021.9.25. 시행	2021.9.25일 이후 설명의무 위반으로 손해를 발생시킨 경우부터 적용

Ⅳ. 기존규제

손해배상책임의 입증책임 전환규정은 기존규제(개별 금융업법)에서는 규정된 바 없다. 다만, 자본시장법에서 설명의무 위반 시 손해배상책임의 추정 규정을, 대부업법(§11-4)에서 일반적인 배상책임을 규정하고 있다.

1. 자본시장법

금융투자업자가 투자자에 대하여 일반투자자가 이해할 수 있도록 설명하지 않았거나, 금융투자상품의 가치에 중대한 영향을 미칠 수 있는 중요사항을 거짓 또는 왜곡하여 설명하거나 중요사항을 누락한 경우에는 투자자에 대하여 손해배상책임을 부담한다(舊자

3) 신용정보법(§43), 개인정보보호법(§39), 공정거래법(§109), 하도급거래법(§35)에서 고의·과실 요건에 입증책임을 전환하였다.
4) 판매업자에게 자료보관의무(법§28)가 부과되어 있으므로 이행사실 입증이 용이하다.

본시장법§48①). 이 경우 손해액은 금융투자상품의 취득으로 인하여 일반투자자가 지급하였거나 지급하여야 할 금전등의 총액에서 그 금융투자상품의 처분, 그 밖의 방법으로 그 일반투자자가 회수하였거나 회수할 수 있는 금전등의 총액을 뺀 금액으로 추정한다(자본시장법§48②).

자본시장법상 설명의무가 금융소비자보호법으로 이관되면서 설명의무 인용 조문이 자본시장법 제47조가 아닌 금융소비자보호법 제19조로 변경되었다.

舊자본시장법	현행
제48조(손해배상책임) ① 금융투자업자는 **제47조제1항 또는 제3항을** 위반한 경우 이로 인하여 발생한 일반투자자의 손해를 배상할 책임이 있다.	**제48조(손해배상책임)** ① 금융투자업자는 **「금융소비자 보호에 관한 법률」 제19조제1항 또는 제3항을** 위반한 경우 이로 인하여 발생한 일반투자자의 손해를 배상할 책임이 있다.
② 금융투자상품의 취득으로 인하여 일반투자자가 지급하였거나 지급하여야 할 금전등의 총액에서 그 금융투자상품의 처분, 그 밖의 방법으로 그 일반투자자가 회수하였거나 회수할 수 있는 금전등의 총액을 뺀 금액은 제1항에 따른 손해액으로 추정한다.	② (좌동)

2. 대부업법

대부업자등은 대부업등을 하면서 고의 또는 과실로 인한 위법행위로 거래상대방에게 손해를 발생시킨 경우에는 그 손해를 배상할 책임이 있다(대부업법§11-4①). 이에 따른 손해배상책임을 보장하기 위하여 대부업자등은 업무를 개시하기 전에 일정 금액의 보증금[5]을 대부업협회에 예탁하거나 보험 또는 공제에 가입하여야 한다(대부업법§11-4②).

5) 시·도지사에 등록한 대부업자등은 1천만원, 금융위원회에 등록한 대부업자등은 5천만원이다(대부업법 시행령§6-9).

▌제2절▐ 직접판매업자의 손해배상책임

Ⅰ. 의의

대리 · 중개업자가 판매과정에서 위법행위로 금융소비자에게 손해를 발생시킨 경우, 영세한 대리 · 중개업자라면 배상자력이 없어 보전받을 길이 요원해진다. 이 경우 해당 대리 · 중개업자에게 업무를 위탁한 직접판매업자(금융회사)에게 책임을 물어 소비자를 두텁게 보호할 필요가 있다.

Ⅱ. 내용

1. 사용자 책임

직접판매업자는 금융상품 계약체결등의 업무를 대리 · 중개한 대리 · 중개업자(대리 · 중개업자로부터 업무를 수탁받은 자 포함, 보험중개사 제외) 또는 보험회사 임직원(이하 이 절에서 "대리 · 중개업자등"이라 한다)이 대리 · 중개 업무를 할 때 금융소비자에게 손해를 발생시킨 경우에는 그 손해를 배상할 책임이 있다(법§45①本). 다만, 직접판매업자가 대리 · 중개업자등의 선임과 그 업무 감독에 대하여 적절한 주의를 하였고 손해를 방지하기 위하여 노력한 경우에는 그러하지 아니하다(법§45①但).

직접판매업자와 대리 · 중개업자간 고용관계는 없으나 사실상의 사용 · 피용 관계로 보아 민법(§756)상 '사용자 책임'의 법리[6]를 준용하여 직접판매업자에게 배상책임을 부담하게 한 것이다. 이때 직접판매업자가 '업무를 위탁'한 대리 · 중개업자(재위탁 받은 자 포함)에 대해서만 사용자 책임을 적용하여 위탁관계 없이 독립적 지위에서 업무를 수행하는 대리 · 중개업자(보험중개사)는 적용에서 제외한다. 무과실 책임은 아니므로 직접판매업자가 주의의무를 다한 것을 입증하는 경우에는 배상책임을 면제한다.

---

6) 민법상 배상책임의 대원칙인 자기원칙의 예외로서 자기와 사용관계에 있는 피용자가 제3자에게 손해를 끼친 경우 사용자가 직접 피해자에게 배상책임을 부담하되, 상당한 주의의무를 다한 것을 입증하는 경우에는 면책하는 법리이다.

2. 구상권

직접판매업자의 손해배상책임은 대리·중개업자등에 대한 직접판매업자의 구상권 행사를 방해하지 아니한다(법§45②). 이는 대리·중개업자의 위법행위에 대해 직접판매업자가 손해배상책임을 이행하면 위법행위를 한 대리·중개업자에 대해 구상권을 행사할 수 있다는 의미이다.[7] 직접판매업자와 대리·중개업자는 상호간 독립된 채무자로서 채무변제라는 공동목적을 위해 협력할 주관적 관련성이 없는 부진정연대채무관계이므로 두 채무자간 부담부분(여러 채무자가 같은 책임을 지는 경우 그 내부에서의 채무분담비율)이 없으며, 이를 전제로 하는 구상권도 특별한 규정이 없는 한 발생하지 않는다. 이에 따라 직접판매업자가 채무를 변제하면 다른 부진정연대채무자(대리·중개업자)에게 구상권을 행사할 수 있도록 특별히 규정한 것이다.

Ⅲ. 시행일

2021.3.25일 이후 대리·중개업자가 대리·중개업무를 하는 경우부터 적용한다(법 부칙§6).

Ⅳ. 기존규제

舊자본시장법(투자권유대행인), 舊보험업법(보험대리점, 보험설계사, 보험회사 임직원), 대출모집인 모범규준(대출모집인)에서 대리·중개업자에 대한 직적판매업자의 손해배상책임을 규정했다. 舊보험업법(§102) 틀을 거의 그대로 가져와 금융소비자보호법에서 배상책임관계를 포괄적으로 규정하면서 기존규제는 금융소비자보호법으로 이관되어 삭제되었다.

대부업법에서도 대부업자에 대한 사용자책임을 부과하고 있으며, 동 규정은 존치한다.

구분	은행	금융투자	보험	저축은행	여전	대부	신협
도입 여부	△	○	○	△	△	○	△
근거 규정	대출모집인 모범규준 §16②	자본시장법 §52⑤	보험업법 §102	대출모집인 모범규준 §16②	대출모집인 모범규준 §16②	대부업법 §11-3	대출모집인 모범규준 §16②

7) 정찬형, 전게서, 217면 참조.

1. 은행업권 등

금융감독원 행정지도인 대출모집인 모범규준(§16②)에서 대출상담사 또는 대출모집법인의 위법·부당한 행위로 고객에게 손실을 초래한 경우 금융회사는 고객에 대해 우선 손해를 배상하고 이를 대출상담사 또는 대출모집법인에게 구상할 수 있도록 규정했다. 동 모범규준은 금융소비자보호법이 시행됨에 따라 2021.3.24일에 폐지되었다.

2. 자본시장법

舊자본시장법(§52⑤)상 투자권유대행인이 투자권유를 대행함에 있어서 투자자에게 손해를 끼친 경우 「민법」 제756조를 준용하도록 규정하였다. 동 조항은 금융소비자보호법으로 이관되어 삭제되었다(법 부칙§13⑯).

3. 보험업법

舊보험업법(§102)[8]상 보험회사 임직원·보험설계사 또는 보험대리점(보험대리점 소속 보험설계사 포함)에 대한 보험회사의 ① 사용자 책임, ② 구상권 행사 및 ③ 손해배상청구권의 소멸시효를 규정하였다. ①과 ②는 금융소비자보호법으로 이관되면서 삭제되었으나, ③은 금융소비자보호법에 이관되지 않고 삭제되었다(법 부칙§13⑦).

4. 대부업법

대부업법(§11-3)[9]에서도 금융소비자보호법과 거의 동일하게 대부중개업자등에 대한

---

8) **제102조(모집을 위탁한 보험회사의 배상책임)** ① 보험회사는 그 임직원·보험설계사 또는 보험대리점(보험대리점 소속 보험설계사를 포함한다. 이하 이 조에서 같다)이 모집을 하면서 보험계약자에게 손해를 입힌 경우 배상할 책임을 진다. 다만, 보험회사가 보험설계사 또는 보험대리점에 모집을 위탁하면서 상당한 주의를 하였고 이들이 모집을 하면서 보험계약자에게 손해를 입히는 것을 막기 위하여 노력한 경우에는 그러하지 아니하다.

② 제1항은 해당 임직원·보험설계사 또는 보험대리점에 대한 보험회사의 구상권(求償權) 행사를 방해하지 아니한다.

③ 제1항에 따라 발생한 청구권에 관하여는 「민법」 제766조를 준용한다.

9) **제11조의3(대부중개를 위탁한 대부업자 또는 여신금융기관의 배상책임)** ① 대부업자 또는 여신금융기관은 대부중개업자등이 그 위탁받은 대부중개를 하면서 이 법을 위반하여 거래상대방에게 손해를 발생시킨 경우에는 그 손해를 배상할 책임이 있다. 다만, 대부업자 또는 여신금융기관이 대부중개업자등에게 대부중개를 위

대부업자 · 여신금융기관의 사용자 책임, 구상권를 규정한다. 대부업법상 시도지사 등록 대부업자는 금융소비자보호법상 규제대상이 아니므로 손해배상책임 규정을 삭제하면 시도지사 등록 대부업자에 대한 규제공백이 존재하게 되어 해당 규제는 현행 대부업법에 존치한다.

▌제3절▐ 청약의 철회

Ⅰ. 의의

일반소비자가 금융상품 계약의 청약을 한 후 일정기간 내에 사유 불문하고 일방적으로 청약을 철회할 수 있는 권리를 보장한다. 일반소비자가 청약 이후 계약의 필요성, 적정성 등을 재고한 후, 불이익(중도상환수수료 등) 없이 해당 계약에서 탈퇴할 수 있는 기회를 제공하기 위함이다.[10] OECD 및 World Bank의 권고사항이자 영국, 독일, 프랑스, 캐나다 등 주요국에서 이미 시행 중인 제도이다.[11]

Ⅱ. 적용범위

영업행위 규제에서는 주체가 규제대상인 판매업자이고, 상대방이 보호대상이 소비자였던 것에 반해, 청약철회는 소비자에게 보장된 권리이므로 권리를 행사하는 주체가 일반소비자이고 상대방이 판매업자이다.

금융상품에 관한 전문성 또는 위험감수능력이 있는 전문소비자를 제외하고 보호필요성이 큰 일반소비자에게만 청약철회권을 보장한다. 일반소비자인지 여부는 청약을 한 시점을 기준으로 판단한다.[12]

탁하면서 상당한 주의를 하였고 이들이 대부중개를 하면서 거래상대방에게 손해를 입히는 것을 막기 위하여 노력한 경우에는 그러하지 아니하다.

② 제1항은 해당 대부중개업자등에 대한 대부업자 또는 여신금융기관의 구상권 행사를 방해하지 아니한다.

10) 금융소비자보호법 안내자료(2021.03.24.), 60면 참조.

11) 검토보고서(2006092), 99~100면 참조.

12) 2차 FAQ, 7면 참조.

구분		내용
주체		일반소비자
상대방		직접판매업자, 대리 · 중개업자, 자문업자
금융상품	보장성	2021.3.25일 이후 일반소비자가 청약한 보장성 상품(일부제외)
	투자성	2021.3.25일 이후 일반소비자가 청약한 비금전신탁 2021.5.10일 이후 일반소비자가 청약한 고난도 상품
	대출성	2021.3.25일 이후 일반소비자가 청약한 대출성 상품(일부제외)
	자문계약	2021.9.25일 이후 일반소비자가 청약한 모든 자문계약
기간		보장성(15일/30일), 투자성 · 자문(7일), 대출성(14일)

Ⅲ. 내용 및 절차

구분	대상상품	기간	효과 발생시점	철회효과
보장성	□ 모든 보장성 상품(아래 제외) ○ 타인을 위한 보증보험 ○ 자동차책임보험 및 의무보험(동종의 타보험 가입 시 철회 가능) ○ 단기보험(보장기간 90일 이내) ○ 건강진단 보장성 상품	보험증권 수령일로부터 15일과 청약일로부터 30일 중 먼저 도래하는 기간	철회기간 내 서면 등으로 철회 의사 표시를 발송한	철회접수일부터 3영업일 이내에 이미 받은 금전·재화등[13])을 반환하고, 반환지연 시 연체이자를 더하여 지급
투자성	□ 고난도금융투자상품(단위형 고난도 펀드 한정) □ 고난도투자일임계약 □ 신탁(금전신탁의 경우 고난도 금전신탁 한정)	계약서류 제공일 또는 계약체결일로부터 7일		
자문	□ 자문계약			
대출성	□ 모든 대출성 상품(아래 제외) ○ 시설대여, 연불판매, 할부금융(소비자가 재화 미수령 시 철회가능) ○ 연계대출 ○ 자본시장법(§72①)상 신용공여(담보대상증권을 처분한 경우 한정) ○ 지급보증(제3자 동의 시 제외) ○ 신용카드	계약서류 제공일, 계약체결일 또는 계약에 따른 금전·재화 등 제공일로부터 14일	철회기간 내 서면 등으로 철회 의사 표시를 발송하고 원금·이자·부대비용을 반환한 때	일반소비자의 금전·재화 등 반환일부터 3영업일 이내에 이미 받은 수수료를 포함한 금전·재화 등을 반환하고, 반환지연 시 연체이자를 더하여 지급

13) 금융상품 계약에 따른 금전 · 재화 · 용역(법§46①iii).

1. 공통

1.1. 철회기간

금융상품별로 청약 가능기간(거래 당사자 사이에 법에서 정한 기간보다 긴 기간으로 약정한 경우에는 그 기간)은 초일 불산입 원칙(민법§157)[14]에 따라 익일부터 기산한다. 기간의 마지막 날이 비영업일인 경우 민법(§161)[15]에 따라 비영업일이 끝나는 날의 다음날까지 철회가 가능하다. 예를 들어 대출계약에 따른 금전 제공일(대출실행일)이 2022.01.19.인 경우 14일째 되는 날이 2.2일이 공휴일(설날 다음날)이므로 익일인 2.3일까지 철회할 수 있다.

※ **철회 가능 기간 예시**[16]

i) 기간의 **마지막 날**이 **평일**인 경우 **14일차까지** 철회가능

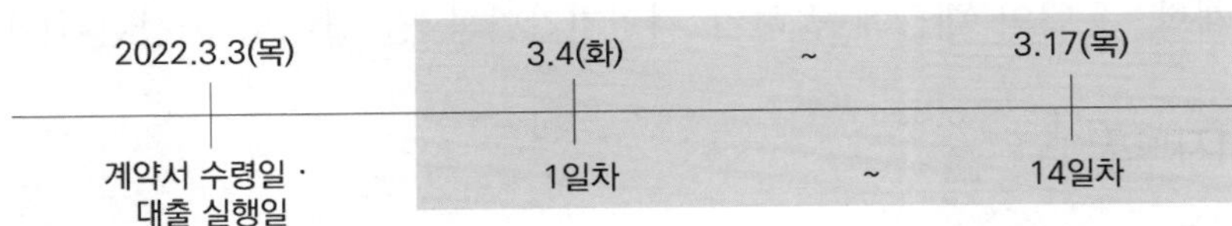

ii) 기간의 **마지막 날**이 **휴일**인 경우 **다음 영업일까지** 철회가능

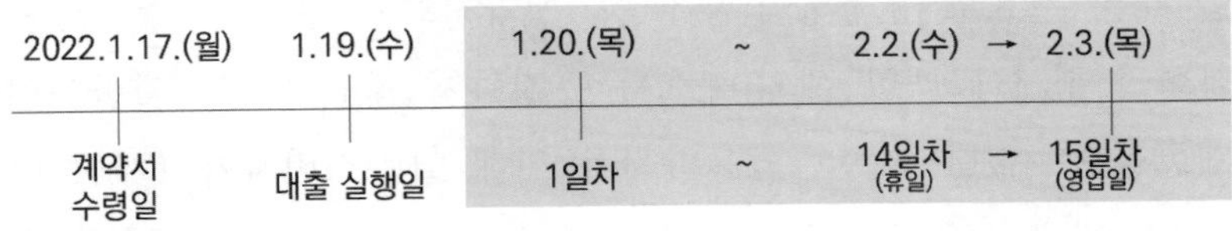

---

14) **第157조(기간의 기산점)** 기간을 일, 주, 월 또는 연으로 정한 때에는 기간의 초일은 산입하지 아니한다. 그러나 그 기간이 오전 영시로부터 시작하는 때에는 그러하지 아니하다.

15) **第161조(공휴일 등과 기간의 만료점)** 기간의 말일이 토요일 또는 공휴일에 해당한 때에는 기간은 그 익일로 만료한다.

16) 금융위원회 · 금융감독원, "12.19일부터 2금융권 및 대부업권에서도 중도상환수수료 부담과 신용등급 하락 없이 대출계약을 철회할 수 있습니다.", 보도자료, 2016.12.19., 2면 참조.

1.2. 철회의사 고지

일반소비자가 서면등(서면, 전자우편, 휴대전화 문자메시지 또는 이에 준하는 전자적 의사표시)[17]으로 철회 의사표시를 발송한 때에는 직접판매업자[18]에게 지체 없이 그 발송 사실을 알려야 한다(영§37③). 이는 판매업자에게 철회효과가 발생하였음을 알려주기 위함으로, 의사표시가 도달해야 비로소 효력이 발생하는 도달주의와 달리 철회 의사표시의 효과는 발신주의를 취하고 있어 판매업자가 발송사실 및 그에 따른 효력발생(반환지연 시 판매업자가 연체이자 부담)을 모를 수 있기 때문이다.

1.3. 철회 시 조치의무

철회 효과(원상회복 의무)가 발생하여 일반소비자에게 금전(이자 · 수수료 포함)을 반환하는 경우 판매업자등은 소비자가 지정한 계좌로 입금해야 한다(영§37⑥). 반환이 지연되는 경우 연체이자를 더하여 지급하며, 연체이자는 해당 금융상품의 계약에서 정해진 연체이자율을 금전 · 재화 · 용역의 대금에 곱하여 지연기간만큼 일 단위로 계산한다(영§37⑦).

1.4. 소비자보호

판매업자등은 일반소비자에 대하여 청약의 철회에 따른 손해배상 또는 위약금 등 금전의 지급을 청구할 수 없다(법§46④). 일반소비자의 철회행사에 대한 판매업자의 불이익부과 금지를 위해 규정한 것이다. 또한, 법에서 정한 사항에 반하는 특약으로서 일반소비자에게 불리한 것은 무효로 규정하여(법§46⑥), 청약철회가 무력화되는 것을 방지한다.[19]

법에서 철회권 행사에 대한 예외(제한)를 규정하지 않았으므로 일반소비자의 철회권 행사횟수를 제한할 수 없다. 다만, 남용방지를 위해 일반소비자가 1개월 내 두 번 이상 같은 직접판매업자에게 같은 유형의 금융상품 계약의 철회의사를 표시한 경우 신규 대출계약 시 대출거절 · 한도축소 · 금리우대 제한, 기존 대출의 만기연장 거부 · 금리우대 축소 등 불이익을 부과할 수 있다(규정§14⑥vi).

---

17) 청약철회 방법에 대해서는 금융회사가 자체 판단하여 결정해야 할 사항이다(금융위원회, "금융소비자보호법상 내부통제기준 시행시기와 금융당국의 가이드라인에 대한 오해를 바로 잡고자 합니다. (매일경제 3.24일자 보도에 대한 반박)", 보도자료, 2021.03.23., 2면 참조).

18) 시행령에서 직접판매업자만 규정하였으나, 자문업자가 누락된 것으로 이해된다. 입법적 보완(자문업자 추가)이 필요하다.

19) 금융소비자보호법 안내자료(2021.03.24.), 62면 참조.

2. 보장성 상품

2.1. 대상상품

모든 보장성 상품의 청약철회가 원칙적으로 가능하되, 일부 상품의 경우 제외한다.

제외대상	제외사유
타인을 위한 보증보험	보험계약자의 계약 철회 시 수익자인 타인에게 불측의 손해를 끼칠 우려가 있어 제외
자동차책임보험	자동차손해배상 보장법(§5)상 책임보험 가입의무가 있으므로 철회 시 법 위반소지가 있어, 동종의 타보험 가입 시에만 철회를 허용
단기보험(보장기간 90일 이내)	보장기간(단기)의 상당부분을 무상으로 보장받고 철회하는 악용사례를 방지하기 위해 제외
법률에 따라 가입의무가 부과되고 그 해제 · 해지도 해당 법률에 따라 가능한 보장성 상품	법률상 가입 및 해제 · 해지가 강제되는 상품은 철회 시 해당 법률 위반소지가 있어 동종 타보험 가입 시에만 철회를 허용
건강진단 보장성 상품	계약체결 전 건강진단을 받아 진단결과를 받는 등의 혜택을 누린 후 철회하는 악용사례를 방지하기 위해 제외

2.2. 특례

보장성 상품의 경우 청약이 철회된 당시 이미 보험금의 지급사유가 발생한 경우에는 청약 철회의 효력은 발생하지 아니한다(법§46⑤本.) 다만, 일반소비자가 보험금의 지급사유가 발생했음을 알면서 청약을 철회한 경우에는 철회가 가능하다(법§46⑤但).

계약에 따라 보험료를 신용카드로 납부해왔던 일반소비자가 청약의 철회의사를 표시한 경우에 판매업자는 철회의사를 접수한 날부터 3영업일 이내에 해당 신용카드를 일반소비자에 발급한 직접판매업자(신용카드사)로 하여금 보험료 납입 관련 대금 청구를 하지 않도록 해야 하며, 이 경우 일반소비자에게 금전 · 재화등을 반환한 것으로 본다(규정§30④).

3. 투자성 상품

3.1. 대상상품

계약체결 후 가격이 변동하는 투자성 상품의 경우 원칙적으로는 청약철회 대상으로 부적합하다. 다만, 소비자보호 필요성이 큰 고난도 상품(단위형 고난도 펀드, 고난도 금전신탁,

고난도 투자일임)과 청약철회기간(7일) 내 변동가능성이 낮은 비금전신탁의 경우 예외적으로 소비자보호를 위해 철회 대상으로 인정한다.

철회기간 동안 운용으로 가격이 변동되어 손실이 발생한 상태에서 철회하는 경우 판매업자는 원상회복의무(철회효과)에 따라 일반소비자로부터 받은 금전을 그대로 반환해야 하는, 즉 손실을 보전해야 되는 위험이 있어 철회기간 동안 운용을 중지한다. 그런데 소비자 입장에서는 적기 투자가 이루어지지 않아 오히려 투자 기회를 놓치는 결과로 이어질 수 있다. 이에 일반소비자가 예탁한 금전등을 운영하는데 동의한다면 철회기간 내라도 즉시 투자가 이루어질 수 있도록 일반소비자의 철회를 제한한다(영§37① ii).

여기서 동의시점은 계약체결 이전을 전제로 하나, 계약체결 후라도 철회기간 이내(예를 들어 펀드 모집기간 내)라면 소비자 동의 시 철회를 제한할 수 있다.[20] 다만, 청약철회권 행사를 원천적으로 차단하기 위해 청약철회권 보장을 위한 충분한 기간이 있음에도 소비자가 즉시 운용에 동의한 경우'에만' 금융상품을 판매하는 행위는 금융소비자보호법(§46⑥)상 위법 소지가 있어 불가하다.[21]

3.2. 숙려제도와 관계

청약철회권 및 자본시장법 시행령(§68⑤ii-ii · §99④i-ii · §109③i-ii)상 투자자 숙려제도가 함께 적용되는 투자성 상품의 경우 청약일 다음날부터 숙려기간인 2영업일이 지나 계약체결이 완료되면 동 계약체결일(또는 계약서류 수령일) 다음날부터 7일(달력일) 이내 철회권 행사가 가능하다.[22] 이는 숙려기간이 경과해야 청약 · 계약체결이 확정된다고 자본시장법에서 해석하고 있기 때문으로, 청약철회와 숙려기간의 중첩적용을 인정하고 있지 않다.[23]

4. 자문계약

기존규제(舊자본시장법§59②)를 이관하여 자문계약 전체를 청약철회 대상으로 규정한다. 기존규제에서는 자문계약을 '해제'할 수 있다고 규정하였으나, 금융소비자보호법상 '철회'와 같은 의미로 이해된다. '금융소비자보호법상 철회[24]'는 이미 효력이 발생한 계약을

---

20) 신속처리시스템 회신(은행 210414－33) 참조.
21) 신속처리시스템 회신(은행 210503－82) 참조.
22) 3차 FAQ, 5면 참조.
23) 금융위원회 · 금융감독원, "고난도 금융투자상품 및 고령 투자자에 대한 녹취 · 숙려제도가 시행됩니다.", 보도자료, 2021.05.10., 2면 참조.
24) '법률용어로서 철회'는 법률효과가 발생하지 않은 법률행위나 의사표시의 효력을 장차 발생하지 않도록 막는다는 의미이나, '금융소비자보호법상 철회'는 해제와 유사한 의미이다.

소멸시켜 소급적으로 그 효력을 없애는 개념이므로 '해제'의 개념과 사실상 동일하다.

5. 대출성 상품

5.1. 대상상품

모든 대출성 상품의 청약철회가 원칙적으로 가능하되, 일부 상품의 경우 제외한다.

제외대상	제외사유
시설대여, 연불판매, 할부금융 (소비자가 재화 미수령 시 철회가능)	방문판매법(§17) 및 할부거래법(§8)에서도 사용·시간경과 등으로 가치가 하락시 철회권을 배제하는데 소비자가 재화를 제공받아 철회기간동안 사용하는 점, 시설대여 및 연불판매(일부)의 경우 판매업자가 목적물을 취득·대여하므로 철회로 인한 목적물 처분과정에서 물건의 가치감소분을 판매업자가 부담하는 점 등을 고려하여 제외
연계대출	투자와 연계되어 대출이 이루어지므로 연계대출계약 철회 시 투자자가 불측의 손해를 입을 수 있어 제외
자본시장법(§72①)상 신용공여(담보대상 증권을 처분한 경우 한정)	증권매입과 직접 연계되어 있거나, 약정에 따른 금융투자업자가 증권을 임의처분할 수 있어 법적 안정성 유지를 위해 제외
지급보증(제3자 동의 시 철회가능)	지급보증 철회시 피보증채무의 채권자(제3자)에게 불측의 손해를 끼칠 우려가 있어 제외하되, 채권자 동의 시 허용
신용카드	철회카드의 결제정보가 가맹점 및 국세청 등에 남아있어 가맹점이 소득세 신고 시 자료불일치 문제, 카드사의 가맹점 입금액(철회기간 중 결제액)을 세무서·가맹점의 채권자 등이 압류 시 제3자(세무서 등)의 손해가능성, 소비자가 불이익 없이 신용카드계약 해지가 가능하므로 소비자보호 실익이 없는 점 등을 감안하여 제외

5.2. 효과 발생시점

일반소비자가 철회기간(14일) 내 서면등으로 철회 의사표시 발송하고 원금·이자·부대비용을 반환한 때 철회 효과가 발생한다. 여기서 이자는 일반소비자가 판매업자등으로부터 금전을 지급받은 날부터 금전을 돌려준 날까지의 기간에 대해 해당 금융상품의 계약에서 정해진 이자율을 적용하여 산출한 이자를 말한다(영§37④).

부대비용은 해당 금융상품 계약을 위해 판매업자등이 제3자에게 이미 지급한 비용으로서 인지세 등 제세공과금, 저당권 설정 등에 따른 등기 비용을 의미한다(영§37⑤).

5.3. 철회효과

원상회복의무에 따라 일반소비자로부터 금전 · 재화 등을 반환받은 날로부터 3영업일 이내에 이미 받은 수수료(한도약정수수료 등)를 포함한 금전 · 재화 등을 반환하고, 금융회사 · 신용정보집중기관 · CB 등의 대출정보를 삭제한다.

Ⅳ. 제재

법 제46조제3항을 위반하여 같은 항 각 호의 어느 하나의 방법으로 반환하지 않거나, 법 제46조제4항을 위반하여 금전의 지급을 청구한 경우 판매업자 및 임직원에게 제재조치(시정명령, 정직 등) 가능하다(법§51 · §52).

Ⅴ. 시행일

직접판매업자 및 대리 · 중개업자는 2021.3.25일 이후 계약의 청약을 한 경우부터 적용하며, 자문업자의 경우 2021.9.25일 이후에 계약의 청약을 한 경우부터 적용한다(법 부칙§1 · §7). 고난도 금전신탁계약, 고난도 펀드, 고난도 투자일임계약 등에 대하여는 자본시장법 시행령 개정 시행일에 맞춰 2021.5.10일부터 시행한다(영 부칙§1 ii).

Ⅵ. 기존규제

청약철회는 거의 모든 업권(대부는 상위 20개사, 신협 제외)에서 시행되었다. 금융소비자보호법에서 전 금융상품을 포괄하여 청약철회권을 규정하면서 개별법상 기존규제는 이관되어 삭제되었다.

구분	은행	금융투자	보험	저축은행	여전	대부
도입 여부	△	○	○	△	△	△
근거 규정	舊여신거래 기본약관 §4-2	舊자본시장법 §59②~⑤	舊보험업법 §102-4, §102-5 등	舊여신거래 기본약관 §4-2	舊여신거래 기본약관 §4-2	–[25]

25) 금융위원회의 대부업권 청약철회 적용방안('16.9월)에 따라 도입된 것으로 명시적 규제는 없었다.

기존 금융업법과 비교 시 달라진 부분은 별도 표시[26]하고, 표현과 내용이 동일한 경우에만 '좌동'으로 기재하여 상품별 구분하여 비교한다.[27]

1. 은행업권 등

개별업권(은행, 보험, 저축은행, 여전)의 여신거래기본약관에서 청약철회를 규정하였으며, 법 시행 이후 금융소비자보호법 조항(§46)을 인용하는 방식으로 여신거래기본약관이 개정되었다.

구분	금융소비자보호법	舊여신거래기본약관[28]
대상상품	□ 모든 대출성 상품(영§37①iii)	□ 모든 대출계약(舊여신거래기본약관§4-2②)
	□ 다만, 아래상품 제외 ○ 시설대여, **<u>연불판매, 할부금융(청약 철회의 기간 이내에 해당 계약에 따른 재화를 제공받은 경우만 해당)</u>**(영§37①iii가)	□ 다만, 아래상품 제외 ○ 시설대여(리스), **<u>단기카드대출(현금서비스) 및 일부결제금액이월약정(리볼빙)</u>**(여전업권 舊여신거래기본약관§4-2②iii)
	○ 연계대출(영§37①iii나)	–
	○ 자본시장법(§72①)상 신용공여(청약 철회의 기간 이내에 담보로 제공된 증권을 처분한 경우만 해당)(영§37①iii나)	–
	○ 지급보증(청약의 철회에 대해 제3자의 동의를 받은 경우 제외)(규정§30③ i)	–
	○ 신용카드(규정§30③ ii)	–
	–	○ 대출금액이 4천만원을 초과하는 신용대출(舊여신거래기본약관§4-2② i)
	–	○ 대출금액이 2억원을 초과하는 담보대출(舊여신거래기본약관§4-2② ii)
	–	○ 외부기관 위탁대출 및 기타 협약대출(다만 한국주택금융공사 유동화 대상 대출 등 금융회사가 별도로 정하는 대출은 제외)(여전업권 舊여신거래기본약관§4-2② iv)

26) 세부내용이 다른 경우(예시가 추가되거나 삭제된 경우 포함) 굵게 밑줄 표시하고, 해당 조항 전체가 신설된 규제이거나 기존규제가 인용되지 않은 경우 해당 칸을 음영표시한다.

27) 내용이 동일하더라도 표현이 다른 경우에도 현행 금융소비자보호법과 비교가 될 수 있도록 기존 규제내용 그대로 기재한다.

28) 은행, 저축은행, 여전업권 여신거래기본약관에서 철회권을 제4조의2에서 규정한 것과 달리 보험업권 약관은 제3조의2에서 규정하고 있으나, 조항만 다르므로(내용은 동일) 보험약관 조항은 기재를 생략한다.

구분	금융소비자보호법	舊여신거래기본약관28)
기간	▫ ① 계약서류 제공일 및 ② **계약체결일**(① 및 ②보다 계약에 따른 금전·재화·용역의 지급이 늦게 이루어진 경우에는 그 지급일)부터 14일(법§46①iii)	▫ 계약서류를 발급받은 날(계약서류를 발급받은 날보다 대출금의 지급이 늦게 이루어진 경우에는 대출 실행일)로부터 14일(舊여신거래기본약관§4-2①)
효력시점	▫ 일반소비자가 청약의 철회의사를 표시하기 위하여 서면등을 발송하고, 아래 금전·재화등(이미 제공된 용역은 제외하며, 일정한 시설을 이용하거나 용역을 제공받을 수 있는 권리 포함)을 반환한 때(법§46②ii·영§37⑤) ○ 이미 공급받은 금전·재화등 ○ **이미 공급받은 금전과 관련하여 일반소비자가 판매업자등으로부터 금전을 지급받은 날부터 금전을 돌려준 날까지의 기간에 대해 해당 금융상품의 계약에서 정해진 이자율을 적용하여 산출한 이자** ○ 해당 계약과 관련하여 판매업자등이 제3자에게 이미 지급한 인지세 등 제세공과금, 저당권 설정 등에 따른 등기 비용	▫ 채무자가 철회기한 이내에 원금, **이자**, 금융회사로부터 받은 재화, 용역(일정한 시설을 이용하거나 용역을 제공받을 수 있는 권리를 포함) 및 아래 부대비용을 전액 반환한 때(舊여신거래기본약관§4-2③) ○ (근)저당권설정계약서에 따라 금융회사가 부담하거나 지급한 비용 ○ 해당 대출과 관련하여 금융회사에서 지급한 인지세 등 제세공과금 ○ **해당 대출과 관련하여 금융회사에서 지급한 보증료 또는 보험료** ○ **해당 대출과 관련하여 금융회사에서 제3자에게 지급한 채무자의 자동화기기 이용수수료**(여전 한정)
효과	▫ 판매업자등은 일반소비자로부터 금전·재화등, 이자 및 수수료를 반환받은 날부터 3영업일 이내에 일반소비자에게 해당 대출과 관련하여 일반소비자로부터 받은 수수료를 포함하여 이미 받은 금전·재화등을 반환하고, 금전·재화등의 반환이 늦어진 기간에 대해서는 아래에서 정하는 바에 따라 계산한 금액을 더하여 지급할 것(법§46③iii) ○ 일반소비자에게 금전·재화·용역을 반환하는 경우에 그 반환이 늦어진 기간에 대해서는 해당 금융상품의 계약에서 정해진 연체이자율을 금전·재화·용역의 대금에 곱한 금액을 일 단위로 계산하여 지급(영§37⑦)	▫ 은행은 대출계약 철회의 효력이 발생한 날로부터 3영업일 이내에 해당 대출과 관련하여 채무자로부터 지급받은 수수료 등을 반환(舊여신거래기본약관§4-2④)
제한	–	▫ 해당 은행을 대상으로 1년 이내에 2회 또는 전체 금융회사를 대상으로 1개월 이내에 1회 초과하여 대출계약을 철회하는 경우 해당 채무자의 대출계약 철회를 제한 가능(舊여신거래기본약관§4-2⑥)

기존규제와 비교 시 대상상품의 범위와 소비자의 반환비용에서 차이가 있다. 舊여신거래기본약관상 청약철회 제외대상이었지만 금융소비자보호법에서 제외대상으로 인용되지 않은 사유를 정리하면 아래와 같다.

구분	제외대상으로 인용되지 않은 사유
단기카드대출 (현금서비스)	대출기한이 단기여도 철회권을 보장할 필요가 있음(단기대출에 철회권이 인정되지 않으면 중도상환수수료 부과 가능)
일부결제금액이월약정 (리볼빙)	상품이 아닌 결제방식[29]에 불과
대출금액이 4천만원을 초과하는 신용대출	취약계층에 대해 우선적으로 청약철회권을 도입한 것[30]이었으므로 고액대출은 제외하였으나, 현재는 전체 금융소비자를 대상으로 철회기간 동안 불이익 없이 탈퇴할 수 있는 권리를 보장
대출금액이 2억원을 초과하는 담보대출	
외부기관 위탁대출 및 기타 협약대출(금융회사가 별도로 정하는 대출 제외)	외부기관(보증기관등)과 금융회사 간 위탁계약(협약)에 따른 상품[31]이므로 청약철회 시 외부기관의 동의(승낙)가 필요하다고 보아 청약철회에서 제외하였으나, 대출계약 철회와 위탁계약(협약) 해제는 별개의 법률관계이므로 개별 소비자를 직접적으로 구속하지 않으며, 대출계약(소비자－금융회사) 철회 시 기관 간(또는 소비자와 외부기관 간) 정산의무(부당이득반환의무)만 발생

2. 자본시장법

舊자본시장법(§59②~⑤)상 금융투자업자와 계약을 체결한 투자자는 계약서류를 교부받은 날부터 7일 이내에 자문계약을 해제할 수 있었다. 여기서 '해제'는 금융소비자보호법상 '철회'와 동일한 의미이다. 동 규정은 금융소비자보호법으로 이관되어 모두 삭제되었다(법 부칙§13⑯).

29) 카드이용대금중 사전에 정해져 있는 일정금액 이상의 건별 이용금액에 대해서 이용금액의 일정비율을 결제하면 나머지 이용잔액은 다음 결제대상으로 연장되며, 카드는 잔여 이용한도 내에서 계속 사용될 수 있는 결제방식을 의미한다(한국은행, "전자금융 총람", 2015.2월, 71면 참조).

30) 금융위원회 · 금융감독원, "대출 청약철회권 도입으로 소비자의 권익이 강화됩니다.", 보도자료, 2015.09.16., 3면 참조.

31) (예시) 정부 · 지자체에서 대출대상자로 추천하고 이자 일부를 정부 · 지자체에서 지원하는 대출 등.

구분	금융소비자보호법	舊자본시장법
대상 상품	▫ 고난도금융투자상품(일정 기간에만 금융소비자를 모집하고 그 기간이 종료된 후에 금융소비자가 지급한 금전등으로 집합투자를 실시하는 것만 해당)(영§37① ii 가)	–
	▫ 고난도 투자일임계약(영§37① ii 나)	–
	▫ 신탁(금전신탁의 제외)(영§37① ii 다)	–
	▫ 고난도금전신탁계약(영§37① ii 라)	–
	▫ 자문계약(법§46①)	▫ 투자자문계약(舊자본시장법 시행령§61②)
기간	▫ 계약서류 제공일 또는 **계약체결일**로부터 7일(법§46① ii)	▫ 계약서류를 교부받은 날부터 7일 이내(舊자본시장법§59②)
효력 시점	▫ 일반소비자가 청약의 철회의사를 표시하기 위하여 **서면등(서면, 전자우편, 휴대전화 문자메시지 또는 이에 준하는 전자적 의사표시)**을 발송한 때(법§46② i)	▫ 계약의 해제는 해당 계약의 해제를 하는 취지의 **서면**을 해당 금융투자업자에게 송부한 때에 그 효력이 발생(舊자본시장법§59③)
효과	▫ 판매업자등은 청약의 철회를 접수한 날부터 3영업일 이내에 이미 받은 금전·재화등을 반환하고, **금전·재화등의 반환이 늦어진 기간에 대하여는 아래에서 정하는 바에 따라 계산한 금액을 더하여 지급할 것. 다만, 대통령령으로 정하는 금액 이내인 경우에는 반환하지 아니할 수 있다.**(법§46③ ii) ◦ **일반소비자에게 금전·재화·용역을 반환하는 경우에 그 반환이 늦어진 기간에 대해서는 해당 금융상품의 계약에서 정해진 연체이자율을 금전·재화·용역의 대금에 곱한 금액을 일 단위로 계산하여 지급**(영§37⑦)	▫ 금융투자업자는 계약이 해제된 경우 해당 계약과 관련한 대가를 미리 지급 받은 때에는 이를 투자자에게 반환하여야 한다. **다만, 아래에 해당하는 금액 이내의 경우에는 반환하지 아니할 수 있다**(舊자본시장법§59⑤) ◦ **투자자문계약에 따른 자문에 응하지 아니한 경우: 투자자문계약을 체결하기 위하여 사회통념상 필요한 비용에 상당하는 금액**(舊자본시장법 시행령§61③ i) ◦ **투자자문계약에서 수수료를 자문에 응하는 횟수에 따라 산정하는 것으로 하고 있는 경우: 계약을 해제할 때까지 자문에 응한 횟수에 따라 산정한 수수료에 상당하는 금액(그 금액이 자문에 응한 수수료로서 사회통념상 상당하다고 인정되는 금액을 초과하는 경우에는 그 초과한 금액을 뺀 금액을 말한다)**(舊자본시장법 시행령§61③ ii) ◦ **기타: 투자자문계약에서 정한 전체 계약기간에 대한 수수료를 그 계약기간의 총일수로 나눈 금액에 계약서류를 교부받은 날부터 계약의 해제를 한 날까지의 일수를 곱한 금액(그 금액이 자문에 응하는 수수료로서 사회통념상 상당하다고 인정되는 금액을 초과하는 경우에는 그 초과한 금액을 뺀 금액을 말한다)**(舊자본시장법 시행령§61③iii)

기존규제와 비교 시 대상상품의 범위가 확대(고난도 상품 및 비금전신탁 추가)되고, 자문업자의 비용 공제 후 반환이 불가능해졌으며, 자문업자가 반환 지연 시 연체이자를 추가로 지급해야 한다.

3. 보험업법

舊보험업법(§102-4 · §102-5)에서 일반보험계약자의 청약철회권을 규정하였으며, 금융소비자보호법으로 이관되어 모두 삭제되었다(법 부칙§13⑦). 다만, 통신수단을 이용한 철회 시 본인확인 방법 및 증거자료 유지의무는 존치한다(보험업법 시행령§43⑤~⑥).

구분	금융소비자보호법	舊보험업법
대상상품	□ 모든 보장성 상품(영§37① i)	□ 모든 보험계약(舊보험업법 시행령§48-2①)
	□ 다만, 아래상품 제외 ○ 보증보험 중 청약의 철회를 위해 제3자의 동의가 필요한 보증보험(영§37① i 가)	□ 다만, 아래상품 제외 ○ 타인을 위한 보증보험계약(일반보험계약자가 청약철회에 관하여 타인의 동의를 얻은 경우 제외)舊보험업법 시행령§48-2① iv)
	○ 「자동차손해배상 보장법」에 따른 책임보험(동종의 타보험 가입 시 철회가능)(영§37① i 나)	○ 「자동차손해배상 보장법」 제5조에 따라 가입할 의무가 있는 보험계약(舊보험업법 시행령§48-2① iii)
	○ 단기보험(보장기간 **90일** 이내)(영§37① i 나 · 규정§30①)	○ 보험기간이 **1년 미만**인 보험계약(舊보험업법 시행령§48-2① ii)
	○ 법률에 따라 가입의무가 부과되고 그 해제 · 해지도 해당 법률에 따라 가능한 보장성 상품(동조의 타보험 가입 시 철회가능)(규정§30② i)	–
	○ 판매업자가 계약을 체결하기 전에 일반금융소비자의 건강상태 진단을 지원하는 보장성 상품(규정§30② ii)	○ 보험계약을 체결하기 위하여 피보험자가 건강진단을 받아야 하는 보험계약(舊보험업법 시행령§48-2① i)
	–	○ 단체보험계약 또는 보험회사가 정한 기준에 따라 단체로 취급하는 보험계약(舊보험업감독규정§4-39-2①)
기간	□ 「상법」 제640조에 따른 보험증권을 받은 날부터 15일과 청약을 한 날부터 30일 중 먼저 도래하는 기간(법§46① i)	□ 보험증권을 받은 날로부터 15일 이내에 청약철회의 의사를 표시하는 경우에는 특별한 사정이 없는 한 이를 거부할 수 없다. 다만, 청약을 한 날로부터 30일을 초과한 경우에는 그러하지 아니하다(舊보험업법§102-4①).
효력시점	□ 일반소비자가 청약의 철회의사를 표시하기 위하여 서면등(서면, 전자우편, 휴대전화 문	□ 아래의 방법으로 청약철회의 의사를 표시하는 경우(舊보험업법§102-4①)

구분	금융소비자보호법	舊보험업법
	자메시지 또는 이에 준하는 전자적 의사표시)을 발송한 때(법§46② i)	○ 청약철회의 의사를 표시하는 서면을 보험회사에 제출하는 방법(舊보험업법 시행령§48-2② i) ○ 전화 · 우편 · 컴퓨터통신 등 통신수단을 이용하는 방법. **이 경우 상대방의 동의를 받아 청약 내용, 청약자 본인인지를 확인하고 그 내용을 음성녹음하는 등 증거자료를 확보 · 유지하여야 하고, 컴퓨터통신을 이용하여 청약을 철회하려는 경우에는 전자서명을 이용하여 청약자 본인인지를 확인하여야 한다**(舊보험업법 시행령§48-2② ii · 보험업법 시행령§43⑤~⑥)
효과	▫ 판매업자등은 청약의 철회를 접수한 날부터 3영업일 이내에 이미 받은 금전 · 재화등을 반환하고, 금전 · 재화등의 반환이 늦어진 기간에 대하여는 아래에서 정하는 바에 따라 계산한 금액을 더하여 지급할 것(법§46③ i) ○ 일반소비자에게 금전 · 재화 · 용역을 반환하는 경우에 그 반환이 늦어진 기간에 대해서는 해당 금융상품의 계약에서 정해진 연체이자율을 금전 · 재화 · 용역의 대금에 곱한 금액을 일 단위로 계산하여 지급(영§37⑦)	▫ 보험회사는 제102조의4제1항에 따른 청약의 철회를 접수한 날로부터 3일 이내에 이미 납입 받은 보험료를 반환하여야 하며, 보험료 반환이 늦어진 기간에 대하여는 아래에서 정하는 바에 따라 계산한 금액을 더하여 지급(舊보험업법§102-5①) ○ 보험료 반환이 늦어진 기간에 대해서는 해당 보험약관에서 보험금 지급이 지연되는 경우 지연이자를 계산할 때 적용하도록 정한 이자율을 적용하여 계산한 금액을 더하여 지급하여야 한다. **다만, 보험료가 신용카드를 이용하여 납입된 경우에는 그 계산한 금액을 영(零)으로 한다**(舊보험업법 시행령§48-2③)
특례	▫ 보장성 상품의 경우 청약이 철회된 당시 이미 보험금의 지급사유가 발생한 경우에는 청약 철회의 효력은 발생하지 아니한다. 다만, 일반금융소비자가 보험금의 지급사유가 발생했음을 알면서 청약을 철회한 경우에는 그러하지 아니하다(법§46⑤)	▫ 보험계약 청약의 철회 당시 이미 보험금의 지급사유가 발생한 경우에는 그 청약 철회의 효력은 발생하지 아니한다. 다만, 청약자가 보험금의 지급사유가 발생했음을 알면서 해당 보험계약의 청약을 철회한 경우에는 그러하지 아니한다(舊보험업법§102-5③)
	▫ 보장성 상품에 관한 계약에 따라 보험료를 신용카드로 납부해왔던 일반소비자가 청약의 철회의사를 표시한 경우에 판매업자는 철회의사를 접수한 날부터 3영업일 이내에 해당 신용카드를 일반소비자에 발급한 직접판매업자로 하여금 보험료 납입 관련 대금 청구를 하지 않도록 해야 하며, **이 경우 금전 · 재화 등을 반환한 것으로 본다**(규정§30④)	▫ 보험회사는 보험료를 반환함에 있어 청약자가 신용카드로 보험료를 납입한 때에는 청약의 철회를 접수한 날로부터 3일 이내에 신용카드사로 하여금 청약자에 대한 대금의 청구를 취소하도록 요청하여야 한다(舊보험업감독규정§4-39-2②)

기존규제와 비교 시 대상상품의 범위에 ① 의무보험이 추가되고, ② 단체보험계약이

삭제되었다. ① 법률상 의무보험의 경우 자동차책임보험의 연장선으로 볼 수 있고 법상 보험가입이 강제된다는 점에서 청약철회 제외대상으로 규정한 것은 당연하며, ② 단체보험계약을 체결하는 자는 전문소비자이므로 별도로 규정하지 않아도 단체보험계약은 청약철회할 수 없는 점 감안 시 사실상 상품범위가 크게 달라졌다고 보기 힘들다.

Ⅶ. Q&A

[행사주체]

1. 소비자가 청약철회권을 행사할 수 있는 일반소비자인지 여부는 언제를 기준으로 판단해야 하는지? 2차 FAQ(7면)

금융소비자보호법(§46①)에서 청약철회권의 행사주체를 "~ 청약을 한 일반금융소비자는 ~ 청약을 철회할 수 있다"고 규정하므로 소비자가 청약을 한 시점을 기준으로 판단함.

2. 전문소비자가 계약체결 후에 은행에게 일반소비자와 같은 대우를 받겠다는 의사를 표시(법§2ix)한 경우, 해당 금융소비자는 청약철회권의 행사대상에서 제외되는지?

철회권 행사 대상인지 여부 판단은 소비자가 청약을 한 시점을 기준으로 하므로 동 사례의 소비자는 행사대상에서 제외됨.

[보장성 상품]

3. 근로자퇴직급여보장법 시행령에서 정하고 있는 원리금보장상품인 GIC[32]는 보장성 상품인데, 동 상품이 청약철회 대상에 포함되는지?

퇴직연금 보험상품은 청약철회의 예외대상에 해당하지 않음.

---

32) **근로자퇴직급여보장법 시행령 제26조(적립금의 안정적 운용을 위한 운용방법 및 기준)** ① 법 제30조제2항제5호에서 "대통령령으로 정하는 운용방법 및 기준"이란 다음 각 호를 말한다.
1. 운용방법: 다음 각 목의 어느 하나에 해당하는 운용방법
나. 「보험업법」 제2조제6호에 따른 보험회사가 취급하는 보험계약 중 적립금이 반환되는 것으로서 금융위원회가 고시하는 보험계약

[투자성 상품]

4. 고난도 금융투자상품 중 ELS의 경우 금융소비자보호법상 청약철회권 효력이 언제 부터 발생하는지?

옴부즈만 회신(4.14.)

ELS는 금융소비자보호법상 청약철회권 대상상품이 아님.

5. 장외 외환파생상품(자본시장법상 파생상품)이 청약철회 대상인지?

철회대상에 해당하지 않음.

6. 재산신탁이 여신의 담보·신용보강 목적으로 활용될 경우 해당 여신계약을 철회 시 재산신탁계약도 철회되는지?

대출과 재산신탁은 별개의 계약으로서 각각 판단해야 함.

[필자 보충의견] 대출청약철회는 여신의 철회이지 기타 부수관계는 제3의 이해관계자와 체결한 별개의 계약이므로 해당 여신의 담보·신용보강 목적으로 활용되는 비금전신탁(담보신탁, 금전채권신탁 등) 등은 대출의 청약철회 적용 대상에 해당하지 않음. 대법원은 부동산담보신탁이 대출에 대한 담보라 할지라도 그와는 독립된 별개의 권리라는 판결을 내린 바 있음(대법 전원합의체 2014다225809, 2017.6.22.). 대출에 대한 청약철회 시 재산신탁(비금전신탁)은 대출계약 철회에 따른 계약 이해관계자의 해지요청 등을 확인한 후 신탁계약을 해지하면 됨.[33)]

7. A 상품의 발행일을 T일이라고 할 경우 소비자에게 청약철회권을 부여하기 위해서는 T-8일에 모집을 마감[34)]해야 하는데, 소비자가 T-3일에 즉시 운용에 동의함을 전제로 해당상품을 청약하는 경우 판매업자가 별도의 청약철회권을 부여하지 않고 상품을 판매해도 되는지?

신속처리시스템 회신(은행 210414-33)

금융소비자보호법 시행령 제37조제1항제2호 단서상 고난도펀드 등 투자성 상품에 해당

33) 근저당권 설정을 통한 일반적인 담보대출의 경우 청약철회 시 근저당의 철회·취소가 아닌 근저당 말소로 처리한다.

34) T−7일 ~ T−1일: 청약철회기간

하여도 금융소비자가 청약 철회기간[35] 이내에 예약한 금전등을 운용하는 데 동의한 경우에는 청약철회 대상에서 제외한다고 규정하고 있음. 동 규정은 금융소비자가 청약 철회기간의 기산일 이전에 예약한 금전등을 운용하는 데 동의하는 경우 뿐만 아니라, 동 기산일 이후(철회기간 내)에 동의하는 경우도 적용될 수 있음.

따라서 청약철회 대상 투자성 상품의 모집 마감 이후에(청약철회기간 중), 예약한 금전등을 운용하는 데 동의하는 금융소비자에게 해당 상품을 판매할 수 있으나 자본시장법 시행령(§68⑤ii-ii)상 '고난도금융투자상품' 등에 대한 '투자자숙려제도'는 준수하여야 할 것임.

8. 청약철회기간 내 금전등의 즉시운용에 동의한 일반소비자로 가입대상을 제한하는 상품(이하 "즉시운용 동의상품")만 판매하는 것이 가능한지?

신속처리시스템 회신(은행 210503-82)

청약철회 대상 투자성 상품의 모집 마감 이후(청약철회기간 중)라도 금전등을 운용하는 데 동의하는 금융소비자에게 해당 상품을 판매할 수 있음. 이 경우 자본시장법 시행령(§68⑤ii-ii)상 '고난도금융투자상품' 등에 대한 '투자자숙려제도'는 준수하여야 함.

다만, 이에 더 나아가 금융회사에서 청약철회권 행사를 원천적으로 차단하기 위해 청약철회권 보장을 위한 충분한 기간이 있음에도 '즉시운용 동의상품'만을 판매하는 행위는 금융소비자보호법(§46⑥)상 위반 소지가 있음.

9. 고객이 예탁한 금전등을 지체없이 운용하는 것에 동의하는 것을 전제로 투자성 상품을 판매할 경우 '일반소비자에게 불리한 특약(법§46⑥)'에 해당해 무효인지?

'고객이 예탁한 금전등을 지체없이 운용하는 것에 동의'는 금융소비자보호법 시행령 제37조제1항제2호 단서에 해당하는 경우로 불리한 특약에 해당하지 않음.

10. 청약철회권과 자본시장법상 투자자 숙려제도 간의 관계는? 3차 FAQ(5면)

투자성 상품에 대한 청약철회는 계약체결일 또는 계약서류 수령일부터 7일내 가능함. 청약철회권 및 자본시장법 시행령상 투자자 숙려제도가 함께 적용되는 투자성 상품의 경우

35) 계약서류 제공일 또는 계약체결일로부터 7일 이내.

에는 청약일 다음날부터 숙려기간인 2영업일이 지나 계약체결이 완료되면, 동 계약체결일(또는 계약서류 수령일) 다음날부터 7일(달력일) 이내 철회권 행사가 가능함.

11. 투자성 상품의 청약철회 및 자본시장법상 '투자자 숙려제도'와 관련하여,

1 숙려기간이 종료되어 소비자에게 확정의사를 확인할 때 소비자가 '예탁한 금전 등을 즉시 운용하는 데 동의'했다면 판매업자가 청약철회권 행사를 제한할 수 있는지?

2 청약철회기간(7일)에 초일은 산입하지 않는 것인지?

1 제한 가능함.

2 *(초일불산입 원칙에 따라)* 계약체결일 다음날부터 7일을 기산함

12. 고난도 금융투자상품 관련 자본시장법 규제가 시행(2021.5.10.)되기 전에 고난도 상품에 대한 금융소비자보호법상 청약철회를 적용하지 않은 것이 위법한지?

2021년 5월 10일 이전에 고난도 금융투자상품에 청약철회를 적용하지 않아도 금융소비자보호법을 위반한 것이 아님.

[대출성 상품]

13. 신용보증기금, 서울보증보험 등 보증기관이 취급하는 보증상품은 청약철회권 대상 금융상품에서 제외되는지?

동 보증기관의 보증상품은 금융상품에 해당하지 않으며, 청약철회 대상에도 해당하지 않음.

14. 기존 대출에 대한 기한연장·한도증액이 청약철회권의 대상(법§46①)에서 제외되는지?

신규대출에 해당하는 경우 청약철회의 대상이 됨. 은행업감독규정*(별표6 i 라)*에 따라 기한연장은 신규대출이 아니나, 한도증액은 신규대출에 해당됨.

15. 외화대출에 대해서도 청약철회권 행사가 가능한지?

신속처리시스템 회신(은행 210402-8)

금융소비자보호법상 청약철회권은 원칙적으로 일부 상품을 제외[36)]한 모든 대출성 상품에 적용되므로 규정상 제외 대상이 아닌 외화대출의 경우에는 청약철회권이 보장될 필요가 있음. 다만, 청약철회권은 차주가 일반소비자인 경우에만 인정되고, 상시근로자 5인 이상 법인 등 전문소비자인 경우에는 인정되지 않으므로 외화대출의 차주에 따라 달리 판단되어야 함.

16. 보험계약대출이 청약철회 대상인지?

신속처리시스템 회신(생보 210414-11)

보험계약대출은 보험계약과 별도의 계약에 해당하는 만큼 금융소비자보호법에서는 보험과는 다른 금융상품으로 보고 있음. 보험계약대출을 청약철회권의 예외로 인정할 만한 특별한 사유[37)]가 있다고 보기 어려워, *(대상상품에 해당)*.

17. 보험계약대출의 청약철회 관련하여,

1 기존의 보험계약대출 있는 고객이 추가 대출 후 2차(추가) 대출을 철회한 경우 소비자가 반환해야할 원금과 이자를 어떻게 계산하는지?

2 5천만원 초과의 보험계약대출을 철회할 경우 회사가 인지세법에 의하여 계약자와 균등하게 부담한 인지세를 고객에게 반환받을 수 있는지?

신속처리시스템 회신(생보 210414-10)

1 동 사례의 추가대출은 이전대출과는 별개로 체결된 계약이기 때문에 추가대출에 대한 청약철회 시 반환금에 관한 사항은 해당 계약에 한정하여 판단해야 함.

2 대출계약과 관련하여 판매업자등이 부담한 인지세가 있다면 해당 금액은 소비자가 반환해야 함.

---

36) 여전법상 시설대여 · 할부금융 · 연불판매, 온라인투자연계금융법상 연계대출, 자본시장법 제72조제1항의 신용공여, 지급보증, 신용카드.

37) 철회권 행사로 인한 제3자 피해 우려, 소비자가 납부한 금전 등의 반환상 어려움 등.

18. 아래 사례의 경우 청약철회가 가능한지?

1 일부 중도상환 이후 14일내 철회 요청

2 기존 대출(A) 500만원 대출실행 후 추가 2,000만원을 대출(B)을 받으며, 기존 대출(A)를 상환하였을 경우 기존대출(A)

신속처리시스템 회신(저축 210914-32)

금융소비자보호법상 대출성 상품은 계약서류를 제공받은 날 또는 계약체결일 등으로부터 14일이 경과하지 않는 한 청약철회는 가능하며, 금융소비자보호법은 청약철회의 제한은 규정하지 않으면서 법에서 정한 사항 외에 일반소비자에게 불리한 특약은 무효로 규정함.

청약철회는 소비자에게 숙려기간 동안 대출의 필요성과 금액 · 금리의 적정성 등을 숙고하여 불이익 없이 계약에서 탈퇴할 수 있는 기회를 부여하는 것으로써, 숙려기간 내에 대출규모를 조정하는 것은 대출의 필요성과 금액의 적정성을 숙고하는 과정으로 이해됨.

1 청약철회기간 중 대출금을 일부 상환했다는 사실만으로 소비자가 청약철회권을 행사하지 않겠다는 의사를 표현했다고 간주하기는 어려울 것이므로, 최초 대출시점을 기준으로 철회기간 이내라면 철회가 가능하다고 판단됨. 소비자가 대출금 일부 상환 후 청약철회 시 금융회사는 소비자로부터 징구한 중도상환수수료도 반환하여야 함.

2 A와 B가 별도의 신규 대출계약으로 이루어진 경우라면, 1과 마찬가지로 추가 대출을 받았다는 사실을 소비자가 청약철회권을 행사하지 않겠다는 의사를 표시했다고 간주하기는 어렵다는 점에서, A대출을 받은 시점을 기준으로 철회기간 이내라면 A대출 500만원은 철회할 수 있는 철회대상 대출이라고 보아야 함.

19. 증권사 신용거래의 청약철회권 행사 기산점이 약정체결일 기준인지, 대출금 지급일 기준인지?

신속처리시스템 회신(금투 210409-3)

대출성 상품의 경우 청약철회권 행사 기산점은 원칙적으로 계약서류를 받은 날이며, 계약서류를 받지 않은 경우에는 계약체결일을 기준으로 하고, 계약에 따른 금전 등이 늦게 지급된 경우에는 그 지급일로 함. 동 사례상 신용거래[38]는 계약체결 후 금전지급일이 소

38) 자본시장법 제72조제1항에 따른 신용공여.

비자의 선택에 따라 달라지는 특성이 있어 금융소비자보호법 제46조제1항제3호 각 목 외 부분의 "금전 등의 지급이 늦게 이루어진 경우"가 적용되기 어려움. 따라서 증권사 신용거래의 청약철회권 행사 기산점은 계약서류를 받은 날 또는 계약체결일로 볼 수 있음.

20. 주택담보대출의 청약철회 시 일반소비자가 반환해야 하는 금액(부대비용)에 판매업자등이 제3자인 법무사에게 저당권 설정과 관련하여 지급한 수수료(법무사 비용)가 포함되는지?

신속처리시스템 회신(대부 210705-8)

법무사 비용(수수료)은 '금융회사가 제3자에게 이미 지급한 수수료 등 대통령령으로 정하는 비용' 중 하나인 저당권 설정 등을 위한 등기 비용(영§37⑤ⅱ)에 포함됨.

21. 주택담보취급 시 담보물건의 권리조사의 일환으로 발생하는 권원보험료 비용을 철회 행사 시 소비자로부터 반환받을 수 있는지?

신속처리시스템 회신(대부 210727-9)

권원보험료는 금융소비자보호법상 소비자가 청약철회 시 직접판매업자에게 지급해야 하는 (부대)비용에 해당되지 않음.

22. 현행법상 대출성 상품의 철회횟수 제한에 대한 근거가 없는데 일반소비자는 횟수 제한 없이 수시로 철회가 가능한지?

신속처리시스템 회신(생보 210422-14)

금융소비자보호법상 청약철회 횟수를 제한하는 규정은 없음. 다만, 금융소비자보호법 감독규정 제14조제6항제6호에서 청약철회를 하였다는 이유로 금융상품에 관한 계약에 불이익을 부과하는 행위를 불공정영업행위로 규정하면서, 철회권 오남용을 방지하고자 같은 호 단서에서 "같은 직접판매업자에 같은 유형의 금융상품에 관한 계약에 대하여 1개월 내 2번 이상 청약의 철회의사를 표시한 경우"는 예외를 인정하고 있음.

23. 대출계약체결 후 청약철회 행사기간 내 금융소비자가 일부상환하는 경우 청약철회 행사를 제한할 수 있는지?

신속처리시스템 회신(은행 210701-119)

금융소비자보호법은 보장성 상품이 청약철회 전 보험금 지급사유가 발생한 경우(법§46⑤)를 제외하고는 청약철회권을 제한하는 규정을 두고 있지 아니함. 따라서 대출 이후 대출금을 일부 상환하는 사정이 있었다고 하여도 이를 근거로 청약철회권을 제한하기는 어려움. 다만, 금융소비자보호법 감독규정 제14조제6항제6호에서는 같은 유형의 금융상품에 관한 계약에 대하여 1개월 내 2번 이상 청약철회 의사를 표시한 경우 불이익을 부과하는 행위를 허용하고 있음.

[철회방법]

24. 청약철회 의사표시의 방법과 관련하여,

1. 청약철회 의사표시를 콜센터(전화) 및 홈페이지(인증서 활용) 등을 통해 할 수 있는지?
2. 전자우편이나 문자메시지를 통해 청약철회가 가능하도록 시스템을 구비해야 하는지?
3. 전자우편이나 문자메시지를 통한 청약철회가 가능함을 소비자에게 안내하지 않고 콜센터를 통해 청약철회를 처리한 경우 위법한지?

신속처리시스템 회신(손보 210416-11)

1 동 사례상 인증서를 활용한 홈페이지 신청방법은 금융소비자보호법 시행령 제37조제2항제2호에 따른 "전자적 의사표시"에 해당하므로 가능함. 기존 철회수단인 콜센터[39]의 경우 녹취를 통해 소비자가 철회 의사표시를 한 때를 명확히 입증할 수 있는 경우에 한하여 허용 가능함. 이는 청약 철회수단으로서 콜센터를 인정하는 게 소비자 권익에 부합하기 때문임.

2 · 3 다만, 콜센터의 경우 금융소비자보호법 시행령 제37조제2항 각 호에 해당하지는 않기 때문에 콜센터 외에도 시행령 제37조제2항 각 호의 방법 중 어느 하나를 소비자가 선택할 수 있어야 함.

---

39) 舊보험업법 시행령(§48-2①) · 여신거래기본약관(§4-2①)상 철회수단으로 인정했다.

[철회효과]

25. 영업점에 전화, 우편, 팩스 등으로 청약철회를 요청하여 해당 계약의 당사자인지 확인이 필요한 경우 금전·재화등의 반환기간(3영업일 내 미반환 시 연체이자 부과)을 연장하여 줄 수 있는지?

법상 예외사유에 해당하지 않으므로 연장이 불가함.

▌제4절▐ 위법계약의 해지

Ⅰ. 의의

금융회사가 판매원칙을 위반한 경우 소비자는 일정 기간 내 해당 계약에 대한 해지를 요구할 수 있으며, 소비자의 해지요구에 대해 금융회사가 정당한 사유를 제시하지 못하는 경우에 소비자가 일방적으로 계약을 해지할 수 있다(법§47).[40] 소송 등을 통해 계약의 위법성이 인정되더라도 계약은 유효하므로, 소비자에 불리한 계약이 계속 유지되는 문제를 해결하기 위해 보장된 권리로써,[41] 금융소비자는 해지 수수료·위약금 등 불이익 없이 위법한 계약으로부터 탈퇴할 수 있는 기회를 제공받는다.[42]

Ⅱ. 적용범위

영업행위 규제(주체가 규제대상인 판매업자이고, 상대방이 보호대상이 소비자)와 달리 위법계약의 해지는 청약철회와 동일하게 소비자에게 보장된 권리이므로 행사주체가 소비자이고 상대방이 판매업자이다. 판매업자의 영업행위에 위법성이 존재하여 소비자의 일방적 해지권을 보장하는 것이므로 일반소비자에 한정하지 않고, 전문소비자에게도 권리가 보장된다.

40) 금융위원회, "「금융소비자보호에 관한 법률 공포안」 국무회의 의결", 보도자료, 2020.03.17., 6면 참조.
41) 검토보고서(2006092), 103면 참조.
42) 금융소비자보호법 안내자료(2021.03.24.), 63면 참조.

❖ 청약철회권과 비교[43)]

구분	청약철회권	위법계약해지권
요건	별도 요건 불필요 (판매행위의 위법성 불요)	금융소비자보호법 위반사실 제시 & 판매자에 해지요구를 거부할 수 있는 정당한 사유가 없는 경우
행사주체	일반소비자	금융소비자(일반소비자 및 전문소비자)
상대방	직접판매업자, 대리·중개업자, 자문업자	좌동
행사기간	(대출성) 14일 이내 (보장성) 15일 이내 (투자성) 7일 이내	위법행위를 안 날로부터 1년(계약체결일로부터 5년) 이내
효과	일단 유효하게 성립한 계약을 소급하여 소멸시키므로 판매자는 소비자에게 원상회복의무(수취한 금전등 반환) 부담	계속적인 계약을 장래에 향하여 실효시키며, 계약해지에 따른 위약금·수수료 등 부과 불가
적용례	법 시행 이후 일반소비자가 계약의 청약을 한 경우부터 적용	법 시행 이후 소비자와 판매업자등간 계약을 체결한 경우부터 적용

Ⅲ. 내용 및 절차

1. 해지요구권

금융소비자는 판매업자등이 영업행위 규제를 위반하여 금융상품 계약을 체결한 경우 위법행위를 안 날로부터 1년(계약체결일로부터 5년) 이내 서면등으로 해당 계약의 해지를 요구할 수 있다(법§47①). 해지를 '요구'할 수 있는 권리이므로 청구권에 해당하며, 일방적 의사표시만으로 법률관계의 변동이 발생하는 형성권으로서의 해지권(법§47②)과 구분된다.

구분	내용
대상 상품	▫ 계속적 거래(집합투자규약의 적용기간 포함) & 중도해지 시 불이익 존재. 다만, 아래 상품 제외 ○ 온라인투자연계금융업자와 체결하는 계약 ○ 양도성 예금증서(원화) ○ 표지어음
해지 요구 사유	▫ 아래 영업행위 규제 위반 ○ 부적합 상품 권유(법§17③) ○ 부적정사실 고지의무 위반(법§18②)

43) 금융위원회, "「금융소비자보호법 시행령 제정안」 입법예고(10.28.~12.6.)", 보도자료, 2020.10.28., 8면 참조.

구분	내용
	○ 설명의무 위반(법§19①·③) ○ 불공정영업행위(법§20①) ○ 부당권유행위(법§21)
기간	□ 위법행위를 안 날로부터 1년(계약체결일로부터 5년) 이내
방법	□ 소비자는 계약해지요구서(금융상품의 명칭, 법 위반사실 포함)에 증명서류를 첨부하여 직접판매업자 또는 자문업자에게 제출 □ 자동차손해배상법상 책임보험 등 의무보험의 경우 동종의 보험에 가입한 후 기존보험에 대해 해지요구 가능
효과	□ 판매업자등은 10일 이내 소비자의 해지요구에 대한 수락여부(거절 시 거절사유 포함)를 통지

원칙적으로 모든 금융상품에 적용하되, 해당 계약이 종료된 경우에는 행사가 불가능하므로 계속적 계약이 아닌 금융상품은 제외한다. 또한 중도상환수수료·위약금, 미해지 시 투자손실 발생[44] 등 계약해지에 따른 재산상 불이익이 없는 경우에는 위법계약해지를 행사할 실익이 없으므로 적용되지 않는다.[45]

온라인투자연계금융업자와 체결하는 계약은 이용자(투자자, 차입자) 간 계약으로 연계되어 있어 중도해지 시 법적 안정성을 저해하는 점, 양도성 예금증서와 표지어음은 전전유통되며 보호실익이 낮은 점을 고려하여 제외대상으로 열거하고 있다.

중도환매가 불가한 폐쇄형 사모펀드의 경우 제외대상이 아니므로 소비자가 위법계약해지권을 행사하면 직접판매업자가 고유재산으로 해당 집합투자증권을 매입해야 한다. 소비자보호 조치인 만큼 자본시장법상 손실보전행위(법§55 ii · iv) 및 불건전영업행위(영§68⑤ x)에 해당되지 않는다.[46]

2. 해지권

금융소비자는 판매업자등이 정당한 사유 없이 제1항의 요구를 따르지 않는 경우 해당 계약을 해지할 수 있다(법§47②). 법 제47조 제1항에 따른 해지요구권과 그 성격을 달리하여, 당사자의 일방적 의사표시에 의해 그 효력이 발생하는 형성권(민법§550)이다. 여기서 판매업자등의 정당한 사유는 다음과 같다.

44) 금융위원회·금융감독원, "금융소비자보호법 시행 후 원활한 금융상품거래를 위해 판매자·소비자가 알아야 할 중요사항을 알려드립니다.", 보도자료, 2021.03.29., 5면 참조.
45) 금융위원회, "「금융소비자보호법 시행령 제정안」 입법예고(10.28.~12.6.)", 보도자료, 2020.10.28., 8면 참조.
46) 2차 FAQ, 8면 참조.

정당한 사유
▫ 소비자가 위반사실에 대한 근거 미제시 또는 거짓 제시
▫ 계약체결 당시 위반사항 없었으나 체결 이후 소비자 본인의 사정변경을 이유로 행사
▫ 소비자의 동의를 얻어 판매업자가 위반사항 시정
▫ 해지요구일로부터 10일 이내 위법성이 없다는 객관적·합리적 근거자료를 소비자에게 제시. 단, 10일 이내에 제시하기 어려운 경우에는 아래와 같이 조치 ◦ 계약의 해지를 요구한 소비자의 연락처나 소재지를 확인할 수 없거나 이와 유사한 사유로 10일 내 연락이 곤란: 해당 사유가 해소된 후 지체 없이 알릴 것 ◦ 법 위반사실과 관련된 자료확인을 이유로 소비자 동의를 받아 통지기한(10일)을 연장: 연장된 기한까지 알릴 것
▫ 소비자가 계약체결 전 판매업자의 위법행위를 알았다는 명백한 사유 존재

3. 효과

법 제47조 제1항에 따라 판매업자등이 금융소비자의 해지요구를 수락하거나, 법 제47조 제2항에 따라 금융소비자가 해지하는 경우 해당 계약은 장래에 대하여 효력 상실한다. 따라서 해당 계약은 '해지시점' 이후부터 무효이다.[47]

3.1. 효력 발생시점

소비자가 위법계약해지를 행사한 경우 3가지 유형으로 나눌 수 있다.[48]

구분	해지효력 발생시점
1 소비자의 위법계약해지 요구 시 판매업자등의 정당한 사유가 없어 수락한 경우	판매업자등의 수락통지가 도달한 날
2 소비자의 위법계약해지 요구 시 판매업자등의 정당한 사유가 있어 거절한 경우	해지효력 발생하지 않음
3 소비자의 위법계약해지 요구 시 판매업자등의 정당한 사유가 없음에도 거절한 경우	법 제47조제2항에 따라 소비자의 해지 의사표시가 판매업자등에게 도달한 날

해지효력이 발생한 때부터 해당 계약은 '해지시점' 이후부터 무효가 되므로 해지금액을 반환하지 않는 경우 그 금액은 민법상 부당이득에 해당된다. 따라서 해지금액을 소비자의 지급이행 청구 이후 지체없이 반환하지 않을 경우에는 지급 지체에 따른 민사상 책임(지체책임)이 부과된다.[49]

47) 10문 10답, 2면 참조.
48) 신속처리시스템 회신(은행 211025－139) 참조.
49) 신속처리시스템 회신(은행 210415－39) 참조.

참고로, 부당이득반환의무는 이행기한의 정함이 없는 채무이므로 그 채무자(판매업자)는 소비자의 이행청구(최고)를 받은 때에 비로소 지체책임이 발생한다(대법원 2010. 1. 28. 선고 2009다24187, 24194 판결).[50)]

3.2. 판매업자의 금전반환 범위

위법계약해지로 해당 계약 종료 시 판매업자등은 금융소비자에 대해 해지 관련 비용(수수료, 위약금 등)을 요구할 수 없다(법§47③). 위법계약해지권의 취지는 위법한 계약에 대해 소비자가 해지에 따른 재산상 불이익을 해지시점 이후부터 받지 않도록 하는 데 있으므로, 통상 소비자가 부담하던 계약해지 관련 수수료(중도상환수수료, 환매수수료 등), 위약금 등을 부과할 수 없도록 한 것이다.[51)]

계약체결 후 해지시점까지의 계약에 따른 서비스 제공 과정에서 발생한 비용 등[52)]은 원칙적으로 계약해지 후 소비자에게 지급해야 할 금전의 범위에 포함되지 않는다. 위법한 계약에 따른 손해배상을 요구하는 손해배상청구권과는 성격이 다르며, 상품별 예시는 아래와 같다.[53)]

구분	금융상품별 예시
예금	□ 중도해지 시 이자율이 만기 시 이자율보다 낮은 경우에는 만기 시 이자율(만기 시 우대이자율은 제외)을 적용
대출 · 리스 · 할부금융	□ 중도상환수수료를 부과할 수 없으며, 소비자가 기지급한 이자는 환급되지 않음 ○ 대출한도 약정대출인 경우 해지 후 남은 계약기간에 대한 '한도약정수수료[54)]'를 부과할 수 없음
펀드	□ 중도환매수수료를 부과할 수 없으며, 해지시점 전 거래와 관련하여 소비자가 지급한 수수료, 보수는 환급되지 않음 〈위법계약해지 시 환매 관련 기준〉 ○ 일반적으로 해지일 다음날을 기준으로 집합투자규약, 투자설명서에서 정한 방법에 따라 환매대금을 산정 ○ ETF(Exchange Traded Fund)와 같은 거래소 상장 상품은 해지일 다음날 거래소 장(場) 시작 전(8:40~9:00) 단일가 경쟁매매로 결정된 시가에 따라 일괄 처분 ○ 폐쇄형 펀드는 해지일 다음날에 가장 근접한 기준가격(「자본시장법」상 집합투자재산평가위원회가 평가)에 따름

50) 신속처리시스템 회신(은행 211025－139) 참조.
51) 10문 10답, 2면 참조.
52) (예시) 대출 이자, 카드 연회비, 펀드 수수료 · 보수, 투자손실, 위험보험료 등.
53) 10문 10답, 2~3면 참조.
54) 한도대출에 따른 충당금 적립 부담 및 자금보유 기회비용 보전을 위해 한도 설정금액에 대한 수수료(산식: 약정액×수수료율×약정기간/365).

구분	금융상품별 예시
보험	▫ 보험사는 계약해지에 따른 해지수수료, 위약금을 부과할 수 없으며, 소비자에게 환급해야 할 보험료의 범위는 아래와 같음 ○ 납입보험료 중에서 해지시점 전까지 위험보장, 계약의 체결·유지관리 등에 대한 비용(위험보험료 + 부가보험료)을 제외한 나머지 금액[55]은 환급해야 함 ○ 위험보장, 계약의 체결·유지관리 등에 대한 비용(위험보험료 + 부가보험료)은 全 계약기간에 걸쳐 안분하여 '해지시점 이전에 해당하는 금액'만 비용으로 인정

Ⅳ. 제재

법 제47조제1항 후단을 위반하여 수락 여부를 통지하지 않거나 거절사유를 함께 통지하지 않은 경우, 법 제47조제3항을 위반하여 계약의 해지에 관련된 비용을 요구한 경우 판매업자 및 임직원에게 제재조치(시정명령, 정직 등) 가능하다(법§51 · §52).

Ⅴ. 시행일

직접판매업자 및 대리·중개업자는 2021.3.25일 이후 계약을 체결하는 경우부터 적용하며, 자문업자의 경우 2021.9.25일 이후에 계약을 체결하는 경우부터 적용한다(법 부칙§1 · §8).

Ⅵ. Q&A

1. 법 제47조제2항에 따른 위법계약해지의 행사기간과 해지 통지의 주체는? 정당한 사유 존부에 대해서 소비자와 다툼이 있는 경우 어떻게 처리해야 하는지?

신속처리시스템 회신(생보 210601-23)

금융소비자보호법 제47조제2항은 판매업자등이 정당한 사유없이 위법계약해지를 수락하지 않은 경우에도 소비자가 계약을 해지할 수 있는 권리가 있음을 선언한 것으로, 별도로 규정하고 있지 않은 것은 민사상 법리에 따라 판단되어야 할 것임.

약관 등 계약서류에 특별히 정한 바가 없으면 금융소비자가 계약의 해지를 통지하여야 할 것이며, 정당한 사유의 존부 등에 대한 다툼 등은 소송 또는 분쟁조정을 통해 해결할 수 있음.

55) (해지시점 이후에) 소비자에게 보험금을 지급하기 위해 (해지시점 이전까지) 적립해 둔 금액 및 그에 대한 이자.

2. 금융상품 판매 절차에 대한 점검 과정에서 불완전판매 요소가 발견될 경우, 은행은 금융소비자의 의사와 관계없이 해당 계약을 해지하여야 하는지?

신속처리시스템 회신(은행 210909-131)

금융회사가 사후적으로 불완전판매를 확인한 경우 그 조치방안은 불완전판매에 이른 경위, 해당 소비자의 계약 유지의사 등을 종합적으로 고려해야 함.

3. 보험상품의 만기·해약·해지(중도해지도 포함) 이후 소비자가 위법계약해지 요구 시 판매업자는 거부할 수 있는지?

신속처리시스템 회신(손보 210416-16)

위법계약해지권 행사대상 금융상품은 계속적 거래가 이루어지고 있을 것을 요건으로 함. 따라서 이미 계약의 효력이 완전히 상실되었다면 금융소비자보호법상 위법계약해지권을 행사할 수 없음.

4. 폐쇄형 사모펀드의 경우 중도 환매가 불가한데 위법계약해지권 행사가 가능한지?

2차 FAQ(8면)

폐쇄형 사모펀드의 경우 소비자가 위법계약해지권을 행사하면 직접판매업자가 고유재산으로 해당 집합투자증권을 매입해야 함. 소비자보호 조치인 만큼 자본시장법상 손실보전행위(법§55 ii·iv) 및 불건전영업행위(영§68⑤ x)에 해당되지 않음.

5. 장외외환파생상품은 보통 기본계약을 체결하면서 선물환, 통화옵션, FX스왑 등 거래가능한 각각의 파생상품 구조에 대한 설명이 진행되며, 이후 전화주문 등을 통해 실제 거래가 반복적으로 체결·정산되어 시장 상황에 따라 계약단위·계약환율·포지션 등을 결정하는데, 위법계약해지를 적용하는 경우 아래 중 어떤 거래가 대상이 되는지?

① 기본계약후 체결·청산된 모든 거래

② 위법계약해지 요청 시 기체결되었으나 아직 청산·종료되지 않은 잔여거래

② 위법계약해지 요청 당시 아직 청산·종료되지 않은 잔여거래에 한해 위법계약해지권을 행사할 수 있음.

6. ISA 상품의 위법계약해지와 관련하여,

1 해지대상은 ISA계좌[56] 전체인지, 해당 편입상품인지?

2 해당 편입 상품만 해지시 해지 금액을 ISA 內 미운용자산으로 유보(상품 환매 시 처리방법)해야 하는지, 중도인출해야 하는지?

3 타사 상품인 예(탁)금을 위법계약해지시 적용이율은?

신속처리시스템 회신(은행 211209-146)

1 위법계약해지권의 행사 대상은 금융상품에 관하여 체결한 계약이므로, ISA계좌 자체는 해지 대상이 아님. 다만 개별 상품의 계좌 편입 과정에서 위법사항 발생시에는 해당 상품에 관한 계약에 대해 해지를 요구할 수 있음.

2 ISA에 편입된 타사 예금을 위법계약 해지할 경우, 계좌 자체가 위법한 것은 아니므로 해지된 현금 자산은 계좌에 유보하고 고객이 원할 경우 인출하도록 하는 것이 적절하다고 판단됨.

3 이때 약정된 이자율을 적용하되 중도해지시 이자율이 만기시 이자율보다 낮은 경우에는 만기시 이자율을 적용해야 함.

7. 위법계약해지요구로 대출 계약이 해지(법§47)되려면 소비자가 미납한 대출 잔액 및 이자를 상환해야 하는지? 미납 대출잔액 및 이자상환이 해지요건이 아니라면 위법계약계약 해지 후 소비자 상환지체 시 지체기간에 해당하는 지연배상금을 수취하는 등 연체와 동일하게 처리하면 되는 것인지?

민법상 법리에 따라 처리가능.

[필자 보충의견] 계약 해지 이후 잔액 상환 및 지연배상은 기존 계약사항으로 처리 가능함. 단, 중도상환수수료 등 계약해지와 관련된 비용을 요구할 수 없음(법§47③).

56) 조세특례제한법 제91조의18에 따른 종합자산관리계좌로서, 예금·펀드 등 다양한 금융상품을 선택하여 통합 관리할 수 있는 계좌.

8. ETF를 편입한 특정금전신탁이 위법계약해지권 행사로 계약이 종료되는 경우 반드시 해지일 다음날 장 시작 전(8:40~9:00) 단일가 경쟁매매매로 결정된 시가에 일괄 처분이 강제되는지, 아니면 금융투자업자가 다른 방법[57]을 정하여 처분할 수 있는지?

신속처리시스템 회신(은행 210415-40)

펀드 해지 이후 금융소비자에게 반환해야 하는 금전의 범위 판단 시 이해를 돕기 위해 객관적인 시가평가 기준을 10문 10답(보도참고자료, 2021.3.25.)에서 제시한 것인바, 금융투자업자가 이와 달리 일반금융소비자의 권익을 해치지 않는 범위내에서 사전에 정해진 방법에 따라 처분하는 것도 가능하다 볼 수 있으나, 그 방법은 객관적이고 명확해야 함.

9. 지수연동예금의 경우 코스피200 지수 등과 연동하여 아래 구분에 따라 이자를 제공하는 예금상품으로 최종금리가 만기일에 확정되는데, 동 상품의 위법계약해지 시 반환금액은?

구분	지급액
만기지수 > 기준지수	약정 금리 + 원금
만기지수 < 기준지수	원금
중도해지	원금 − 중도해지수수료

신속처리시스템 회신(은행 210517-103)

동 사례상 지수연동예금(ELD)의 경우 만기지수가 기준지수 대비 상승한 경우 약정 금리를 제공하고 만기지수가 기준지수 대비 하락한 경우 원금만 제공하는 금융상품이고, 위법계약 해지 시 해당 계약이 종료되고 그 무렵에 만기에 이른 것으로 보아 해지의 효력발생일 다음날에 가장 근접한 지수와 기준지수를 대비하여 약정 금리를 제공하거나 원금만 제공할 수 있음. 최저보장금리가 있는 경우에는 최저보장금리도 고려함.

10. 금융소비자의 위법계약해지 요구에 대해 판매업자가 수락한 경우 해지 금액의 반환은 언제까지 이루어져야 하는지?

신속처리시스템 회신(은행 210415-39)

위법계약 해지 시 해당 계약은 '해지시점' 이후부터 무효가 되므로 이후 해지금액을 반환

57) (예시) 해지일 다음날 장 시작 전 충분한 거래량이 확보되지 않아 일괄 처분이 불가하여 장 시작 후 시장가 거래 또는 종가로 처분 등.

하지 않는 경우 그 금액은 민법상 부당이득에 해당된다고 판단됨. 따라서 해지금액 반환 시점과 관련하여 해당 금액을 소비자의 지급이행 청구 이후 지체없이 반환하지 않을 경우에는 지급 지체에 따른 민사상 책임이 부과될 수 있는 점을 감안해야 함.

11. 위법계약해지 시 '해지시점'이란 소비자가 판매업자의 해지수락을 송달받은 날인지, 해지수락 송달 후 소비자가 지급요청한 날인지? 지연이자는 언제부터 발생하는 것인지?

신속처리시스템 회신(은행 211025-139)

금융소비자보호법(§47)상 ① 판매업자등이 금융소비자의 위법계약 해지 요구를 수락하는 경우에는 수락 통지가 금융소비자에게 도달한 날에 해당 계약은 해지되고, ② 판매업자등이 정당한 사유 없이 수락 여부를 통지하지 않거나 거절하는 경우에는 금융소비자의 해지 의사표시[58]가 판매업자등에게 도달한 날에 해당 계약은 해지된다고 판단됨.
참고로, 부당이득반환의무는 이행기한의 정함이 없는 채무이므로 그 채무자는 이행청구를 받은 때에 비로소 지체 책임이 발생함(대법원 2010. 1. 28. 선고 2009다24187, 24194 판결).

12. 금융소비자의 위법계약해지 요구에 대해 판매업자등이 수락[59]하는 경우 이를 이유로 한 과태료 부과 등 행정처분 시 판매업자에게 불리하지 않도록 감독당국이 조치해 줄 수 있는지?

신속처리시스템 회신(은행 210503-77)

금융소비자보호법(영§15④ⅲ가)은 판매업자가 소비자의 정당한 위법계약해지권 행사를 방해하는 행위를 금지함. 또한, 현재 과징금의 부과기준(시행령 별표3)·과태료의 부과기준(시행령 별표4)은 위반상태의 해소나 피해의 배상정도 등을 고려하여 그 금액을 산정할 수 있도록 하고 있음.
다만, 금융위원회는 소비자의 위법계약해지권 행사를 금융회사가 적극적으로 수용하여 제도가 안착되기 위해 추가적인 조치수준 감경을 비롯한 제도개선이 필요한지 여부 등에 대해서는 추후 검토할 예정임을 밝힘.

---

58) 법 제47조 제1항에 따른 금융소비자의 위법계약 해지 요구와 구별된다.
59) 위법사항이 명백히 확인되지 않더라도 금융상품 해지 시 수수료 등을 면제하는 등 금융소비자의 권익을 위해 위법계약 해지 요구를 수락할 수 있다.

제5편

감독 및 처분

제1장 판매업자등에 대한 검사

판매업자등은 그 업무와 재산상황에 관하여 금융감독원장의 검사를 받아야 한다(법§50①). 판매업자등에 대한 감독(법§48)은 제2편 제2장 변동보고에서 서술하였으므로 생략한다.

구분	주요 내용
검사대상	판매업자등의 업무와 재산상황
검사권한	▫ 판매업자등에게 업무·재산 보고, 자료의 제출, 관계인의 출석 및 의견 진술 요구 ▫ 금융감독원 직원으로 하여금 판매업자등의 사무소나 사업장에 출입하여 업무상황이나 장부·서류·시설 또는 그 밖에 필요한 물건을 검사 ▫ 외부감사인에게 감사결과 알게 된 정보, 그 밖에 영업행위와 관련되는 자료의 제출을 서면요구
검사시 준수의무	▫ 검사를 하는 사람은 그 권한을 표시하는 증표소지 및 관계인에게 제시 ▫ 금융위원회에 검사결과 보고
권한위탁	▫ 대출성 상품에 관한 대리·중개업자(소속 대리·중개업자가 100명 이상인 법인, 온라인 대출모집법인, 대부중개업자 및 온라인투자연계금융업자 제외)와 공제에 관한 대리·중개업자에 대한 검사업무를 협회에 위탁 ▫ 업무 위탁 시 그 수탁자 및 수탁내용 등에 관한 사항을 금융감독원 인터넷 홈페이지에 게시
고시제정	▫ 검사의 방법·절차 등 검사업무와 관련하여 필요한 사항을 고시[1])로 제정 가능

검사를 정당한 사유 없이 거부·방해 또는 기피한 경우 법인은 1억원, 법인이 아닌 자는 5천만원(법인·조합·단체의 임직원인 경우에는 2천만원)의 과태료가 부과된다(법§69①xiii).

1) 「금융기관검사및제재에관한규정」에서 구체적으로 규정한다.

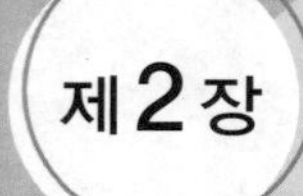

금융위원회의 명령권

▌제1절▐ 일반명령권

금융위원회는 금융소비자의 권익 보호 및 건전한 거래질서를 위하여 필요하다고 인정하는 경우에는 판매업자등에게 아래 사항에 대해 시정·중지 등 필요한 조치를 명할 수 있다(법§49①).

조치대상
□ 판매업자등의 경영 및 업무개선에 관한 사항 □ 영업의 질서유지에 관한 사항 □ 영업방법에 관한 사항 □ 금융상품에 대하여 투자금 등 금융소비자가 부담하는 급부의 최소 또는 최대한도 설정에 관한 사항 □ 내부통제기준 및 금융소비자보호기준 □ 수수료 및 보수

▌제2절▐ 판매제한명령권

Ⅰ. 의의

금융상품으로 인하여 소비자의 재산상 현저한 피해가 발생할 우려가 있다고 명백히 인정되는 경우 해당 금융상품의 구매권유 또는 판매금지 등을 명령할 수 있다(법§49②).

이는 금융상품의 판매과정에서 소비자 피해가 가시화되거나 확대되는 것을 미연에 방지하여 소비자 피해를 최소화하기 위함이다.[1)]

1. 필요성

현행 금융업법상 일반적 명령권은 있었지만, 금융상품 판매와 관련한 직접적 개입근거로 기능하기에는 부족하여 도입된 제도이다.

현행법	한계
은행법 제46조(예금지급불능 등에 대한 조치) 금융위원회는 은행의 파산 또는 예금지급불능의 우려 등 예금자의 이익을 크게 해칠 우려가 있다고 인정할 때에는 예금 수입(受入) 및 여신(與信)의 제한, 예금의 전부 또는 일부의 지급정지, 그 밖에 필요한 조치를 명할 수 있다.	예금자 보호를 위한 조치권이므로 대출과 관련한 개입근거 부재
자본시장법 제416조(금융위원회의 조치명령권) 금융위원회는 투자자를 보호하고 건전한 거래질서를 유지하기 위하여 금융투자업자에게 다음 각 호의 사항에 관하여 필요한 조치를 명할 수 있다. 다만, 제7호의 장내파생상품의 거래규모의 제한에 관한 사항에 관하여는 위탁자에게도 필요한 조치를 명할 수 있다. 1. 금융투자업자의 고유재산 운용에 관한 사항 2. 투자자 재산의 보관·관리에 관한 사항 3. 금융투자업자의 경영 및 업무개선에 관한 사항 4. 각종 공시에 관한 사항 5. 영업의 질서유지에 관한 사항 6. 영업방법에 관한 사항 7. 장내파생상품 및 장외파생상품의 거래규모의 제한에 관한 사항 8. 그 밖에 투자자 보호 또는 건전한 거래질서를 위하여 필요한 사항으로서 대통령령으로 정하는 사항	금융투자상품의 판매제한 근거 부재
보험업법 제131조(금융위원회의 명령권) ① 금융위원회는 보험회사의 업무운영이 적정하지 아니하거나 자산상황이 불량하여 보험계약자 및 피보험자 등의 권익을 해칠 우려가 있다고 인정되는 경우에는 다음 각 호의 어느 하나에 해당하는 조치를 명할 수 있다. 1. 업무집행방법의 변경 2. 금융위원회가 지정하는 기관에의 자산 예탁 3. 자산의 장부가격 변경 4. 불건전한 자산에 대한 적립금의 보유 5. 가치가 없다고 인정되는 자산의 손실처리 6. 그 밖에 대통령령으로 정하는 필요한 조치 ② 금융위원회는 보험회사의 업무 및 자산상황, 그 밖의 사정의 변경으로 공익	기초서류 변경을 위해 관련 보험상품 판매가 중지되는 간접적인 형태로 규정

1) 금융소비자보호법 안내자료(2021.03.24.), 65면 참조.

현행법	한계
또는 보험계약자의 보호와 보험회사의 건전한 경영을 크게 해칠 우려가 있거나 보험회사의 기초서류에 법령을 위반하거나 보험계약자에게 불리한 내용이 있다고 인정되는 경우에는 청문을 거쳐 기초서류의 변경 또는 그 사용의 정지를 명할 수 있다. 다만, 대통령령으로 정하는 경미한 사항에 관하여 기초서류의 변경을 명하는 경우에는 청문을 하지 아니할 수 있다.	

2. 유사입법례

식품위생법(§15②)에서 위해 우려 식품에 대해 판매 목적의 제조·사용 등을 일시적으로 금지할 수 있다. 약사법(§71②)에서는 위해 발생 우려 의약품에 대해 회수·폐기 조치가 가능하다.

II. 내용 및 절차

개별 상황에 유연하게 대응할 수 있도록 판매제한명령의 요건을 '소비자 재산의 현저한 피해 발생 우려'라고 포괄적으로 규정한다(법§49②).[2] 포괄적 요건으로 인해 광범위하게 운용될 위험성과 판매업자의 영업의 자유(헌법§15)를 직접적으로 제한하는 점을 감안하여 의견제출 절차 등 절차적 타당성을 확보하고 있다.[3] 다만, 금융소비자의 피해 확산 방지를 위해 긴급하게 조치를 해야 하는 경우 명령 전 사전고지 및 의견제출을 생략하거나 그 기간을 단축할 수 있다(규정§33①但).

구분	판매제한명령권
요건	▫ 투자성 상품, 보장성 상품 또는 대출성 상품에 관한 계약체결 및 그 이행으로 인해 금융소비자의 재산상 현저한 피해가 발생할 우려가 있다고 명백히 인정되는 경우
절차	▫ 대상자에 명령의 필요성 및 판단근거, 명령 절차 및 예상시기, 의견제출 방법 사전고지 ▫ 의견(근거자료 포함) 제출 기간을 충분히 보장 ○ 기간은 명령의 시급성, 조치로 입는 경영상 불이익, 의견제출을 위한 자료 수집·분석 소요 기간을 고려하여 결정 ▫ 명령 시 아래 사항을 금융위 홈페이지에 게시

2) 금융위원회, "「금융소비자보호법 시행령 제정안」 입법예고(10.28.~12.6.)", 보도자료, 2020.10.28., 10면 참조.
3) 금융위원회·금융감독원, "「금융소비자보호에 관한 감독규정 제정안」 행정예고(~'21.2.1.)", 보도자료, 2020.12.24., 5면 참조.

	○ 해당 금융상품 및 그 금융상품의 과거 판매기간 ○ 관련 판매업자의 명칭 ○ 명령의 내용 · 유효기간 및 사유(명령이 해당 판매업자의 금융 관련 법령 위반과 관계 없는 경우에는 그 사실 포함) ○ 명령의 발동시점 이전에 체결된 해당 금융상품의 계약상 효력에 영향을 미치지 않는다는 사실 ○ 명령 이후 조치의 이행현황을 주기적으로 확인한다는 사실 ○ 그 밖에 금융소비자 보호, 공시로 인한 대상자의 불이익(금융소비자 보호와 관계 없는 경우 한정)을 고려하여 공시가 필요하다고 금융위원회가 인정한 사항
중단	□ 중단 가능사유 ○ 명령 받은 자가 소비자의 재산상 현저한 피해 발생 우려를 없애거나 관련 계약 체결을 중단 ○ 명령의 필요성 및 판단근거, 조치로 입는 경영상 불이익을 고려해 금융위의 중단 필요성 인정 □ 중단 시 그 사실을 지체 없이 대상자에게 알리고 홈페이지에 게시
기록	□ 금융위 및 원장은 명령권을 발동한 경우 그 내용을 기록하고 유지 · 관리 □ 판매업자등 또는 그 임직원(임직원이었던 자 포함)은 금융위 및 원장에 조치 여부 및 그 내용의 조회를 요청할 수 있고, 조회를 요청받은 경우에는 정당한 사유가 없으면 조회요청자에게 해당 내용을 통보

▌제3절▐ 제재 및 시행일

Ⅰ. 제재

법 제49조에 따른 금융위원회의 명령에 따르지 않은 경우 판매업자 및 임직원에게 제재조치(시정명령, 정직 등) 가능하다(법§51 · §52).

Ⅱ. 시행일

법 시행 전 종전 법률의 위반행위로서 이 법 시행 전에 종료되거나 이 법 시행 이후에도 그 상태가 지속되는 위반행위에 대하여 명령권을 발동할 경우 그 위반한 행위에 대한 종전 법률의 규정에 따른다(법 부칙§11).

법 시행 후 위반행위에 대해서는 직접판매업자 및 대리 · 중개업자는 2021.3.25일부터, 자문업자의 경우 2021.9.25일 시행한다(법 부칙§1).

제3장 판매업자등 및 임직원 제재

▌제1절▌ 내용

규제의 실효성을 확보하기 위해 금융소비자보호법을 위반하는 경우 금융위원회가 판매업자등 및 임직원에 대해 제재할 수 있도록 규정한다. 크게 판매업자등에 대한 처분과 임직원에 대한 조치로 구분된다.

Ⅰ. 제재종류

<table>
<tr><th colspan="2">구분</th><th>제재</th></tr>
<tr><td colspan="2">판매업자등</td><td>□ 등록취소
□ 6개월 이내의 업무의 전부 또는 일부의 정지
□ 위법행위에 대한 시정명령
□ 위법행위에 대한 중지명령
□ 위법행위로 인하여 조치를 받았다는 사실의 공표명령 또는 게시명령
□ 기관경고
□ 기관주의
□ 영업소의 전부 또는 일부 폐쇄
□ 수사기관에의 통보
□ 다른 행정기관에의 행정처분 요구
□ 경영이나 업무에 대한 개선 요구</td></tr>
<tr><td>임직원</td><td>임원</td><td>□ 해임요구
□ 6개월 이내의 직무정지
□ 문책경고
□ 주의적 경고
□ 주의</td></tr>
</table>

구분		제재
	직원	ㅁ 면직 ㅁ 6개월 이내의 정직 ㅁ 감봉 ㅁ 견책 ㅁ 주의

1. 판매업자등에 대한 처분

제재조치 중 등록취소 및 영업정지는 금융소비자보호법상 진입규제에 따라 등록한 금융회사(대리·중개업자, 독립자문업자)에 대해서만 적용하고, 개별 금융업법을 통해 진입한 금융회사의 경우 해당 법을 통해 조치한다.

2. 임직원에 대한 조치

금융위원회 또는 금융감독원장은 임원에 대해서 직접 조치할 수 있고, 직원에 대해서는 조치하여줄 것을 판매업자등에게 요구할 수 있다.

금융위원회 또는 금융감독원장은 임직원에게 제재 조치를 하거나 판매업자등에게 조치를 요구하는 경우, 그 임직원의 관리·감독자에 대해서도 감독책임 확보차원에서 함께 조치를 하거나 조치요구를 할 수 있다. 다만, 관리·감독자가 그 임직원의 관리·감독에 적절한 주의를 다한 경우에는 조치를 감경하거나 면제할 수 있다(법§52⑤).

II. 제재사유

제재사유에 대해서 정리하면 아래와 같다.

구분	제재사유
등록 취소	1 거짓이나 그 밖의 부정한 방법으로 금소법(§12)상 등록 2 등록 요건(법§12②·③)을 유지하지 아니하는 경우(단, 아래의 경우 제외) ○ 임직원의 퇴사로 인력 요건(법§12② i ·③iii)을 갖추지 못하게 된 날부터 60일 이내에 해당 인력 요건을 다시 갖춘 경우 ○ 임원이 결격 요건에 해당된 날부터 6개월 이내에 해당 임원을 개임(改任)한 경우

구분	제재사유
	○ 판매업자등이 본인의 귀책사유 없이 물적·자기자본 요건을 갖추지 못하게 된 날부터 6개월 이내에 해당 요건을 다시 갖춘 경우 3 업무의 정지기간 중에 업무 4 시정·중지명령을 받고도 기간 내 미이행 5 판매제한명령권 미이행 6 1년 이상 계속하여 정당한 사유 없이 미영업 7 제3자로부터 부정한 방법으로 업무 관련 금전등을 수령하거나 소비자에게 지급해야 할 금전등을 수취 8 영업정지 등 처분조치를 받은 날부터 3년 이내 3회 이상 동일한 위반행위 반복
제재 조치	▫ 등록취소 사유 2~8(판매업자등 한정) ▫ 내부통제기준 미마련(법§16② 위반) ▫ 적합성 원칙(법§17①~③) 위반 ▫ 적정성 원칙(법§18①·②) 위반 ▫ 설명의무(법§19①~③) 위반 ▫ 불공정영업행위 금지(법§20①) 위반 ▫ 부당권유행위 금지(법§21) 위반 ▫ 광고규제(법§22①·③·④) 위반 ▫ 계약서류 제공(법§23①) 위반 ▫ 미등록자에게 업무 위탁(법§24 위반) ▫ 대리·중개업자 금지행위(법§25①·②) 위반 ▫ 대리·중개업자 고지의무(법§26①·②) 위반 ▫ 자문업자의 영업행위준칙(법§27③~⑤) 위반 ▫ 자료의 기록·관리의무(법§28①·②·④) 위반 ▫ 청약철회(법§46③·④) 위반 ▫ 위법계약해지(법§47①후단·③) 위반 ▫ 업무보고서 미제출(법§48② 위반) ▫ 등록요건의 변동사항 미보고(법§48③ 위반) ▫ 금융위원회 명령 불응(법§49 위반)

Ⅲ. 제재권자

판매업자등 및 임직원에 대한 제재권자를 현행 금융업법과 최대한 일치시켜 규정한다. ① 제재권자가 금융위원회인 경우[1] □로, ② 금융감독원인 경우[2] ■로, ③ 제재권자가 금융위원회 또는 금융감독원인 경우 ■로 표시한다.

1) 금융위원회가 금융감독원장 건의에 따라 조치하는 경우 포함한다.
2) ① 금융위원회 권한이나 금융감독원에 위탁된 경우, ② 금융위원회가 금융감독원장으로 하여금 조치할 수 있도록 한 경우, ③ 금융감독원장이 직접 조치할 수 있는 경우로 구분된다.

구분	제재종류	은행[3]	금융투자 업자등[4]	보험회사, 여전사등[5]	저축은행, P2P업자	대부업자, 신협등[6]	대출 모집인등[7]	그 외
판매업자등	등록취소	–	–	–	–	–		–
	영업정지	–	–	–	–	–		–
	시정명령							
	공표·게시명령							
	영업소 폐쇄							
	수사기관 통보							
	타 행정기관 처분요구							
	경영·업무 개선요구	(산업, 기업 제외)[8]						
	중지명령							
	기관경고							
	기관주의							
임원	해임권고							
	직무정지							
	문책경고							
	주의적 경고							
	주의							
직원	면직							
	정직							
	감봉							
	견책							
	주의							

3) 중소기업은행, 산업은행, 농업협동조합, 수산업협동조합, 농협은행, 수협은행.
4) 투자매매업자, 투자중개업자, 투자자문업자, 투자일임업자, 신탁업자, 종합금융회사, 집합투자업자(이하 "집합투자업자"라 한다), 증권금융회사, 단기금융회사 및 자금중개회사.
5) 보험회사(농협생명보험 및 농협손해보험을 포함), 여신전문금융회사, 보험대리점, 보험중개사, 겸영여신업자.
6) 신용협동조합, 신용협동조합중앙회, 대부업자, 대부중개업자.
7) 대출모집인(리스·할부 포함), 신협공제모집인, 독립자문업자.
8) 산업은행 및 기업은행의 경우 제재권자는 금융위원회이다.

▌제2절▌ 절차

Ⅰ. 퇴임한 임원 등에 대한 조치내용 통보

금융위원회(금융감독원장 포함)는 판매업자등의 퇴사한 임직원이 재임 또는 재직 중이었더라면 제재조치를 받았을 것으로 인정되는 경우 받았을 것으로 인정되는 조치의 내용을 해당 판매업자등의 장에게 통보할 수 있고, 통보를 받은 판매업자등은 그 내용을 해당 임직원에게 통보하여야 한다(법§53).

Ⅱ. 피조치자 보호

피조치자 보호를 위해 청문을 실시하고(법§54) 불복 시 처분·조치고지를 받은 날부터 30일 이내에 이의를 신청할 수 있다(법§55①). 금융위원회는 이의신청에 대하여 60일 이내에 결정을 하여야 하나, 부득이한 사정으로 그 기간 내에 결정을 할 수 없을 경우에는 30일의 범위에서 그 기간을 연장할 수 있다(법§55②).

보호조치	사유
청문	□ 판매업자등: 등록취소 □ 임직원: 임원의 해임요구 또는 직원의 면직요구
이의신청	□ 판매업자등 및 임직원: 제재 조치(등록취소, 임원의 해임요구 또는 직원의 면직요구 제외)

Ⅲ. 처분 등의 기록 등

금융위원회 및 금융감독원장은 제재조치를 한 경우 그 내용을 기록하고 유지·관리하여야 한다(법§56①). 판매업자등은 금융위원회 또는 금융감독원장의 요구에 따라 해당 임직원을 조치한 경우와 퇴임한 임원 등에 대한 조치의 내용을 통보받은 경우에는 그 내용을 기록하고 유지·관리하여야 한다(법§56②).

판매업자등 또는 그 임직원(임직원이었던 사람 포함)은 금융위원회, 금융감독원 또는 판매업자등에게 자기에 대한 처분 또는 조치 여부 및 그 내용의 조회를 요청할 수 있다(법§56③). 금융위원회, 금융감독원 또는 판매업자등은 조회를 요청받은 경우에는 정당한 사유가 없으면 처분 또는 조치 여부 및 그 내용을 그 조회요청자에게 통보하여야 한다(법§56④).

▌제3절▐ 시행일

법 시행 전 종전 법률의 위반행위로서 이 법 시행 전에 종료되거나 이 법 시행 이후에도 그 상태가 지속되는 위반행위에 대하여 판매업자등에 대한 처분, 임직원에 대한 조치를 할 때에는 그 위반한 행위에 대한 종전 법률의 규정에 따른다(법 부칙§11).

법 시행 후 위반행위에 대해서는 직접판매업자 및 대리·중개업자는 2021.3.25일부터, 자문업자의 경우 2021.9.25일 시행한다(법 부칙§1).

▌제4절▐ 기존규제

금융소비자보호법상 제재사유가 기존규제에서도 제재사유(포괄적 제재사유 포함[9])인 경우 ○로, 법령상 규제는 했으나 제재조치 사유가 아닌 경우에는 ×로, 법령상 규제가 없었던 경우에는 -으로 표시한다.

금소법상 제재사유	은행법	자본 시장법	보험업법	저축 은행법	여전법	대부업법
내부통제기준[10] 미마련	–	–	–	–	–	–
적합성 원칙 위반	–	○	○	–	–	○
적정성 원칙 위반	–	○	○	–	–	–
설명의무 위반	○	○	○	○	○	○
불공정영업행위 금지 위반	○	×	○	○	○	–
부당권유행위 금지 위반	–	○	○	–	○	–
광고규제 위반	○	○	○	○	×	○
계약서류 미제공	○	○	○	–	○	○
미등록자에게 업무 위탁	–	○	○	–	○	○

9) 제재조치 사유를 '이 법 및 법에 따른 명령·지시 위반'으로 규정하여 관련 규제가 해당 법에 규정되어 있으면 포괄적 제재사유에 따라 제재조치가 가능하다.

10) 개별 금융업법에서 소비자보호와 관련된 내부통제기준 마련의무는 규율하지 않았으나, 직무 전반에 대한 내부통제기준의 경우 지배구조법(§24)에서 다루고 있다. 자본시장법(§52 · §117-6)에서는 투자권유대행인 및 온라인소액투자중개업자에 대한 내부통제기준 마련의무를 부과한다.

금소법상 제재사유	은행법	자본 시장법	보험업법	저축 은행법	여전법	대부업법
대리·중개업자 금지행위 위반	–	×	○	–	×	○
대리·중개업자 고지의무 위반	–	×	○	–	○	–
자문업자의 영업행위준칙 위반	–	○	–	–	–	–
자료의 기록·관리의무 위반	○	○	–	–	–	○
청약철회 위반	–	○	○	–	–	–
위법계약해지 위반	–	–	–	–	–	–
업무보고서 미제출	○	○	○	○	○	×
등록요건의 변동사항 미보고	–	–	○	–	–	○
금융위원회 명령 불응	○[11]	○	○	○	○[12]	○

11) 건전경영의 지도(은행법§34)를 통해 금융위원회는 자본금의 증액, 이익배당의 제한 등 여러 조치를 은행에 요구할 수 있으므로 금융소비자보호법상 명령권과 유사규제로 볼 수 있다.
12) 건전경영의 지도(여신전문금융업법§53-3)를 통해 금융위원회는 자본금의 증액, 이익배당의 제한 등 조치를 여신전문금융회사에 요구할 수 있으므로 금융소비자보호법상 명령권과 유사규제로 볼 수 있다.

제 4 장 과징금

▌제1절▐ 의의

Ⅰ. 도입 필요성

기존 금융업법(보험업법 및 여신전문금융업법 제외)은 영업행위 규제 위반에 대해 대부분 과태료만 부과하고 있다. 이로 인해 제재의 실효성이 떨어지는 것을 보완하고 위법한 영업행위를 통해 형성한 부당이득을 환수하는 한편, 위법행위로 인한 이윤추구가 이루어지지 않도록 징벌적 과징금 제도를 금융소비자보호법은 도입한다.

Ⅱ. 유사입법례

징벌적 과징금을 규정한 입법례로, 약사법(§81-2)에서는 허가취소 위약품 등 위해의약품의 판매금액 2배 이하의 범위에서, 폐기물국가간이동법(§22-3)에서는 폐기물의 부적정처리이익의 3배 이하에 해당하는 금액과 폐기물의 제거 · 원상회복에 드는 비용을, 하도급법(§25-3)에서는 위법행위를 한 원사업자 및 수급사업자에 대해 하도급대금의 2배를 초과하지 않는 범위에서 과징금으로 부과할 수 있도록 규정한다.

▌제2절▐ 내용

과징금을 부과하는 경우는 크게 2가지로 구분한다. 첫째, 직접판매업자 또는 자문업자가 주요 판매원칙을 위반하는 경우 관련 계약으로 얻은 수입 또는 이에 준하는 금액(이하 "수입등"이라 한다)의 100분의 50 이내에서 과징금을 부과할 수 있다(법§57①). 둘째, 업무정지가 금융소비자 등 이해관계인에게 중대한 영향을 미치거나 공익을 침해할 우려가 있는 경우에는 업무정지처분을 갈음하여 업무정지기간 동안 얻을 이익의 범위에서 과징금을 부과할 수 있다(법§57③).

Ⅰ. 영업행위 위반

구분	내용
부과대상	□ 직접판매업자 또는 자문업자 ○ 직접판매업자가 업무를 위탁한 대리·중개업자(1사전속 한정) 또는 직접판매업자의 소속 임직원의 법 제57조제1항 각호의 위반행위에 대해 해당 직접판매업자에게 과징금 부과 ○ 단, 직접판매업자가 1사전속 대리·중개업자 및 소속 임직원의 위반행위를 방지하기 위하여 주의·감독의무를 다한 경우에는 감경하거나 면제
부과사유	□ 설명의무(법§19①·②) 위반 □ 불공정영업행위 금지(법§20①) 위반 □ 부당권유행위 금지(법§21) 위반 □ 광고규제(법§22③·④) 위반
부과기준	□ 과징금 상한(수입등×50%) × 부과기준율 ± 가감 = 최종과징금
예외	□ 아래의 경우에는 10억원 초과하지 아니하는 범위에서 부과 ○ 영업실적이 없는 등의 사유로 위반행위와 관련된 수입등이 없는 경우 ○ 재해로 인해 수입등을 산정하는 데 필요한 자료가 소멸되거나 훼손되는 등의 이유로 수입등을 산정하기가 곤란한 경우

❖ **과징금 부과기준**[1]

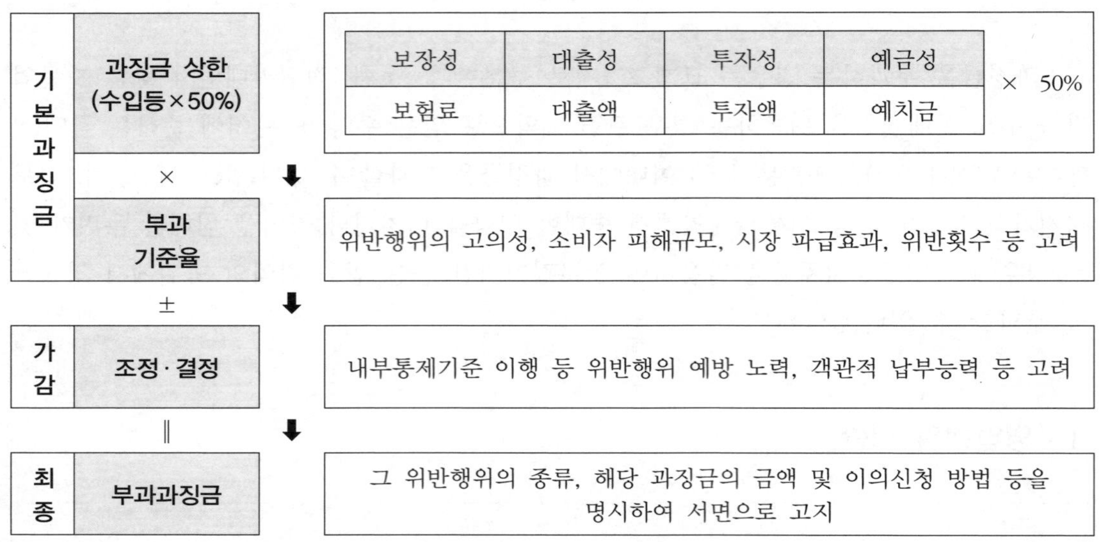

1. 과징금 상한

과징금은 설명의무, 불공정영업행위 금지, 부당권유행위 금지, 광고규제의 위반행위와 관련된 계약으로 얻은 수입등의 100분의 50 이내에서 부과할 수 있다(법§57①). 여기서 수입등이란 그 명칭 여하를 불문하고 계약체결·이행으로 인해 금융소비자로부터 얻는 모든 형태의 금전등을 의미한다(영§43①本). 단, 인지세 등 제세공과금, 저당권 설정 등에 따른 등기비용 등 부대비용은 수입등에서 제외한다(영§43①但).

2. 부과기준율

① 위반행위의 내용(경영진의 위반행위 지시 여부 등 위반행위의 방법, 위반행위의 동기 등), ② 위반행위의 정도(금융소비자 피해규모, 시장에 미치는 영향 등), ③ 위반행위의 기간 및 위반 횟수, ④ 위반행위로 취득한 이익의 규모를 고려하여 위반행위의 중대성을 '중대성이 약한 위반행위', '중대한 위반행위', '매우 중대한 위반행위'로 구분한다(영 별표3 i 나).

1) 금융위원회, "「금융소비자보호법 시행령 제정안」 입법예고(10.28.~12.6.)", 보도자료, 2020.10.28., 10면 참조.

3. 조정 · 결정

금융위원회는 위반행위의 내용 및 중대성, 위반행위의 기간 및 위반횟수, 위반상태의 해소나 위반행위의 예방을 위한 노력, 내부통제기준 · 금융소비자보호기준 준수를 고려하여 기본과징금(과징금 상한에 부과기준율을 곱한 금액) 금액을 늘리거나 줄일 수 있다(법§58① · 영 별표3ⅱ). 다만, 조정한 경우에도 기본과징금 금액은 상한을 초과할 수 없다(영 별표3ⅱ).

금융위원회는 위반행위자의 객관적인 과징금 납부능력, 금융시장 또는 경제여건, 위반행위로 발생한 피해의 배상 정도, 위반행위로 취득한 이익의 규모를 고려할 때 조정한 과징금 금액이 과중하다고 인정되는 경우에는 그 금액을 줄여 부과과징금으로 정할 수 있다(영 별표3ⅲ).

Ⅱ. 업무정지

구분	내용
부과대상	□ 금소법에 따라 등록한 대리 · 중개업자 및 독립자문업자
부과사유	□ 업무정지를 명할 수 있는 아래의 경우로서 업무정지가 금융소비자 등 이해관계인에게 중대한 영향을 미치거나 공익을 침해할 우려가 있는 경우 ○ 등록요건 미유지. 단, 일시적인 경우(596면 표 등록취소의 [2] 예외 항목) 제외 ○ 업무 정지기간 중 업무 ○ 시정 · 중지명령을 정한 기간 내 미이행 ○ 판매제한명령권 미이행 ○ 1년 이상 계속하여 정당한 사유 없이 미영업 ○ 제3자로부터 부정한 방법으로 업무 관련 금전등을 수령하거나 소비자에게 지급해야 할 금전등을 수취 ○ 영업정지 등 처분조치를 받은 날부터 3년 이내 3회 이상 동일한 위반행위 반복 ○ 시행령 별표1의 제재사유(597면 표 제재조치의 제재사유. 단, 등록최소사유 [2]~[8]은 제외)
부과기준	□ (업무정지 1일간 금액* × 업무정지기간) ± 가감 = 부과과징금 * 대상업무의 직전 사업연도 영업수익/해당 사업연도 영업일수

❖ 과징금 부과기준

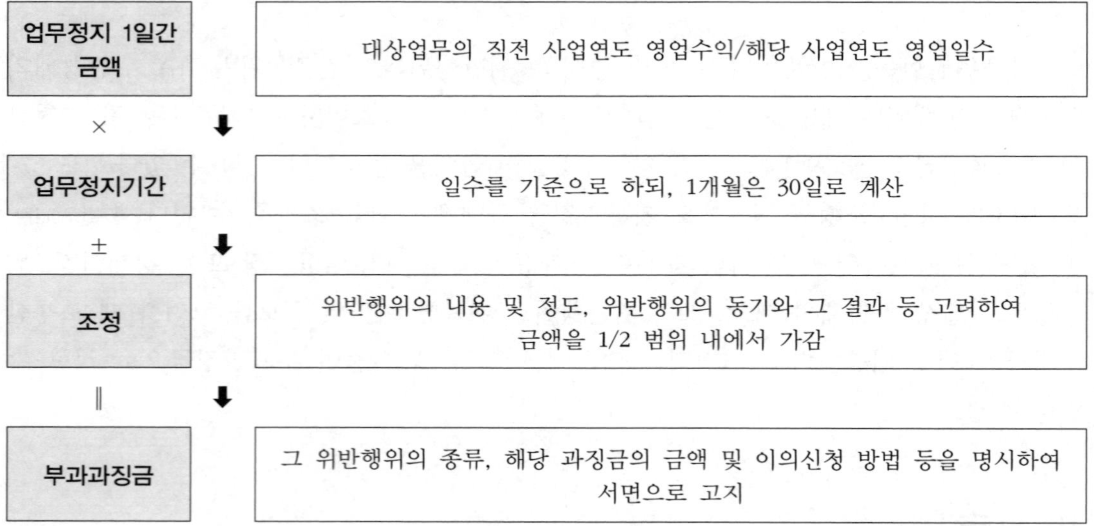

1. 업무정지 1일간 금액

업무정지 1일에 해당하는 과징금 금액 산정 시 "직전 사업연도"란 업무정지 처분을 받은 날이 속하는 사업연도의 직전 사업연도를 말한다. 다만, 직전 사업연도가 없는 경우에는 업무정지 처분을 받은 날이 속하는 사업연도를 직전 사업연도로 한다(영 별표2 iii).

2. 조정

금융위원회는 위반행위의 내용 및 정도, 위반행위의 기간 및 위반횟수, 위반행위로 인하여 취득한 이익의 규모, 업무정지기간, 위반행위의 동기와 그 결과, 위반상태의 해소나 위반행위의 예방을 위한 노력을 고려하여 과징금 금액을 2분의 1 범위에서 늘리거나 줄일 수 있다(법§58① · 영 별표2 v). 다만, 늘리는 경우에도 상한(180일 × 업무정지 1일 금액)을 초과할 수 없다(영 별표2 v).

▌제3절▐ 절차

Ⅰ. 과징금 부과

금융위원회는 과징금을 부과(부과대상자인 법인이 합병하는 경우 신설법인에게 부과, 법§58②)하는 경우 그 위반행위의 종류, 해당 과징금의 금액 및 이의신청 방법 등을 명시하여 서면으로 알려야 한다(영§44①). 통지를 받은 자는 그 통지를 받은 날부터 60일 이내에 금융위원회가 정하는 수납기관에 과징금을 납부해야 한다(영§44②本). 다만, 천재지변 및 그 밖에 부득이한 사유로 해당 기간에 납부할 수 없는 때에는 그 사유가 없어진 날부터 30일 이내에 납부해야 한다(영§44②但). 과징금의 납부를 받은 수납기관은 그 납부자에게 영수증을 교부하고, 지체 없이 수납한 사실을 금융위원회에 알려야 한다(영§44③).

Ⅱ. 부과대상자 보호

1. 이의신청

과징금 부과처분에 불복하는 자는 처분을 고지받은 날부터 30일 이내에 불복 사유를 갖추어 금융위원회에 이의를 신청할 수 있다(법§59①). 금융위원회는 이의신청에 대해 60일 이내에 결정을 하여야 하나, 부득이한 사정으로 그 기간 내에 결정을 할 수 없을 경우에는 30일의 범위에서 그 기간을 연장할 수 있다(법§59②).

2. 납부기간의 연장 및 분할납부

2.1. 금융위원회 결정 및 취소

금융위원회는 과징금을 부과받은 자(이하 "과징금납부의무자"라 한다)가 다음 사유로 과징금 전액을 일시에 납부하기가 어렵다고 인정되는 경우에는 그 납부기간을 연장하거나 분할납부하게 할 수 있다(법§60①). 이 경우 납부기간의 연장은 그 납부기한의 다음 날부터 1년 이내로 하고, 분할된 납부기간 간의 간격은 4개월 이내로 하며, 분할납부의 횟수는 3회 이내로 한다(영§45). 필요 시 담보 제공을 과징금납부의무자에게 요청할 수 있다(법§60①).

금융위원회는 납부기간이 연장되거나 분할납부가 허용된 과징금납부의무자가 다음의 어느 하나에 해당는 경우에는 그 납부기간의 연장 또는 분할납부 결정을 취소하고 과징금을 일시에 징수할 수 있다(법§60③).

구분	내용
기간연장 및 분할납부 사유	▫ 재해 또는 도난 등으로 재산에 현저한 손실 ▫ 사업여건의 악화로 사업이 중대한 위기 ▫ 과징금의 일시납부에 따라 자금사정에 현저한 어려움이 예상 ▫ 그 밖에 위의 사유에 준하는 사유
취소사유	▫ 분할납부가 결정된 과징금을 납부기간 내 미납부 ▫ 담보의 변경, 그 밖에 담보 보전에 필요한 금융위원회의 명령을 미이행 ▫ 강제집행, 경매의 개시, 파산선고, 법인의 해산, 국세 또는 지방세의 체납처분을 받는 등 과징금의 전부 또는 나머지를 징수할 수 없다고 인정 ▫ 그 밖에 위의 사유에 준하는 사유

2.2. 과징금납부의무자의 신청

과징금납부의무자가 과징금 납부기간을 연장받거나 분할납부를 하려는 경우에는 그 납부기한의 10일 전까지 금융위원회에 신청하여야 한다(법§60②).

3. 과오납금의 환급

금융위원회는 과징금납부의무자가 이의신청의 재결 또는 법원의 판결 등을 근거로 과징금 과오납금의 환급을 청구하는 경우에는 지체 없이 환급하여야 하며, 과징금납부의무자의 청구가 없는 경우에도 금융위원회가 확인한 과오납금은 환급하여야 한다(법§62①). 환급 시 과징금을 납부한 날부터 환급한 날까지의 기간에 대하여 가산금 이율(시중은행의 1년 만기 정기예금의 평균 수신이자율을 고려하여 금융위원회가 정하는 이자율)을 적용한 환급가산금을 지급하여야 한다(법§63 · 영§47).

과오납금을 환급받을 자가 금융위원회에 납부하여야 하는 다른 과징금이 있으면 금융위원회는 환급하는 금액을 그 과징금에 충당할 수 있다(법§62②).

Ⅲ. 과징금 징수

1. 징수 및 체납처분

금융위원회는 과징금납부의무자가 납부기한까지 과징금을 납부하지 아니한 경우에는 납부기한의 다음 날부터 납부한 날의 전일까지의 기간에 대하여 가산금(체납된 금액에 연 100분의 6의 이율을 적용하여 계산한 금액)을 징수할 수 있다(법§61① · 영§46①). 이 경우 가산금을 징수하는 기간은 60개월을 초과할 수 없다(법§61①).

과징금납부의무자가 납부기한까지 과징금을 납부하지 아니한 경우에는 기간을 정하여 독촉을 하고, 그 지정된 기간 내에 과징금과 가산금을 납부하지 아니한 경우에는 국세체납처분의 예에 따라 징수한다(법§61②).

금융위원회는 과징금 · 가산금의 징수 또는 체납처분에 관한 업무를 국세청장에게 위탁할 수 있다(법§61③). 업무를 위탁받은 국세청장은 그 업무처리 결과 또는 진행상황 등을 금융위원회에 알려야 한다(영§46②).

2. 결손처분

금융위원회는 과징금납부의무자에게 다음 사유가 있으면 결손처분을 할 수 있다.

결손처분 사유
□ 체납처분이 끝나고 체납액에 충당된 배분금액이 체납액에 미달 □ 과징금 등의 징수권에 대한 소멸시효가 완성 □ 체납자의 행방이 분명하지 아니하거나 재산이 없다는 것이 판명 □ 체납처분의 목적물인 총재산의 추산가액이 체납처분 비용에 충당하면 남을 여지가 없음이 확인 □ 체납처분의 목적물인 총재산이 과징금 등보다 우선하는 국세, 지방세, 전세권 · 질권 · 저당권 및 동산채권담보법에 따른 담보권으로 담보된 채권 등의 변제에 충당하면 남을 여지가 없음이 확인 □ 채무자회생법(§251)에 따라 면책

▌제4절▌ 시행일

법 시행 전 종전 법률의 위반행위로서 이 법 시행 전에 종료되거나 이 법 시행 이후에도 그 상태가 지속되는 위반행위에 대하여 과징금의 부과 등 행정처분을 할 때에는 그 위반한 행위에 대한 종전 법률의 규정에 따른다(법 부칙§11).

법 시행 후 위반행위에 대해서는 직접판매업자 및 대리·중개업자는 2021.3.25일부터, 자문업자의 경우 2021.9.25일 시행한다(법 부칙§1).

▌제5절▌ 기존규제

은행법, 자본시장법, 저축은행법, 대부업법은 건전성규제 위반 시 과징금을 부과하고 있어 영업행위 규제 위반에 과징금을 부과하는 금융소비자보호법과는 다르므로 비교를 생략한다.

과징금 부과사유	금소법	보험업법	여전법
미등록자에게 위탁	–	해당 계약 수입보험료의 50%↓	–
설명의무 위반	수입등의 50%↓	해당 계약 수입보험료의 50%↓	–
불공정영업행위 금지 위반	수입등의 50%↓	–	–
부당권유행위 금지 위반	수입등의 50%↓	해당 계약 수입보험료의 50%↓	–
광고규제 위반	수입등의 50%↓	해당 계약 연간 수입보험료의 50%↓	–
계약서류 제공	–	–	2억원↓ (할부금융업자 한정)

▌제6절▐ Q&A

1. 금융회사 직원도 과태료·징벌적 과징금 부과대상인지? 10문 10답(6면)

6대 판매원칙은 판매업자 및 자문업자에 적용되는 규제이므로 위반을 이유로 소속 임직원에게 과태료·과징금이 부과되지 않음.

제6편

벌칙

제1장 행정형벌

▍제1절▐ 형사처벌

금융소비자보호법상 진입규제 관련 위반자(판매업 등의 미등록자, 거짓·부정 등록자 및 미등록 대리·중개업자에게 업무위탁자)에 대해서 5년 이하의 징역 또는 2억원 이하의 벌금을 부과한다(법§67). 미등록자(부정등록자 포함)에 의한 판매행위 시 금융소비자 보호 및 금융상품판매업 제도의 근간이 흔들릴 수 있기 때문에 진입규제 위반에 한정하여 형벌로 규정한 것이다.

▍제2절▐ 양벌규정

양벌규정은 어떤 범죄가 이루어진 경우에 행위자를 벌할 뿐만 아니라 그 행위자와 일정한 관계가 있는 타인(자연인 또는 법인)에 대해서도 형을 과하도록 정한 규정을 말한다. 벌칙규정에 행위자만을 처벌하는 것만으로는 형벌의 목적을 달성하기 어렵다는 전제에서 비롯한다. 어떤 법인의 대표자나, 법인 또는 개인의 대리인·사용인·종업원이 위법행위를 한 경우 벌칙 규정을 적용받아 처벌되는 것은 실제 행위를 한 자이다. 이 경우 실제로 그 위반행위에 따라 이익 등을 얻고 있는 자는 그 법인 또는 사용주이므로 법인 또는 사용주가 이와 같은 위반행위를 방지하고 장래에 대한 예방 조치를 강구할 책임이 있다고 할 것이다. 이러한 이유에서 이러한 책임을 다하지 못한 법인 또는 사용주에 대해 형을 과하는 양벌규정을 두게 된다.[1)]

---

1) 법제처, 법령입안심사기준, 2021. 588면 참조.

이에 따라 법인(단체 포함)의 대표자나, 법인 또는 개인의 대리인, 사용인, 그 밖의 종업원이 그 법인 또는 개인의 업무에 관하여 형벌규정(법§67)을 위반하면 그 행위자를 벌하는 외에 그 법인 또는 개인에게도 해당 조문의 벌금형을 과(科)한다(법§68本). 다만, 법인 또는 개인이 그 위반행위를 방지하기 위하여 해당 업무에 관하여 적절한 주의와 감독을 게을리하지 아니한 경우에는 그러하지 아니하다(법§68但).

▌제3절▐ 시행일

법 시행 전에 행한 종전 법률의 위반행위에 대하여 벌칙을 적용할 때에는 그 위반한 행위에 대한 종전 법률의 규정에 따른다(법 부칙§12). 법 시행 후 위반행위에 대해서는 직접판매업자 및 대리 · 중개업자는 2021.3.25일부터, 자문업자의 경우 2021.9.25일 시행한다(법 부칙§1).

▌제4절▐ 기존규제

금융소비자보호법상 법정형(형량)과 기존규제를 비교한다. 5년 이하의 징역 또는 2억원 이하의 벌금인 경우 '5/2'으로 표시한다.

구분	금소법	은행법	자본시장법			보험업법		저축은행법	여전법			대부업법	신협법
			금투	자문·일임	대행인	보험회사	모집종사자		신용카드	시설·할부	모집인		
미등록자 영업	5/2	5/2	5/2	3/1	3/1	5/0.5	1/0.1	5/0.5	7/0.5	–	1/0.1	5/0.5	
부정등록	5/2	–	5/2	3/1	–	–	1/0.1	–	7/0.5	3/0.2	–	5/0.5	3/0.3[2]
미등록자 통한 대리 · 중개	5/2	–	–	–	3/1	–	–	–	–	–	–	3/0.3	–

2) 설립규제를 위반하여 설립인가를 받은 경우이다.

제2장 행정질서벌

▌제1절▐ 비교

Ⅰ. 행정형벌과 비교

행정질서벌인 과태료는 행정법규 위반의 정도가 비교적 경미하여 간접적으로 행정 목적 달성에 장애를 줄 위험성이 있는 정도의 단순한 의무태만에 대해 과하는 일종의 금전벌이다.[1] 행정형벌은 직접적으로 행정 목적이나 사회법익을 침해하는 경우에 부과한다는 점에서 과태료와 차이가 있다. 과태료는 형벌이 아니므로 「형법」 총칙의 규정이 자동적으로 적용되지는 않는다. 또한 과태료를 부과 받더라도 전과로 되지 않으며 다른 형벌과 누범관계가 생기지 않는다.[2]

Ⅱ. 과징금과 비교

과태료 금액은 법인 기준이며, 법인이 아닌 자에게 부과 시에는 법인기준 과태료 금액의 1/2에 해당한다. 단, 검사거부 · 방해 · 기피 시 법인 아닌 자에게는 5천만원이 한도이나, 법인 · 조합 · 단체의 임직원인 경우에는 2천만원이 법정한도이다(영 별표4 ii 서).

1) 대법원 1969. 7. 29. 69마400 결정 참조.
2) 법제처, 법령입안심사기준, 2021, 593면 참조.

❖ 과징금 · 과태료 비교[3)]

<table>
<tr><th>구분</th><th colspan="2">과징금</th><th colspan="2">과태료</th></tr>
<tr><td>부과목적</td><td colspan="2">법상 의무위반에 따른 부당이득 환수, 영업정지 갈음, 징벌적 목적 등</td><td colspan="2">직접적 행정목적 침해가 아닌 경미한 의무위반에 부과</td></tr>
<tr><td rowspan="2">부과대상</td><td rowspan="2">직판업자[4)], 자문업자</td><td>업무정지처분 갈음</td><td colspan="2" rowspan="2">부과대상에 제한없음
(법률상 '위반한 자')</td></tr>
<tr><td>금소법에 따라 신규 등록한 판매업자등에 한정</td></tr>
<tr><td rowspan="3">부과사유</td><td rowspan="3">설명의무 위반,
불공정영업행위,
부당권유행위,
광고규제 위반</td><td rowspan="3">업무정지 사유 :
등록요건 未유지, 업무정지기간에 업무, 시정·중지명령 위반 등</td><td>1억</td><td>① 내부통제기준 미수립
② 광고규제 위반
③ 자료의 기록 · 유지의무 위반
④ 검사거부 · 방해 · 기피
⑤ 대리중개업자(재수탁자)의 광고규제 위반(原대리 · 중개업자에게 부과)</td></tr>
<tr><td>7천</td><td>⑥ 설명의무 위반
⑦ 불공정영업행위
⑧ 부당권유행위
⑨ 대리 · 중개업자(재수탁자)의 설명의무 · 불공정영업행위 · 부당권유행위 위반(原대리 · 중개업자에게 부과)
⑩ 대리 · 중개업자의 재위탁금지 위반 (직판업자에게 부과)
⑪ 자문업자 영업행위준칙 위반</td></tr>
<tr><td>5천</td><td>⑫ 계약서류 제공의무 위반</td></tr>
<tr><td rowspan="3">법정한도액</td><td rowspan="3">'수입등'의 50%
(수입등 산정 곤란 시 10억원 이내)</td><td rowspan="3">업무정기기간(6월내) 동안 얻을 이익</td><td>3천</td><td>⑬ 판매대리 · 중개업자 금지의무 위반</td></tr>
<tr><td>2천</td><td>⑭ 판매대리 · 중개업자 고지의무 위반
⑮ 적합성 · 적정성 원칙 위반</td></tr>
<tr><td>1천</td><td>⑯ 변동보고의무 위반</td></tr>
<tr><td>부과주체</td><td colspan="2">금융위</td><td colspan="2">금융위</td></tr>
<tr><td>이의신청</td><td colspan="2">금융위</td><td colspan="2">금융위</td></tr>
<tr><td>불복절차</td><td colspan="2">행정소송</td><td colspan="2">과태료 재판
(간이한 비송사건절차)</td></tr>
<tr><td>집행방법</td><td colspan="2">소송과 관계없이 집행
(단, 집행정지신청可)</td><td colspan="2">이의 제기하면 과태료 재판 확정 후 집행</td></tr>
</table>

3) 금융소비자보호법 안내자료(2021.03.24.), 75면 참조.
4) 대리 · 중개업자 및 소속 임직원의 위반행위에 대해서도 직접판매업자에게 과징금을 부과한다.

1. 부과대상

과태료 부과대상을 '위반한 자'로 규정하여, 과징금과 달리 대리 · 중개업자에게도 직접 부과가 가능하다(법§69). 위반행위자가 아닌 관리책임이 있는 대리 · 중개업자 및 직접판매업자에게도 대한 과태료를 부과할 수 있다. ① 原대리 · 중개업자로부터 업무 위탁받은 대리 · 중개업자(직접판매업자 기준으로 재수탁자)의 설명의무 · 불공정영업 · 부당권유 · 광고규제 위반 시 原대리 · 중개업자에게(영 별표4 ii 차), ② 업무를 수탁받은 대리 · 중개업자의 재위탁금지 규제 위반 시 직접판매업자에게(영 별표4 ii 타) 부과된다. 다만, ① 原대리 · 중개업자 및 ② 직접판매업자가 위반행위를 방지하기 위해 주의 · 감독의무를 다한 경우에는 과태료 부과가 제외된다.

2. 부과기준

금융위원회는 위반행위의 정도, 위반횟수, 위반행위의 동기와 그 결과 등을 고려하여 과태료를 줄이거나 늘릴 필요가 있다고 인정되는 경우에는 과태료 법정한도 금액의 2분의 1 범위에서 그 금액을 줄이거나(면제 포함) 늘릴 수 있다. 다만, 과태료를 체납하고 있는 위반행위자의 경우에는 그 금액을 줄일 수 없고, 늘리는 경우 법(§69①~③)에서 규정한 한도금액(상한)을 넘을 수 없다.

▌제2절▐ 시행일

법 시행 전에 행한 종전 법률의 위반행위에 대하여 과태료를 적용할 때에는 그 위반한 행위에 대한 종전 법률의 규정에 따른다(법 부칙§12). 법 시행 후 위반행위에 대해서는 직접판매업자 및 대리 · 중개업자는 2021.3.25일부터, 자문업자의 경우 2021.9.25일 시행한다(법 부칙§1).

▌제3절▐ 기존규제

금융소비자보호법과 기존규제간 과태료 상한(법인 기준, 만원)을 비교한다. 금융소비자보호법상 과태료 부과사유가 기존규제에서도 부과사유인 경우 ○로, 법령상 규제는 했으나 과태료 부과사유가 아닌 경우에는 ×로, 법령상 규제가 없었던 경우에는 -으로 표시한다.

금소법상 과태료 부과사유	금소법	은행법	자본 시장법	보험업법	저축 은행법	여전법	대부업법
내부통제기준 미마련[5]	1억	–	–	–	–	–	–
적합성 원칙 위반	2천	–	×	×	–	–	1천
적정성 원칙 위반	2천	–	×	×	–	–	–
설명의무 위반	7천	3천	6천	7백	3천	7백	1천
불공정영업행위	7천	3천[6]	×	3천/6천[7]	×	×	–
부당권유행위	7천	–	6천	7백	–	×	–
광고규제 위반	1억	1억	1억	7백	5천	5천	1/2천[8]
계약서류 미제공	5천	3천	6천	×	–	×	2천
대리·중개업자 금지행위 위반	3천	–	×	7백	–	2.5백	2천
대리·중개업자 고지의무 위반	2천	–	9백	7백	–	×	–
자문업자의 영업행위 준칙 위반	7천	–	1억[9]	–	–	–	–
기록·관리의무 위반	1억	3천	×	–	–	–	1천
등록요건의 변동사항 미보고	1천	–	–	4백	–	–	6백
검사거부·방해·기피	1억	1억	1억	1억	5천	×	3천

5) 개별 금융업법에서 소비자보호와 관련된 내부통제기준 마련의무는 규율하지 않았으나, 직무 전반에 대한 내부통제기준의 경우 지배구조법(§24)에서 다루고 있으며, 의무 위반시 5천만원의 과태료가 부과될 수 있다. 자본시장법(§52·§117-6)에서는 투자권유대행인 및 온라인소액투자중개업자에 대한 내부통제기준 마련의무를 부과하며, 투자권유대행기준을 정하지 않은 경우 6천만원의 과태료 부과가 가능하다.

6) 구속행위 등 일부 불공정영업행위 규제에 대해서는 부과대상에 따라 구분하여 부과했다. 은행인 경우 5천, 임직원인 경우 3천이었다(舊은행업감독규정 별표8).

7) 금융기관보험대리점등이 위반 시 6천, 보험회사가 위반 시 3천이었다(舊보험업법 시행령 별표9 ii 커·무).

8) 광고사항을 포함시키지 않은 경우 최대 2천만원, 광고방법을 위반한 경우 최대 1천만원이 부과된다(대부업법 시행령 별표3).

9) 유사 '독립'문자 사용금지 규제는 1억원, 임직원 금융투자상품 매매 규제는 250만원, 성과보수 제한 규제는 6천만원이다.

▌제4절▐ Q&A

1. 금융회사 직원도 과태료·징벌적 과징금 부과대상인지? 10문10답(6면)

611쪽 1번 참조.

참고문헌

1. 보도자료

- 금융위원회, “24개 KIKO 등 거래기업에 대한 유동성 지원 개시”, 보도자료, 2008.10.30.
- 한국개발연구원 · 자본시장연구원 · 서울대학교 금융법센터, “「(가칭)금융소비자 보호법 제정 기본방향」 토론회 개최”, 보도자료, 2010.06.29.
- 금융위원회, “「금융소비자보호에 관한 법률」 제정안 및 「금융위원회 설치 등에 관한 법률」 개정안 입법예고”, 보도자료, 2011.11.16.
- 금융위원회 · 금융감독원, “금융소비자 보호를 위한 은행의 근저당 제도 개선”, 보도자료, 2012.04.13.
- 금융위원회 · 금융감독원, “대출 청약철회권 도입으로 소비자의 권익이 강화됩니다.”, 보도자료, 2015.09.16.
- 금융위원회 · 금융감독원, “12.19일부터 2금융권 및 대부업권에서도 중도상환수수료 부담과 신용등급 하락없이 대출계약을 철회할 수 있습니다.”, 보도자료, 2016.12.19.,
- 금융위원회, “19.5.2일 금융위원회, 혁신금융서비스 9건 지정 – 금융규제 샌드박스 제도의 연착륙을 지속지원하여 완성도 제고 –”, 보도자료, 2019.05.02.
- 금융위원회, “「금융소비자보호에 관한 법률 공포안」 국무회의 의결”, 보도자료, 2020.03.17.
- 금융위원회, “「금융소비자보호법 시행령 제정안」 입법예고(10.28.~12.6.)”, 보도자료, 2020.10.28.
- 금융위원회 · 금융감독원, “「금융소비자보호에 관한 감독규정 제정안」 행정예고(~”21.2.1.).”, 보도자료, 2020.12.24.,
- 금융위원회, “「금융소비자 보호에 관한 법률 시행령 제정안」 입법예고(”20.10.28.~12.8.) 후 주요 변경사항”, 보도자료, 2021.01.18.
- 금융위원회, “2021년 금융소비자국 중점 추진과제”, 보도자료, 2021.02.15.,
- 금융위원회 · 금융감독원, “현장에서 금융소비자보호법 시행(3.25일)에 대비하는데 어려움이 없도록 적극 지원해나가겠습니다.”, 보도자료, 2021.02.18.
- 금융위원회 · 금융감독원, “금융소비자의 권익을 넓히고 보호의 실효성을 높이기 위한 새로운 제도가 안착되도록 시장과 함께 뛰겠습니다.”, 보도자료, 2021.03.17.
- 금융위원회, “금융소비자보호법은 금융소비자의 선택권을 제한하지 않습니다. (서울경제 3.17일자 보도에대한 설명)”, 보도자료, 2021.03.17.

○ 금융위원회, "금융소비자보호법상 내부통제기준 시행시기와 금융당국의 가이드라인에 대한 오해를 바로 잡고자 합니다. (매일경제 3.24일자 보도에 대한 반박)", 보도자료, 2021.03.23.
○ 금융감독원, "금융소비자 및 금융회사 종사자를 위한 금융소비자보호법 안내자료 게시", 보도자료, 2021.03.24.
○ 금융위원회, "금융소비자보호법 관련 10問 10答", 보도자료, 2021.03.25.
○ 금융위원회, "금융소비자보호법상 일부 불공정영업행위 규제에 대한 오해를 바로잡습니다. (연합뉴스, 조선비즈, 헤럴드경제 등 3.29일자 보도에 대한 설명)", 보도자료, 2021.03.28.
○ 금융위원회 · 금융감독원, "금융소비자보호법 시행 후 원활한 금융상품거래를 위해 판매자 · 소비자가 알아야 할 중요사항을 알려드립니다.", 보도자료, 2021.03.29.
○ 금융위원회 · 금융감독원, "금융위원회와 금융감독원은 금소법 시행과 관련한 현장의 애로사항을 보다 신속하고 체계적으로 해소해 나가겠습니다.", 보도참고자료, 2021.03.30.
○ 금융위원회 · 금융감독원, "최고금리 인하 이후에도 서민에 원활한 자금이 공급될 수 있도록 관련 제도를 개선하겠습니다.– 대부업 제도개선을 통한 서민대출 공급활성화 유도 및 소비자보호방안 (최고금리 인하 후속조치 ❷) –", 보도자료, 2021.04.01.
○ 금융위원회 · 금융감독원, "금융소비자보호법 시행(3.25일) 한 달, 현장은 소비자 친화적 금융환경을 위해 바쁘게 움직이고 있습니다.", 보도자료, 2021.04.27.
○ 금융위원회 · 금융감독원, "고난도 금융투자상품 및 고령 투자자에 대한 녹취 · 숙려제도가 시행됩니다.", 보도자료, 2021.05.10.
○ 금융위원회, "소비자 보호의 실효성은 높이고, 보험모집의 비효율은 낮출 수 있도록 「비대면 · 디지털 모집규제」를 개선하겠습니다. [보험업법 시행령 및 감독규정 등 입법예고]", 보도자료, 2021.05.17.,
○ 금융위원회 · 금융감독원, "금융소비자의 광고 피해가 없도록 금융업권 협회와 함께 블로거 · 유튜버의 뒷광고(hidden ad)까지도 확인하겠습니다. – 금융소비자보호법 시행 상황반 3차 회의 개최, 「금융광고규제 가이드라인」 마련 –", 보도자료, 2021.06.08.
○ 금융감독원, "금소법상 신규 도입되는 대출모집인 등록 업무설명회를 6.29일(화)부터 순차적으로 진행합니다", 2021.06.24.
○ 금융위원회 · 금융감독원, "판매현장에서 금융상품 설명이 합리적으로 이루어질 수 있도록 지속적으로 지원해나가겠습니다.", 보도자료, 2021.07.14.
○ 금융위원회 · 금융감독원, "대출모집인 등록 관련 유의사항 및 FAQ", 2021.07.16.
○ 금융위원회 · 금융감독원, "온라인 금융플랫폼의 건전한 시장질서 확립을 위해 관련 금융소비자보호법 적용사례를 전파했습니다.– 제5차 금융소비자보호법 시행상황 점검반 회의 개최 –", 보도자료, 2021.09.07.
○ 금융감독원, "'21년도 금융소비자보호 실태평가 결과", 보도자료, 2022.01.07.
○ 금융위원회, "(금융규제혁신) ❶ 금융회사의 플랫폼 업무 활성화 및 온라인 플랫폼 금융상품 중

개업 시범운영 ❷ 금융규제 샌드박스 내실화 추진", 2022.08.23.

2. 국회 검토보고서

○ 정무위원회, "금융소비자보호 기본법안(박선숙 의원 대표발의) · 금융소비자 보호 및 금융상품 판매에 관한 법률안(박용진 의원 대표발의) 검토보고, 2017.2월.
○ 정무위원회, "금융소비자 보호에 관한 법률안(정부 제출) 검토보고서", 2012.9월.
○ 정무위원회, "금융소비자보호기본법안(박선숙의원 대표발의) 검토보고서", 2011.11월.
○ 정무위원회, "금융소비자보호법안(최운열 의원 대표발의) · 금융소비자 보호 및 금융상품 판매에 관한 법률안(이종걸 대표발의) · 금융소비자 보호에 관한 법률안(정부 제출) 검토보고", 2017.9월.
○ 정무위원회, "금융소비자 보호에 관한 법률 일부개정법률안(이용우 의원 대표발의) 검토보고 (2102904)", 2020.11월.

3. 서적

○ 변제호 외 5인, "자본시장법", 서울: 지원출판사, 2015,
○ 정순섭, "은행법", 서울: 지원출판사, 2017.
○ 정찬형, "주석 금융법 1: 은행법", 2007.
○ 한국무역협회, "무역실무 매뉴얼" 서울: 한국무역협회, 1997.
○ 한국은행 은행감독원, "은행법해설", 한국은행, 1993.

4. 기타

○ 금융감독원, "금소법 시행에 따른 내부통제 · 금융소비자보호기준 가이드라인", 2021.06.16.
○ 금융감독원, "금융상품 통합 비교공시기준", 행정지도, 2020.12.03.
○ 금융감독원, "금융소비자 모범규준", 행정지도, 2021.01.01.
○ 금융감독원, "금융소비자보호 실태평가 매뉴얼", 2022.7월.
○ 금융감독원, "금융회사의 고위험 금융투자상품에 대한 상품조사 · 숙지의무 가이드라인", 감독행정작용, 2016.12.30.
○ 금융감독원, "대출모집인 제도 모범규준", 행정지도, 2020.07.01.
○ 금융감독원, "독립금융상품자문업 등록 심사 매뉴얼", 2021.8월.
○ 금융위원회, "투자자 적합성평가 제도 운영지침", 행정지도(제2021－1호), 2021.07.05.
○ 금융투자협회, "고난도 금융투자상품 제조 및 판매에 관한 영업행위준칙", 2021.5월.
○ 금융투자협회, "금융투자회사의 금융소비자보호 표준내부통제기준 업무메뉴얼", 2021.9월.
○ 금융투자협회, "표준투자권유준칙", 자율규제, 2021.4월.
○ 법제처, "법령입안심사기준", 2021.

- 생명보험협회, “변액보험 표준계약권유준칙”, 자율규제, 2021.3월.
- 온주 자본시장과금융투자업에관한법률(2019. 11. 26.)
- 은행연합회, “금융소비자보호 모범규준”, 자율규제, 2021.07.26.
- 은행연합회, “금융소비자보호에 관한 내부통제 모범규준”, 자율규제, 2021.07.26.
- 은행연합회, “구속행위 관련 업무처리준칙”, 자율규제, 2021.9월.
- 은행연합회, “대출모집법인 업무 수행기준 표준안”, 2021.7월.
- 은행연합회, “은행권 광고심의 매뉴얼”, 2021.9월.
- 은행연합회, “은행권 표준내부통제기준”, 자율규제, 2021.11.23.
- 은행연합회, “은행 비예금상품 내부통제 모범규준”, 자율규제, 2020.09.29.
- 재정경제부, “『자본시장과 금융투자업에 관한 법률 제정안』 설명자료”, 2006.06.30.
- 한국은행, “전자금융 총람”, 2015.2월.

색인

❙ ㄴ

❙ ㄷ

ㄹ

ㅁ

ㅂ

ㅅ

ㅣㅇ

ㅈ

ㅊ

ㅋ

❙ U

저자 약력

김 은

약력

서울대학교 법학대학원 박사과정 수료

연세대학교 법학전문대학원 졸업

서울대학교 경제학과 졸업

현 전국은행연합회 법무지원부 변호사

경력

금융소비자보호법 하위규정(시행령 및 감독규정) 제정 상설TF 참여

금융소비자보호법 시행 상설작업반 참여

은행권 금융소비자보호법 TF 주관

금융소비자보호법 해설서

초판발행 2023년 1월 15일

지은이 김 은
펴낸이 안종만·안상준

편 집 장유나
기획/마케팅 김한유
표지디자인 이소연
제 작 고철민·조영환

펴낸곳 (주) 박영사
서울특별시 금천구 가산디지털2로 53, 210호(가산동, 한라시그마밸리)
등록 1959. 3. 11. 제300-1959-1호(倫)
전 화 02)733-6771
f a x 02)736-4818
e-mail pys@pybook.co.kr
homepage www.pybook.co.kr
ISBN 979-11-303-4197-2 93360

정 가 43,000원